顧校叢刊

禮記

下

海峽出版發行集團
THE STRAITS PUBLISHING & DISTRIBUTING GROUP
福建人民出版社

禮記卷第十四

祭法第二十三　鄭氏注

祭法有虞氏禘黃帝而郊嚳祖顓頊而宗堯夏后氏亦禘黃帝而郊鯀祖顓頊而宗禹殷人禘嚳而郊冥祖契而宗湯周人禘嚳而郊稷祖文王而宗武王禘郊祖宗謂祭祀以配食也此禘謂祭昊天於圜丘也祭上帝於南郊曰郊祭五帝五神於明堂曰祖宗祖宗通言爾下有禘郊宗祖孝經曰宗祀文王於明堂以配上帝明堂月令春曰其帝大昊其神句芒夏曰其帝炎帝其神祝融中央曰其帝黃帝其神后土秋曰其帝少昊其神蓐收冬曰其帝顓頊其神玄冥有虞氏以上尚德禘郊祖宗配用有德者而已自夏已下稍用其姓代之先後之次有虞氏夏后氏宜郊顓頊殷人宜郊契郊祭一帝而明堂祭五帝小德配寡大德配衆亦禮之殺也燔柴於泰壇祭

大一百七十二

天也瘞埋於泰折祭地也用騂犢壇折封土爲祭處也壇之言坦也坦明貌也折炤晳也必爲炤明之名尊神也地陰祀用黝牲與天俱用犢連言爾埋少牢於泰昭祭時也相近於坎壇祭寒暑也王宮祭日也夜明祭月也幽宗祭星也雩宗祭水旱也四坎壇祭四方也山林川谷丘陵能出雲爲風雨見怪物皆曰神有天下者祭百神諸侯在其地則祭之亡其地則不祭昭明也亦謂壇也時四時也亦謂陰陽之神也埋之者陰陽出入於地中也凡此以下皆祭用少牢相近當爲禳祈聲之誤也禳猶卻也祈求也寒暑不時則或禳之或祈之寒於坎暑於壇王宮日壇王君也日稱君宮壇營域也夜明亦謂月壇也宗皆當爲禜字之誤也幽禜亦謂星壇也星以昏始見禜之言營也雩禜亦謂水旱壇也雩之言吁嗟也春秋傳曰日月星辰

之神則雪霜風雨之不時於是乎禜之山川之神則水旱癘疫之不時於是乎禜之四方即謂山林川谷丘陵之神也祭山林丘陵於壇川谷於坎每方各爲坎爲壇怪物雲氣非常見者也有天下謂天子也百者假成數也大凡生於天地之間者皆曰命其萬物死皆曰折人死曰鬼此五代之所不變也生時形體異可同名至死腐爲野土異其名嫌同也折弃敗之言也鬼之言歸也五代謂黃帝堯舜禹湯周之禮樂所存法也七代之所更立者禘郊宗祖其餘不變也七代通數顓頊及嚳也所不變者則數其所法而已變之則通數所不法爲記者之微意也少昊氏脩黃帝之法後王無所取焉天下有王分地建國置都立邑設廟祧壇墠而祭之乃爲親疏多少之數是故王立七廟一壇一墠曰考廟曰王考廟曰皇考廟曰顯考廟

曰祖考廟皆月祭之遠廟爲祧有二祧享嘗乃止去祧爲壇去壇爲墠壇墠有禱焉祭之無禱乃止去墠曰鬼諸侯立五廟一壇一墠曰考廟曰王考廟曰皇考廟皆月祭之顯考廟祖考廟享嘗乃止去祖爲壇去壇爲墠壇墠有禱焉祭之無禱乃止去墠爲鬼大夫立三廟二壇曰考廟曰王考廟曰皇考廟享嘗乃止顯考祖考無廟有禱焉爲壇祭之去壇爲鬼適士二廟一壇曰考廟曰王考廟享嘗乃止顯考無廟有

禱焉爲壇祭之去壇爲鬼官師一廟曰考廟王考無廟而祭之去王考爲鬼庶士庶人無廟死曰鬼建國封諸侯也置都立邑爲卿大夫之采地及賜士有功者之地廟之言貌也宗廟者先祖之尊貌也祧之言超也超上去意也封土曰壇除地曰墠書曰三壇同墠王皇皆君也顯明也祖始也名先人以君明始者所以尊本之意也天子遷廟之主以昭穆合藏於二祧之中諸侯無祧藏於祖考之廟中聘禮曰不腆先君之祧是謂始祖廟也享嘗謂四時之祭天子諸侯爲壇墠所禱謂後遷在祧者也既事則反其主於祧鬼亦在祧顧遠之於無事祫乃祭之爾春秋文二年秋大事於大廟傳曰毀廟之主陳于大祖未毀廟之主皆外合食於大祖是也魯煬公者伯禽之子也至昭公定公久已爲鬼而季氏禱之而立其宮則鬼之主在祧明矣唯天子諸侯有主禘祫大夫有祖考者亦鬼其百世不禘祫無主爾其無祖考者庶士以下鬼其考王考官師鬼其皇考大夫適士鬼其顯考而已大夫祖考謂別子也凡鬼者薦而不祭王制曰大夫士有田則祭無田則薦適士上士也官師中士下士庶士府史之屬此適士云顯考無廟非也當爲皇考字之誤

王爲羣姓立社曰大社王自爲立社曰王社諸侯爲百姓立社曰國社諸侯自爲立社曰侯社大夫以下成羣立社曰置社羣衆也大夫以下謂下至庶人也大夫不得特立社與民族居百家以上則共立一社今時里社是也郊特牲曰唯爲社事單出里王爲羣姓立七祀曰司命曰中霤曰國門曰國行曰泰厲曰戶曰竈王自爲立七祀諸侯爲國立五祀曰司命曰中霤曰國門曰國行曰公厲諸侯自爲立五祀大夫立三祀曰族厲曰門曰行適士立二祀曰門曰行庶士庶人立一祀或立戶或立竈此非大神所祈

報大事者也小神居人之閒司察小過作譴告者爾樂記曰明則有禮樂幽則有鬼神鬼神謂此與司命主督察三命中霤主堂室居處門户主出入行主道路行作厲主殺罰竈主飲食之事明堂月令春曰其祀户祭先脾夏曰其祀竈祭先肺中央曰其祀中霤祭先心秋曰其祀門祭先肝冬曰其祀行祭先腎聘禮曰使者出釋幣於行歸釋幣於門士喪禮曰疾病禱於五祀司命與厲其時不著今時民家或春秋祠司命行神山神門户竈在旁是必春祠司命秋祠厲也或者合而祠之山即厲也民惡言厲巫祝以厲山爲之謬乎春秋傳曰鬼有所歸乃不爲厲

王下祭殤五適子適孫適曾孫適玄孫適來孫諸侯下祭三大夫下祭二適士及庶人祭子而止

祭適殤者重適也祭適殤於廟之奥謂之陰厭王子公子祭其適殤於其黨之廟大夫以下庶子祭其適殤於宗子之家皆當室之白謂之陽厭凡庶殤不祭

夫聖王之制祭祀也法施於民則祀之以死勤事則祀之以勞定國則祀之能禦大

菑則祀之能捍大患則祀之是故厲山氏之有天下也其子曰農能殖百穀夏之衰也周棄繼之故祀以爲稷共工氏之霸九州也其子曰后土能平九州故祀以爲社帝嚳能序星辰以著衆堯能賞均刑法以義終舜勤衆事而野死鯀鄣鴻水而殛死禹能脩鯀之功黄帝正名百物以明民共財顓頊能脩之契爲司徒而民成冥勤其官而水死湯以寬治民而除其虐文王以文治武王以武功去民之菑此有功烈於

民者也及夫日月星辰民所瞻仰也山林川谷丘陵民所取財用也非此族也不在祀典此所謂大神也春秋傳曰封爲上公祀爲大神厲山氏炎帝也起於厲山或曰有烈山氏弃后稷名也共工氏無錄而王謂之霸在大昊炎帝之閒著衆謂使民興事知休作之期也賞賞善謂禪舜封禹稷等也能刑謂去四凶義終謂既禪二十八載乃死也野死謂征有苗死於蒼梧也殛死謂不能成其功也明民謂使之衣服有章也民成謂知五教之禮也冥契六世之孫也其官玄冥水官也虐菑謂桀紂也烈業也族猶類也祀典謂祭祀也

祭義第二十四　鄭氏注

祭不欲數數則煩煩則不敬祭不欲疏疏則怠怠則忘是故君子合諸天道春禘秋嘗忘與不敬違禮莫大焉合於天道因四時之變化孝子感時念親則以此祭之也春禘者夏殷禮也周以禘爲殷祭

更名春祭曰祠霜露既降君子履之必有悽愴之心非其寒之謂也春雨露既濡君子履之必有怵惕之心如將見之非其寒之謂謂悽愴及怵惕皆爲感時念親也霜露既降禮說在秋此無秋字蓋脫爾樂以迎來哀以送往故禘有樂而嘗無樂迎來而樂樂親之將來也送去而哀哀其享否不可知也小言之則爲一祭之閒孝子不知鬼神之期推而廣之放其去來於陰陽致齊於內散齊於外齊之日思其居處思其笑語思其志意思其所樂思其所嗜齊三日乃見其所爲齊者致齊思此五者也散齊七日不御不樂不弔耳見所爲齊者思之孰也所嗜素所欲飲食也春秋傳曰屈到嗜芰祭之日入室僾然必有見乎其位周還出户肅然

必有聞乎其容聲出戶而聽愾然必有聞乎其嘆息之聲（周還出戶謂薦設時也無尸者闔戶若食閒則有出戶而聽之）是故先王之孝也色不忘乎目聲不絕乎耳心志嗜欲不忘乎心致愛則存致慤則著著存不忘乎心夫安得不敬乎（存著則謂其思念也）君子生則敬養死則敬享思終身弗辱也（享猶祭也饗食也）君子有終身之喪忌日之謂也忌日不用非不祥也言夫日志有所至而不敢盡其私也（忌日親亡之日忌日者不用舉他事如有時日之禁也祥善也志有所至至於親以此日亡其哀心如喪時）唯聖人爲能饗帝孝子爲能饗親（謂祭之能）

使之饗也帝天也饗者鄉也鄉之然後能饗焉言中心鄉之乃能使其祭見饗也上饗或爲相是故孝子臨尸而不怍君牽牲夫人奠盎君獻尸夫人薦豆卿大夫相君命婦相夫人齊齊乎其敬也愉愉乎其忠也勿勿諸其欲其饗之也色不和曰怍奠盎設盎齊之奠也此時君牽牲將薦毛血君獻尸而夫人薦豆謂繹日也儐尸主人獻尸主婦自東房薦韭菹醓勿勿猶勉勉也愨愛之貌文王之祭也事死者如事生思死者如不欲生忌日必哀稱諱如見親祀之忠也如見親之所愛如欲色然其文王與思死者如不欲生言思親之深也如欲色者以時人於色厚假以喻之詩云明發不寐有懷二人文

王之詩也祭之明日明發不寐饗而致之又從而思之祭之日樂與哀半饗之必樂已至必哀明發不寐謂夜而至旦也祭之明日謂繹日也言繹之夜不寐也二人謂父母容尸侑也仲尼嘗奉薦而進其親也慤其行也趨趨以數嘗秋祭也親謂身親執事時也慤與趨趨言少威儀也趨讀如促數之言速也已祭子贛問曰子之言祭濟濟漆漆然今子之祭無濟濟漆漆何也子曰濟濟者容也遠也漆漆者容也自反也容以遠若容以自反也夫何神明之及交夫何濟濟漆漆之有乎漆漆讀如朋友切切自反猶言自脩整也容以遠言非所以接親親也容以自反言非孝子所以事親也及與也此皆非與神明交之道

反饋樂成薦其薦俎序其禮樂備其百官君子致其濟濟漆漆夫何慌惚之有乎天子諸侯之祭或從血腥始至反饋是進孰也薦俎豆與俎也慌惚思念益深之時也言祭事既備使百官助己祭然而見其容而自反是無慌惚之思念夫言豈一端而已夫各有所當也豈一端言不可以一槩也禮各有所當行祭宗廟者賓客濟濟漆漆主人慤而趨趨孝子將祭慮事不可以不豫比時具物不可以不備虛中以治之比時猶先時也虛中言不兼念餘事宮室既脩牆屋既設百物既備夫婦齊戒沐浴盛服奉承而進之洞洞乎屬屬乎如弗勝如將失之其孝敬之心至也與脩設謂埽除及黝堊薦其薦俎序其

禮樂備其百官奉承而進之（百官助主人進之）於是諭其志意以其慌惚以與神明交庶或饗之庶或饗之孝子之志也（諭其志意謂使祝祝饗及侑尸也或猶有也言想見其仿佛來）孝子之祭也盡其慤而慤焉盡其信而信焉盡其敬而敬焉盡其禮而不過失焉進退必敬如親聽命則或使之也（言當盡已而已如居父母前將受命而使之）孝子之祭可知也其立之也敬以詘其進之也敬以愉其薦之也敬以欲退而立如將受命已徹而退敬齊之色不絕於面（詘充詘形容喜貌也進之謂進血腥也愉顔色和貌也薦之謂進孰也欲婉順貌齊謂齊莊）孝

子之祭也立而不詘固也進而不愉踈也薦而不欲不愛也退立而不如受命敖也已徹而退無敬齊之色而忘本也如是而祭失之矣固猶質陋也而忘本而衍字孝子之有深愛者必有和氣有和氣者必有愉色有愉色者必有婉容和氣謂立而詘孝子如執玉如奉盈洞洞屬屬然如弗勝如將失之嚴威儼恪非所以事親也成人之道也成人既冠者然則孝子不失其孺子之心也先王之所以治天下者五貴有德貴貴貴老敬長慈幼此五者先王之所以定天下也貴

有德何爲也爲其近於道也貴貴爲其近於君也貴老爲其近於親也敬長爲其近於兄也慈幼爲其近於子也（言治國有家道）是故至孝近乎王至弟近乎霸至孝近乎王雖天子必有父至弟近乎霸雖諸侯必有兄先王之教因而弗改所以領天下國家也（天子有所父事諸侯有所兄事謂若三老五更也天子裒諸侯與故曰霸）子曰立愛自親始教民睦也立敬自長始教民順也（親長父兄也睦和厚也）教以慈睦而民貴有親教以敬長而民貴用命（尊長出教令者）孝以事親順以聽命錯諸天下無所不行郊之祭也喪者不

敢哭凶服者不敢入國門敬之至也祭者吉禮不欲聞見凶人祭之日君牽牲穆荅君卿大夫序從祭謂祭宗廟也穆子姓也荅對也序以次第從也序或爲豫旣入廟門麗于碑卿大夫袒而毛牛尚耳鸞刀以刲取膟膋乃退爓祭祭腥而退敬之至也麗猶繫也毛牛尚耳以耳毛爲上也膟膋血與腸閒脂也爓祭祭腥祭爓肉腥肉也湯肉曰爓爓祭祭腥或爲合祭腥泄腒孰也郊之祭大報天而主日配以月夏后氏祭其闇殷人祭其陽周人祭日以朝及闇主日者以其光明天之神可見者莫著焉闇昏時也陽讀爲曰雨曰暘之暘謂日中時也朝日出時也夏后氏大事以昏殷人大事以日中周人大事以日出亦謂此郊祭也以朝及闇謂終日有事祭日於壇祭月於坎以別幽明以制上下幽明者謂日照晝月照夜

祭日於東，祭月於西，以別外內，以端其位。端正。日出於東，月生於西，陰陽長短，終始相巡，以致天下之和。巡讀如沿漢之沿，謂更相從道。天下之禮，致反始也，致鬼神也，致和用也，致義也，致讓也。因祭之義汎說禮也。致之言至也，使人勤行至於此也。至於反始，謂報天之屬也；至於鬼神，謂祭宗廟之屬也；至於和用，謂治民之事以足用也。致反始以厚其本也，致鬼神以尊上也，致物用以立民紀也，致義則上下不悖逆矣，致讓以去爭也。合此五者以治天下之禮也，雖有奇邪而不治者則微矣。物猶事也。變和言物，互之也。微猶少也。宰我曰：吾聞鬼神之名，不知

其所謂子曰氣也者神之盛也魄也者鬼之盛也合鬼與神教之至也氣謂噓吸出入者也耳目之聰明爲魄合鬼神而祭之聖人之教致之也衆生必死死必歸土此之謂鬼骨肉斃于下陰爲野土陰讀爲依蔭之蔭言人之骨肉蔭於地中爲土壤其氣發揚于上爲昭明焄蒿悽愴此百物之精也神之著也焄謂香臭也蒿謂氣烝出貌也上言衆生此言百物明其與人同也不如人貴爾蒿或爲藨因物之精制爲之極明命鬼神以爲黔首則百衆以畏萬民以服明命猶尊名也尊極於鬼神不可復加也黔首謂民也則法也爲民作法使民亦事其祖禰鬼神民所畏服聖人以是爲未足也築爲宮室設爲宗祧以別親疏遠邇教

民反古復始不忘其所由生也衆之服自此故聽且速也（自由也言人由此服於聖人之教也聽謂順教令也速疾也）二端既立報以二禮建設朝事燔燎羶薌見以蕭光以報氣也此教衆反始也薦黍稷羞肝肺首心見間以俠甒加以鬱鬯以報魄也教民相愛上下用情禮之至也（二端既立謂氣也魄也更有尊名云鬼神也二禮謂朝事與薦黍稷也朝事謂薦血腥時也薦黍稷所謂饋食也見及見間皆當爲覵字之誤也羶當爲馨聲之誤也燔燎馨香覵以蕭光取牲祭脂也光猶氣也有虞氏祭首夏后氏祭心殷祭肝周祭肺覵以俠甒謂雜之兩甒醴酒也相愛用情謂此以人道祭之也報氣以氣報魄以實各首其類）君子反古復始不忘其所由生也是以致其敬發其情竭力

從事以報其親不敢弗盡也從事謂脩薦可以祭者也是故昔者天子爲藉千畝冕而朱紘躬秉耒諸侯爲藉百畝冕而青紘躬秉耒以事天地山川社稷先古以爲醴酪齊盛於是乎取之敬之至也藉藉田也先古先祖古者天子諸侯必有養獸之官及歲時齊戒沐浴而躬朝之犧牷祭牲必於是取之敬之至也君召牛納而視之擇其毛而卜之吉然後養之君皮弁素積朔月月半君巡牲所以致力孝之至也歲時齊戒沐浴而躬朝之謂將祭祀卜牲君朔月月半巡視之君召牛納而視之更本擇牲意古

者天子諸侯必有公桑蠶室近川而爲之築宮仞有三尺棘牆而外閉之及大昕之朝君皮弁素積卜三宮之夫人世婦之吉者使入蠶于蠶室奉種浴于川桑于公桑風戾以食之大昕季春朔日之朝也諸侯夫人三宮半王后也風戾之者及早涼脆採之風戾之使露氣燥乃以食蠶蠶性惡濕歲既單矣世婦卒蠶奉繭以示于君遂獻繭于夫人夫人曰此所以爲君服與遂副褘而受之因少牢以禮之歲單謂三月月盡之後也言歲者蠶歲之大功事畢於此也副褘王后之服而云夫人記者容二王之後與禮之禮奉繭之世婦古之獻繭者其率用此與問者之辭及良日夫人繅三盆

手遂布于三宮夫人世婦之吉者使繅遂朱緑之玄黄之以爲黼黻文章服既成君服以祀先王先公敬之至也（三盆手者三淹也凡繅每淹大揔而手振之以出緒也）君子曰禮樂不可斯須去身（斯須猶須臾也）致樂以治心則易直子諒之心油然生矣易直子諒之心生則樂樂則安安則久久則天天則神天則不言而信神則不怒而威致樂以治心者也（子讀如不子之子諒信也油然物始生好美貌）致禮以治躬則莊敬莊敬則嚴威（躬身也）心中斯須不和不樂而鄙詐之心入之矣外貌斯須

不莊不敬而慢易之心入之矣故樂也者動於内者也禮也者動於外者也樂極和禮極順内和而外順則民瞻其顏色而不與爭也望其容貌而衆不生慢易焉極至也故德煇動乎内而民莫不承聽理發乎外而衆莫不承順理謂言行也故曰致禮樂之道而天下塞焉舉而錯之無難矣塞充滿也樂也者動於内者也禮也者動於外者也故禮主其減樂主其盈禮減而進以進爲文樂盈而反以反爲文減猶倦也盈猶溢也樂以統情禮以理行人之情有溢而行有倦倦則進之以

能進者爲文溢則使反以能反者爲文文謂才美禮減而不進則銷樂盈而不反則放故禮有報而樂有反報皆當爲褒聲之誤禮得其報則樂樂得其反則安禮之報樂之反其義一也曾子曰孝有三大孝尊親其次弗辱其下能養公明儀問於曾子曰夫子可以爲孝乎曾子曰是何言與是何言與君子之所謂孝者先意承志諭父母於道參直養者也安能爲孝乎公明儀曾子弟子曾子曰身也者父母之遺體也行父母之遺體敢不敬乎居處不莊非孝也事君不忠非

孝也涖官不敬非孝也朋友不信非孝也戰陳無勇非孝也五者不遂烖及於親敢不敬乎（遂猶成也）亨孰羶薌嘗而薦之非孝也養也君子之所謂孝也者國人稱願然曰幸哉有子如此所謂孝也已（然猶而也）衆之本教曰孝其行曰養養可能也敬爲難敬可能也安爲難安可能也卒爲難父母既没愼行其身不遺父母惡名可謂能終矣仁者仁此者也禮者履此者也義者宜此者也信者信此者也強者強此者也樂自順此

生刑自反此作曾子曰夫孝置之而塞乎天地溥之而橫乎四海施諸後世而無朝夕推而放諸東海而準推而放諸西海而準推而放諸南海而準推而放諸北海而準（無朝夕言常行無輟時也放猶至也　準猶平也）詩云自西自東自南自北無思不服此之謂也曾子曰樹木以時伐焉禽獸以時殺焉夫子曰斷一樹殺一獸不以其時非孝也（夫子孔子也曾子述其言以云）孝有三小孝用力中孝用勞大孝不匱（勞猶功也）思慈愛忘勞可謂用力矣尊仁安義可謂用勞矣

愽施備物可謂不匱矣思慈愛忘勞思父母之慈愛己而自忘己之勞苦父母愛之嘉而弗忘父母惡之懼而無怨無怨無怨於父母之心父母有過諫而不逆順而諫之父母旣沒必求仁者之粟以祀之此之謂禮終喩貧困猶不取惡人物以事己親樂正子春下堂而傷其足數月不出猶有憂色門弟子曰夫子之足瘳矣數月不出猶有憂色何也樂正子春曰善如爾之問也善如爾之問也吾聞諸曾子曾子聞諸夫子曰天之所生地之所養無人爲大父母全而生之子全而歸之可謂孝

矣不虧其體不辱其身可謂全矣（曾子聞諸夫子述曾子所聞於孔子之言）故君子頃步而弗敢忘孝也今予忘孝之道予是以有憂色也（頃當爲跬聲之誤也予我也）壹舉足而不敢忘父母壹出言而不敢忘父母壹舉足而不敢忘父母是故道而不徑舟而不游不敢以先父母之遺體行殆壹出言而不敢忘父母是故惡言不出於口忿言不反於身不辱其身不羞其親可謂孝矣（徑步邪趨疾也忿言不反於身人不能無忿怒忿怒之言當由其直直則人服不敢以忿言來也）昔者有虞氏貴德而尚齒夏后氏貴爵而尚齒

殷人貴富而尚齒周人貴親而尚齒貴謂燕賜有加於諸臣也尚謂有事尊之於其黨也臣能世祿曰富舜時多仁聖有德後德則在小官虞夏殷周天下之盛王也未有遺年者年之貴乎天下久矣次乎事親也言其先老也是故朝廷同爵則尚齒七十杖於朝君問則席八十不俟朝君問則就之而弟達乎朝廷矣同爵尚齒老者在上也君問則廣爲之布席於堂上而與之言凡朝位立於庭魯哀公問於孔子命席不俟朝君揖之即退不待朝事畢也就之就其家也老而致仕君或不許異其禮而已行肩而不併不錯則隨見老者則車徒辟斑白者不以其任行乎道路而弟達乎道路矣錯鴈行也父黨隨行兄黨鴈行車徒辟乘車步行皆辟老人也斑白者髮雜

色也任所檐持也不以任少者代之居鄉以齒而老窮不遺強不犯弱衆不暴寡而弟達乎州巷矣老窮不遺以鄉人尊而長之雖貧且無子孫無弃忘也一鄉者五州巷猶閭也古之道五十不爲甸徒頒禽隆諸長者而弟達乎獀狩矣四井爲邑四邑爲丘四丘爲甸甸六十四井也以爲軍田出役之法五十始衰不從力役之事也頒之言分也隆猶多也及田者分禽多其老者謂竭作末五十者春獵爲獀冬獵爲狩軍旅什伍同爵則尚齒而弟達乎軍旅矣什伍士卒部曲也少儀曰軍尚左卒尚右孝弟發諸朝廷行乎道路至乎州巷放乎獀狩脩乎軍旅衆以義死之而弗敢犯也死之死此孝弟之禮祀乎明堂所以教諸侯之孝也食三老五更於大學所

以教諸侯之弟也祀先賢於西學所以教諸侯之德也耕藉所以教諸侯之養也朝覲所以教諸侯之臣也五者天下之大教也祀乎明堂宗祀文王西學周小學也先賢有道德王所使教國子者食三老五更於大學天子袒而割牲執醬而饋執爵而酳冕而揔干所以教諸侯之弟也是故鄉里有齒而老窮不遺強不犯弱衆不暴寡此由大學來者也割牲制俎實也冕而揔干親在舞位以樂侑食也教諸侯之弟次事親天子設四學當入學而大子齒四學謂周四郊之虞庠也文王世子曰行一物而三善皆得唯世子而已其齒於學之謂也天子巡守諸侯待于竟天

子先見百年者問其國君以百年者所在而往見之八十九十者東行西行者弗敢過西行東行者弗敢過欲言政者君就之可也弗敢過者謂道經之則見之壹命齒于鄉里再命齒于族三命不齒族有七十者弗敢先此謂鄉射飲酒時也齒者謂以年次立若坐也三命列國之卿也不復齒席之於賓東不敢先族之七十者謂既一人舉觶乃入也雖非族亦然承齒乎族故言族爾七十者不有大故不入朝若有大故而入君必與之揖讓而后及爵者謂致仕在家者其入朝君先與之爲禮而后揖卿大夫士天子有善讓德於天諸侯有善歸諸天子卿大夫有善薦於諸侯士庶人有善本諸父母存諸長

老禄爵慶賞成諸宗廟所以示順也薦進也成諸宗廟於宗廟命之祭統有十倫六曰見爵賞之施焉昔者聖人建陰陽天地之情立以爲易易抱龜南面天子卷冕北面雖有明知之心必進斷其志焉示不敢專以尊天也善則稱人過則稱己教不伐以尊賢也立以爲易易謂作易易抱龜易官名周禮曰大卜大卜主三兆三易三夢之占孝子將祭祀必有齊莊之心以慮事以具服物以脩宮室以治百事謂齊之前後也及祭之日顏色必温行必恐如懼不及愛然如懼不及見其所愛者其奠之也容貌必温身必詘如語焉而未之

然（奠之謂酌尊酒奠之及酳之屬也如語焉而未之然如有所以語親而未見荅）宿者皆出其立卑靜以正如將弗見然（宿者皆出謂賓助祭者事畢出去也如將不見然祭事畢而不知親所在思念之深如不見出也）及祭之後陶陶遂遂如將復入然（思念既深如覩親將復入也陶陶遂遂相隨行之貌）是故慤善不違身耳目不違心思慮不違親結諸心形諸色而術省之孝子之志也（術當爲述聲之誤也）建國之神位右社稷而左宗廟（周尚左也）

祭統第二十五　鄭氏注

凡治人之道莫急於禮禮有五經莫重於祭（禮有五經謂吉禮凶禮賓禮軍禮嘉禮也莫重於祭謂以吉禮爲首也大宗伯職曰以吉禮事邦國之鬼神祇）夫

祭者非物自外至者也自中出生於心也心怵而奉之以禮是故唯賢者能盡祭之義怵感念親之貌也怵或爲述賢者之祭也必受其福非世所謂福也福者備也備者百順之名也無所不順者之謂備言內盡於己而外順於道也忠臣以事其君孝子以事其親其本一也世所謂福者謂受鬼神之祐助也賢者之所謂福者謂受大順之顯名也其本一者言忠孝俱由順出也上則順於鬼神外則順於君長內則以孝於親如此之謂備唯賢者能備能備然後能祭是故賢者之祭也致其誠信與其忠敬

奉之以物道之以禮安之以樂參之以時明薦之而已矣不求其爲此孝子之心也明猶絜也爲謂福祐爲己之報祭者所以追養繼孝也孝者畜也順於道不逆於倫是之謂畜畜謂順於德教是故孝子之事親也有三道焉生則養沒則喪喪畢則祭養則觀其順也喪則觀其哀也祭則觀其敬而時也盡此三道者孝子之行也沒終也既內自盡又外求助昏禮是也故國君取夫人之辭曰請君之玉女與寡人共有敝邑事宗廟社稷此求助之本也言玉女者美言

之也君子於玉比德焉夫祭也者必夫婦親之所以備外內之官也官備則具備具謂所供衆物水草之菹陸產之醢小物備矣三牲之俎八簋之實美物備矣昆蟲之異草木之實陰陽之物備矣水草之菹芹茆之屬陸產之醢蚳蝝之屬天子之祭八簋昆蟲謂溫生寒死之蟲也內則可食之物有蜩范草木之實菱芡榛栗之屬凡天之所生地之所長苟可薦者莫不咸在示盡物也外則盡物內則盡志此祭之心也咸皆也是故天子親耕於南郊以共齊盛王后蠶於北郊以共純服諸侯耕於東郊亦以共齊盛夫人蠶於北郊以共

冕服天子諸侯非莫耕也王后夫人非莫蠶也身致其誠信誠信之謂盡盡之謂敬敬盡然後可以事神明此祭之道也純服亦冕服也互言之爾純以見繒色冕以著祭服東郊少陽諸侯象也夫人不蠶於西郊婦人禮少變也齊或作粢及時將祭君子乃齊齊之爲言齊也齊不齊以致齊者也是故君子非有大事也非有恭敬也則不齊不齊則於物無防也嗜欲無止也及其將齊也防其邪物訖其嗜欲耳不聽樂故記曰齊者不樂言不敢散其志也心不苟慮必依於道手足不苟動必依於

禮（訖猶止也）是故君子之齊也專致其精明之德也故散齊七日以定之致齊三日以齊之定之之謂齊齊者精明之至也然後可以交於神明也（定者定其志意）是故先期旬有一日宮宰宿夫人夫人亦散齊七日致齊三日（宮宰守宮官也宿讀爲肅肅猶戒也戒輕肅重也）君致齊於外夫人致齊於內然後會於大廟君純冕立於阼夫人副禕立於東房君執圭瓚祼尸大宗執璋瓚亞祼及迎牲君執紖卿大夫從士執芻宗婦執盎從夫人薦涚水君執鸞刀羞嚌夫

人薦豆此之謂夫婦親之大廟始祖廟也圭瓚璋瓚裸器也以圭璋爲柄酌鬱鬯曰裸大宗亞裸容夫人有故攝焉紖所以牽牲也周禮作絼芻謂藁也殺牲時用薦之周禮封人祭祀飾牲共其水藁涗盎齊也盎齊涗酌也凡尊有明水因兼云水爾嚌嚌肺祭肺之屬也君以鸞刀割制之天子諸侯之祭禮先有裸尸之事乃後迎牲芻或爲蒭及入舞君執干戚就舞位君爲東上冕而摠干率其羣臣以樂皇尸是故天子之祭也與天下樂之諸侯之祭也與竟內樂之冕而摠干率其羣臣以樂皇尸此與竟內樂之之義也君爲東上近主位也皇君也言君尸者尊之夫祭有三重焉獻之屬莫重於裸聲莫重於升歌舞莫重於武宿夜此周道也武宿夜武曲名也周道猶周之禮凡

三道者所以假於外而以增君子之志也故與志進退志輕則亦輕志重則亦重輕其志而求外之重也雖聖人弗能得也是故君子之祭也必身自盡也所以明重也道之以禮以奉三重而薦諸皇尸此聖人之道也夫祭有餕餕者祭之末也不可不知也是故古之人有言曰善終者如始餕其是已是故古之君子曰尸亦餕鬼神之餘也惠術也可以觀政矣術猶法也爲政尚施惠盡美能知能惠詩云維此惠君民人所瞻是故尸謖君與卿四人餕君起大

夫六人餕臣餕君之餘也大夫起士八人餕賤餕貴之餘也士起各執其具以出陳于堂下百官進徹之下餕上之餘也（進當爲餕聲之誤也）凡餕之道每變以衆所以别貴賤之等而興施惠之象也是故以四簋黍見其脩於廟中也廟中者竟內之象也（鬼神之惠徧廟中如國君之惠徧竟內也）祭者澤之大者也是故上有大澤則惠必及下顧上先下後耳非上積重而下有凍餒之民也是故上有大澤則民夫人待于下流知惠之必將

百官謂有事於君之祭者也既餕乃徹之而去所謂自卑至賤進徹或俱爲餕

至也由餕見之矣故曰可以觀政矣鬼神有祭不獨饗之使人餕之恩澤之大者也國君有蓄積不獨食之亦以施惠於竟內也夫祭之爲物大矣其興物備矣順以備者也其教之本與爲物猶爲禮也興物謂薦百品是故君子之教也外則教之以尊其君長內則教之以孝於其親是故明君在上則諸臣服從崇事宗廟社稷則子孫順孝盡其道端其義而教生焉崇猶尊也是故君子之事君也必身行之所不安於上則不以使下所惡於下則不以事上非諸人行諸己非教之道也必身行之言恕己乃行之是故君子

之教也必由其本順之至也祭其是與故曰祭者教之本也已教由孝順生也夫祭有十倫焉見事鬼神之道焉見君臣之義焉見父子之倫焉見貴賤之等焉見親疏之殺焉見爵賞之施焉見夫婦之别焉見政事之均焉見長幼之序焉見上下之際焉此之謂十倫倫猶義也鋪筵設同几爲依神也詔祝於室而出于祊此交神明之道也同之言詷也祭者以其妃配亦不特几也詔祝告事於尸也出於祊謂索祭也君迎牲而不迎尸别嫌也尸在廟門外則疑於臣在廟中則全於君君

在廟門外則疑於君入廟門則全於臣全於子是故不出者明君臣之義也（不迎尸者欲全其尊也尸神象也鬼神之尊在廟中人君之尊出廟門則伸）夫祭之道孫爲王父尸所使爲尸者於祭者子行也父北面而事之所以明子事父之道也此父子之倫也（子行猶子列也祭祖則用孫列皆取於同姓之適子也天子諸侯之祭朝事延尸於戶外是以有北面事尸之禮）尸飲五君洗玉爵獻卿尸飲七以瑤爵獻大夫尸飲九以散爵獻士及羣有司皆以齒明尊卑之等也（尸飲五謂酳尸五獻也大夫士祭三獻而獻賓）夫祭有昭穆昭穆者所以別父子遠近長幼親疏之序而

無亂也是故有事於大廟則羣昭羣穆咸在而不失其倫此之謂親疏之殺也昭穆咸在同宗父子皆來古者明君爵有德而祿有功必賜爵祿於大廟示不敢專也故祭之日一獻君降立于阼階之南南鄉所命北面史由君右執策命之再拜稽首受書以歸而舍奠于其廟此爵賞之施也一獻酳尸也舍當爲釋聲之誤也非時而祭曰奠君卷冕立于阼夫人副褘立于東房夫人薦豆執校執醴授之執鐙尸酢夫人執柄夫人受尸執足夫婦相授受不相襲處酢必易

爵明夫婦之別也校豆中央直者也執醴授醴之人授夫人以豆則執鐙鐙豆下跗也凡爲俎者以骨爲主骨有貴賤殷人貴髀周人貴肩凡前貴於後俎者所以明祭之必有惠也是故貴者取貴骨賤者取賤骨貴者不重賤者不虛示均也惠均則政行政行則事成事成則功立功之所以立者不可不知也俎者所以明惠之必均也善爲政者如此故曰見政事之均焉殷人貴髀爲其厚也周人貴肩爲其顯也凡前貴於後謂脊脅臂臑之屬凡賜爵昭爲一穆爲一昭與昭齒穆與穆齒凡羣有司皆以齒此

之謂長幼有序昭穆猶特牲少牢饋食之禮衆兄弟也羣有司猶衆賓下及執事者君賜之爵謂若酬之夫祭有畀煇胞翟閽者惠下之道也唯有德之君爲能行此明足以見之仁足以與之畀之爲言與也能以其餘畀其下者也煇者甲吏之賤者也胞者肉吏之賤者也翟者樂吏之賤者也閽者守門之賤者也古者不使刑人守門此四守者吏之至賤者也尸又至尊以至尊既祭之末而不忘至賤而以其餘畀之是故明君在上則竟內之民無凍餒者矣此之謂上下之際

明足以見之見此畀者也仁足以與之與此畀者也煇周禮作韗謂韗磔皮革之官也翟謂教羽舞者也古者不使刑人守門謂夏殷時凡祭有四時春祭曰礿夏祭曰禘秋祭曰嘗冬祭曰烝謂夏殷時禮也礿禘陽義也嘗烝陰義也禘者陽之盛也嘗者陰之盛也故曰莫重於禘嘗夏者尊卑著而秋萬物成古者於禘也發爵賜服順陽義也於嘗也出田邑發秋政順陰義也言爵命屬陽國邑屬陰故記曰嘗之日發公室示賞也草艾則墨未發秋政則民弗敢草也發公室出賞物也草艾謂艾取草也秋草木成可芟艾給爨亨時則始行小刑也故曰禘嘗之義大矣治國之本也不可不知也明其

義者君也能其事者臣也不明其義君人不全不能其事爲臣不全（全猶具也）夫義者所以濟志也諸德之發也是故其德盛者其志厚其志厚者其義章其義章者其祭也敬祭敬則竟內之子孫莫敢不敬矣（濟成也發謂機發也）（竟內之子孫萬人爲子孫）是故君子之祭也必身親涖之有故則使人可也雖使人也君不失其義者君明其義故也（涖臨也君不失其義者言君雖不自親祭祭禮無闕於君德不損也）其德薄者其志輕疑於其義而求祭使之必敬也弗可得已祭而不敬何以爲民父母

矣夫鼎有銘銘者自名也自名以稱揚其先祖之美而明著之後世者也爲先祖者莫不有美焉莫不有惡焉銘之義稱美而不稱惡此孝子孝孫之心也唯賢者能之（銘謂書之刻之以識事者也自名謂稱揚其先祖之德著己名於下）銘者論譔其先祖之有德善功烈勳勞慶賞聲名列於天下而酌之祭器自成其名焉以祀其先祖者也顯揚先祖所以崇孝也身比焉順也明示後世教也（烈業也王功曰勳事功曰勞酌之祭器言斟酌其美傳著於鐘鼎也身比焉謂自著名於下也順也自著名以稱揚先祖之德孝順之行也教也所以教後世）夫銘者壹稱而上

下皆得焉耳矣是故君子之觀於銘也既美其所稱又美其所爲美其所爲美此人爲此銘爲之者明足以見之仁足以與之知足以利之可謂賢矣賢而勿伐可謂恭矣明足以見之見其先祖之美也仁足以與之與其先祖之銘也非有仁恩君不使與之也知足以利之利己名得比於先祖故衛孔悝之鼎銘曰六月丁亥公假于大廟孔悝衛大夫也公衛莊公蒯聵也得孔悝之立己依禮褒之以靜國人自固也假至也至於大廟謂以夏之孟夏禘祭公曰叔舅乃祖莊叔左右成公成公乃命莊叔隨難于漢陽即宮于宗周奔走無射公曰叔舅者公爲策書尊呼孔悝而命之也乃猶女也莊叔悝七世之祖衛大夫孔達也隨難者謂成公爲晉文公所伐出奔楚命莊叔從焉漢楚之川也即宮於宗周後反得國

坐殺弟叔武晉人執而歸之於京師寘之深室也射厭也言莊叔常奔走至勞苦而不厭倦也周既去鎬京猶名王城爲宗周也

啓右獻公獻公乃命成叔纂乃祖服獻公衞侯衍成公曾孫也亦失國得反言莊叔之功流於後世啓右獻公使得反國也成叔莊叔之孫成子烝鉏也右助也纂繼也服事也獻公反國命成子繼女祖莊叔之事欲其忠如孔達也

乃考文叔興舊嗜欲作率慶士躬恤衞國其勤公家夙夜不解民咸曰休哉文叔者成叔之曾孫文子圉即悝父也作起也率循也慶善也士之言事也言文叔能與行先祖之舊德起而循其善事

公曰叔舅予女銘若纂乃考服若乃猶女也公命悝予女先祖以銘以尊顯之女繼女父之事欲其忠如文子也成公獻公莊公皆失國得反言孔氏世有功焉寵之也

悝拜稽首曰對揚以辟之對遂也辟明也言遂揚君命以明我先祖之德也

勤大命施于烝彝鼎施猶著也言我將行君之命又刻著於烝祭之彝尊

也周禮大約劑書於宗彝此衛孔悝之鼎銘也言銘之類衆多也略取此一以言之古之君子論譔其先祖之美而明著之後世者也以比其身以重其國家如此如莊公命孔悝之爲也莊公孔悝雖無令德以終其事於禮是行之非子孫之守宗廟社稷者其先祖無美而稱之是誣也有善而弗知不明也知而弗傳不仁也此三者君子之所恥也昔者周公旦有勳勞於天下周公既沒成王康王追念周公之所以勳勞者而欲尊魯故賜之以重祭外祭則郊社是也內祭則大嘗禘是也言此者王室所銘若周公之功夫大

嘗禘升歌清廟下而管象朱干玉戚以舞大武八佾以舞大夏此天子之樂也康周公故以賜魯也清廟頌文王之詩也管象吹管而舞武象之樂也朱干赤盾戚斧也此武象之舞所執也佾猶列也大夏禹樂文舞也執羽籥文武之舞皆八列互言之耳康猶褒大也易晉卦曰康侯用錫馬子孫纂之至于今不廢所以明周公之德而又以重其國也不廢不廢其此禮樂也重猶尊也

禮記卷第十四

經七千四百六十字
注五千五百二十三字

嘉慶丙寅五月陽城

張氏影摹宋本重刊

禮記卷第十五

經解第二十六　鄭氏注

孔子曰入其國其教可知也（觀其風俗則知其所以教）其爲人也温柔敦厚詩教也疏通知遠書教也廣博易良樂教也絜靜精微易教也恭儉莊敬禮教也屬辭比事春秋教也（屬猶合也春秋多記諸侯朝聘會同有相接之辭罪辯之事）故詩之失愚書之失誣樂之失奢易之失賊禮之失煩春秋之失亂（失謂不能節其教者也詩敦厚近愚書知遠近誣易精微愛惡相攻遠近相取則不能容人近於傷害春秋習戰爭之事近亂）其爲人也温柔敦厚而不愚則深於詩者也

疏通知遠而不誣則深於書者也廣博易良而不奢則深於樂者也絜靜精微而不賊則深於易者也恭儉莊敬而不煩則深於禮者也屬辭比事而不亂則深於春秋者也言深者既能以教又防其失天子者與天地參故德配天地兼利萬物與日月並明明照四海而不遺微小其在朝廷則道仁聖禮義之序燕處則聽雅頌之音行步則有環佩之聲升車則有鸞和之音居處有禮進退有度百官得其宜萬事得其序詩云淑人君子

其儀不忒其儀不忒正是四國此之謂也道猶言也環佩佩環佩玉也所以爲行節也玉藻曰進則揖之退則揚之然後玉鏘鳴也環取其無窮止玉則比德焉孔子佩象環五寸人君之環其制未聞也鸞和皆鈴也所以爲車行節也韓詩内傳曰鸞在衡和在軾前升車則馬動馬動則鸞鳴鸞鳴則和應居處朝廷與燕也進退行步與升車也發号出令而民説謂之和上下相親謂之仁民不求其所欲而得之謂之信除去天地之害謂之義義與信和與仁霸王之器也有治民之意而無其器則不成器謂所操以作事者也義信和仁皆存乎禮禮之於正國也猶衡之於輕重也繩墨之於曲直也規矩之於方圜也故衡誠縣不可欺以輕重繩

墨誠陳不可欺以曲直規矩誠設不可欺以方圜君子審禮不可誣以姦詐衡稱也縣謂錘也陳設謂彈畫也誠猶審也或作成是故隆禮由禮謂之有方之士不隆禮不由禮謂之無方之民敬讓之道也故以奉宗廟則敬以入朝廷則貴賤有位以處室家則父子親兄弟和以處鄉里則長幼有序孔子曰安上治民莫善於禮此之謂也隆禮謂盛行禮也方猶道也春秋傳曰教之以義方故朝覲之禮所以明君臣之義也聘問之禮所以使諸侯相尊敬也喪祭之禮所以明臣子之恩也

鄉飲酒之禮所以明長幼之序也昏姻之禮所以明男女之別也夫禮禁亂之所由生猶坊止水之所自來也故以舊坊爲無所用而壞之者必有水敗以舊禮爲無所用而去之者必有亂患春見曰朝小聘曰問其篇今亡昏姻謂嫁取也壻曰昏妻曰姻自亦由也故昏姻之禮廢則夫婦之道苦而淫辟之罪多矣鄉飲酒之禮廢則長幼之序失而爭鬭之獄繁矣喪祭之禮廢則臣子之恩薄而倍死忘生者衆矣聘覲之禮廢則君臣之位失諸侯之行惡而倍畔侵

陵之敗起矣苦謂不至不荅之屬故禮之教化也微其止邪也於未形使人日徙善遠罪而不自知也是以先王隆之也易曰君子愼始差若豪氂繆以千里此之謂也隆謂尊盛之也始謂其微時也

哀公問第二十七　　鄭氏注

哀公問於孔子曰大禮何如君子之言禮何其尊也孔子曰丘也小人不足以知禮謙不荅也君曰否吾子言之也孔子曰丘聞之民之所由生禮爲大非禮無以節事天地之神也非禮無以辨君臣上下長幼之位也

非禮無以別男女父子兄弟之親昏姻疏數之交也君子以此之爲尊敬然言君子以此故尊禮然後以其所能教百姓不廢其會節君子以其所能於禮教百姓使其不廢此上事之期節有成事然後治其雕鏤文章黼黻以嗣上事行於民有成功乃後續以治文飾以爲尊卑之差其順之然後言其喪筭備其鼎俎設其豕腊脩其宗廟歲時以敬祭祀以序宗族即安其居節醜其衣服卑其宮室車不雕幾器不刻鏤食不貳味以與民同利昔之君子之行禮者如此言語也筭數也即就也醜類也幾附纏之也言君子既尊禮民以爲順乃後語以喪祭之禮就安其居處正其

衣服敎之節儉與之同利者上下俱足也公曰今之君子胡莫之行也孔子曰今之君子好實無厭淫德不倦荒怠敖慢固民是盡午其衆以伐有道求得當欲不以其所昔之用民者由前今之用民者由後今之君子莫爲禮也實猶富也淫放也固猶故也午其衆逆其族類也當猶稱也所猶道也由前用上所言由後用下所言孔子侍坐於哀公哀公曰敢問人道誰爲大孔子愀然作色而對曰君之及此言也百姓之德也固臣敢無辭而對人道政爲大愀然變動貌也作猶變也德猶福也辭讓也公曰敢問何謂爲政孔子對曰政者正也

君爲正則百姓從政矣君之所爲百姓之所從也君所不爲百姓何從言君當務於政公曰敢問爲政如之何孔子對曰夫婦別父子親君臣嚴三者正則庶物從之矣庶物猶衆事也公曰寡人雖無似也願聞所以行三言之道可得聞乎無似猶言不肖孔子對曰古之爲政愛人爲大所以治愛人禮爲大所以治禮敬爲大敬之至矣大昏爲大大昏至矣大昏既至冕而親迎親之也親之也者親之也是故君子興敬爲親舍敬是遺親也弗愛不親

弗敬不正愛與敬其政之本與大昏國君取禮也至矣言至大也與敬爲親言相敬則親巳重乎巳猶大也恠親迎乃服祭服孔子愀然作色而對曰合二姓之好以繼先聖之後以爲天地宗廟社稷之主君何謂巳重乎先聖周公也公曰寡人固不固焉得聞此言也寡人欲問不得其辭請少進固不固言吾由鄙固故也請少進欲其爲言以曉巳孔子曰天地不合萬物不生大昏萬世之嗣也君何謂巳重焉孔子遂言曰内以治宗廟之禮足以配天地之神明出以治直言之禮足

以立上下之敬物恥足以振之國恥足以興之爲政先禮禮其政之本與（宗廟之禮祭宗廟也夫婦配天地有日月之象焉禮器曰君在阼夫人在房大明生於東月生於西此陰陽之分夫婦之位也直猶正也正言謂出政教也政教有夫婦之禮焉昏義曰天子聽外治后聽內職教順成俗外內和順國家理治此之謂盛德物猶事也事恥臣恥也振猶救也國恥君恥也君臣之行有可恥者禮足以救之足以興復之）孔子遂言曰昔三代明王之政必敬其妻子也有道妻也者親之主也敢不敬與子也者親之後也敢不敬與君子無不敬也敬身爲大身也者親之枝也敢不敬與不能敬其身是傷其親傷其親是傷其本傷其本枝從而亡三者

百姓之象也身以及身子以及子妃以及妃君行此三者則愾乎天下矣大王之道也如此國家順矣愾猶至也大王居豳爲狄所伐乃曰土地所以養人也君子不以其所養害所養乃去之岐是言百姓之身猶吾身也百姓之妻子猶吾妻子也不忍以土地之故而害之去之岐而王迹興焉公曰敢問何謂敬身孔子對曰君子過言則民作辭過動則民作則君子言不過辭動不過則百姓不命而敬恭如是則能敬其身能敬其身則能成其親矣則法也民者化君者也君之言雖過民猶稱其辭君之行雖過民猶以爲法公曰敢問何謂成親孔子對曰君子也者人之成名也百姓歸之名謂之

君子之子是使其親爲君子也是爲成其親之名也已孔子遂言曰古之爲政愛人爲大不能愛人不能有其身不能有其身不能安土不能安土不能樂天不能樂天不能成其身（有猶保也不能保身者言人將害之也不能安土動移失業也不能樂天不知已過而怨天也）公曰敢問何謂成身孔子對曰不過乎物（物猶事也）公曰敢問君子何貴乎天道也孔子對曰貴其不已如日月東西相從而不已也是天道也不閉其久是天道也無爲而物成是天道也已成而明是天道也（已猶止也是天

（道也者言人君法之當如是也日月相從君臣相朝會也不閑其久通其政教不可以倦無爲而成使民不可以煩也已成而明照察有功）公曰寡人惷愚冥煩子志之心也（志讀爲識識知也冥煩者言不能明理此事子之心所知也欲其要言使易行）孔子蹴然辟席而對曰仁人不過乎物孝子不過乎物是故仁人之事親也如事天事天如事親是故孝子成身（蹴然敬貌物猶事也事親事天孝敬同也孝經曰事父孝故事天明舉無過事以孝事親是所以成身）公曰寡人既聞此言也無如後罪何（既聞此言也者欲勤行之也無奈後日過於事之罪何爲謙辭）孔子對曰君之及此言也是臣之福也（善哀公及此言此言善言也）

仲尼燕居第二十八　鄭氏注

仲尼燕居子張子貢言游侍縱言至於禮言游言偃子游也縱言汎説事子曰居女三人者吾語女禮使女以禮周流無不徧也居女三人者女三人且坐也使之坐凡與尊者言更端則起子貢越席而對曰敢問何如對應也子曰敬而不中禮謂之野恭而不中禮謂之給勇而不中禮謂之逆子曰給奪慈仁奪猶亂也巧言足恭之人似慈仁實鮮仁特言是者感子貢也子貢辯近於給子曰師爾過而商也不及子產猶衆人之母也能食之不能教也過與不及言敏鈍不同俱違禮也衆人之母言子產慈仁多不矜莊又與子張相反子產嘗以其乘車濟冬涉者而車梁不成是慈仁亦違禮子貢越席而對曰敢問將何以爲此中

者也子曰禮乎禮夫禮所以制中也禮乎禮唯有禮也子貢退言游進曰敢問禮也者領惡而全好者與子曰然領猶治也好善也然則何如子曰郊社之義所以仁鬼神也嘗禘之禮所以仁昭穆也饋奠之禮所以仁死喪也射鄉之禮所以仁鄉黨也食饗之禮所以仁賓客也仁猶存也凡存此者所以全善之道也郊社嘗禘饋奠存死之善者也射鄉食饗存生之善者也郊有后稷社有句龍子曰明乎郊社之義嘗禘之禮治國其如指諸掌而已乎是故以之居處有禮故長幼辨也以之閨門之內有禮故三族和也以

之朝廷有禮故官爵序也以之田獵有禮故戎事閑也以之軍旅有禮故武功成也是故宮室得其度量鼎得其象味得其時樂得其節車得其式鬼神得其饗喪紀得其哀辨說得其黨官得其體政事得其施加於身而錯於前凡衆之動得其宜治國指諸掌言易知也郊社嘗禘尊卑之事有治國之象焉辨别也三族父子孫也凡言得者得法於禮也量豆區斗斛也味酸苦之屬也四時有所多及獻所宜也式謂載也所載有尊卑辨禮之説謂禮樂之官教學者黨類也體尊卑異而合同子曰禮者何也即事之治也君子有其事必有其治治國而無禮譬猶瞽之無相與倀倀乎其

何之辟如終夜有求於幽室之中非燭何見若無禮則手足無所錯耳目無所加進退揖讓無所制是故以之居處長幼失其別閨門三族失其和朝廷官爵失其序田獵戎事失其策軍旅武功失其制宮室失其度量鼎失其象味失其時樂失其節車失其式鬼神失其饗喪紀失其哀辨說失其黨官失其體政事失其施加於身而錯於前凡衆之動失其宜如此則無以祖洽於衆也凡言失者無禮故也策謀也祖始也洽合也言失禮無以爲衆倡始無以合和衆子曰愼聽之女三人

者吾語女禮猶有九焉大饗有四焉苟知此矣雖在畎畝之中事之聖人巳兩君相見揖讓而入門入門而縣興揖讓而升堂升堂而樂闋下管象武夏籥序興陳其薦俎序其禮樂備其百官如此而后君子知仁焉行中規還中矩和鸞中采齊客出以雍徹以振羽是故君子無物而不在禮矣入門而金作示情也升歌清廟示德也下而管象示事也是故古之君子不必親相與言也以禮樂相示而巳猶有九焉吾所欲語女餘有九也但大饗有四大饗謂饗諸侯來朝者也四者謂金再作升歌清廟下管象也事之謂立

小二百九十二字

置於位也聖人已者是聖人也縣興金作也金再作者獻主君又作也下謂堂下也象武武舞也夏籥文舞也序更也堂下吹管舞文武之樂更起也知仁焉知禮樂所存也采齊雍振羽皆樂章也振羽振鷺及雍金作示情也賓主人各以情相示也金性內明象人情也示德也相示以德也清廟頌文王之德示事也相示以事也武象武王之大事也子曰禮也者理也樂也者節也君子無理不動無節不作不能詩於禮繆不能樂於禮素薄於德於禮虛繆誤也素猶質也歌詩所以通禮意也作樂所以同成禮文也崇德所以實禮行也王制曰樂正崇四術立四教順先王詩書禮樂以造士春秋教以禮樂冬夏教以詩書王大子王子羣后之大子卿大夫元士之適子國之俊選皆造焉則古之人皆知諸侯之禮樂子曰制度在禮文爲在禮行之其在人乎文爲文章所爲子貢越席而對曰敢問夔其窮與見其不達於禮子曰古之人與古之人也達

於禮而不達於樂謂之素達於樂而不達
於禮謂之偏夫夔達於樂而不達於禮是
以傳於此名也古之人也素與偏俱不備耳夔達於樂傳世名此賢人也非不能非所謂窮子張問政子曰師乎前吾語女乎君
子明於禮樂舉而錯之而已言禮樂足以為政也錯猶施行也子
張復問子曰師爾以為必鋪几筵升降酌
獻酬酢然後謂之禮乎爾以為必行綴兆
興羽籥作鐘鼓然後謂之樂乎言而履之
禮也行而樂之樂也君子力此二者以南
面而立夫是以天下大平也諸侯朝萬物

服體而百官莫敢不承事矣禮之所興衆之所治也禮之所廢衆之所亂也目巧之室則有奧阼席則有上下車則有左右行則有隨立則有序古之義也室而無奧阼則亂於堂室也席而無上下則亂於席上也車而無左右則亂於車也行而無隨則亂於塗也立而無序則亂於位也昔聖帝明王諸侯辨貴賤長幼遠近男女外内莫敢相踰越皆由此塗出也服體體服也謂萬物之符長皆來爲瑞應也衆之所治衆之所以治也衆之所亂衆之所以亂也目巧謂但用巧目善意作室不由法度猶有奧阼賓主之處也自目巧以下古今

常事不可廢改也三子者既得聞此言也於夫子昭然若發矇矣乃曉禮樂不可廢改之意也

孔子閒居第二十九　鄭氏注

孔子閒居子夏侍子夏曰敢問詩云凱弟君子民之父母何如斯可謂民之父母矣凱弟樂易也孔子曰夫民之父母乎必達於禮樂之原以致五至而行三無以橫於天下四方有敗必先知之此之謂民之父母矣原猶本也橫充也敗謂禍烖也子夏曰民之父母既得而聞之矣敢問何謂五至孔子曰志之所至詩亦至

焉詩之所至禮亦至焉禮之所至樂亦至焉樂之所至哀亦至焉哀樂相生是故正明目而視之不可得而見也傾耳而聽之不可得而聞也志氣塞乎天地此之謂五至（凡言至者至於民也志謂恩意也言君恩意至於民則其詩亦至也詩謂好惡之情也自此以下皆謂民之父母者善推其所有以與民共之人耳不能聞目不能見行之在胷心也　塞滿也）子夏曰五至既得而聞之矣敢問何謂三無孔子曰無聲之樂無體之禮無服之喪此之謂三無子夏曰三無既得略而聞之矣敢問何詩近之（於意未察求其類於詩詩長人情）孔子曰夙夜其命宥密無聲

之樂也威儀逮逮不可選也無體之禮也凡民有喪匍匐救之無服之喪也詩讀其爲基聲之誤也基謀也密靜也言君夙夜謀爲政教以安民則民樂之此非有鐘鼓之聲也逮逮安和之貌也言君之威儀安和逮逮然則民傚之此非有升降揖讓之禮也救之賙恤之言君於民有喪有以賙恤之則民傚之此非有衰絰之服子夏曰言則大矣美矣盛矣言盡於此而已乎孔子曰何爲其然也君子之服之也猶有五起焉言盡於此乎意以爲說未盡也服猶習也君子習讀此詩起此之義其說有五也子夏曰何如孔子曰無聲之樂氣志不違無體之禮威儀遲遲無服之喪內恕孔悲無聲之樂氣志既得無體之禮威儀翼翼無服之

喪施及四國無聲之樂氣志既從無體之禮上下和同無服之喪以畜萬邦無聲之樂日聞四方無體之禮日就月將無服之喪純德孔明無聲之樂氣志既起無體之禮施及四海無服之喪施于孫子不違者民不違君之氣志也孔甚也施易也從順也畜孝也使萬邦之民競爲孝也就成也將大也使民之傚禮日有所成至月則大矣起猶行也

子夏曰三王之德參於天地敢問何如斯可謂參天地矣孔子曰奉三無私以勞天下三王謂禹湯文王也參天地者其德與天地爲三也勞勞來　子夏曰敢問何謂三無私孔子曰天無私覆地無私載日月

無私照奉斯三者以勞天下此之謂三無私其在詩曰帝命不違至于湯齊湯降不遲聖敬日齊昭假遲遲上帝是祗帝命式于九圍是湯之德也帝天帝也詩讀湯齊爲湯躋躋升也降下也齊莊也昭明也假至也祗敬也式用也九圍九州之界也此詩云般之先君其爲政不違天之命至於湯升爲君又下天之政教甚疾其聖敬日莊嚴其明道至於民遲遲然安和天是用敬之命之用事於九州謂使王也是湯之德者是湯奉天無私之德也天有四時春秋冬夏風雨霜露無非教也地載神氣神氣風霆風霆流形庶物露生無非教也言天之施化收殺地之載生萬物此非有所私也無非教者皆人君所當奉行以爲政教清明在躬氣志如神嗜欲將至有開必先天

降時雨山川出雲其在詩曰嵩高惟嶽峻極于天惟嶽降神生甫及申惟申及甫惟周之翰四國于蕃四方于宣此文武之德也清明在躬氣志如神謂聖人也嗜欲將至謂其王天下之期將至也神有以開之必先爲之生賢知之輔佐若天將降時雨山川爲之先出雲矣峻高大也翰幹也言周道將興五嶽爲之生賢輔佐仲山甫及申伯爲周之幹臣天下之蕃衞宣德於四方以成其王功此文武之德也是文王武王奉天地無私之德也此宣王詩也文武之時其德如此而詩無以言之取類以明之三代之王也必先其令聞詩云明明天子令聞不已三代之德也令善也言以名德善聞天乃命之王也不已不倦止也弛其文德協此四國大王之德也弛施也協和也大王文王之祖周道將興始有令聞子夏蹶然而起負牆而立曰

弟子敢不承乎承奉承不失墜也起負牆者所問竟辟後來者

坊記第三十　鄭氏注

子言之君子之道辟則坊與坊民之所不足者也民所不足謂仁義之道也失道則放辟邪侈也大爲之坊民猶踰之言嚴其禁尚不能止況不禁乎故君子禮以坊德刑以坊淫命以坊欲命謂教令子云小人貧斯約富斯驕約斯盜驕斯亂約猶窮也禮者因人之情而爲之節文以爲民坊者也故聖人之制富貴也使民富不足以驕貧不至於約貴不慊於上故亂益亡此節文者謂農有田里之差士有爵命之級也慊恨不滿之貌也慊或爲嫌子云

貧而好樂富而好禮衆而以寧者天下其幾矣言如此者寡也寧安也大族衆家恒多爲亂詩云民之貪亂寧爲荼毒言民之貪爲亂者安其荼毒之行惡之也故制國不過千乘都城不過百雉家富不過百乘以此坊民諸侯猶有畔者古者方十里其中六十四井出兵車一乘此兵賦之法也成國之賦千乘雉度名也高一丈長三丈爲雉百雉爲長三百丈方五百步子男之城方五里百雉者此謂大都三國之一子云夫禮者所以章疑別微以爲民坊者也故貴賤有等衣服有別朝廷有位則民有所讓位朝位也子云天無二日土無二王家無二主尊無二上示民有君臣之別也春秋不稱楚越之

王喪禮君不稱天大夫不稱君恐民之惑也楚越之君僭號稱王不稱其喪謂不書葬也春秋傳曰吳楚之君不書葬辟其僭號也臣者天君稱天子爲天王稱諸侯不言天公辟王也大夫有臣者稱之曰主不言君辟諸侯也此者皆爲使民疑惑不知孰者尊也周禮曰主友之讎視從父昆弟詩云相彼盍旦尚猶患之盍旦夜鳴求旦之鳥也求不可得也人猶惡其欲反晝夜而亂晦明況於臣之僭君求不可得之類亂上下惑衆也子云君不與同姓同車與異姓同車不同服示民不嫌也以此坊民民猶得同姓以弒其君同姓者謂先王先公子孫有繼及之道者也其非此則無嫌也僕右恒朝服君則各以時事唯在軍同服爾子云君子辭貴不辭賤辭富不辭貧則亂益亡亡無也故君子與其使食浮於人也寧使人浮於食食謂祿也在上

曰浮祿勝己則近貪己勝祿則近廉子云觴酒豆肉讓而受惡民猶犯齒衽席之上讓而坐下民猶犯貴朝廷之位讓而就賤民猶犯君犯猶僭也齒年也禮六十以上籩豆有加貴秩異者詩云民之無良相怨一方受爵不讓至于己斯亡良善也言無善之人善遥相怨貪爵祿好得無讓以至亡己子云君子貴人而賤己先人而後己則民作讓故稱人之君曰君自稱其君曰寡君寡君猶言少德之君言之謙子云利祿先死者而後生者則民不偝先亡者而後存者則民可以託言不偷於死亡則於生存信詩云先君之思以畜寡人此衛夫人定姜之詩也定姜無子立庶子衎是爲獻公畜孝也

獻公無禮於定姜定姜作詩言獻公當思先君定公以孝於寡人以此坊民民猶偝死而號無告死者見偝其家之老弱號呼稱寃無所告無理也子云有國家者貴人而賤祿則民興讓尚技而賤車則民興藝言人君貴尚賢者能者而不吝於班祿賜車服則讓道興賢者能者人所服也技猶藝也故君子約言小人先言言人尚德不尚言也約與先互言爾君子約則小人多矣小人先則君子後矣易曰君子以多識前言往行以畜其德子云上酌民言則下天上施上不酌民言則犯也下不天上施則亂也酌猶取也取衆民之言以爲政教則得民心得民心則恩澤所加民受之如天矣言其尊故君子信讓以涖百姓則民之報禮重涖臨也報禮重者猶言能死其難詩云先民有言詢于芻蕘先民謂上古之君也詢謀也芻蕘下民之事也

言古之人君將有政教必謀之於庶民乃施之子云善則稱人過則稱己則民不爭善則稱人過則稱己則怨益亡詩云爾卜爾筮履無咎言爾女也履禮也言女鄉卜筮然後與我爲禮則無咎惡之言矣言惡在己彼過淺子云善則稱人過則稱己則民讓善詩云考卜惟王度是鎬京惟龜正之武王成之度謀也鎬京鎬宮也言武王卜而謀居此鎬邑龜則出吉兆正之武王築成之此且歸美於君子云善則稱君過則稱己則民作忠君陳曰爾有嘉謀嘉猷入告爾君于內女乃順之于外曰此謀此猷惟我君之德於乎是惟良顯哉君陳蓋周公之子伯禽弟也名篇在尚書今亡嘉善也猷道也於乎是惟良顯哉美

君之德

子云善則稱親過則稱己則民作孝大誓曰予克紂非予武惟朕文考無罪紂克予非朕文考有罪惟予小子無良大誓尚書篇名也克勝也非予武非我武功也文考文王也無罪則言有德也無良無功善也此武王誓衆以伐紂之辭也今大誓無此章則其篇散亡

子云君子弛其親之過而敬其美弛猶弃忘也孝子不藏識父母之過論語曰三年無改於父之道可謂孝矣不以已善駁親之過高宗云三年其惟不言言乃讙高宗殷王武丁也名篇在尚書三年不言有父小乙喪之時也讙當爲歡聲之誤也其既言天下皆歡喜樂其政教也

子云從命不忿微諫不倦勞而不怨可謂孝矣微諫不倦者子於父母尚和順不用鄂鄂論語曰事父母幾諫見志不從又敬不違内則曰父母有過下氣怡色柔

聲以諫諫若不入起敬起孝說則復諫此所謂不倦詩云孝子不匱匱乏也孝子無乏止之時

子云睦於父母之黨可謂孝矣睦厚也黨猶親也故君子因睦以合族合族謂與族人燕與族人食詩云此令兄弟綽綽有裕不令兄弟交相爲瘉令善也綽綽寬容貌交猶更也瘉病也

子云於父之執可以乘其車不可以衣其衣君子以廣孝也父之執與父執志同者也可以乘其車車於身差遠也謂令與己位等

子云小人皆能養其親君子不敬何以辨辨別也

子云父子不同位以厚敬也同位尊卑等爲其相褻書云厥辟不辟忝厥祖厥其也辟君也忝辱也爲君不君與臣子相褻則辱先祖矣君父之道宜尊嚴

子云父母在不稱老言孝不言

慈閨門之内戲而不歎孝上施言慈則嫌下流也戲謂孺子言笑者也孟子曰舜年五十而不失其孺子之心歎謂有憂戚之聲也君子以此坊民民猶有薄於孝而厚於慈子云長民者朝廷敬老則民作孝長民謂天子諸侯也子云祭祀之有尸也宗廟之有主也示民有事也脩宗廟敬祀事教民追孝也有事有所尊事以此坊民民猶忘其親子云敬則用祭器祭器籩豆簠簋鉶之屬也有敬事於賔客則用之謂饗食也盤盂之屬爲燕器故君子不以菲廢禮不以美沒禮言不可以其薄不及禮而不行禮亦不可以其美過禮而去禮禮主敬廢滅之是不敬故食禮主人親饋則客祭主人不親饋則客不祭故君子苟無

禮雖美不食焉易曰東鄰殺牛不如西鄰之禴祭寔受其福東鄰謂紂國中也西鄰謂文王國中也此辭在旣濟旣濟離下坎上離爲牛坎爲豕西鄰禴祭則用豕與言殺牛而凶不如殺豕受福喻奢而慢不如儉而敬也春秋傳曰黍稷非馨明德惟馨信矣詩云旣醉以酒旣飽以德言君子饗燕非專爲酒肴亦以觀威儀講德美以此示民民猶爭利而忘義子云七日戒三日齊承一人焉以爲尸過之者趨走以敎敬也戒謂散齊也承猶事也醴酒在室醍酒在堂澄酒在下示民不淫也淫猶貪也澄酒清酒也三酒尚質不尚味尸飮三衆賓飮一示民有上下也上下猶尊卑也主人主婦上賓獻尸乃後主人降洗爵獻賓因其酒肉聚其宗族以敎民睦也言祭有酒

內羣昭羣穆皆至而獻酬之咸有薦俎故堂上觀乎室堂下觀乎上謂祭時肅敬之威儀也詩云禮儀卒度笑語卒獲卒盡也獲得也言在廟中者不失其禮儀皆歡喜得其節也子云賓禮每進以讓喪禮每加以遠浴於中霤飯於牖下小斂於户內大斂於阼殯於客位祖於庭葬於墓所以示遠也遠之所以崇敬也阼或爲堂殷人弔於壙周人弔於家示民不偝也既葬哀而哭踊於是弔之子云死民之卒事也吾從周周於送死尤備以此坊民諸侯猶有薨而不葬者子云升自客階受弔於賓位教民追孝也謂反哭時也既葬矣猶不由阼階不忍即父位也未沒喪不稱君

示民不爭也故魯春秋記晉喪曰殺其君之子奚齊及其君卓没終也春秋傳曰諸侯於其封內三年稱子至其臣子踰年則謂之君矣奚齊與卓子皆獻公之子也獻公卒其年奚齊殺明年而卓子殺矣以此坊民子猶有弒其父者弒父不子之甚子云孝以事君弟以事長示民不貳也故君子有君不謀仕唯卜之曰稱二君不貳不自貳於尊者也自貳謂若鄭叔段者也君子有君謂君之子父在者也不謀仕嫌遅爲政也卜之曰謂君有故而爲之卜也二當爲貳唯卜之時辭得曰君之貳某爾晉惠公獲於秦命其大夫歸擇立君曰其卜貳圉也喪父三年喪君三年示民不疑也不疑於君之尊也君無骨肉之親不重其服至尊不明父母在不敢有其身不敢私其財示民有上下也身及財皆當統於父母也有猶專也故天子四

海之内無客禮莫敢爲主焉故君適其臣升自阼階即位於堂示民不敢有其室也臣亦統於君父母在饋獻不及車馬示民不敢專也車馬家物之重者以此坊民民猶忘其親而貳其君

子云禮之先幣帛也欲民之先事而後禄也此禮謂所執之摯以見者也既相見乃奉幣帛以脩好也或云禮之先辭而後幣帛先財而後禮則民利財幣帛也利猶貪也無辭而行情則民爭辭辭讓也情主利欲也故君子於有饋者弗能見則不視其饋饋遺也不能見謂有疾也不視猶不内也易曰不耕穫不菑畬凶言必先種之乃得穫若先菑乃得畬也安有無事而取利者乎田一歲曰菑二歲曰畬三歲曰新田以此坊

民民猶貴祿而賤行行猶事也言務得其祿不務其事子云君子不盡利以遺民不與民爭利也詩云彼有遺秉此有不斂穧伊寡婦之利言穫者之遺餘捃拾所以爲利故君子仕則不稼田則不漁食時不力珍大夫不坐羊士不坐犬食時謂食四時之膳也力猶務也天子諸侯有秩膳古者殺牲食其肉坐其皮不坐犬羊是不無故殺之詩云采葑采菲無以下體德音莫違及爾同死葑蔓菁也陳宋之閒謂之葑菲蒠類也下體謂其根也采葑菲之菜者采其葉而可食無以其根美則并取之苦則弃之并取之是盡利也此詩故親今疏者言人之交當如采葑采菲取一善而已君子不求備於一人能如此則德美之音不離令名我願與女同死矣論語曰故舊無大故則不弃也以此坊民民猶忘義而爭利以亡其身子云夫禮坊民

所淫章民之別使民無嫌以爲民紀者也淫猶貪也章明也嫌嫌疑也故男女無媒不交無幣不相見恐男女之無別也重男女之會所以遠別之於禽獸也有幣者必有媒有媒者不必有幣仲春之月會男女之時不必待幣以此坊民民猶有自獻其身獻猶進也詩云伐柯如之何匪斧不克取妻如之何匪媒不得蓺麻如之何橫從其畝取妻如之何必告父母伐柯伐木以爲柯也克能也蓺猶樹也橫從橫行治其田也言取妻之法必有媒如伐柯之必須斧也取妻之道必告父母如樹麻當先易治其田子云取妻不取同姓以厚別也厚猶遠也故買妾不知其姓則卜之妾言買者以其賤同之於衆物也士庶之妾恒多凡庸有不知其姓者以此坊民魯春秋猶去

夫人之姓曰吳其死曰孟子卒吳大伯之後魯同姓也昭公取焉去姬曰吳而已至其死亦略云孟子卒不書夫人某氏薨孟子蓋其且字子云禮非祭男女不交爵交爵謂相獻酢以此坊民陽侯猶殺繆侯而竊其夫人同姓也以貪夫人之色至殺君而立其國未聞故大饗廢夫人之禮大饗饗諸侯來朝者也夫人之禮使人攝子云寡婦之子不有見焉則弗友也君子以辟遠也有見謂睹其才藝也同志爲友故朋友之交主人不在不有大故則不入其門大故喪疾以此坊民民猶以色厚於德子云好德如好色此句似不足論語曰未見好德如好色疾時人厚於色之甚而薄於德也諸侯不下漁色謂不內取於國中也內取國中爲下漁色昏禮始納采謂采擇其可者也國君而內取象捕魚然中網取之是無所擇

故君子遠色以爲民紀故男女授受不親不親者不以手相與也內則曰非祭非喪不相授器其相授則女受以篚其無篚則皆坐奠之而後取之御婦人則進左手御者在右前左手則身微偝之姑姊妹女子子已嫁而反男子不與同席而坐女子十年而不出也嫁及成人可以出矣猶不與男子共席而坐遠別寡婦不夜哭嫌思人道婦人疾問之不問其疾嫌媚略之也問增損而已以此坊民民猶淫泆而亂於族亂族犯非妃匹也子云昏禮壻親迎見於舅姑舅姑承子以授壻恐事之違也舅姑妻之父母也妻之父爲外舅妻之母爲外姑父戒女曰夙夜毋違命母戒女曰毋違宮事以此坊民婦猶有不至者不至不親夫以孝舅姑也春秋成公九年春二月伯姬歸於宋夏五月季孫行父如宋致女是時宋共公不親迎恐

其有違而致之也

禮記卷第十五

經五千五百八十三字
注四千七百五十四字

張敦仁讀過

廣圻審定

嘉慶丙寅五月陽城
張氏影摹宋本重彫

禮記卷第十六

中庸第三十一　鄭氏注

天命之謂性率性之謂道脩道之謂教天命謂天所命生人者也是謂性命木神則仁金神則義火神則禮水神則信土神則知孝經說曰性者生之質命人所稟受度也率循也循性行之是謂道脩治也治而廣之人放傚之是曰教道也者不可須臾離也可離非道也道猶道路也出入動作由之離之惡乎從也是故君子戒愼乎其所不睹恐懼乎其所不聞小人閒居爲不善無所不至也君子則不然雖視之無人聽之無聲猶戒愼恐懼自脩正是其不須臾離道莫見乎隱莫顯乎微故君子愼其獨也愼獨者愼其閒居之所爲小人於隱者動作言語自以爲不見睹不見聞則必肆盡其情也若有佔聽之者是爲顯見甚於衆人之中爲之喜怒哀樂

之未發謂之中發而皆中節謂之和中也者天下之大本也和也者天下之達道也中爲大本者以其含喜怒哀樂禮之所由生政教自此出也致中和天地位焉萬物育焉致行之至也位猶正也育生也長也仲尼曰君子中庸小人反中庸君子之中庸也君子而時中小人之中庸也小人而無忌憚也庸常也用中爲常道也反中庸者所行非中庸然亦自以爲中庸也君子而時中者其容貌君子而又時節其中也小人而無忌憚其容貌小人又以無畏難爲常行是其反中庸也子曰中庸其至矣乎民鮮能久矣鮮罕也言中庸爲道至美顧人罕能久行子曰道之不行也我知之矣知者過之愚者不及也道之不明也我知

之矣賢者過之不肖者不及也人莫不飲食也鮮能知味也罕知其味謂愚者所以不及也過與不及使道不行唯禮能爲之中子曰道其不行矣夫閔無明君教之子曰舜其大知也與舜好問而好察邇言隱惡而揚善執其兩端用其中於民其斯以爲舜乎邇近也近言而善易以進人察而行之也兩端過與不及也用其中於民賢與不肖皆能行之也斯此也其德如此乃號爲舜舜之言充也

子曰人皆曰予知驅而納諸罟擭陷阱之中而莫之知辟也人皆曰予知擇乎中庸而不能期月守也予我也言凡人自謂有知人使之入罟不知辟也自謂擇中庸而爲之亦不能久行言其實愚又無恆

子曰回之爲人也擇乎中庸

得一善則拳拳服膺而弗失之矣（拳拳奉持之貌）子曰天下國家可均也爵祿可辭也白刃可蹈也中庸不可能也（言中庸難爲之難）子路問強（強勇者所好也）子曰南方之強與北方之強與抑而強與（言三者所以爲強者異也抑辭也而之言女也謂中國也）寬柔以敎不報無道南方之強也君子居之（南方以舒緩爲強不報無道謂犯而不校也）衽金革死而不厭北方之強也而強者居之（衽猶席也北方以剛猛爲強）故君子和而不流強哉矯中立而不倚強哉矯國有道不變塞焉強哉矯國無道至死不變強哉矯（此抑女之強也流猶移也塞猶實也國有道不

變以趨時國無道不變以辟害有道無道一也矯強貌塞或爲色子曰素隱行怪後世有述焉吾弗爲之矣素讀如攻城攻其所傃之傃傃猶鄉也言方鄉辟害隱身而行佹譎以作後世名也弗爲之矣恥之也君子遵道而行半塗而廢吾弗能已矣廢猶罷止也弗能已矣汲汲行道不爲時人之隱行君子依乎中庸遯世不見知而不悔唯聖者能之言隱者當如此也唯舜爲能如此君子之道費而隱言可隱之節也費猶佹也道不費則仕夫婦之愚可以與知焉及其至也雖聖人亦有所不知焉夫婦之不肖可以能行焉及其至也雖聖人亦有所不能焉與讀爲贊者皆與之與言匹夫匹婦愚耳亦可以其與有所知可以其能有所行者以其知行之極也聖人有不能如此舜好察邇言由此故

歟天地之大也人猶有所憾憾恨也天地至大無不覆載人尚有所恨焉況於聖人能盡備之乎故君子語大天下莫能載焉語小天下莫能破焉語猶說也所說大事謂先王之道也所說小事謂若愚不肖夫婦之知行也聖人盡兼行詩云鳶飛戾天魚躍于淵言其上下察也察猶著也言聖人之德至於天則鳶飛戾天至於地則魚躍於淵是其著明於天地也君子之道造端乎夫婦及其至也察乎天地夫婦謂匹夫匹婦之所知所行子曰道不遠人人之爲道而遠人不可以爲道言道即不遠於人人不能行也詩云伐柯伐柯其則不遠執柯以伐柯睨而視之猶以爲遠則法也言持柯以伐木將以爲柯近以柯爲尺寸之法此法不遠人尚遠之明爲道不可以遠故君子以

人治人改而止言人有罪過君子以人道治之其人改則止赦之不責以人所不能忠恕違道不遠施諸己而不願亦勿施於人違猶去也君子之道四丘未能一焉所求乎子以事父未能也所求乎臣以事君未能也所求乎弟以事兄未能也所求乎朋友先施之未能也聖人而曰我未能明人當勉之無已庸德之行庸言之謹有所不足不敢不勉有餘不敢盡言顧行行顧言庸猶常也言德常行也言常謹也聖人之行實過於人有餘不敢盡常爲人法從禮也君子胡不慥慥爾君子謂衆賢也慥慥守實言行相應之貌君子素其位而行不願乎其外素富貴行乎富貴素貧

賤行乎貧賤素夷狄行乎夷狄素患難行乎患難君子無入而不自得焉素讀皆爲傃不願乎其外謂思不出其位也自得謂所鄉不失其道在上位不陵下在下位不援上援謂牽持之也正己而不求於人則無怨上不怨天下不尤人無怨人無怨之者也論語曰君子求諸己小人求諸人故君子居易以俟命小人行險以儌幸易猶平安也俟命聽天任命也險謂傾危之道子曰射有似乎君子失諸正鵠反求諸其身反求於其身不以怨人畫曰正棲皮曰鵠君子之道辟如行遠必自邇辟如登高必自卑自從也邇近也行之以近者卑者始以漸致之高遠詩曰妻子好合如鼓瑟琴兄弟既翕和

樂且耽宜爾室家樂爾妻帑瑟琴聲相應和也翕合也耽亦樂也古者謂子孫曰帑此詩言和室家之道自近者始子曰父母其順矣乎謂其教令行使室家順

子曰鬼神之爲德其盛矣乎視之而弗見聽之而弗聞體物而不可遺體猶生也可猶所也不有所遺言萬物無不以鬼神之氣生也使天下之人齊明盛服以承祭祀洋洋乎如在其上如在其左右明猶絜也洋洋人想思其傍僾之貌詩曰神之格思不可度思矧可射思格來也矧況也射厭也思皆聲之助言神之來其形象不可億度而知事之盡敬而已況可厭倦乎夫微之顯誠之不可揜如此夫言神無形而著不言而誠

子曰舜其大孝也與德爲聖人尊爲天子富有四海之

内宗廟饗之子孫保之〔保安也〕故大德必得其位必得其祿必得其名必得其壽〔名令聞也〕故天之生物必因其材而篤焉〔材謂其質性也篤厚也言善者天厚其福惡者天厚其毒皆由其本而爲之〕故栽者培之傾者覆之〔栽讀如文王初載之載栽猶殖也培益也今時人名草木之殖曰栽築牆立板亦曰栽栽或爲滋覆敗也〕詩曰嘉樂君子憲憲令德宜民宜人受祿于天保佑命之自天申之故大德者必受命〔憲憲興盛之貌保安也佑助也〕子曰無憂者其唯文王乎以王季爲父以武王爲子父作之子述之〔聖人以立法度爲大事子能述成之則何憂乎堯舜之父子則有凶頑禹湯之父子則寡令聞父子相成唯有文王〕武王纘大王王季文王之緒

壹戎衣而有天下身不失天下之顯名尊爲天子富有四海之内宗廟饗之子孫保之纘繼也緒業也戎兵也衣讀如殷聲之誤也齊人言殷聲如衣虞夏商周氏者多矣今姓有衣者殷之賢與壹戎殷者壹用兵伐殷也武王末受命周公成文武之德追王大王王季上祀先公以天子之禮斯禮也達乎諸侯大夫及士庶人父爲大夫子爲士葬以大夫祭以士父爲士子爲大夫葬以士祭以大夫期之喪達乎大夫三年之喪達乎天子父母之喪無貴賤一也末猶老也追王大王王季者以王迹起焉先公組紺以上至后稷也斯禮達於諸侯大夫士庶人者謂葬之從死者之爵祭之用生者之

禄也言大夫葬以大夫士葬以士則追王者改葬之矣期之喪達於大夫者謂旁親所降在大功者其正統之期天子諸侯猶不降也大夫所降天子諸侯絶之不爲服所不臣乃服之也承葬祭説期三年之喪者明子事父以孝不用其尊卑變子曰武王周公其達孝矣乎夫孝者善繼人之志善述人之事者也春秋脩其祖廟陳其宗器設其裳衣薦其時食脩謂埽糞也宗器祭器也裳衣先祖之遺衣服也設之當以授尸也時食四時祭也宗廟之禮所以序昭穆也序爵所以辨貴賤也序事所以辨賢也旅酬下爲上所以逮賤也燕毛所以序齒也序猶次也爵謂公卿大夫士也事謂薦羞也以辨賢者以其事別所能也若司徒羞牛宗伯共雞牲矣文王世子曰宗廟之中以爵爲位崇德也宗人授事以官尊賢也旅酬下爲上者謂若特牲饋食之禮賓弟子兄弟之子各舉觶於其長也逮賤者宗

廟之中以有事爲榮也燕謂既祭而燕也燕以髮色爲坐祭時尊尊也至燕親親也齒亦年也踐其位行其禮奏其樂敬其所尊愛其所親事死如事生事亡如事存孝之至也踐猶升也其者其先祖也踐或爲纘郊社之禮所以事上帝也宗廟之禮所以祀乎其先也社祭地神不言后土者省文明乎郊社之禮禘嘗之義治國其如示諸掌乎示讀如寘諸河干之寘寘置也物而在掌中易爲知力者也序爵辨賢尊尊親親治國之要

哀公問政子曰文武之政布在方策其人存則其政舉其人亡則其政息方版也策簡也息猶滅也人道敏政地道敏樹敏猶勉也樹謂殖草木也人之無政若地無草木矣敏或爲謀夫政也者蒲盧也蒲盧螺蠃謂土蜂也

詩曰螟蛉有子蜾蠃負之螟蛉桑蟲也蒲盧取桑蟲之子去而變化之以成爲己子政之於百姓若蒲盧之於桑蟲然

故爲政在人（在於得賢人也）取人以身脩身以道脩道以仁（取人以身言明君乃能得人）仁者人也親親爲大義者宜也尊賢爲大親親之殺尊賢之等禮所生也（人也讀如相人偶之人以人意相存問之言）在下位不獲乎上民不可得而治矣（此句其屬在下著脫誤重在此）故君子不可以不脩身思脩身不可以不事親思事親不可以不知人思知人不可以不知天（言脩身乃知孝知孝乃知人知人乃知賢不肖知賢不肖乃知天命所保佑）天下之達道五所以行之者三曰君臣也父子也夫婦也昆弟也

朋友之交也五者天下之達道也知仁勇三者天下之達德也所以行之者一也達者常行百王所不變也或生而知之或學而知之或困而知之及其知之一也困而知之謂長而見禮義之事已臨之而有不足乃始學而知之此達道也或安而行之或利而行之或勉強而行之及其成功一也利謂貪榮名也勉強恥不若人子曰好學近乎知力行近乎仁知恥近乎勇知斯三者則知所以脩身知所以脩身則知所以治人知所以治人則知所以治天下國家矣言有知有仁有勇乃知脩身則脩身以此三者爲基凡爲天下國家有九經曰

脩身也尊賢也親親也敬大臣也體羣臣也子庶民也來百工也柔遠人也懷諸侯也（體猶接納也子猶愛也遠人蕃國之諸侯也）脩身則道立尊賢則不惑親親則諸父昆弟不怨敬大臣則不眩體羣臣則士之報禮重子庶民則百姓勸來百工則財用足柔遠人則四方歸之懷諸侯則天下畏之（不惑謀者良也不眩所任明也）齊明盛服非禮不動所以脩身也去讒遠色賤貨而貴德所以勸賢也尊其位重其祿同其好惡所以勸親親也官盛任使所以勸大臣也

忠信重禄所以勸士也時使薄斂所以勸百姓也日省月試既廩稱事所以勸百工也送往迎來嘉善而矜不能所以柔遠人也繼絶世舉廢國治亂持危朝聘以時厚往而薄來所以懷諸侯也同其好惡不特有所好惡於同姓雖恩不同義必同也尊重其禄位所以貴之不必授以官守夫官不可私也官盛任使大臣皆有屬官所任使不親小事也忠信重禄有忠信者重其禄也時使使之以時日省月試考校其成功也既讀爲餼餼廩稍食也槀人職曰乗其事考其弓弩以下上其食

凡爲天下國家有九經所以行之者一也

凡事豫則立不豫則廢言前定則不跲事前定則不困行前定則不疚道前定則不

窮一謂當豫也跲躓也疚病也人不能病之在下位不獲乎上民不可得而治矣獲得也言臣不得於君則不得居位治民獲乎上有道不信乎朋友不獲乎上矣信乎朋友有道不順乎親不信乎朋友矣順乎親有道反諸身不誠不順乎親矣誠身有道不明乎善不誠乎身矣言知善之爲善乃能行誠誠者天之道也誠之者人之道也誠者不勉而中不思而得從容中道聖人也誠之者擇善而固執之者也言誠者天性也誠之者學而誠之者也因誠身說有大至誠博學之審問之愼思之明辨之篤行之有弗學學之弗能

弗措也有弗問問之弗知弗措也有弗思
思之弗得弗措也有弗辨辨之弗明弗措
也有弗行行之弗篤弗措也人一能之己
百之人十能之己千之果能此道矣雖愚
必明雖柔必強此勸人學誠其身也果猶決也自誠明謂之性
自明誠謂之教誠則明矣明則誠矣自由也由至誠而有明德是聖人之性者也由明德而有至誠是賢人學以成之也有至誠則必有明德有明德則必有至誠唯天
下至誠爲能盡其性能盡其性則能盡人
之性能盡人之性則能盡物之性能盡物
之性則可以贊天地之化育可以贊天地

之化育則可以與天地參矣盡性者謂順理之使不失其所也贊助也育生也助天地之化生謂聖人受命在王位致大平其次致曲曲能有誠誠則形形則著著則明明則動動則變變則化唯天下至誠爲能化其次謂自明誠者也致至也曲猶小小之事也不能盡性而有至誠於有義焉而巳形謂人見其功也盡性之誠人不能見也著形之大者也明著之顯者也動動人心也變改惡爲善也變之久則化而性善也至誠之道可以前知國家將興必有禎祥國家將亡必有妖孽見乎蓍龜動乎四體禍福將至善必先知之不善必先知之故至誠如神可以前知者言天不欺至誠者也前亦先也禎祥妖孽蓍龜之占雖其時有小人愚主皆爲至誠能知者出也四體謂龜之四足春占後左夏占前左秋占前右冬占後右誠者

自成也而道自道也言人能至誠所以自成也有道藝所以自道達誠者物之終始不誠無物物萬物也亦事也大人無誠萬物不生小人無誠則事不成是故君子誠之爲貴言貴至誠誠者非自成己而巳也所以成物也成己仁也成物知也性之德也合外內之道也以至誠成己則仁道立以至誠成物則知彌博此五性之所以爲德也外內所須而合也外內猶上下故時措之宜也時措言得其時而用也故至誠無息不息則久久則徵徵則悠遠悠遠則博厚博厚則高明徵猶效驗也此言至誠之德既著於四方其高厚日以廣大也徵或爲徹博厚所以載物也高明所以覆物也悠久所以成物也博厚配地高明配天

悠久無疆後言悠久者言至誠之德既至博厚高明配乎天地又欲其長久行之如此者不見而章不動而變無爲而成天地之道可壹言而盡也言其德化與天地相似可一言而盡要在至誠其爲物不貳則其生物不測言至誠無貳乃能生萬物多無數也天地之道博也厚也高也明也悠也久也此言其著見成功也今夫天斯昭昭之多及其無窮也日月星辰繫焉萬物覆焉今夫地一撮土之多及其廣厚載華嶽而不重振河海而不洩萬物載焉今夫山一卷石之多及其廣大草木生之禽獸居之寶藏興焉今夫水一勺之多

及其不測黿鼉鮫龍魚鼈生焉貨財殖

焉此言天之高明本生昭昭地之博厚本由撮土山之廣大本起卷石水之不測本從一勺皆合少成多自小致大爲至誠者亦如此乎昭昭猶耿耿小明也振猶收也卷猶區也詩曰惟天之命於穆不已蓋曰天之所以爲天也於乎不顯文王之德之純蓋曰文王之所以爲文也純亦不已天所以爲天文王所以爲文皆由行之無已爲之不止如天地山川之云也易曰君子以順德積小以高大是與大哉聖人之道洋洋乎發育萬物峻極于天育生也峻高大也優優大哉禮儀三百威儀三千待其人然後行故曰苟不至德至道不凝焉言爲政在人政由禮也凝猶成也故君子尊德性而道問學

致廣大而盡精微極高明而道中庸溫故而知新敦厚以崇禮德性謂性至誠者道猶由也問學學誠者也廣大猶博厚也溫讀如燖溫之溫謂故學之孰矣後時習之謂之溫是故居上不驕爲下不倍國有道其言足以興國無道其默足以容興謂起在位也詩曰既明且哲以保其身其此之謂與保安也子曰愚而好自用賤而好自專生乎今之世反古之道如此者烖及其身者也反古之道謂曉一孔之人不知今王之新政可從非天子不議禮不制度不考文此天下所共行天子乃能一之也禮謂人所服行也度國家宮室及車輿也文書名也今天下車同軌書同文行同倫今孔子謂其時雖有其

位苟無其德不敢作禮樂焉雖有其德苟無其位亦不敢作禮樂焉言作禮樂者必聖人在天子之位子曰吾説夏禮杞不足徵也吾學殷禮有宋存焉吾學周禮今用之吾從周徵猶明也吾能説夏禮顧杞之君不足與明之也吾從周行今之道王天下有三重焉其寡過矣乎三重三王之禮上焉者雖善無徵無徵不信不信民弗從下焉者雖善不尊不尊不信不信民弗從上謂君也君雖善善無明徵則其善不信也下謂臣也臣雖善善而不尊君則其善亦不信也徵或爲登故君子之道本諸身徵諸庶民考諸三王而不繆建諸天地而不悖質諸鬼神而

無疑百世以俟聖人而不惑質諸鬼神而無疑知天也百世以俟聖人而不惑知人也知天知人謂知其道也鬼神從天地者也易曰故知鬼神之情狀與天地相似聖人則之百世同道徵或爲登是故君子動而世爲天下道行而世爲天下法言而世爲天下則遠之則有望近之則不厭用其法度想思若其將來也詩曰在彼無惡在此無射庶幾夙夜以永終譽君子未有不如此而蚤有譽於天下者也射厭也永長也仲尼祖述堯舜憲章文武上律天時下襲水土此以春秋之義說孔子之德孔子曰吾志在春秋行在孝經二經固足以明之孔子祖述堯舜之道而制春秋而斷以文王武王之法度春秋傳曰君子曷爲爲春

秋撥亂世反諸正則莫近諸春秋其諸君子樂道堯舜之道與末不亦樂乎堯舜之知君子也又曰是子也繼文王之體守文王之法度文王之法無求而求故譏之也又曰王者孰謂謂文王也此孔子兼包堯舜文武之盛德而著之春秋以俟後聖者也律述也述天時謂編年四時具也襲因也因水土謂記諸夏之事山川之異辟如天地之無不持載無不覆幬辟如四時之錯行如日月之代明萬物並育而不相害道並行而不相悖小德川流大德敦化此天地之所以爲大也聖人制作其德配天地如此唯五始可以當焉幬亦覆也小德川流浸潤萌芽喻諸侯也大德敦化厚生萬物喻天子也幬或作燾唯天下至聖爲能聰明叡知足以有臨也寬裕溫柔足以有容也發強剛毅足以有執也齊莊中正足以有敬也

文理密察足以有別也言德不如此不可以君天下也蓋傷孔子有其德而無其命溥博淵泉而時出之言其臨下普徧思慮深重非得其時不出政教溥博如天淵泉如淵見而民莫不敬言而民莫不信行而民莫不說是以聲名洋溢乎中國施及蠻貊舟車所至人力所通天之所覆地之所載日月所照霜露所墜凡有血氣者莫不尊親故曰配天如天取其運照不已也如淵取其清深不測也尊親尊而親之唯天下至誠爲能經綸天下之大經立天下之大本知天地之化育至誠性至誠謂孔子也大經謂六藝而指春秋也大本孝經也夫焉有所倚肫肫其仁淵淵

其淵浩浩其天安有所倚言無所偏倚也人人自以被德尤厚似偏頗者肫肫讀如誨爾忳忳之忳
忳懇誠貌也肫肫或爲純純苟不固聰明聖知達天德者其
孰能知之言唯聖人乃能知聖人也春秋傳曰末不亦樂乎堯舜之知君子明凡人不知詩曰
衣錦尚絅惡其文之著也故君子之道闇
然而日章小人之道的然而日亡言君子深遠難知小人淺
近易知人所以不知孔子以其深遠禪爲絅錦衣之美而君子以絅表之爲其文章露見似小人也君子之
道淡而不厭簡而文溫而理知遠之近知
風之自知微之顯可與入德矣淡其味似薄也簡而文溫而理
猶簡而辨直而溫也自謂所從來也三知者皆言其睹末察本探端知緒也入德入聖人之德詩云潛雖
伏矣亦孔之昭故君子內省不疚無惡於

志孔甚也昭明也言聖人雖隱遁其德亦甚明矣疚病也君子自省身無愆病雖不遇世亦無損害於己志君子所不可及者其唯人之所不見乎詩云相在爾室尚不愧于屋漏言君子雖隱居不失其君子之容德也相視也室西北隅謂之屋漏視女在室獨居耳猶不愧於屋漏屋漏非有人也況有人乎故君子不動而敬不言而信詩曰奏假無言時靡有爭假大也此頌也言奏大樂於宗廟之中人皆肅敬金聲玉色無有言者以時大平和合無所爭也是故君子不賞而民勸不怒而民威於鈇鉞詩曰不顯惟德百辟其刑之不顯言顯也辟君也此顯也言不顯乎文王之德百君盡刑之謂諸侯法之也是故君子篤恭而天下平詩云予懷明德不大聲以色予我也懷歸也言我歸有明德者以其不大聲爲嚴厲之色以威我也子曰聲色之於以

化民末也詩曰德輶如毛輶輕也言化民當以德德之易舉而用其輕如毛耳毛猶有倫上天之載無聲無臭至矣倫猶比也載讀曰栽謂生物也言毛雖輕尚有所比有所比則有重上天之造生萬物人無聞其聲音者無知其臭氣者化民之德清明如神淵淵浩浩然後善

禮記卷第十六

經三千五百九十三字

注三千七百三十一字

嘉慶丙寅五月陽城
張氏影摹宋本重雕

禮記卷第十七

表記第三十二　　鄭氏注

子言之歸乎君子隱而顯不矜而莊不厲而威不言而信此孔子行應聘諸侯莫能用已心猒倦之辭也矜謂自尊大也厲謂嚴顏色子曰君子不失足於人不失色於人不失口於人是故君子貌足畏也色足憚也言足信也失謂失其容止之節也玉藻曰足容重色容莊口容止甫刑曰敬忌而罔有擇言在躬甫刑尚書篇名忌之言戒也言已外敬而心戒愼則無有可擇之言加於身也子曰裼襲之不相因也欲民之毋相瀆也不相因者以其或以裼爲敬或以襲爲敬禮盛者以襲爲敬執玉龜之屬也禮不盛者以裼爲敬受享是也子曰

祭極敬不繼之以樂朝極辨不繼之以倦極猶盡也辨分别政事也祭義曰祭之日樂與哀半饗之必樂已至必哀子曰君子愼以辟禍篤以不揜恭以遠恥篤厚也揜猶困迫也子曰君子莊敬日強安肆日偷肆猶放恣也偷苟且也肆或爲褻君子不以一日使其躬儳焉如不終日儳焉可輕賤之貌也如不終日言人而無禮死無時子曰齊戒以事鬼神擇日月以見君恐民之不敬也擇日月以見君謂臣在邑竟者子曰狎侮死焉而不畏也忲於無敬心也子曰無辭不相接也無禮不相見也欲民之毋相褻也辭所以通情也禮謂摯也春秋傳曰古者諸侯有朝聘之事號辭必稱先君以相接也易曰初筮告再三瀆瀆則不

告瀆之言褻之子言之仁者天下之表也義者天下之制也報者天下之利也報謂禮也禮尚往來子曰以德報德則民有所勸以怨報怨則民有所懲懲謂創艾詩曰無言不讎無德不報讎猶荅也大甲曰民非后無能胥以寧后非民無以辟四方大甲湯孫也書以名篇胥相也民非君不能以相安子曰以德報怨則寬身之仁也以怨報德則刑戮之民也寬猶愛也愛身以息怨非禮之正也仁亦當言民聲之誤子曰無欲而好仁者無畏而惡不仁者天下一人而已矣是故君子議道自己而置法以民一人而已喻少也自己自盡己所能行子曰仁有三與仁

同功而異情三謂安仁也利仁也強仁也利仁強仁功雖與安仁者同本情則異與仁同功其仁未可知也與仁同過然後其仁可知也仁者安仁知者利仁畏罪者強仁功者人所貪也過者人所辟也在過之中非其本情者或有悔者焉仁者右也道者左也仁者人也道者義也右也左也言相須而成也人也謂施以人恩也義也謂斷以事宜也春秋傳曰執未有言舍之者此其言舍之何人也厚於仁者薄於義親而不尊厚於義者薄於仁尊而不親言仁義並行者也仁多則人親之義多則人尊之道有至義有考至道以王義道以霸考道以爲無失此讀當言道有至有義有考字脫一有耳有至謂兼仁義者有義則無仁矣有考考成也能取仁義之一成之以不失於人非性也子言之仁有

數義有長短小大中心憯怛愛人之仁也率法而強之資仁者也資取也數與長短小大互言之耳性仁義者其數長大取仁義者其數短小詩云豐水有芑武王豈不仕詒厥孫謀以燕翼子武王烝哉數世之仁也芑枸檵也仕之言事也詒遺也燕安也烝君也言武王豈不念天下之事乎如豐水之有芑矣乃遺其後世之子孫以善謀以安翼其子也君哉武王美之也國風曰我今不閱皇恤我後終身之仁也閱猶容也皇暇也恤憂也言我今尚恐不能自容何暇憂我後之人乎子曰仁之爲器重其爲道遠舉者莫能勝也行者莫能致也取數多者仁也夫勉於仁者不亦難乎取數多者言計天下之道仁居其多是故君子以義度人則難

爲人以人望人則賢者可知已矣言以先王成法擬度人則難中也當以時人相比方耳子曰中心安仁者天下一人而已矣大雅曰德輶如毛民鮮克舉之我儀圖之惟仲山甫舉之愛莫助之輶輕也鮮罕也儀匹也圖謀也愛猶惜也言德之輕如毛耳人皆以爲重罕能舉行之者作此詩者周宣王之大臣也言我之匹謀之仲山甫則能舉行之美之也惜乎時人無能助之者言賢者少小雅曰高山仰止景行行止仰高勤行者仁之次也景明也有明行者謂古賢聖也子曰詩之好仁如此鄉道而行中道而廢忘身之老也不知年數之不足也俛焉日有孶孶斃而后已廢喻力極罷頓不能復行則止也俛焉勤勞之貌斃仆也子曰仁之難成久矣人人失

其所好言仁道不成人所由不得其志故仁者之過易辭也辭猶解說也仁者恭儉雖有過不甚矣唯聖人無過子曰恭近禮儉近仁信近情敬讓以行此雖有過其不甚矣夫恭寡過情可信儉易容也以此失之者不亦鮮乎言罕以此失之詩云溫溫恭人惟德之基子曰仁之難成久矣唯君子能之言能成仁道者少也是故君子不以其所能者病人不以人之所不能者愧人病愧謂罪咎之是故聖人之制行也不制以己使民有所勸勉愧恥以行其言以中人爲制則賢者勸勉不及者愧恥聖人之言乃行也禮以節之信以結之容貌以文之

衣服以移之朋友以極之欲民之有壹也移讀如禾氾移之移移猶廣大也極致也壹謂專心於善小雅曰不愧于人不畏于天言人有所行當慙怖於天人也是故君子服其服則文以君子之容有其容則文以君子之辭遂其辭則實以君子之德遂猶成也是故君子恥服其服而無其容恥有其容而無其辭恥有其辭而無其德恥有其德而無其行無其行謂不行其德是故君子衰絰則有哀色端冕則有敬色甲冑則有不可辱之色言色稱其服也詩云惟鵜在梁不濡其翼彼記之子不稱

其服（鵜鶘汚澤也汚澤善居泥水之中在魚梁以不濡汚其翼爲才如君子以稱其服爲有德）子言之君子之所謂義者貴賤皆有事於天下天子親耕粢盛秬鬯以事上帝故諸侯勤以輔事於天子（言無事而居位食祿是不義而富且貴）子曰下之事上也雖有庇民之大德不敢有君民之心仁之厚也（庇覆也無君民之心是思不出其位）是故君子恭儉以求役仁信讓以求役禮不自尚其事不自尊其身儉於位而寡於欲讓於賢卑己而尊人小心而畏義求以事君（役之言爲也求以事君者欲成其忠臣之名也）得之自是不得自是以聽天命（言不易道儌祿利也）詩云莫莫

葛藟施于條枚凱弟君子求福不回凱樂也弟易也言樂易之君子其求福脩德以俟之不爲回邪之行以要之如葛藟之延蔓於條枚是其性也其舜禹文王周公之謂與有君民之大德有事君之小心言此德當不回也詩云惟此文王小心翼翼昭事上帝聿懷多福厥德不回以受方國昭明也上帝天也聿述也懷至也言述行上帝之德以至於多福也方四方也受四方之國謂王天下子曰先王謚以尊名節以壹惠恥名之浮於行也謚者行之迹也名者謂聲譽也言先王論行以爲謚以尊名者使聲譽可得而尊言也壹讀爲一惠猶善也言聲譽雖有衆多者節以其行一大善者爲謚耳在上曰浮君子勤行成功聲譽踰行是所恥是故君子不自大其事不自尚其功以求處情過行弗率以求處厚彰人

之善而美人之功以求下賢率循也過行不復循行猶不貳過是故君子雖自卑而民敬尊之言謙者所以成行立德子曰后稷天下之爲烈也豈一手一足哉烈業也言后稷造稼穡天下世以爲業豈一手一足喻用之者多無數也唯欲行之浮於名也故自謂便人亦言其謙也辟仁聖之名云吾便習於此事之人耳子言之君子之所謂仁者其難乎詩云凱弟君子民之父母凱以強教之弟以說安之樂而毋荒有禮而親威莊而安孝慈而敬使民有父之尊有母之親如此而后可以爲民父母矣非至德其孰能如此乎有父之尊有母之親謂其尊親己如父母

今父之親子也親賢而下無能母之親子也賢則親之無能則憐之母親而不尊父尊而不親水之於民也親而不尊火尊而不親土之於民也親而不尊天尊而不親命之於民也親而不尊鬼尊而不親或見尊或見親以其嚴與恩所尚異也命謂四時政令所以教民勤事也鬼謂四時祭祀所以訓民事君也子曰夏道尊命事鬼敬神而遠之近人而忠焉先祿而後威先賞而後罰親而不尊遠鬼神近人謂外宗廟內朝廷其民之敝惷而愚喬而野朴而不文以本不困於刑罰少詐諼也敝謂政教衰失之時也殷人尊神率民以事神先鬼而後

禮先罰而後賞尊而不親先鬼後禮謂內宗廟外朝廷也禮者君臣朝會凡以摯交接相施予其民之敝蕩而不靜勝而無恥以本忕於鬼神虛無之事令其心放蕩無所定困於刑罰苟勝免而無恥也月令曰無作淫巧以蕩上心周人尊禮尚施事鬼敬神而遠之近人而忠焉其賞罰用爵列親而不尊賞罰用爵列以尊卑爲差其民之敝利而巧文而不慚賊而蔽以本數交接以言辭尊卑多獄訟子曰夏道未瀆辭不求備不大望於民民未厭其親殷人未瀆禮而求備於民周人強民未瀆神而賞爵刑罰窮矣未瀆辭者謂時王不尚辭民不褻爲也不求備不大望言其政寬貢稅輕也強民言承殷難變之敝也賞爵刑罰窮矣言其繁文備設子曰虞夏

之道寡怨於民殷周之道不勝其敝勝猶任也言殷周極文民無恥而巧利後世之政難復子曰虞夏之質殷周之文至矣言後有王者其作質文不能易之虞夏之文不勝其質殷周之質不勝其文言王者相變質文各有所多子言之曰後世雖有作者虞帝弗可及也已矣君天下生無私死不厚其子子民如父母有憯怛之愛有忠利之教親而尊安而敬威而愛富而有禮惠而能散其君子尊仁畏義恥費輕實忠而不犯義而順文而靜寬而有辨死不厚其子言既不傳位又無以豐饒於諸臣也恥費不爲辭費出空言也實謂財貨也辨別也猶寬而栗也靜或爲情

甫刑曰德威惟威德明惟明非虞帝其孰能如此乎德所威則人皆畏之言服罪也德所明則人皆尊寵之言得人也子言之事君先資其言拜自獻其身以成其信資謀也獻猶進也言臣事君必先謀定其言乃後親進爲君言也是故君有責於其臣臣有死於其言故其受祿不誣其受罪益寡死其言者竭力於其所言之事死而不負於事不信曰誣子曰事君大言入則望大利小言入則望小利大言可以立大事也小言可以立小事也入謂君受之利祿賞也入或爲人故君子不以小言受大祿不以大言受小祿言臣受祿各用其德能也易曰不家食吉此大畜彖辭也彖曰不家食吉養賢也言君有大畜積不與家食之而已必以祿賢者賢有大小祿有多少子曰事君不下

達不尚辭非其人弗自（不下達不以私事自通於君也不尚辭不多出浮華之言也弗自不身與相親）小雅曰靖共爾位正直是與神之聽之式穀以女（靖治也爾女也式用也穀祿也言敬治女位之職事正直之人乃與爲倫友神聽女之所爲用祿與女）子曰事君遠而諫則讇也近而不諫則尸利也（尸謂不知人事無辭讓也）子曰邇臣守和宰正百官大臣慮四方（邇近也和謂調和君事者也齊景公曰唯據與我和宰冢宰也冢宰主治百官）子曰事君欲諫不欲陳（陳謂言其過於外也）詩云心乎愛矣瑕不謂矣中心藏之何日忘之（瑕之言胡也謂猶告也）子曰事君難進而易退則位有序易進而難退則亂也（亂謂賢否不別）故君子三揖而進一辭

而退以遠亂也（進難者爲主人之擇己也退速者爲君子之倦也）子曰事君三違而不出竟則利祿也人雖曰不要吾弗信也（違猶去也利祿言爲貪祿留也臣以道去君至於三而不遂去是貪祿必以其強與君要也）子曰事君愼始而敬終（輕交易絕君子所恥）子曰事君可貴可賤可富可貧可生可殺而不可使爲亂（亂謂違廢事君之禮）子曰事君軍旅不辟難朝廷不辭賤（言尚忠且謙也）處其位而不履其事則亂也（履猶行也）故君使其臣得志則愼慮而從之否則孰慮而從之終事而退臣之厚也（使謂使之聘問師役之屬也愼慮而從之者此已志也欲其必有成也否謂非已志也孰慮而從之又計於已利害也終事而退非已志者事

成則去也事或爲身易曰不事王侯高尚其事言臣致仕而去不復事君也君猶高尚其所爲之事言尊大其成功也子曰唯天子受命于天士受命于君言皆有所受不敢專也唯當爲雖字之誤也故君命順則臣有順命君命逆則臣有逆命言臣受順則行順受逆則行逆如其所受於君則爲君不易矣詩曰鵲之姜姜鶉之賁賁人之無良我以爲君姜姜賁賁爭鬭惡貌也良善也言我以惡人爲君亦使我惡如大鳥姜姜於上小鳥賁賁於下子曰君子不以辭盡人不見人之言語則以爲善言其餘行或時惡也故天下有道則行有枝葉天下無道則辭有枝葉行有枝葉所以益德也言有枝葉是衆虛華也枝葉依幹而生言行亦由禮出是故君子於有喪者之側不能賻焉則不問其

所費於有病者之側不能饋焉則不問其所欲有客不能館則不問其所舍（皆辟有言而無其實）故君子之接如水小人之接如醴君子淡以成小人甘以壞（水相得合而已酒醴相得則敗淡無酸酢少味也接或爲交）小雅曰盜言孔甘亂是用餤（盜賊也孔甚也餤進也）子曰君子不以口譽人則民作忠（譽繩也）故君子問人之寒則衣之問人之飢則食之稱人之美則爵之（皆爲有言不可以無實）國風曰心之憂矣於我歸說（欲歸其所說忠信之人也）子曰口惠而實不至怨菑及其身（善言而無信人所惡也）是故君子與其有諾責也寧有已

大二百五十小二百四十

怨已謂不許也言諾而不與其怨大於不許國風曰言笑晏晏信誓旦旦不思其反反是不思亦已焉哉此皆相爲昏禮而不終也言始合會言笑和說要誓甚信今不思其本恩之反覆反覆之不思亦已焉哉無如此人何怨之深也子曰君子不以色親人情疏而貌親在小人則穿窬之盜也與子曰情欲信辭欲巧巧謂順而說也子言之昔三代明王皆事天地之神明無非卜筮之用不敢以其私褻事上帝言動任卜筮也神明謂羣神也是故不犯日月不違卜筮日月謂冬夏至正月及四時也所不違者日與牲尸也卜筮不相襲也襲因也大事則卜小事則筮大事有時日大事有事於大神有常時常日也小事無時日有筮有事於小神無

常時常日有筮臨有事筮之外事用剛日內事用柔日順陰陽也陽爲外陰爲內事之外內別乎四郊不違龜筮子曰牲牷禮樂齊盛是以無害乎鬼神無怨乎百姓牲猶純也子曰后稷之祀易富也其辭恭其欲儉其祿及子孫富之言備也以傳世之祿共儉者之祭易備也詩曰后稷兆祀庶無罪悔以迄于今兆四郊之祭處也迄至也言祀后稷於郊以配天庶幾其無罪悔乎福祿傳世乃至於今子曰大人之器威敬言其用之尊嚴天子無筮謂征伐出師若巡守也天子至尊大事皆用卜也春秋傳曰先王卜征五年歲襲其祥諸侯有守筮守筮守國之筮國有事則用之天子道以筮始將出卜之道有小事則用筮諸侯非其國不以筮卜宅寢室入他國則不筮不敢問吉凶於人之國也諸侯受封乎天子因

國而國唯宮室欲改易者得卜之耳天子不卜處大廟卜可建國之處吉則宮廟吉可知子曰君子敬則用祭器謂朝聘待賓客崇敬不敢用燕器也是以不廢日月不違龜筮以敬事其君長用龜筮問所貢獻也是以上不瀆於民下不褻於上言上之於下以直則下應之以正不褻慢也

緇衣第三十三　鄭氏注

子言之曰爲上易事也爲下易知也則刑不煩矣言君不苛虐臣無姦心則刑可以措子曰好賢如緇衣惡惡如巷伯則爵不瀆而民作愿刑不試而民咸服緇衣巷伯皆詩篇名也緇衣首章曰緇衣之宜兮敝予又改爲兮適子之館兮還予

授子之粲兮言此緇衣者賢者也宜長爲國君其衣敝我願改制授之以新衣是其好賢欲其貴之甚也巷伯六章曰取彼譖人投畀豺虎豺虎不食投畀有北有北不受投畀有昊此其惡惡欲其死亡之甚也爵不瀆者不輕爵人也試用也咸皆也

大雅曰儀刑文王萬國作孚刑法也孚信也儀法文王之德而行之則天下無不爲信者也文王爲政克明德慎罰

子曰夫民教之以德齊之以禮則民有格心教之以政齊之以刑則民有遯心格來也遯逃也故君民者子以愛之則民親之信以結之則民不倍恭以涖之則民有孫心涖臨也孫順也

甫刑曰苗民匪用命制以刑惟作五虐之刑曰法是以民有惡德而遂絕其世也甫刑尚書篇名匪非也命謂政令也高辛氏之末諸侯有三苗者作亂其治民不用政令專制御之以嚴刑乃

作五虐蚩尤之刑以是爲法於是民皆爲惡起倍畔也三苗由此見滅無後世由不任德子曰下之事上也不從其所令從其所行言民化行不拘於言上好是物下必有甚者矣甚者甚於君也故上之所好惡不可不慎也是民之表也言民之從君如影逐表子曰禹立三年百姓以仁遂焉豈必盡仁言百姓效禹爲仁非本性能仁也遂猶達也詩云赫赫師尹民具爾瞻甫刑曰一人有慶兆民賴之大雅曰成王之孚下土之式皆言化君也孚信也式法也子曰上好仁則下之爲仁爭先人故長民者章志貞教尊仁以子愛百姓民致行己以說其上矣章明也貞正也民致行己者民之行皆盡己心詩云

有梏德行四國順之梏大也直也子曰王言如絲其出如綸王言如綸其出如綍言言出彌大也綸今有秩嗇夫所佩也綍引棺索也故大人不倡游言游猶浮也不可用之言也可言也不可行君子弗言也可行也不可言君子弗行也則民言不危行而行不危言矣危猶高也言不高於行行不高於言言行相應也詩云淑慎爾止不僭于儀淑善也僭過也言善慎女之容止不可過於禮之威儀也子曰君子道人以言而禁人以行禁猶謹也故言必慮其所終而行必稽其所敝則民謹於言而慎於行稽猶考也議也詩云慎爾出話敬爾威儀話善言也大雅曰穆穆文王於

緝熙敬止緝熙皆明也言於明明乎敬其容止子曰長民者衣服不貳從容有常以齊其民則民德壹二不一也詩云彼都人士狐裘黃黃其容不改出言有章行歸于周萬民所望黃衣則狐裘大蜡之服也詩人見而説焉章文章也忠信爲周此詩毛氏有之三家則亡子曰爲上可望而知也爲下可述而志也則君不疑於其臣而臣不惑於其君矣志猶知也尹吉曰惟尹躬及湯咸有壹德吉當爲告告古文誥字之誤也尹告伊尹之誥也書序以爲咸有壹德今亡咸皆也君臣皆有壹德不貳則無疑惑也詩云淑人君子其儀不忒子曰有國者章義癉惡以示民厚則民情不貳章明也癉病也詩云

靖共爾位好是正直子曰上人疑則百姓惑下難知則君長勞難知有姦心也故君民者章好以示民俗愼惡以御民之淫則民不惑矣淫貪侈也孝經曰示之以好惡而民知禁臣儀行不重辭不援其所不及不煩其所不知則君不勞矣儀當爲義聲之誤也言臣義事則行也重猶尚也援猶引也引君所不及謂必使其君所行如堯舜也不煩以其所不知謂必使其知慮如聖人也凡告喻人當隨其才以誘之詩云上帝板板下民卒癉上帝喻君也板板辟也卒盡也癉病也此君使民惑之詩小雅曰匪其止共惟王之邛匪非也邛勞也言臣不止於恭敬其職惟使王之勞此臣使君勞之詩也子曰政之不行也教之不成也爵祿不足勸也刑罰不足恥也故上

不可以褻刑而輕爵言政教所以明賞罰康誥曰敬明乃罰甫刑曰播刑之不迪康康叔也作誥尚書篇名也播猶施也不衍字耳迪道也言施刑之道子曰大臣不親百姓不寧則忠敬不足而富貴已過也大臣不治而邇臣比矣忠敬不足謂臣不忠於君君不敬其臣邇近也言近以見遠言大以見小互言之比私相親也故大臣不可不敬也是民之表也邇臣不可不慎也是民之道也民之道言民循從也君毋以小謀大毋以遠言近毋以內圖外圖亦謀也言凡謀之當各於其黨於其黨知其過審也大臣柄權於外小臣執命於內或時交爭轉相陷害則大臣不怨邇臣不疾而遠臣不蔽矣疾猶非也葉公之顧命曰毋以小謀

敗大作毋以嬖御人疾莊后毋以嬖御士疾莊士大夫卿士葉公楚縣公葉公子高也臨死遺書曰顧命小謀小臣之謀也大作大臣之所爲也嬖御人愛妾也疾亦非也莊后適夫人齊莊得禮者嬖御士愛臣也莊士亦謂士之齊莊得禮者今爲大夫卿士子曰大人不親其所賢而信其所賤民是以親失而教是以煩親失失其所當親也教煩由信賤也賤者無壹德也詩云彼求我則如不我得執我仇仇亦不我力言君始求我如恐不得我既得我持我仇仇然不堅固亦不力用我是不親信我也君陳曰未見聖若已弗克見既見聖亦不克由聖克能也由用也子曰小人溺於水君子溺於口大人溺於民皆在其所褻也言人不溺於所敬者溺謂覆没不能自理出也夫水近

於人而溺人德易狎而難親也易以溺人言水人所沐浴自潔清者至於深淵洪波所當畏愼也由近人之故或泳之游之褻慢而無戒心以取溺焉有德者亦如水矣初時學其近者小者以從人事自以爲可則侮狎之至於先王大道性與天命則遂扞格不入迷惑無聞如溺於大水矣難親親之當肅敬如臨深淵口費而煩易出難悔易以溺人費猶惠也言口多空言且煩數也過言一出駟馬不能及不可得悔也口舌所覆亦如溺矣費或爲哱或爲悖夫民閉於人而有鄙心可敬不可慢易以溺人言民不通於人道而心鄙詐難卒告喻人君敬愼以臨之則可若陵虐而慢之分崩怨畔君無所尊亦如溺矣故君子不可以不愼也愼所可褻乃不溺矣大甲曰毋越厥命以自覆也若虞機張往省括于厥度則釋越之言蹷也厥其也覆敗也言無自顚蹷女之政教以自毀敗虞主田獵之地者也機弩牙也度謂所擬射也虞人之射禽弩已張從機閒視

括與所射參相得乃後釋弦發矢爲政亦當以己心參於羣臣及萬民可乃後施也兑命曰惟口起羞惟甲胄起兵惟衣裳在笥惟干戈省厥躬兑當爲說謂殷高宗之臣傅說也作書以命高宗尚書篇名也羞猶辱也衣裳朝祭之服也惟口起辱當愼言語也惟甲胄起兵當愼軍旅之事也惟衣裳在笥當服以爲禮也惟干戈省厥躬當恕己不尚害人也大甲曰天作孽可違也自作孽不可以逭違猶辟也逭逃也尹吉曰惟尹躬天見于西邑夏自周有終相亦惟終尹吉亦尹誥也天當爲先字之誤忠信爲周相助也謂臣也伊尹言尹之祖見夏之先君臣皆忠信以自終今天絕桀者以其自作孽伊尹始仕於夏此時就湯矣夏之邑在亳西見或爲敗邑或爲予子曰民以君爲心君以民爲體心莊則體舒心肅則容敬心好之身必安之君好之民必

欲之心以體全亦以體傷君以民存亦以民亡莊齊莊也詩云昔吾有先正其言明且清國家以寧都邑以成庶民以生誰能秉國成不自爲正卒勞百姓先正先君長也誰能秉國成傷今無此人也成邦之八成也誰能秉行之不自以所爲者正盡勞來百姓憂念之者與疾時大臣專功爭美君雅曰夏日暑雨小民惟曰怨資冬祁寒小民亦惟曰怨雅書序作牙假借字也君雅周穆王司徒作尚書篇名也資當爲至齊魯之語聲之誤也祁之言是也齊西偏之語也夏日暑雨小民怨天至冬是寒小民又怨天言民恒多怨爲其君難子曰下之事上也身不正言不信則義不壹行無類也類謂比式子曰言有物而行有格也是以生

則不可奪志死則不可奪名物謂事驗也格舊法也故君子多聞質而守之多志質而親之精知畧而行之質猶少也多志謂博交汎愛人也精知孰慮於衆也精或爲清君陳曰出入自爾師虞庶言同自由也師庶皆衆也虞度也言出內政教當由女衆之所謀度衆言同乃行之政教當由壹也詩云淑人君子其儀一也子曰唯君子能好其正小人毒其正正當爲匹字之誤也匹謂知識朋友故君子之朋友有鄉其惡有方鄉方喻輩類也小人徼利其友無常也是故邇者不惑而遠者不疑也言其可望而知邇近也詩云君子好仇仇匹也子曰輕絕貧賤而重絕富貴則好賢不堅而惡惡不著也人雖曰不

利吾不信也言此近徼利也詩云朋友攸攝攝以威儀攸所也言朋友以禮義相攝正不以貧富貴賤之利也子曰私惠不歸德君子不自留焉私惠謂不以公禮相慶賀時以小物相問遺也言其物不可以爲德則君子不以身留此人也相惠以褻瀆邪辟之物是爲不歸於德歸或爲懷詩云人之好我示我周行行道也言示我以忠信之道子曰苟有車必見其軾苟有衣必見其敝人苟或言之必聞其聲苟或行之必見其成言凡人舉事必有後驗也見其軾謂載也敝敗衣也衣或在內新時不見葛覃曰服之無射射厭也言己願采葛以爲君子之衣令君子服之無厭言不虛也子曰言從而行之則言不可飾也行從而言之則行不可飾也從猶隨也故君子寡言而行以成其信

則民不得大其美而小其惡以行爲驗虛言無益於善也寡當爲顧聲之誤也詩云白圭之玷尚可磨也斯言之玷不可爲也玷缺也言圭之缺尚可磨而平之言之缺無如之何小雅曰允也君子展也大成允信也展誠也君奭曰昔在上帝周田觀文王之德其集大命于厥躬奭召公名也作尚書篇名也古文周田觀文王之德爲割申勸寧王之德今博士讀爲厥亂勸寧王德三者皆異古文似近之割之言蓋也言文王有誠信之德天蓋申勸之集大命於其身謂命之使王天下也子曰南人有言曰人而無恒不可以爲卜筮古之遺言與龜筮猶不能知也而況於人乎恒常也不可爲卜筮言卦兆不能見其情定其吉凶也詩云我龜既厭不我告猶猶道也言褻而用之龜厭之不告以吉凶之道也兊命

曰爵無及惡德民立而正事純而祭祀是爲不敬事煩則亂事神則難惡德無恒之德純猶皆也言君祭祀賜諸臣爵無與惡德之人也民將立以爲正言放傚之疾事皆如是而以祭祀是不敬鬼神也惡德之人使事煩事煩則亂使事鬼神又難以得福也純或爲煩易曰不恒其德或承之羞恒其德偵婦人吉夫子凶羞猶辱也偵問也問正爲偵婦人從人者也以問正爲常德則吉男子當專行幹事而以問正爲常德是亦無恒之人也

禮記卷第十七　經四千一百一十六字　注四千六百一十一字

嘉慶丙寅六月陽城

張氏影摹宋本重雕

禮記卷第十八

奔喪第三十四　鄭氏注

奔喪之禮始聞親喪以哭荅使者盡哀問故又哭盡哀親父母也以哭荅使者驚怛之哀無辭也問故問親喪所由也雖非父母聞喪而哭其禮亦然也遂行日行百里不以夜行雖有哀戚猶辟害也晝夜之分別於昏明哭則遂行者不爲位唯父母之喪見星而行見星而舍侵晨冒昏彌益促也言唯著異也若未得行則成服而后行謂以君命有爲者也成喪服得行則行過國至竟哭盡哀而止感此念親哭辟市朝爲驚衆也望其國竟哭斬衰者也自是哭且遂行至於家入門左升自西階殯東西面坐哭盡哀括

髮袒括髮袒者去飾也未成服者素委貌深衣已成服者固自喪服矣降堂東即位西鄉哭成踊已殯者位在下襲絰于序東絞帶反位拜賓成踊襲服衣也不於又哭乃絰者發喪已踰日節於是可也其未小斂而至與在家同耳不散帶者不見尸柩凡拜賓者就其位既拜反位哭踊送賓反位有先後至者則拜之成踊送賓皆如初衆主人兄弟皆出門出門哭止闔門相者告就次次倚廬也於又哭括髮袒成踊於三哭猶括髮袒成踊又哭至明日朝也三哭又其明日朝也皆升堂括髮袒如始至必又哭三哭者象小斂大斂時也雜記曰士三踊其夕哭從朝夕哭不括髮不袒不踊不以爲數三日成服拜賓送賓皆如初三日三哭之明日也既哭成其喪服杖於序東奔喪者非主人則主人爲之拜賓

送賓奔喪者自齊衰以下入門左中庭北面哭盡哀免麻于序東即位袒與主人哭成踊不升堂哭者非父母之喪統於主人也麻亦經帶也於此言麻者明所奔喪雖有輕者不至喪所無改服也凡袒者於位襲於序東袒襲不相因位此麻乃袒變於爲父母也於又哭三哭皆免袒有賓則主人拜賓送賓又哭三哭亦入門左中庭北面如始至時也丈夫婦人之待之也皆如朝夕哭位無變也待奔喪者無變嫌賓客之也於賓客以哀變爲敬此骨肉哀則自哀矣於此乃言待之明奔喪者至三哭猶不以序入也奔母之喪西面哭盡哀括髮袒降堂東即位西鄉哭成踊襲免絰于序東拜賓送賓皆如奔父之禮於又哭不括髮爲母於又哭而免輕於父

小二刁二十九

也其他則同婦人奔喪升自東階殯東西面坐哭盡哀東髽即位與主人拾踊婦人謂姑姊妹女子子也東階東面階也婦人入者由闈門東髽髽於東序不髽於房變於在室者也去纚大紒曰髽拾更也主人與之更踊賓客之奔喪者不及殯先之墓北面坐哭盡哀主人之待之也即位於墓左婦人墓右成踊盡哀括髮東即主人位絰絞帶哭成踊拜賓反位成踊相者告事畢主人之待之謂在家者也哭於墓爲父母則袒告事畢者於此後無事也遂冠歸入門左北面哭盡哀括髮袒成踊東即位拜賓成踊賓出主人拜送有賓後至者則拜之成踊送賓如初衆主人兄

弟皆出門出門哭止相者告就次於又哭括髮成踊於三哭猶括髮成踊三日成服於五哭相者告事畢又哭三哭不袒者哀戚已久殺之也逸奔喪禮說不及殯日於又哭猶括髮即位不袒告事畢者五哭而不復哭也成服之朝爲四哭此謂既期乃後歸至者也其未期猶朝夕哭不止於五哭

爲母所以異於父者壹括髮其餘免以終事他如奔父之禮壹括髮謂歸入門哭時也於此乃言爲母異於父者明及殯不及殯其異者同

齊衰以下不及殯先之墓西面哭盡哀免麻于東方即位與主人哭成踊不北面者亦統於主人襲有賓則主人拜賓送賓賓有後至者拜之如初相者告事畢不言袒言襲者容齊衰親者或袒可遂冠歸

入門左北面哭盡哀免袒成踊東即位拜賓成踊賓出主人拜送於又哭免袒成踊於三哭猶免袒成踊三日成服於五哭相者告事畢爲父於又哭括髮而不袒此又哭三哭皆言袒袒衍字也聞喪不得奔喪哭盡哀問故又哭盡哀乃爲位括髮袒成踊襲經絞帶即位聞父母喪而不得奔謂以君命有事不然者不得爲位位有鄰列之處如於家朝夕哭位矣不於又哭乃經者喪至此踰日節於是可也拜賓反位成踊賓出主人拜送于門外反位若有賓後至者拜之成踊送賓如初於又哭括髮袒成踊於三哭猶括髮袒成踊三日成服於五哭

拜賓送賓如初不言就次者當從其事不可以喪服廢公職也其在官亦告就次言五哭者以迫公事五日哀殺亦可以止若除喪而后歸則之墓哭成踊東括髮袒絰拜賓成踊送賓反位又哭盡哀遂除於家不哭東東即主人位如不及殯者也遂除除於墓而歸主人之待之也無變於服與之哭不踊無變於服自若時服也亦即位于墓左婦人墓

右自齊衰以下所以異者免麻凡爲位非親喪齊衰以下皆即位哭盡哀而東免絰即位袒成踊謂無君事又無故可得奔喪而以已私未奔者也唯父母之喪則不爲位其哭之不離聞喪之處齊衰以下更爲位而哭皆可行乃行襲拜賓反位哭成踊送賓反位相者告就次三日五哭卒主人出送賓

衆主人兄弟皆出門哭止相者告事畢成服拜賓卒猶止也三日五哭者始聞喪訖夕爲位乃出就次一哭也與明日又明日之朝夕而五哭不五朝哭而數朝夕備五哭而止亦爲急奔喪已私事當畢亦明日乃成服凡云五哭者其後有賓亦與之哭而拜之若所爲位家遠則成服而往謂所當奔者外喪也外喪緦而道遠成服乃行容待齎也齊衰望鄉而哭大功望門而哭小功至門而哭緦麻即位而哭奔喪哭親疏遠近之差也哭父之黨於廟母妻之黨於寢師於廟門外朋友於寢門外所識於野張帷此因五服聞喪而哭列人恩諸所當哭者也黨謂族類無服者也逸奔喪禮曰哭父族與母黨於廟妻之黨於寢朋友於寢門外壹哭而已不踊言壹哭而已則不爲位矣凡爲位不奠以其精神不存乎是哭天子九諸侯七卿

大夫五士三此臣聞君喪而未奔爲位而哭尊卑日數之差也士亦有屬吏賤不得君臣之名大夫哭諸侯不敢拜賓謂哭其舊君不敢拜賓辟爲主諸臣在他國爲位而哭不敢拜賓謂大夫士使於列國與諸侯爲兄弟亦爲位而哭族親昏姻在異國者凡爲位者壹袒謂於禮正可爲位而哭也始聞喪哭而袒其明日則否父母之喪自若三袒也所識者弔先哭于家而後之墓皆爲之成踊從主人北面而踊從主人而踊拾踊也北面自外來便也主人墓左西面凡喪父在父爲主與賓客爲禮宜使尊者父沒兄弟同居各主其喪各爲其妻子之喪爲主也祔則宗子主之親同長者主之父母沒如昆弟之喪宗子主之不同親者主之從父昆弟之喪聞遠兄弟之喪既除喪而后

聞喪免袒成踊拜賓則尚左手小功緦麻不稅者也雖不服猶免袒尚左手吉拜也逸奔喪禮曰凡拜吉喪皆尚左手無服而爲位者唯嫂叔及婦人降而無服者麻雖無服猶吊服加麻袒免爲位哭也正言嫂叔尊嫂也兄公於弟之妻則不能也婦人降而無服族姑姊妹嫁者也逸奔喪禮曰無服袒免爲位者唯嫂與叔凡爲其男子服其婦人降而無服者麻凡奔喪有大夫至袒拜之成踊而后襲於士襲而后拜之主人袒降哭而大夫至因拜之不敢成己禮乃禮尊者或曰大夫後至者袒拜之爲之成踊

問喪第三十五

鄭氏注

親始死雞斯徒跣扱上衽交手哭惻怛之心痛疾之意傷腎乾肝焦肺水漿不入口

三曰不舉火故鄰里爲之糜粥以飲食之親父母也雞斯當爲笄纚聲之誤也親始死去冠二日乃去笄纚括髮也今時始喪者邪巾貊頭笄纚之存象也徒猶空也上袵深衣之裳前五藏者腎在下肝在中肺在上舉三者之焦傷而心脾在其中矣五家爲鄰五鄰爲里夫悲哀在中故形變於外也痛疾在心故口不甘味身不安美也言人情之中外相應三日而斂在牀曰尸在棺曰柩動尸舉柩哭踊無數惻怛之心痛疾之意悲哀志懣氣盛故袒而踊之所以動體安心下氣也婦人不宜袒故發胷擊心爵踊殷殷田田如壞牆然悲哀痛疾之至也故曰辟踊哭泣哀以送之送形而

往迎精而反也故祖而踊之言聖人制法故使之然也爵踊足不絕地辟拊心也哀以送之謂葬時也迎其精神而反謂反哭及日中而虞也其往送也望望然汲汲然如有追而弗及也其反哭也皇皇然若有求而弗得也故其往送也如慕其反也如疑望望瞻望之貌也慕者以其親之在前疑者不知神之來否求而無所得之也入門而弗見也上堂又弗見也入室又弗見也亡矣喪矣不可復見已矣故哭泣辟踊盡哀而止矣說反哭之義也心悵焉愴焉惚焉愾焉心絕志悲而已矣祭之宗廟以鬼饗之徼幸復反也說虞之義成壙而歸不敢入處室居於

倚廬哀親之在外也寢苫枕塊哀親之在土也（言親在外在土孝子不忍反室自安也入處室或爲入宮）故哭泣無時服勤三年思慕之心孝子之志也人情之實也（勤謂憂勞）或問曰死三日而后斂者何也（怪其遲也）曰孝子親死悲哀志懣故匍匐而哭之若將復生然安可得奪而斂之也故曰三日而后斂者以俟其生也三日而不生亦不生矣孝子之心亦益衰矣家室之計衣服之具亦可以成矣親戚之遠者亦可以至矣是故聖人爲之斷決以三日爲之禮制也（匍匐猶顛

躄或作扶服或問曰冠者不肉袒何也怪冠衣之相爲也曰冠至尊也不居肉袒之體也故爲之免以代之也言身無飾者不敢冠冠爲褻尊服肉袒則著免免狀如冠而廣一寸然則禿者不免傴者不袒跛者不踊非不悲也身有錮疾不可以備禮也故曰喪禮唯哀爲主矣女子哭泣悲哀擊胸傷心男子哭泣悲哀稽顙觸地無容哀之至也將踊先祖將袒先免此三疾俱不踊不袒不免顧其所以否者各爲一耳擊胸傷心稽顙觸地不踊者若此而可或曰男女哭踊或問曰免者以何爲也怪本所爲施也曰不冠者之所服也禮曰童子不緦唯當室緦緦者其免也當室則

免而杖矣〔不冠者猶未冠也當室謂無父兄而主家者也童子不杖不杖者不免當室則杖而免免冠之細以次成人也緦者其免也言免乃有緦服也〕或問曰杖者何也〔怪其義各異〕曰竹桐一也故爲父苴杖苴杖竹也爲母削杖削杖桐也〔言所以杖者義一也顧所用異耳〕或問曰杖者以何爲也〔怪所爲施〕曰孝子喪親哭泣無數服勤三年身病體羸以杖扶病也〔言得杖乃能起也數或爲時〕則父在不敢杖矣尊者在故也堂上不杖辟尊者之處也堂上不趨示不遽也此孝子之志也人情之實也禮義之經也非從天降也非從地出也人情而已矣〔父在不杖謂爲母喪也尊者在不杖尊者之處〕

百九十六大二百三十五

不杖有事不趨皆爲其感動使之憂戚也

服問第三十六　　鄭氏注

傳曰有從輕而重公子之妻爲其皇姑皇君也諸侯妾子之妻爲其君姑齊衰與爲小君同舅不厭婦也有從重而輕爲妻之父母妻齊衰而夫從緦麻不降一等言非服差有從無服而有服公子之妻爲公子之外兄弟謂爲公子之外祖父母從母緦麻有從有服而無服公子爲其妻之父母凡公子厭於君降其私親女君之子不降也

傳曰母出則爲繼母之黨服母死則爲其母之黨服爲其母之黨服則不爲繼母之黨服雖外親亦無二統三年之喪既練矣有期之喪

既葬矣則帶其故葛帶絰期之絰服其功衰（帶其故葛帶者三年既練期既葬差相似也絰期之葛絰三年既練首絰除矣爲父既練衰七升毋既葬衰八升凡齊衰既葬衰或八升或九升服其功衰服麤衰）有大功之喪亦如之（大功之麻變三年之練葛期既葬之葛帶小於練之葛帶又當有絰亦反服其故葛帶絰期之絰差之宜也此雖變麻服葛大小同耳亦服其功衰凡三年之喪既練始遭齊衰大功之喪絰帶皆麻）小功無變也（無所變於大功齊斬之服不用輕累重也）麻之有本者變三年之葛（有本謂大功以上也小功以下澡麻斷本）既練遇麻斷本者於免絰之既免去絰每可以絰必絰既絰則去之（雖無變緣練無首絰於有事則免絰如其倫免無不絰絰有不免其無事則自若練服也）小功不易喪之練冠如免則絰其緦小功之絰因其初葛帶緦

之麻不變小功之葛小功之麻不變大功之葛以有本爲稅稅亦變易也小功以下之麻雖與上葛同猶不變也此要其麻有本者乃變上耳雜記曰有三年之練冠則以大功之麻易之唯杖屨不易也殤長中變三年之葛終殤之月筭而反三年之葛是非重麻爲其無卒哭之稅下殤則否謂大功之親爲殤在緦小功者也可以變三年之葛正親親也三年之葛大功變既練齊衰變既虞卒哭凡喪卒哭受麻以葛殤以麻終喪之月數非重之而不變爲殤未成人文不縟耳下殤則否言賤也男子爲大功之殤中從上服小功婦人爲之中從下服緦麻君爲天子三年夫人如外宗之爲君也外宗君外親之婦也其夫與諸侯爲兄弟服斬妻從服期諸侯爲天子服斬夫人亦從服期喪大記曰外宗房中南面世子不爲天子服遠嫌也不服與畿外之民同也君所主夫人妻大子適婦

言妻見大夫以下亦為此三人為喪主也大夫之適子為君夫人大子如士服大夫不世子不嫌也士為國君斬小君期大子君服斬臣從服期君之母非夫人則羣臣無服唯近臣及僕驂乘從服唯君所服服也妾先君所不服也禮庶子為後為其母緦言唯君所服伸君也春秋之義有以小君服之者時若小君在則益不可公為卿大夫錫衰以居出亦如之當事則弁絰大夫相為亦然為其妻往則服之出則否弁絰如爵弁而素加絰也不當事則皮弁出謂以他事不至喪所凡見人無免絰雖朝於君無免絰唯公門有稅齊衰傳曰君子不奪人之喪亦不可奪喪也見人謂行求見人也無免絰絰重也稅猶免也古者說或作稅有免齊衰謂不杖齊衰也於公門有免齊衰則大功有免絰也傳

曰罪多而刑五喪多而服五上附下附列也列等比也

閒傳第三十七　鄭氏注

斬衰何以服苴苴惡貌也所以首其內而見諸外也斬衰貌若苴齊衰貌若枲大功貌若止小功緦麻容貌可也此哀之發於容體者也有大憂者面必深黑止謂不動於喜樂之事枲或爲似斬衰之哭若往而不反齊衰之哭若往而反大功之哭三曲而偯小功緦麻哀容可也此哀之發於聲音者也三曲一舉聲而三折也偯聲餘從容也斬衰唯而不對

齊衰對而不言大功言而不議小功緦麻議而不及樂此哀之發於言語者也（議謂陳說非時事也）斬衰三日不食齊衰二日不食大功三不食小功緦麻再不食士與斂焉則壹不食故父母之喪既殯食粥朝一溢米莫一溢米齊衰之喪疏食水飲不食菜果大功之喪不食醯醬小功緦麻不飲醴酒此哀之發於飲食者也父母之喪既虞卒哭疏食水飲不食菜果期而小祥食菜果又期而大祥有醯醬中月而禫禫而飲醴酒始

飲酒者先飲醴酒始食肉者先食乾肉先飲醴酒食乾肉者不忍發御厚味父母之喪居倚廬寢苫枕塊不說經帶齊衰之喪居堊室芐翦不納大功之喪寢有席小功緦麻牀可也此哀之發於居處者也父母之喪既虞卒哭柱楣翦屏芐翦不納期而小祥居堊室寢有席又期而大祥居復寢中月而禫禫而牀芐今之蒲苹也斬衰三升齊衰四升五升六升大功七升八升九升小功十升十一升十二升緦麻十五升去其半有事其縷無事其布曰緦

此哀之發於衣服者也此齊衰多二等大功小功多一等服主於受是極列衣服之差也斬衰三升既虞卒哭受以成布六升冠七升爲母疏衰四升受以成布七升冠八升去麻服葛葛帶三重期而小祥練冠縓緣要絰不除男子除乎首婦人除乎帶男子何爲除乎首也婦人何爲除乎帶也男子重首婦人重帶除服者先重者易服者易輕者又期而大祥素縞麻衣中月而禫禫而纖無所不佩葛帶三重謂男子也五分去一而四糾之帶輕既變因爲飾也婦人葛絰不葛帶舊說云三糾之練而帶去一股去一股則小於小功之絰似非也易服謂爲後喪所變也婦人重帶帶在下體之上婦人重

之辟男子也其爲帶猶五分經去一耳喪服小記曰除成喪者其祭也朝服縞冠此素縞者玉藻所云縞冠素紕既祥之冠麻衣十五升布深衣也謂之麻者純用布無采飾也大祥除衰杖黑經白緯曰纖舊說纖冠者采纓也無所不佩紛帨之屬如平常也纖或作綅

易服者何爲易輕者也因上說而問之斬衰之喪既虞卒哭遭齊衰之喪輕者包重者特說所以易輕者之義也既虞卒哭謂齊衰可易斬服之節也輕者可施於卑服齊衰之麻以包斬衰之葛謂男子帶婦人經也重者宜主於尊謂男子之經婦人之帶特其葛不變之也此言包特者明於卑可以兩施而尊者不可貳

既練遭大功之喪麻葛重此言大功可易斬服之節也斬衰巳練男子除經而帶獨存婦人除帶而經獨存謂之單單獨也遭大功之喪男子有麻經婦人有麻帶又皆易其輕者以麻謂之重麻既虞卒哭男子帶其故葛帶經期之葛經婦人經其故葛經帶期之葛帶謂之重葛

齊衰之喪既虞卒哭遭大功之喪麻葛兼服之此言大功可易齊衰期服之節

也兼猶兩也不言包特而兩言者包特著其義兼者明有經有帶耳不言重者三年之喪既練或無絰或無帶言重者以明今皆有期以下固皆有矣兩者有麻有葛耳葛者亦特其重麻者亦包其輕斬衰之葛與齊衰之麻同齊衰之葛與大功之麻同大功之葛與小功之麻同小功之葛與緦之麻同麻同則兼服之此竟言有上服既虞卒哭遭下服之差也唯大功有變三年既練之服小功以下則於上皆無易焉此言大功之葛與小功之麻同小功之葛與緦之麻同主為大功之殤長中言之兼服之服重者則易輕者也服重者謂特之也則者則男子與婦人也凡下服虞卒哭男子反其故葛帶婦人反其故葛絰其上服除則固自受以下服之受矣

三年問第三十八　鄭氏注

三年之喪何也曰稱情而立文因以飾羣

別親疏貴賤之節而弗可損益也故曰無易之道也稱情而立文稱人之情輕重而制其禮也羣謂親之黨也無易猶不易也創鉅者其日久痛甚者其愈遲三年者稱情而立文所以爲至痛極也斬衰苴杖居倚廬食粥寢苫枕塊所以爲至痛飾也飾情之章表也三年之喪二十五月而畢哀痛未盡思慕未忘然而服以是斷之者豈不送死有已復生有節也哉復生除喪反生者之事也凡生天地之間者有血氣之屬必有知有知之屬莫不知愛其類今是大鳥獸則失喪其羣匹越月踰時焉

則必反巡過其故鄉翔回焉鳴號焉躑躅焉踟蹰焉然後乃能去之小者至於燕雀猶有啁噍之頃焉然後乃能去之故有血氣之屬者莫知於人故人於其親也至死不窮四偶也言燕雀之恩不如大鳥獸大鳥獸不如人含血氣之類最有知而恩深也於其五服之親念之至死無止巳將由夫患邪淫之人與則彼朝死而夕忘之然而從之則是曾鳥獸之不若也夫焉能相與羣居而不亂乎言惡人薄於恩死則忘之其相與聚處必失禮也將由夫脩飾之君子與則三年之喪二十五月而畢若駟之過隙然而遂之則是無

窮也駟之過隙喻疾也遂之謂不時除也故先王焉爲之立中制節壹使足以成文理則釋之矣立中制節謂服之年月也釋猶除也去也然則何以至期也言三年之義如此則何以有降至於期也期者謂爲人後者父在爲母也曰至親以期斷言服之正雖至親皆期而除也是何也問服斷於期之義也曰天地則已易矣四時則已變矣其在天地之中者莫不更始焉以是象之也法此變易可以期也然則何以三年也言法此變易可以期何以乃三年爲曰加隆焉爾也焉使倍之故再期也言於父母加隆其恩使倍期也下焉猶然由九月以下何也曰焉使弗及也言使其恩不若父母故三年以爲隆緦小功以爲殺期九月以爲

閒上取象於天下取法於地中取則於人

人之所以羣居和壹之理盡矣取象於天地謂法其變易也自三年以至緦皆歲時之數也言既象天地又足以盡人聚居純厚之恩也故三年之喪人道之至文者也夫是之謂至隆言三年之喪禮之最盛也是百王之所同古今之所壹也未有知其所由來者也不知其所從來喻此三年之喪前世行之久矣孔子曰子生三年然後免於父母之懷夫三年之喪天下之達喪也達謂自天子至於庶人

深衣第三十九　鄭氏注

古者深衣蓋有制度以應規矩繩權衡言聖

人制事必有法度短毋見膚衣取蔽形長毋被土爲汙辱也續衽鉤邊續猶屬也衽在裳旁者也屬連之不殊裳前後也鉤讀如鳥喙必鉤之鉤鉤邊若今曲裾也續或爲裕要縫半下三分要中減一以益下下宜寬也要或爲優袼之高下可以運肘肘不能不出入袼衣袂當腋之縫也袂之長短反詘之及肘袂屬幅於衣詘而至肘當臂中爲節臂骨上下各尺二寸則袂肘以前尺二寸肘或爲腕帶下毋厭髀上毋厭脅當無骨者當骨緩急難爲中也制十有二幅以應十有二月裳六幅幅分之以爲上下之殺袂圜以應規謂胡下也曲袷如矩以應方袷交領也古者方領如今小兒衣領負繩及踝以應直繩謂裻與後幅相當之縫也踝跟也下齊如權衡以應平齊緝故規者行舉手以爲容行舉手謂揖讓負繩抱方者以

直其政方其義也故易曰坤六二之動直以方也言深衣之直方應易之文也政或爲正下齊如權衡者以安志而平心也心平志安行乃正或低若仰則心有異志者與五法已施故聖人服之言非法不服也故規矩取其無私繩取其直權衡取其平故先王貴之貴此衣也故可以爲文可以爲武可以擯相可以治軍旅完且弗費善衣之次也完且弗費言可苦衣而易有也深衣者用十五升布鍛濯灰治純之以采善衣朝祭之服也自士以上深衣爲之次庶人吉服深衣而已具父母大父母衣純以繢具父母衣純以青如孤子衣純以素尊者存以多飾爲孝繢畫文也三十已下無父稱孤純袂緣純邊廣各寸半純謂緣之也緣

袂謂其口也緣緆也緣邊衣裳之側廣各寸半則表裏共三寸矣唯袷廣二寸 小百五十

禮記卷第十八

經三千六百三十八字
注三千四百八十八字

嘉慶丙寅五月陽城
張氏影摹宋本重雕

禮記卷第十九

投壺第四十　鄭氏注

投壺之禮主人奉矢司射奉中使人執壺矢所以投者也中士則鹿中也射人奉之者投壺射之類也其奉之西階上北面主人請曰某有枉矢哨壺請以樂賓賓曰子有旨酒嘉肴某既賜矣又重以樂敢辭燕飲酒既脫屨升坐主人乃請投壺也否則或射所謂燕射也枉哨不正貌爲謙辭主人曰枉矢哨壺不足辭也敢固以請賓曰某既賜矣又重以樂敢固辭固之言如故也言如故辭者重辭也主人曰枉矢哨壺不足辭也敢固以請賓曰某固辭不得命敢不敬從不得命不

以命見許賓再拜受主人般還曰辟賓再拜受拜受矢也主人既辟進授矢兩楹之閒也主人阼階上拜送賓般還曰辟拜送送矢也辟亦於其階上巳拜受矢進即兩楹閒退反位揖賓就筵主人既拜送矢又自受矢進即兩楹閒者言將有事於此也退乃揖賓即席欲與偕進明爲偶也賓席主人席皆南鄉閒相去如射物司射進度壺閒以二矢半反位設中東面執八筭興度壺度其所設之處也壺去坐二矢半則堂上去賓席主人席邪行各七尺也反位西階上位也設中東面既設中亦實八筭於中橫委其餘於中西執筭而立以請賓侯投請賓曰順投爲入比投不釋勝飲不勝者正爵既行請爲勝者立馬一馬從二馬三馬既立請慶多馬請主人亦如之請猶告也順投矢本入也比投不拾也勝

飲不勝言以能養不能也正爵所以正禮之爵也或以罰或以慶馬勝筭也謂之馬者若云技藝如此任爲將帥乘馬也射投壺皆所以習武因爲樂

命弦者曰請奏貍首閒若一大師曰諾弦鼓瑟者也貍首詩篇名也今逸射義所云詩曰曾孫侯氏是也閒若一者投壺當以爲志取節焉

左右告矢具請拾投有入者則司射坐而釋一筭焉賓黨於右主黨於左拾更也告矢具請更投者司射也司射東面立釋筭則坐以南爲右北爲左也已投者退各反其位

卒投司射執筭曰左右卒投請數二筭爲純一純以取一筭爲奇遂以奇筭告曰某賢於某若干純奇則曰奇鈞則曰左右鈞卒已也賓主之黨畢已投司射又請數其所釋左右筭如數射筭一純以取實於左手十純則縮而委之每委異之有餘則橫諸純下一筭爲奇奇則縮諸純下兼斂左筭實於左手一純以委十則異之其他如右獲畢則司射執奇筭以告於賓與主人也若告云某賢於某者未斥主黨勝與賓黨勝與以勝爲賢尚技藝

也鈞猶等也等則左右手各執一筭以告命酌曰請行觴酌者曰諾司射又請於賓與主人以行正爵酌者勝黨之弟子當飲者皆跪奉觴曰賜灌勝者跪曰敬養酌者亦酌奠於豐上不勝者坐取乃退而跪飲之灌猶飲也言賜灌者服而爲尊敬辭也周禮曰以灌賓客賜灌敬養各與其偶於西階上如飲射爵正爵既行請立馬馬各直其筭一馬從二馬以慶慶禮曰三馬既備請慶多馬賓主皆曰諾飲不勝者畢司射又請爲勝者立馬當其所釋筭之前三立馬者投壺如射亦三而止也三者一黨不必三勝其一勝者并其馬於再勝者以慶之明一勝不得慶也飲慶爵者偶親酌不使弟子無豐正爵既行請徹馬投壺禮畢可以去其勝筭也既徹馬無筭爵乃行筭多少視其坐筭用當視坐投壺者之衆寡爲數也投壺者人四矢亦人四筭籌室中五扶堂上七扶庭中九扶籌矢

也鋪四指曰扶一指案寸春秋傳曰膚寸而合投壺者或於室或於堂或於庭其禮褻隨晏早之宜無常處

筭長尺二寸

其節三扶可也或曰筭長尺有握握素也

壺頸脩七寸腹脩五寸口徑二寸半容斗五升壺中實小豆焉爲其矢之躍而出也壺去席二矢半

脩長也腹容斗五升三分益一則爲二斗得圜囷之象積三百二十四寸也以腹脩五寸約之所得求其圜周圜周二尺七寸有奇是爲腹徑九寸有餘也實以小豆取其滑且堅

矢以柘若棘毋去其皮

取其堅且重也舊說云矢大七分或言去其皮節

魯令弟子辭曰毋幠毋敖毋偝立毋踰言偝立踰言有常爵薛令弟子辭曰毋幠毋敖毋偝立毋踰言若是者浮

弟子賓黨主黨年穉者也爲其立堂下相褻慢司射戒令之記魯薛者禮褒乖異不知孰是也幠敖慢也偝立不正

鄉前也踰言遠談語也常爵常所以罰人之爵也浮亦謂是也晏子春秋曰酌者奉觴而進曰君令浮晏子時以罰梁丘據浮或作匏或作符踰或爲遥

鼓

○□○○□□○□○○□半○□○□

○○○□□○□○

魯鼓

○□○○○□

□○□○○□□○□○○□□○半○□

○○○□□○

薛鼓

此魯薛擊鼓之節也圜者擊鼙方者擊鼓古者舉事鼓各有節聞其節則知其事矣

取半以下爲投壺禮盡用之爲射

禮

投壺之鼓半射節者投壺射之細也射謂燕射

司射庭長及冠士立者

皆屬賓黨樂人及使者童子皆屬主黨

庭長司正也使者主人所使薦羞者樂人國子能爲樂者此皆與於投壺

魯鼓○□○○□□○○半○□○□○
○○○□○○○薛鼓○□○○○○□
○□○□○○○□○□○○□○半○
□○□○○○○□○此二者記兩家之異故兼列之

儒行第四十一　鄭氏注

魯哀公問於孔子曰夫子之服其儒服與哀公館孔子見其服與士大夫異又與庶人不同疑爲儒服而問之孔子對曰丘少居魯衣逢掖之衣長居宋冠章甫之冠丘聞之也君子之學也博其服也鄉丘不知儒服逢猶大也大掖之衣大袂禪衣也此君子有道藝者所衣也孔子生魯長而之宋而冠焉宋其祖所出也衣少所居之服

冠長所居之冠是之謂鄉言不知儒服非哀公意不在
於儒乃今問其服庶人禪衣袂二尺二寸袪尺二寸
哀公曰敢問儒行孔子對曰遽數之不能終其物悉數之乃留更僕未可終也
遽猶卒也物猶事也留久也僕大僕也君燕朝則正位掌擯相更之者爲久將倦使之相代
哀公命席
爲孔子布席於堂與之坐也君適其臣升自阼階所在如主
孔子侍曰儒有席上之珍以待聘夙夜強學以待問懷忠信以待舉力行以待取其自立有如此者
席猶鋪陳也鋪陳往古堯舜之善道以待見問也大問曰聘舉見舉用也取進取位也
儒有衣冠中動作愼其大讓如慢小讓如僞大則如威小則如愧其難進而易退也粥粥若無能也其容貌有如

此者中中閒謂不嚴厲也如慢如僞言之不偪但也如威如愧如有所畏儒有居處齊難其坐起恭敬言必先信行必中正道塗不爭險易之利冬夏不爭陰陽之和愛其死以有待也養其身以有爲也其備豫有如此者齊難齊莊可畏難也行不爭道止不選處所以遠鬬訟儒有不寶金玉而忠信以爲寶不祈土地立義以爲土地不祈多積多文以爲富難得而易祿也易祿而難畜也非時不見不亦難得乎非義不合不亦難畜乎先勞而後祿不亦易祿乎其近人有如此者祈猶求也立義以爲土地以義自居也難畜難以非義久留也

一百九十六

勞猶事也積或爲貨儒有委之以貨財淹之以樂好見利不虧其義劫之以衆沮之以兵見死不更其守鷙蟲攫搏不程勇者引重鼎不程其力往者不悔來者不豫過言不再流言不極不斷其威不習其謀其特立有如此者淹謂浸漬之劫劫脅也沮謂恐怖之也鷙蟲猛鳥猛獸也字從鳥鷙省聲也程猶量也重鼎大鼎也搏猛引重不量勇力堪之與否當之則往也雖有負者後不悔也其所未見亦不豫備平行自若也不再猶不更也不極不問所從出也不斷其威常可畏也不習其謀口及則言不豫其說而順也斷或爲繼儒有可親而不可劫也可近而不可迫也可殺而不可辱也其居處不淫其飲食不溽其過失可微辨

而不可面數也其剛毅有如此者淫謂傾邪也恣滋味爲溽溽之言欲也儒有忠信以爲甲冑禮義以爲干櫓戴仁而行抱義而處雖有暴政不更其所其自立有如此者甲鎧冑兜鍪也干櫓小盾大盾也儒有一畝之宮環堵之室篳門圭窬蓬戶甕牖易衣而出并日而食上荅之不敢以疑上不荅不敢以諂其仕有如此者言貧窮屈道仕爲小官也宮謂牆垣也環堵面一堵也五版爲堵五堵爲雉篳門荊竹織門也圭窬門旁窬也穿牆爲之如圭矣并日而食二日用一日食也上荅之謂君應用其言儒有今人與居古人與稽今世行之後世以爲楷適弗逢世上弗援下弗推讒諂

之民有比黨而危之者身可危也而志不可奪也雖危起居竟信其志猶將不忘百姓之病也其憂思有如此者稽猶合也古人與合則不合於今人也援猶引也取也推猶進也舉也危欲毁害之也起居猶舉事動作信讀如屈伸之伸假借字也猶圖也信或爲身儒有博學而不窮篤行而不倦幽居而不淫上通而不困禮之以和爲貴忠信之美優游之法慕賢而容衆毁方而瓦合其寬裕有如此者不窮不止也幽居謂獨處時也上通謂仕道達於君也旣仕則不困於道德不足也忠信之美美忠信者也優游之法法和柔者也毁方而瓦合去已之大圭角下與衆人小合也必瓦合者亦君子爲道不遠人儒有内稱不辟親外舉不辟怨程功積事推賢而

進達之不望其報君得其志苟利國家不求富貴其舉賢援能有如此者（君得其志者君所欲爲賢臣成之）儒有聞善以相告也見善以相示也爵位相先也患難相死也久相待也遠相致也其任舉有如此者（相先猶相讓也久相待謂其友久在下位不升己則待之乃進也遠相致者謂己得明君而仕友在小國不得志則相致達也）儒有澡身而浴德陳言而伏靜而正之上弗知也麤而翹之又不急爲也不臨深而爲高不加少而爲多世治不輕世亂不沮同弗與異弗非也其特立獨行有如此者（麤猶疏也微也君不知已有善言正行則觀色緣事而微翹發其意使知之又）

必舒而脫脫焉已爲之疾則君納之速君納之速怪妬所由生也不臨深而爲高臨衆不以已位尊自振貴也不加少而爲多謀事不以已小勝自矜大也世治不輕不以賢者並衆不自重愛也世亂不沮不以道衰廢壞已志也

儒有上不臣天子下不事諸侯愼靜而寬強毅以與人博學以知服近文章砥厲廉隅雖分國如錙銖不臣不仕其規爲有如此者強毅以與人彼來辨言行而不正不苟屈以順之也博學以知服不用已之知勝於先世賢知之所言也雖分國如錙銖言君分國以祿之視之輕如錙銖矣八兩曰錙

儒有合志同方營道同術並立則樂相下不厭久不相見聞流言不信其行本方立義同而進不同而退其交友有如此者同方同術等志行也聞流言不信不信其友所行如毀謗也

溫良者仁之本

也敬慎者仁之地也寬裕者仁之作也孫接者仁之能也禮節者仁之貌也言談者仁之文也歌樂者仁之和也分散者仁之施也儒皆兼此而有之猶且不敢言仁也其尊讓有如此者此兼上十五儒蓋聖人之儒行也孔子嫌若斥己假仁以爲說仁聖之次也

儒有不隕穫於貧賤不充詘於富貴不慁君王不累長上不閔有司故曰儒隕穫困迫失志之貌也充詘喜失節之貌慁猶辱也累猶係也閔病也言不爲天子諸侯卿大夫羣吏所困迫而違道孔子自謂也充或爲統閔或爲文

今衆人之命儒也妄常以儒相詬病妄之言無也言今世名儒無有常人遭人名爲儒而以儒靳故相戲此哀公輕儒之所由也詬病猶恥辱也

孔子至

舍哀公館之聞此言也言加信行加義終沒吾世不敢以儒爲戲儒行之作蓋孔子自衛初反魯時也孔子歸至其舍哀公就而以禮館之問儒服而遂問儒行乃始覺焉言沒世不敢以儒爲戲當時服

大學第四十二　鄭氏注

大學之道在明明德在親民在止於至善知止而后有定定而后能靜靜而后能安安而后能慮慮而后能得物有本末事有終始知所先後則近道矣明明德謂顯明其至德也止猶自處也得謂得事之宜也古之欲明明德於天下者先治其國欲治其國者先齊其家欲齊其家者先脩其

身欲脩其身者先正其心欲正其心者先誠其意欲誠其意者先致其知知謂知善惡吉凶之所終始也致知在格物格來也物猶事也其知於善深則來善物其知於惡深則來惡物言事緣人所好來也此致或爲至物格而后知至知至而后意誠意誠而后心正心正而后身脩身脩而后家齊家齊而后國治國治而后天下平自天子以至於庶人壹是皆以脩身爲本其本亂而末治者否矣其所厚者薄而其所薄者厚未之有也此謂知本此謂知之至也壹是專行是也所謂誠其意者毋自欺也如惡惡臭如好

好色此之謂自謙故君子必愼其獨也小人閒居爲不善無所不至見君子而后厭然揜其不善而著其善人之視己如見其肺肝然則何益矣此謂誠於中形於外故君子必愼其獨也謙讀爲慊慊之言厭也厭讀爲黶黶閉藏貌也曾子曰十目所視十手所指其嚴乎富潤屋德潤身心廣體胖故君子必誠其意嚴乎言可畏敬也胖猶大也三者言有實於內顯見於外詩云瞻彼淇澳菉竹猗猗有斐君子如切如磋如琢如磨瑟兮僩兮赫兮喧兮有斐君子終不可諠兮如切如磋者道

學也如琢如磨者自脩也瑟兮僴兮者恂慄也赫兮喧兮者威儀也有斐君子終不可諠兮者道盛德至善民之不能忘也此心廣體胖之詩也澳隈崖也菉竹猗猗喻美盛斐有文章貌也諠忘也道猶言也恂字或作峻讀如嚴峻之峻言其容貌嚴栗也民不能忘以其意誠而德著也詩云於戲前王不忘君子賢其賢而親其親小人樂其樂而利其利此以沒世不忘也聖人既有親賢之德其政又有樂利於民君子小人各有以思之康誥曰克明德大甲曰顧諟天之明命帝典曰克明峻德皆自明也皆自明明德也克能也顧念也諟猶止也帝典堯典亦尚書篇名也峻大也諟或爲題湯之盤銘曰苟日新日日新又日新

康誥曰作新民詩曰周雖舊邦其命惟新是故君子無所不用其極（盤銘刻戒於盤也極猶盡也君子日新其德常盡心力不有餘也）詩云邦畿千里惟民所止詩云緡蠻黃鳥止于丘隅子曰於止知其所止可以人而不如鳥乎（於止於鳥之所止也就而觀之知其所止知鳥擇岑蔚安閒而止處之耳言人亦當擇禮義樂土而自止處也論語曰里仁爲美擇不處仁焉得知）詩云穆穆文王於緝熙敬止爲人君止於仁爲人臣止於敬爲人子止於孝爲人父止於慈與國人交止於信（緝熙光明也此美文王之德光明敬其所以自止處）子曰聽訟吾猶人也必也使無訟乎無情者不得盡其辭大

畏民志（情猶實也無實者多虛誕之辭聖人之聽訟與人同耳必使民無實者不敢盡其辭大畏其心志使誠其意不敢訟）此謂知本（本謂誠其意也）所謂脩身在正其心者身有所忿懥則不得其正有所恐懼則不得其正有所好樂則不得其正有所憂患則不得其正心不在焉視而不見聽而不聞食而不知其味此謂脩身在正其心（懥怒貌也或作懫或爲疐）所謂齊其家在脩其身者人之其所親愛而辟焉之其所賤惡而辟焉之其所畏敬而辟焉之其所哀矜而辟焉之其所敖惰而辟焉故好而知其惡惡而知其

美者天下鮮矣故諺有之曰人莫知其子之惡莫知其苗之碩此謂身不脩不可以齊其家之適也辟猶喻也言適彼而以心度之曰吾何以親愛此人非以其有德美與吾何以敖惰此人非以其志行薄與反以喻己則身脩與否可自知也鮮罕也人莫知其子之惡猶愛而不察碩大也所謂治國必先齊其家者其家不可教而能教人者無之故君子不出家而成教於國孝者所以事君也弟者所以事長也慈者所以使衆也康誥曰如保赤子心誠求之雖不中不遠矣未有學養子而后嫁者也養子者推心爲之而中於赤子之嗜欲也一家仁一國興仁一家讓一國興讓

一人貪戾一國作亂其機如此此謂一言僨事一人定國（一家一人謂人君也戾之言利也機發動所由也僨猶覆敗也春秋傳曰登戾之又曰鄭伯之車僨於濟戾或爲吝僨或爲犇）堯舜率天下以仁而民從之桀紂率天下以暴而民從之其所令反其所好而民不從（言民化君行也君若好貨而禁民淫於財利不能止也）是故君子有諸己而后求諸人無諸己而后非諸人所藏乎身不恕而能喻諸人者未之有也故治國在齊其家（有於己謂有仁讓也無於己謂無貪戾也）詩云桃之夭夭其葉蓁蓁之子于歸宜其家人宜其家人而后可以教國人詩云宜兄宜

弟宜兄宜弟而后可以教國人詩云其儀不忒正是四國其爲父子兄弟足法而后民法之也此謂治國在齊其家夭夭蓁蓁美盛貌之子者是子也所謂平天下在治其國者上老老而民興孝上長長而民興弟上恤孤而民不倍是以君子有絜矩之道也老老長長謂尊老敬長也恤憂也民不倍不相倍弃也絜猶結也挈也矩法也君子有挈法之道謂常執而行之動作不失之倍或作偝矩或作巨所惡於上毋以使下所惡於下毋以事上所惡於前毋以先後所惡於後毋以從前所惡於右毋以交於左所惡於左毋以交於右此

之謂絜矩之道絜矩之道善持其所有以恕於人耳治國之要盡於此詩云樂只君子民之父母民之所好好之民之所惡惡之此之謂民之父母言治民之道無他取於己而已詩云節彼南山惟石巖巖赫赫師尹民具爾瞻有國者不可以不愼辟則爲天下僇矣巖巖喻師尹之高嚴也師尹天子之大臣爲政者也言民皆視其所行而則之可不愼其德乎邪辟失道則有大刑詩云殷之未喪師克配上帝儀監于殷峻命不易道得衆則得國失衆則失國是故君子先愼乎德有德此有人有人此有土有土此有財有財此有用德者本也財者末也

外本内末爭民施奪是故財聚則民散財散則民聚是故言悖而出者亦悖而入貨悖而入者亦悖而出師衆也克能也峻大也言紂王帝乙以上未失其民之時德亦有能配天者謂天享其祭祀也及紂爲惡而民怨神怒以失天下監視殷時之事天之大命持之誠不易也道猶言也用謂國用也施奪施其劫奪之情也悖猶逆也言君有逆命則民有逆辭也上貪於利則下人侵畔老子曰多藏必厚亡康誥曰惟命不于常道善則得之不善則失之矣于於也天命不於常言不專祐一家也楚書曰楚國無以爲寶惟善以爲寶楚書楚昭王時書也言以善人爲寶時謂觀射父昭奚恤也舅犯曰亡人無以爲寶仁親以爲寶舅犯晉文公之舅狐偃也亡人謂文公也時辟驪姬之讒亡在翟而獻公薨秦穆公使子顯弔因勸之復國舅犯爲之對此辭也仁親猶言親愛仁道也明不因喪

規利也秦誓曰若有一介臣斷斷兮無他技其心休休焉其如有容焉人之有技若己有之人之彥聖其心好之不啻若自其口出寔能容之以能保我子孫黎民尚亦有利哉人之有技媢疾以惡之人之彥聖而違之俾不通寔不能容以不能保我子孫黎民亦曰殆哉秦誓尚書篇名也秦穆公伐鄭爲晉所敗於殽還誓其羣臣而作此篇也斷斷誠一之貌也他技異端之技也有技才藝之技也若已有之不啻若自其口出皆樂人有善之甚也美士爲彥黎衆也尚庶幾也媢妬也違猶戾也俾使也佛戾賢人所爲使功不通於君也殆危也彥或作盤唯仁人放流之迸諸四夷不與同中國此謂唯仁人爲能

愛人能惡人放去惡人媢嫉之類者獨仁人能之如舜放四罪而天下咸服見賢而不能舉舉而不能先命也見不善而不能退退而不能遠過也命讀爲慢聲之誤也舉賢而不能使君以先己是輕慢於舉人也好人之所惡惡人之所好是謂拂人之性菑必逮夫身拂猶佹也逮及也是故君子有大道必忠信以得之驕泰以失之道行所由生財有大道生之者衆食之者寡爲之者疾用之者舒則財恒足矣是不務祿不肖而勉民以農也仁者以財發身不仁者以身發財發起也言仁人有財則務於施與以起身成其令名不仁之人有身貪於聚斂以起財務成富未有上好仁而下不好義者也未有

好義其事不終者也未有府庫財非其財者也言君行仁道則其臣必義以義舉事無不成者其爲誠然如己府庫之財爲己有也孟獻子曰畜馬乘不察於雞豚伐冰之家不畜牛羊百乘之家不畜聚斂之臣與其有聚斂之臣寧有盜臣此謂國不以利爲利以義爲利也孟獻子魯大夫仲孫蔑也畜馬乘謂以士初試爲大夫也伐冰之家卿大夫以上喪祭用冰百乘之家有采地者也雞豚牛羊民之所畜養以爲財利者也國家利義不利財盜臣損財耳聚斂之臣乃損義論語曰季氏富於周公而求也爲之聚斂非吾徒也小子鳴鼓而攻之可也長國家而務財用者必自小人矣言務聚財爲己用者必忘義是小人所爲也彼爲善之小人之使爲國家菑害並至雖有善者亦無如

之何矣彼君也君將欲以仁義善其政而使小人治其國家之事患難猥至雖云有善不能救之以其惡之已著也此謂國不以利爲利以義爲利也

禮記卷第十九

經三千四百三十二

注三千五百一十三

嘉慶丙寅六月陽城

張氏影摹宋本重彫

禮記卷第二十

冠義第四十三　鄭氏

凡人之所以爲人者禮義也禮義之始在於正容體齊顏色順辭令言人爲禮以此三者爲始容體正顏色齊辭令順而后禮義備以正君臣親父子和長幼言三始既備乃可求以三行也君臣正父子親長幼和而后禮義立立猶成也故冠而后服備服備而后容體正顏色齊辭令順言服未備者未可求以三始也童子之服采衣紒故曰冠者禮之始也是故古者聖王重冠古者冠禮筮日筮賓所以敬冠事敬冠

事所以重禮重禮所以爲國本也國以禮爲本故冠於阼以著代也醮於客位三加彌尊加有成也阼謂主人之北也適子冠於阼若不醴則醮用酒於客位敬而成之也戶西爲客位庶子冠於房戶外又因醮焉不代父也冠者初加緇布冠次加皮弁次加爵弁每加益尊所以益成也巳冠而字之成人之道也字所以相尊也見於母母拜之見於兄弟兄弟拜之成人而與爲禮也玄冠玄端奠摯於君遂以摯見於鄉大夫鄉先生以成人見也鄉先生同鄉老而致仕者服玄冠玄端異於朝也成人之者將責成人禮焉也責成人禮焉者將責爲人子爲人弟爲人臣爲人少者之禮行焉將責四

者之行於人其禮可不重與言責人以大禮者己接之不可以苟故孝弟忠順之行立而后可以爲人可以爲人而后可以治人也故聖王重禮故曰冠者禮之始也嘉事之重者也是故古者重冠重冠故行之於廟行之於廟者所以尊重事尊重事而不敢擅重事不敢擅重事所以自卑而尊先祖也嘉事嘉禮也宗伯掌五禮有吉禮有凶禮有賓禮有軍禮有嘉禮而冠屬嘉禮周禮曰以昏冠之禮親成男女也

昏義第四十四　鄭氏注

昏禮者將合二姓之好上以事宗廟而下

以繼後世也故君子重之是以昏禮納采問名納吉納徵請期皆主人筵几於廟而拜迎於門外入揖讓而升聽命於廟所以敬慎重正昏禮也聽命謂主人聽使者所傳壻家之命父親醮子而命之迎男先於女也子承命以迎主人筵几於廟而拜迎于門外壻執鴈入揖讓升堂再拜奠鴈蓋親受之於父母也降出御婦車而壻授綏御輪三周先俟于門外婦至壻揖婦以入共牢而食合巹而酳所以合體同尊卑以親之也酳而無酬酢曰醮醮之禮如冠醮與其異者於

寢耳壻御婦車輪三周御者代之壻自乘其車先道之歸也共牢而食合巹而酳成婦之義敬愼重正而后親之禮之大體而所以成男女之別而立夫婦之義也男女有別而后夫婦有義夫婦有義而后父子有親父子有親而后君臣有正故曰昏禮者禮之本也言子受氣性純則孝孝則忠也夫禮始於冠本於昏重於喪祭尊於朝聘和於射鄉此禮之大體也始猶根也本猶幹也鄉鄉飲酒

夙興婦沐浴以俟見質明贊見婦於舅姑婦執笲棗栗段脩以見贊醴婦婦祭脯醢祭醴成婦禮也成其爲婦之禮也贊醴婦當作禮聲之誤也舅姑入室

婦以特豚饋明婦順也以饋明婦順者供養之禮主於孝順厥明舅姑共饗婦以一獻之禮奠酬舅姑先降自西階婦降自阼階以著代也言既獻之而授之以室事也降者各還其燕寢婦見及饋饗於適寢昏禮不言厥明此言之者容大夫以上禮多或異日成婦禮明婦順又申之以著代所以重責婦順焉也婦順者順於舅姑和於室人而后當於夫以成絲麻布帛之事以審守委積蓋藏室人謂女妐女叔諸婦也當猶稱也後言稱夫者不順舅姑不和室人雖有善者猶不爲稱夫也是故婦順備而后內和理內和理而后家可長久也故聖王重之順備者行和當事成審也是以古者婦人先嫁三月

祖廟未毀教于公宫祖廟既毀教于宗室
教以婦德婦言婦容婦功教成祭之牲用
魚芼之以蘋藻所以成婦順也謂與天子諸侯同姓者也嫁女者必就尊者教成之教之者女師也祖廟女所出之祖也公君也宗室宗子之家也婦德貞順也婦言辭令也婦容婉娩也婦功絲麻也祭之祭其所出之祖也魚蘋藻皆水物陰類也魚爲俎實蘋藻爲羹菜祭無牲牢告事耳非正祭也其齊盛用黍云君使有司告之宗子之家若其祖廟已毀則爲壇而告焉古者天子后立六宫三
夫人九嬪二十七世婦八十一御妻以聽
天下之内治以明章婦順故天下内和而
家理天子立六官三公九卿二十七大夫
八十一元士以聽天下之外治以明章天

下之男教故外和而國治故曰天子聽男教后聽女順天子理陽道后治陰德天子聽外治后聽內職教順成俗外內和順國家理治此之謂盛德天子六寢而六宮在後六官在前所以承副施外內之政也三夫人以下百二十人周制也三公以下百二十人似夏時也合而言之取其相應有象天數也內治婦學之法也陰德謂主陰事陰令也是故男教不脩陽事不得適見於天日爲之食婦順不脩陰事不得適見於天月爲之食是故日食則天子素服而脩六官之職蕩天下之陽事月食則后素服而脩六宮之職蕩天下之陰事故天子之與后

猶日之與月陰之與陽相須而后成者也適之言責也食者見道有虧傷也蕩蕩滌去穢惡也天子脩男教父道也后脩女順母道也故曰天子之與后猶父之與母也故爲天王服斬衰服父之義也爲后服資衰服母之義也父母者施教令於婦子者也故其服同資當爲齊聲之誤也

鄉飲酒義第四十五　鄭氏注

鄉飲酒之義主人拜迎賓于庠門之外入三揖而后至階三讓而后升所以致尊讓也庠鄉學也州黨曰序盥洗揚觶所以致絜也揚舉也今禮皆作騰拜至拜洗拜受拜送拜既所以致敬也拜至謂始升時

拜拜賔至尊讓絜敬也者君子之所以相接也君子尊讓則不爭絜敬則不慢不慢不爭則遠於鬬辨矣不鬬辨則無暴亂之禍矣斯君子之所以免於人禍也故聖人制之以道道謂此禮鄉人士君子尊於房户之間賔主共之也尊有玄酒貴其質也鄉人鄉大夫也士州長黨正也君子謂鄉大夫也鄉大夫士飲國中賢者亦用此禮也共尊者人臣卑不敢專大惠羞出自東房主人共之也羞燕私可以自專也洗當東榮主人之所以自絜而以事賔也絜猶清也賔主象天地也介僎象陰陽也三賔象三光也讓之三也象

月之三日而成魄也四面之坐象四時也陰陽助天地養成萬物之氣也三賓象天三光者繫於天也古文禮僎皆作遵天地嚴凝之氣始於西南而盛於西北此天地之尊嚴氣也此天地之義氣也天地溫厚之氣始於東北而盛於東南此天地之盛德氣也此天地之仁氣也凝猶成也主人者尊賓故坐賓於西北而坐介於西南以輔賓賓者接人以義者也故坐於西北賓者接人以義言賓來以成主人之德主人者接人以仁以德厚者也故坐於東南而坐僎於東北以輔主人也以僎輔主人以其仕在官也仁義接賓

主有事俎豆有數曰聖聖立而將之以敬曰禮禮以體長幼曰德（聖通也所以通賓主之意也將猶奉也）德也者得於身也故曰古之學術道者將以得身也是故聖人務焉（術猶藝也得身者謂成己令名免於刑罰也言學術道則此說賓賢能之禮）祭薦祭酒敬禮也嚌肺甞禮也啐酒成禮也於席末言是席之正非專爲飲食也爲行禮也此所以貴禮而賤財也卒觶致實於西階上言是席之上非專爲飲食也此先禮而後財之義也先禮而後財則民作敬讓而不爭矣（非專爲飲食言主於相敬以禮也致實謂盡酒也酒

爲觴賓祭薦祭酒嚌肺於席中唯啐酒於席末也鄉飲酒之禮六十者坐五十者立侍以聽政役所以明尊長也六十者三豆七十者四豆八十者五豆九十者六豆所以明養老也民知尊長養老而后乃能入孝弟民入孝弟出尊長養老而后成教成教而后國可安也君子之所謂孝者非家至而日見之也合諸鄉射教之鄉飲酒之禮而孝弟之行立矣此說鄉飲酒謂黨正國索鬼神而祭祀則以禮屬民而飲酒于序以正齒位之禮也其鄉射則州長春秋以禮會民而射于州序之禮也謂之鄉者州黨鄉之屬也或則鄉之所居州黨鄉大夫親爲主人焉如今郡國下令長於鄉射飲酒從大守相臨之禮也孔子曰吾觀

於鄉而知王道之易易也鄉鄉飲酒也易易謂教化之本尊賢尚齒而已主人親速賓及介而衆賓自從之至于門外主人拜賓及介而衆賓自入貴賤之義別矣速謂即家召之別猶明也三揖至于階三讓以賓升拜至獻酬辭讓之節繁及介省矣至于衆賓升受坐祭立飲不酢而降隆殺之義辨矣繁猶盛也小減曰省辨猶別也尊者禮隆卑者禮殺尊卑別也工入升歌三終主人獻之笙入三終主人獻之閒歌三終合樂三終工告樂備遂出一人揚觶乃立司正焉知其能和樂而不流也工謂樂正也樂正既告備而降言遂出者自此至去不復

外也流猶失禮也立司正以正禮則禮不失可知一人或爲二人賓酬主人主人酬介

介酬衆賓少長以齒終於沃洗者焉知其

能弟長而無遺矣遺猶脫也忘也降說屨升坐脩爵

無數飲酒之節朝不廢朝莫不廢夕賓出

主人拜送節文終遂焉知其能安燕而不

亂也朝夕朝莫聽事也不廢之者旣朝乃飲先夕則罷其正也終遂猶充備也貴賤明隆殺

辨和樂而不流弟長而無遺安燕而不亂

此五行者足以正身安國矣彼國安而天

下安故曰吾觀於鄉而知王道之易易也

鄉飲酒之義立賓以象天立主以象地設

介僎以象日月立三賓以象三光古之制禮也經之以天地紀之以日月參之以三光政教之本也日出於東僎所在也月生於西介所在也三光三大辰也天之政教出於大辰焉亨狗於東方祖陽氣之發於東方也祖猶法也狗所以養賓陽氣主養萬物洗之在阼其水在洗東祖天地之左海也海水之委也尊有玄酒教民不忘本也大古無酒用水而已賓必南鄉東方者春春之爲言蠢也産萬物者聖也南方者夏夏之爲言假也養之長之假之仁也西方者秋秋之爲言愁也愁之以時察守義者也北方者

冬冬之爲言中也中者藏也是以天子之立也左聖鄉仁右義偝藏也春猶蠢也蠢動生之貌也聖之言生也假大也愁讀爲揫揫斂也察猶察察嚴殺之貌也南鄉鄉仁貴長大萬物也察或爲殺介必東鄉介賓主也獻酬之禮主人將西賓將南介覸其間也主人必居東方東方者春春之爲言蠢也產萬物者也主人者造之產萬物者也言禮之所共由主人出也月者三日則成魄三月則成時是以禮有三讓建國必立三卿三賓者政教之本禮之大參也言禮者陰也大數取法於月也

射義第四十六　鄭氏注

古者諸侯之射也必先行燕禮卿大夫士之射也必先行鄉飲酒之禮故燕禮者所以明君臣之義也鄉飲酒之禮者所以明長幼之序也言别尊卑老穉乃後射以觀德行也故射者進退周還必中禮內志正外體直然後持弓矢審固持弓矢審固然後可以言中此可以觀德行矣內正外直習於禮樂有德行者也正鵠之名出自此也其節天子以騶虞爲節諸侯以貍首爲節卿大夫以采蘋爲節士以采蘩爲節騶虞者樂官備也貍首者樂會時也采蘋者樂循法也采蘩者樂

不失職也是故天子以備官爲節諸侯以時會天子爲節卿大夫以循法爲節士以不失職爲節故明乎其節之志以不失其事則功成而德行立德行立則無暴亂之禍矣功成則國安故曰射者所以觀盛德也騶虞采蘋采蘩今詩篇名貍首逸下云曾孫侯氏是也樂官備者謂騶虞曰壹發五豝喻得賢者多也于嗟乎騶虞歎仁人也樂會時者謂貍首曰小大莫處御于君所樂循法者謂采蘋曰于以采蘋南澗之濱循澗以采蘋喻循法度以成君事也樂不失職者謂采蘩曰被之童童夙夜在公是故古者天子以射選諸侯卿大夫士射者男子之事也因而飾之以禮樂也故事之盡禮樂而可數爲以

立德行者莫若射故聖王務焉（選士者先考德行乃後決之於射男子生而有射事長學禮樂以飾之）是故古者天子之制諸侯歲獻貢士於天子天子試之於射宮其容體比於禮其節比於樂而中多者得與於祭其容體不比於禮其節不比於樂而中少者不得與於祭數與於祭而君有慶數不與於祭而君有讓數有慶而益地數有讓而削地故曰射者射爲諸侯也（歲獻獻國事之書及計偕物也三歲而貢士舊說云大國三人次國二人小國一人）是以諸侯君臣盡志於射以習禮樂夫君臣習禮樂而以流亡者

未之有也流猶放也書曰流共工于幽州故詩曰曾孫侯氏四正具舉大夫君子凡以庶士小大莫處御于君所以燕以射則燕則譽言君臣相與盡志於射以習禮樂則安則譽也是以天子制之而諸侯務焉此天子之所以養諸侯而兵不用諸侯自爲正之具也此曾孫之詩諸侯之射節也四正正爵四行也四行者獻賓獻公獻卿獻大夫乃後樂作而射也莫處無安居其官次者也御猶侍也以燕以射先行燕禮乃射也則燕則譽言國安則有名譽譽或爲與孔子射於矍相之圃蓋觀者如堵牆矍相地名也樹菜蔬曰圃射至於司馬使子路執弓矢出延射曰賁軍之將亡國之大夫

與爲人後者不入其餘皆入蓋去者半入者半先行飲酒禮將射乃以司正爲司馬子路執弓矢出延射則爲司射也延進也出進觀者欲射者也賁讀爲僨僨猶覆敗也亡國亡君之國者也與猶奇也後人者一人而已既有爲者而往奇之是貪財也子路陳此三者而觀者畏其義則或去也延或爲誓又使公罔之裘序點揚觶而語公罔之裘揚觶而語曰幼壯孝弟耆耋好禮不從流俗脩身以俟死者不在此位也蓋去者半處者半序點又揚觶而語曰好學不倦好禮不變旄期稱道不亂者不在此位也蓋勵有存者之發聲也射畢又使此二人舉觶者古者於旅也語語謂說義理也三十曰壯耆耋皆老也流俗失俗也處猶留也八十九十曰旄百年曰期頤稱猶言也行也者不言有此行不可以在此賓位

也序點或爲徐點壯或爲將旃期或爲旌勤今禮揚皆作騰射之爲言者繹也或曰舍也繹者各繹己之志也故心平體正持弓矢審固持弓矢審固則射中矣故曰爲人父者以爲父鵠爲人子者以爲子鵠爲人君者以爲君鵠爲人臣者以爲臣鵠故射者各射己之鵠故天子之大射謂之射侯射侯者射爲諸侯也射中則得爲諸侯射不中則不得爲諸侯大射將祭擇士之射也以爲某鵠者將射還視侯中之時意曰此鵠乃爲某之鵠吾中之則成人不中之則不成人也得爲諸侯謂有慶也不得爲諸侯謂有讓也天子將祭必先習射於澤澤者所以擇士也已射

於澤而后射於射宮射中者得與於祭不中者不得與於祭不得與於祭者有讓削以地得與於祭者有慶益以地進爵絀地是也澤宮名也士謂諸侯朝者諸臣及所貢士也皆先令習射於澤已乃射於射宮課中否也諸侯有慶者先進爵有讓者先削地故男子生桑弧蓬矢六以射天地四方天地四方者男子之所有事也故必先有志於其所有事然後敢用穀也飯食之謂也男子生則設弧於門左三日負之人爲之射乃卜食子也射者仁之道也射求正諸己己正而后發發而不中則不怨勝己者求反諸己而已矣諸猶於也孔子曰君子

無所爭必也射乎揖讓而升下而飲其爭也君子必也射乎言君子至於射則有爭也下降也飲射爵者亦揖讓而升降勝者袒決遂執張弓不勝者襲說決拾卻左手右加弛弓於其上而升飲君子恥之是以射則爭中孔子曰射者何以射何以聽循聲而發發而不失正鵠者其唯賢者乎若夫不肖之人則彼將安能以中何以言其難也聲謂樂節也畫曰正棲皮曰鵠正之言正也鵠之言梏也梏直也言人正直乃能中也發或爲射詩云發彼有的以祈爾爵祈求也求中以辭爵也酒者所以養老也所以養病也求中以辭爵者辭養也發猶射也的謂所射之識也言射的必欲中之者以求不飲女爵也辭養讓見養也爾或爲有

燕義第四十七　　鄭氏注

古者周天子之官有庶子官庶子官職諸侯卿大夫士之庶子之卒掌其戒令與其教治別其等正其位職主也庶子猶諸子也周禮諸子之官司馬之屬也卒讀皆爲倅諸子副代父者也戒令致於大子之事教治脩德學道位朝位也國有大事則率國子而致於大子唯所用之若有甲兵之事則授之以車甲合其卒伍置其有司以軍法治之司馬弗正國子諸子也軍法百人爲卒五人爲伍弗不也國子屬大子司馬雖有軍事不賦也凡國之政事國子存游卒使之脩德學道春合諸學秋合諸射以考其藝而進退

之游卒未仕者也學大學也射射宫也燕禮有庶子官是以義載此以爲説諸侯燕禮之義君立阼階之東南南鄉爾卿大夫皆少進定位也君席阼階之上居主位也君獨升立席上西面特立莫敢適之義也定位者爲其始入踧踖揖而安定也設賓主飲酒之禮也使宰夫爲獻主臣莫敢與君亢禮也不以公卿爲賓而以大夫爲賓爲疑也明嫌之義也賓入中庭君降一等而揖之禮之也設賓主者飲酒致歡也宰夫主膳食之官也天子使膳宰爲主人公孤也疑自下上至之辭也公卿尊矣復以爲賓則尊與君大相近君舉旅於賓及君所賜爵皆降再拜稽首升成拜明臣禮

也君荅拜之禮無不荅明君上之禮也臣下竭力盡能以立功於國君必報之以爵祿故臣下皆務竭力盡能以立功是以國安而君寧禮無不荅言上之不虛取於下也上必明正道以道民民道之而有功然後取其什一故上用足而下不匱也是以上下和親而不相怨也和寧禮之用也此君臣上下之大義也故曰燕禮者所以明君臣之義也言聖人制禮因事以託政臣再拜稽首是其竭力也君荅拜之是其報以祿惠也

席小卿次上卿大夫次小卿士庶子以次

就位於下獻君君舉旅行酬而后獻卿卿舉旅行酬而后獻大夫大夫舉旅行酬而后獻士士舉旅行酬而后獻庶子俎豆牲體薦羞皆有等差所以明貴賤也牲體俎實也薦謂脯醢也羞庶羞也

聘義第四十八

鄭氏注

聘禮上公七介侯伯五介子男三介所以明貴賤也此皆使卿出聘之介數也大行人職曰凡諸侯之卿其禮各下其君二等介紹而傳命君子於其所尊弗敢質敬之至也質謂正自相當三讓而后傳命三讓而后入廟門三揖

而后至階三讓而后升所以致尊讓也此揖讓主謂賓也三讓而後傳命賓至廟門主人請事時也賓見主人陳擯以大客禮當己則三讓之不得命乃傳其君之聘命也三讓而後入廟門讓主人廟受也小行人職曰凡四方之使者大客則擯小客則受其幣聽其辭君使士迎于竟大夫郊勞君親拜迎于大門之內而廟受北面拜貺拜君命之辱所以致敬也貺賜也賓致命公當楣再拜拜聘君之恩惠辱命來聘者也敬讓也者君子之所以相接也故諸侯相接以敬讓則不相侵陵君子之相接賓讓而主人敬也卿爲上擯大夫爲承擯士爲紹擯君親禮賓賓私面私覿致饔餼還圭璋賄贈饗食燕所以明賓客君臣之義也設大禮則

賓客之也或不親而使臣則爲君臣也故天子制諸侯比年小聘三年大聘相厲以禮使者聘而誤主君弗親饗食也所以愧厲之也諸侯相厲以禮則外不相侵内不相陵此天子之所以養諸侯兵不用而諸侯自爲正之具也比年小聘所謂歲相問也三年大聘所謂殷相聘也以圭璋聘重禮也已聘而還圭璋此輕財而重禮之義也諸侯相厲以輕財重禮則民作讓矣圭瑞也尊圭璋之類也用之還之皆爲重禮禮必親之不可以已之有遥復之也財謂辟琮享幣也受之爲輕財者財可遥復重賄反幣是也主國待客出入三積餼客於舍五牢之具陳於内米三十車

禾三十車芻薪倍禾皆陳於外乘禽日五雙羣介皆有餼牢壹食再饗燕與時賜無數所以厚重禮也厚重禮厚此聘禮也古之用財者不能均如此然而用財如此其厚者言盡之於禮也盡之於禮則內君臣不相陵而外不相侵故天子制之而諸侯務焉爾不能均如此言無則從其實也言盡之於禮欲令富者不得過也聘射之禮至大禮也質明而始行事日幾中而后禮成非強有力者弗能行也故強有力者將以行禮也禮成禮畢也或曰行成酒清人渴而不敢飲也肉乾人飢而

不敢食也日莫人倦齊莊正齊而不敢解惰以成禮節以正君臣以親父子以和長幼此衆人之所難而君子行之故謂之有行有行之謂有義有義之謂勇敢故所貴於勇敢者貴其能以立義也所貴於立義者貴其有行也所貴於有行者貴其行禮也故所貴於勇敢者貴其敢行禮義也故勇敢強有力者天下無事則用之於禮義天下有事則用之於戰勝用之於戰勝則無敵用之於禮義則順治外無敵内順治

此之謂盛德故聖王之貴勇敢強有力如此也勇敢強有力而不用之於禮義戰勝而用之於爭鬬則謂之亂人刑罰行於國所誅者亂人也如此則民順治而國安也勝克敵也或爲陳子貢問於孔子曰敢問君子貴玉而賤碈者何也爲玉之寡而碈之多與碈石似玉或作玟也孔子曰非爲碈之多故賤之也玉之寡故貴之也夫昔者君子比德於玉焉溫潤而澤仁也色柔溫潤似仁也潤或爲濡縝密以栗知也縝緻也栗堅貌廉而不劌義也劌傷也義者不苟傷人也垂之如墜禮也禮尚謙卑

叩之其聲清越以長其終詘然樂也（樂作則有聲止則無也越猶揚也詘絕止貌也樂記曰止如槀木）瑕不揜瑜瑜不揜瑕忠也（瑕玉之病也瑜其中間美者玉之性善惡不相揜似忠也）孚尹旁達信也（孚讀爲浮尹讀如竹箭之筠浮筠謂玉采色也采色旁達不有隱翳似信也孚或作姇或爲扶）氣如白虹天也（虹天氣也）精神見于山川地也（精神亦謂精氣也山川地所以通氣也）圭璋特達德也（特達謂以朝聘也辟琮則有幣帷有德者無所不達不有須而成也）天下莫不貴者道也（道者人無不由之）詩云言念君子溫其如玉故君子貴之也（言我也貴玉者以其似君子也）

喪服四制第四十九　鄭氏注

凡禮之大體體天地法四時則陰陽順人

情故謂之禮訾之者是不知禮之所由生也（禮之言體也故謂之禮言大有法則而生也口毀曰訾）夫禮吉凶異道不得相干取之陰陽也（吉禮凶禮異道謂衣服容貌及器物也）喪有四制變而從宜取之四時也有恩有理有節有權取之人情也恩者仁也理者義也節者禮也權者知也仁義禮知人道具矣（取之四時謂其數也取之人情謂其制也）其恩厚者其服重故爲父斬衰三年以恩制者也（服莫重斬衰也）門內之治恩揜義門外之治義斷恩資於事父以事君而敬同貴貴尊尊義之大者也故爲君亦斬衰三

年以義制者也資猶操也貴貴謂爲大夫君也尊尊謂爲天子諸侯也三日而食三月而沐期而練毁不滅性不以死傷生也喪不過三年苴衰不補墳墓不培祥之日鼓素琴告民有終也以節制者也資於事父以事母而愛同天無二日土無二王國無二君家無二尊以一治之也故父在爲母齊衰期者見無二尊也食食粥也沐謂將虞祭時也補培猶治也鼓素琴始存樂也三年不爲樂樂必崩杖者何也爵也三日授子杖五日授大夫杖七日授士杖或曰擔主或曰輔病婦人童子不杖不能病也百官

備百物具不言而事行者扶而起言而后事行者杖而起身自執事而后行者面垢而已禿者不髽傴者不袒跛者不踊老病不止酒肉凡此八者以權制者也五日七日授杖謂爲君喪也扶而起謂天子諸侯也杖而起謂大夫士也面垢而已謂庶民也髽婦人也男子免而婦人髽髽或爲免始死三日不怠三月不解期悲哀三年憂恩之殺也聖人因殺以制節不怠哭不絕聲也不解不解衣而居不倦息也此喪之所以三年賢者不得過不肖者不得不及此喪之中庸也王者之所常行也書曰高宗諒闇三年不言善之也諒古作梁楣謂之梁闇讀如鶉鵪之鵪闇

謂廬也廬有梁者所謂柱楣也王者莫不行此禮何以獨善之也曰高宗者武丁武丁者殷之賢王也繼世即位而慈良於喪當此之時殷衰而復興禮廢而復起故善之善之故載之書中而高之故謂之高宗三年之喪君不言書云高宗諒闇三年不言此之謂也然而曰言不文者謂臣下也言不文者謂喪事辨不所當共也孝經說曰言不文者指小民也禮斬衰之喪唯而不對齊衰之喪對而不言大功之喪言而不議緦小功之喪議而不及樂此謂與賓客也唯而不對侑者爲之應耳言謂先發口也父母之喪衰冠

大二百三十二

繩纓菅屨三日而食粥三月而沐期十三月而練冠三年而祥比終茲三節者仁者可以觀其愛焉知者可以觀其理焉強者可以觀其志焉禮以治之義以正之孝子弟弟貞婦皆可得而察焉仁有恩者也理義也察猶知也

禮記卷第二十終 經五千三百三十二字 注二千九百八十一字

凡二十萬一千九百九十二字

經九萬七千七百五十九字
注一十萬四千二百三十三字

撫州公使庫

新刊注禮記二十卷并釋文四卷

福州鄉貢進士陳寅校正

修職郎司户叅軍權教授趙善璿

修職郎司理叅軍權推官余駒

從事郎軍事判官逄維翰

從政郎充州學教授張湜

朝奉郎權通判軍州事吴子康

奉議郎權發遣撫州軍州事趙燁

淳熙四年二月　日

嘉慶丙寅七月陽城
張氏影摹宋本重彫

禮記釋文

陽城張氏重刊

禮記釋文

唐國子博士兼太子中允贈齊州刺史吳縣開國男陸德明撰

曲禮第一本或作曲禮上者後人加也檀弓雜記放此曲禮者是儀禮之舊名委曲說禮之事 禮記此記二禮之遺闕故名禮記 鄭氏注

毋不敬音無說文云止之詞其字從女內有一畫象有姦之形禁止之勿令姦古人云毋猶今人言莫也案毋字與父母字不同俗本多亂讀者皆朱點母字以作無音非也後放此疑者特復音之 嚴魚檢反本亦作儼同矜莊皃 若思如字徐息嗣反 矜莊居冰反 樞機昌朱反 敖五報反慢也王肅五高反敖遊也 不可長丁丈反盧植馬融王肅並直良反 欲不如字一音喻 可從足用反放縱也 樂不舊音洛皇侃音岳 可極如字皇紀力反 桀其列反夏之末主名癸 紂直丑反殷之末主名辛 狎而戶甲反習也近也 近也附近之近下注內不出者皆同 貴傶音戚本亦作戚

誣人音無後並同有畜勑六反以賙音周樂氏音岳謂宋司城樂喜有
害如字本亦作難乃旦反咎犯其久反重耳直龍反爲傷于僞反下爲傷爲近
皆同臨難乃旦反很胡懇反鬩也勝舒證反分扶問反鬩呼歷反猶鬭也謂爭
爭鬬之爭下文皆同傷知音智若夫方于反丈夫也如齊側皆反本亦作齋音同注同士
丐本亦作句音蓋乃還音旋後放此使從色吏反牲幣徐扶世反弗享
許兩反夫禮者音扶凡發語之端皆然後放此親疏所居反或作踈決徐古穴反嫌
疑戶恬反別同彼列反下注下文同說人音悅又始悅反注同佞乃定反口才曰佞媚
眉忌反意向曰媚不辭本又作詞同說文以詞爲言詞之字辭不受也後皆放此費芳味反言而不行爲
辭費侵侮徐亡撫反輕慢也不好呼報反注同善行下孟反下行脩同取於
人舊七樹反謂趣就師求道也皇如字謂取師之道取人如字謂制師使從己辯訟皮勉反徐方勉

反 君臣上下 上謂公卿下謂大夫士 官學 音患 班朝 直遙反 涖官 本亦作莅徐音利沈力二反又力位反臨也 禱 丁老反鄭云求福曰禱 祠 音詞求得曰祠 共給 音恭本或作供 不莊 側良反徐側亮反 學或爲御 鄭此注爲見他本也後放此 撙節 祖本反趨也 猶趨 七俱反就也向也 嬰 本或作鸚厄耕反 母 本或作鵡同音武諸葛恪茂后反 不離 力智反下同 狌狌 本又作猩音生 禽獸 盧本作走獸 聚麀 音憂牝鹿也 鹿牝 頻忍反徐扶盡反舊扶死反 大上 音泰注同大上謂三皇五帝之世 施而 始豉反下文同 負販 方万反 輕恌 吐彫反 好禮 呼報反下同 不懾 之涉反怯也惑也 猶怯 丘劫反何胤云憚所行爲怯 冠 古亂反 曰艾 五蓋反老也謂蒼艾色也一音刈治也 曰耆 渠夷反賀瑒云至也至老境也 不與 音預 而傳 直專反沈丁戀反 八十九十曰旄 本又作耄同亡報反惛忘也注同本或作八十九十曰耋九十曰旄後人妄加之 惛 音昏

一音呼困反忘也亡亮反又如字將知音智曰悼徒報反謂可憐愛也期頤羊時反養
也猶要於遥反又如字下同養道羊尚反又如字猶聽吐丁反後可以意求皆不音勞
苦如字又力報反坐乘繩證反稱也尺證反長者丁丈反下皆同必操
七刀反而夏遐嫁反清七性反字從冫冰冷也本或水旁作非也牀衽而審反徐而鴆反席
也儕仕皆反等也沈才詣反四皓户老反四皓園公綺季夏黄公角里先生甲遠于万反僚
友本又作寮了彫反同官者其弟大計反下注同之行下孟反必告古毒反冠
工奐反惇行都温反差退初佳反徐初宜反主奥烏報反西南隅也沈於六反尊
處昌慮反下同棖直衡反闑也闑魚列五結二反以上時掌反凡言以上皆放此食音嗣
饗本又作享香兩反爲概古愛反量也饌具士戀反爲其于僞反下注除不爲
孤皆同苟訾音紫毁也沈又將知反君子樂音洛瞑本亦作冥莫定反下同爲

卒七忽反 不純諸允反又之閏反 純緣悅絹反 縞冠古老反沈

又古到反 素紕婢支反徐補移反 早喪息浪反 適子丁歷反 常視音示 無

誑本或作誆同九況反欺也 不衣於旣反下同 大溫音泰徐他佐反 便婢面反 易也

以豉反 提大兮反 攜戶圭反 手奉芳勇反又扶恭反下及注奉扃奉席奉箕皆同 辟匹亦反側

也徐芳益反沈扶赤反注同 咡徐如志反口旁也何云口耳之閒曰咡 挾之音協 掩口於檢反 鄉

尊許亮反本又作嚮後文注皆同 屏氣必領反 從於才用反下皆同 拱手俱勇反 而

上時掌反下同 不呼火故反號叫也 謦內京領反 二屨紀具反單下曰屨 言

聞音問又如字下同 視必常止反下同徐音示沈又市志反 奉扃古螢反何云關也一云門

扇上鐶紐 瞻無徐如字 戶闔胡臘反 不拒其庶反 毋踖在亦反一音席躐也 摳

衣苦侯反提也下及注同 趨隅七俱反向也注同本又作走徐音奏又如字 愼唯于癸反應辭也

注同徐于比反沈以水反諾乃各反乃應應對之應由闑魚列反門橛也門橛求月反門中木
踐閾于逼反一音況域反門限也下賓遐嫁反敷也芳夫反道之音導復
就音服後此音更不重出拾依注音涉級音急階等躡女攝反之併步頂反以上
時掌反下皆同重直勇反治恭反蹉徐本亦作差同七何反跌大結反相過古卧反後不音
者放此帷薄位悲反帷幔也薄平博反簾也爲其于僞反下並同迫也音伯上介
音界並坐如字又步頂反後放此橫肱古弘反不跪求委反本又作危授坐
本又作俛仰凡爲于僞反攘本又作糞徐音奮埽席前曰攘加帚之手反於箕
音基膺於陵反葉如字箕舌以袂武世反衣袖末拘而古侯反徐音俱謂埽
先報反又先早反擁帚於勇反而扱依注音吸許急反斂也箕去丘呂反下注同如
橋居廟反井上桔槔令左力呈反卬本又作昂又作仰同五剛反又魚丈反下同挈本又

作契又作挈同音結皐古毫反挈皐依字作桔槔見莊子請衽而審反臥席也何趾音止坐

在才臥反又如字函胡南反容也丈如字丈尺之丈王肅作杖指畫胡麥反於牖羊九

反重席直龍反注同再辭曰固一本作曰固辭不恙羊尚反爾雅云𢘦憂也所

爲于僞反下同無怍才洛反慙也去齊音咨注同本又作齋謂裳下緝下緝七立反

毋撥半末反發揚毋蹶本又作蹷居衞反又求月反行急遽皃行遽其據反書

筴本又作策初革反編簡也盡後津忍反後放此爲汙汙辱之汙又一故反後放此毋儳

徐仕鑒反又蒼鑒反又蒼陷反暫也旣說音悅毋勦初交反一音初教反擥取說如字注同徐舒銳反

擥也徐力敢反應也應對之應下同侍坐才臥反後放此篇卷音卷徐久戀反唯

而于癸反徐于比反注同爲有于僞反下爲饌同不見賢遍反跋半末反本也則

去起呂反下風去夫免去同燼多才信反有厭於豔反下同不叱尺質反狗古口

大百五十二　小四百六十五

反風去方鳳反不唾吐臥反有穢紆廢反徐烏外反惡也烏路反欠上劒
反伸音身撰仕轉反猶持也杖屨紀具反下同日蚤音早莫音暮離席
力智反必令力呈反少閒音閑注同探人音貪耳屬之玉反于垣音袁
毋嗷古弔反淫視如字徐市志反毋倨音據毋跛彼義反又波我反徐方寄反偏
任也毋髢徒細反髲垂如髲毋袒徒旱反露也毋褰起連反皆爲于僞反下
爲妨爲于皆爲爲其爲後同號戶高反本又作啼字呼火故反又如字睇大計反眄莫遍反
伏覆芳伏反髲皮義反袪丘魚反爲肆以二反餘也不上時掌反爲
妨音芳猶著丁略反同枷羊支反衣架也枷本又作架徐音稼古本無此字巾櫛
側乙反嫂叔字又作㛮素早反漱裳悉侯反澣也於梱本又作閫苦本反門限也重
別彼列反下及注同澣也戶管反行媒音梅不相知名本或作不相知名名衍字耳

傳昬直專反 判妻普叛反 齊戒側皆反 取妻七住反本亦作娶下賀取妻同
非媵羊證反又繩證反 本繫音計又户計反 有見賢遍反 辟嫌音避本亦作避
下同餘皆放此 筋力音斤 黑臀徒孫反 指擿徐吐歷反或音的 爲醫於其反
二十冠古亂反 許嫁 笄古兮反 左殽户交反孰肉有骨曰殽 右胾側吏
反大臠 食居音嗣飯也注食飯屬同徐音自 羹居古衡反舊音衡 皆便婢面反下同
其近如字 膾古外反 炙章夜反注同 醢徐音海本又作醓呼兮反 醬子匠反 葱
渫以利反烝葱也 烝之承反 酒漿子羊反字亦作將 客燕本亦作宴於遍反 宜
放方兩反 公食音嗣此儀禮篇名也後放此下文及注執食同 左朐其俱反屈中曰朐 客
祭禮飲食必祭示有所先也于寶注周禮云祭五行六陰之神與人起居 延道音導 徧祭
音遍下注同 魚腊音昔 湆醬音泣 三飯符晚反下注禮飯以手同依字書食旁作卞扶

万反食旁作反符晚反二字不同今則混之故隨俗而音此字后辯音遍下同酳音胤又士覲反嗽口也以酒曰

酳以水曰嗽親饋徐其類反爲于僞反汗下半反本或作汙捼乃禾反沈耳佳反莎息禾

反沈又息隨反毋摶徒端反爲欲于僞反下皆同去手起呂反流歠川悅反

毋咤陟嫁反叱咤也毋齧五結反固獲並如字徐云鄭橫霸反專之曰固爭取曰獲一音護

飰黍扶晚反以箸直慮反說文云飯敧也嚃他荅反一音吐計反又音退不嚼菜也不

嚼疾略反又序略反絮勑慮反調也謂加以鹽梅也毋刺七亦反弄魯凍反淡

度敢反能亨普彭反煑也辭以窶其禹反貧也濡肉音濡字亦作濡斷

也音短嘬初怪反炙章夜反臠也力轉反少牢徐式照反凡少牢皆同

嚌之才細反卒食子恤反後更不音者同齏本又作韲將兮反相者

息亮反注同鄉音向少者式召反下皆同末釂子妙反盡也先尊悉薦反又如字

亢禮苦浪反 僮僕音同 其核户革反 溉者古愛反 重汙直勇反徐治龍反 陶梓音桃瓦器也沈音遥 葦竹音九葦也 傳已直專反 侑曰音又 餕餘子閏反食餘曰餕 重穀直龍反 偶坐五口反配也一曰副貳也下才臥反又如字 用梜古恊反沈又音甲字林作筴云箸也公洽反 梜箸直慮反 爲天于僞反下同 削息略反 瓜古華反 副之普逼反四析也 絺勑宜反細葛 副析星歷反下同 横斷音短下同 華之胡瓜反中裂 以綌去逆反麤葛 累之力果反一音如字 倮也力果反沈胡瓦反 疐之音帝 去疐丘呂反 齕之恨沒反徐胡切反 冠者如字徐古亂反 不爲如字徐于僞反 不惰徒禾反一音徒臥反 私好呼報反 至矧本又作哂失忍反又詩忍反齒本也 不至詈力智反罵詈 則見賢遍反 水潦音老雨水謂之潦 拂其本又作佛扶弗反下同戾也 爲其于僞反下爲其同 喙害

大一ヨ三十一

吁廢反又陟遣反又知冑反又丁角反　佛戾　力計反　竹籠　力東反　以冒　莫報反　畜

鳥　許六反養也徐況又反　則馴　似遵反狎也徐食倫反沈養純反　筴綏　音雖執以登車

者　冑　直又反兜鍪　操右　七刀反持也下及注皆同　右契　苦計反　操量　音亮一音

良斗斛　鼓　隱義云樂浪人呼容十二石者爲鼓　醬齊　本又作韲同子兮反　便也　婢面反

鎧　苦愛反　兜　丁矦反　鍪　莫矦反　券要　字又作劵音勸　凡遺　于季反與

也注同　弛弓　本又作施同式是反謂不張也注同　隤然　本又作頹徒回反順皃　承弣

音撫把中也徐音甫下同　弭頭　亡婢反弓末也　耶也　似嗟反　把中　音霸手執處也　垂

帨　徐始鋭反佩巾　磬　徐苦定反　折　徐時列反又之列反沈云舊音逝　還辟辟拜

上辟扶亦反下辟音避注同　覆手　芳服反　與　音餘　其鐏　在困反舊子困反鋭底曰

鐏注同一讀注音作管反　矛戟　本又作鉾音謀兵器　其鐓　本又作錞徒對反平底曰鐓注同一讀注

丁亂反銳以稅反底丁禮反拂之如字所馮皮冰反去塵起呂反效

馬胡教反呈見也下同手便婢面反呈見賢遍反犬齛本亦作噬常世反

以繢胡對反畫也以掬九六反手中也兩手曰掬弗揮音輝何云振去餘酒曰揮脃

也七歲反苞苴子餘反苞裹也苴藉也簞音單笥思嗣反字林先自反沈息里反簞笥

竹器也圜曰簞方曰笥裹魚音果以葦韋鬼反盛飯音成圜曰音員如

使色吏反注及下使者使也並同凡爲于僞反下注爲哀樂爲其廢喪事並同朝服直遙反

強識如字又式異反善行下孟反皇如字怠音代昭穆時招反幼少式召

反乘必繩證反下注二處乘車同齊者側皆反哀樂音洛下無容樂非樂所同思

也絲嗣反又如字毀瘠在昔反瘦也胥見賢遍反由阼才故反門隧

音遂道也有創初良反又初亮反瘍音羊本或作痒不勝音升任也而金反

衰麻七雷反數也所主反下皆同殯必刃反下同斂力驗反下同貶於彼撿反字林方犯反者傷如字下同舊式亮反能賻音附公羊傳曰錢財曰賻穀梁傳曰歸生者曰賻不問其所費芳味反一本作有所費下句放此能遺于季反與也皆爲于僞反下爲其皆同登壟力勇反塚也塋域音營執紼音弗引棺索引棺本亦作引車索悉各反望柩求又反入臨如字舊力鴆反舂東容反不相息亮反注同送杵聲杵昌呂反由徑經定反邪路也不辟音避本亦作避下注同內荏而審反柔弱皃心很胡墾反小俛音免禮不下遐嫁反又如字遽於其庶反沈又其於反不上時掌反不與音預車綏耳隹反則載音戴本亦作戴下及注同塵埃烏來反鳴鳶悅專反鴟也車騎其寄反有摯音至貔婢支反徐扶夷反孔安國云貔執夷虎屬皆猛健貅本亦作貅許求反又虛虯反貔貅摯獸以

警音景師從才用反下同行列戶剛反招搖並如字北斗第七星急繕依注
音勁吉政反軍陳直覲反杓端敷招反徐必遙反分也扶問反之讎常由反
多壘徐力軌反又力水反軍壁軍辟本又作辟布狄反數見色角反爲無于僞
反下爲不爲其爲有皆同則埋徐武乖反褻之息列反慢也之使也色吏反諱
辟音避下皆同禹與雨並于矩反一讀雨音于許反丘與區並去求反一讀區音
羌蚪反又丘于反案漢和帝名肇不改京兆郡魏武帝名操陳思王詩云脩阪造雲日是不諱嫌名逮事音代
一音大計反心瞿本又作懼同俱附反適士丁歷反入竟音境所惡烏路反
筮市志反冠娶古亂反假爾古雅反下同是瀆徒木反麗力知反
猶與音預本亦作豫必踐依注音善王如字云履也爲著音尸監駕古銜反
且爲于僞反展軨歷丁反一音領盧云車轄頭靼也舊云車闌也由右上時掌反下

犬馬不上下注而上車同去塵羌呂反跪乘繩證反下除乘君不乘奇車乘路馬皆同分
轡悲位反四馬八轡故云分并轡必政反右攘如羊反卻也又音讓辟音避徐扶亦反
本或作避字非也車驅起俱反徐起遇反而騶仕救反又七須反徐士遣反拘之
古矦反又音俱非贄本亦作摯音至朝位直遥反下同善藺力刃反自
御之依注音訝五嫁反迎也跛者波我反眇者名小反爲其于僞反下注爲
若爲惑爲掩同蓌拜子臥反又側嫁反詐也挫也沈祖猭反又子猥反盧本作蹲惡空烏路反
遠嫌于万反奇車居宜反奇邪不正之車何云不如法之車廣欬開代反五
巂本又作嶲惠圭反規也車輪轉一周爲巂一周丈九尺八寸地爲繠本又作蘂如棰反徐而婢反
策彗音遂徐雖醉反又因歲反竹帚也卹蘇没反注同勿音没注同卹勿搔摩也驅如字又羌
遇反搔素刀反摩莫何反齊牛側皆反載鞭必緜反足蹙本又

作蹴徐采六反又子六反 馬芻 初俱反

曲禮下第二

凡奉 本亦作捧同芳勇反 提者 徒兮反 上衡 時掌反衡謂心平也 綏之 依注音妥湯果反又他回反謂下於心也 勝 音升 操幣 七刀反 行舉足 一本作行不舉足 曳 以制反 踵 支勇反 磬折 之列反又市列反一音逝 垂佩 步內反本或作珮非 佩倚 范於綺反謂附身也徐又音其綺反 有藉 在夜反下同 則裼 星歷反 藉藻 音早本又作繅 見美 賢遍反 辟琮 才冬反 姪 大節反字林丈一反 娣 大計反 家相 息亮反 長妾 丁丈反下注長老同 辟天子 音避本又作避下同 僭 作念反 儗 胡孝反 使 音史 射 市夜反 則辭以疾 如字本又作有疾 爲疾 如字本又作疢音救 去國三世 鄭云自祖至孫盧王云世世歲也万物以歲爲世 於朝 直遥反下皆同 復立 扶富反下

復還同藏紇恨發反徐胡切反沈胡謁反不爲父于僞反作謚音示倒筴多老反去塵羌呂反下徹猶去去琴瑟同偵丁田反重素直龍反注同重素衣裳皆素袗絺之忍反單也士輤千見反葦席于鬼反爲其于僞反苞屨白表反草也扱初洽反衽而審反厭冠於涉反伏也藨白表反一音扶苗反齊衰本又作齋音咨下七雷反下文同蒯苦怪反之菲扶味反屨也方板字又作版音同書賵芳仲反車馬曰賵廄庫九又反凡家造才早反一本作凡家造器器衍字犧賦許宜反養器羊尚反一如字不粥音育賣也不衣於既反去國祭器不踰竟音境注及下同一本作大夫士去國下去國踰竟亦然寓祭魚具反寄也覬己音冀爲壇徐音善注同鄉國許亮反撤緣悅絹反鞮屨都兮反又徒兮反鞮屨屨無絇素幭本又作幭莫麻反注同白狗皮覆笭髦馬音毛不蚤

依注音爪謂除爪也 鬋 子淺反鄭云謂鬋鬢也 無絇 求俱反 覆笭 力丁反車闌 不鬄

吐麻反又他計反 不自說 亦劣反又如字 惡其 烏路反 接見 賢遍反下文見國君

注謂見同 爲幕 莫麻反又音莫 勞之 力報反注及下君勞同 還辟 婢亦反下同還辟逡

巡也 使者 色吏反 非見 賢遍反下大夫見士見下注拜見同 辟正 音避 男女相

荅拜也 一本作不相荅拜皇云後人加不字耳 遠別 彼列反 麛 音迷 卵 力管

反 生乳 如注反 祭肺 芳廢反 不縣 音玄下同 皆爲 如字舊于僞反下爲

妨 于僞反 憂樂 音洛 出疆 居良反下同 不恙 羊尚反 分職 方云反徐扶問

反 皆擯 必刃反 予一人 依字音羊汝反鄭云余予古今字則同音餘 皆祝辭

也 本或作皆祝祝辭也下祝字之又反又之六反 畛於 之忍反致也 某父 音甫注同 大

祝 音泰下文注除大宗皆同 百辟 必亦反 登假 音遐注同巳也 登上 時掌反下同

若僊音仙措之七故反置也而祔音附有嬪音頻卝人華猛反又虢猛
反徐故猛反卝人掌金玉錫石未成器者陶音桃陶人爲瓦器也旊方往反旊人爲簠簋之屬築音竹築氏
爲書刀冶音也冶氏爲箭鏃鳧音符鳧氏爲鐘也段本又作鍛多亂反段氏爲錢鎛函音含
函人爲甲鎧韗況万反一音運一音況運反韗人爲鼓雚葦音丸曰享許兩反獻也舊許亮
反後皆放此不復重出其治直吏反其會古外反之長丁丈反後皆同自
陝式冉反依字當作陝何休注公羊傳云弘農陝縣是也一云當爲郟古洽反謂王城郟鄏也召公時照
反又作邵音同一相息亮反其擯本又作儐必刃反天子謂之伯父
本或有同姓二字衍文曰牧牧養之牧徐音目辟二音避下同謙稱尺證反當
依本又作扆同於豈反注同狀如屏風畫爲黼文高八尺而見賢遍反下文注除相見皆同覲
其靳反當宁徐珍呂反又音儲門屏之閒曰宁夏户嫁反唁音彦穀梁傳云弔失國曰唁

取易以豉反 於郤丘逆反 涖牲音利徐力二反又音類 曰盟音明徐亡幸反

郤閒如字又音閑 坎用苦感反徐又苦敢反後同 嗇夫音色 自謂寡

人一本作自稱 適子音的 其行下孟反 使於色吏反下同 濟濟子禮

反 蹌蹌本又作鶬或作鏘同七良反 僬僬子妙反 體盤步卌反 蹙將六反

之妃芳非反 孺人而樹反 貶於彼檢反 去上羌呂反 小童本或作僮

陪重直恭反 之稱尺證反 使自稱色吏反注使謂同本或作使者自稱 所

遠于万反 爲奪于僞反 則號户刀反 度其待各反 物齊才細

反 儗人魚起反注同猶比也 所褻息列反 數地色主反下數畜同 數畜許又

反鄭注周禮云始養曰畜 歲徧音遍本亦作遍下同 句芒古侯反下音亡 蓐收音辱 玄

冥亡丁反 禋祀音因 中霤力救反 爲其于僞反 復廢扶又反

妄祭本亦作無福索牛所白反注同求也犧牷音全一本作純於滌直的反養牲宮也徐又同弔反大武如字一音泰剛鬛力輒反豚曰徒門反腯肥徒忽反注同本或作豚翰音户旦反長也羹獻古衡反徐又音衡槀魚苦老反乾魚鮮魚音仙脡祭他頂反徐唐頂反直也薌音香合如字或音閤薌萁字又作萁同音姬語辭也王音期期時也稷曰明粢音咨一本作明粢古本無此句嘉疏本又作蔬色魚反韭音久曰鹹本又作醎音咸鹺才何反曰量音亮又音良作腯徒忽反翰長如字稻䕬音孤本又作苽音同爲人于僞反傎壞音顛澌也本又作嘶同音賜盡也曰柩音舊白虎通云究也久也曰降户江反又音絳落也注同曰漬辭賜反相瀸子廉反汙瀸汙之汙一作汗户旦反祖妣必履反媲也皇辟婢亦反法也徐扶亦反稱號尺證反下之稱皆同德行下孟反下同言媲普計反短

折（市設反）任爲（音壬又如字）不上（時掌反下及注同）於袷（音劫交領）綏視（依注音妥他果反）游目（如字徐音流）則敖（五報反）辟頭（本又作僻匹亦反）君命（絕句）大夫與士肆（本又作肄同以二反習也）之處（昌慮反下皆同）寶藏（才浪反）貨賄（呼罪反字林音悔）輟朝（丁劣反止也）莫適（丁歷反）腥（音星）

凡摯（音至徐之二反本又作贄同）天子鬯（勑亮反香酒）摯匹（依注作鶩音木鴨也）樊纓（本又作繁步丹反）射韝（徐音溝又古侯反一音古豆反）椇（俱羽反木名）榛（側巾反木名字林云仕巾反木叢也古本又作亲音壯巾反云似梓實如小栗也）見以（賢遍反）枳椇（居紙反）令邳（被悲反下邳也）郯（音談東海縣名）埽（悉報反）灑（所買反又山寄反）親迎（魚敬反）賤婦人之職（本又有無婦字者）

檀弓第三（檀弓魯人檀大丹反姓也弓名以其善於禮故以名篇） 卷之二

公儀仲子[公儀氏仲子字魯之同姓也其名未聞]免焉[音問注同以布廣一寸從項中而前交於額上又卻向後繞於髻]乃袒[音但]舍其[音捨下皆同]適子[多歷反下皆同]何居[音姬下同語助]孫蔑[亡結反]孫腯[徐本作遁徒本反又徒遜反]立衍[以善反]爲親[于僞反下爲晉禮爲爲師同]孔子曰否[絕句]左右[徐上音佐下音佑今並如字左右扶持也下同]就養[以尚反下同]稱其[尺證反]以語[魚據反又如字]叔向[香亮反叔向羊舌肸]之葬[徐才浪反又如字]請合[如字徐音閤後合葬皆同]欲文[如字徐音問]不喪[如字下同徐息浪反下放此]子思伋[音急子思名也孔子之孫]母期[居疑反本又作朞後放此]道隆[力中反盛也]道汙[音烏下同殺也]殺也[所戒反又所例反下同]自予[羊許反許也一云我也又音餘]稽顙[素黨反稽顙觸地無容]頹乎[徒回反順也]頎[音懇惻隱之皃又音畿]觸[昌欲反]少孤[詩召反下文同]不墳[扶云反]

不識式志反又如字常處昌慮反之度本又作之數防墓防地之墓也庾云防衛墓崩不應應對之應三息暫反又如字泫然胡犬反涕音體使者色吏反下及注同醯之音海蒯苦怪反聵五怪反蒯聵衛靈公之太子出公輒之父莊公也篡輒初患反輒出公名也啗食本又作啖待敢反以怖普故反命覆芳服反注同期可音朞衣衾音欽以爲極亡並如字極已也徐紀力反王以極字絕句亡作忘向下讀孫依鄭作亡而如王分句不樂如字又音岳郰側留反又作鄹梁紇恨發反徐胡切反又胡沒反五父音甫注及下同衢求于反亦爲如字又于僞反曼父音万其愼依注作引羊刃反以輤七見反翣所甲反不相息亮反注同不緌本又作緌同耳佳反去飾起呂反陶大刀反即周本又作堲同子栗反又音稷注下同何云冶土爲甎四周於冢燒叔招反折即之設反管子云左手執燭右手折即即燭頭燼也弟子職其篇名棺音官

椁音郭上梓音子牆置在良反長殤丁丈反下式羊反十六至十九爲長殤十二至
十五爲中殤八歲至十一爲下殤七歲已下爲無服之殤生未三月不爲殤爲正音征下同又如字斂
用力驗反下皆同乘驪力知反徐郎兮反純黑色馬騋音來馬七尺已上爲騋乘翰
字又作鶾胡旦反又音寒白色馬物萌亡耕反乘騵音原駵馬白腹駵力求反赤馬黑鬣尾
用騂息營反徐呼營反純赤色也一云赤黃色曾參所金反一音七南反後同齊斬音咨
本亦作齌齌衰之字後皆放此饘本又作飦之然反說文云糜也周謂之饘宋衛謂之餰粥之六反徐又音
育字林云淖糜也布幕本又作冪音莫徐音覓下同縿音綃徐又音蕭縑也古謙反
綃音消徐本又作綃桑堯反僭已子念反爲幦莫歷反孋姬本又作麗亦作驪同
力知反重耳直龍反注皆同子蓋依注音盍戶臘反下同何不也蚤卒音早姬
嬖必計反欲弒本又作煞音試注同徐云字又作嗣音同皆惡烏路反突徒忽反

傅音富咎犯其九反皐落古刀反子少詩召反多難乃旦反爲
君于僞反下爲時同雉經如字徐古定反如雉之自經也共世子音恭本亦作恭注同言
行下孟反而莫音暮爲樂音洛又音岳終無巳夫音扶絕句本或作巳
矣夫又復扶又反乘丘繩證反年夏户嫁反縣音玄卷內皆同賁
父上音奔下音甫人名字皆同馬驚敗一本無驚字公隊直類反綏息隹反
圉人魚呂反股裏上音古下音里中馬丁仲反誄之力軌反謚也以
上時掌反隅坐不與成人竝音並絕句晥華板反明皃孫炎云晥漆也徐
又音刮之簀音責牀第也與音餘下同畫衡賣反牀第上音床下側吏反
爲刮古滑反瞿然紀具反下同曰吁音虛注同吹氣聲也一音況于反憊皮拜反羸
困也革矣紀力反徐又音極急也注同請七領反覬也音冀斃音弊仆蒲北

反又音赴而沒音殁慨苦愛反而廓苦郭反何云開也猶索所白反邾音誅
婁力俱反或如字邾人呼邾聲曰婁故曰邾婁公羊傳與此記同左氏穀梁但作邾升陘音形魯
僖許宜反之髽側瓜反臺鮐上音胡下音臺去羌呂反纚所買反又所綺反黑
繒韜而紒音計錫衰上悉歷反下七雷反與音餘吉笄音雞素總音揔
韜吐刀反閟音悦爾毋音無後同從從音揔高也一音崇又仕江反扈扈音户
廣也大也爾女音汝大高音泰一音勑佐反下大廣已猶大大重同蓋榛側巾反木名又
士鄰反長尺直亮反凡度長短曰長皆同此音子禫大感反比御必利反下比及
同蔑迷結反彈琴徒丹反成笙音生絲屨音句組纓音祖無
絇其俱反縞古老反又古報反厭于甲反溺奴狄反弗除如字徐治慮反大
公音泰注及下注大史公皆同忍離力智反下相離同曰樂樂並音岳一讀下五教

反又音洛乇首手又反注同期音基名鯉音里誰與音餘下餘闍也與同曰

嘻許其反又於其反悲恨之聲蒼梧音吾陟知力反升也帝嚳苦毒反高辛氏

帝也騷素刀反一音蕭湘夫音相差之初佳反又初宜反嬪也婢人反蓋

祔音父於爨七亂反矯之居表反謙儉其檢反適室丁歷反而

語魚據反澌也本又作斯音賜下同顓孫音專相近附近之近易成以豉反

之奠田練反餘閣音各庋藏字又作庪同九毀反又居僞反街里音佳

哭嫂悉早反注同人倡昌尚反注同踊音勇娣姒大計反下音似縮所六反從

也縫音逢又扶用反下同衡依注音橫華彭反從也子容反解佳買反曰伋

音急水漿子良反俯音甫跂乇豉反爲曾于僞反不稅徐他外反注同

以上時掌反使者色吏反賻音附賵芳用反乘馬繩證反四馬曰乘

貸他代反 副音仆 何傳直專反一本作傅音附 惡乎音烏惡乎猶於何也 別親
彼列反下同 夫由舊音扶皇如字謂丈夫即伯高 見我如字皇賢遍反 爲爾于僞反下注爲
其疾爲爇爲我我爲皆同 來者一本作爲爾哭也來者 之滋音咨 不嗜市志反 薑
居良反 而喪息浪反下喪明喪爾明同 女何音汝下同 洙音殊 泗音四洙泗二水名 華
反 陰徐胡化反 異稱尺證反 罪與音餘 離羣羣朋友也上音利 索居
悉各反猶散也下注索居同 晝知又反 致齊側皆反 見齒賢遍反 衰與七雷
反下同後五服之衰皆放此不復音 不當丁浪反注同 惡其烏路反 精麤本又作麁麤
七奴反 廣狹音洽 不應應對之應 褻息列反 偏倚於彼反又於寄反 稅
本又作說同他活反徐又始銳反下及注同 驂七南反騑馬曰驂夾服馬也 騑芳非反 偏頗破多
反 予鄉本又作嚮許亮反 而出如字徐尺遂反 涕音體 施惠始豉反 予

惡（烏路反）夫涕（音扶）識（式志反又音式下及注章識皆同）啼呼（火故反）饋祥（其位反）

遺也（于季反）拱而（恭勇反）傚孔（本又作效胡教反下同）之耆（市志反貪也注同）

蚤作（音早）抴（羊世反亦作曳）消搖（本又作逍遥）頽（徒回反）所放（方兩反）委

乎（本又作萎同紆危反注同病也）殆幾（音祈又音機）在阼（才故反）兩楹（音盈）夾之

（本又作俠古洽反下注同）饋食（如字又音嗣）疇（直留反）嚮明（本又作鄉同許亮反）聽治

（直吏反）正坐（才臥反又如字）之處（昌慮反）置（知吏反）翣（所甲反）衣木（於既

反）如攝（所甲反又所洽反）與（音餘）設披（彼義反）綢練（吐刀反韜也徐直留反注同）設

旐（直小反）杠（音江竿也）乘車（繩證反）布廣（光浪反凡度廣狹曰廣他皆放此）幅（方木

反）褚（張呂反）幕（音莫褚幕覆棺者）蟻（魚綺反蚍蜉也又作蛾）蚍（避尸反徐扶夷反）蜉（音浮）

之仇（音求讎也）寢苫（始占反草也）枕干（之鴆反）干楯（本又作盾食允反又音允）市

朝直遥反注同銜音咸而使色吏反爲負于僞反下爲其負相爲同從父
如字徐才用反爲魁苦回反首也杓必遥反又匹遥反而陪步回反皆經大結反易
墓以豉反注同芟治所銜反塡池依注音奠徐盧王並如字載處昌慮反下同
遣奠弃戰反本或作遷奠非推昌佳反又吐回反柩其久反辟音避下辟賢辟不懷並同
復升扶又反從者才用反下同禮與音餘下同夫祖音扶飰於
煩晚反牖下羊久反小斂力驗反禮家凡小斂大斂之字皆同不重出於作才故反且
服也本或作且服過裼裘星歷反夫夫上音扶下如字一讀並如字注及下同袒括
徒旱反下古活反而見賢遍反注及下同予之羊汝反下同和之音禾或胡卧反下同樂由音岳
又音洛未忘音亡彌亡卑反牟莫侯反爲之于僞反注爲之重服下爲之服皆同廢適
丁歷反下文及注同涕洟上他計反下音夷自目曰涕自鼻曰洟子瑕音遐本又作瑕古雅反也

中 丁仲反注及下注禮中之中同 冠字 古亂反 掘 求月反又求勿反 中霤 力救反 綴
足 丁劣反又丁衛反 躐行 良輒反 不復 扶又反 子碩 音石 請鬻 本又
作粥音育賣也注同 惡因 烏路反 遽伯 本又作璩其魚反 玉從 才用反又如字 名
拔 皮八反徐蒲末反 樂哉 音洛下同一讀下音五教反 則瑗 于卷反又於願反 刺其
七賜反 弁人 皮彥反 孺子 而注反 可傳 直專反 括 古活反 嗤 昌之反 下
人師 依注音僕師長也謂大僕也本或無師字者非也前儒如字卜人及醫師也 從母 才用反 二
夫人 音扶注同 相爲 于僞反注及下注夫爲妻同 爨總 上七亂反下音絲 縱縱
依注音揔急遽皃 折折 大兮反安舒皃注同 陵躐 力輒反 怠惰 徒卧反 騷騷
素刀反急疾皃 謂大 音泰一音他佐反下注同 謂絞 户交反後同 紟 其蔭反 衾冒
莫報反 遠之 于万反 遠別 彼列反 妻期 音基 不知 音智 成味 依注音沫

亡曷反　成斲陟角反　滕本又作縢徒登反　靧也音悔洗面　竽笙音于下音生

不和胡臥反　之調直弔反　簨息允反橫曰簨　虡音巨植曰虡　植曰時力反又音值

問喪問或作聞喪息浪反注及下皆同　孫于音遜　朽許久反　有爲于僞反下爲桓司馬爲敬叔則爲之注爲民作爲嫁母皆同

宋向式上反　戍音恤　名魋大回反

侈也昌氏反又申氏反　而朝直遥反注同　孟僖許宜反　閲音悅　將應

應對之應　汲汲音急　繆公音木　出竟音境　焉得於虔反　公叔

木音式樹反又音朱徐之樹反　贈襚音遂　子璅息果反依字作瑣　滕伯徒登反　爲

孟于僞反下及下注爲人同　伯鞏恭勇反　外內　易以豉反　帷堂意悲反　綌

衰去逆反麤葛也下七回反　繐裳音歲布細而踈曰繐　輕涼音良　子臯音高

無相息亮反　沽也音古略也　易之音亦徐以豉反　稱家尺證反　有亡

皇如字無也一音無下同 惡乎音烏注同 齊才細反又如字注同 豐省所領反 之比
必利反 毋過音無 還葬音旋便也 縣棺音玄 已斂力驗反 而封
依注作窆彼驗反下棺也徐又甫鄧反 設碑彼皮反 綍音律 作堋北鄧反 壹貢音奔
人名 汏哉本又作大音泰自矜大 醯呼兮反 醢音海 甕烏弄反 慶遺于季反又
如字 革矣紀力反 不墾苦很反 衎爾苦旦反注同自得之皃 爲小君
于僞反下爲之紛爲其父爲君服同 深邃先遂反 難人乃旦反 見之如字又賢遍反 反
壤而丈反 反復扶又反舊音服非 大古音泰 自燕烏田反 爲壟力勇
反 坊者音防 旁殺色戒反下同 茨瓦徐在私反茅覆屋 門廡音武 毋字如
又音婢 狹戶甲反 又易以豉反 馬鬣力輒反 斷其音短下同 上之時掌反下
以上同 廣袤古曠反下音茂徐又亡侯反 重霤直容反 衣以于既反 椑蒲壁

反徐房益反櫬尸棺杝音移堅著直略反水兕徐里反漆之音七不令

力政反本又作合楔齒悉節反綴丁劣反又丁衛反飯煩晚反又唅也不剥邦角反也

與音餘下同倮力果反謂不巾覆也埃加音哀乾腊音昔逮日音代或大計反縓

七絹反淺赤色今之紅也緣悦絹反下注同於薰本又作纁許云反要經一遥反下注小要同下大

結反無絇其俱反屨頭飾角瑱吐練反充耳衡依字作横華彭反下衡三同長袪

起魚反一音丘據反謂褎本又作袖音徐秀反袂口面世反袪裼音昔麛裘

音迷本又作麑同鹿子也青豻音岸胡地野犬褎絞户交反四重直龍反注皆同深

邃雖遂反被之皮寄反注同其厚胡豆反度厚薄曰厚皆同此音杝棺羊支反木

名椵杝徒亂反梓音子謂屬音燭周帀本又作迊同子合反能濕乃代

反衽而審反又而鴆反小要髹又作髤許求反題徒低反頭也湊七豆反聚也紨衣

本又作緇又作純同側其反　明爲于僞反下文及注爲其變皆同　行以善反　菆塗才官反
龍輴勑倫反　畫轅音袁　謂黼音甫　以刺七亦反　於縿音消　幕音莫　别
姓彼列反注同　於朝直遥反下同　誄力軌反　耆老巨支反　莫相息亮反佐也
注同　尼父音甫　其行下孟反　大縣郡縣之縣　皆厭于葉反注同　大廟
音泰　惡野烏路反　銜枚上音咸下木坏反　叫呼火故火胡二反　稅人始鋭反謂以物
遺人也　謂遺維季反　縞古老反注同　紕避支反　月禫大感反　月樂音岳
賜帟音亦幕之小者　共焉音恭本亦作供

檀弓下第四　卷之三

君之適丁麻反下及下適室同　長殤丁丈反下及注同下式羊反　三乘繩證反下
及注同　皆下户嫁反　降殺色戒反　遣車弃戰反　爲差初佳反又初宜反

遠之于万反朝亦直遙反注同越疆居良反本又作壃下越疆同蟜固居表反蟜固人姓名不說他活反本亦作稅徐又音申銳反下同入見賢遍反矯失居表反點多忝反倚其于綺反徐其綺反字晳星歷反擯者必刃反本又作儐同後放此則爲于僞反下亦爲爲之變同是日人一反不樂音岳又音洛注同執引音胤注同車索及壙苦晃反又音曠後同執紼音弗棺索羸音盈曰臨如字徐力鴆反袒免音問辟正音避下辟難同使人色吏反又如字狎則户甲反近南附近之近與哉音餘悼公音道游擯必刃反注同擯相息亮反下同詔音照侑音又齊穀依注音告又古毒反爲之于僞反下及注同王者如字徐于放反重耳直龍反注及下皆同辟難乃旦反在翟音迪本又作狄嚴然魚檢反本亦作儼儼同喪亦息浪反注及下皆同孺子如樹反後同稺也直吏反本又作稚同得

與音預稽音啓顙桑黨反子顯依注音𩕢呼遍反徐苦見反使者色吏反
予縶陟立反後同仁夫音符則遠于万反伯歜昌燭反有禱丁老
反一音丁報反祠之音詞鄉其本又作嚮同許亮反飯用扶晚反道褻息列
反銘音名旌音精別巳彼列反注同本或無巳字非識之式至反皇如字重與
龥也與音如字一本作重與龥與二與並音餘綴重丁劣反又丁衛反聯也音連筭桑亂
反縣諸音玄齊敬側皆反辟踊婢亦反下音勇慍哀庚皇紆粉反積也又
紆運反怨恚也徐又音鬱袒括觀闊反去飾羌呂反下及注去樂去桃茢並同其衰
七雷反侈袂昌氏反下彌世反哀衰所追反啅況甫反歠徐昌悅反歠歠粥一
音常悅反爲其于僞反下注爲父母爲有凶爲人甚同食之音嗣易也以豉反粥
之六反後同之處昌慮反下同所養徐羊尚反既封依注音窆彼驗反下同巳

殼本又作殼苦角反注及後同 北首手又反 舍奠音釋注同 離力智反下同

卒哭遵聿反 易喪以豉反徐音亦 祔音附 比至必利反 末有莫曷反無也 期而音基 桃茢音列徐音例茢苕杜預云黍穰也鄭注周禮云苕帚 惡之烏路反注及下注同 凶耶似嗟反下注同 萑音宁 苕大彫反 難言乃旦反 之朝直遥反注及下皆同

用殉辭俊反以人從死曰殉 殆幾音祈又音機下同 芻靈初俱反束茅爲人馬曰芻靈

俑者音勇偶人 爲舊于僞反下爲君爲使人皆同 古與音餘下同 諸膝音悉

將隊本又作墜直媿反 捷在接反 爲齊徐在益反 疑夫音扶 食食上音如字下音嗣 遣車弃戰反下文及注同 一乘繩證反下同 七个古賀反下及注同 焉知於虔反 大儉音泰或他佐反 偪音逼本或作逼 包伯交反 子相息亮反下注同 西鄉許亮反下皆同 俠古洽反一音頰 羨道徐音賊音義隱云羨車道 曰噫本又作意同于其反

毋音無 斯音賜盡也 沾依注音覘勑廉反視也 其行下孟反 會見賢遍反下文不敢見同
矣夫音扶下同本亦有無夫字者 從祖才用反 欲去羌呂反 之號戶刀反
而徑古定反 人喜則斯陶徒刀反 斯咏音詠謳也 咏謳本亦作嘔烏侯反
斯猶依注作搖音遙 相近附近之近 慍斯戚紆運反怒也戚憤恚也此喜慍哀樂相對本或於此句上有舞斯慍一句并注皆衍文
戚憤扶粉反 恚一瑞反 歎本或作唫魚今反
斯辟婢亦反撫心也 踊羊灼反 惡之烏路反 斯倍音佩下同 所
復扶又反 絞紟戶交反下音欽 設蔞音柳 翣所甲反 而食音嗣注同
謂虞祭也 有舍音捨注同廢也 之訾似斯反病也 疫病音役 師還音旋
出竟音境 大宰音泰注及下文注大宰大師大史大廟大傳皆同 嚭普彼反 使於
色吏反 夫差音扶下初佳反夫差吳王名闔廬子 盍嘗戶臘反 班白伯山反本又作頒音

同厲與音餘下及注有此與同慨焉苦愛反饋皃憊皃皮拜反乃譴

音歡喜說音悅下同知悼音智下同彪彼虯反李調如字左傳作外嬖嬖叔

欒闋苦穴反止也杜蕢苦怪反注蒯同作屠音徒曠飲於鴆反下飲斯

飲之飲曠飲調飲寡人皆同曩者乃黨反嚮也嚮也本亦作鄉同許亮反諫爭

爭鬬之爭子卯不樂如字賈逵云桀以乙卯日死受以甲子日亡故以爲戒鄭同漢書翼奉說則不

然張晏云子刑卯卯刑子相刑之日故以爲忌而云夏殷亡日不推湯武以興乎疾日人一反比葬必利

反下同爲一于僞反嬖必計反匕必季反是共音供敢與音預知防

音房又扶放反揚觶之豉反字林音支又云酒器揚近附近之近下聲相近同名拔蒲八

反粥音祝行之下孟反有難乃旦反注同石駘大來反石碏七略

反適子丁歷反注同言齊側皆反子亢音剛又苦浪反莫養羊尚

反下皆同度諫大洛反啜叔昌劣反叔或作菽音同大豆也王云熱豆而食曰啜叔斂手

力檢反還葬音旋後同稱其尺證反下注之稱同於從才用反注下同執羈

音基靮丁歷反紖陳忍反疾革本又作亟居力反急也注同繸之音遂脫

君本亦作說又作稅同他活反與縣音玄注同潘氏普干反乾昔音干屬

之玉反夾我古洽反猶繹音亦去羌呂反注同籥羊勺反般請

音班注及下同機封彼驗反多技其綺反下同豐碑彼皮反時僭子念

反後皆同斲大丁角反其繂音律繞而沼反各重直龍反下天

戶嫁反四植時力反爾呂古以字強使其丈反女者音汝與音餘下苦

與同其母音無噫於其反禺人音遇又音務注同走辟音避罷音皮倦

其卷反頸上吉領反掖之音亦繇役音遙本亦作傜弗能弗亦作不爲

謀于僞反下注國爲下爲懿同復無扶又反下復射謂不復同死難乃旦反隣重

依注音童下同汪烏黃反踦魚綺反未冠古亂反士行下孟反馬褭

音篤本亦作督子射食亦反下同斃一人本亦作斃婢世反仆也下同韔弓敕亮反韜

也仆也蒲北反又音赴韜之吐刀反又及本或作又及一人又一人後人妄加耳朝直遙

反不與音預參乘繩證反戈盾食允反又音允曹桓公依注音亹請

含胡闇反相啖徒暫反食音嗣徐音自衣之於既反強之其丈反下

注同拂柩芳勿反下其久反莿音列叔肸許乙反爲介音界注及後同副也難

惠乃旦反昭穆常遙反蕢苦怪反辟於徐音避又婢亦反晝宮音獲

注同于奪徒外反注并兊同杞音豈殖時職反華還胡化反且于子餘反

肆諸殺三日陳尸音四市朝直遙反以上時掌反執拘音俱弊盧

力居反子贛吐孫反魯哀公子設撥半末反紼也楯車勑倫反榑幬

上音郭下大報反覆也櫕塗才九反下音徒揄沈本又作瀋同昌審反澆古堯反之

汁之十反滑于八反不中丁仲反又如字何學如字或音户教反非注同廢去

羌呂反下同士掘求勿反又求月反又户忽反肂本又作肄以二反棺坎也見賢遍反袵

而審反爲之于僞反下爲妾注爲之下弗爲服皆同禮與音餘嬖必計反犯蹕

力輒反庚古衡反償徐音尚僭子念反侈昌氏反又赤氏反邑長丁丈反有

餽本亦作饋其位反遺也使焉色吏反見在賢遍反辟其音避木

鐸大各反舍故音捨所敗必邁反櫜音羔甲衣韔本亦作韔勑亮反弓

衣不戢側立反似重直用反無苛音何本亦作荷識之申志反又如字執

贄音志下賢户嫁反巳夫音符重強其丈反虛墓本亦作墟同起

魚反注同之處昌慮反下同以莅音利又音類不解佳買反舊胡買反憔在遙

反悴在醉反爲無于僞反下同長子丁丈反下官長并注同於嬴音盈

名札側八反坎深式鴆反廣輪古曠反揜坎本又作掩於檢反可

隱於刃反注同據也從也子容反且號户高反注同邾婁力俱反下同弔

含胡闇反注及下同僭稱子念反易則易並以豉反下及注同拒之本又

作距頓也徒困反本亦作鈍祝先之六反畿内音祈刎其勿粉反徐亡粉反

大饑居宜反字林九衣反本又作飢同黔敖其廉反徐渠嚴反而食音嗣下奉食同

蒙袂彌世反輯屨側立反斂也貿貿徐亡救反又音茂目不明皃一音牟輯

斂力檢反下同左奉芳勇反微與音餘注同狂狷音絹有殺本又作弑

同式志反下臣殺子殺同貜俱縛反且也子餘反瞿然本又作懼紀具反齗斯

丁亂反殺其人如字壞其音怪洿其音烏豬音誅復處扶又反奐

焉音喚本亦作煥奐爛言衆多也輪囷起倫反全要一遙反注及下注要君同九

京依注音原下同下亦作原字善禱丁老反祈也之畜許六反又許又反駟守

上音巡下如字又手又反子貢本亦作贛音同爲埋于僞反下士皆反下並同狗古口反其

封彼劒反出注闇人音昬守門人也弗內上如字下音納其廄九又反鄉

者許亮反下之戶嫁反人辟音避下同內霤力又反子罕呼旱反覘

勑廉反下同民說音悅下注同窺去規反扶服並如字又上音蒲下音蒲北反本又作匍

匐音同當之丁郎反子般音班殺音試遏之於葛反不與音預

原壤如丈反村也音才貍力知反女手如字徐音汝之卷音權本又作拳

佯不音羊從者才用反以巳並音以叔譽音預叔向許亮反名

肸許乙反 虩父音甫注同 大傅音賦 行舊下孟反皇如字 并必正反專也注同
植直吏反又時力反注同 其知音智 孤射音亦又音夜 辟難乃旦反 要
君一遥反 追然音退本亦作退和柔皃 不勝音升 妥他果反 吶吶如悅
反徐奴劣反鋗小皃 官長丁丈反 鍵也其展反徐其偃反籥也 不屬音燭 學
子柳户教反教也注同 衣衰依注衣作齊衰音咨 而繆依注讀曰樛音居虯反 爲
舅于僞反下爲舅爲天子不爲兄不爲蠶同 曾頓徒困反又作鈍 仲衍以善反注同 繐
衰上音歲下七雷反 之縷力主反 好輕呼報反 喪如字 末吾莫曷反
成人本或作郕音承 蠶士南反 而蟹户買反 有緌耳隹反 蚩昌之反
蜂也孚逢反 蜩也音條 噣呼惠反又丁角反 勉強其丈反 吾惡音烏
注同 歲旱音汗 縣子音懸 作繆音穆 欲暴步卜反下同 尪烏光反

面鄉許亮反　不雨于付反注及下同　庶覬音冀本又作幾音同　暴人之
疾子一讀以子字向下　可與音餘　錮疾音固　曰覡胡狄反　旱暵
呼旦反　舞雩音于　從市上音死下音是　爲之于僞反　不亦可
乎可或作善　祔也音附下同　合葬音閤下同　以閒閒廁之閒　善夫音扶

王制第五如字徐于況反盧云漢文帝令博士諸生作此篇　卷之四

王者如字徐于況反　十日人一反　取晷音軌日景　朝會直遥反卷內皆同
畿求衣反　尚狹音洽後文同　大平音泰　斥昌石反　黜陟上丑律反下竹
力反　主爲于僞反下爲有亦爲有同　之分扶問反　食九人音嗣下同徐音自　爲
差初佳反徐初宜反下注同　肥墝本又作墽苦交反　官長丁丈反下文注皆同　爲糞
方運反　覜聘吐弔反　三分如字　爲介音界　閒田音閑下同　章管之尚

反又如字本亦作障音同 以朌音班賦也 不與音預注及下注不與同 塗山音徒 要

服一遙反下要服皆同 相并必政反又如字 地減古斬反 關盛衰並讀如字 以

共音恭 有帥色類反注及下同 爲卒子忽反下及注同 曰牧音木 自陝

失冉反一音古洽反 召公時照反 曰甸大薦反 曰采蓍改反 以當丁浪反又

如字 里蠻莫還反 選用宣戀反 欲見賢遍反 二卿與音餘 三

監古暫反 監於古銜反卷末同 冠禮古亂反 命卷依注音袞古本反

復加扶又反 冕而音勉 德行下孟反 任事而鴆反 與之如字又音

預 不畜許六反 之涂音徒本又作塗 屏之必政反 放去羌呂反 無

賙音周 餼許既反 有宅王肅注尚書如字鄭音知嫁反懲艾也下同 剕者魚氣反 貝

者五刮反又音月 守圄音又 髡五忽反本又作完音同徐户官反 守積子智反 二

朝(直遥反) 數來(色角反又所具反) 巡守(手又反本或作狩後巡守皆同) 省之(色景

反) 岱宗(音代) 柴(仕佳反依字作祡) 覲見(如字舊賢遍反) 大師(音泰後大學大

祖大子大樂正大史皆同) 納賈(音嫁注同) 所好(呼報反下及注同) 惡(烏路反) 好辟(

匹亦反徐芳亦反) 則侈(昌氏反又式氏反) 淫邪(似嗟反) 君削(息約反) 君

絀(丑律反退也) 昭穆(常遥反凡言昭穆放此) 易樂(音岳) 南嶽(音岳下同) 歸

假(音格至也) 祖禰(乃禮反父廟也) 襧類(音類) 造乎(七報反下及注同) 與諸

侯(如字) 曰朝(直遥反) 以柷(昌六反) 男樂(音岳) 以鼗(音桃) 鈇(方于反又

音斧) 鉞(音越) 賜圭(字又作珪案說文珪古字圭今字) 瓚(才旦反) 爲鬯(勑亮反) 秬

酒(音巨黑黍也) 曰辟(音辟明也注同) 頖宮(音判班也) 禡於(馬怕反師祭也又音百注同)

爲兵(于僞反下爲盡物同) 禱(丁老反) 以訊(本又作誶音信注同) 馘(古獲反截耳) 斷

耳音短下斷殺同乾豆音干之庖步交反曰蒐所求反曰獮息淺反

腊音昔不合如字徐音閤不揜音掩本又作掩大綏依注音緌耳隹反下注同田獵

力輒反驅逆丘于反又丘遇反獺徐他達反又他瞎反豺仕皆反設罻音尉一音鬱小網也

零落本又作苓音同說文云草曰苓木曰落昆蟲直隆反下同未蟄直立反不

麛本又作麑音迷同不卵力管反殺胎吐來反殀夭上於表反殺也下烏老反

少長斷殺丁亂反又音段少長上詩召反下丁丈反不覆芳服反注同之杪

亡小反末也度支大各反下音之豐耗呼報反所殺色戒反又色列反量

入音亮之率音律又音類本又作繂之畜勑六反後皆同之仂音勒又音力什

音十越紼音弗躐也力輒反輴車勑倫反索悉各反曰浩胡老反

食日人一反下同降期居宜反縣封上音玄下音窆彼驗反不爲于僞反注

又爲同引紼音弗以上時掌反下大夫以上同無辟音避之祧他彫反契及息列

反適寢丁麻反日礿余若反夏曰户嫁反注夏曰礿夏祭曰礿下云夏薦同禘

大計反曰烝之承反曰祠音詞中霤力救反郊鮌古本反黃能

乃登反本又作熊音雄犆礿音特祫禘音洽合也歲朝直遥反互音户又户

故反下天子户嫁反大牢如字又音泰少牢詩照反四之日人一反

稻音盜夘力管反繭栗字又作璽公典反握厄角反長不丁丈反出

膚方于反燕伊見反藉在亦反稅式銳反借子亦反市廛直連反

邸舍丁禮反關譏居宜反不征本又作正音同注下皆同凶札側八反又音截

林麓音鹿山足也夫圭音珪不粥音育賣也後皆同執度度地

上如字丈尺也下大洛反量也沮澤將慮反沮洳也寒煖乃管反又況袁反下文同謂萊

音來何肖云草所生曰萊庚云草也沛也蒲貝反何肖云水所生曰沛何休注公羊傳云草棘曰沛之處昌慮反任而鴆反築邑音竹食壯音嗣又如字下側狀反燥素老反好惡

上呼報反下烏路反異齊才細反緩急户管反異和胡卧反下同臭尺救反

器械户戒反何休注公羊云攻守之器曰械鄭注大傳云禮樂之器及兵甲也郭璞三蒼解詁云械哭器之揔名旃

裘上之然反下音求與絺勑宜反綌去逆反被髮皮義反下同雕本又作彫同彫

刻鏤也題大兮反交趾音止刻其音克肌音飢涅之乃結反相嚮

許亮反僢昌戀反衣皮於既反下同不粒音立耆欲市志反曰寄

京義反狄鞮丁兮反知也曰譯音亦閒之如字又閒廁之閒度大洛反必

參七南反咸行緘反樂事音岳又音洛以防本又作坊音同恤孤辛聿反

以逮音代又大計反不肖音笑以絀勑律反帥音率循音巡謂敎

本又作傲同五報反 很 胡墾反 孝弟 大計反本又作悌 皆朝 直遥反 于庠 音祥

與執 音預 國蜡 仕詐反 覲其 音冀 亦復 扶又反下又復復移復與同 爲

之 于僞反下又爲親爲爲其大亦爲皆同 選士 宣戀反下皆同 德行 下孟反 不給 音急

傜役 本又作繇音遥 樂正 音岳 之長 丁丈反下同 夔 求龜反 命女 音汝

冬夏 户嫁反注及下注夏官同 適子 丁歷反下注同 皆造 才早反徐七到反 小胥

息餘反又息呂反下同 去食 丘呂反 屏之 必郢反 曰棘 依注音棘又作僰蒲北反偪也

言偪 彼力反 大遠 音泰舊他佐反 其論 如字舊力困反 任官 而金反下注同

衣甲 於既反 發卒 子忽反 執技 其綺反本或作伎後同 臝 本又作臝力果反

肱 古弘反 擐衣 舊音患今讀宜音宣依字作擐字林云擐擐辟也先全反 辟脛 胡定反 見

勇 賢遍反 明辟 婢亦反注同 三刺 七智反殺也 斷其 丁亂反下制斷斷計同

大百五十三

之中如字又丁仲反天論音倫理也注同郵罰音尤俗作郵過也麗郎計反當
反丁郎反假他古雅反之量徐音亮後皆同以別彼列反氾與本又作汎孚劒
反比必利反注同例也正平皮命反棘木紀力反要之於妙反謂要最舊一遙反槐
回懷二音三又義作宥遺忘音妄爲人于僞反易犯以豉反後易犯同例
人音刑析言思麻反亂名如字王肅作循名巧賣[illegible]教反又如字巫蠱音古
鷸冠尹必反徐音述瓊弁皮戀反般百間反行僞下孟反虛華户瓜
反又如字日卜人一反金璋之羊反不中丁仲反下皆同幅廣方服反耒
耜力對反下音似仲夏户嫁反下春夏同蜃常忍反雉化爲之竟上音境苛
察音何又呼河反本亦作呵諱惡烏路反注同札書側八反齊戒側皆反本
亦作齋下皆同司會古外反注同司會冢宰之屬掌計要者勞農力報反食禮音嗣

注及下注并下文食之並同　養於 如字徐以尚反下同　瞽亦 音古　異粻 陟良反糧也

不離 力智反　止觀 古亂反　唯絞 户交反　紟 其鴆反　衾冒 亡報反

不煖 乃管反溫也下同　珍從 才用反又如字　不與 音預下及注同　言糾 居黝反徐居酉反

作絿 音求又音虯　翌 音皇本又作皇　冔 況甫反　縞衣 古老反又古報反

纁 許云反　則牟 亡侯反　追 丁雷反　復除 上音福下如字又直慮反　不養者 如字又以尚反

期 音基　少而 詩照反下注少者同　之矜 本又作鰥同古頑反　廩 兵品反

瘖 於金反啞也　聾 力東反　跛 彼我反　躃 必亦反兩足不能行也　侏儒 音朱　遠別 彼列反下文并注同

隨行 如字一音户剛反下鴈行同　任并 必性反本又作併　提 音啼　契 本亦作挈苦結反

十億 於力反　雍州 於用反　斷長 音短　去一 羌吕反

爲率 音律又音類　閒田 音閑下同　祿食 音嗣又如字下皆同　爲朝

丁僞反　絜清如字，徐才性反　用潘芳袁反，米汁也　辟賢音避　冠古亂反　長

幼丁丈反　斛洪谷反　幅方服反　狹户甲反

月令第六此是呂氏春秋十二紀之首，後人删合爲此記。蔡伯喈、王肅云周公所作　卷之五

孟春昏參所林反　中如字，徐丁仲反，後放此　長也丁丈反　於陬足俱反，又足侯反，本又作娵，同　訾子斯反　爲人于僞反　軋也乙八反　解孚音敷　大皞上音泰，後文及注大蔟、大史、大寢、大室、大微、大廟、大祝、大尉、大宰皆同。皞亦作昊，胡老反。大皞，宓戲也　句芒古侯反，下音亡。句芒，木正也，少昊之子曰重，爲之後。句芒皆放此　宓戲音密，又音服。戲又作虧，亦作犧，又作羲，同　許宜反　曰重直龍反　律中丁仲反，猶應也，後放此。凡如此之例，十二月文注皆可以類求之　大蔟七豆反，奏也　猶應應對之應，下皆放此　律長直亮反，又如字，後皆放此　律空徐音孔　臭羶失然反　先脾婢支反　於藏才浪反，後放此　直脾丈吏反，又如字

下宿直同後放此于奥烏報反及胥時忍反解凍東送反蟄蟲直立反

上冰時掌反下注以上同獺祭他達反又他瞎反左个古賀反偏也後放此乘鸞

力官反路本又作輅載青音戴後放此旂巨機反後放此衣青於既反後放此下注

衣甲保猶衣同其噐本又作器同冬夏此卷內可以意求之衡璜音黃火畜

許又反貫土古亂反朝祀直遥反下文注同龍卷本反作衮古本反玄端

音晃先立春悉薦反乃齊側皆反本亦作齋卷內放此還乃音旋後放此

命相息亮反注同下善相并注放此施惠如字又始豉反休其許收許虯二反美也毋

有音無本亦作無下同不當丁浪反宿息六反徐音秀離依注音麗呂計反偶也不

貸吐得反徐音二馮音憑相息亮反又如字候伺音司又息嗣反載耒力對反字林云

耕曲木垂所作力佳反又力水反耜音似措七故反置也保介音界注同帝藉在亦反說

正文一佰五十

文作措云帝藉干畝三推出隹反又吐回反下同推謂伐也參乘繩證反爲天于僞反下爲仲
春爲傷爲死氣皆同勞酒力報反注同氣上時掌反注土上同萌動莫耕反蒸
達音證又之丞反冒莫報反覆也橛求月反封疆居良反注皆同經術古定反注
同術依注音遂田畯音俊之分扶問反嵎夷音愚阪險上音反又蒲版反下許檢
反道民音導既飭音勑農率所類反謂田正用牝頻忍反妊而林而鴆二反
毋覆芳服反孩蟲戶哀反胎吐來反夭烏老反麛音迷卵力管反
掩骼江百反埋胔才賜反蔡云露骨曰骼有肉曰胔胔亦作骴肉腐扶矩反蚤
落音早有恐丘勇反大疫音役猋風必遙反徐芳遙反本又作飆宿直
音秀好風呼報反藜力兮反莠音酉水潦音老大摯音至蔡云傷折首
種章勇反鄭云首種謂稷蔡云宿麥仲春日在奎苦圭反昬弧音胡降

婁戶江反 夾鐘古洽反一音頰 四隙去逆反 倉庚並如字本或加鳥非 鸝黄力知反 搏轂音博 幼少詩召反 省所景反注同減也徐所幸反 囹音零 圄魚呂反囹圄今之獄 去羌呂反 桎音質今之械也 梏古毒反今之杻也木在足曰桎在手曰梏 掠音亮考捶 械戶戒反 暴尸步卜反 捶治之絫反 高禖音梅 施生始豉反 孚乳上如字一音芳付反下而樹反季春同 娀簡夙中反簡狄有娀氏女 生契息列反 九嬪毗人反 謂從才用反 弓韣大木反弓衣 有娠音身一音震謂懷妊 始電大練反 先雷悉薦反 奮鐸方問反下大各反 度量上音杜下音亮注同 斗甬音勇斛也 權概古大反 稱上尺證反下同 稱錘丈僞反又丈爲反 闔扇戶臘反 小閘音閑 毋漉音鹿竭也 陂池彼宜反畜水曰陂穿地通水曰池尚書傳云澤障曰陂停水曰池 畜水勑六反 乃鮮依注音獻 朝覿大歷反 沍寒戶故反 朝之直遙

反秬黍音巨皆與音預祭寒而藏之本或作祭司寒案左氏傳無司字

之長丁丈反中丁音仲本亦作仲爲季于僞反下注同好雨呼報反大

陰音泰煖氣乃緩反又音暄蟲螟亡丁反爾雅云食苗心螟季春在胃

音謂季少詩召反姑洗素典反爲鴽音如毋無也蔡云鶉鷃之屬虹音紅又音

絳螮蝀也始見賢遍反蓱始步丁反水上浮蓱也毋無上音牟又如字蝃本又作螮丁計

反亦作蜇同蝀本亦作東同丁孔反蓱萍音平曰蘋毗人反鞠衣居六反如菊華

也又去六反如麴塵爲將于僞反下文乃爲注爲鳥同覆舟芳服反下及注同薦鮪于軌

反發泄息列反句者古侯反屈生也倉廩力甚反上騰時掌反下注以

上同循行下孟反隄防丁兮反下音房道達音導有障之亮反又音章便

民婢面反罝子斜反罘音浮畢翳於計反餧於僞反獸罟音古罻

弋羊職反 桑柘之夜反 戴勝音帶注同本亦作戴戴勝鳥名 織紝女金反
曲植直吏反曲薄也植蠶槌也 籧筐居呂反亦作筥下匡狂反方曰筐圓曰筥 槌也直追反又直類反又丈偽反 東鄉許亮反注同 毋觀古喚反注同 省婦所景反 去容起呂反 線息賤反 組音祖 紃音旬 分繭古典反 效功戶教反 以共音恭 敢惰徒臥反 之量音亮注同 筋角音斤 箭幹古旦反 凡糅如九反 監工古銜反注同 悖必內反 淫巧如字又苦孝反注同 春液音亦 累牛力追反注同 騰大登反 遊牝毗忍反徐扶死反 皆乘繩證反 在廄居又反 挍數所主反 國難乃多反後及注同驅疫鬼 磔竹伯反磔磔牲也 穰本又作攘如羊反 氣佚音逸後同 索室所白反 毆疫乙于反 大恐丘勇反 暵呼旱反又呼旦反
蚤降音早 孟夏 婺女音務 言炳音丙 長育丁丈反此月內除律長長

小四百三十

大繼長皆同著見賢遍反炎帝于廉反炎帝神農也顓頊上音專下音勗音

徵張里反後放此去一起呂反中呂音仲又如字無射音亦梟焦子遥反

先胏芳廢反鼃陘音刑螻音樓蟈古獲反螻蟈蛙也蔡云螻螻蛄蟈蛙也蛙烏蝸

反即蝦蟇也丘蚓以忍反蓽挈上皮八反下起八反王萯房九反赤駵音留本又作騮菽

本又作蚓音同以粗七奴反大也木畜許又反下水畜同先立悉薦反欣說

上許斤反下音悅熛怒必遥反下奴故反爲將于僞反下爲逆爲妨爲傷下文爲天子皆同飲

酎直又反重釀之酒長大如字下繼長同或丁丈反非也必當丁浪反蕃廡音煩下亡

甫反下同有壞音怪注同墮許規反又作隳下注同始絺勑其反出行下孟反下

同勞農力報反聚畜丑六反又許六反斷薄丁亂反注同薺才禮反草

艾魚廢反後皆同言醇音純謂重直龍反或直用反釀女亮反於朝直遥反

飲蒸之承反後皆同數來所角反則蝗徐華孟反范音橫字林音黃仲夏昏
亢音剛又苦浪反蘵實人誰反應鍾應對之應交酢才各反螳音堂蜋音郎
螳蜋螵蛸母也鵙古闃反搏勞鳥字林工役反反舌鄭云百舌鳥蔡伯喈云蝦蟇螵匹遙反蛸
音消搏勞音博又作伯壯佼古卯反助長丁丈反下長氣同鞀大刀反本亦作鞉同鞞
步西反竽音于箎音池本又作篪同簧音黃飭鍾音勑柷昌六反敔魚呂反本
又作圉爲將于僞反下文爲民注爲傷爲其皆同大雩音于百辟必亦反注同句
龍古侯反龍見賢遍反下御見同以雛仕于反又仕俱反雛也爾雅云生啄雛含桃
本又作函湖南反含桃櫻桃也櫻於耕反艾藍力甘反可別彼列反下文別羣同具布
步卜反大陽音泰無索所白反不難乃旦反又如字挺重大頂反寬也則
執如字蔡本作槷相蹄大計反蹋也本或作蹏音同廋人所留反教駣音兆又音

道字林音桃陽爭爭鬬之爭注同從八能子用反致和户臥反耆欲市志
反晏陰伊見反角解户買反蜩始市志反半夏户嫁反半夏藥草
木堇音謹木堇王蒸也一名舜華王蒸之承反臺榭音謝樓觀古喚反闇
者音都雹步角反涷丁貢反百螣音特食苗葉蟲乃饑居疑反又音機零
落本又作苓音同民殃於良反疫音役季夏去起呂反後放此一不任
音壬又如字純恪苦各反蟋蟀上音悉下音率腐草扶矩反爲熒本又
作螢户扃反螢火蟲也或作腐草化爲螢者非也攫俱縛反一音九碧反搏音博始鷙音至本亦作摯
同蛟音交鼉大多反又徒丹反黿音元冒亡報反榜人必孟反村葦
于鬼反柔刃而慎反爲艾于僞反下文爲民注爲求福爲其同以共音恭黼音甫
黻音弗差貸音二又他得反以別彼列反旗音其章識申志反又如字行

木下孟反 傜役音遥 徑音逕 辱暑如字本或作溽音同濕也 燒薙他計反芟

草又直屢反 芟草所銜反 萊地音來 夏日人一反 畜於勑六反 不

復扶又反 以糞方問反 土彊其丈反注同 易行以豉反 強其兩反 槩

好覽反 鮮落音仙又仙典反 風欬苦代反 鷹隼息允反 蚤鷙上音早下

音至亦作摯鳥擊也 走竄七亂反 中央於相反 蟲倮力果反虎豹之屬淺毛者又乎瓦反

露見賢遍反 中霤力又反 複穴方服反 五藏才浪反 圜于權反

以閎音宏 之長丁丈反 土畜呼又反下金畜同 孟秋少皞詩召反注

下放此少皞金天氏黃帝之子 蓐收音辱蓐收少皞之子曰該爲之 應涼應對之應 狐貉

戶各反依字作貈 生旃之然反 則陂彼義反 左樞昌朱反 行戮音六 寒

蜩大彫反 蜺也五兮反寒螿 總章子孔反 白駱音洛 黑鬛音獵本亦

作髦音毛又一本作旄尾也 先立秋悉薦反 軍帥所類反下同本或作師注放此 於

朝直遙反 招拒音矩 諸將子匠反下同 詰誅去吉反 好惡並如字又上呼

報反下烏路反 繕囹市戰反 罪邪似嗟反 搏執音博 察創初良反注同

審斷決丁亂反下同蔡徒管反一讀絕句決字下屬 贏音盈注同 猶解古賣反 宁

胡官反 隄本又作提丁兮反 防本又作坊音房 謹壅於勇反 畢好呼報反 坏

步回反 牆垣音袁 大使色吏反 介蟲音界注同 稻蟹胡買反 復

還扶又反下音環又音旋 多瘧魚略反 仲秋觜子斯反又子髓反 觿户圭反又户規反

盲風亡庚反疾風 謂閩音文依字作蟁又作蚊 蚋人銳反又如悅反 其養餘亮反下

同 糜亡皮反 粥之六反字林羊六反 具飭丑力反後放此 有量音亮下度量同 朝

宴直遙反 此為于僞反下為民同 必當丁浪反下不當及注同 枉紆往反 橈

女教反又乃絞反字林作撓非　申重直用反　循行下孟反　芻初俱反草也　豢音患養也
養牛羊曰芻犬豕曰豢以所食得名　瞻音占　肥瘠在亦反　皆中丁仲反　乃難乃多反注
同　賫音豆　窖古孝反　脩囷丘倫反　隋曰他果反謂狹而長　趣民七住反本
又作趨又七綠反　坏户音陪　務畜丑六反　浸盛子鴆反　始涸户各反竭也　角
見賢遍反下同　易關以豉反注同　便婢面反　匱其位反注同　賈客音古又古
雅反　應陽應對之應　有恐丘勇反　復生扶又反　數所角反　季秋
無射音亦　詰貞列反　來賓高誘注呂氏春秋則云賓雀與鄭異　爲蛤古荅反
鞠本又作菊九六反　豺音柴　僇禽音六本或作戮　申重直用反　之簿步古
反徐步各反　之收如字又守又反　之委紆僞反　猥卒温罪反下七忽反　習
吹昌睡反注同　爲將于僞反下文縣爲注主爲又爲同　徧祭音遍　合諸侯制

小四百二十二

絕句而縣音玄殳音殊矛亡侯反度大各反同乘繩證反校人户教反

而須音班騶側求反載丁代反又如字注同旐音兆以級九立反趣馬

七住反又七走反駕說始銳反之陳直覲反大常音泰載旟音餘搢

如字又音箭扑普卜反挾矢子協反又音協祀祊鄭注周禮音方爲炭吐旦反皆

墐其靳反辟殺音避乃趣音促又七住反不當丁浪反注同供養九用反下

餘亮反注同以去起呂反貪耆市志又熊乎弓反蹯音煩鼽音求說文云病

寒鼻室嚏丁計反邊竟音境注及後同隆六中反坼丑白反煖風乃管反又

許元反氣解古買反惰徒臥反孟冬析木思歷反顓音專頊

許玉反顓項高陽氏玄冥亡丁反少昊之二子脩及熙爲玄冥玄冥水官龜鼈必滅反財

匱其位反應應對之應注同臭朽許九反本亦作㱙字林云㱙腐也說文云㱙或爲朽字辟除

必亦反又婢亦反為軷步曷反壤如丈反厚二戶豆反廣五古曠反蜃
常忍反大蛤不見賢遍反下注錄見同鐵驪力知反與彘直吏反為袗之忍
反又之刃反先立冬悉薦反叶光本又作汁音協禺人音遇掾聚丁角反又
作涿同豐龜許靳反筴初格反著音尸繇文直又反相為于僞反下
為仲冬為天子皆同上騰時掌反一如字下上泄同蓋藏才浪反又如字循行下孟反積
聚子賜反下才柱反又並如字仲冬同鍵閉其輦反又其偃反管籥羊灼反封
疆居良反注及下注同要塞先代反注同塞徯上先則反下音奚徑古定反鍵
牡亡古反又茂后反摶鍵音博一本作傳直專反害處尺慮反為璽音徙學
音營上壟力勇反襲音習斂力驗反又力檢反效功戶教反淫巧如字又苦孝反
注同功致直吏反下注同之長丁丈反不當丁浪反注同別之彼列反國索

六百五十八字四百十三字 己五 三十六

所百反屬民之玉反下同滌大歷反場直良反躋彼子兮反兕徐履反

觵古宏反臘先祖力合反謂蜡仕迓反字林作䄍勞農力報反將帥

上子匠反下色類反大閱音悅唯狩手又反上泄息列反下同復出扶又反

參伐所林反下同仲冬東辟必亦反又必狄反益壯莊亮反曷旦

本亦作鶡同苦割反曷旦鳥名暢月勑亮反充也猶女音汝大陰音泰必重直龍

反注同省婦所景反注同大酋子由反又在由反大酋酒官之長秫稻音述麴丘六

反蘗魚列反湛子廉反漬也熾尺志反炊也火齊才計反注火齊同監古銜反

差貸音二又他得反注同之長丁丈反穫稻戶郭反畜獸許六反不

詰起吉反藪澤素口反敎道音導陽爭爭鬬之爭注同去聲起呂反注

及下同禁耆市志反從八子用反芸音云香草荔力計反馬韰挺出大頂反

馬𪔤户介反　麋亡悲反　角解音蟹　上行時丈反　氛霧芳云反　雨汁于付反下音執注同謂雨雪雜下也　瓜瓠户故反　好雨呼報反　多疥音介

季冬䆳女無付反　昬婁力侯反　旦氐丁兮反一音丁計反　玄枵許驕反　北鄉音向　雉雊古豆反雉鳴　雞始乳如住反　大難乃多反下注同　磔

出竹百反　爲厲于僞反　題肩大兮反　神祇音祁　腹堅本又作複又方服反厚也　五種章勇反注同　鎡音兹　錤音其　合古荅反　吹昌睡反　而罷如字又音皮

乃復扶又反　君子說音悅　小人樂音洛　以共音恭下文以共皆同　薪燎力召反　可析思歷反下同　炊爨七亂反　幾終音祈又音機　故

處昌慮反　猶女音汝　令之力呈反　而縣音玄　辟寒毗異反　胎吐來反　夭烏老反注同　少長上詩召反下丁丈反　乃句古侯反　消釋如字一本作液音亦

禮記釋文

經五千四百一十四字
注一万六千二百九十六字

嘉慶丙寅五月
陽城張氏重彫

禮記釋文

唐國子博士兼太子中允贈齊州刺史吳縣開國男陸德明撰

曾子問第七曾子孔子弟子曾參也以其所問多明於禮故著姓名以顯之卷之六

大祝音泰下文注大祝大宰大宗大廟大史皆同此音下之六反說文云祝祭主贊詞者裨冕婢支反

命毋音無本亦作無絻冕知里反本又作希徐張履反祝聲之六反下同徐之又反三息暫反又如字下聲三及三者三皆放此噫於其反歆許金反警神居領反少師升召反下少喪并注同奉芳勇反下注奉者同以衰七雷反下同子從才用反下同敢見賢遍反下而見伯父廟見旅見同徧告音遍下同於禰本又作祢乃禮反視朝直遥反注及下同

爲將于僞反下爲事同公衮古本反鷩必列反毳昌鋭反釋軷步末反

牲幣依注牲音制制幣一丈八尺於殯音賓出注將冠古亂反下及注音同徹饌

仕戀反埽悉報反冠醮子妙反酌而無獻酬曰醮以與音預下至脫衰與奠皆同相爲于僞反注爲人其所爲服爲君爲其皆同辟正音避下同士則朋友一本作士則朋友奠脫湯活反擯相息亮反取七住反本亦作娶下文取婦取女同累力弭反親迎魚敬反下同縞古老反總音摠服期居宜反下同償音尚過古臥反相飲於鴆反食音寺相離力智反有供九用反養羊尚反盥饋音管下其位反不菲一本作屝扶畏反草屨朝廟直遙反猶爲于僞反下爲庶母爲其下文君爲皆同禮與音餘下禮與同亟舉徐起吏反西鄉許亮反先栢子悉薦反夏卒戶嫁反巡守手又反本亦作狩齊車側皆反本亦作齋注及下同齊車祭祀所乘金輅也祫祭音洽老耼他甘反老耼即老子也祔之音附以從才用反下從而從同必蹕音畢止行少喪如字下及注皆同讀者亦息浪反以遺如字猶垂反又于季反者幾居豈反下同雨霑

竹廉反衣青於既反又如字下同嘗禘大計反簠音甫徐方于反又音蒲簋音軌

陳饌仕戀反又仕轉反下同三飯扶晚反下同不侑音又絕句下皆放此酳音胤又仕覲反

不酢才各反比至必利反賓長知丈反下文諫長同爲其于僞反下爲彼爲親妻爲婦爲

爲已病皆同之治直吏反義斷丁亂反服除如字徐直慮反民中如字又丁仲反

適妻丁歷反不誄力水反累也謂謚也時行下孟反作謚音示徐又以二反

出疆居良反以椑簿歷反櫬身棺謂杝棺也共殯音恭注同下必刃反苴絰

七餘反下大結反散帶息但反弁皮彥反柩其又反如爵如字或作加誤也爲已

音以子免音問旣引以刃反下皆同旣封依注音窆彼驗反及涂音徒扱

初洽反上衽而審反又而鴆反祝曰皇之六反舊之又反下同爲介子于僞反下注爲有異居爲

無日同介音界副也下同庶子爲大夫其祭也本或此下有如之何三字非也不

厭 本或作懕於豔反注下皆同 不綏 注作隮同許垂反徐又況垂反注同 皆辟 音避下同 厭
飫 於去反 尸謖 色六反起也 俎敦 音對又東論反 爲嘏 古雅反 奠觶 之豉反字
林音支 不歸 如字徐其位反 諸與 音預 其詞 如字告也下及注同 昭穆 常遥反下
音木後放此 爲壇 大丹反下注同注或作墠音善 遠辟 徐于万反 之稱 尺證反 不
附祭 附依注音備本或作祔亦同 於奧 烏報反 無所 音其又忌依反敬也 之適
丁麻反下同 如有昆弟 一本作加有昆弟 共其 音恭 于堩 古鄧反道也 且
不 如字徐子餘反 吾從 才用反又如字 既明反 絕句 遲數 音速出注 朝天子
直遥反 大夫使 色吏反下君使所使同 不蚤 音早 不莫 音暮 則近 附近之近
慝作 他得反惡也 痁患 始占反病也 而恐 丘勇反 爲君 于僞反又如字
塗邇 音迩近也 即周 本又作堲子栗反下同 繩絙 本又作緪古鄧反一音古恒反 鉤之

本又作拘古侯反 斂葬力驗反下同 史佚音逸 長殤丁丈反下同 則棺古患反下文棺斂衣棺注棺謂皆同 召公本又作邵同上照反下同 爲史于僞反下爲辟下文有爲並同 周公曰豈絕句 言是豈絕句 於禮不可絕句 同處昌慮反 辟道婢亦反 無辟音避下同 禮與音餘下皆同 作難乃旦反 毖音祕

文王世子第八文王周文王昌也鄭云以其善爲世子之禮故著謚号標篇言可法也

朝於直遙反 日三如字又昔暫反 衣服徐於既反又如字 内豎上主反小臣 又復扶又反 及莫音暮注及篇末皆同 蹈徒報反 憂解胡買反 食上時掌反 寒煖乃管反徐況煩反 末有亡曷反勿也 應曰應對之應 爲其于僞反 飪而審反生孰之節 不稅本亦作脫又作說同音他活反 而養羊尚反 壹本亦作一 飯扶晚反下及篇末皆同 箴藥本亦作鍼之林反 所勝音升 瘳丑由反差也 女何音汝後同

九聆音零本或作齡人壽音受後同安樂音洛予爾羊汝反傳直專反

莅阼音吏又音類下同莅視本或作涖臨也周公相息亮反而治徐直吏反下注治定同一音如字抗苦浪反舉也長幼丁丈反後皆同則撻他達反擊也凡學世子戶孝反教也下小樂正學干籥師學戈學舞干戚同俊選息戀反後同春夏戶嫁反下放此羽

籥羊灼反干楯食準反又音尹句子古侯反秉翟大厯反大胥如字又音泰胥息余反又息呂反注皆放此之版音板本又作板舍采音釋後舍采同秋頒音班

旄人音毛不僭七尋反又子念反大師音泰下文注大樂正大學大傅大祖大寢皆同瞽宗音古瞽宗殷學名上庠音詳上庠虞學名播詩波我反功易以豉反合語如字徐音閤注同下大合樂放此語說如字徐始說反注語說同論說力門反徐力頓反注同三行下孟反下文德行同侍坐才臥反又如字遠近閒並如字閒猶容也注同徐古辨反同指

畫乎麥反分別彼列反廣三尺古曠反又如字三寸一本作廣三尺三寸三分

凾丈胡南反相辟音避下辟君同億可本又作噫音抑有夔求龜反小

技其彼反後復扶又反遠之于万反注同近是附近之近既興依注爲釁

音虛覲反儐于必刃反本亦作擯注同無介如字下注同副也米稟力甚反懌

音亦悅懌少傅詩召反下音賦後同積浸子鴆反爲之于僞反下爲說其爲君皆同

國治直吏反下而治國治並同況于依注作迂音同又音紆大也欲令力呈反學

之音效下及注同孝弟大計反又作悌下孝弟皆同之倅七對反副也其朝直遥反後

不出者並同登餕音俊之適丁歷反奠盥音管行列戶剛反者

稠直由反密也出疆居良反守於如字又手又反下同諸父守貴

室本或作守貴宮貴室冠取古亂反下七喻反後放此相爲于僞反下注爲君同宜

免音問下及注同于賵芳鳳反下同賻音附承音贈出注含胡諳反本又作唅賵賻唅
襚皆贈喪之物也車馬曰賵布帛曰賻珠玉曰唅衣服曰襚揔謂之贈賵猶送也甸人大遍反縣音玄縊
一智反則纖依注音鍼之林反刺也徐子廉反注本或作纖讀爲殲者是依徐音而改也剸之兗反割也亦
告依注作鞠久六反鍼刺七亦反又七智反下同臏頻忍反徐扶忍反劓魚器反刀
鋸徐音據讞徐魚列反言也大辟婢亦反後不音者放此宥之音又寬也又復
扶又反下不復復自行皆同爲之于僞反下不爲服爲忝祖注非爲又爲之舞同之比必利反之
殺色戒反徐所例反差也差也初佳反徐初宜反弔臨如字徐力鴆反官治直吏反
衆鄉許亮反注同百姓本或作異姓非遠之于万反大昕音欣說文云旦明日將出
也讀若希儆衆音景起也養也如字徐羊尚反後皆依徐音之處呂慮反下同五
叓江衡反注同蔡作叟音素口反咏焉音詠以樂闋苦穴反終也以樂音洛里

[馬+豈]皇音㚲㚲及也本又作愷又作駿亦作驥兑命注作說同音悅朝夕至于直遥反旦曰朝暮曰夕舊如字朝朝上如字下文朝夕之食上同下直遥反食上時掌反親齊側皆反注同齊才細反和胡臥反

禮運第九鄭云禮運者以其記五帝三王相變易及陰陽轉旋之道卷之七

與於音預蜡仕嫁反索也祭名夏曰清祀殷曰嘉平周曰蜡秦曰臘字林作䄍索所百反於觀古亂反注同闕也喟然去媿反又苦怪反說文云大息之處昌慮反下同處同逮音代及也一音代計反俊選宣面反下文皆同爲其于僞反下文爲己皆同禪位善面反所長丁丈反矜寡古頑反無匱其媿反有分扶問反注同良奧烏報反惡其弃上烏故反下同不憚大旦反施無始豉反吝心力刃反又力覲反御風魚呂反傳位丈專反俗狹音洽嗇音色勇知音智敦朴

普角反之稠直由反成治直吏反在埶音世本亦作勢者去羌呂反注同爲

殃於良反復問扶又反下復問同相鼠息亮反注同遄死市專反疾皃殺

於户教反法也徐户交反冠昬古亂反朝聘直遥反則易以豉反之極

言如字徐紀力反聞與音餘有小正音征本或作有夏小正坤苦門反乾其連

反其燔音煩捭豚卜麥反注作擗又作擘皆同汙尊烏華反注同一音作烏抔步侯

反手掬蕢依注音凷苦對反又苦怪反土塊也桴音浮鼓槌齊敬側皆反釜本又作鬴音父

甑即孕反燒石如字又舒照反鑿地在洛反掬九六反本亦作臼音蒲侯反堛普逼反

摶土徒端反築徐音竹屋而號户毛反皐某音羔飯扶晚反注同

腥音星而苴子餘反苞也徐爭初反遣奠弃戰反知氣音智北首手又

反注同南鄉許亮反注同營窟苦忽反居橧本又作增又作曾同則登反樔

本又作巢助交反 茹其音汝 衣其於既反 鑄作之樹反 合土如字徐音闇 令
音零 甓步歷反 及甒音武 大也音泰甒大皆樽名 臺榭音謝本亦作謝 牖
户音酉 以炮薄交反徐扶交反 裹燒音果 以燔音煩加於火上 亨普伻反煑也下
合亨同 鑊户郭反 以炙之石反 貫之古亂反 醴音禮 酪音洛 烝之承反
釀女亮反 酢七故反 醆才冊反徐祖冀反 醴醆側眼反 粢依注爲齊才細反注五齊
皆同 醍音體 祝嘏本或作假古雅反 之祜音户福也 粢讀音咨 泛齊芳劒反徐
音汎 盎齊烏浪反 爲主人于僞反下同 其祝之六反徐之又反注同 其
殽本或作肴户交反 越席音活注同字書作趏越席翦蒲席也杜元凱云結草 以冪本又作鼏
同莫歷反 衣其於既反 澣帛户管反 示號音祇本又作祇 齍號音咨皇云
黍稷 大古音泰下大史同 爓似廉反 染如豔反又如琰反 樂也音洛 鈃本又作鉶音刑

盛和羹器形如小鼎 羹 音庚舊音衡 分別 彼列反下文同 於 音烏 乎 好奴反 吾舍
音捨下舍禮皆同 郊禘 大計反 鼷鼠 音兮 契 息列反 醆斝 古雅反又音嫁爵名
也夏曰醆殷曰斝周曰爵 僭君 子念反注同 脅君 許劫反 儗於 音擬 焉 於虔反
期不 居其反 入朝 直遥反注同 或與僕相 息亮反一讀如字則連下爲句 等
輩 卜内反 弟鍼 其廉反又祇廉反 千乘 時證反 壞法 音怪 諱惡 烏路
反 自拱 徐居勇反後拱持同 爲謔 許約反 孔甯 本又作寧案左傳作寧公羊作甯各依字
讀 行父 音甫 數如 色角反 取殺 申志反或如字 大柄 兵命反 儐鬼 必刃
反 以治政 皇如字徐直吏反下文注以治政同 爲言 于僞反下又爲遂爲皆同 所操 七刀反
臣倍 步内反 俗敝 音弊本亦作弊 疵國 才斯反病也 肅峻 恤俊反 煇光
音暉 不見 賢遍反 殽以 户教反注及下同 土會 古外反 而上 時掌反下上配上生

皆同共國音恭所樂音岳又音洛又五孝反好也注同治也直吏反注同下以自治注身治成治皆放此

並併步頂反過差初佳反一音初買反何以守位曰仁本亦作人所養羊尚反又如字下同百姓則君則音明出注分定扶問反後文注除三分去一三分益一皆同

舍義音捨之知音智注同去其羌呂反後皆同之斷丁亂反之施始豉反下施生同謂之變音辯出注耐以音能辟於婢亦反開也徐芳益反傳書丈專反

愛惡烏路反下皆同弟弟上如字下音悌長惠丁丈反爭奪爭鬭之爭測度大洛反不見賢遍反竅於徐苦弔反孔也播於彼左反舒也

五行四時絕句本亦作播五行於四時屈伸音申迭相大計反又田結反竭也義作揭其列反負擔也還相音旋下同六和戶臥反注同更相古衡反下同

角徵張里反南事律名京房律始於執始終於南事凡六十畫繢戶對反以圜

（音環，又音圓）別聲（彼列反）被色（皮義反，徐扶義反，）爲柄（本又作枋，兵命反）爲量（音亮，下同）爲畜（許又反，下同）政治（直吏反）於麟（良人反）相近（附近之近）操（七刀反）所捊（薄侯反，徐音普溝反）介僎（上音界，下音遵）可睹（丁古反）爲倪（五計反，視也）魚鮪（于軌反，魚名）淰（音審，徐舒冉反）矞（字又作獝，況必反）狘（況越反）閃（失冄反）秉著（音尸）瘞（於例反，一音於器反）繒（本又作增，同，似仍反，又則登反，又似登反）儐鬼（皇音賓，敬也，舊必信反）在朝（直遙反，下同）卜筮（市制反）瞽（音古）侑（音又）皆應（應對之應）列宿（音秀）之藏（如字，徐才浪反）大一（音泰，下注同）合於月之分（本或作日月之分，日衍字）曰養（音義）冠昏（古亂反）摯幣（本又作贄，音至）罷也（音皮）大竇（音豆，孔穴也）壞國（音怪，又平怪反）喪家（息浪反）有櫱（魚列反）醇耳（市春反）養菁（子丁反）耨之（奴豆反，鉏也）所盛（市正反，又音成）乖

剌力達反本或作制 無邾音似 不種之用反不亦作弗何休注公羊云弗者不之深也下皆放此
不穫户郭反 知收如字又手又反 不見賢遍反 不菀于粉反積也 不
繆音謬 有畜丑六反 不殺所戒反徐所例反注同 渚者之汝反 漁人音魚
獻鼈必列反 蜃石忍反 司爟古亂反 卝人華猛反又瓜猛反徐古猛反 仲
夏户嫁反下同 謂食音嗣 齊才細反下皆同 頒爵音班 必當丁浪反 媒
氏音梅 而取音娶本又作娶 稽士古兮反 之烖音災 妖孽又作蠥魚列反
妖又作祅說文云衣服歌謠草木之怪謂之祅禽獸蟲蝗之怪謂之蠥 螟亡丁反 螽徐音終 澧本又作醴
音禮 麒麟音其下音栗人反 郊棷素口反徐摠會反澤也本或作藪 宮沼之紹反池名
夘力管反 胎土才反 可俯音府 而窺本又作闚去規反 銀甕本亦作罋
烏弄反徐於弄反

禮器第十 鄭云以其記禮使人成器孔子謂子貢瑚璉之器是也

錯則 七路反本又作措又作厝音同 猶去 起呂反 回邪 似嗟反 辟也 匹亦反 如

竹箭 節見反 有筠 于貧反鄭云竹之青皮也 故貫 古亂反 改柯 古何反

篠 西了反徐音小 柔刃 而慎反 廣狹 音洽又户夾反 常差 初佳反徐初宜反

上下 時掌反 大殺 色戒反徐所例反注同 恇懼 音匡又丘往反 猶恐 丘勇反 稱

次 尺證反後皆同 匪革 紀力反注同急也 堵者 本又作闍音都又丁古反徐音常邪反 七介

音界副也後皆同俗讀古賀反非也 五重 直龍反下及注皆同 八翣 所甲反 相食 音嗣下同

餼 許既反 西夾 古洽反又古協反 其使 色吏反 抗木 苦浪反又音剛又户剛反 與

茵 音因 縮二 所六反 以櫝 音獨本亦作特 相朝 直遥反下及注同 灌用 古亂反注同

鬱鬯 丑亮反 脯醢 上音甫下音海 繁纓 步干反下及注同 琥 音虎又作虎 璜 音黄

單席音丹翦繋子淺反一音牋鶡纓胡毒反之量音亮器皿命景反字
林音猛以散悉旦反注同舉觶支豉反外缶方有反瓦甒音武曰觚音孤
不壇大丹反棜禁於據反猶去起呂反斯禁如字劉昌宗音賜隋
長他果反足高如字又古報反龍卷本又作袞同古本反黼音甫黻音弗
熏字又作纁許云反裳緑繰本又作璪亦作藻同子老反注同不琢字又作瑑丈轉
反徐又依字丁角反大羹音泰不和胡臥反越席音活犧尊鄭素何反
王如字幎本又作冪又作鼏莫歷反樿章善反又市戰反白理木杓市灼反長三直亮反
杼上直呂反作幕音莫不殺所戒反又所例反下而殺注芟殺皆同詡萬況矩
反普也徧也音遍樂五孝反注同猶見賢遍反下外見告見皆同之致直置反注
皆同誠愨字又作慤苦角反下文同爲樂音洛匹士本或作正士之攘如羊反

盜竊以上時掌反鏤簋力豆反下音軌朱紘音宏藻梲章悅反依字當作棳梁上
侏儒柱栭謂音而達棱力登反斲陟角反而礱力工反澣衣又作浣户
管反濯冠直角反以朝直遙反隘矣本又作阨於賣反狹也不爲于僞反下
爲母爲父母皆同不摩本又作麾毀皮反齊人謂快爲摩蚤音早葆大音保又保毛反本又作保
夏父音甫不綦音忌不亦作弗燔柴音煩又芳云反於奧依注作爨七亂反下同
子彄苦侯反大廟音泰下注大平下文大廟並同躋僖子西反升也本又作隮饎爨
昌志反下七亂反盛於音成於鉼步丁反不當丁浪反期也音基猶
去起呂反下去實同有摲所監反又所覽反芟也芟也所咸反有放方往反下有放必放
同不致本或作不至而摭之石反詔侑音又本或作宥武方音無出注就養
羊讓反詔圜音圓下圜丘同本亦作詔圓猶醵其庶反又其約反合錢飲酒曰醵與音餘近人

附近之近注同而遠于万反獻爓似廉反下彼户嫁反已蹙本又作慼子六反又音促愿貌音願大愿音泰不見賢遍反下龍見同頖宮本或作泮依注音判惡依注音呼又作虖好胡反池大河反注同嘔夷烏侯反泰山本或作大音同下注放此順之至也順亦作慎散齊悉旦反下側皆反後放此相步息亮反注同温之紆運反注同温藉徐子夜反告道音導朝事直遥反下朝夕注視朝同以樂樂之上音岳下音洛鸞刀力端反莞音官一音丸簟徒點反而稾字又作藁古老反鞂江八反古八反穗徐音遂而烝之承反亹亹亡匪反徐音尾勉勉皃樂之音洛升上時掌反巡守手又反燔燎力妙反又力弔反禪於善戰反梁父音甫本亦作甫龍假音格至也爲暘音陽爲燠於六反大治直吏反下及注同罍音雷犧尊素河反注及下同縣鼓音玄應鼓應對之應作獻本又作戲同素何反下同

之分扶問反 夏禴戶嫁反下音藥 祼用古亂反 雞彝徐音夷 作護
戶故反本亦作濩 以道音導 濩伯玉其居反 名瑗于卷反 之知音智 而
從才用反下同 薦盎烏浪反 血膋了彫反 洞洞音慟 屬屬之六反 羹
定徐丁磬反一音如字 爲祊百彭反 繹祭音亦 一處昌慮反 王事與音餘
魚腊音昔 內金音納 見情賢遍反下注世見同 炤物音照本亦作照 絲纊
音曠緜也劉昌宗古曠反 篠簜大黨反 蕃服本又作藩方煩反下同 近之附近之近 肆
夏依注作陔古來反注又作祴音同 袒襲音但下音習 受和戶臥反 強言其丈反 跛
彼義反偏任曰跛注同 倚於綺反依物曰倚注同 子路與音預 晏朝直遙反又張遙反
郊特牲第十一鄭云以其記祭天用騂犢之義也郊者祭天之名用一牛故曰特牲 卷之八
膳市戰反 用犢音獨 牲孕餘證反 誠慤苦角反 繁纓步干反 三獻

爓本亦作䐄夕廉反　灌用本又作裸古喚反　腶脩丁喚反鍛脯加薑桂曰腶脩　三重直龍反下注同　而酢才各反　之介音界下注同　猶單音丹下文注同　饗禘音藥出注下春禘同　而食音嗣　夏禘戶嫁反　俎奇居宜反下鼎俎奇同　用褻息列反　旦明旦音神出注　篆字直轉反　示易以豉反注同　朝聘直遙反下文注朝覲朝服皆同　樂闋苦穴反止也　婁嘆力住反本又作屢　匏竹步交反匏笙也竹箎笛也　別土彼列反下注無別同　爲作于僞反下文爲君同　往德皇如字徐于況反　庭燎力妙反徐力弔反　僭天子子念反後並同　私覿大歷反下同　而使色吏反　私見賢遍反下同·　慶父音甫　鴆牙直蔭反　殺二君音試　升自阼才路反本又作升自阼階　宮縣音玄注及下同　設錫音陽注同　干盾本亦作楯純尹反又音尹　傅其音附背補佩反　反坫丁念反　繡依注作宵音消注或作綃亦同　黼音甫　以簾音廉　於

反爵焉本或作賓反爵焉非領縁移絹反繒似陵反朱襮音博過古臥
反寓公音遇寄也南鄉許亮反下君南鄉同以辟音避注同鄉人裼音傷強鬼名也
強鬼其丈反時難乃多反下同本又作儺索室色百反下文注皆同敺疫字又
作驅同起居反縣弧音胡設帨始銳反三日齊本又作齋同側皆反後放此何
居音姬繹之音亦祊百彭反商賈音古販夫甫万反北庸本亦作墉
音容牆也大社音泰下又注大社大陽大廟大古大王皆同王爲于僞反下文爲社爲焚皆同喪
國息浪反薄社本又作亳步各反北牖音酉亾乘時證反注同又徒徧反共音恭
粢音資曰甸徒練反又繩證反卒伍祖忽反算具思管反爲省思淺
反而鹽依注音豔行行田上如字下及下行田皆下孟反使歆許金反燔柴音煩
巡守手又反岱宗音代夏正音征下同猶徧音遍以稱尺證反用

騂息營反徐呼營反　圜丘本又作圓音員　凡爲如字或于僞反非也　擇可與如字一音

預　而還音旋下同　重相直用反　爲廏九又反　省鑊戶郭反　氾芳劒反本亦作汎　埽素報反　剗初產反徐又初展反　令力呈反　王被皮義反　卷本又作衮同古本反注卷冕同　冕亡展反字林亡辯反　載丁代反本亦作戴　璪音早　不過古和反　在

滌范音迪徐徒嘯反　以別彼列反　所搜本又作廋所流反　除處昌慮反下之處同處皆同　大蜡八仕詐反蜡祭有八神先嗇一司嗇二農三郵表畷四貓虎五坊六水庸七昆蟲八　伊耆巨夷反伊耆古天子號也或云即帝堯是也　百種之勇反下之種也同　郵本亦作尤有周反字或作郵　表

畷丁劣反田畯所以督約百井間處也又丁衛反　田畯音俊　督約因妙反　教擾而沼反馴也　迎猫字又作貓音苗　爲其于僞反下同　祭坊音房後注同　其蜡火各反　祝

辭之六反又之又反　猶坑苦衡反　螟莫經反　螽音終又作蠓　榛杖側巾反以榛木爲杖也

喪殺所界反徐所例反注及下德之殺並同臘先祖力合反勞農力報反草

笠音立使使上音史下及下使者皆色吏反緇撮七活反又七括反其餉始尚反伊

糾居黝反好田呼報反下好女可好皆同果蓏力果反以蓄丑六反又許六反蘊

財於粉反以移以豉反注同羨也羨也才箭反又辭見反烝之承反畀必利反

祖妣必履反之與音餘既蜡而收絕句積聚並如字徐上音茲賜反下

才樹反之蒩爭居反其醢音海麋音眉臡字又作臡乃兮反字林作腝人兮反茆

音卯又力首反麇九倫反蠃力戈反豚拍音博[illegible]即見反又作薦同或作麃非可

耆市志反路車本亦作輅音同可樂皇音洛下同徐五孝反可便婢面反徐

扶絹反莞音官徐音丸簟大點反越音活注同稾古老反又作槀鞂簡八反徐古八反

不和胡臥反不琢依注爲丈轉反彫多調反又作雕幾巨依反注同之乘時證反

樸也普角反，司烜音毁陰鑑古暫反藉神字夜反、沂魚斤反鄂五各反

俎奇居宜反醯醢上呼兮反本又作醯同斷也丁亂反冠義古亂反下文注始冠而敝之而冠冠於阼冠而字之冠禮士禮冠皆同齊則側皆反其緌耳隹反以上時掌反後以上皆同

敝本亦作弊婢世反徐又房列反弃也不復扶又反適子丁厤反近主附近之近醮子妙反母追上音牟下多雷反殷冔況甫反字林作緝火于反見簒初患反殺音試

賢行下孟反下德行同取於音娶本又作娶附遠皇于万反厚別兵列反下及注皆同

不腆天典反信事側吏反又如字立也注同親迎魚敬反男先悉見反下及注同倡昌亮反道音導執贄音至本亦作摯聚麀音憂出乎大門而先如字絕句又悉遍反以知音智婦盥音管饋其位反一本無婦盥饋三字婦餕音俊爲䐈直輒反滌蕩音狄徐又同弔反樂三如字徐息暫反灌用鬯臭絕句庚以鬯字

絕句鬱字又作鬱同合鬯絕句焫蕭如悅反燒也下音蕭香蒿也合如字徐音閤羶
依注音馨許經反薌音香圭瓚在旦反鉶南音刑蒿也呼毛反染以如琰
反羶當失然反詔祝之六反下及注並同又之又反膟音律膋力彫反燎于力妙
反又力弔反下文同爐音盧以墮許恚反或許垂反之奧烏報反北墉音容室
與堂與並音餘下遠者與同本作室與堂也與則如字讀遠人徐于万反倞也音亮肵音祈
爲尸于僞反嘏辭古雅反爲犆徒得反相息亮反注及下之相并注同侑音又
妥尸他果反嘏長直良反徐知兩反或詁音古祭齊才細反注及下說齊并注同
謂綏許恚反說齊始銳反清也字又作涚泲之子禮反下同㡛氏莫剛反漚
絲烏豆反爲汎本又作泛同齊絜側皆反篇末文注同腥肆勑歷反注同爓
脸而審反腊直輒反斝古雅反之坐才臥反縮酌所六反注同醴齊

才細反下皆同 去滓 起呂反 醳酒 音亦 不共 音恭 斟也 章金反 尊彝

音夷 注于 之樹反 醆 側産反 盎齊 烏浪反 差清 初賣反又初佳反 汁 之十反

獻 依注爲素何反下注同 舊澤 依注讀爲醳音亦徐詩石反 爲其 于僞反 腊毒

上音昔隱義云腊久也久酒有毒 辟 依注作弭亡妣反 遠罪 于万反

内則第十二 鄭云以其記男女居室事父母舅姑之法

后王 鄭云后君也謂諸侯也王天子也盧云后王后也王天子也孫炎王肅云后王君王也 并六卿 必政反

或兼 如字一音古念反 咸盥 音管洗手 漱 所救反徐素遘反漱漱口也下同 櫛 側乙反梳也 縰

所買反徐所綺反黑繒韜髮 笄 古兮反 總 子孔反束髮也 拂髦 音毛 冠緌 耳佳反緌纓飾也

韠 音必 紳 音申大帶 搢 徐音箭又如字音晉插也 笏 音忽 韜髮 吐刀反 振去 起呂

反 著之 丁略反下文及注同 鬌 多果反 扱 本又作捷又作插初洽反徐采協反 使令 力呈反 紛

黃珍

芳云反拭物巾或作帉同帨始銳反佩巾也小觿許規反本或作鑴音同解結錐金燧音遂火鏡拭物
音式礲力工反捍户旦反拾也謂射捍管遰時世反徐作滯刀鞞也筆彄苦侯反刀鞞
必頂反鑽火子官反偪本又作幅彼力反行縢徒登反行縢也屨九具反著綦
其記反注及下同屨繫也如父母一本作如事父母衣紳如字又於既反注同令簪徐側林反又作南反
箴之林反線本又作綫息賤反纊音曠鞶字又作槃同步干反袠陳乙反又作帙小囊
奴郎反又作槖徐音託明爲于僞反衿嬰本又作紟其鴆反結也注同嬰又作纓衣燠本又
作奧同於六反煖也苛音何疥也養本又作癢以想反搔之素刀反摩也怡説音悅苛
疥音界説文云瘙瘍也時便婢面反少者詩召反後皆同奉槃芳勇反本或作
捧下同長者丁丈反後皆同以帨始銳反拭手也本又作挩同以温本又作薀又作愠同於運反注同
藉也字夜反饘之然反厚粥也酏羊支反薄粥也芼毛報反蕢

字又作𪏰扶云反徐扶畏反大麻子注同粱音良秫音述粥之六反又羊六反熬五羔反枲實

思里反飴羊之反餳也堇音謹菜也荁音丸似堇而葉大也枌扶云反白楡也免音問注同新生

曰免薨字又作槀苦老反乾也滫思酒反溲也瀡音髓滑也以滑胡入反又于入反諸卷皆同

以膏之古報反調如字又徒弔反和如字又胡臥反夏用户嫁反溲所九反未

冠古亂反爲迫于僞反而朝直遙反下而朝同後成人如字徐胡豆反下同衣

服如字又於旣反枕簟徒點反灑本又作洒所買反又所賣反埽素報反孺子

如樹反蚤寢音早以上以或作已上時掌反後放此奉席芳勇反下同何鄉許亮

反將衽而鴆反又而甚反臥席也何止本又作趾足也臥處昌慮反縣衾音玄篋

口協反而襡音獨韜也不傳丈專反注同移也敢近附近之近敦音對又丁雷反

牟木侯反齊人呼土釜爲牟卮音支酒器也匜羊支反一音以氏反杜預注左傳云沃盥器也非餕

音俊如坔字又作蚉木矦反應唯于癸反徐伊水反愼齊側皆反噦於月反噫
於界反嚏音帝咳苦愛反欠丘劒反伸音申跛彼義反倚於義反又其寄反
涕大計反傾視也視如字徐市志反唾吐臥反涕本又作洟同吐細反重衣直龍反袒
音但裼思歷反撅居衞反揭衣也揭衣起例反又起列反一音起言反不見賢遍反下、
同爲其于僞反可穢紆廢反又烏會反刷色劣反去丘呂反帶垢古口反
請漱素侯反後皆同請澣本又作浣户管反和漬似賜反綻字或作⿰衤定直莧反徐治見反
裂本又作列紉箴女陳反徐而陳反下之林反補綴丁劣反又丁衞反猶解胡賣反又佳買
反燂湯詳廉反溫也潘芳煩反淅米汁靧音悔洗面瀾力旦反喪遽其據反以
篚非鬼反共湢彼力反本又作偪浴室也不嘯依注音叱尺失反障也音章解也
佳賣反下解倦同若飲於鴆反食音嗣不耆市志反而去起呂反本又作而食之謂

難乃旦反 姑子以渚反下同 遠于万反 懟直類反本又作懟 姑縱本又作從足用反 寧

數色角反 譴責弃戰反 猶爲于僞反 說則音悅下同 而撻吐達反擊也

思貽以之反遺也 遺也以季反 謂傳丈専反 介婦音界注及下同 解勸本又

作倦其卷反 掉磬徒弔反隱義云齊人以相絞訐爲掉磬崔云北海人謂相激事爲掉磬也 下冢户嫁反

使令力呈反 私畜許六反又敕六反又許又 茝蘭本又作芷昌改反韋昭注漢書云香

草也昌以反又說文云虈也虈火喬反齊人謂之茝昌在反 必復扶又反 適子丁歷反 皆齊

側皆反 稰思呂反熟穫曰稰 穛側角反生穫曰穛 膷音香牛臛也 臐許云反羊臛也 膮許堯反豕

臛也字林云豕羹也火佼反 牛炙章夜反下同 胾側吏反 牛膾古外反 芥醬徐姬邁反

鶉順倫反 鷃音晏 公食音嗣飤食糝食並同 爲鴽音如下文同 重醴直龍反注同陪也

清糟子曹反徐徂到反 醇也常倫反 清泲子禮反 酢七故反 酨才載反 醷

本又作臆於紀反徐於力反濫力暫反以諸乾桃乾梅皆曰諸糗起九反又昌紹反餌音二下同
酏讀曰餰又作餰之然反又之善反檮本又作搗丁老反下同與餈本又作粢自私反下同糝西感反
狼臅昌錄反徐又音燭食音嗣飤也下苽食麥食食齊皆同徐如字蝸力戈反醢而苽音孤
字又作菰同雉羹絕句麥食脯羹雞羹絕句折之列反稌音杜徐他古反稻也和
糝上胡臥反下三敢反注同不蓼音了羹齊才細反下文同析星歷反下同濡豚音而
下同苞苦伯交反濡雞醢音海一本作醯呼兮反次下句同卵醬依注音鯤古門反魚子也亨
普彭反煑也荼也音徒作攔音闌本又作捫音門腶脩丁亂反蚳直其反蟻子也捶
脯徐之繠反蜱本又作蚍音毗蜉本又作蜉音浮卵鹽力管反爲胖音判視夏戶嫁
反下放此膏薌音香牛膏腒其居反乾雉也盧云雉腊也說文云北方謂鳥腊曰腒鱐本又作驌所求反乾魚也
膏臊素刀反犬膏也麛音迷鹿子也膏腥音星雞膏也說文作胜云犬膏臭也膏羶

升然反羊膏也 爲其 于僞反 大盛 音泰 麏君 九倫反本又作麇又作麕下田豖麏君同 有軒 音憲

出注後放此切肉如藿葉也 蜩范 上音條蜩蟬也下音犯范螽也 螽 本又作蜂芳凶反 芝 音之 栭 音而本又

作檽 蔆 音陵芰也 椇 音矩枳椇 榛 側巾反 柹 音俟 柤 側加反 芰 其寄反 枳椇 上居氏反

用饡 户界反俗本多作薤非也 藙 魚氣反茱萸也 會 古外反 稽 古兮反 之榝 色八反似茱萸

而實赤小 和 户卧反注皆同注又如字 用醯 呼兮反酢也 畜與 許又反又許六反 鶉鷄羹

本又作鶉羹鷄羹 魴鱮 上音房下音敘 烝 皇絶句之丞反 雛 字又作鶵仕俱反又匠俱反賀讀魴鱮烝雛爲句

燒 如字一音焦皇絶句 雉 皇此一句一讀雉薌爲句 蘇荏 而甚反 言調 徒弔反 狼去 起吕反下

並同 尻 苦刀反 腦 奴老反 皆爲 于僞反下皆爲同 伏 扶又反 乳 而樹反 鰫魚 音容

如篆 直轉反 鯁人 本又作哽古猛反字林云鯁魚骨也又工孟反 竅也 苦叫反 膽 丁敢反

攢之 再官反本又作鑽 庮 音由惡臭也 泠 音零泠結毛如氊也 毳 昌銳反 而躁 早報反

鹿本又作臕劉昌宗音普保反徐芳表反又普表反而沙如字一音所嫁反注同交睫音接腥依注作星
皇云肉中如米者說文云腥星見食豕令肉中生小息肉也字林音先定反而般音班臂本又作擘必避反徐方避反漏
依注音螻力侯反鶘胡篤反鴞于驕反胖音判鴇音保奥於六反鹿胃音謂字又作膶
同一薰許云反或作君熏又作葷不解胡買反嘶也音西字又作斯音同腐臭扶甫反
前脛胡定反螻蛄音姑鵝五何反鶩音木脾扶移反膍昌私反肉腥
音星字林作胜云不熟也先丁反聶而本又作攝又作䐑皆之涉反下同麕九倫反辟鷄
必益反徐芳益反注同爲宛于晚反脾婢支反諸醢徐呼兮反本或作醓鹿⿰歹委於僞反益
州人取鹿殺而埋之地中令臭乃出食之名鹿⿰歹委是也近由附近之近羞美食音嗣注羞美食并下文食禮同庪
食字又作庋九委反或居彼反本亦作庪於坫丁念反夾室古洽反又古恊反同處昌慮
反異粻知良反糧也字林云量也絞户交反紟其鴆反本又作衿同衾冒亡報反不煖

乃管反　於朝直遥反下同　珍從才用反又如字　不與音預下同　齊衰側皆反　衰

麻七回反　東膠音交　昦而況甫反　縞古老反又古報反　樂其心音洛下同　忠

養羊亮反　爲法于僞反　德行下孟反　三王有音又出注　爲惇音敦

敦厚也　淳熬之純反下五羔反下及注同　淳毋依注音模胡反下同　黍食音嗣　炮

步交反　若牂依注音牂子郎反牝羊也　刲苦圭反　刳之口孤反又口侯反　編必緜反又步典反

萑音丸蘆也　以苴子餘反苞裹也　以謹依注作墐音斤徐如字　炮之絶句　涂皆乾

絶句涂本亦作塗　擘之必麥反絶句　濯手直角反　去其起吕反注同　皽章善反魄莫也

糔息酒反又相流反又息了反　溲所九反　以付徐音賦　鉅音巨其據反　鑊户郭反　使

湯一本作使其湯　穰如羊反草也　魄莫上普伯反或普博反下亦作漠武博反　解析星厤反

必胲音毐徐亡代反夾脊肉　其餌音二筋腱也本或作皽下句作餌　筋音斤　腱徐其偃反皇紀

偃反一音其言反隱義云筋之大者王逸注楚詞云筋頭也醢與音餘湛諸子潛反直蔭反又將鴆反一音陟鴆反注同漬也期朝音朞以洒所買反徐西見反而鹽音豔又如字乾而食之一本無而食之三字濡肉音儒下同肝膋音遼徐音勞糝食音嗣下酏食同幪之音蒙舉焦字又作燋子消反爲酏讀爲餰之然反又之善反注餰同臆音憶餰矣本又作餰又作餰並同之然反又音贊閽寺音昏同柂本又作椸以支反枷音嫁縣之音玄揮音輝篋笥息吏反竿謂音干褌杙音弋無間徐間廁之間皇如字讀年未五十本又作年未滿五十必與音預不復扶又反下文夫復同姪大結反娣大計反兩媵羊證反又繩證反齊漱爭皆反下皆同澣音浣如朝直遥反下文朝服注朝於君皆同爲繆居蚪反必後胡豆反辟女音避下辟人雖辟皆同敢見賢遍反下及注同使姆音茂字林亡又反女師也一音母又音亡久反鄉前休亮反下文西鄉皆同接以依注音捷字妾反勝也下接子同謂

食音嗣下注食子食乳皆同射天地食亦反言承如字徐音拯救之拯大古音泰嫡

妾本亦作適同丁歷反一處尺御反者市志反爲兒于僞反下爲改爲大溫皆同爲

鬌丁果反徐大果反夾囟音信又思忍反當楣音眉相息亮反孩而字又作咳户才反

左還音旋轉也辯音遍下同如養羊尚反褖衣通亂反適子丁歷反注及下

同易諱以豉反三月之末一本作子生三月之末申繻音須食子音嗣注及

下文食母同勞賜力報反旬音均出注尊別彼列反下其別同食食上如字下音嗣

男唯于癸反徐以水反女俞以朱反然也鞶革步干反盛帨音成緣之

于絹反裂音列或音厲與音預如厲音列必後胡豆反數日所主反繻

字又作襦音儒袴苦故反請肆本又作肄同以二反習也爲大音泰舞勺章略反注同

而冠古亂反以衣於既反惇行如字又下孟反孝弟音悌孫友音遜注同

所好呼報反　則去如字　娩紆晚反徐紆願反　娩音晚徐音万　麻枲思里反　絲

繭古典反　織紝女金反又如林反　組音祖　紃音巡　以共音恭　絛也他刀反　禮

相息亮反　謂應應對之應　接見賢遍反　爲衙古縣字本又作御字魚據反

玉藻第十三鄭云以其記服冕之事也冕之旒以藻紃貫玉爲飾因以名之　卷之九

玉藻本又作璪音早　二旒力求反　邃雖醉反深也注同　延如字徐餘戰反冕上覆也字林作綖弋善反　龍卷音衮古本反注同　玄端音冕出注下諸侯玄端同　而朝直遥反篇內除下注朝之餘皆同　則闔胡臘反　左扉音非一本作則闔門左扉　而餕音俊　酏以支反　御

瞽音古樂人也　上下時掌反　哀樂音洛　裨冕婢支反　伯鷩必列反

男毳昌銳反　大廟音泰後大廟同　下天子户嫁反　辨色如字徐扶免反別也

別也彼列反　必復扶又反　相挾户頰反　四簠音甫本或作簋　⿰月胃也音胃　稷

食音嗣 同庖步交反徐扶交反下同 君子遠于万反 踐音翦子淺反出注 爲

旱于僞反下皆爲猶爲明爲爲失皆同 春夏户嫁反 衣布於既反注君衣布同 搢本

徐音箭又如字 去上呂反下刷去同 珽他頂反 荼音舒 笏也音忽 遮列支奢反 靈

射音亦周禮作繹爾雅作謝 坼也勑白反 羔幦音覓徐苦狄反 虎犆依注音直下同 苓

也本又作軨音零 緣也尹絹反後文注皆放此 齊車側皆反下文注皆同 鄉明許亮反 東

首手又反注同 迅雷音峻又音信 衣服於既反下衣布同又如字 五盥音管 而靧

音悔 櫛側乙反 用樿章善反 禨其既反 絺丑疑反 綌去逆反 刷色劣反 去

垢古口反 出杅音雩浴器也 履蒯苦怪反 連用力旦反釋也注同 澀所戢反

便於婢面反 乃屨九具反本又作履 煇如音暉 長三直亮反後放此 杅上

直呂反 終葵如字終葵椎也 如椎直追反下同 相玉息亮反 珽他頂反本又作珵音呈

自炤音照侯荼音舒出注前詘丘勿反後直如字徐胡豆反懦者乃亂反又奴臥反怯懦也又作儒人于反弱也皇云學士圜音圓殺其色戒反徐所例反篇內皆同黨鄉之細也退謂傍側也一本或作黨鄉之細者謂傍側也避君之親黨爲于僞反又如字躐力輒反爲汙于僞反下爲大有同汙汙穢之汙又烏臥反先飯煩晚反下至三飯及注皆同辯嘗音遍辟貪音避先徧音遍本又作備覆手芳服反注同敢飱音孫注及下同循呾耳侍反先君息薦反下同從者才用反凡侑音又已偞虛涉反厭也猶大音泰下同下瓦大亦同洒如先典反又西禮反肅敬皃王肅作察云明皃也言言魚斤反注同和訢皃油油音由悅訢皃本亦作由王肅本亦作二爵而言注云飲二爵可以語也又云言斯禮注云語必以禮也三爵而油注云悅訢皃無已及下油字也說訢音悅隱辟匹亦反徐房亦反注同而屨一本作而後屨俛音免逡七巡反遁音巡著屨丁略反猶鄉許亮反飲賤於鴆反用

棜於據反注同斯禁如字又音賜始冠古亂反下冠而注始冠同而敝音弊本亦作弊繢户内反注繪同緌本又作蕤耳隹反注及下皆同齊冠側皆反下同綦組音其徐其記反雜色也以上時掌反下而上同後皆放此縞冠古老反又古報反下同子爲于僞反冠卷起權反下同素紕音埤又婢支反閒古閑反傳直專反惰游徒臥反罷民音皮屬武章欲反著冠皇直略反徐丁略反去飾丘吕反下同散送悉旦反注同始衰所追反不𣰈音毛蓋僭子念反後同朝玄直遥反深衣三袪起魚反本或無衣字要中一遥反下文注同縫音逢紩也齊音咨本又作齋注同紩也直乙反徐治栗反衽當而審反又而鴆反屬衣音燭下同袂可面世反回肘竹丑反今褎音袖下文同袷二音劫曲領也緣廣徐公曠反後放此裏布音里相稱尺證反不衣於既反注及下注同織音志注織染同染繒似綾反去位如字閒

色閒廁之閒振絺依注爲袗之忍反禪也禪也音冊下文注同當裼思歷反纊

音曠縣也爲繭古典反縕紆粉反又紆郡反爲袍步羔反絮也胥慮反爲

絅苦迥反徐又音迥爲褶音牒祫也有黼音甫誓省依注作獮息典反秋獵名君

衣於既反下文不衣同復有扶又反服輿音餘辟君音避豹包教反玄綃

音消綺屬麛音迷青犴音岸胡地野犬絞衣户交反蒼黃色大蜡仕嫁反臘

先祖力合反見美賢遍反注下注及下文同以球音求美玉也魚須文

竹崔云用文竹及魚班也隱義云以魚須飾文竹之邊須音班無說本又作稅同他活反下及注同事

免音問注同爲必于僞反搢畫乎麥反造受皇七報反舊七刀反去起呂反下注去

上則去去飾同素帶音戴終辟依注爲裨婢支反下同徐又音卑下緇辟終辟皆放此率下音律

注及下同并必政反紐女久反用組音祖下天子户嫁反繂音律幓頭七消反又

七曹反 韠音必 圜音圓 後挫作臥反 其頸吉井反又吉成反 再繚音了 無

箴音針 下士崔如字或户嫁反 緼音溫赤黃閒色 韍音弗 幽讀爲黝幼糾反黑也下同 韎莫拜

反又音妹 褘衣音翬許韋反注及下同 揄狄音搖羊消反翬揄皆雉名爾雅云伊洛而南素質五色皆備成

章曰翬江淮而南青質五色皆備成章曰鷂鷂音遙謂刻畫此雉形以爲后夫人服也 翟雉直麻反 著於

直略反又丁略反 紳長音申本亦作申下同 而重直龍反 屈狄音闕注同 再命

褘衣依注音鞠居六反又曲六反 襢衣張戰反 褖衣吐亂反注作稅音同 履齊音咨

本又作齎注同 頤以支反 霤力救反 及袷居業反交領 聽鄉許亮反 磬折之列

反又市列反篇末放此 裳緝七入反 使使上音史下色吏反 鎮圭珍刃反徐音珍 徵

守手又反 漢使色吏反 事處昌慮反 士辟音避下亦辟辟先辟德皆同 祝

瑕古雅反 爲或于僞反下爲幼爲起事同 右徵張里反注同 所中丁仲反下文同 趨

七須反本又作趣采齊依注作薺蒺私反采薺詩篇名周還音旋本亦作旋下同宜園音圓
折還之設反玉鏘七羊反見於賢遍反下同非辟本又作僻匹亦反又婢亦反徐
芳益反齊則側皆反注同綪側耕反結也屈也有衡昌容反與栽音災眚
色耿反組綬音受而純讀爲緇側其反佩瑜羊朱反而綦音其佩瓀
而兖反徐又作瑌同玟武巾反字又作砇同而縕音溫幷紐必正反下女丑反未冠古亂反下並同
之稱尺證反衣紒音計肆束音肆以四反餘也屨絇其俱反見先
生賢遍反幼少詩照反下少儀同猶免音問先飯扶晚反客飧音孫注及下同
于核行隔反所操七刀反忖也本又作刌寸本反切也徐子本反後君子
胡豆反先君子悉見反火齊才細反補脫音奪重也直用反又直龍反
覆案芳服反愼乎尊卑也愼一本作順有葷許云反注焄同桃

茢音列又音例去茢起呂反下同皆造七報反注同辟凶必亦反邪也似嗟反

菼吐敢反郭璞云烏蓲也取其苗爲帚帚本或作箒之手反爲君于僞反下注爲其同復

以扶又反下不復同辟也音避下辟尊者同敵者本又作適音狄不聽天丁反唯而

于癸反徐以水反親癠才細反病也杯圈起權反注同危音支匜以支反介拂

音界下及注同闑魚列反門橛也中棖直衡反門楔也謂兩傍木門楔徐古八反皇先結反鴈

行戶剛反相沿悦宣反履閾音域又況域反蹈半徒報反毋移上音無下如字

䟽數色角反下同靡迆羊爾反圈舉遠反又去阮反注同豚本又作豚同大本反徐徒

困反注同齊如流音咨本又作齌同曳踵章勇反尊處尺慮反弁行皮彥

反急也剡剡以漸反字林因冉反頤霤上音夷下力救反爲遺音夷徐音追宿

宿色六反本或作蹜同惕惕音傷又音陽直而疾也齊齊才兮反恭慤皃賀在啓反濟

濟徐子禮反有威儀也 翔翔本又作洋音詳 齊遬音咨又側皆反下音速 蹙蹙子六反
不睇大計反 嚱於厥反 欻苦大反 立容德如字得也徐音置 如睹丁古反 纍
纍良追反 羸力皮反 憊皮拜反 顛顛字又作巔音田又丁年反 憂思息嗣反
視容本又作目容 瞿瞿紀具反又紀力反 繭繭古典反 暨暨其記反 詻
詻五格反 視容如字徐市志反 辨卑讀爲貶彼檢反字林貶音方犯反 毋讇音諂舊又
音鹽注同 有下戶嫁反 顛實依注讀爲闐音田 自別彼列反又如字 分陜
失冉反 守臣手又反 之適丁麻反 謂見賢遍反 臣孽依注音枿五葛反徐
五列反 傳陟戀反注同 遽其庶反 事使色吏反注同 爲賓必刃反介也注同
明堂位第十四 鄭云以其記諸侯朝周公於明堂所陳列之位
朝諸侯直遥反注及下皆同 辟王音避一本作辟正王 負斧音甫 依本又作扆同於豈反

注同南鄉許亮反偝也本又作背音倍屏風並經反戶牖音酉九采七在反四塞先代反注同又先則反此周公明堂之位也本或無周公之字上近附近之近藩服本又作蕃方元反下同壹見壹又作一下賢遍反下同要服一遙反殼紂直九反相武息亮反頒音班度量徐音亮注同豆區烏侯反筐音匡筥紀呂反千乘繩證反注同畢侯必爾反本又作俾下同緑縢大登反輂音戴弧音胡韣音獨弓衣也旂其衣反本又作旗音其二旒本又作斿力求反季夏戶嫁反注及下季夏夏祫皆同以禘大計反大廟音泰後大廟皆同犧象素何反注下皆同山罍音雷灌用古亂反玉瓚才旦反圭瓚也彫本亦作雕篹息緩反又祖管反籩屬玉琖側眼反夏爵名用玉飾之辟散先旦反注同梡苦管反虞俎名嶡居衛反又作橛音同夏俎名禓而星歷反昧音妹任而林反或而鴆反以沙素何反黃

彜音夷其直如字柄也大盾字又作楯常準反又音允自卷本又作衮同音古本反下文同
不僭七尋反又則念反副褘音輝注同肉袒音誕步揺本又作繇同以昭反六珈
音加追師丁回反揄翟羊昭反夏礿音藥秋省讀爲獮仙淺反大蜡
仕嫁反巡守手又反祀祊音方本又作方索鬼所白反門與音餘有伉
苦浪反將將七良反木鐸大各反警衆京領反藻本又作繰音早梲專悅反
復廟音福注同重直龍反注同檐以占反刮楹古八反達鄉許亮反注同反
坫丁念反康圭音抗苦浪反出注欂音博又皮麥反一音旁各反徐又薄麻反字林平碧反盧如字
本又作櫨音同侏儒音朱劘莫何反爲好呼報反桴思音浮鉤車古侯
反乘路徐食證反注同爲欒力丸反之緌依注爲綏耳佳反謂注之樹反
旄牛音毛於杠音江大麾毁皮反左仗直亮反黃鉞音越駱

音洛　黑鼸力軌反　蕃鼸字又作畨音煩郭璞云雨被髮　騂剛息營反又呼營反　順

正音征又如字　爲純于僞反　大音泰本又作泰　著直略反注同　以卑音嫁又古

雅反注同　其勺市灼反下同　夏籥音藥　祼用古亂反　蕢讀爲凷苦對反　桴音浮

葦于鬼反　籥音藥　蕢其位反又苦怪反　如笛本又作篴音狄　拊芳甫反　搏

音博　指擊居八反注同　大琴徐本作瑟　以穅音康　柷昌六反　敔魚呂反本又作

圉　米廩力甚反　頖宮音判　之委于僞反又作積子賜反　瞽矇音蒙　貫

鼎古喚反　大璜音黃　封父音甫注同　分魯扶問反　縣鼓音玄注及下注

同　簨本又作筍恤尹反　虡音巨　植我市力反又音置徐音徒吏反又徒力反　鼖鼓

音桃　應應對之應　朄音胤　和鍾章凶反說文作鐘以此鍾爲酒器字林之用反　女媧徐古蛙反

又古華反　共工音恭　宓音密本又作虙音伏　戲音羲　無句其俱反字又作劬　重直龍反　辟

翣所甲反又作萎　植市力反徐徒力反　羸力果反　重牙直龍反　以挂音卦　縣

紘徐音宏　載以音戴　兩敦音對又都雷反　四連本又作璉同力展反　六瑚音胡

八簋音軌　椇俱甫反　斷木丁亂反又丁管反　蹷俱衛反　橫古曠反又音光又華盲反

言枳吉氏反　曲撓音擾　下跗方于反　楬徐苦瞎反注同又苦八反　周獻素何反

禿土木反　黻音弗　韍莫拜反　緌耳佳反注並同　綢練吐刀反注同徐音籌　從車

才用反下同　遣車弃戰反　翣夾古洽反　樞路其久反　熏字又作纁香云反

縿所銜反　傳之丈專反注同　相紩本又作殺音試注同　有誄力軌反　人髽

側瓜反　於臺音胡　駘大來反　近誣如字又附近之近

喪服小記第十五　鄭云以其記喪服之小義　卷之十

斬衰七雷反下並同　括髮古活反　爲母于僞反注及下注同　免音汶內同　篇　齊

衰，音咨又作齎　惡笄古兮反　卷俱免反下皆同　子冠古亂反下同　髽側巴反

別男子彼列反下文有別注不服別卑別皆同　苴杖七余反　削杖思略反　爲

父母于僞反下爲夫注爲無後並同　長子丁丈反篇内並同　稽音啓　顙素黨反　恩

殺所戒反徐所例反後文注同　爲出母于僞反下注爲其族人爲其昆弟同　所傳文專反下

傳重皆同　已上音紀　王者如字又于況反下同　禘其大計反　兄縶知急反　繼

禰乃禮反　適士丁歷反篇内同　不爲于僞反下注爲君母自爲已同　祭殤音傷　祔

食徐音附　所食音嗣　共其音恭　爲墠皇音善徐徒單反　巳音以　則

不爲于僞反注妾爲猶爲皆同　之期音基下文及注不及期皆同　無施以豉反　其爲

妻于僞反注爲妻猶爲皆同　伸音申　正見賢遍反　以上時掌反凡以上皆同　養以尚反　爲

父母于僞反下文不爲注不相爲同　應歲應對之應　益衰衰則並色追反下益

衰同不禫大感反則必爲于僞反注爲之下注父爲之下爲君皆同幼少詩照反說
喪皇他活反徐他外反注及下同補脫音奪朝覲直遥反閽寺音昬羣介
音界不爲君母于僞反下妾爲君注大夫爲庶子同去一起呂反下去杖并注同絰大結反
如要一遥反下文要絰注上至要皆同不辟婢亦反徐扶亦反如不知姓一本無知姓二
字報葬依注音赴芳付反下同喪偕音皆假令力呈反不厭一妾反徐於豔
反下文注皆同爲慈母于僞反下其妻爲爲母之爲妻禫爲庶母爲祖庶母皆同不貳降一本作隆
見同賢遍反亾則如字又音無昭穆常遥反後昭穆皆放此猶閒閒廁之閒爲
父母妻于僞反注目所爲下文則爲其母子爲妻下注恩爲己爲之變爲今死者皆同冠而古亂反
視濯大角反漑祭古代反縞麻古老反下適戶嫁反下丁歷反得伸
音申養羊尚反惡其烏路反適祖丁歷反下女戶嫁反而省所領反下

及注同　不爲衆子　于僞反下注猶來爲下文爲出母爲夫杖同　澡麻　本又作藻音早一本無麻字　不絕　本或作不絕本非也　詘而　丘勿反　澡率　上音早下所律反又音律　而上　時掌反　而糾　居黝反徐居虯反　散帶　先但反下文注並同　廟從　才用反　母爲長子　于僞反注母爲子爲已下文爲父母並同　報虞　音赴下同　皆冠　如字又古亂反下及注皆同　爲兄弟　于僞反下注爲人君爲母下文爲之小功皆同　比反　必利反　絞垂　古卯反　不縟　音辱　不朝　直遥反下文同

大傳第十六　鄭云以其記祖宗人親之大義故以大傳爲篇

不王　如字又于況反下同　不禘　徒細反下同　大微　音泰下文注大祖大王皆同　熛怒　必遥反　含樞紐　中昌朱反下女九反　招拒　俱甫反　叶　本又作汁户牒反　汜配　芳劒反　省於　舊仙善反善也案爾雅云省即訓善息靖反無煩改字　干祫　徐音洽　大難　乃旦反　壇　大丹反　墠　音善

逡奔息俊反疾也注同追王于況反亶丁但反父音甫著焉知慮反祖禰本或作祢年禮反昭繆音木別之彼列反下至其庶姓別文注並同繆讀莫侯反又音謬而聽體寧反與焉音預不贍本又作儋食豔反紕匹彌反徐孚夷反又方齊反錯也繆音謬本或作謬度量音亮注同正朔音征殊徽諱韋反器械戶戒反別衣彼列反權稱尺證反作禕許韋反長長並丁丈反後除注逮者長並同有別彼列反際會音祭名著知慮反爲子于僞反下相爲同屬乎音燭是嫂本又作㛮悉早反名遠于万反下同復謂扶又反則令力呈反人治之直吏反注同袒免音問殺同色界反徐所例反而戚千歷反單於音丹婚姻如字繫之音計又戶計反弗別皇如字舊彼列反注及下同綴之丁衛反連合也以食音嗣定繫戶計反一音計夫爲妻于僞反下至其義然也注皆同而上時掌反別嫌彼列反不得爲于僞反下爲其士注死爲之爲

其妻爲之大功不相爲皆同 辟宗音避 世適丁歷反下文及注皆同 唯已音紀 無移本或作施同以豉反移猶傍也 罰中丁仲反 無斁音亦 猒也於豔反下同

少儀第十七詩照反少猶小也鄭云以其記相見及薦羞之小威儀

始見賢遍反下文注除注二相見並同 聞名如字徐音問注皆同 嗛音謙本又作謙 遠之于万反 重則直用反 傳辭丈專反下傳辭同 階上時掌反 罕見賢遍反 亟見去冀反注及下同 數也色角反 皆爲于僞反下文爲君喪注雖爲並同 適它音他本亦作他 從者才用反 朝會直遙反 致襚音遂 賈人音嫁徐音估注同 以斂力豔反 文織音志鄭注周禮云畫繢之屬 納甸大見反 賵馬芳仲反 賻馬音附 尸柩音舊 由便婢面反 有跪其委反 長臨直良反 排薄皆反 闔胡臘反又音合 說屨吐活反本亦作脫下注同 尊長丁丈反下文注尊長皆同 某音母 三

行下孟反 不度大洛反也注同 民械戶戒反 不訾子斯反 汜埽

上芳劒反下悉報反 曰拚弗運反又作撲 以鬣力輒反帚也 膺於陵反胷前也 攝以涉反舌

也徐音葉 絜清徐才性反又如字 將去起呂反下擢去同 自鄉許亮反 於著音尸

義與音餘下同 大卜音泰 恭孫音遜本亦作遜同 燕見賢遍反下請見同

畢褻息列反 不特本又作犆音特 不畫胡麥反 不翣本又作萐所甲反盧云扇

也 端愨苦角反 侍射食夜反下注客射同 拾取其劫反 直飲音蔭 不

勝詩證反 觥古橫反 不擢直角反去也 乘車繩證反 轡冰媚反 拕

徒可反引也又他佐反 諸髀徐音覓 苓也力丁反 右腋音亦 以散悉但反

請見賢遍反 朝廷直遙反後朝廷皆同 近君附近之近 曰罷音皮注同 師

還音旋下文注皆同 欠起劒反 伸音申 運笏音忽 還屨音旋 蚤音早

莫音暮解倦古賣反頻伸本又作嚬音頻玩弄五亂反易以豉反汗
澤戶旦反一音烏量音亮乞假如字又音氣爲人于僞反遠罪于万反不
窺苦規反伺人音司曲處昌慮反或爭爭鬬之爭不偷他侯反不
長丁丈反絕句無訕所諫反徐所姦反疾惡烏路反無謅勑㨨反而相
息亮反注同怠惰徒个反而更音庚毋拔蒲末反注同急疾也王本作校古孝反毋
報音赴可卒才忽反謂數色角反循枉上音旬下紆往反邪曲也可復
扶又反意度如字本又作億音抑下大各反於說如字注同又始銳反鴻字又作洪殺色界反
侈昌氏反弇於檢反毋訾子斯反傳疑丈專反之美音儀出注下同
濟濟子禮反齊齊皇皇齊如字皇音往出注徐于況反匪匪讀爲騑芳非反牡
音母長幼丁丈反下及注同樂人音岳興如字又許證反道音導諷誦福鳳反

大卷音權大濩戶故反龜筴音策近尊附近之近迫狹音洽介
者音界下人戶嫁反低頭丁兮反爲夫于僞反柄尺兵命反毋跣
悉典反爲懽于僞反稅屨本又作脫又作說吐活反還立音旋注同朝祀直遥反
公喪息浪反傳乘上丈專反又陟戀反下繩證反下文除乘車同弗賈音嫁便也
婢面反下同糟也早勞反巳解上如字又音異下庚買反執緤息列反守犬守又
反又如字注同執紖丈引反執靮丁麻反畜養許六反宋鵲七略反犬
也囚俘音孚稅綏本又作脫又作說同吐活反袒音但櫜音羔甲衣也奉芳勇反
胄直又反鎧苦代反弢吐刀反兜丁侯反鍪亡侯反韣音獨弓衣也執
拊芳武反并於必政反啓櫝音獨劒函夫襓上音扶注同下如遥反劒衣也劒
函音咸襲郤去略反下文同苞苴子余反茵席音因潁京領反注同警

枕也又坰迴反編束必縣反菅音姦葦于鬼反以裹音果著蓐上音宁下音辱

授穎役頂反削音笑辟用音避謂把音霸刺刃七智反又七亦反則辟匹亦反注同正鄉許亮反下鄉國同卒尚子忽反注同行伍戶剛反下音五主詡況矩反險阻側呂反覆芳富反謂伏兵也徐音赴諼況煩反諼詐也或云諼譁之處昌慮反

虞度大各反下同先飯煩晚反下小飯同流歠昌悅反而亟紀力反注同噦噎上於月反下伊結反數色角反噍字又作嚼子笑反又在笑反介爵音界注同僎爵音遵

爲騶責留反本又作馴音巡羞濡音儒擗之補麥反下同鯁肉格猛反易離以豉反下同析也星厤反右腴以朱反腹下也右鬐音祁脊也脊子昔反祭膴舊火吳反依注音冔況甫反徐況紆反大臠力轉反謂刳口胡反又苦侯反凡齊才細反注及下以齊并注同謂食音嗣齊和戶臥反下齊和同由便婢面反謂

爲于僞反下爲君同軌媿美反范音犯兩軹音旨轊頭音衛軾前

音式圂腴圂與豢同音患濊本又作穢紆廢反一音烏外反必盥音管又古亂反不提

心丁禮反注同絕句揆苦圭反犂之本又作離同力兮反又力知反有湆起及反爲

君子于僞反注同葱蕹戶戒反萎乾上於危反又於僞反下音竿進喙

許穢反出見賢遍反樽者本又作尊注下皆同鄉尊許亮反下鄉人同譏者

其記反醮者子笑反折俎之設反下及注皆同始冠古亂反聶而之涉反注及下皆同

爲膾古外反言牒直輒反復報扶又反麋鹿音眉爲軒音獻注同

麕俱倫反爲辟音辟又補麥反徐扶益反注同兔爲他故反宛脾上於阮反下毗

支反切葱若蕹實之絕句皆菹莊居反與君焄許云反淹之

於廉反又於劫反燔亦音煩柄尺兵命反齊之才細反帨手本又作捝始銳反

饋食音嗣 擩于本又作懦而專反又而悅反徐耳誰反又 爲罔本亦作罔又作誷亡兩反
道瞽音導 爲其于僞反下爲宵下文爲人爲己同 㝠見賢遍反 抱燋側角
反又子約反或音在遥反 未蓺人悅反 禮殺色戒反 辟匹亦反徐孚益反 咡而志反
不歆許金反 臭之許又反 使者色吏反 臂本亦作辟必豉反注同 臑奴報
反又奴到反說文云臂羊犬讀若儒字林人於反 九个古賀反下同 犆豕大得反 折斷
丁管反又大喚反 分之方云反又扶問反本又作个古賀反 靡敝亡皮反注同 彫幾其衣反注
同 不組音祖 縢大登反 不常如字恒也本亦作甞 秣音末穀馬 稅亟本又
作極紀力反急也一音其力反 沂魚巾反 鄂五各反 及紟其蔭反結也 朱綅息廉
反又音侵 鎧飾苦代反

小三百

禮記釋文

經四千七百二十二字
注一万四千八字

嘉慶丙寅五月
陽城張氏重彫

禮記釋文

唐國子博士兼太子中允贈齊州刺史吳縣開國男陸德明撰

學記第十八 鄭云學記者以其記人學教之義 卷之十一

憲憲 音獻法也 以諛 思了反徐所穆反小也 聞 音問聲問 擬度 大各反 躬下 戶嫁反 方策 初革反 不琢 丁角反治玉曰琢 大學 音泰後大學皆同 兑命 依注作説音悅下兑命放此 不舍 音捨 兑當 徒外反 嘉肴 戶交反 則睹 丁古反 己行 下孟反下注德行同 自強 其丈反又其良反下注同 相長 丁兩反下注長稺長者皆同 學學 上胡孝反下如字 言學人 胡孝反又音敎 有塾 音熟一音育 術有 音遂出注 中年 徐丁仲反注同 猶閒 閒廁之閒下同 大比 毗志反 樂羣 五孝反又音岳下不能樂學同 斷句 丁亂反 謂別 彼列反 所趣 七住反 鄉也

許亮反之比必履反一音必利反説服音悦蛾子魚起反注同本或作蟻蚍蜉音毗
音浮爾雅云蚍蜉大蟻乃復扶又反大垤大結反毛詩傳云蟻冢也之朝朝服並直
遥反芹音勤藻音早宵雅音消小也肄三本又作肆同以二反注同習也宴樂音洛
相勞力告反又如字爲始于僞反鼓篋苦協反孫其音遜注及下皆同警
衆京領反夏楚古雅反注同槄也吐刀反爾雅云槄山榎扑普卜反尚書云扑作
敎刑撻他達反卜禘大計反斿其音由本亦作游斿假戶嫁反舊古雅反弗
語魚庶反悱悱芳鬼反憤憤扶粉反一本直作悱憤學不躐等學胡
孝反注同躐音里輒反長穉直吏反操七刀反注同縵末旦反雜弄祖合反博
依於豈反注皆同不興虛應反歆也許金反謂閒音閑樂其音岳又音
洛又五孝反雖離力智反呻其音申一音新吟也佔敕沾反視也其訊字又

作誶音信問也　呻吟魚金反又作訡同　其難乃旦反　爲訾才斯反又音紫　于數色住反　其施始移反下同　也悖布內反　也佛本又作拂扶弗反　其去如字又起呂反　心解胡買反　則忘亡亮反　之易以豉反下文注皆同　禁於居鴆反又音金下同　情慾音欲一音踰下注同　頓者徒困反　謂𪎭本又作𪎭莫波反徐亡髮反　思專息吏反下思放同　切磋七多反　扞胡半反注同　格胡客反又戶隔反扞格不入也注同　不勝音升又升證反　凍洛胡客反下同此二字並從冫或水旁作非一音戶各反　時過姑臥反　則壞音怪徐胡拜反　燕朋音鷰　猶褻息列反下同　燕辟音辟注及下罕辟同　道而音導注道示及下同　強而沈其良反徐其兩反下同　爲發于僞反下爲學者同　好問呼報反下好思好述同　長善丁丈反下文及注同　善教如字一本作學胡孝反　樂放方往反　傚也胡教反　而臧子郎反　而解胡買反下文注同　美惡

烏路反又如字顓頊上音專下許玉反見與音餘則齊側皆反下同奉書芳勇

反折而之設反相說音悅如撞丈江反叩之音口從容從依注讀

爲春式容反富父音甫重撞直用反而復扶又反雜難乃旦反語

之魚據反下同雖舍音捨又如字注下同良治音也錮音固穿字又作穿音川鑿

在洛反爲箕音基注同撓而小反下同曲屈也一音女孝反角幹古旦反相勝音升

任也一本作稱尺證反始駕者一本作始駕馬者則貫古患反習也無當丁浪

反主也下及注皆同不治直吏反不約徐於妙反沈於略反注同不齊如字或原

本又作源或委於僞反注同一勺時酌反

樂記第十九鄭云名樂記者以其記樂之義

角徵張理反後放此雜比毗志反下文同猶見賢遍反相應應對之應篇內同

彈其〔徒丹反〕足樂〔音岳又音洛〕羽旄〔音毛〕干盾〔本又作楯述允反又音允〕

翟羽〔音狄〕執籥〔羊灼反〕噍〔子遥反徐在堯反沈子堯反踧也謂急也〕以殺〔色界反徐所例反〕其樂〔音洛〕嘽〔昌善反寬緩也〕以散〔思旦反〕粗〔采都反又才古反〕以

踧也〔子六反〕寬綽〔處約反〕以道〔音導〕其行〔下孟反〕出治〔直吏反下同〕治世之音〔絕句〕安以樂〔音洛絕句雷讀上至安絕句樂音岳以樂二字爲句〕

其政和〔崔讀上句依雷下以樂其政和揔爲一句下亂世亡國各放此〕以思〔息吏反又音笥〕和

否〔音不〕玉藻〔音早〕御瞽〔音古〕幾聲〔居希反又音祈〕上下〔時掌反〕怗〔徐昌廉反弊也〕懘〔昌制反又昌紙反敗也〕敝敗〔音弊〕則陂〔彼義反注同傾也〕其財

匱〔其媿反乏也〕迭相〔田節反〕猶散〔蘇旦反〕旄荒〔莫報反〕比於〔毗志反猶同也注同又如字〕濮上〔音卜水名〕誣上〔音無注同〕師涓〔古玄反〕爲晉〔于僞〕

小三百九十五反下爲作法度同分也扶問反克諧戶皆反而治直吏反下民治行同則幾
音譏一音巨依反注同食饗音嗣下食饗同蹠越音踈下同壹倡昌諒反注同腥
魚音星不和胡臥反瑟底都禮反畫蹠音獲祫祭音洽不臑
音而肉湇去及反好惡上呼報反下烏路反又並如字後好惡二字相連者皆放此猶見
賢遍反知誘音酉猶道音導有悖布內反下同淫佚音逸強者
其良反脅弱許劫反知者音智苦怯起劫反以遏於葛反本亦作節
衰麻七雷反安樂音洛冠古亂反注同笄音鷄以別彼列反下文注皆同
樂勝始證反析居思歷反飭貌音勑本又作飾音式斌斌彼貧反本又作彬
好惡著張慮反不肖音笑必易以豉反注同不爭爭鬬之爭明
長丁丈反若敖五羔反賢知音智相沿悅專反因也述也功偕古諧

反俱也 作大濩 戶故反下同 屈伸 音申 綴兆 丁劣反徐丁衛反下綴遠綴短皆同
簠簋 上音甫下居洧反並祭器名 上下 時掌反 周還 音旋 裼 思歷反 襲
音習 謂酇 作管反後同 無邪 字又作耶同似嗟反 王者 如字徐于況反 治定
直吏反注治定治主下治辯同 治辯 本又作辯舊音遍案廣雅辯徧也薄莧反 辯徧 音遍 孰亨
沈普衡反徐許兩反 獻爓 在廉反 禮粗 倉都反後皆同 則偏 音篇下同 所好 呼報
反 淫侉 苦瓜反 及夫 音扶下皆放此 夏長 戶嫁反下丁丈反下注長養皆同 仁
近 附近之近又其靳反下同 惇和 音純本又作敦 地畀 如字又音婢下同 上齊 上時
掌反齊依注讀爲躋又作隮子兮反升也 相摩 本又作磨末河反迫也 相蕩 本或作盪同大黨反
動也 雷霆 音廷又音挺 奮之 甫問反奮迅也易作潤之 煖之 徐許袁反沈況遠反
猶迫 音伯 奮訊 本又作迅音信 而蟠 步丹反委也或蒲河反注同 樂著 直略

反處也注著之言同　大始音泰注同　言處昌呂反　蘷求龜反舜臣　命女音汝

舞行户剛反下同　知其行下孟反注同　大咸如字一本作大卷卷音權　韶

上遥反注同　大濩音護　則饑居祈反　法治直吏反注同　夫豢音患養也

穀食音嗣　善酗許具反　綴知劣反　以樂之音洛下所樂哀樂康樂皆同

之分扶問反　著其知慮反　心知音智　應感於甑反篇内同　猶見

賢遍反　噍子遥反　殺色界反又色例反　思憂息吏反又音斯　嘽昌善反　諧户皆

反　慢本又作慢莫諫反　易以豉反注同　粗七奴反　廣賁依注讀爲憤扶粉反　勁

正吉政反　寬裕羊樹反　肉而救反肥也注同　好呼報反　流辟匹亦反　邪

散似嗟反後皆同　狄成他歷反注同　滌大歷反注同　濫力暫反　子札側八反　賁

讀音奔又補義反　挍憤本又作交古卯反又音郊　僭差子念反　之傚户教反　稽

之古奚反 道 五音導 之 行下孟反 不 懾之陟反 四 暢勑亮反 恐

懼曲勇反 省西頂反 猶 度大各反 興 道上許膺反下音導 諷 誦芳鳳反

大 卷音權 之 稱尺證反 比 終毗志反 大 蔟音泰下七豆反 長 幼丁丈

反下同 形 見賢遍反 土 敝音弊 禮 慝吐得反注及下同 慢 易以豉反 流

湎綿鮮反 狹 則音洽注同 平 和胡卧反 慝 穢字又作歳紆廢反徐烏會反 倡

昌尚反又音唱下同 其 分扶問反 其 行下孟反 惰徒卧反 邪 辟匹亦反 心

知音智 以 著張慮反 假 祖古伯反 周 還音旋注同 迭 相大結反 中

呂音仲 鄉 方許亮反 詩 言 其 志一本無言字 歌 詠音詠 以 警

音景 見 方賢遍反下及注皆同 以 著張慮反注同 往 復音伏 以 飭音勑注同 不

拔步葛反又皮八反 獨 樂皇音洛庾音岳 不 厭於豔反 以 好呼報反 以 聽

過本或作以聖過如字 鳴鐃女交反 施也始豉反 九流本又作旒音流 黒緣悅絹反 來朝直遥反 去僞起吕反 偩天音負猶依象也 精粗七奴反 理治直吏反 訢合依注音僖許其反猶蒸也一讀依字音欣 煦許具反徐況甫反 嫗於具反徐於甫反下及注同 區依注音句古侯反徐乚于反一音烏侯反 萌莫耕反 翼奮方問反 角觡古伯反無䚡曰觡 蟄蟲直立反 嫗伏扶又反 孕以證反 鬻音育生也徐又扶袤反 胎生他才反 不殰音獨鄭云内敗曰殰案謂懷任不成也字林云胎敗 卵生力管反 不殈呼闃反范音溢徐況逼反一音況狄反卵坼不成曰殈殈猶裂也 猶蒸之膺反 無䚡息才反 内敗乃對反或作骨肉之字者誤 鋪筵普胡反又音敷 去僞起吕反 而上如字或時掌反 行成下孟反下注同 才技其綺反 爲治直吏反 今夫音扶下同 以廣如字舊古曠反 弦匏白交反 笙音生 簧音黄 拊鼓音撫注同

復音伏以相息亮反注同即拊也以韋爲之實以糠王云輔相也徐思章反訊疾音信大

師音秦播樂彼佐反轉音膊以糠音康漆音七甬音勇有椎直追

反進俯本又作府以濫力暫反溺乃狄反及優音憂侏音朱儒音儒

獿雜乃刀反獮猴也依字亦作猱獮音彌本亦作獮武移反猴音侯本亦作㺅所好呼報

反注同相近附近之近徐如字鏗苦耕反鎗七羊反又士衡反時當丁浪反下及注

同疾疢敕覲反莫其亡伯反克長丁丈反注同王此于況反克

俾依注音比必履反注同徐扶志反帝祉敕紀反施于以豉反注施延同應和如字

又胡卧反炤臨上音照本亦作照下如字勤施始豉反徧服音遍玩習又作翫音

五換反燕女於見反安也趨音促數音速傲字又作敖同五報反辟匹亦反徐芳益反

喬志徐音驕本亦作驕敗名必邁反孔易以豉反鞉鼓音桃椌苦江

反柷也楬苦瞎反敔也壎許袁反篪直支反柷昌六反圉本又作敔魚呂反
簨恤尹反虡音巨竽瑟音于以和如字徐胡卧反獻酬市由反酳
音胤又仕覲反酢音昨長幼丁丈反聲鏗苦耕反徐苦庚反立號胡到反立
横古曠反充也下及注同石聲磬依注音罄口挺反一音口定反聽磬口定反封
疆居良反下是疆同聲濫力敢反下及注皆同立會户外反又古外反下同畜聚
勑六反擥力敢反鼓鼙步西反聲讙呼端反又音喧思將子亮反下注大
將下將帥同帥本又作率所類反下將帥同讙囂許驕反又五羔反鎗七羊反又吐衡反徐勑庚
反牟賈亡侯反侍坐才卧反又如字咏嘆上音詠下音歎淫液音亦不
逮音代又大計反歌遲直冀反蹈厲音悼已蚤音早憲左依注音軒其
傳直專反下文注同傳猶說也老旄莫報反下同萇弘直良反遲之遲並直

詩反徐直尼反吾語魚據反女音汝下且女同大公音泰周召音邵注及下同之

治直吏反下注及下同持盾述尹反又音允失行戶剛反下同且夫音扶復

綴丁劣反又丁衛反注及下同孟津本亦作盟音孟夾振古洽反注及下同鐸大各

反一刺本亦作壹刺七亦反分夾扶問反注同分部曲牧野音也徐又以汝反欲

語魚據反反商依注音及封黃帝之後於薊音計今涿郡薊縣是

也即燕國之都也孔安國司馬遷及鄭皆云燕國郡邵公與周同姓案黃帝姓姬君奭蓋其後也或黃帝之後封薊者滅絕而

更封燕郡乎疑不能明也而皇甫謐以邵公為文王之庶子記傳更無所出又左傳富辰之言亦無燕也於祝之六

反於杞音起使之行下孟反注同視也商容如字孔安國云殷之賢人也鄭云商禮樂

之官也而復音伏弛政始氏反注同廢也華山如字又戶化反而弗復

扶又反下同衅而字又作釁同許靳反倒載丁老反建依注讀為鍵其展反徐其偃反櫜

音羔注同舠虛音墟皆令力呈反去其起呂反苛政音何本又作荷役也

甲鎧苦代反又開改反為鑄止樹反郊射食亦反左射下右射同沈皆食夜反貍

首力之反騶虞側由反貫革古亂反後同裨婢支反搢音進笏音忽

虎賁音奔注同憤怒也孔安國云虎賁若虎賁獸言其猛也說劍吐活反朝覲直遙反

射穿食亦反衣裨衣上於既反下如字而冠古亂反猶揷本亦作揷

初洽反徐采協反憤怒扶粉反食三老音嗣五更古衡反注同大學

音泰注大學同而饋其媿反而酳音胤又仕覲反弟也大計反東膠音交

則夫音扶為重于偽反則易以豉反下及注皆同子如字徐將吏反諒音亮

油然音由好貌行成下孟反與爭爭鬭之爭德輝音輝而錯本亦作措

同七路反其減胡斬反又古斬反注及下同勉強其丈反又其兩反則銷音消有報

依注讀曰褒音保毛反下同 則樂樂上音洛下音岳 而耐古能字下及注同 三台
吐才反 以道音導 繁瘠在亦反 廉肉如又反注同 邪氣似嗟反 曲
折之設反 鴻本亦作洪 殺色界反徐所例反 闋作苦穴反 族長丁丈反 閨
門音圭 比物毗志反注同雜也 以飾音式又音勑 詘伸丘勿反 要其一遙
反注要猶會同 行列戶剛反注同 荷戈本又作何胡可反一音河 與綴詩作祋同都外反
鈇方夫反又音甫 鉞音越 其儕仕皆反輩也 猶輩布內反 子贛音貢 請
誦七領反徐音情 能斷丁亂反下及注同 好禮呼報反 文換戶亂反 下行
戶剛反 字處昌慮反 而屢力住反 數也色角反下同 上如時掌反 抗
苦浪反 如隊直媿反 如折之設反 槀苦老反 倨音据 中矩丁仲反 句
中紀具反 鉤古侯反 纍纍本又作累力追反 說之音悅 和續胡臥反

雜記第二十鄭云雜記者以其雜記諸侯及士之喪事卷之十二

乘車繩證反下及注同左轂工木反其綏依注作緌耳佳反下及注同復音伏下同

予使羊汝反褒衣本又作褎保毛反後皆同去其起呂反下去輤同其輤千見反注與輤同有裧昌占反緇裳帷本或作緇布裳帷將賓必刃反本或作賓音同取名於櫬初靳反又楚陣反與輤絕句一本作輤讀以與字絕句與則音餘輤

旃上千見反下步貝反邊緣悅絹反為說吐奪反本亦作脫下幷注皆同亦倢音叓隱義云使之言移也庚依韻集大兮反息也遠之于万反輲車依注作輇及摶同市專反又市轉反注及下同所別彼列反蜃車慎忍反相近附近之近以楯勑倫反下同一本作輴同

葦席于鬼反凡訃音赴注及下同長子丁丈反後長子皆同大子音泰後大子同

適子丁歷反下文注適子其適宗適適妻並同適者依注音敵大歷反下適者同使某實

依注音至下同　朝廷直遙反下注同　大夫爲其于僞反下士爲其同注除爲士卿爲爲正皆放
此　齊晏於諫反　晏嬰一盈反　麤衰七雷反　苴七餘反　絰大結反　杖
菅古顏反　屨九具反　食粥之六反　倚廬於綺反　寢苫始占反　枕
草之鴆反下同　其縷力柱反　齊斬音咨下齊衰皆同　不緝七入反　以上
時掌反卷内以上皆放此　高行下孟反　賢著知慮反　則爲其于僞反下則爲之注
爲之造字皆同　而著丁略反　朝服直遙反注及下文皆同　之純音準又之閏反　蒙
音薦本亦作薦　讀賵芳鳳反　宗人相息亮反注同　以鞠九六反又曲六反注同
以襢張戰反　復音伏　狄稅他喚反下文放此　爛力旦反　脫音奪下同　叔隗
五罪反　趙衰初危反　下之戶嫁反　作展張戰反下同　有褘音輝　自
揄音遙下文并注同　紗縠戶木反　皆袍步羔反　不襌音丹　今袿音圭

襈仕眷反 重直龍反 繒矣茨陵反 陽長丁丈反 褕絞户交反注同

屬於音燭注及下條屬并注同 翟也音狄 去振起吕反下同 大夫附依注作祔

音同下並同 昭穆常遥反卷內皆同 别於彼列反 并祭必政反 敢援音袁

要經一遥反 麻重直龍反 功衰七雷反 冠而古亂反下而冠同 之

稱尺證反 惻怛旦末反 散帶悉但反後散帶皆同 妾爲于僞反下不爲妻注爲舊君同

以殺色界反徐所例反 與殯音預 錫衰思麻反 辟尊音避 稽徐音啓

顙桑黨反 以别徐彼列反注同 右縫音逢注同又扶用反 大古音泰下大古同 異

材才再反又如字 右辟必亦反下同 縿纓依注爲澡音早 縿當所銜反又音早 而

絞古卯反 朝服直遥反後朝服放此注同 去其起吕反注同 相襚音遂 遺

車弃戰反注同下遺車遣奠皆放此 者與音餘 九个古賀反下同 有章本或作鄣

音同注亦同　隱翳於計反　載粻陟良反米糧也　脯醢音海　義稱昌升反又
尺證反　衣衰上於既反下七雷反下同　玄縞古老反又古報反注同　冠卷苦圓反
而迎魚勸反注同　鬯敕亮反本亦作暢　臼其究反　以椈弓六反柏木也　杵昌呂
反　以梧音吾桐木也　以搗本亦作擣丁老反　枇音匕本亦作朼音同注同　長三
尺直亮反下同　刊苦干反削也　其柄兵命反　繂帶上音律下音帶本亦作帶　繂
也音律　加箴之金反　甕於貢反盛醯醢之器　甒音武瓦器　筲所交反竹器　衡依注
作桁戶剛反徐戶庚反庪也　實見音間廁之間棺衣也注同　閒如字注同徐古莧反一解云鄭合見閒二
字共爲覵字音古辯反　折入之設反注同承席也形如牀無足也　以庪九委反又九僞反徐居綺反字
亦作皮同　重直龍反　埋之士皆反　所倚於綺反　處昌慮反　皆辯音遍　不
帷位悲反下同　殯肂以二反埋棺之坎　其𢈈字林戶臘反閉也篡文云古闔字玉篇羌據公荅二

反云閉也遂去起呂反繭古典反與稅他喚反注同纁許云反衻字又作袡而占

反裳下襈也王肅云婦人蔽膝也大襡音燭絖字又作纊音曠緼于粉反爲袍薄勞反

一稱尺證反下放此之緣悅絹反爲君于僞反又如字使色吏反復音伏官

館本亦作觀音同必拾其劫反下同卷衣音袞古本反申重直龍反又直用反下

同佩韍音弗稱尺證反下同與音餘一股音古纏經直連反鋪席普

胡反又音敷徐芳烏反後放此、絞户交反下文同紟其鴆反爲之于僞反廣尺古曠

反長直亮反終幅方服反其介音界後皆同相者息亮反下皆同知

適丁歷反含者本又作唅說文作琀同胡闇反下同襚音遂執要一遙反內霤

力救反賈人音嫁介賵芳鳳反孤須矣從此盡篇末皆無某字有者非陳

乘繩證反注同北輈竹由反車轅也鄉許亮反注同不見賢遍反上客臨

如字視也徐力鴆反注及下同 一介音界舊古賀反 相息亮反 執紼音弗 實爲于僞反

寡君命絕句下放此 毋敢音無下同 使臣色吏反注同 爲恭如字舊于僞反下同 與客拾其劫反 辟其音避下辟之同 士盥音管 于斂力劍反下同

馮之皮冰反本或作憑下同 脫字音奪 重著直用反 夜燎力召反又力弔反

乘繩證反注同 執引以刃反一音餘刃反

雜記下第二十一

猶爲于僞反下乃爲同 期大功音基 殤長丁丈反下長子同 既頮口迴反徐孔穎反沈苦頂反草也注同 又喪如字又息浪反下又喪同 去麻起呂反 附於義作祔出注

未袷音洽 將與音預下同 視濯大角反 其它音他 同處昌慮反下之處同

使者色吏反 差緩初賣反又初佳反 適子丁歷反 爲新于僞反下爲人說同

之酢音昨 嚌之才細反 皆啐七內反徐倉快反入口也 瘠爲徐在益反 稱其尺證反下同 少連詩召反 不解佳賣反注同 期悲哀音基 怠惰徒卧反 解倦其眷反 堊室烏各反字亦作惡同 時見賢遍反注同 長中丁丈反 已殺已或作以下色界反徐所例反 醲美女龍反 目瞿九遇反下同 朝服直遥反注及下武叔朝皆同 繹禫大感反 綅冠息廉反黑經白緯曰綅 當袒音但 犆牲音特 同與音餘 祝之六反徐之又反注同 稱昌升反徐尺證反注祝稱同 相爲于僞反下賓爲飯爲其同 關轂工木反 輠胡罪反又胡瓦反又胡管反迴也 州仇音求 鑿巾在各反 以飯扶晚反注同 冒者莫報反下及注同 揜形於檢反 將惡烏路反 既遺棄戰反注同 而裹音果 餘與音餘注何異與同 不見如字 夫大音扶 卷三紀轉反又厥挽反 歸于如字徐音匱注同 非爲于僞反注及下注爲母爲姑姊

妹皆同　問與賜與與並音餘注皆同　滅脫音奪下同　問遺于季反下文皆同　必

三如字又息暫反　施惠始豉反　縣子音玄　期之音基下同　如剡徐以漸反　惻

怛旦末反　執紼音弗　功衰弔本又作大功衰弔庾云有大字非　不與音預下文注不

與同　旣封彼驗反又如字　執贄音至　盈坎口敢反下同　長少丁丈反下詩詔反

爲壙苦晃反又音曠　視不如字徐市志反　皆爲于僞反注爲食父爲王父母所爲亦爲不爲並

同　人食之音嗣注見食同　鹽酪音洛　食食上如字下音嗣　酢七故反　截才代

反　有瘍音羊　有創初良反　無免音問注同　於垣古鄧反道路也　不辟

音避注同　期之音基　給繇音遙本又作傜　鷖於奚反　彌徐五兮反一音迷　啼徒奚

反本又作諦同　號徐本作唬胡刀反　不偯於豈反下文同說文作悠　重則直龍反　喪冠

古亂反下及注皆同　三者息暫反　取婦七住反又如字　侈昌氏反　袂彌世反　不

與音預注同聲聞音問又如字辟琴音避一音婢亦反不紳音申要經一遥反下大結反衣采者於既反又如字玄纁許云反不屝本又作菲扶味反世柳良九反相者息亮反下及注皆同飯九扶晚反注同飯含本又作哈胡闇反下文同瞗臨如字徐力鴆反無筭悉亂反比葬必利反下同爲士于僞反衙枚音梅執鐸大洛反羽葆音保執引以愼反注同以茅亡交反朝于直遥反道正音導鏤音陋簋音軌朱紘音宏反坫丁念反藻音早梲章悦反有笄音鷄上屬音燭薄音博又皮麥反又步博反徐又薄歷反櫨音盧侏儒音朱不弇於檢反本亦作揜言倂步頂反偪下音逼本又作揁越疆紀良反自闈音韋宮中之門劉昌宗音暉髽麻側瓜反嫂不悉早反遠别彼列反無其行下孟反駑馬音奴自貶必檢反易共以上

鼓反下音恭　六種章勇反　孺悲而樹反本亦作孺　乃復扶又反　於蜡仕嫁

反　樂乎音洛下及注同　索也色百反下同　屬民音燭　先嗇音色　飲

烝之承反　勞農力報反　非女音汝　不弛尸是反下及注同　弓弩

乃古反　大廟音泰　外宗爲于僞反注同下爲火爲之服下注爲其亦同　廄焚九又

反　上以時掌反　辟也四亦反　不與焉音預注同　弗辟音避注同

同僚本又作寮力彫反　內難乃旦反下同　厚半戶豆反　剡上以冉反

畫之胡卦反徐胡麥反　再行戶剛反　奚當如字注同舊丁浪反　則釁許靳

反　純衣側其反　拭羊音式　于碑彼皮反　拭靚本亦作靜同才性反　封

羊苦圭反　夾室古洽反　其衈如志反　刉古代反又古對反一音其既反　珥

如至反　皆鄉許亮反下同　朝服直遙反注同　以豭音加　尊彝以之反

比至必利反 使者色吏反下使臣使者同 儐者必刃反本又作擯 傳焉
丈專反 器皿武景反字林又音猛 所齊子兮反下同 卑所必利反與也又婢支反儐
也 而共音恭 粢盛上音咨下音成 不肖音笑 不敢辟音避 少施
失召反下及注同 食我音嗣 而爲于僞反下來爲亦爲同 倨音據 僈武諫反本亦作
慢 施父音甫 吾飧音孫 十个古賀反 其卷音眷徐紀勉反下同 云
與音餘 婦見賢遍反下注同 供恭用反 養羊尚反 不復扶又反 則
鬈音權又居阮反 去之起居反 鬌丁果反 紒音計字又作紒 韠音必 長三
直諒反 下廣古曠反下同 會古外反注同 紕以婢支反又方移反注同 純以
之閏反又支允反注同徐力移反 紃以音巡徐辭均反 頒縫扶用反下同 之絛本又作條
同吐刀反

喪大記第二十二 鄭云以其記人君以下始死小斂大斂殯葬之大事故以大記爲名

卷之十三

皆埽悉報反 爲賓于僞反下爲其爲賓爲主人皆同 徹縣音玄注同 士去起呂反注及下同 東首手又反下注南首同 北牖依注音酉舊音容下注牖下放此 爲墉音容 廢牀仕良反本或作床字 褻衣息列反 新朝直遥反後朝服皆同 屬纊音燭音曠新緜也 易動以豉反 適寢丁歷反注同 正處昌慮反下同 林麓音鹿 階梯他兮反 簨恤尹反 虡音巨 以卷本又作衮同古本反注同 屈狄音闕注同 玄赬勑貞反 襢衣知彥反 稅衣他亂反 東榮如字屋翼也劉昌宗音營 三號户高反注同 捲衣俱勉反徐紀阮反 褘衣音煇 以鷩必列反 揄狄音遥 以毳昌銳反 東霤力又反 以篋苦牒反 乘車繩證

反左轂工木反之惡烏路反衣尸於既反注衣尸同以斂力驗反後不出者皆同而去起呂反以衶而廉反婦人嫁時上服人諦大兮反本又作啼扳本又作攀普班反一音班援音袁徐于願反爲寄于僞反下皆同下注爲母爲其罷倦皆同徒跣悉典反扱初洽反衽而審反又而鴆反裳際也拊心音撫使者色吏反鄉其許諒反馮之皮冰反本或作憑後皆同人袒大旱反說髦本作稅同他活反徐他外反注同髦音毛人髽側瓜反奉尸芳勇反注同夷于堂如字夷尸也陳也本或作侇同音移一本作奉尸于堂從而才用反又如字汜拜芳劒反而免音問後放此拾踊其劫反裼裘思歷反之卷起權反出壺音胡縣之音玄及下注同代更古行反下同罷音皮倦其卷反爲漏音陋給爨七亂反又七官反下爨鼎同爲㪷音俱水斗也隱義云容四升也挈壺苦結反又音結下君戶嫁反下成君

不相下下大夫同 照饌仕眷反 滅燎力召反又力弔反 南鄉許諒反 專慶

昌慮反 以衰七雷反 人爲于僞反下人爲主爲下注爲君皆同 竟內音境下同 輯

之側立反下同斂也 則去起呂反後去杖皆同 以見賢遍反 斂也力檢反下同 以

柱知主反 近尸附近之近 爲夫人于僞反下及注妾爲君爲人得並同 棄杖本亦

作古弃字 斷而丁管反下注斷足爪同 大盤本又作槃步干反 造冰七報反下及注

皆同造猶內也 士併步頂反注同 襢之善反單也注同 第側里反簀也 含一胡暗反

濡奴亂反下文同 濯直孝反下文同 于坎口感反 札側入反 爛力旦反 袒簀

音責 盛水音成 廣八古曠反 長丈直亮反 深三尸鴆反 幠用好胡

反 去死起呂反注同 楔齒桑結反 角柶音四 綴足丁劣反又丁衞反下注同

適室丁歷反 管人如字掌管籥之人又古亂反掌館舍之人也下同 汲音急 不說

吐活反繘均必反汲水綆也抗衾苦浪反舉也用盆蒲奔反沃水烏谷反用

枓音主又音斗絺巾勑其反一本作綌去逆反挋音震拭也如它音他下同挋拭

音式差七何反淅也注差淅同沐音木甸人田遍反爲垼音役鄭注儀禮云塊竈也陶

人音桃出重直龍反鬲音歷煮諸許反西北厞扶味反隱也舊作扉音非門扉

也爨之七逭反差淅先歷反其潘芳袁反米汁也差初佳反率音律又音

類而上時掌反食粥之育反又音育下同一溢音逸劉昌宗又音實下同莫一

音暮蔬食音嗣下及下注蔬食皆同不盥古緩反於篹本又作匴又作算悉緩反又蘇管反

竹筥也以醯呼鷄反杯杅音于竹筥居呂反歠昌悅反手飯扶晚

反作簨息尹反徐音撰期之音基下同爲母爲妻並于僞反下注爲其同不

與音預下同比葬必利反君食之音嗣下父之友食之皆同不辟音避粱

肉音良粱米也　以簟徒點反　以葦于鬼反　有莞音官又音完　布絞戶交反後同　縮者所六反　縞衾古老反　九稱尺證反杜預云衣單複具曰稱後放此　絞紟其鴆反後皆同　縮從足容反　連數色主反　見之賢遍反　絞一幅本又作畐方服反　爲三絕句　不辟絕句補麥反又音辟徐扶移反　無紞丁覽反　廣終古曠反　析其思歷反下同　之強其丈反　被識式志反又音志又音式下同　去之起呂反下注同　不倒丁老反注及下同　散衣悉但反　無襚音遂　複衣音福　褶音牒袷也　袷也古洽反　袍必步毛反　不禪音丹　繭古典反　與稅吐亂反　紳而廉反　纁許云反　袗絺之忍反　亦爲于僞反下文則爲之同　之篋苦協反　不詘丘勿反　綌紵直呂反　便也婢面反　大胥依注作祝之六反下同　胥樂官思餘反　不紐女九反舊而慎反　鄉左許亮反

士與音預注同爲執音執本亦作執錦冒莫報反下及注同黼音甫殺色戒反徐所例反下及注同之裁才再反注同韜尸本又作弢吐刀反下同鋪席普吳反又音敷下皆同巫止本或作巫止門外門外衍字耳主辟必亦反凶邪似嗟反姪大結反娣大計反長子丁丈反下同服膺於陵反奉之芳勇反拘之音俱一音古侯反同處昌慮反居倚於綺反苫始占反枕之鴆反凷苦內反襢章善反注同露也障之音章下同柱張主反楣音眉見面賢遍反適子丁歷反屬目音燭無辟音避下注猶辟同黝於糾反堊烏路反又烏各反注同禫而大感反作道音導不復扶又反期居音基下同爲母爲妻並于僞反下爲之賜注爲之則爲並同以上時掌反直君如字又音値當也先後君悉見反下胡豆反一音並如字夾階古洽反祝相息亮反下相止並同下正

君戶嫁反屬六音燭後皆同椑步歷反四重直龍反下同水兕詞履反
被之皮義反下同其厚戶豆反杝棺以支反是差初佳反徐初宜反時
僭子念反金鐕子南反釘也椓陟角反本又作琢著直略反小要一遙反下
同鬠爪音舜亂髮下側巧反實于綠音角出注小囊乃剛反徐音託盛之
音成爲簍魯口反用輴勑倫反欑才宁反下同以幬音道注同覆也不
暨其器反注同見袵賢遍反注同猶菆才工反本亦作叢記參初金反差
初宜反題音啼湊七豆反四注徐之樹反下同差寬初賣反又初佳反掘地
其越反又其勿反作鎛徒對反又徒臥反又徒猥反作埻依字支允反又支閏反徐都臥反沈都雷
反熬五羔反四種章勇反下及注同八筐音匡魚腊音昔蚍音毗蜉
音浮黻三音弗錦褚張呂反下同加僞依注讀爲帷位悲反齊五如字徐才

大一〇五十六 記音 八十五 徐安

細反黼翣所甲反皆戴丁代反下及注同纁披彼義反徐甫髮反下同戴綏

依注爲緌音蕤耳佳反下同紐女九反揄絞音遥注同緇側其反及壙苦晃反惡

其烏路反以衣於既反下衣以皆同以上時掌反下魚上同車苓音零縣池

音玄下皆同動摇音遥一音以照反則去起吕反齊象車蓋蕤絕句

一讀以蕤向下瓜古華反分扶問反又皮莧反又夫云反廣三古曠反高二古報反又

如字柄長直諒反又如字後放此而從才用反用輴依注音輇市專反下同王勑倫反

四綍音弗二碑彼皮反御棺一本作御柩羽葆音保用國依注亦作

輇市專反王如字云一國所用比出必利反注同作團徒九反曰引音肩爲㚔

音律凡封依注作窆彼驗反下及注機封同以咸依注讀爲緘古緘反母音無下同譁音華

説載吐活反輓棺音晚繞而沼反要一遥反紓縱子用反下同縱

舍音捨　有隧音遂延道也　爲檝古咸反一本作緘　而上時掌反　抗木苦浪反徐戶剛反　五重直龍反下同　容柷昌六反　容甒音武

祭法第二十三　鄭云以其記有虞氏至周天子以下所祭祀羣神之數也　卷之十四

禘黃帝大計反　嚳口毒反　顓音專　頊許玉反　鯀本又作鮌古本反篇末皆同　冥莫經反　祖契息列反下同　圜丘音圓　大昊音泰下大廟大祖大昊同昊亦作皞胡老反下放此　句古侯反　芒音亡　夏曰戶嫁反後夏曰皆同　少昊詩召反下放此　蓐收音辱本亦作辱　以上時掌反下上去以上同　之殺色界反徐所例反　燔柴音煩爾雅云祭天曰燔柴　泰壇大丹反下同　瘞於滯反　埋武皆反爾雅云祭地曰瘞埋　泰折之設反注同舊音逝又音制　用騂私營反字林云火營反　祭處昌慮反　言坦

吐但反炤本又作昭同章遥反又之召反晢之設反一音制用黝於糾反相近依注
讀爲攘如羊反下音巨依反王肅作祖迎也於坎苦感反幽宗雩宗宗依注並讀爲
禜禜敬反王如字見怪賢遍反注同亡其如字無也一音無吁嗟許于反癘
疫音役大凡如字徐音泰腐爲音輔更立古衡反逼數色主反下同
設廟本亦作廟古字墠音善有禱丁老反一音丁報反適士丁歷反篇內同顯
考無廟顯音皇出注大夫采七代反昭穆上遥反不腆他典
反祫乃音洽魯煬餘讓反徐音傷王爲于僞反下皆同注爲社事亦同靁力又反
作譴棄戰反此與音餘脾婢支反肺芳廢反肝音干腎上忍反使
者色吏反惡言烏路反繆乎音謬祭殤音傷之奥烏報反陰
厭於豔反下同能禦魚呂反菑音哉下同下文或作災注作烖並同能扞胡旦反

厲山力世反左傳作列山　共工音恭下及注同　鄣鴻音章　而殛紀力反注同尚書云殛鯀於羽山又云鯀則殛死　顓頊能脩之本或作顓頊脩黃帝之功　以文治直吏反　去民起呂反　及夫音扶　丠陵此古丘字　而王于況反　蒼梧音吾

祭義第二十四鄭云名祭義者以其記齋戒薦羞之義

欲數色角反下同　則怠大改反　曰祠嗣思反　悽音妻　愴初亮反　既濡本亦作濡音儒　怵勑律反　惕他歷反　皆爲于僞反下文見所爲并注同　放其方往反　致齊側皆反後不出者同　散齊悉但反注同　所樂音岳又五孝反　所耆市志反注及下並同　屈到居勿反屈到楚莫敖　耆芰其寄反楚人謂菱爲芰　僾然音愛微見貌　周還音旋本亦作旋注同　愾然開代反　闔戶戶臘反　致愨苦角反　敬養羊尚反　鄉也許諒反下文鄉也鄉之注鄉之同　言夫日音扶本或作言夫忌日

爲相息亮反下文同不怍才各反奠盎烏浪反齊齊乎如字舊子禮反愉愉乎羊朱反盎齊才細反繹日音亦儐尸音賓之忠如字謂盡中心文王與音餘樂與音洛下同尸侑音又仲尼嘗絶句嘗秋祭奉薦而進絶句其親也慤絶句趨音促注及下注皆同以數色角反速也徐音速注同子贛音貢濟濟子禮反下同漆漆依注音切下同濟濟者客也口白反賓客也下客以遠同漆漆者容也羊凶反儀容也下若容以自反同樂成音岳又五教反慌況往反注及下同一音荒惚音忽注及下同本又作忽所當丁浪反一槩古代反比時必利反徐甫至反注同先時悉薦反又如字洞洞音動下同屬屬音燭下同如弗本亦作不何休云弗者不之深也勝音升也與音餘黝於糾反堊烏路反祝祝上之六反下之又反又並之六反仿孚往反佛

孚味反以詘求勿反注及下并篇末同徐丘勿反欹齊如字注及下同王徐側皆反婉順憂阮反熬也五報反如奉芳勇反儼魚檢反恪苦各反旣冠古亂反孺子而樹反欹長丁丈反下及注皆同爲其于僞反下爲其同近於附近之近乎王于況反至弟音悌下同五更古衡反下更相同措諸七路反序從才用反注同于碑彼皮反袒而徒旦反鸞刀力端反以刲苦圭反膟音律膋力彫反爓祭音燖泄息列反⿰月習直輒反神見賢遍反一本作神可見則如字曰暘音陽以別彼列反下同相巡依注音沿悅專反氾說芳劒反不悖布内反以去起呂反爭爭鬬之爭有奇紀宜反邪似嗟反不治直吏反魄也普白反噓音虚吸許及反斃于本亦作弊婢世反隂爲依注音蔭於鴆反土壤如丈反焄許云反香臭之氣耳蒿許羔反氣烝出

小四百一十五

貌烝出之膺反爲麃表驕反又皮表反以爲黔首則其廉反徐

又其嚴反黑也黑首謂民也秦謂民爲黔首則法也爲民于僞反復加扶又反遠邇

音爾燔音煩燎力召反又力弔反羶依注音馨許經反後羶薌同薌音香見以依注

見作覵音閒廁之閒徐古辯反見閒依注合爲覵字音閒廁之閒以俠古洽反甒音武爲

藉在亦反藉田說文作耤朱紘音宏秉耒力內反醴酪音洛齊音咨本又作齍

朝之直遥反注躬朝同犧牷音全近川附近之近仞有音刃七尺曰仞大

昕許斤反日欲出使蠶才南反奉芳勇反下及注同種章勇反風戾力計反燥

也以食音嗣蚤音早本亦作早脃七歲反氣燥悉早反惡濕烏路反

旣單音丹奉繭古典反服與音餘注同副褘音暉其萃音類又音

律又所律反夫人縿悉刀反下同說文作繅云抽繭出絲也以此爲旒縿字音所咸反三盆蒲奔

反掩也 三掩本亦作淹徐於驗反又於斂反 則易以豉反下同 子如字徐將吏反下及注同

諒音亮下同 油然音由 則樂樂則安並音洛下不樂同 與爭爭鬪

之爭 德煇音輝 言行下孟反下理行而行皆同 而措本亦作錯七故反 其減

胡斬反又古斬反下同倦也 則銷音消 有報依注音褒保毛反下皆同 能養羊尚反後

皆同 言與音餘 先意悉薦反 參直徐所林反 莅官音利又音類本又作涖

戰陳直覲反 裁及音災 於親本亦作裁及於身 亨孰普彭反 而

薦將見反 不遺如字又于季反 樂自音岳皇五孝反 溥之本亦作敷同芳于反

而放甫往反下同至也 而準諸尹反平也 無輟張劣反 斷一丁管反

不匱其媿反下同 博施始豉反 惡之烏路反 數月色主反下同 瘳

矣丑留反差也 頃步讀爲跬缺婢反又丘弭反一舉足爲跬再舉足爲步 不徑古定反邪也 邪

似嗟反 趨七俱反 於朝直遥反後皆同 而弟音悌下注同及爲之于僞反
不併步頂反徐扶頂反 車徒 辟音避注同 鴈行户剛反下同 所擔都甘
反 少者詩照反下同 不遺如字棄忘也一本作匱其媿反 而長丁丈反下文皆同 爲
甸田見反 頒禽音班 於廋本又作搜音蒐所求反 狩音獸 士卒子忽反下
同 放乎方往反 食三音嗣下同 五更古衡反下同 大學音泰下大學注大卜
皆同 而酳音胤又仕覲反 巡守手又反本或作狩 于亯居領反 不復扶又
反下文注將復入同 舉觶之豉反 見爵賢遍反 之施始豉反 卷冕古本
反 明知音智 斷其丁亂反 必恐曲勇反 所以語魚預反 陶
陶音遥 遂遂本又作燧音遂 思慮息嗣反 而術出注義作述

祭統第二十五 鄭云統猶本也以其記祭祀之本故名祭統

五經吉凶軍賓嘉之五禮　神祇祁之反　心怵勅律反　祐助音又　君長丁丈反下所長同　道之音導　其爲于僞反注爲謂同一音如字　追養羊尚反下同　者畜許六反下同　盡此徐子忍反下同　之行下孟反　取夫人七住反　所共音恭下文以共皆同　芹其斤反　茆音卯　蚳丈之反　蝝悅專反　蜩音條　蔆本亦作菱音陵　芡音儉　榛側巾反　齊盛本亦作齍與粢同音咨下及注同　純服側其反注及下純冕同　以見賢遍反　少陽詩召反　乃齊側皆反本又作齋下不出者同　言齊也齊不齊並如字下以齊之同　耆欲市志反　其邪似嗟反　訖其居乙反止也　先期悉薦反又如字　大廟音泰後大廟皆同　副禕音輝　圭瓚才但反　祼尸古亂反　執紖直忍反注同徐以忍反　大夫從才用反下皆同　執芻初俱反　宗婦執盎烏浪反注同　從夫人絕句一讀以從字絕句　薦

大一六十九

涗水舒銳反徐音歲盞齊本亦作嚌才細反注同爲柄兵命反作紖直忍反

豪也苦老反下同共其音恭盎齊才細反下盎齊同以樂音洛下同

竟內音境篇內皆同近主附近之近獻之屬莫重於裸一本無之

屬二字道之以禮音導有餕音俊施惠始豉反下文注並同能知

音智尸謖所六反起也百官進依注作餕自畢如字隱義音必利反以別

彼列反下同見其賢遍反下同脩於廟中也一本脩作偏偏及音遍下同

積重直龍反下同凍餧乃罪反夫人音扶見之如字舊賢遍反畜積

勑六反本與音餘下是與同君長丁丈反下長幼皆同所惡烏路反見事

賢遍反下皆同之殺色界反徐所例反下同鋪普胡反又芳夫反筵羊然反爲依

于僞反下注爲其皆同于祊伯更反言詷徒貢反索祭所伯反則伸

音申子行户剛反注同徐胡孟反之適丁歷反以瑤音遙以散悉但反之

差本又作之等謂酳音胥又仕覲反有昭上遙反後放此南鄉許亮反而舍

依注音釋卷冕古本反執校户教反又户交反又下卯反下同柄也執鐙音登又丁鄧反

豆跗也龔處昌慮反下跗芳符反貴髀必氏反又必履反不重直龍反

臂臑乃報反肱骨也有畀必利反下及注同與也煇依注作韗同況万反又音運下同甲吏也

胞步交反下同肉吏也翟音狄樂吏也閽音昏守門者也以見賢遍反注皆同見此

畀如字舊必利反下同韗磔知宅反曰礿羊灼反字又作禴夏祭户嫁反下注夏

者孟夏同草艾音刈可芟所銜反給爨七亂反亨普彭反徐普孟反自

名如字徐武政反下及注自名同論譔音撰身比毗志反謂次比也下及注皆同斟酌之林

反傳音附徐音賦一音直專反謂傳述著直略反徐張慮反之行下孟反以見賢遍

反注同知足音智注同孔悝口回反公假加百反至也注同蒯苦怪反聵五怪反褻之保毛反左音佐右音又下啓右并注同一讀此左右並如字難乃旦反奔走本亦作犇無射音亦注同爲簉初革反猶女音汝後皆同從焉才用反坐殺才臥反寘之之豉反厭也於豔反下同鎬京胡老反纂乃子管反侯衎苦旦反烝之承反下文注同鉏仕居反耆欲市志反不解古賣反休哉許虯反子圉魚呂反子女羊許反注同以辟必亦反又婢尺反注同明也施于如字著也彝鼎以支反猶著張慮反又直略反下同約如字徐於妙反劑子隨反是誣音無不傳直專反不本亦作弗入佾音逸赤盾食準反又音允羽籥羊灼反

經解第二十六鄭云經解者以其記六藝政教得失解音佳買反徐胡賣反一音蟹卷

之十五

易良（以豉反下易良同）屬辭（音燭注及下同）比事（毗志反下同）朝聘（直遥反篇內同）近愚（附近之近下除遠近一字並同）愛惡（烏路反）戰爭（爭鬬之爭下文同）淑人（常六反）不忒（吐得反）王鎗（七羊反本又作鏘）皆鈴（音零）在軾（音式）和應（應對之應）民說（音悅）除去（羌呂反下而去之同）霸王（徐于況反）所操（七刀反）方圜（音圓）誠縣（音玄注同）衡稱（尺證反）謂錘（直僞反）彈（徒丹反）畫（胡麥反）朝覲（其靳反）長幼（丁丈反下皆同）昏姻（音因）之別（彼列反）循坊（音房本又作防下同）而壞（音怪）春見（賢遍反）嫁取（七住反本亦作娶）淫辟（匹亦反）而倍（音佩下同）之行（下孟反）止邪（似嗟反）遠罪（于万反）差若（初佳反徐初宜反）豪（户刀反依字作毫）氂（李其反徐音來本又作釐）繆

以音謬

哀公問第二十七魯哀公也鄭云善其問禮著謚以顯之

長幼丁丈反以別彼列反疏數色角反雕本亦作彫鏤力豆反黼音甫黻音弗喪筭悉亂反備其鼎俎本亦無此句豕腊音昔卑其如字又音婢雕幾音祈注同幾附纒之也語以魚據反好實呼報反無厭於豔反敖慢五報反午其五故反一音如字注同王肅作迕迕違也當欲丁浪反注同猶稱尺證反侍坐才臥反愀然七小反舊慈糾反又在由反又音秋又千了反不下同夫婦別彼列反不肖音笑親迎逆敬反下及注同舍敬音捨不親不正一本不皆作弗本與音餘下本與欲與並同巳猶大音泰之好呼報反焉得於虔反爲言于僞反之分扶問反外治直吏反下同

之行下孟反下君之行同妃以芳非反則愾許乞反又許氣反至也大王音泰注同居豳彼貧反樂天音洛下及注同怨天於元反又於願反朝會直遙反炤察音照本亦作照惷愚始容反徐昌容反又湯邦反一音丁絳反字林丑凶反又丑絳反愚也冥煩莫亭反徐亡定反子志依注音識徐音試使易以豉反蹴然子六反又在育反敬兒辟音避

仲尼燕居第二十八鄭云善其不倦燕居猶使三子侍言及於禮著其字言可法也退朝而處曰燕居

燕居於見反汎說芳劒反女三人音汝後同本亦作汝吾語魚據反下及注語女皆同不徧音遍不中丁仲反下同之給音急徐渠急反又其劫反下同足恭將注反又如字鮮仁仙淺反近於附近之近能食音嗣敏頓徒遜反

乘車繩證反又如字者與音餘下無相與同昭穆上遙反穆亦作繆音同食饗音嗣注同句龍古侯反長幼丁丈反後皆同朝廷直遙反下及注皆同量鼎音諒注及下同而錯七故反本又作措後同易知以豉反別也彼列反下其別同豆區烏侯反之治直吏反下其治治國並同瞽之音古無相息亮反倀倀勑良反無見貌其策初革反爲衆于僞反又如字倡始尺亮反眹敢古犬反而縣音玄注同樂闋苦穴反夏籥音藥行中丁仲反下同還中音旋采齊本又作薺在細在私二反注同序更音庚下同振鷺音路禮繆音謬注同禮行下孟反又如字冬夏戶嫁反大子音泰下大子下文大平同適子丁歷反俊選宣面反皆造才早反徐七到反夔求龜反窮與音餘傳於丈專反注同子曰師乎絕句復問扶又反必鋪普胡反徐音孚行

而樂之音洛又音岳所治直吏反注同奧字又作墺烏報反阼才故反符

長丁丈反隱義云符謂甘露醴泉之屬長謂麟鳳五靈之屬瑞應應對之應徐於甑反之處昌慮

反昭然章遙反徐之紹反明也發矇音蒙矣本亦無矣字

孔子閒居第二十九閒音閑鄭云名孔子閒居者善其倦而不褻猶使一子侍爲之說詩著其氏言可法也退燕避人曰閒居

閒居音閑凱本又作愷又作豈丘在反注同弟本又作悌徒禮反注同樂音洛易以豉反

禍裁音災哀樂相生音洛舊音岳傾耳音傾好惡並如字一音上呼報

反下烏路反近之附近之近長人丁丈反其命依注音基宥密音又[illegible]

逮大計反注同安和貌選宣面反匍音扶又音蒲匐音服又蒲北反傚之胡孝反賙

恤音周衰七雷反絰大結反施及以豉反下同畜許六反曰聞音問下令

闓并注同施易也並以豉反以勞力報反注及下同勞來力代反私炤

音照本亦作照湯齊依注音躋亦作隮子兮反詩如字日人實反齊側皆反注齊莊同詩作躋

子兮反昭假音格至也注同遲遲直私反是祇諸夷反敬也使王于況

反下王天下王功皆同神氣風霆音廷絶句風霆流形絶句耆欲

市志反注同嵩高息忠反惟嶽音岳峻極私俊反之翰胡旦反徐音寒

于蕃方袁反爲之于僞反下川爲嶽爲皆同賢知音智弛其徐式氏反

一音式支反注同皇作施大王音泰注同弛施也如字皇本作施布也蹶然居衞反徐音厥

隊直媿反辟後音避

坊記第三十坊音防徐扶訪反經文皆同鄭云名坊記者以其記六藝之義所以坊人之失也

辟則匹亦反注同舊芳益反徐又音譬坊與音餘邪似嗟反侈昌氏反又尺氏反斯

喬音驕本亦作驕下同 不慊口簟反恨不滿之貌 之級音給 而好呼報反下同 樂

音洛又音岳 其幾居豈反又音譏 荼毒音徒 之行下孟反 惡之烏路反下

猶惡皆同 千乘繩證反下注同 高一古報反 長三直亮反下同 別微彼列反下

同 朝廷直遥反下皆同 僭號子念反下同 辟其音避下同 皆爲于僞反 相

彼息亮反 盍旦音渇徐苦蓋反注同 以殺音試本又作弑 子云自此以下本或作子

曰 則近附近之近 觴酒音傷 衽席而審反又而鴆反 以上時掌反 好

得呼報反 不偝音佩下及注同 不愉音偷本亦作偷 以畜許六反注同毛詩作

勖 定姜之詩此是魯詩毛詩爲莊姜 子衎苦旦反 而號户羔反注同

稱冤於袁反 尚技其綺反注同 不吝力刃反又力鎮反 往行下孟反

以畜勑六反 上施始豉反下同 以莅音利又音類 其難乃旦反 詢

于音荀芻初俱反蕘如遙反不爭爭鬪之爭履無如字毛詩作體爾
女音汝下及下文皆同嚮卜許亮反本亦作鄉度是徒洛反注同毛詩作宅鎬京
胡老反於乎音烏下火吳反注同大誓音泰本亦作泰注同弛其式氏反注同弃也駮
親邦角反乃讙音歡火官反喜樂音洛鄂鄂五各反本又作諤說則
音悅復諫扶又反不匱其媿反綽綽昌灼反有裕羊樹反爲瘉
羊主反病也猶更古衡反以衣於既反差遠初賣反能養羊尚反
爲其于僞反下專爲同相褻息列反厥辟不辟並必亦反君也注同孺
子而住反長民丁丈反注及下事長同簋音軌鉶音刑饗食音嗣下文食禮
同盤步干反盂音于以菲芳鬼反薄也去禮起呂反親饋其位反
禴祭音藥寔受時力反易作實豕與音餘酒肴戶交反三日齊

側皆反注同　散齊悉但反　醍酒音體　羣昭常遙反　卒度如字法度也徐

徒洛反　中霤力救反　飯於扶晚反　牖下音酉　於壙苦晃反　不

爭爭鬭之爭下民爭同　殺其音試注及下同一音如字　君卓勑角反注同　弟以

音悌　鄭段徒亂反本亦云鄭叔段也　遲直志反　而爲于僞反　貳圉魚呂反晉惠公

太子懷公名　饋獻本又作餽音同　之贄音至　以見賢遍反　脩好呼報反　饋

遺于季反下遺民同　不內音納又如字　耕穫户郭反　不菑側其反田一歲也

畬凶音餘田二歲也　賤行下孟反注同　斂穧子賜反又才計反　捃君運反　拾

音十　采葑芳容反　采菲芳尾反　蔓音万徐音蠻　菁音精又子丁反　葍音富

又音福　則弁必政反又如字下同　不離力智反　與女音汝　無媒音梅注同　伐

柯古何反斧柄　取妻七樹反後皆同　橫從子容反注同　橫行治其田

也本亦作遊行治其田易治以豉反不取同姓如字又七樹反猶去起呂反注同大伯音泰猶殺音試注同一音如字繆侯音穆來朝直遥反有見賢遍反注及下同以辟音避遠于万反下遠色同好德呼報反下及注同猶捕蒲布反中網丁仲反以籭音匪淫泆音逸本又作佚同妃匹音配一音如字親迎魚敬反行父音甫

禮記釋文

經四千二百八十三字
注一万一千四百九十八字

嘉慶丙寅五月

陽城張氏重彫

禮記釋文

唐國子博士兼太子中允贈齊州刺史吳縣開國男陸德明撰

中庸第三十一鄭云以其記中和之爲用也庸用也孔子之孫子思作之以昭明聖祖之德也卷之十六

率性所律反循也則知音智下知者大知皆同人放方往反傚之胡教反離也力智反下及注同惡乎音烏不睹丁古反恐懼匡勇反注同閒居音閑下同莫見賢遍反注顯見同一音如字有佔勑廉反哀樂音洛注同中節丁仲反下注爲之中同長也丁丈反小人之中庸也王肅本作小人之反中庸也忌憚徒旦反忌畏也憚難也畏難乃旦反常行下孟反中庸其至矣乎一本作中庸之爲德其至矣乎民鮮息淺反下及注

同罕也**罕也**呼坦反希也少也**知者**音智下文大知也弖知注有知皆同**不肖**

音笑下同**矣夫**音扶**也與**音餘下強與皆同**舜好**呼報反下同**易以**

以豉反**罟**音古罔之揔名**擭**胡化反尚書傳云捕獸機檻**陷**陷沒之陷**阱**才性反本或作

穽同阱穿地陷獸也說文云穽或爲阱字也**知辟**音避注知辟辟害皆同**期月**音基**拳**

拳音權又起阮反徐羌權反奉持之皃**服膺**徐音應又於陵反**奉持**芳勇反**可**

蹈音悼又徒報反**問強**其良反下同**所好**呼報反**言女**音汝下抑女同**不**

校交孝反報也**衽金**而審反又而鴆反**不厭**於豔反**哉矯**居表反下同

不倚依彼反徐其蟻反**所傃**音素**猶鄉**本又作嚮許亮反下皆同**行佹**

久委反下同**譎**音決**汲汲**音急**隱行**下孟反**遯世**本又作遁同徒頓反

費而本又作拂同扶弗反猶佹也徐音弗注同**以與**音預注皆與之與以其與同**舜好**

呼報反　故與音餘　所憾本又作感胡暗反恨也注同　鳶飛悦專反字又作戴　戾

天力計呂結二反　魚躍羊灼反　猶著張慮反下同　道造在老反　伐柯

古何反　睨而徐音詣睥睨也　言顧行行顧言皆下孟反注聖人之行同

或一讀皆如字　慥慥七到反守實皃　言行下孟反　相應於陵反舊音應對之應

患難乃旦反下同　不援音園注同牽持也　己音紀　無怨於願反又於元反下

及注並同　居易以豉反注同平安也　徼幸古堯反　正音征注同　鵠古毒反注同正鵠皆

鳥名也一曰正正也鵠直也大射則張皮侯而棲鵠賓射張布侯而設正也　棲皮細兮反　辟如

音辟下同　自邇音爾近也　自卑音婢又如字注同　好合呼報反　旣翕許急

反合也　和樂音洛下及注同　且耽丁南反　妻帑音奴子孫也本又作孥同尚書

傳毛詩箋並云子也杜預注左傳云妻子也　相應應對之應　和胡卧反　齊明側皆反本亦作

余英

齋洋洋音羊其傍皇薄剛反謂左右也徐方罔反僾徐於愷反又音愛之格

古百反來也不可度待洛反注同思矧詩忍反況也注同可射音亦厭也

厭也於豔反字又作猒下同盡敬子忍反不可揜音掩於檢反此夫

音扶而著張慮反也與音餘令聞音問下令聞同故栽依注音災將才

反注同植也培之蒲回反益也覆芳伏反初載之載並音災本或作哉同

嘉樂戶嫁反詩本作假音同假嘉也皇音加善也憲憲音顯注同與盛皃一音如字保

佑音祐助也下注同纘徐音纂哉管反繼也大王音泰下及注大王皆同壹戎

衣依注衣作殷於巾反戎兵也謂一用兵伐殷也尚書依字讀謂一著戎衣而天下大定冑與直救

反下音餘武王末士遏反老也追王于況反注追王同期之音基注同組

音祖紺古闇反組紺大王之父也亦曰諸盩盩音置留反以上時掌反不爲服于僞反

埽悉報反　糞弗運反本亦作攢亦作拚同　昭穆常遥反穆文作繆音同　以遝本又作逮同音代　燕毛於見反注並同　別所彼列反　共雞音恭　饋食其位反　舉觶音至　於其長丁丈反下謂長同　省文色領反　示諸依注音寘之豉反置也　易爲以豉反　知力音智本亦無力字　治之要也治音直吏反一本作治國之要治則如字　方筴初革反方版也筴簡也　方版音板本亦作板　蒲盧並如字爾雅云蜾蠃蒲盧即今之細腰蜂也一名蠮螉　蜾音果　螺力果反本亦作蠃音同　土蜂芳封反字亦作蠭同　螟莫瓶反　蛉音零螟蛉桑蟲也　爲己音紀　之殺色界反徐所例反　而治直吏反一音如字　脫誤音奪　重在直用反　知仁音智下近乎知注言有知皆同　長丁丈反　已臨之音紀　勉強其兩反注同　好學呼報反　近乎附近之近下同　力行皇如字徐下孟反　子庶民如字徐將吏反愛也下句放此

蕃國方元反 不眩玄遍反 齊明側皆反 去讒起呂反 遠色
于万反 好惡呼報反下烏路反又並如字注同 薄斂力驗反 旣依注音餼許氣反
稟彼錦反一本又力錦反旣稟謂稍食也 稱事尺證反 朝聘直遥反 槀
人苦報反一音古老反 以下上時掌反 不跲其劫反皇音給蹟也 行前下孟
反 不疚音救病也 蹟也徐音致 而中丁仲反又如字下中道同 從容上七
容反 弗措七路反下及注皆同置也 必強其良反 大平音泰 禎祥音貞
妖於驕反左傳云地反物爲妖說文作祅云衣服歌謡草木之怪謂之祅 孽魚列反說文作蠥云禽獸
蟲蝗之怪謂之蠥 見乎賢遍反下不見注同一本乎作於 著龜著音尸注同 皆
爲于僞反 自道音導注自道同 知也音智注同 無疆居良反 不
貳本亦作貣音二 今夫音扶下同 昭昭章遥反注同本亦作炤同猶耿耿小明也 一

撮（七活反）華嶽（户化户瓜二反本亦作山嶽）不泄（息列反）一卷（李音權又羌權反范羌阮反猶區也注同）寶藏（才浪反）一勺（徐市若反）黿（音元）鼉（徒河反一音直丹反）鮫龍（音交本又作蛟）鼈（必列反）耿耿（公迥反又公頃反舊音孔頂反）猶區（羌俱反）於穆（上音烏下於乎亦同）於乎（好奴反）愼德（如字一本又作順）是與（音餘）洋洋（音羊）峻極（思閏反高大也）優（反）優（於求反倡優也）不凝（本又作疑魚澄反成也）如燖（音尋）不驕（本亦作喬音嬌）不倍（音佩）其默（亡北反）且哲（陟列反徐本作知音智）謂與（音餘）而好（呼報反下同）裁及（音災）行同倫（下孟反）杞不（音起）王天下（于況反又如字）不繆（音謬）不悖（布内反後同）遠之（如字又于万反）近之（如字又附近之近）不厭（於豔反後皆同）無射（音亦注同）而蚤（音早）行在（下孟反）而斷（丁亂反）曷爲（于僞反）（反又如字）撥亂（半末反）莫近（附近之近又如字）道與（音餘）編年（必緜反又

甫連反辟如音辟下同覆幬徒報反之錯七各反當焉丁浪反又丁郎反浸潤子鴆反作燾徒報反明叡音銳知音智下聖知同齊莊側皆反有別彼列反溥博音普普徧音遍思慮息嗣反又如字見而賢遍反不說音悅施及以豉反蠻貊本又作貊武伯反說文云北方人也所隊直類反能經綸本又作綸同音倫夫焉於虔反所倚依綺於寄二反注同肫肫依注音之淳反懇誠皃浩浩胡老反被德皮義反徧頗破河反懇誠口很反純純音淳又之淳反尚絅本又作潁詩作褧同口迴反徐口定反一音口潁反惡其烏路反之著張慮反闇然於感反又如字而日而一反下同的然丁歷反易知以豉反下易舉同襌爲音丹爲其于僞反露見賢遍反淡而徒暫反又大敢反下注同不

厭於豔反 其睹音覩 探端音貪 之昭本又作炤同之召反又章遙反 不
孩九又反 隱遯大困反本又作遁字亦同 無愆起虔反 相在息亮反注同
不愧本又作媿同九位反 視女音汝 奏如字詩作駿子公反 假古雅反大也 有
爭爭鬭之爭注同 大平音泰 鈇方于反又音斧 鉞音越 百辟音壁君也注同
末也亡曷反 德輶音酉一音由注同 易以豉反 之載依注讀曰栽音災生
也詩音冉 猶比必履反下同或音毗志反又必利反皆非也 有重直勇反又直容反

表記第三十二鄭云以其記君子之德見於儀表者也 卷之十七

不矜居陵反自尊大也 應聘應對之應 用己音紀 心厭於豔反 足
憚大旦反 裼襲思厤反下音習 毋相音無下同 瀆也大木反 以樂
音洛注同又音岳 朝極直遙反下注朝聘同 以倦本又作勌其眷反 分別彼列反

巳至音以　以辟音避　以遠于万反　不揜於檢反　遠恥于万反

日強上人實反下同下其良反　安肆音四　日偷他侯反注同苟且也　放恣咨嗣

反　儳焉徐在鑑反又仕鑒反輕賤皃　齊戒側皆反　以見賢遍反注同　邑

竟音境　狎下甲反習也　侮亡甫反　忕於時世反又時設反　褻息列反　謂

摯音至本又作贄　初筮市制反　再三息暫反又如字　所懲直陵反　創

初亮反又初良反　乂本又作艾魚廢反皇魚蓋反　不讎音酬　大甲音泰注同　無能

胥以寧尚書作罔克胥匡以生　以辟音璧君也　之仁音民出注　刑戮

音六本或作僇音同　而好呼報反　而惡烏路反　強仁其兩反下文同　知者

音智　所辟音避　謂斷丁亂反　道有至義依注讀爲道有至有義　以

王于況反　字脫音奪　有數所住反　憯七感反　怛丹葛反　豐水

芳引反有芭音起詒厥以之反遺也烝哉之承反君也數世色主反

拘本亦作苟繼音計遺于季反下同我今毛詩作我躬不閱音悅容也能

勝音升取數色住反度人待洛反注同儗度魚起反難中丁仲

反德輶音酉一音由輕也民鮮息淺反注及下並同仰止本或作仰之景

行下孟反注明行同行止詩作行之好仁呼報反下同鄉道許亮反年

數色注反強焉其兩反一本作俛音勉本或作儳非也孳孳音玆斃而音弊

仆也本又作弊后巳音以罷音皮頓如字又徒困反能復扶又反仆也

蒲北反又音赴易辭以豉反下同猶解古買反徐又音蟹恭近附近之近下同

罪咎其九反制行下孟反以已音紀以移昌氏反注汜移之移移猶大也

同徐又怡耆反一音以示反汜移芳劒反憮怖普故反其行下孟反注無其

行同衰七雷反經田節反甲冑直又反色稱尺證反下文并注同惟鵜

音啼徒兮反鵜鶘胡汙澤之鳥一名淘河不濡而朱反彼記本又作己音同徐紀吏反汙

澤音烏本又作洿一音火故反濡汙汙辱之汙粢盛音咨杜預云黍稷曰粢在器曰

盛秬音巨黑黍鬯勑亮反香酒也庇民必利反徐方至反又音祕覆也易道音亦

徼祿古堯反葛藟音誄力水反施于以豉反條枚亡回反毛詩傳

云枝曰條幹曰枚凱本亦作愷又作豈同開待反樂也後放此弟如字本又作悌音同易也注及下皆

同樂也音洛下同易也以豉反下同回邪似嗟反曲也之行下孟反下至下

文行之浮於名也文注皆同以要一遥反延蔓音万之謂與音余聿懷

尹必反述也謂王于況反謚以音示下賢户嫁反不復扶又反欲

行下孟反便人婢面反又婢緜反注同謂便習也辟仁音避以強其良反徐

其兩反　**以說**音悅　**毋荒**音無　**憐之**力田反　**而遠**于万反注及下同　**近人**附近之近注及下同　**朝廷**直遥反下同　**惷而**傷容反徐昌容反范湯江反又丁絳反字林音丑降反又丑凶反　**喬而**音驕　**朴而**普角反　**詐諼**況袁反詐也忘也　**以贄**音至　**相施**始豉反下文同　**勝而**始證反　**以本忕**音誓與上忕於同　**令其**力呈反　**淫巧**苦教反又如字　**而蔽**畢世反又音弊　**本數**色角反　**未厭**於豔反　**強民**其兩反注同　**貢稅**申銳反　**不勝其敝**音升任也注同敝音弊　**猶任**如金反　**難復**音伏　**易之**音亦　**不勝**世證反又音升　**憯**七感反　**怛**旦達反　**恥費**芳貴反注同　**不傳**丈專反　**辯別**彼列反下不別同　**刑曰**音越　**惟威**如字威畏也讀者亦依尚書音畏也　**不誣**音無　**爲君**于僞反　**大畜**勑六反下同　**彖**吐亂反　**靖共**音恭本亦作恭同　**以女**音汝注同　**則讇**本亦作諂勑檢反　**藏**

一〇九一

之如字鄭解詩作臧云善也易退以豉反下及下注易絶同以遠于万反爲主人
于僞反下同出竟音境不要於遥反注同言爲于僞反其强其良反舊
其兩反不辟音避難乃旦反朝廷直遥反則愼本亦作古昚字不復扶又
反唯天子唯音雖出注不易以豉反鵲之字林作鵲説文作䧿音七略反姜
姜居良反鶉之士倫反賁賁音奔注同餘行下孟反下文并注同能
賻音附所費芳貴反饋焉其位反皆辟音避如醴徐音禮淡
以大敢反又大暫反徐徒闞反注同酸悉官反酢七故反餤音談徐本作鹽以占反
口譽音餘注同繩也市升反左傳以繩爲譽則衣於既反則食音嗣
皆爲于僞反歸説音悦又始悦反注同怨菑音災所惡烏路反有
巳音以晏晏於諫反信誓本亦作矢誓旦旦如字字林作悬亦巳

音以和說音悅反覆反覆並芳服反穿音川窬范羊朱反徐音豆

也與音餘順而說音悅夏至户嫁反別乎彼列反牲牷音全

純色也本亦作全注同齊盛音咨本亦作齍易富以豉反注同傳世丈專反下

同共儉音恭以迄許訖反至也祭處昌慮反下建國之處同巡守手又

反大廟音泰朝聘直遙反君長丁丈反下應應對之應慢

也字又作優武諫反

緇衣第三十三鄭云善其好賢者之厚故述其所稱之詩以爲其名也緇衣鄭詩美武公

也劉瓛云公孫尼子所作也

子言之曰此篇二十四章唯此一子言之後皆作子曰上易以豉反下同不苟

音何以錯七故反本亦作措同好賢呼報反注同如緇側其反惡惡上烏

路反下如字注同 巷伯 户降反巷伯小雅篇名 作愿 音願 還予 音旋 粲兮
七旦反 衣緇衣 上於既反下如字 取彼讒人 本又依詩作譖人 投畀
必利反下同 豺虎 仕皆反 有昊 胡老反本或作皓同 有格 古伯反來也 有
遯 徒遜反亦作遁逃也 不倍 音佩下注同 溢之 音利又音類 孫心 音遜注同 豈
尢 尺之反 倍畔 本或作叛俗字非也 不任 而鴆反 所行 下孟反注同又如字 不
拘 音俱 上好 呼報反下皆同 好惡 烏路反 如景 如字一音英領反 儆禹
胡孝反 赫赫 許百反 成王 如字徐于況反 故長 丁丈反 以說 音悅 有
梏 音角詩作覺大也直也 德行 下孟反 如綸 音倫又古頑反綬也 如綍 音弗
大索 嗇夫 音色 棺索 悉洛反 不倡 昌尚反 危行而行 皆下孟反
注及下皆同 相應 應對之應 不諐 起虔反過也 慎女 音汝 道人 音導 必

稽 古兮反 出話 胡快反善言也 於 音烏注同 緝 七入反 熙 許其反毛詩傳云緝熙光明也

長民 丁丈反下君長同 不貳 本或作貸同音二下同 從容 七凶反 黃黃

徐本作橫音黃 大蜡 仕嫁反 而說 音悅 尹吉 依注爲告音誥羔報反 不忒

他得反本或作貳音二 章義 如字尚書作善皇云義善也 癉惡 丁但反病也 靖

共 音恭本亦作恭 好是 呼報反 章好 如字又呼報反注同 慎惡 如字又烏路反

注同 貪侈 昌氏反又式氏反 臣儀 音義出注 行字 如字 不援 音袁注同 知慮

音智 版版 布綰反注同 卒亶 丁但反病也本亦作癉 辟也 匹亦反字亦作僻同 止

共 音恭皇本作躬云躬恭也 之卭 其恭反勞也 以褻 息列反 播刑 徐補餓反 不

迪 音狄道也 衍字 延善反 不治 音值 臣比 毗志反注同親也 見遠 賢遍

反下同 君毋 音無下同 柄權 音秉兵永反 交爭 爭鬭之爭 不蔽 必世反

葉公舒涉反注同葉公楚大夫沈諸梁也字子高爲葉縣尹僭稱公也敗大補邁反以嬖必惠反徐甫詣反又補弟反字林方豉反賤而得幸曰嬖云便辟愛妾莊后側良反齊莊也下及注同

適夫人丁歷反齊莊側皆反下同仇仇音求爾雅云敖也君陳本亦作古陳字若己弗克見音紀尚書無己字小人溺乃歷反謂覆芳服反水近附近之近注由近人同德易以豉反下同狎徐戶甲反絜清如字又才性反洪波本又作鴻泳之音詠潛行爲泳游之音由則侮亡甫反捍胡旦反格戶白反口費芳貴反注同煩數色角反所覆芳服反又芳又反

爲哼或爲悖並布內反可慢本又作僈音武諫反難卒寸忽反大甲音泰自覆芳服反注同省括古活反于厥度如字又大各反注同尚書無厭字饜其厭反又紀衞反一音厭女之音汝儗魚起反本亦作擬射食亦反下同

兊命依注作說本亦作說起兵尚書作戎在笥司吏反爲說音悅傅說音悅朝祭直遥反天作孽可違也魚列反下同尚書作天作孽猶可違也不可以逭本又作逭乎亂反逃也尚書作弗可逭無以字猶辟音避尹吉音誥出注羔報反天見天依注音先西田反相亦息亮反在亳步各反好之呼報反下同莊齊側皆反詩云昔吾有先正從此至庶民以生揔五句今詩皆無此語餘在小雅節南山篇或皆逸詩也且清舊才性反一云此詩協韻宜如字上先正當音征誰能秉國成毛詩無能字卒勞力報反注勞來同詩依字讀君長丁丈反勞來力再反者與音餘君雅音牙注同尚書作牙夏日户嫁反注同尚書無日字資冬資依注音至尚書作咨連上句云怨咨祁寒巨伊反徐巨尸反是也字林上尸反行無下孟反下行有格同比式如字比方法式是故一本作是以精知如字一音智注同氾愛音泛虞

度待洛反下同能好呼報反下皆同其正音匹下同出注有鄉許亮反又音香注同

輩類布內反徼利古堯反下同惡惡上烏路反下如字不著張慮反

此近附近之近問遺于季反邪似嗟反徐以車反辟匹亦反周行户剛

反又如字其軾音式其敝鄭婢世反敗也庾必世反隱蔽也人苟或言之

一本無人字不見如字又賢遍反葛蕈徒南反毋射音亦注同射厭

於豔反後皆同令君子力呈反行從而下孟反下則行下注以行同寡言

寡音顴出注之玷丁簟反又丁念反缺也下及注同可摩莫何反君奭音釋周

田觀文依注讀爲割申勸寧召公尚照反本亦作邵近之附近之近使王

于況反言與音餘兑命音悅毋亐音無放方往反傚户教反德

偵音貞問也周易作貞幹事古半反

奔喪第三十四鄭云奔喪者居於他邦聞喪奔歸之禮實曲禮之正篇也　卷之十八

奔喪此正字也說文云從哭亡亡亦聲也以哭空木反荅使色吏反注同驚怛都達反猶辟音避之分扶問反又方云反別於彼列反冒昬亡北反又亡報反唯著張慮反有爲于僞反一音如字至竟音境下同哭辟音避市朝直遥反爲驚于僞反斬衰七雷反後皆同括髮古活反袒徒旱反去飾羌呂反西鄉許亮反下西鄉同絞帶古卯反下同徐户交反成踊音勇不散悉但反闔門户臘反相者息亮反下相者皆同次倚於綺反不以數也色主反本亦作不以爲數數色具反爲之于僞反注父下注爲母皆同自齊音咨下同免麻音問下及注皆同而免本或作而不免者非東髽側瓜反

拾踊其劫反更也注同闈門音違舊音暉去起呂反纚色買所綺二反大紒音計更也音庚下同相者息亮反下同爲父于僞反遂冠音官袒成音但殺之色界反下哀殺同不復扶又反旣期音基下同爲母于僞反注及下爲父同有鄭子短反之處昌慮反下之處同不離力智反明日之朝朝旦也下同而數色主反亦爲于僞反待齎子西反資糧也一音咨之差初佳反又初宜反下同辟爲音避使於色吏反皆爲于僞反下注各爲同拾踴其劫反便也婢面反祔則音附長者丁丈反如昆弟之喪如若也不稅吐外反唯嫂悉早反凡爲于僞反下注同

問喪第三十五鄭云問喪者善其問以知居喪之禮所由也

雞斯依注爲笄纚笄音古兮反纚音色買反徐所綺反徒跣悉典反扱初洽反上

衽而鴆反又而甚反注同惻怛都達反傷腎市軫反乾肝並音干焦肺

方廢反水漿本亦作漿子羊反之糜武皮反本亦作糜同粥之六反字林與六反云淖

糜也以飲音蔭食之音嗣去冠起呂反耶巾似嗟反亦作邪袹頭

亡瞎反本或作貊五藏才浪反心脾婢支反夫悲音扶相應應對之應而

斂力豔反下同曰樞其又反志懣亡本反又音滿范音悶下同殷殷並音隱如

壞音怪字林作毀音同辟踊婢尺反徐扶亦反注及下皆同拊心芳甫反汲汲音急

上堂時掌反不可復扶又反下復反復生皆同心悵勑亮反愴焉初亮

反惚焉音忽愾焉徐音慨苦代反徼幸古堯反成壙古晃反倚

廬於綺反寢苫始占反草也枕之蔭反塊苦對反又苦怪反土也匍音蒲又音

扶匐蒲北反又音服鎰衰色追反為之于僞反下注相為為褻同斷決丁段

反下古穴反猶傎丁年反蹷求月反又九月反冠者音官之免音問注及下皆同爲褻息列反則著張慮反又張略反而廣古曠反禿者吐祿反無髮也傴者於縷反一音紆矩反背曲也跛者補禍反又彼我反足廢也有錮音故

稽音啓注同顙桑朗反下注同何爲于僞反盡篇末文注皆同不緦音思謂緦服也

冠之古亂反苴杖七餘反削杖悉若反體羸力垂反劣也疲也辟尊音避之處昌慮反下同不遽其慮反

服問第三十六鄭云服問者善其問以知有服而遭喪所變易之節也傳曰此引大傳文也有從如字范才用反爲其于僞反注及下皆同齊衰上音咨下七雷反後放此不厭於涉反下同服差初佳反又初宜反下同有期音基下及注皆同異

重劣彼反又劣僞反以上時掌反澡麻音早斷本丁管反下文同於免

音問下及注不免者皆同**去經**起呂反下同**爲稅**上如字下吐外反注及下皆同**此要**一遥反**殤長**丁丈反**月筭**徐音蒜悉亂反**重麻**直勇反徐治龍反注同**爲其**于僞反注除爲殤在緦皆同**不縟**音辱繁綵飾也**君爲**于僞反後文皆同注諸侯爲天子下注亦爲此三人士爲國君同**遠嫌**于万反**幾外**音祈**大子**音泰下及注同**適婦**丁歷反下同**見大**賢遍反**驂**七南反**乘**音剩**所不爲**于僞反下爲其母同**伸君**音申**錫衰**思歷反**無免經**音勉去也下無免經并注皆同徐並音問恐非**雖朝**直遥反**有稅**吐活反注同**說或**吐活反又始銳反**罪多**本或作辠案辠正字也秦始皇以其似皇字改爲罪也**上附**時掌反**列也**徐音例注同本亦作例**等比**必利反

間傳第三十七

鄭云名間傳者以其記喪服之間輕重所宜也

服苴七余反　而見賢遍反　齊衰音咨下同　若臬思里反　喜

樂音洛　而偯於起反聲餘從容也說文作㤎云痛聲　三折之設反　從容

七容反　唯而于癸反徐以水反　士與音預　歛焉力驗反　食粥之六反

一溢音逸劉音實二十兩也　莫一音暮　蔬食音嗣下蔬食同　醯醬本亦

作醓呼兮反下同　醴酒音禮　期而音基下及注皆同　中月如字徐丁仲反　而

禫大感反　居倚於綺反　寢本亦作寑七審反　苫始占反　枕之鴆反　塊

苦對反又苦怪反　不稅吐活反　苄戶嫁反蒲苹也　翦子踐反　牀可徐仕

良反　柱知矩反一音張炷反　楣音眉　居復音伏　去其起呂反下去麻同　其

縷力主反　之差初佳反後放此　爲母于僞反下注爲後同　三重直龍反注三重

同　縓七戀反　緣徐音掾悅絹反　要經一遙反　素縞古老反又古報反注同

而纖（息廉反，注同。黑經白緯曰纖）去一（起呂反，下同）四糾（居黝反，下同）一股（音古）
辟男（音避）朝服（直遥反）素紕（婢支反，又音綼）白緯（音謂）紛（芳云反）
帨（始銳反）縿（徐息廉反，又音侵）麻葛重（直龍反，注及下不言重言重者同）著
（張慮反）主爲（于僞反）長中（丁丈反）

三年問第三十八（鄭云：名三年問者，善其以知喪服年月所由也）

稱情（赤證反，注及下皆同）別親（彼列反）無易（音亦，注同）創（音瘡，初良反）鉅
（音巨，大也）其愈（徐音庾，差也）遲（徐直移反）倚廬（於綺反）枕塊（之鴆反）思
慕（如字，一音息吏反）是斷（丁亂反）復生（音伏）之屬（音蜀）失喪
（息浪反，又如字）反巡（徐詞均反）過其（徐音戈，一音古臥反）鳴號（音豪，戶羔反）蹢
（本又作躑，直亦反，徐治革反）躅（直録反，徐治六反。蹢躅，不行也）踶（徐音馳，字或作踟）躕（音廚）燕

於見反雀本又作爵有啁張留反噍子流反啁噍聲頃苦穎反莫知音智

由夫音扶下皆同邪淫似嗟反人與音餘下君子與同曾鳥則能反

夫焉於虔反若駟音四馬也之過古臥反徐音戈隙本又作郤去逆反空隙之地也

爲之于僞反下注爲母同立中如字又丁仲反注同去也起呂反至期音基注及下同

期斷丁亂反下注同加隆焉爾一本作加隆爲爾焉使徐如字一音於乾反焉由然也一云發聲也注及下同

倍之步罪反注同爲殺色界反徐所列反

深衣第三十九鄭云以其記深衣之制也名曰深衣者謂連衣裳而純之以采也有表則謂之中衣以素純則曰長衣也

以應於證反短毋音無下同見膚賢遍反被土彼義反爲于僞反

汙汙辱之汙一音烏臥反績衽而審反又而鴆反鉤邊古侯反屬也音燭

下皆同 鳥喙許穢反 裕以樹反 要一遥反注同 縫扶用反下注同 袼之本亦作胳音各腋也 運肘竹九反又張柳反 當掖本又作腋音亦 袂之彌世反祛末曰袂 反詘丘勿反 爲腕烏亂反 毋厭於甲反徐於涉反下同 髀畢婢反徐匕婢反一音步啓反 厭脅許劫反 當無丁浪反注同又丁郎反 爲中丁仲反又如字 以應應對之應下同 之殺色界反徐所例反 袂圜音圓 胡下下垂曰胡 曲袷音劫交領也下注同 及踝胡瓦反 謂髩音督 跟也音根 下齊音咨亦作齋下同 緝也七入反 行乃下孟反又如字 若卬音仰本又作仰一音五郎反 志者與音餘 擯相息亮反 完且音丸 弗費芳貴反又孚沸反注同 若衣於既反 而易以豉反 鍛丁亂反 濯音濁 衣純之允反又之閏反後皆同 朝祭直遥反 以上時掌反 大父母音泰大父母祖父母也 以績

胡對反畫文也　袂緣悅絹反注同　廣各古曠反注同　緆徐音以豉反皇音錫案鄭注既夕禮云飾衣領袂口曰純裳邊側曰綼下曰緆也

投壺第四十　鄭云投壺者主人與客燕飲講論才藝之禮也別錄屬吉禮亦實曲禮之正篇也皇云與射爲類宜屬嘉禮或云宜屬賓禮也　卷之十九

投壺壺器名以矢投其中射之類　奉矢音捧芳勇反下及注皆同徐音如字下奉中同　枉矢紆往反　哨壺七笑反徐又以救反枉哨不正皃王肅云枉不直哨不正也　樂賓音洛下同一讀下以樂音岳言投壺以樂　嘉肴户交反　又重直用反下及注同　稅屨本亦作脫吐活反　請投七井反下文同　人般步干反下同　還音旋下同　曰辟音避徐扶赤反注及下同　南鄉許亮反　度壺徒洛反注同　以二矢半一本無此四字依注則有　八筭悉亂反下皆同　之處昌慮反　去坐才卧反又如字下同　邪

行〔似嗟反〕比投〔毗志反頻也徐扶質反注同〕勝飲〔上尸證反下於鴆反注及下同〕請爲〔于僞反〕勝者立馬〔俗本或此句下有一馬從二馬五字誤〕不拾〔其劫反下文及注皆同〕技藝〔其綺反〕任爲〔而林反〕將〔子匠反〕帥〔色類反〕爲樂〔音洛〕貍首〔吏持反〕閒若一〔閒廁之閒注同〕大師〔音泰〕拾更〔古衡反下同〕請數〔色主反注同〕爲純〔音全下及注同鄭注儀禮如字云純全也〕爲奇〔紀宜反下同〕遂以奇筭告〔一本此句上更有有勝者司射五字誤〕鈞〔居旬反等也〕則縮〔色六反直也〕其它〔音他〕勝與〔音餘下勝與同〕尚技〔其綺反〕行觴〔失羊反字或作⿰酉昜同〕皆跪〔其委反〕奉觴〔芳勇反下注奉觴同〕賜灌〔古亂反〕敬養〔羊尚反〕猶飲〔於鴆反下飲不勝同〕各直〔如字又持吏反〕請爲〔于僞反〕去其〔起呂反〕其坐〔如字又才臥反注同〕籌室中〔直由反〕五扶〔方于反下

及注同 鋪四指 普烏反又芳夫反 禮褻 息列反 常處 昌慮反 筭
長 直亮反注同 壺頸 吉井反又九領反徐其聲反 爲其 于僞反 躍而
羊略反 圜 音圓 囷 去倫反 有奇 紀宜反 其滑 乎八反 以柘 止夜反木
名 毋 音無下皆同 去其 起呂反注同 毋憮 好吾反下同敖也 毋敖 五報反舊
五羔反敖慢也 偝立 音佩徐扶代反舊又蒲來反 若是者浮 縛謀反罰也 年
稺 直吏反 爲其 于僞反 憮敖 五報反又五羔反下同 傲也 五報反 正
鄉 許亮反 梁上據 本又作處同音据 作匏 薄交反 ○ 圜 音圓 鼙
薄迷反鄭呼爲鼙也其聲下其音榻榻然榻音吐臘反 □方鼓 鄭呼爲鼓也其聲高其音鏜鏜然鏜
音吐郎反 庭長 丁丈反注同 及冠 古亂反 皆與 音預

儒行第四十一

行音下孟反鄭云以其記有道德之所行儒之言優也和也言能安人能服人

也此注云儒行之作蓋孔子自衞初反魯之時也

服與音餘 少居詩照反注同 衣於旣反注所衣也衣少所居同 逢掖上如字下音亦逢掖大掖也 長居丁丈反注同 冠章甫古亂反注而冠焉冠長所居同章甫殷冠也

單衣本又作禪音丹 袪尺去居反 儒行下孟反下力行同 遽其據反卒也急也

數之色主反下同 更僕古衡反代也注同一音加孟反 猶卒七忽反 大僕音泰 燕朝直遥反 擯必愼反 相息亮反 爲久于僞反下爲孔子同

猶鋪普吾反又音孚下同 如慢音優 而易以豉反下險易同 粥粥徐本作鬻章六反畢謙皃一音羊六反 不愊普力反一音逼謂愊怛也 怛丹達反驚怛也本或作恨者非 處齊側皆反注同齊莊也 難乃旦反注同可畏難也 行必皇如字舊下孟反 冬夏戶嫁反 有

爲于僞反 選處昌慮反 以遠于万反 多積子賜反又如字 易祿

以豉反又如字 難畜 許六反 不見 賢遍反 近人 附近之近下可近同 淹之 於廉

反 以樂 五孝反又音岳 好 呼報反 劫之 居業反 沮之 在呂反注同 鷙

蟲 與執同音至 攫 俱縛反一音九碧反 搏 音博 不程 音呈 不斷 音短直卵反絕

也又丁亂反注同 浸 子鴆反 漬 才賜反 劫脅 許劫反 恐 曲勇反 怖 普路反 省

聲 所景反 猶量 音亮又音良下同 不更 居孟反 不溽 音辱 面數 所具反 剛

毅 魚既反 傾邪 似嗟反 甲冑 直又反甲鎧冑兜鍪也 干櫓 音魯干小楯櫓大楯也 載

仁 音戴本亦作戴 鎧 開代反 兜 丁侯反 鍪 莫侯反 小楯 時準反又音允徐辭尹反 環堵

音覩方丈爲堵面一堵牆也 篳門 徐音畢鄭云篳門荆竹織門也杜預云柴門也 圭窬 徐音豆鄭

云門旁窬也穿牆爲之如圭矣說文云穿木户也郭璞三倉

解詁云門旁小窬也音臾左傳作竇杜預云圭竇小户也上

銳下方狀如圭形也 蓬户 步紅反蓬户以蓬爲户也 甕 烏貢反 牖 音酉以甕爲牖 幷

日必政反注同下而一反以諂本又作讇敕檢反穿牆音川君應應對之應與

稽古奚反注同合也爲楷苦駭反法式也弗援音袁引也取也注下同弗推

呂誰反進也舉也注同讒諂仕咸反有比毗志反徐扶至反竟信依注爲伸音申

憂思息嗣反篤行下孟反上通時掌反又如字注同寬裕羊樹反去

己起呂反不遠于万反又如字不辟音避下同怨於元反又於願反推賢

而進達之舊至此絕句皇以達之連下爲句患難乃旦反任舉如字徐音

據有澡音早靜而如字徐本作諍音爭麤本又作麁七奴反翹之祁饒

反世治直吏反注同不沮徐在呂反注同獨行下孟反注及下注同又如字脫

脫吐外反怪姤丁路反壞己乎怪反又音怪近文附近之近砥音脂又音旨

厲力世反分國如字錙側其反八兩爲錙說文云六銖也銖音殊說文云權分十黍之重

賢知音智並立如字又步頂反本亦作竝則樂音洛又音岳相下户嫁反不厭於豔反其行皇音衡又下孟反本方絶句立義絶句志行下孟反下注儒行同毁謗補浪反孫音遜接似輒反又如字分散方云反徐扶問反之施始豉反斥己音尺隕于敏反獲本又作穫同户郭反注同隕獲困迫失志皃充詘求勿反注同徐音丘勿反充詘喜失節之皃不慁胡困反注同辱也不累力僞反注同係也一音力追反長上丁丈反不閔本亦作愍武謹反病也不爲于僞反命儒命名也妄常鄭音亡亡無也王亡尚反虚妄也相詬徐音遘恥也又呼候反蘄故居覲反杜預云戲而相媿爲蘄也行加下孟反注同

大學第四十二

鄭云大學者以其記博學可以爲政也

大學舊音泰劉直帶反則近附近之近其知如字徐音智下致知同在

格古百反所好呼報反國治國治並直吏反下同毋自音無如

惡惡上烏路反下如字臭昌救反好好上呼報反下如字自謙依注讀爲慊徐

苦簟反厭也閒居音閑厭讀爲黶黶烏斬反徐又烏簟反厭厭然閉藏皃也揜其於檢

反而著張慮反後同其肺芳廢反肝然音干言厭於琰反一音於涉反

體胖步丹反大也注及下同顯見賢遍反淇音其澳本亦作奧於六反本又作隩一

音烏報反菉竹音綠猗猗於宜反有斐芳尾反一音匪文章皃如瑳

七何反如琢丁角反如摩本亦作磨末何反爾雅云骨曰切象曰瑳玉曰琢石曰磨僩

兮下板反又胡板反赫許百反喧兮本亦作咺況晚反可諠許袁反詩作諼或作

暄音同忘也恂依注音峻思俊反一音思旬反慄利悉反澳於六反隈烏回反嚴

峻私俊反於音烏下於緝熙同戲好胡反徐范音羲樂其樂並音岳又音洛

注同康誥古報反大甲音泰顧諟上音故夲又作頋同念也下音是正也峻德徐音俊又私俊反爲題徐徒兮反盤步干反銘徐音冥亡丁反邦畿音祈又作幾音同緡蠻音緜一音亡巾反毛詩作緜傳云緜蠻小鳥皃岑仕金反蔚音欝又音尉安閒音閑止處齒渚反樂土音洛焉於虔反得知音智於緝七入反熙許其反吾聽訟似用反猶人也論語作聽訟吾猶人也毋訟音無虛誕音但所忿弗粉反懥勑值反忿懥怒皃也范音稚徐丁四反又音勤恐懼丘勇反所好呼報反下故好而知同樂徐五孝反一音岳作憤音致作疐音致又得計反而辟音譬下及注同謂譬喻也賊惡烏路反下惡而知同所敖五報反惰徒卧反其惡惡上如字下烏路反鮮矣仙善反注同故諺魚變反俗語也心度徒洛反美與音余下薄與同志行下孟反

弟者音悌事長丁丈反下長并注同不中丁仲反注同耆欲時志反

貪戾力計反賁事徐音奮本又作僨注同猶覆敗也覆敗芳福反于

濟子禮反爲犇音奔所好呼報反注同君行下孟反或如字夭夭

於驕反蓁音臻不忒他得反與弟音悌不倍音佩注同有絜音結

拒之音矩本亦作矩偝棄音佩本亦作倍下同挈也苦結反爲巨音拒本亦

作拒其呂反所惡烏路反下皆同毋以音無下同樂只音紙所好好皆呼報反

節彼徐音截前切反一音如字巖巖五銜反辟則匹亦反注同僇矣

音六其所行下孟反又如字邪辟似嗟反未喪息浪反峻命恤俊

反大也不易以豉反注同爭民爭鬭之爭施奪如字言悖布內反下

同以上時掌反多藏才浪反專佑音又覲射父食亦反又食夜

反父音甫時辟音避驪姬力宜反本又作麗亦作孋同在翟音狄子顯

許遍反爲之于僞反若有一个古賀反一讀作介音界臣此所引與尚書

文小異斷斷丁亂反無它音他技其綺反下及注同休休許虯反尚書傳曰樂

善也鄭注尚書云寬容皃何休注公羊云美大之皃好之呼報反不啻音試詩豉反媢

疾莫報反妬也尚書作冒音同謂覆蔽也以惡烏路反下能惡人同俾不本又作卑必爾

反使也所敗必邁反於殽户交反皆樂音岳又音洛妬也丁路反

佛戾上扶弗反下力計反迸諸北孟反又逼諍反諍音爭鬬之爭皇云迸猶屏也放去

上呂反命也依注音慢武諫反能遠于万反好人呼報反下皆同之所

惡烏路反下同拂人扶弗反注同佹也菑必音哉下同逮音代一音大計反夫

身音扶猶佹九委反不肖音笑於施始豉反予由汝反畜許六反下

同

馬乘徐繩證反下及注同仲孫蔑莫結反以上時掌反采地七代反本亦作菜爲之于僞反長國丁丈反患難乃旦反猥至烏罪反捄之音救本亦作救已著張慮反

冠義第四十三冠音古亂反鄭云名冠義者以其記冠禮成人之義　卷之二十

和長丁丈反下同三行下孟反故冠古亂反除下文玄冠及注緇布冠玄冠以外並同衣紒音計笄日市至反著曰笄重禮直用反後同於阼才故反以著張慮反醮於子笑反彌尊音弥適子音嫡不醴音禮見於賢遍反下皆同奠摯本亦作贄同音至鄉大夫鄉先生並音香注同於朝直遥反爲人少詩照反之行下孟反下同重與音余

孝弟音悌可以治直吏反不敢擅市戰反

昏義第四十四鄭云昏義者以其記娶妻之義內教之所由成也

昏者一本作昏禮者婚禮用昏故經典多止作昏字將合如字徐音閤之好呼報反納采七在反采擇也請期徐音情又如字筵几音延使者色吏反所傳直專反醮子子妙反之迎魚敬反下以迎同男先悉薦反子承命本或作子承父命誤壻字又作聟悉計反女之夫也依字從士從胥俗從知下作耳拜奠大見反授綏音雖合徐音閤又如字卺徐音謹破瓢爲杯也說文作䍌云蠡也字林几敏反以比卺爲警身有所承說文云讀若赤舄几而酳徐音肙又仕覲反酬酢音昨如冠古亂反下文始於冠同醮與音余先道音導之別彼列反下同朝聘直遙反下匹政反沐音木浴音欲俟見賢遍反下及注同執笲音煩一音皮彥反器名以葦若竹爲之其形如筥衣之以青繒以盛棗栗腶脩之屬棗栗音早爾雅云棘實謂之棗

俗作桒誤段脩丁亂反本又作腶或作鍛同脩脯也加薑桂曰腶脩何休云婦執腶脩者取其斷斷自修飾也贊

醴依注作禮脯醢音海婦以特豚饋其位反一本無婦字供俱用反養

羊尚反適寢丁壓反以上時掌反當於夫丁浪反稱也一音丁郎反下注同下

注和當亦同委於僞反積子賜反蓋藏才浪反猶稱尺證反下同行

和下孟反先嫁悉薦反芼莫報反以蘋音頻藻音早毛詩傳云蘋大萍藻

聚藻詩箋云蘋之言賓藻之言早婉紆免反娩音晚詩箋云婉娩貞順皃又音挽齊盛音咨

爲壇徒丹反九嬪毗人反内治直吏反下及注除后治陰德皆同相應

如字音應對之應適直革反下注同責也見賢遍反下及注同曰爲于僞反下文皆同

蕩滌上徒浪反下直厤反又杜亦反去起呂反穢紆廢反斬衰七雷反下同資

衰依注作齊音咨注又作齍者同

鄉飲酒義第四十五 鄭云鄉飲酒義者以其記鄉大夫飲賓於庠序之禮尊賢養老之義也別錄屬吉禮

于庠 音詳鄭云鄉學也州黨曰序學記云古之教者家有塾黨有庠術有序國有學 盥洗 音管 揚觶 之豉反說文云鄉飲酒角也字林音支 致絜 音結下同一本作致潔絜敬也 不爭 爭鬭之爭下同 則遠 于万反 鬭辯 如字徐甫免反下同 鄉人士君子 鄭云鄉人鄉大夫士州長黨正也君子謂卿大夫士也周禮天子六鄉鄭司農云百里內為六鄉外為六遂司徒職云五家為比五比為閭四閭為族五族為黨五黨為州五州為鄉鄉大夫每鄉卿一人州長每州中大夫一人黨正每黨下大夫一人族師每族上士一人閭胥每閭中士一人比長五家下士一人諸侯則三鄉 州長 丁丈反篇內皆同 謂鄉 去京反注同 飲國 於鴆反 羞出 音修 主人共之也 音恭 東榮 如字屋翼也劉音營 猶清 如字皇才性反 介 音戒下放

此輔賓者僎音遵輔主人者成䰟普百反說文作霸云月如生䰟然也之坐才卧反又如字嚴凝魚矜反成也祭薦本又作薦同嚌才細反肺芳廢反啐七內反專爲于僞反下及注專爲同孝弟音悌下同之行下孟反國索色百反禮屬音燭大守音泰下手又反相息亮反漢制郡有太守國有相或息羊反則以連下句易易皆以豉反注及下易易同別矣彼列反注及下注同省矣所領反徐疏幸反注同不酢音昨隆殺色戒反注及下同笙入音生閒歌閒廁之閒合樂如字徐音闇不復扶又反少長詩召反於沃於木反能弟音悌下弟長同猶脫徒活反又音奪廢朝直遥反注朝夕既朝同莫不音暮下同先夕悉薦反五行下孟反亨狗普萌反在阼才路反之委於僞反大古音泰南鄉許亮反下及注鄉仁南鄉東鄉皆同蠢也

蠢尺允反蠢動生之皃者夏戶嫁反下同假也古雅反下同大也愁也依注讀爲揫子

留反下同斂也爾雅云揫聚也中者藏也如字下同徐才浪反偝藏音佩嚴殺

介如字又色戒反介𩔗音閒廁之閒所共音恭三卿去京反大參七南反

射義第四十六鄭云射義者以其記燕射大射之禮觀德行取於士之義也別錄屬吉禮

長幼丁丈反言別彼列反老稺音值德行下孟反下文注德行皆同

必中丁仲反下同正音征鵠古毒反徐又如字騶虞側尤反徐側侯反貍

首力之反貍之言不來也首先也此逸詩也鄭以下所引曾孫侯氏爲貍首之詩也采蘋音頻采

蘩音煩樂循徐辭均反五豝百麻反獸一歲曰豝詩傳云豕牝曰豝南澗

音諫山夾水曰澗之濱音賓涯也被之皮義反徐扶義反僮僮音童本亦作童

毛詩傳云竦敬也可數色角反下同長學丁丈反比於毗志反下同親合也而

中丁仲反下同 得與音預下皆同 而削胥略反 訐偕音皆俱也 共工

音恭 瞿雙俱縛反注同 相息亮反瞿雙相地名 之圃音補徐音布樹菜蔬曰圃 蓋觀如字

又古亂反 如堵丁古反 菜蔬所魚反一本作疏 賁軍依注讀爲僨音奮覆敗也 之

將子匠反 與爲音預奇也注同 不入一本作不得入者非也 賁讀音奔 覆

敗芳卜反 奇也居宜反下同 後人者如字又音俟 公罔人姓也又作罔 之

裘裘名也之語助 序點多簟反序姓點名也 揚觶之豉反 孝弟音悌 者

耆音祁巨支反六十曰耆 耋大結反七十曰耋一云八十曰耋 好禮呼報反下同 修身以

俟死絕句 者不此二字一句下及注皆同 旄本又作耄莫報反八十九十曰耄 期本又作旗

音其如字百年曰期頤頤養也 稱道如字稱言也行也 不亂絕句本或作而不亂 蓋勤

音勤又音覲少也 期頤以支反鄭注曲禮云期要也頤養也 言有此 行不絕句行音

正百四十八小四百二十字

下孟反繹音亦徐音釋舍也如字舊音捨中矣丁仲反下及注皆同父鵠

古毒反徐如字注同各射食亦反下射天地四方同得與音預下皆同絀地勑律反

朝者直遥反先令力呈反已乃音以課中口臥反桑弧音胡

以桑木爲弓蓬矢步工反飯扶晚反食音嗣注同人爲于僞反所爭

爭鬬之爭下及注有爭皆同揖讓而升下絶句而飲一句者袒音但決

遂古穴反說吐活反決拾音十郤左手丘逆反又羌略反弛弓

式氏反又始是反爭中丁仲反下文注同失正音征注同若夫音扶不肖

音笑棲皮音西梏音角直也下同有的丁歷反辭養如字徐羊尚反之

識音式一音志飲女音汝

燕義第四十七

鄭云名燕義者以其記君與臣燕飲之禮上下相報之義也

之卒依注音倅七對反又蒼忽反副也敎治直吏反注及下同别其彼列反大
子音泰後大子大學同朝位直遥反合其如字徐音閤卒伍子忽反注同伍
音五弗正音征游卒七内反注同南鄉許亮反莫敢適音敵大歷反本
亦作敵爲其于僞反下文爲疑同踧本亦作蹴子六反踖子昔反又精亦反亢
禮苦浪反使宰夫本亦作使膳夫上至時掌反復以扶又反大
音泰舊他佐反相近附近之近稽首徐本作䭫音啓以道民音導下同仕
音十不匱求位反等差初佳反又初宜反脯醢音海

聘義第四十八鄭云名聘義者以其記諸侯之國交相聘問重禮輕財之義

七介音界下及注同各下户嫁反而傳丈專反下同陳擯必刃反本又作
擯下文及注皆同說文云擯或儐字之使所吏反于竟音境郊勞力報反拜

況本亦作貺音同貺賜也當楣音眉私覿大厤反見也雍字又作饔音同

餼許既反還圭音旋下及注同璋音章賄贈呼罪反字林音悔享許兩

反本又作饗食音嗣下同比年必履反使者色吏反以媿本又作愧音同

皆爲于僞反躃琮才工反三積子賜反芻薪初俱反倍禾

步罪反乘禽繩證反一食一又作壹食音嗣幾中徐音饑又音基行成

下孟反人渴苦葛反肉乾音干日莫音暮齊莊側皆反敢解

佳賣反惰徒臥反長幼丁丈反有行有行有行並下孟反下有行同順

治直吏反爲陳直靳反賤碈武巾反字亦作瑉似玉之石爲玉于僞反下

同多與音余作玟武巾反又音枚爲濡音儒縝密音軫一音眞知

也音智致直置反本亦作緻不劌九衛反傷也字林云利傷也又音巳芮反如隊直位

反又音遂叩之音口詘然其勿反絕止皃枯木苦老反亦作槁瑕音遐玉病掄

音掩瑜羊朱反玉中美孚依注音浮尹依注音筍又作筠于貧反隱翳於計反作

姇音孚徐方附反白虹音紅天氣見於賢遍反朝聘直遙反

喪服四制第四十九鄭云以其記喪服之制取其仁義禮智四者也別錄屬喪禮

訾之徐音紫毀也一音才斯反知也音智下同故為于偽反下及注同斬衰

七回反注及下同之治直吏反下同恩揜於檢反義斷丁亂反猶操

七刀反皇云持也期而音基下同苴衰七余反墳墓扶云反不培步回反徐

扶來反為母于偽反下注為君同齊衰音咨見無賢遍反食粥之六反

擔主是豔反又食豔反又餘漸反不言而事行者扶而起一本作扶

而後起扶或作杖非面垢音苟禿者吐木反不髽側瓜反傴者紆主反

不袒徒旱反　跛者彼我反　男子免音問下同　不解佳買反　期

悲音基之殺色戒反　不解衣古買反　不肖音笑　諒闇依注諒讀爲梁闇讀爲鶕音烏南反下同徐又並如字案徐後音是依杜預義鄭謂卒哭之後翦屏柱楣故曰諒闇闇即廬也孔安國讀爲諒陰諒信也陰默也　楣謂音眉　如鶉音淳　柱楣知主反　般衰色追反　而復扶又反下同　言不文如字徐音問　事辨本又作辯同皮莧反

當共音恭　唯而余癸反徐以水反注同　齊衰音咨本又作齋　侑者音又　爲之于僞反　應耳應對之應　衰冠七雷反　菅音姦　屨徐紀具反　食粥之六反　期三年音基　比終必利反　知者音智本或作智　弟弟上音悌下如字

禮記釋文　經三千七百二十四字　注一萬八百七十二字

禮記

撫州公使庫

新刊注禮記二十卷并釋文四卷

福州鄉貢進士陳　寅校正

修職郎司户參軍權教授趙　善璿

修職郎司理參軍權推官余　駒

從事郎軍事判官逄　維翰

從政郎充州學教授張　湜

朝奉郎權通判軍州事吴　子康

奉議郎權發遣撫州軍州事趙　燁

淳熙四年二月　日

嘉慶丙寅六月

陽城張氏重彫

嘉慶廿五年庚辰宋本釋文再校修訖印行

撫本禮記鄭注考異序

撫本禮記鄭注者宋淳熙四年撫州公使庫刻今爲元和顧千里之從兄抱沖氏所藏予轉借影寫一部又慮其僅存之易絶也以墨於板仍取世行各本校讎出入爲之考異凡經文與開成石本每合明嘉靖時有單行經注本又相臺岳氏有附音本互相不同撫本爲近之矣又明南雍有附音注疏本乃俗本之祖而譌舛滋多今所論說祇以明是非差隱者至於撫本旣是

而又較然易知。不更詳著。或各本以外。於正義釋文。具得顯證。則稍稍載之。與夫本並無誤。而後人不察。輕爲譚議。致生枝葉。若柯山毛氏之輩。連類所及。亦刊正焉。願將來治此經者。有以覽其得失也。嘉慶十一年八月陽城張敦仁序

南雍本世稱十行本。蓋原出宋季建附音本。而元明閒所刻。正德以後。遞有脩補。小異大同耳。李元陽本。萬歷監本。毛晉本。則以十行爲之祖。而又轉轉相承。今於此三者。不更區別。謂之俗注疏而已。近日有重刻十行本者。欵式無異。其中字句。特多改易。雖當否參半。但難可徵信。故置而弗論。其北宋所刻單疏。見於玉海卅九卷。有咸平禮記疏一條。云二年六月己巳。祭酒邢昺上新印禮記疏七十卷。是爲正義元書。未知今海內尚有其本否。曲阜孔氏別有宋槧注疏本。每半葉八行。經字每行十六。注及正義雙行小字。每行廿二。每卷首題禮記

正義卷第云云。亦七十卷。計必南宋初所刻。向藏吴門吴氏惠
定宇所手校。戴東原所傳校者。即此也。與日本人山井鼎所據
亦爲吻合。而彼有缺卷矣。惜今未見。將
屬孫淵如就近借出。行且更刻之。附記

劉文奎刻字

撫本禮記鄭注考異上

陽城張敦仁

曲禮上

岳本十行以來本皆同此。唐石本無上字。嘉靖本亦然。案有者出於正義，無者出於釋文，各見本書。又案但於下題之，自足分別，不必預題上也。釋文是矣。檀弓、雜記同。

注晉舅犯 嘉靖本同此。岳本十行以來本舅皆作咎。釋文作咎。案今正義中字作舅，是其本如此也。

分爭辨訟 唐石本初刻辯，後改同此。釋文作辯。案禮之用字，以辯爲徧，其辨訟字作辨，乃相別。此唐石本必磨改之意也。嘉靖本同此。岳本作辯，非。俗注疏本辨辯多錯互，尤誤。

供給鬼神 唐石本初刻同此，後改共。釋文作共。

是故聖人作 唐石本故作以。

注尤輕佻志利 各本佻作恌。唯傳校葉鈔釋文作佻，與此合。

二十曰弱 唐石本二十作廿，下三十作卅，餘盡如此。案此五經文字所謂廿今以爲二十字，卅今以爲三十字者也。他本皆不爾。

注安定其牀衽也 嘉靖本岳本安定皆作定安。山井鼎所據宋板注疏亦然。

讀定字逗。安字下屬

注爲其失子道 嘉靖本同此。岳本十行以來本子下皆衍之字

注不衣裘裳便易 案正義云又應給役若著裳則不便云云。是此句中無裘字明甚。有者衍耳

注武謂每移足各自成迹 毛居正六經正誤云注武字當作布蓋上句注巳云武迹也此注釋布字義不當又云武。今案其說非也。此注揔解布武。亦不容單舉布字。乃衍武字耳。不復出經文。注例前後如此者多矣。岳本於武上增布字。亦未是

必加帚於箕上 唐石本初刻于後改同此。釋文亦是於字

注宜問其安否無恙 案釋文以不恙作音。正義云宜問路中寒熱無恙是釋文本作不。正義本作無也。當皆無安否二字。山井鼎曰古本無此二字。即據正義去之耳。又下篇注謂道中無恙。亦正義無釋文不

毋勦說 岳本勦作勦。岳所改也。本於曹憲博雅音。今案釋文從力。唐石本亦從力。五經文字力部云勦見禮記。經典之字。類皆假借。惡容執勦勞一訓。輕議改易。且勦字說文刀部所無。岳所改誤

注睇盼也 盼當作眄。此撫本之誤。毛居正曰眄作盼誤。釋文作眄莫遍反。建本注文作眄音同。案毛所校者。其監本也。誤與此

同經典相承隷省眡作眂見五經文字今各本作眡

注此大夫士與賓客燕食之禮 案正義複舉此注無士字又其上云今此明卿大夫與客燕食之禮其下云皆是卿大夫燕食也亦不言士詳注下文宜放公食大夫禮則此句正義本無士是也其連言卿者上大夫卿耳又案賈疏公食大夫引此注有士字或當時有二本與

注客不降等則先祭 十行以來本不作若誤

注憂不在私好 十行以來本此下皆衍惰不正之言五字嘉靖本亦然因岳本取正義語附載之遂誤入鄭注耳

疾止復故 唐石本初刻止作至後改同此案初刻誤也

注弣把中 各本把作把釋文作把蓋據之改也儀禮大射注弣弓把也嚴州本字亦從木與此正同皆於釋文不合乃宋時俗作

注取其鐏地 俗注疏本地作也誤下句取其鐓地同詩小戎正義所引兩字皆作地可證凡嘉靖本岳本及十行本初刻皆未誤

注聘禮曰君有言 君當作若此撫本之誤各本誤與此同唯山井鼎所據宋板不誤今未見也

注如享禮 各本享作饗誤山井鼎所據不誤與此同

升降不由阼

階唐石本磨改阼字。其初刻不可辨頭有創則沐唐石本初刻瘡。後改同此。案初刻誤也

注皆謂傷恩也謂當作爲。此撫本之誤。釋文以皆爲作音。今各本不如此。山井鼎所據誤與此同

前有摯獸唐石本初刻鷙。後改同此。案初刻誤也

注大夫有名惡正義云熊氏云石字誤當云大夫有名惡云云。案據此則正義本是石字。今各本乃依其說改正也

二名不偏諱毛居正曰偏本作徧與遍同注云云正義云云今本作偏非也云云。今案毛說非也。唐石本作偏不作偏。釋文不爲此字作音。以前後偏字音相例。可知此作偏矣。正義亦無作偏之意。其鄭云不一一諱者。乃以一一解偏。蓋一一者。皆偏有其一者也。毛誤讀注及正義。造此臆說。又引舊杭本柳文以實之。不知柳自作偏。唐律謂之偏犯。疏議云偏犯者謂複名而單犯。舊杭本特譌字耳。岳氏沿革例踵其說。云合作偏又云不敢如蜀大字本與國本輕於改也。是在宋時竟有因誼父之言而輒改經文者。其爲誤不淺。又檀弓下同此文。亦可證

注謂二名不二諱也下二當作一。一。此撫本之誤。毛居正所校監本亦然。今各本不如此

注爲有事於高祖

案正義複舉此注爲作謂。是也。各本誤與此同。山井鼎曰古本作謂。依正義爲之耳。**注嶲謂規也**謂當作猶。此撫本之誤。各本不如此。

曲禮下

注僻僣儆也僻當作辟。此撫本之誤。各本不如此。**注若子路帥爾而對**嘉靖本十行本及山井鼎所據皆與此同。岳本俗注疏本帥作率。**注扱一衽**一當作上。此撫本之誤。各本不如此。**注皆爲自貶損憂民也**各本爲自作自爲。誤。釋文以皆爲作音。可證。唯山井鼎所據與此同。**注衆謂軍師**軍當作君。此撫本之誤。各本不如此。正義引熊氏云秪得死君之師衆。可證。山井鼎所據與此同。亦誤。**注予一人嘉之**各本予作余。今案各本非也。此當經文作余。注引覲禮作予。前經不敢自稱曰余小子。經固是余字矣。後經天子未除喪曰予小子。疑亦是余。其誤與此經同也。此經正義本當未誤。故玉藻正義云凡自稱天子曰予一人者案曲禮下云天子曰余一人予余不同者鄭注曲禮云余予古今字耳蓋古稱予今稱余其義同。孔之所言。最爲明晰。此正義中予字。非其舊也。釋文本亦當未誤。故經余無音。注予有音。次第在音注皆損之下。云予一人依

字音羊汝反。鄭云余予古今字，則同音餘。陸之此言，亦謂讀注所引覲禮之予，同禮記此經之余也。其在儀禮之予，仍依字讀羊汝反，而無音矣。若此爲音經，則次第當在上，且又必當曰依注音余，或曰音余出注，始合前後之例。今皆不然，可知其爲音注無疑。唐石本作予，乃當時經已有譌者耳。如豚曰腯肥，以注引春秋腯字爲經字，經注遂不可通，是其比也。而岳本以來，復改此注之予以就經，失之甚矣。山井鼎曰：古本經作余。又曰：注作予，與覲禮合。彼直據覲禮改注，又據注改經耳。凡其古本異同之近是者，大抵此類，茲亦聊出之。

注祝告至于鬼神辭也 各本至作致。唯山井鼎所據與此同。

司草 俗注疏本草作艸，最誤。凡俗注疏本字體不同此者，大抵臆改，今不悉出。

相見於郤地 唐石本及各本皆作郤，此撫本之誤。又今釋文從卩，蓋亦譌也。

注衆介北面鏘焉 各本鏘下更有鏘字，誤也。山井鼎所據與此同。毛居正曰：蹌作鏘誤。興國軍本作蹌，是。宋監本與此同。今案：釋文音經蹌蹌云：本又作鶬，或作鏘，同七良反。是正文有作鏘鏘，注有作鏘焉之本，非無出也。但正文既從蹌蹌，而注仍作鏘，則爲歧耳。聘禮作蹌。士冠禮鄭注云：行翔而前鶬焉。可見蹌、鶬、鏘三文之非有異也。毛居正泥鏘爲鏗鏘字，未得假借之理。正義

所用本經注皆爲踣字與或作者不同　注至親无去无當作無此撫本之誤各本不如此　注祿謂有德行案正義云鄭知有德行云云是此句首無祿字明甚有者衍耳　注婦人之職各本婦上有賤字唯山井鼎所據與此同案釋文本有賤字又云本又有無婦字者以此訂之似當是本又有無賤字者但未敢輒定

檀弓上

頹乎其順也唐石本初刻積後改同此後經泰山其積不磨改爲錯出也　注言居無常也各本常下有處字唯山井鼎所據與此同案釋文以常處作音故各本據增也　注以孔子不問各本問誤作閒　注郰叔粱紇各本粱作梁此蓋撫本之誤　注牆柳衣也案此當衍衣字下文飾棺牆置翣注之正義有明文不知者誤以彼注衣字入此耳　注大事謂葬事也各本葬皆作喪案正義兩云喪事此蓋撫本之誤　子蓋言子之志於公乎唐石本初刻盍後改同此下文然則蓋行乎亦然案初刻二盍字乃依注改經之本也　周公蓋附各本附作祔唯唐石本作附與此同案作

祔者出於釋文釋文云葢祔音父是也作附者出於正義正義標起止云舜葬至葢附下附字又三見皆同是也附葬合葬祔祭合祭二事本別故唐石本從正義本一用附一用祔也其釋文本合葬即作祔祭字是爲假借理得兩通俗注疏本因其經從作祔者遂盡改正義中四附字作祔是爲以陸改孔失之甚矣後經衞人之祔魯人之祔唐石本仍同釋文作祔以此經決之正義本葢亦作附而今十行以來本正義中字又爲人所改易也至於雜記之祔祭作附則鄭云讀皆爲祔矣

彈

琴而後食之 後當作后唐石本作后此撫本之誤各本不如此

飾棺牆置翣 各本牆下有注云牆之障柩猶垣牆障家凡九字葢他本取正義語附載之遂誤入鄭注也撫本初刻並無此九字最是脩板時誤於他本剜擠入之故其添補痕跡今猶宛然山井鼎云古本無此九字謹按下注云牆柳衣此注衍文云云與此初刻爲同矣

注如攝與 俗注疏本攝誤作𢇛案葉鈔釋文十行本正義中三見皆是攝字而俗本亦改成𢇛乃誤之甚者

注善子游言且服 岳本此下有也字依釋文增耳

舉者出戶 俗注疏本戶誤尸自唐石本至十行本皆與此同

注春秋作戉 嘉靖本及俗注疏本戉皆作戌誤

有無惡乎齊 俗注疏本無作亡誤自唐石本至十行本皆與此同 **司徒旅歸四布** 此經唐石本以下盡同山井鼎云古本作司徒敬子使旅歸四方布足利本同今案古本足利本非也唯經文如此本故注云旅下士也司徒使下士歸四方之賻布以明之若經文既有使字方字注必當云旅下士也布賻布矣何爲復贅使下士歸四方之云乎鄭注字無虛設豈宜有此且經文司徒下既有敬子二字注又安得單稱司徒以此言之足知其妄不過因正義以司徒爲司徒敬子遂輕於竄改耳其實正義所云或者別據他書兼可沿襲舊疏本末不具證驗未明尋其意言專在難皇而已未可遽謂其本之經竟如古本足利本也少儀聽役於司徒正義引司徒旅歸四布亦其本自如此之一證或疑經止云四注何以知其爲四方此如覲禮路下四鄭云謂乘馬也彼經四承路下之下故解以乘馬此經四在歸布之閒故解以四方望文爲解注之通例也文王世子一有元良注一人也亦其比矣古本之似是而非有如此者附辨以發其凡

注曾子言非 俗注疏本非作喪誤甚 **注禮祖而讀賵** 各本祖作袒毛居正云作袒誤是也 **注主人之吏** 吏當作史此撫本之誤此在既夕有明文嘉靖本岳本亦然十行

本改爲史是矣。在既夕有明文。又雜記注不誤也。**欲人之弗得見也**　唐石本初刻弗作不。後改同此。**注三斷止之**　岳本十行以來本皆同此。釋文以上之作音。唯山井鼎所據宋板注疏作上。今未見嘉靖本作正。又止之譌也。**注虛之不合**　嘉靖本岳本十行本皆同此。俗注疏本改合爲令。案作合之本。已見於釋文。正義所不必改者也。**注椵柂**　岳本椵作椵。是也。今爾雅釋文作椵。亦譌。**注時人閒有弁經**　此撫本之誤。岳本十行以來本亦誤。嘉靖本及山井鼎所據宋本閒作閒。爲是。**注因且字以爲之謚**　毛居正曰。其作且誤。是宋監本同此也。岳本亦同此。嘉靖本十行以來本皆作其。因毛說改耳。案鄭言且字者。前後注屢見。又儀禮注亦屢見。賈氏所疏具有明文。毛不詳考。輒加臆改。誤之甚矣。山井鼎所據宋板且下有一字。衍耳。而且則未誤也。

檀弓下

夫入門右　唐石本初刻右下有北面二字。後改同此。案正義以爲禮本多將鄭注北面爲經文者。古舊本無。庾蔚亦謂非經文。其言之詳矣。此唐石本初刻及改刻之故也。**注言在喪伐之際**　毛居正曰。代作伐誤。此撫本之誤。與監本同。嘉靖本

亦然。其岳本十行以來本不如此也。**注穆伯之妻**各本脫之字。**卒哭曰成事**

唐石本初刻曰誤日。後改同此。**注虞禮所謂他用剛日者**十行以來本者作也。誤。**注日成事**日當作曰。此撫本之誤。各本不如此。**先王之所難言也**唐石本初刻所下有以字。後改同此。**退人若將隊諸淵**唐石本隊作墜。各本與此同。

注專猶同也毛居正曰司作同誤。建本作司。案此說最誤。正義云專猶同也。爾當同此婦人與男子一處。若婦女之賔爲賔位焉。與男子之賔同處。婦女之主爲主位焉。與男子之主同處云云。正義三言同處。以釋注之同字。其不作司的然無疑。建本特爲譌錯。誼父依之。非矣。嘉靖本十行本作司。其出於建本與。

注禮揚作騰嘉靖本岳本十行本皆與此同。俗注疏本騰作滕。下騰送也同。案俗本非。鄉飲酒義注云今禮皆作騰。射義注云今禮揚皆作騰。可證也。儀禮古文作滕。今文作騰。見燕及大射二篇。鄭彼經從滕。而此注用騰者。以訓送之字。古文滕爲正。若今文作騰。是爲假借。義得兩通。賈燕禮疏云騰與滕皆是送義。而其引此注字爲滕者。取順彼經文。又謂滕騰同字也。此正義引

彼經則作賸複舉此注則作騰意亦謂騰賸同字十行本正義中尚未全誤俗本盡依燕禮揔改成賸似是實非者也又案燕禮注今文賸皆作騰不誤大射注古文賸皆作騰古當是今耳漢石經大射殘字作賸蔡雖當是今文但未必合於鄭凡漢人中同習一家而經字互異者多矣恐難以相決

其子戊 俗注疏本戊誤戍

夫子疾莫養於下 唐石本初刻無下字疾上有一字不可辨後改同此案初刻誤也

斂手足形 唐石本以下各本與此同釋文以斂手作音是其所自出也前經子游問喪具下此句唐石本及各本作首彼正義云但使衣衾斂於首足形體不令露見而已此正義云但以衣棺斂其頭首及足形體不露是正義本皆作首不作手今案首也足也形也是三事故鄭注彼經以體解形此經不注者已具於彼也首言上之所始足言下之所終形言中之所該斂法備此三者士喪可考然則正義作首爲是彼經不見於釋文故唐石本仍作首而各本亦仍之以此相決或釋文本彼亦作手

注敬叔於昭穆以懿伯爲叔父 正義云此後人轉寫鄭注之誤當云敬叔於昭穆以惠伯爲叔父云云是其誤而如此者久矣釋文無所見未詳其本之若何也

注謂火燒

其宗廟各本火作人誤唯山井鼎所據與此同使子貢問之岳氏沿革例云與國及建諸本皆作子路及考石本舊監本越上注疏本皆作子貢云云今案此於釋文正義無所見唯唐石本爲可據撫本與石本以下同者當是矣嘉靖本十行本皆作子路蓋出於建本而十行本之祖乃岳氏所謂建本有音釋注疏也與國軍于氏本今未見就岳所舉各條訂之絕少是者則可知其非善本矣注謂賣舍宅以奉

喪岳本舍宅作宅舍注亦節也十行以來本亦作示誤其正義中標起止亦節至尺所尚是亦字而俗本并改爲示乃誤之甚者子弒父凡在官者唐石本及十行以來本官皆作宮嘉靖本岳本同此正義云此在宮字諸本或爲在官恐與上在官相涉而誤也此撫本之誤即正義所言或本者注衣當爲齊嘉靖本十行本同此岳本齊作齎俗注疏本同正義云但齊字壞滅而有衣在案正義謂齊形近衣壞滅多筆其在者遂成衣字耳不謂初作齎字壞滅其外而中衣獨在也岳本所改者不得其意釋文云依注衣作齎音咨者禮記經注齊衰之字本亦作齎前已屢見故此竟據正字說之耳必知齊爲是者以鄭據喪服見今彼文作假借之

齊故也。五經文字但云齋說文，不云見禮記注，則張參亦從作齊之本。下注姑姊妹在室齊衰，與此注承接，各本仍皆作齊，即岳本亦未改矣

注繆讀爲木樛垂之樛 木當作不，此撫本之誤。不樛垂，據喪服傳正義有明文。嘉靖本、岳本、十行本誤與此同，其俗注疏本則已改正也

注覸天亥而雨之 案釋文以庶覸作音，云音與本亦作幾音同，當是所據之本因改庶幾爲覸，而庶字長於覸上，誤也。曲禮下注云覸已後還，上篇注云幸覸也，王制注云覸其見新人有所化也，皆不言庶。此注正義無文，蓋未必與釋文同矣

王制上士中士下士 唐石本初刻中下互易，後改同此

注其位爵同小國在下 岳本同此。嘉靖本、十行以來本爵字在位上，誤。案此讀當以其位斷句，爵字下屬，爵同與下句爵異相對，正義可證也

注十二小卿也 案正義云定本云十十二小卿，重有十字，俗本直云十二小卿，俗本誤也云云。此撫本之誤，即正義所云俗本者，又各本盡然，蓋沿譌久矣

注并四十九 此撫本之誤，九當作六，正義可證也。嘉靖本、岳本及山井鼎所據皆作六，其十行以來本誤同此

則

賜也不過九命唐石本初刻也下有大國之君四字後改同此亦弗故生也俗注疏本亦作示誤案注云亦不授之田云云正義云解經亦弗故生也作亦明甚唐石本以下至十行本初刻皆作亦俗本乃弃正義中改爲示更誤

天子將出唐石本初刻出下有征字後改同此案初刻涉下文而誤也

天子曰辟廱唐石本廱字磨改其初刻不可辨或當是雍也

不殀夭唐石本磨改殀夭二字其初刻不可辨

注天子乃日舉樂以食十行初刻本舉下行一以字俗注疏本因其不可通遂改樂下以字爲侑誤甚

莽不爲雨止唐石本止字磨改其初刻不可辨

注晉侯夢黃熊入國案此注正義本是熊字釋文本是能字孔之與陸意趣相違故熊能二本當日並行而兩家各有所從也左傳昭七年之釋文正義亦復如此凡所論辨具於本書今詳賈逵左傳注作熊既是明文王劭亦定爲熊字又韋昭所解國語與左傳不異決當爲熊無疑至於爾雅之鼈三足能乃别説他事與此絶不相關其或因稱入羽淵牽連爲一者非也所謂既爲神何妨是獸足以破之矣陸於左氏釋文和合能熊亦非是俗

注疏本此文有改作能者，但知有釋文，不知有正義，而**注則**岳本將所附釋文改云熊音能又音雄，更全失陸意

無門關之征征猶譏也此撫本之誤，毛居正曰多一征字，是監本誤同也，各本不如此

注使其材埶堪地氣也毛居正曰蓺作埶誤，案各本作蓺，此當依各本，毛所改亦未是

注質猶平也各本脫猶字

廢疾非人不養者唐石本廢作癈，案說文疒部有癈字，但經典多假借，注云廢廢於人事，蓋本不作癈，唐石本未是也，禮運廢疾者同

爲田九萬億畝唐石本初刻億作萬，後改同此，案正義云若以億言之當云九千億畝，若以萬言之當云九萬萬畝，此初刻之所以作萬也，正義又云此經上下或億或萬字相交涉，遂誤爲萬億，鄭未注之前書本既爾，云云，此所以必仍改爲億億也，讀唐石經而訂其同異是非，當依此類求之

月令

還反

賞公卿諸侯大夫於朝案釋文以還乃作音，正義云在孟春，云賞公卿諸侯大夫於朝，孟夏云還乃行賞封諸侯慶賜遂行無不欣說，孟秋云還乃賞軍帥武人於朝，孟冬云還乃賞死事恤孤寡，四時所

賞不同者云云。是釋文正義二本皆作乃。唐删定月令亦尚爲乃字。孟夏孟秋孟冬皆同。然則撫本與各本作反者。蓋皆誤也。近惠氏九經古義云呂氏春秋反作乃下同或云當依呂氏者。是也。其引穆天子傳天子還返云還返連文月令是者。非也。穆傳不足據以證經

注蓋郊後吉辰也 岳本及山井鼎所據宋板辰作亥。此撫本之誤。正義可證。少牢賈疏亦可證。嘉靖本十行以來本皆誤

犧牲毋牝 六經正誤曰欠用字釋文用牝有用字。建本有用字。案其說是也。正義有唐删定月令亦有。此撫本之誤。各本不如此

注謂死氣逆生也 岳本謂作爲。山井鼎所據同。此撫本之誤。嘉靖本十行以來本亦皆誤

則雨水不時 案正義云此風雨不時者謂風雨少不得應時所以風雨不應時者以孟春建寅其宿直箕星箕星好風孟春行夏令寅氣不足故風少云云。是正義本雨水作風雨明甚。釋文不見。無可考。呂氏春秋淮南時則訓皆作風雨。唐删定月令作雨水

安萌牙 岳本十行本同此。嘉靖本俗注疏本牙作芽。非也。唐删定月令作牙。呂氏春秋亦然。下注皆同

奮木鐸以令兆民 案釋文以奮鐸作音。考呂氏春秋作奮鐸。淮南時則訓作振鐸。

蓋釋文本無木字者是也。但無以知正義本之有否

注用竹篳曰扇 嘉靖本岳本十行本皆同此。案蓽通用篳。見集韵七尾。乃當時俗作。十行本本正義中是蓽字。俗注疏本此注改作蓽者是矣

注當祀者古以玉帛而已 案古字有誤。各本盡同。蓋直字之壞。正義云其應祀之特圭璧更易此犧牲。讀以之句絕。特下屬。特者解直也。應者解當也。山井鼎所據宋板特作時。誤字耳。山井鼎又云古本古作告。足利本同。未詳其所出。或因高誘注呂氏春秋淮南子。皆引幣帛圭皮告于祖禰。而爲之與

注鴐鳥毋無 案毋當作母。釋文云母無上音牟又如字。毛居正曰如字者讀父母之母平聲則音牟今作毋誤。是也。正義云今此注母無母當作牟謂牟無也聲轉字誤牟字作母。正義之意。依爾雅牟爲正。故云爾。其實牟母不異。釋文得之。各本注皆同此。唯山井鼎所據宋板是母字。今未見。十行本正義中母亦誤作毋。而俗注疏本又將注及釋文正義中母無盡改爲鴾母。則誤之甚者

命野虞無伐桑柘 各本與此同。俗注疏本無作毋。唐刪定月令作無。彼前後皆作無故也。呂氏春秋亦然。淮南時則訓皆作毋。此無字於前後歧。蓋後人亂之。下文無有敢惰同。又無有所私亦當同

天子乃率

三公 俗注疏本率作帥。唐刪定月令作率，彼前後帥皆作率故也。呂氏春秋亦然。此率字於前後亦歧。俗本所改蓋是。各本與此同，非。

注則就牧之牡而合之 岳本同。此嘉靖本十行以來本牡作牝，誤。正義云：故遊此繫牧之牝於牧田之中，就牡而合之。其在廄牡馬須擬乘用者則不放之。二牡字今亦皆誤爲牝，而正義與注乃不可讀。

注明出時无他故 无當作無。以後同。

注顓頊氏之子曰黎 十行本正義中皆是犂字。蓋其本如此也。俗注疏本因改注中亦作犂。其實作黎者但異本耳。左傳作犂，國語作黎。左傳釋文有音，此無音，未必其本不作黎也。下其神后土注同。

注徵五十四 徵下當有數字。此撫本之誤。各本不如此。

注祭醴二 此撫本之誤。岳本及山井鼎所據二作三，是也。嘉靖本十行以來本誤同此。

命司徒巡行縣鄙 俗注疏本巡作循，誤。案唐刪定月令亦作巡。唯呂氏春秋作循。蓋或記於旁而遂誤耳。

注舉羣臣以禮樂飲之於朝 舉當作與。此撫本之誤。各本不如此。

注古者上公 山井鼎曰：古本作古者上公以下。足利本同。又或說，詩假樂、雲漢二

正義引此注皆有以下疑此脱今案非也此正義云雖爲王朝卿士兼帶上公之官故左氏云封爲上公祀爲貴神是身爲百辟又爲卿士唯其本無以下故云爾也其複舉此注亦無以下至於詩正義所引不妨異本彼作古本足利本者徒見詩正義之説以下者甚詳以爲必當有遂取之增入而不察與此正義反相乖違也或説之誤闇與彼同凡若此者足以滋惑故聊出之嘉靖本十行以來本公誤古

則雹凍傷穀 唐刪定月令初刻凍後改凍今案吕氏春秋淮南時則訓凍作霰然則凍暴雨也爾雅楚詞以凍水字爲之月令以凍閑字爲之於六書皆爲假借非暴雨正字乃作凍也又唐刪定月令初刻凡解凍以下無不作凍更涉此而誤

以別貴賤等給之度 岳本給作級案唐刪定月令亦作級後經孟冬云貴賤之等級又季秋云授車以級注級等次也岳所改是矣此撫本之誤嘉靖本十行以來本誤皆同此吕氏春秋亦作級

土潤辱暑 各本辱作溽釋文云辱暑如字本或作溽音同十行本正義中尚皆是辱字俗注疏本始盡改爲溽字可知釋文正義皆不作溽周書時訓解吕氏春秋淮南時則訓乃是溽字正釋文所云或作本及唐刪定月令作溽之所從出也各本失之唯山井鼎所據與此同

可以美土彊 十行

以來本彊作疆誤其正義中尚皆是彊字傳校葉鈔釋文亦是彊字而俗注疏本與釋文盡改爲疆字失之呂氏春秋作疆淮南時則訓作壃高誘兩注以界畔爲義與鄭此注強槩之義絶不相涉唐刪定月令作彊字與此同依鄭義是矣

鷹隼蚤鷙 各本盡作鷙釋文云亦作鷙案此獨用亦作字蓋非也

注創之淺者曰傷 各本與此同岳本淺作殘誤字耳

注營室主武士 岳本及山井鼎所據同此蓋非也嘉靖本十行以來本士作事案正義曰案春秋元命包云營室星十六度主軍之糧可證其本作事不作士其標起止仍作士者誤耳下天子乃命將帥講武注亦因營室主武士也各本作士當亦作事也

注入地圓曰竇 岳本圓作隋案釋文以隋曰作音云他果反謂狹而長正義云隋者似方非方似圓非圓岳所改是矣此撫本之誤嘉靖本十行本誤同此其十行以來本正義云竇既爲隋圓圓衍字因注文之誤而又誤增之也

注師都載旜 岳本都誤旅

注鄉遂載物 正義引司馬職鄉家載物又引注鄉家鄉大夫也又云案周禮云鄉家今此注鄉遂載物者轉寫誤也既以師都爲遂大夫載旜無容故違周禮云鄉遂載物今案周禮有二本一

本作鄉遂。今賈疏者是也。一本作鄉家。此正義所引是也。正義以此注作遂。與其周禮作家。不合。而家是遂非。故旣引之後。又自說其意。唐石本周禮初刻遂後改家。意亦如此也。十行以來本此正義誤依賈周禮盡改鄉家爲鄉遂。又改其所稱此注之鄉遂爲師遂。而不知正義所云。專辨家與遂之是非。故有旣以師都爲遂大夫之言。初非鄉字爲有異同也。賴末後一處鄉遂尚存正義之舊。可藉以尋其誤。又推而合之唐石本。乃知正義所引周禮自作鄉家。不得因以後但行賈本。作鄉遂求之也。特訂正焉。或有竟謂正義本此注作師遂者。因誤爲說。豈其然乎

注冬陰盛寒於水 山井鼎曰古本作陰氣盛寒於外足利本同。今案此依前其祀竈注云夏陽氣盛熱於外也。外字蓋是矣

注爲軷壤 釋文云壤如丈反。各本盡同。是矣。聘禮賈疏引亦作壤。正義云軷壇。或其本作壇與

注龜之繇文也 毛居正曰繇作繇誤。其於釋文亦如此說。今案非也。說文無繇字。俗注疏或作䌛者。因誼父而誤

薄厚之度 各本薄厚作厚薄。唯唐刪定月令與此同。呂氏春秋亦然

注知其不功致 案正義云於後以考其誠信與不云云。是其本作知其功致不明甚。不者否也。各本皆誤倒。韓非七術云昭侯以察

左右之誠不。又云子之以此知左右之誠不。今本亦俱不在誠上。皆由未曉其讀而誤倒之也

注燕謂有牲體 案燕當作烝。正義有明文。各本盡誤。

地氣沮泄 山井鼎云古本沮作且。案呂氏春秋作且。古本蓋依之也。唐删定月令亦作且。近盧召弓氏謂釋文無沮音正義亦不解沮此經當本作且。今案若作沮。當與儒行世亂不沮同義。彼釋文云徐在呂反。則此或如盧說矣。其正義本無以言之

蚯蚓結 岳氏沿革例曰孟夏丘蚓出仲冬蚯蚓結同此蚯蚓也而有丘蚯之異旣諸本皆然不敢輕改。今案正義中字作蚯。是其本如此也。唐删定月令皆作蚯。前經釋文作丘字。而此經無文。蓋其本皆作丘。或但依見於釋文者改之。故錯出耳。嘉靖本十行以來本則又皆作蚯矣。周書時訓解皆作蚯。淮南時則訓皆作丘。而呂氏春秋亦丘蚯錯出。蓋後人又依月令改耳

此所以助天地之閉藏也 十行以來本脫所字

注兵亦軍之氣 山井鼎曰古本軍作畢。今案亦者。亦上畢好雨。畢字蓋是。鄭於仲春注曰畢又爲邊兵。本元命包。亦見史記天官書。其義也。其孟秋注云營室之氣爲害也。句例與此畢之氣又同。各本作軍。但形近譌耳。通志堂校刻衞湜集說改作金字。

大誤。毛斧季何屺瞻皆言集説妄改甚多。乃吴江顧伊人所爲。洵然矣。近黄蕘圃氏收得宋槧。惜未有津逮之者

雉雊雞乳 案正義本如此。引通卦驗同。釋文以雉雊雞始乳作音。蓋其本誤多一始字。周書時訓解鵲始巢雉始雊雞始乳三句。以文不相屬。故每句言始。唐刪定月令亦然。此經中無。後五日云云隔之。故下二句蒙上不更言始。正義本爲是也。淮南作雞呼卵。呂氏春秋此句今本舛譌。皆不可取證。

注此所以與同姓共也 山井鼎曰古本作此所與同姓共者也。今案依前後句例蓋是矣

曾子問

注告生也 各本與此同。山井鼎曰古本生作主。案此因正義唯有主在故告於主云云故也。或此注正義本作主與

曾子曰不以輕服 唐石本初刻曰上有問字。後改同此

注婦有共養之禮 各本共作供。此撫本之誤。釋文云有供九用反

有司弗辯也 唐石本辯字磨改。蓋初刻作辨也。案注云辯猶正也。蓋經用辨字。而注用辯字。初刻爲是。後刻誤依注改經也。其注用辯字者。因注之徧字已不用辯也。凡三禮中經古字。注今字。而爲人所改者。往往有之

注畢獻祝而後止

俗注疏本作祝畢獻誤也注以畢獻祝解經之祝畢獻誤改轉同經文全失其意

曾子問曰父母之喪十行以來本脫問字**注禮當言誄於天子也**案鄭所謂言誄者曲禮之言謚也彼注及正義具有其事故此正義云則諸侯理當言誄於天子十行本正義未誤也俗本妄改言作請而山井鼎乃曰宋板疏請作言正嘉同恐非此不解鄭語之過也或又因此弁欲改注言字作請則可謂不思甚矣

注比謂君已大斂比當作此此撫本之誤各本不如此**君大夫士一節也**毛居正曰作君大夫主節誤彼謂監本也此撫本初刻蓋亦然其後剜改主作士一今痕迹尚可驗

注謂與祭者留之共燕案謂當作諸釋文以諸與作音正義複舉亦是諸字各本與此同唯山井鼎所據宋板作諸今未見

可以祭乎唐石本初刻可作何後改同此

殤不祔祭唐石本初刻祔作附依釋文本也後改同此釋文云本或作祔亦同正義本即或作本而各本所自出也

祭殤不舉俗注疏本舉下有肺字唐石本以下至十行本皆與此同案此經云不舉注云舉肺脊以舉肺脊解

經之舉也。正義云謂祭此殤時不舉。又云以經云不舉無肵俎不告利成此三者云云。今本正義舉下皆有肺字衍耳。俗本又取以添經誤也。肺脊二字連文。皆是鄭據特牲少牢而爲注。並非經言肺而注乃言肺脊也。或更謂正義本經有肺字者。於注及正義皆失其讀

自卿大夫士之家 嘉靖本岳本十行本皆無士字。此處撫本剜改。蓋初刻亦然。案唐石本有。正義複舉有。有者是也。俗注疏本與此後刻同

注若今縣官宮也 俗注疏本宮作舍誤

注武王時賢史也 各本武作成。案成字非也。正義複出此注作武。又云史佚文王武王時臣云云。唯撫本尚存其舊。而十行以來本此脫去正義。遂無知其誤者。又玉藻正義同。服虔注左氏云周成王大史。與此不同。不可相證也

殷人既葬而致事 撫本此下有周人卒哭而致事七字。以行字計數。剜改添入也。初刻無之。唐石本及各本皆與初刻同。岳氏沿革例云注中周卒哭而致事一句獨與國本大書而爲經文曰周人卒哭而致事視注復添一人字。然則岳所見撫本未剜添也。今案正義云注致事至致事。可見其本周卒哭而致事一句在注也。其下云知周卒哭致事者。又云以此推之故知周卒哭也。說皆出於皇侃疏。可見經文

自來無此一句也。與國本改注爲經。而撫本乃依之剜添。失之矣。又案與國本經有周人卒哭而致事七字。注無周卒哭而致事六字。他本則皆注有而經無。故岳氏云云。剜添乃兩有。亦不可通。山井鼎曰古本經有七字。足利本同。彼非剜添而亦兩有。尤誤。其正義下又云孔子既前含周人卒哭而致事則無從金革之理者。以子夏再問。仍是據周。故取注義合和說之。今正義含作荅者誤字耳。或因此謂正義本有者誤。唯今何休公羊宣元年注乃有之。本非一家。難以爲據者矣 **注則卒哭而致事** 嘉靖本十行以來本皆同。沿革例曰及考舊監本注周字乃作則。是其誤久矣。岳本及山井鼎所據宋板作周。以正義證之。是也

文王世子 注四時各有宜學 俗注疏本有下衍所字。案誤用正義文添也

注掌以美詔王 俗注疏本美作媺。非也。周禮自作媺。鄭此注自作美。所謂古今字。故釋文無音。正義云引師氏以美詔王以下者云云。亦作美字也。俗本并正義中盡依周禮而改之。誤甚。此固十行本之所未誤者

注若唐虞有虁伯夷 俗注疏本虁下衍龍字。誤依正義添。其實正義亦長字耳

注乃息司正 岳本正下

衍云字**注爲小技能也**案正義云謂小小技術則爲當作謂各本皆誤下注爲後復論說也同凡古書爲謂多互譌**正室守大廟**唐石本大下有、似刻之誤也凡經用大字其刪定月令乃用太字彼一篇中餘字所用亦迥然有別此讀經者所當知也**注纖讀爲殲殲刺也**案二殲字釋文本作鍼釋文音經云則纖依注音鍼之林反刺也徐子廉反注本或作纖讀爲殲者是依徐音而改也下又以鍼刺作音九經古義云今本皆從徐音誤爲殲是矣正義無文未詳其本**注說合樂之所美**十行以來本說作諸誤**反養老幼于東序**此無誤唐石本以下盡然或欲去幼字者非也郊特牲云春饗孤子秋食耆老正義引熊氏云春饗孤子亦饗耆老秋食耆老亦食孤子通於彼經可得此連言幼字之義鄭以彼既有明文故此注略而不復及通典引此注無幼字脫去耳凡書不可輒改而經爲甚其例視諸此

禮運

夏則居橧巢山井鼎曰古本橧作櫓足利本同謹案家語問禮篇亦作櫓句解本音魯今案古足利二本大誤鄭注云暑則聚薪柴居其上正義云夏則居橧巢者謂橧聚其薪以爲巢釋文云

橧本又作增又作曾同則登反合而觀之可知橧巢者橧之而爲巢猶上句是營之而爲窟也鄭意如此孔陸讀之了然無誤至於家語今汲古閣所刻出於宋板者仍作橧但注橧巢二字分解爲兩事王肅以此與鄭立異而已初非改橧爲櫓也即使必以句解爲辭而家語不能據以改鄭所記之注又明矣山井鼎蓋未識此或又據太平御覽引作櫓以爲今作橧者傳寫之誤更非也此經之作橧決以孔陸所讀之鄭注苟云傳寫誤豈鄭傳寫經已誤耶將孔陸傳寫鄭而誤也何御覽獨不得有傳寫誤乎斯不然矣唐石本及各本皆作橧亦並不誤

注五曰齎號 嘉靖本十行本同此岳本齎作齋俗注疏本同案作齋者是也

注上通無莫 案正義云孝經緯文言人之精靈所感上通元氣寂寞引之者證莫爲虛無正本元字作無謂虛無寂寞義或然也各本與此同皆出於彼正本屢見未詳也

注陳靈公與孔寧 各本寧作甯案釋文云孔甯本又作寧案左傳作寧公羊作甯各依字讀正義云此宣十年左傳文是其本作寧與又作者同即撫本所自出也

注以取弒焉 岳本脫焉字

和而后月生也 唐石本初刻后作後其改者同此

十二食還相爲

質也 此無誤。各本盡然。唐石本損。正義自如此。或欲依五經筭術引改質爲滑者非。凡書以所引改本書。及以本書改所引。而其弊有不可勝言者。顧千里持此論。予以之爲然

注終於南吕 案正義云終於南吕更相爲宫凡六十也者云云。又云以此言之則南吕爲是然諸本及定本多作終於南事則是京房律法。釋文云南事律名京房律始於執始終於南事凡六十。今各本皆與正義本爲合。無作事者

故事有守也 十行以來本有作可。誤。俗注疏本并正義中畫改作可。而十行則未誤也

卜筮讋偝 唐石本卜畫通於左。似刻之誤也

而固人之肌膚之會 俗注疏本人下脫之字。因十行本脩補者損缺此字而致誤

注窮斯盜 嘉靖本盜作濫。岳本十行以來本斯盜作則濫。案斯盜是也。坊記云約斯盜注云約猶窮也。此取彼文。當依撫本

禮器

先王之立禮也有本有文 唐石本無有文二字。案此於正義釋文未有明文。但石本既無。必相傳如此。詳下經云無本不立。此經云先王之立禮也有本。八字作一句讀。上下相應矣。無者是也。其禮之文也無文不行。則以禮本既立。又須文乃行。故連而

說之實非於此先爲對舉且立禮與文亦爲不貫今各本多有文二字蓋唐以後本誤衍幸石本尚存得以取正

衆不匡懼 唐石本岳本十行以來本皆同此嘉靖本作恇案作恇者依釋文改也十行正義中是匡字

注謂杭木 嘉靖本十行本同此岳本俗注疏木杭作抗案杭當作抗此撫本之誤下杭木及杭席皆同十行本正義中亦誤杭既夕可證也

注或因名云耳 案正義云今定本無世人二字蓋當時本有長世人二字在或字上者賈氏鄉飲酒禮特牲記二疏亦載是說今各本則皆無也

注士用梜禁 案正義解經云大夫士梜禁者謂大夫用梜士用禁解注云玉藻云士用禁又士冠禮士昏禮承尊皆用禁是士用禁也據此則其本注作士用禁無梜字而賈氏鄉飲疏引仍作士用梜禁且云故禮器大夫士撚名爲梜禁云云是賈本有梜字也蓋當時兩本並行耳今各本皆有則與賈合而與正義爲不合也

注惰長 嘉靖本同此岳本十行以來本惰皆作隋釋文作隋惰蓋隋之誤也十行正義中字作隨當是其本如此俗注疏本并改之爲隋則誤之甚者史記天官書前列直斗口三星隨北端兌索隱隨音他果反漢書天文志同隨隋字異義同斯其證矣

犧尊疏布鼏

案釋文作幎云本又作幂又作鼏唐石經以下皆作鼏即又作本也正義引幂人是其本作幂幂者幎之或體今正義中疏布鼏者鼏覆也二鼏皆幂之譌幂者以巾蓋尊彝鼏者以茅蓋鼏雖皆訓覆而有別據儀禮釋文則隋唐閒已亂之矣

注皆猶誠也 毛居正曰由作猶誤案以正義證之是也山井鼎曰足利本猶作由

注至今語猶存也 岳本也作焉誤正義可證

注無常若孝子之爲也 撫本常下空二字蓋初有衍字刻既成而去之也又十行本無作者誤

注或爲韶圄 十行以來本韶作詔案釋文詔圜音圓本亦作詔圓十行本所附釋文云本亦作詔圓皆當有誤未知其審山井鼎曰古本圄作圜足利本同依釋文爲之耳

注呼池嘔夷 嘉靖本岳本十行本嘔皆作漚非也此正義釋文及周禮釋文無不作嘔者俗注疏本與此同蓋已改正矣

注皆爲温藉重禮也 正義於注皆爲下云皇氏云緼謂承藉又云今定本作温字釋文云温之紆運反注同是與定本同也今案皇本經作温古字注作緼今字如毛詩小宛箋之蘊藉正義引舒瑗云包裹曰蘊經中作温字者古字通用云云其說爲至當不易矣而彼釋文

定本亦經注皆作温。尤可證也。山井鼎於此經曰古本温作蕰。乃作古本者。未知此正義所云定本作温字。實言注而非言經耳

注月出西方。各本出作生。案下注云月出西方而東行也。與此相承接。不當改爲生。山井鼎曰古本作出

而風雨節寒暑時 唐石本無節字。案正義複舉經文無節字。月令正義孟春引此無節字。郊特牲正義引亦然。唐石本依正義本。是也。各本皆有。蓋因正義下云風雨應節而衍耳。俗注疏本并複舉者亦添之。誤甚

注將以見觀。嘉靖本十行以來本見皆作是。岳本與此同。案十行本正義解經云言將以見觀之。即本注文。作見者是矣。俗本并正義亦誤改

注各以其所貢寶爲摯 嘉靖本岳本十行本皆同此。俗注疏本貢作貴。案正義云近者謂近其貢寶也。與其上句所云非因貢而來故云近之。語相承接。又其上文引周禮云各以其所貢寶。語亦相承接。是其本作貢明甚。唯與今周禮爲不同。不妨當日周禮自有此本也。俗注疏本并改作貴。但欲取合於今周禮。而不知轉致此正義文理不順。失之矣

郊特牲

注賓爲苟敬 嘉靖本岳本皆同此。十行本初刻亦然。後并正義中盡剜改苟作尊。俗注

疏本仍之誤也在燕禮記有明文山井鼎曰古本作苟足利本同又其所據宋板注及正義俱不誤但此於彼所據爲缺卷而仍稱宋板與其餘自卷三十三至四十中間所稱者未知究指何本耳

不敢用褻味 唐石本與此同下文作褻爲錯出也褻是當時俗作各本不如此

以鐘次之 唐石本初刻鍾後改同此案五經文字云今經典或通用鍾爲樂器以今考之毛詩周儀禮例用鍾而禮記例用鍾此磨改之意也凡羣經之中其字之偏旁每經爲不同有如此者

注至季春火出而民乃用火 正義複舉此注火出作出火或依之改者非也此非司爟成文乃承上注建辰之月火始出而言今正義誤倒耳

注嗇所樹蓺之功 岳本蓺作藝誤

以戒諸侯曰 唐石本初刻曰後改同此

而后萬物興焉 唐石本初刻后作後其改刻者同此

注同姓或則多相褻也 十行以來本則作取誤

婦盥饋 正義本無此三字釋文有云一本無唐石本以下皆有出於釋文也

注洗肝于鬱鬯 嘉靖本及十行以來本洗皆誤先

注

以隋于主人各本無人字案依正義複舉此注訂之人當是前字之譌也蓋或因主非主人而輒刪之各本遂皆少一字耳注倞或爲詠岳本同此嘉靖本十行以來本詠皆作諒注沛之以茅十行以來本沛作藉誤

內則

注自佩也山井鼎曰足利本自作目今案詳鄭意謂此經佩用之用目下諸物作目蓋是也注拭物之巾也十行本初刻誤重巾字脩板改上巾爲佩俗注疏因之衍誤甚注適之岳本之下衍也字注牟讀曰鍪也嘉靖本岳本同此十行以來本鍪作鍪釋文以如鍪作音十行本正義中亦是鍪字乃其所以據改也案釋文云字又作鍪此及嘉靖岳本皆從之出今釋文云字又作鍪者譌耳可不必改也其曰字則與釋文作如不同正義未複舉不詳何作注當以善者烏宗子也毛居正曰與作烏誤是監本同此也案烏者當時俗作各本不如此析稌嘉靖本十行本皆同此唐石本析作折岳本俗注疏本亦皆作折案釋文云折之列反是其本作折也正義云謂細析稻米爲飯是其本作析也唐石本依釋文但各有所出仍不得以

折改析**柹**唐石本岳本同此。嘉靖本十行以來本作柹。誤也。釋文作柹。五經文字柹柹上芳吠反見詩注下音仕從木從朿聲朿音姊。亦可證也。詩注在伐木**膏用薤**唐石本岳本十行本皆同此。嘉靖本俗注疏本薤作韰。釋文作韰云俗本多作薤非也。故依之改耳。其實亦相承作。可不改也。下文切葱若薤。各本及正義中複舉仍皆作薤。少儀有此文亦然**注脾肶也**山井鼎曰古本肶作肶。案今釋文作肶。古本誤取之改也。嚴州本儀禮既夕注云脾讀爲雞脾肶之脾。今本及釋文亦作肶。其實肶非也。脾肶說文作膍胵。而以肶爲膍之或字。則不得以當胵。明甚。宋時釋文巳誤。故集韻六脂類篇肉部。胵下重文。皆不收肶。而禮注所用之字僅存矣**注遠夾室**遠當作達。此撫本之誤。各本不如此**凡自七十以上**唐石本初刻以作巳。後改同此**注史孝厚者也**孝當作悖。此撫本之誤。各本不如此。十行以來本者誤是**編萑以苴之**岳本十行以來本皆同此。唐石本初刻雚。後改萑。下編萑同。嘉靖本此作萑。案五經文字艹部云萑戶官反從廾下萑今經或相承隸省草作萑。唐石本後改是也。廾部萑音隹。各本皆誤**注牝羊也**各本牝作牡。誤。釋文若將下云牝羊也不

誤

注謂夾之室　夾當作夫。此撫本之誤。嘉靖本十行以來本誤與此同。唯岳本作夫爲是也

記有成　唐石本記字磨改。其初刻不可辨

師辯告諸婦諸母名　唐石本初刻婦作父。後改同此。案初刻誤也

注以禮見問　十行以來本見作聘。誤

玉藻　此篇岳本後附興國于氏改正本。案此既不當改。又其所改亦並非注及疏所云之次第。最爲誤也。今不具論。樂記。雜記。喪大記亦不更論

注各一簋而已　十行以來本一作二。誤

注殷則關恒譏而不征　十行以來本恒誤但。正義中亦誤

注所受君命也　各本命下衍者字

注黨鄉之細者退謂旁側也辟君之親黨也　案釋文云黨鄉之細也退謂傍側也一本或作黨鄉之細者謂傍側也避君之親黨正義本與一本或作者同今各本之所自出。又添退字及末也字耳。其避君之親黨一句。詳一本或作之意。似謂鄭於此經黨字兩解之。黨鄉之細者謂旁側也。爲一解也。辟君之親黨。爲又一解也。當以釋文本

無此一句爲是。但釋文有退字則非。注以少爲尊也岳本同此。嘉靖本十行以來本尊皆作貴

入大廟說笏非古也俗注疏本古誤禮注必象裳色裳色各本不重裳色。非也。讀以必象裳色句絕。重裳色逗。下屬也紳居二焉唐石本與此同。各本二誤一注移之言靡匜也嘉靖本岳本匜作迆。釋文以靡迆作音。此撫本之誤。十行以來本誤與此同。正義中亦然注儀形貌也案正義云以義斷割使義形貌云云。是其本作義。今各本作儀者譌也注若陽氣之休物也嘉靖本岳本同此。十行本休誤躰。俗注疏本改爲體。更誤。又岳氏沿革例音釋條內載此無氣字。而今岳本仍有之。似彼脫去也。正義云吔勃如盛陽之氣公子曰臣孽岳本孽作孼。岳所改也。今案釋文及唐石本皆從艹。孽爲經典相承隸變。見五經文字子部。岳所改偏旁之字。皆此類。至汲古毛本而更不勝枚舉

明堂位注

幷五五二十五十行以來本幷誤井載弧韣唐石本初刻戴。後改同此。案釋

文載音戴又曲禮釋文則載本亦作戴此初刻改刻之意也

下管象朱干玉戚 唐石本初刻象下有一字不可辨後改同此

注刻薄盧爲山也 各本薄作欂案釋文作欂十行以來本正義亦皆作欂而集韻十九鐸云通作薄是撫本乃相承如此未必正義不本作薄也又雜記注各本皆作薄

注今浮思也 各本浮作桴案釋文作桴音浮十行以來本正義亦皆作桴唯山井鼎所據宋板與此同其所據正義中又全作浮字是正義本作浮不與釋文同撫本乃相承如此

夏后氏之鼓足 山井鼎曰足利本鼓足作足鼓案詩有鼖正義引此作足鼓故依之改也此釋文正義無可考但唐石本自作鼓足未可輒改其毛詩那傳云夏后氏足鼓又廣雅鼓名有足鼓當各依本文

注三皇承宓羲者 岳本羲作戲案釋文作戲前月令注亦作戲岳所改是矣月令正義作戲而此正義作羲或合刻注疏時此依注改正義耳

注戴以辟 俗注疏本戴作載案釋文作載音戴正義中字作戴是其本不與釋文同詳以載爲戴者經用古字也注自當用戴俗本依釋文未是也

喪服小記

注謂以

無主後者以當作爲。此撫本之誤。各本不如此注言服之所以隆殺岳本隆作降。山井鼎所據亦然。案作降者非也。正義釋經云不言卑幼舉尊長則卑幼可知也。正解經言服之所隆以包殺。與鄭兼隆殺爲注之意。十行以來本正義中降字。皆隆字之誤耳注別貴賤別上當有不字。正義有明文。此撫本之誤。各本不如此注正親緦小功不稅矣岳本與此同。嘉靖本十行以來本脫正字麻同皆兼服之山井鼎曰謹案此經文六字及注正嘉萬歷三本皆脫唯崇禎本具矣又案疏意麻同作麻葛似是。今案作葛者。其所稱崇禎本汲古毛氏所刻也。葛字誤。唐石本嘉靖本岳本皆作同。十行本正義中複舉此經亦未誤。山井鼎不得疏意耳。又閒傳有此文。亦可證注以不貳隆各本隆作降。案釋文云。不貳降一本作隆。正義云論婦人不貳隆之義。是正義本與一本同。即撫本所自出也。山井鼎所據亦作隆注目所爲禫者也嘉靖本及山井鼎所據同此。岳本十行以來本目皆誤自而后之墓俗注疏本后作後。誤。案與上句而後之家歧出。唐石本以下至十行本皆上後下后。蓋相

承如此帶澡麻不絕本唐石本以下皆同此。案釋文作不絕。云本或作不絕本非也。正義釋經云故云帶澡麻不絕不絕謂不斷本也。是釋文正義皆無本字。注所云帶不絕其本者。鄭以不絕其本解經不絕也。或作本誤以注字入經。而唐石本用之。故各本皆衍注文不縞岳本縞作縟。沿革例云諸本多作縞惟與國本及釋文作縟。又云今從疏及釋文。案所說是也。喪服殤大功章有明文。又服問注爲殤未成人文不縟耳。不誤

大傳

注紕猶錯也各本紕下有繆字。唯山井鼎所據無與此同。案釋文見錯也於紕字小注中。可見鄭此注本無繆字。各本衍也注亦無之宗岳本同此。嘉靖本十行以來本無作莫。誤。正義複舉此注兩見皆是無字。作莫者涉經文而誤耳

少儀

注嫌勝

故專之十行以來本專作薄。誤注易以汙澤此汙字撫本有脩改痕迹。乃初刻作汗也。嘉靖本十行本作汙。岳本俗。注疏本作汗。釋文以汗澤作音。云戶旦反一音烏。案一音即汙字也注恃

知而慢各本慢下衍也字爲喪主則不手拜唐石本初刻手作肅

後改同此。案初刻誤也。**注及卿大夫各如其命之數**各本脫及字。唯山井鼎所據與此同。**弓則以左手屈韝執拊**唐石本初刻柎，後改同此。下文削授拊亦然。**穎**唐石本俗注疏本作穎。岳本十行本作熲。嘉靖本誤作穎。岳氏沿革例曰疏本作穎。釋文及建諸本作熲。監本及興本作穎。但疏則以爲兩穎字字同而義異。釋文以警枕之熲其旁下從火音京領反以授穎之穎其旁下從禾音役頂反則字異而音亦異又未知監本興國本穎字其旁下從木者以何本爲據云云。所言最爲明晰。詳此經警枕之熲當如困學紀聞所說取義於憬然覺悟。而其字假借訓火光之熲爲之。與下經刀本之穎取義懸絕。判然二字。釋文得之矣。正義本此亦作穎。蓋涉下而相亂。監本興本及撫本作穎。又傳寫之譌。六經正誤於釋文云穎警枕也。諸本皆作熲。毛居正之意謂警枕監本從木爲是。又集韻三十八梗四十靜類篇木部皆云穎警枕。據監本也。皆失之。今撫本釋文亦作穎。唯傳校葉鈔出於潭本者。尚是熲不誤。通志堂所刻竟依正義改釋文熲爲穎。繆之甚矣。葉鈔出於潭本者。顧千里所定。**注謂編束萑葦**嘉靖本岳本同此。十行本初刻亦同此。脩改萑作萑。俗注疏本仍之。案正義作萑。釋文作

菅十行脩改但知有釋文不知有正義非也

刀卻刃授穎 唐石本穎作頴各本多同嘉靖本誤作頴六經正誤云頴作頴誤是監本同此集韻類篇亦然案穎是頴非頴者刀本也刀鋒連於本猶禾實連於穎故取義名之而鄭云頴鐶也者指頴首以曉人也釋名刀其本曰環形似環也是其證矣劒首亦曰鐶見莊子釋文曲禮正義正義謂頴是頴發之義刃之在手謂之爲頴字自不誤而說殊未了

注僎或爲馴 嘉靖本及山井鼎所據同此岳本十行以來本馴作騶案正義複舉此注作馴釋文以爲騶作音云本又作馴

注謂爲君授

幣 各本授誤受唯山井鼎所據與此同

祭左右軌 軌當作軓此撫本之誤當時俗作也唐石本作軌嘉靖本十行本誤同此岳本俗注疏本已改正

注祭軌乃飲 案軌字誤也當作範此周禮文彼作軓注云故書軓爲範其實軓爲正字範爲假借其又省則作軋彼經自從正字而此注仍引爲範欲見與范聲同也正義云云見下即此注作範之明證且此注若作軓或作軋釋文皆不容無音可見釋文本之與正義初無所異後來或依周禮改範爲軌又傳寫譌爲軓遂不可通各本誤盡與此同

注範與范聲同 嘉靖本岳本及

山井鼎所據皆與此同。十行以來本範誤軓。正義云此云范大御云軓兩事是一聲同字異故云聲同謂式前之範與此范俱是式前也但式前之軓車旁著凡或作範字雖作範字聲同而字異云云。然則正義本作範。無疑矣　注亦爲柄尺之類也　十行以來本柄尺作尺柄。誤。案上經取俎進俎不坐注及正義有明文也　其未有燭而有後至者　唐石本岳本同此。嘉靖本十行以來本脫下有字　折九个　十行以來本个誤箇

撫本禮記鄭注考異上

撫本禮記鄭注考異下

陽城張敦仁

學記　注所以扑撻犯禮者　十行以來本扑誤撲，正義中亦誤。

注以游暇學者之志意　案暇是假之誤。釋文云假戶嫁反，舊古雅反。正義云謂優游縱假學者之志，不欲急切之。正義所讀，即舊音也。與下經遊焉注游謂閒暇無事於之遊義有別。今各本此注及正義作暇字者，皆非。

注官居官者也　俗注疏本脫首官字，因十行脩改此字缺而誤也。

教人不盡其材　唐石本初刻材作才，後改同此。

注情欲未生　各本欲作慾，下注亦然。唯山井鼎所據與此同。案釋文作慾，正義作欲。十行本正義中欲慾錯出，後人亂之也。

注孫順也　此三字有脩改痕迹，蓋初刻無也字耳。

燕譬廢其學　唐石本及嘉靖本同此。岳本十行本譬作辟。案正義云燕譬廢其學者，譬，譬喻也云云。是其本作譬。釋文云燕辟音譬，注及下罕辟同。是其本作辟。唐石本出

於正義本而岳及十行乃依釋文所改也但其注中譬諭幷下文罕譬仍皆作譬則於釋文亦爲不合注廢

滅十行以來本滅誤弛唯其師十行以來本唯誤惟注西折而南此四字有脩改痕迹蓋初刻無南字耳正義云此西折而南南字亦鄭所加故初誤去善待問者如

撞鐘唐石本初刻鍾後改同此注醜或爲計十行以來本爲下衍之字樂

記凡此篇文與荀子樂論史記樂書及裴駰集解引鄭注有出入者皆不取以相亂注比猶

同也同字有脩改痕迹蓋初刻誤作司耳六經正誤曰同作司誤感於物而動性

之欲也唐石本初刻無於字後改同此案今正義複舉此經有於字初刻未詳所出也化物

也者化上當有人字此撫本之誤各本不如此注異謂別貴賤十行以來本下衍也字注舉事在其時也俗注疏本舉作爲案涉下注而誤其治

辯者案釋文云治辨本又作辯舊音遍案廣雅辨徧也薄莧反陸此言其意從辨也正義複舉此經作辯是其本與

又作同。詳禮文例用辯爲遍。鄭此注辯徧也。舊音以遍音辯。皆是謂辯即徧字也。廣雅所言。義亦得通。但準禮文之例。實爲乖違。或別有出。唐石本以下皆從作辯之本。是矣。又史記樂書作辨。徐廣曰辨一作別。字義皆異。而集解引此注辨徧也。裴順史文耳。未必本與陸同。**而禮制行矣**唐石本初刻矣作焉。後改同此。案初刻涉下句誤。**注奮迅也**岳本同此。嘉靖本十行本迅作訊。案釋文以奮訊作音。云本又作迅。正義云奮迅而出也。是其本與又作同。訊迅古今字。下經訊疾以雅。以正義本言之。經用古字。注用今字也。**順成和動之音作**唐石本初刻成作誠。後改同此。案今正義中複舉此經是成字。其唐石初刻未詳也。**廣樂以成其教樂行而民鄉方**唐石本初刻教下有故字。後磨改去其字故字。案今正義中複舉此經。有其字。無故字。唐石初刻及磨改皆未詳。**然後樂氣從之**唐石本損。嘉靖本岳本同此。十行以來本氣誤器。又十行本正義中複舉此經。及下云是故然後樂氣從之也。皆尚作氣。俗注疏本幷改爲器。誤甚。**注送之以禮**十行本迗誤。旣俗注疏本改作報。亦誤。**注熹猶**

烝也各本烝作蒸。案釋文以循蒸作音，故各本依之改也。正義云熹謂烝動，又云是使二氣烝動，十行本皆作烝，是其本如此。俗注疏本盡改爲蒸，非矣。

注殙裂也山井鼎曰古本殙下有猶字，足利本同。案釋文不殙下云猶裂也，是其本有猶字。正義曰云殙裂也者，卵體多裂，又齊語稱裂爲殙，故以殙爲裂也。是各本無者出於正義本明甚。古本足利本但知有釋文，不知有正義，非矣。史記集解引亦有，或作古本者兼取於彼耳。

注合奏擊拊山井鼎曰謹案周禮合作令，下合奏同。今案此注中二合字皆令字之誤。鄭周禮注云擊拊瞽乃歌也，鼓朄管乃作也，是令奏之義。而此注引彼經者，正以令奏證會守。上云言衆皆待擊鼓乃作，謂待令奏乃作也。誤爲合字，失鄭意矣。又正義中諸合字今本皆同，但義亦多不可通，蓋本皆是令字。孔本此注其未誤與。

注鏗鎗之類各本鎗作鏘，誤。

注當謂樂不失其所案正義云此之謂大當者，當謂不失其所，如上所謂是大得其所當也，無樂字明甚。有者衍耳。史記集解引亦無。

注聞讙囂則人意動作囂當作嚚。六經正誤曰嚚作囂誤，此撫本之誤，與監本同。各本不如此。

非聽其鏗

鎗而已也唐石本岳本十行本同此嘉靖本俗注疏本鎗作鏘誤又正義中十行本亦未誤注

事伐事也岳本及山井鼎所據同此嘉靖本十行以來本伐誤戎五成而分

周公左召公右山井鼎曰古本分下有陝字今案古本非也鄭注云五奏象周公召公分職而治也然則鄭本此經固未嘗有陝字正義云五成而分周公左召公右者從第二位至第三位分爲左右象周公居左召公居右也解經絕不及陝是其本無陝字釋文不爲陝字作音以曲禮注陝有音及王制玉藻注無不有音相決是其本亦無陝字又唐石本亦無之可見此經自來用鄭氏注者並無陝字也史記樂書則有陝字詳彼之與此文句違互甚多難以同諸鄭本集解引王肅曰分陝東西而治或王所注禮記之語而其本之經乃有此字也故於私定家語中又特著之其無與於鄭本亦明矣作古本者未審乎此也又案曲禮是職方鄭注云職主也是伯分主東西者春秋傳曰自陝以東周公主之自陝以西召公主之王制分天下以爲左右曰二伯注引春秋傳同玉藻注亦云伯上公九命分陝者然則此注象周公召公分職而治者意含自陝東西矣正以經無陝字故不取自陝而用分職而治立文也又何容因他書多言分陝遂欲輒增此經乎注

象觀兵盟津時也岳本盟作孟。案此岳依釋文所改注至于商郊牧野岳本十行本同此。嘉靖本俗注疏本于作於。誤。案尚書字作于。故依而引之。注自爲文則用於字。大學注云于於也。于於二字。在鄭爲有分別。俗本混而一之。非也。又禮記一經中。于於互見。撫本與唐石本同。乃相承如此。而俗本多亂者。今不悉出注文王之廟爲明堂制案覲禮賈疏云樂記注云文王廟爲明堂制者彼本無制字直云文王廟爲明堂。與此正義有制字者異。又此釋文不見。未詳有否而易慢之心入之矣故樂也者唐石本初刻無者字。後改同此。案初刻誤故德煇動於內唐石本初刻德作得。後改同此。案初刻誤故人不耐無樂唐石本初刻而作能。後改同此。案初刻誤下如隊唐石本隊作墜。各本同此注上下同美之也嘉靖本十行本同此。岳本同作目。以上下目爲句。山井鼎所據亦作目。案目字是也。上下目者。子贛見師乙而問焉。是上目。子貢問樂是下目

雜記上

注與使

有之（各本與作予唯山井鼎所據與此同案釋文作予正義複舉作與）注今大夫喪

禮逸（各本喪下衍服字唯山井鼎所據與此同案此對士喪存言之也正義複舉無）緇布冠不

蕤（唐石本初刻蕤作緌後改同此）則史練冠（唐石本初刻史作使後改同此）注筮

史筮人也（案史上筮字衍也經云則史練冠長衣少牢云史朝服左執筮注云史家臣主筮事者賈疏云案雜記大夫士筮亦云史練冠長衣是史主筮事也其不當有明甚山井鼎曰古本經史上有筮字據今本注之誤字以改經最謬）

注夫所附之配（十行以來本同此嘉靖本岳本附作祔案經附注祔此撫本之誤）

大子號稱子（唐石本初刻大作太後改同此）注某甫旦字也（旦當作且此撫本之誤六經正誤曰且作旦誤各本不如此案毛居正此校是矣）主妾之喪則

自附（唐石本岳本同此嘉靖本十行本附誤祔）注載所包遺奠（遺當作遣此撫本之誤六經正誤曰遣作遺誤各本不如此）注齊東曰武（俗注疏本東作人誤）率帶

嘉靖本岳本同此．唐石本俗注疏本帶作帶．案釋文如此．其實俗作耳

注大夫而以繐爲之緣 案此大乃丈之誤．丈夫對婦人．下句云唯婦人繐紬是也．其下文注云又大夫服與此不相涉．又者又婦服．謂婦服非所應襲已譏．大夫服亦非所應襲．宜又譏．而經無譏文．故曰未聞子羔曷爲襲之．正言未聞子羔之爲大夫也．各本乃因下注幷改此作大字．失之甚矣

注君所作離宮館也 各本館上有別字．唯山井鼎所據與此同．案曾子問正義載鄭志鮑遺問此注有別字．蓋有者爲是

注既鋪絞

紟衾君至此君升乃鋪席 俗注疏本無君至此君升五字．因十行本錯入次行音義中而誤刪．案君至句絕．以上喪大記文．此者．此經中之公升商祝布席也

注喪無接賓 各本賓下有也字

介立于其左東上 唐石本以下至十行本皆同此．俗注疏本其作門．誤甚

雜記下

注王父既附則孫可祔焉 嘉靖本十行本同此．岳本祔作附．案作附者非也．注自用祔字．不用經之附字．上句亦當作既祔．正義複舉之

曰故云王父既祔則孫可祔焉可證也餘鄭注所用祔字例亦然**注散等衆階**衆當作栗此撫本之誤嘉靖本十行本誤與此同岳本作栗是也**視君之母與妻**俗注疏本與下衍君之二字**注謂王父母以下之親諱**案謂當作爲上經皆爲疑死釋文云注爲食父爲爲王父母云云爲王父母指此句也各本作謂誤耳又釋文父爲者指上注今釋文不重爲字者脫當補**注己大功卒哭而可以冠子**案子衍字也冠者己身加冠也經文冠子取婦據父言之冠取妻據己言之分別極明此注己大功卒哭而可以冠即上注父大功卒哭而可以冠子正義所謂今鄭同之得其義矣而今本正義中複舉此句亦衍子字乃後人妄添非其舊也**世柳之母死**俗注疏本世作泄下及注同案釋文以世柳作音但云良九反而不音世字是陸如字讀孟子作泄世泄同字也十行本正義中尚作世俗注疏本盡改爲泄非矣**注皆爲嫁於國中者也**爲當作謂此撫本之誤各本不如此**宦於大夫者之爲之服也**十行以來本宦誤宧

注及正義中亦然

宗人視之 十行以來本視誤祝

注一兩五尋 各本一作五皆誤也

注會謂上領縫也 岳本及山井鼎所據與此同嘉靖本十行本上領作領上案上者與在旁在下相對其領縫連文作領上者誤

喪大記

注或爲北墉下 各本同此唯山井鼎所據宋板無北字案釋文以爲墉作音是其本無也

士士之妻皆死于寢 唐石本與此同各本不重士字誤也案正義云士士之妻皆死于寢者亦各死其正室也夫妻俱然故云皆也重士字可知矣十行以來本正義亦誤不重

捲衣投于前 俗注疏本捲誤卷案十行本正義中作捲俗本亦改卷誤甚

男子出寢門見人 俗注疏本門下衍外字

注謂舉之不以柱地也 俗注疏本柱誤拄正義中亦然

子大夫公子食粥 俗注疏本食上衍衆士二字案下文云士疏食士即上文衆士也不知者誤因上文輒添於此謬甚

注關大夫君也 岳本山井鼎所據皆與此同古本亦然嘉靖本十行以來

本夫下有及字。衍也。正義可證。

不辟　唐石本初刻辟作擘。後改同此。案正義云不辟者辟擘也。又云但古字假借讀辟爲擘也。初刻非。釋文以不辟作音。

大夫士猶小斂也　毛居正曰鈌也字。案此有改刻痕跡。蓋初與監本同鈌也字耳。唐石本有

先入門右　山井鼎曰足利本無門字謹案與注意合似是。今案注云先入右者入門而右也。但正義複舉此經及唐石本皆有。未敢專輒。又下文此句兩見

巫止于門外　山井鼎曰足利本無于門外三字。今案正義複舉此經有三字。釋文云巫止本或作巫止門外門外衍字耳。唐石本以下皆有。出於正義本。故與釋文本不合。足利本依釋文刪之。又下文此句各本亦皆有。而不見於釋文。故足利本亦不刪也

柱楣　俗注疏本柱誤拄。正義中亦然。又閒傳文同。亦然

注禫踰月而可作樂　案正義云祥踰月而可作樂者檀弓云魯人有朝祥而暮歌者孔子曰踰月則其善也是祥踰月而可作樂也又云定本祥踰月作樂祥字作禫字禫之踰月自然從吉樂作可知恐禫字非也。今本皆承定本之誤。又十行以來本正義中多譌字。不可通。今訂而引之

君裏棺用朱綠　正義云定本經中綠字皆作琢。今案皆者。皆經

三緑字也。正義之意以定本爲非。蓋經末云士不緑。若依定本則作士不瑑。苟士棺有裏。不瑑何以貼著。明不當作瑑。定本涉注而誤。又鄭下文注云此緑或爲篆。特言此緑。所以別於上文三緑。則鄭自作緑可知。釋文椽字之音。次第在注不在經。其本與正義同。唐石本亦全是緑字。當時固無從定本者

注所以瑑著裏 岳本瑑作椽。依釋文也。十行本正義中字作瑑。與釋文又作者同。撫本及嘉靖本等所自出。山井鼎曰古本作椽

注上四注如屋 山井鼎曰古本注作柱。案此不解注字之義而妄改也。義具正義

注所以惑蚍蜉 岳本同此。嘉靖本十行以來本惑誤感

注又曰設熬旁各一筐 案正義云又引士喪禮云設熬旁一筐者云云。是其本無各字。與儀禮本文非有異也。至下文云當以士喪四筐設熬旁各一筐。乃正義解義之文。各字其所添也。今各本皆有各字者。因此致誤耳

注則手足皆一 案手當作首。正義云則兩旁有兩筐首有一筐足有一筐也。作首甚明。下又云兩筐在首足以外皆設於左右旁也。亦可證。士喪賈疏引此注正作首字。亦云首足各一筐其餘設於左右。今各本皆誤

注形如爪分然 爪各

本作瓜。此撫本之誤。案正義引皇侃作瓜。云事恐不合。正義自作瓜。解爲如瓜內之子以穰爲分限然也。釋文亦云瓜古華反。撫誤但與皇偶合非出於彼

注綴貝落其上 俗注疏本落作絡。誤

注是以又誤爲國 岳本同此。嘉靖本十行以來本又誤文

君命毋諱 唐石本初刻毋作無。後改同此

祭法

注下有禘郊宗祖 岳本同此。嘉靖本十行以來本宗祖誤祖宗

注當爲禳祈 案十行本正義中禳作攘。傳校葉鈔釋文作依注讀爲攘。蓋轉寫誤也。此祭名。字當從示。周禮小祝儀禮聘皆從示。禳之爲言攘也。鄭注小祝云禳禳卻凶咎。注聘云禳祭名也。禳之以除災凶。此注云禳猶卻也。可互相證

注猶卻也 嘉靖本同此。岳本十行以來本卻作郤。誤

禘郊宗祖 俗注疏本宗祖作祖宗。案正義云上先祖後宗此先宗後祖故鄭上注云祖宗通言耳。又引此以證之。然則鄭據此經宗祖立義。俗本不知而倒之。謬之甚矣

注大夫適士鬼其顯考而已 正義云適士鬼其顯考者云云。又云諸本或云大夫適士者若大夫鬼其顯考於義不合庚氏

云諸侯之大夫。是正義本無大夫二字。今案正義本非也。經文但有大夫有祖考者。鄭又廣說大夫無祖考者之事。上文云其無祖考者。下文云大夫祖考謂別子也。此言大夫之無祖考者。既非繼別子。則鬼其顯考而已。與適士同。於義非不合也。庚據注別子而云諸侯之大夫。其解自通。今各本皆不從正義本。是矣

注皆當室之曰 曰當作白。此撫本之誤。各本不如此

此有功烈於民者也 有上當有皆字。此撫本之誤。各本不如此

注能刑謂去四凶 各本與此同。唯山井鼎所據宋板無此六字。足利本亦然。今案無者是也。以正義證之。其解經云五刑有宅是能刑有法也。使有此注。必不違之而別爲說。是其本無此六字也。以釋文證之。其音經去民云起呂反。使有此注。即當附出於下。是其本亦無此六字也。但未知各本皆有者之所出

祭義

疏則怠 岳本則誤所

注猶祭也饗也 山井鼎曰足利本饗作鄉。謹案釋文作鄉。足利本似是。今案足利本正依釋文耳。各本無如此者。又正義不見。未知其本何作也

注謂夜而至旦也 十行以來本無而字。誤

濟濟者容也 汯革例曰

容也容以遠諸本閒作客字及考石經舊監本蜀大字本及越中注疏並作容今依疏義及石經等本並改作容。今案正義云王肅以容爲客皇氏用王肅。又云或容爲客字。又云王肅爲客字破鄭義明鄭義容字也。釋文云客也口白反賔客也下客以遠同。陸本與或及皇偘同耳。其正義所言王鄭之異。必自不誤。此正義本是。而釋文本非也。岳氏得之矣

注言想見其仿佛來 俗注疏本仿佛誤彷佛

注互之也 俗注疏本之誤文。正義標起止云至之也。可證

注及早涼脆採之 嘉靖本十行本同此。岳本脆作脃。案岳依釋文也。脃乃俗作

嘉而弗忌 俗注疏本嘉誤喜

注君問則廣 廣當作席。此撫本之誤。各本不如此。案注複經也

注兄黨鴈行 撫本行下空一字。蓋初有衍字。刻既成而去之也

注所檐持也 各本檐作擔。此蓋撫本之誤。案擔或假借作檐。見毛詩音義及羣經音辨木部。但非此注所用

注雖貧且無子孫 十行以來本且誤見

注四學謂周四郊之虞庠也 顧千里思適齋筆記曰。四郊之四當作西。正義釋經

云天子設四學者謂設四代之學周學也殷學也夏學也虞學也又云天子設四學以有虞庠爲小學設置於西郊是天子設四學據周言之正義所釋據鄭此注最得其解鄭注四學爲四代之學與四郊迥不相涉其云謂周西郊之虞庠也者周即正義所謂據周言之者也上至虞四代周立虞庠在西郊是設四代之學舍夏殷也注文周字在上虞庠在下故正義自周學也逆數至虞學也不用虞夏殷周順數用意下語極是精當而下云以有虞庠爲小學至據周言之云云即複申其義也然則正義本此注是西字非四字決然無疑後來本誤改作四并正義中設置於西郊亦改之非是上節注西學周小學正義明云虞庠爲小學者則在西郊何得此節又作四皆當訂正其所以致誤者因正義釋此注曰皇氏云四郊虞庠以爲四郊皆有虞庠故遂改之耳不知此正義但廣異說即文王世子凡語於郊者正義所謂或偏在四郊者耳皆不取爲義彼說從西郊不從四郊已詳此可互見不假更說矣改者未識厥旨也皇侃之義以北史劉芳傳證之實出於王肅或肅義作四郊正義序已言皇氏時乖鄭義無足怪者崔靈恩亦以肅義解鄭與皇同見通典乃或又據芳傳所引并欲改王制虞庠在國之西郊亦作四致爲巨謬王制此文與內則文同既不容有誤況彼鄭注曰或上西又曰或貴在郊又其下凡三言西郊苟如所改無一可通而

彼正義以及賈儀禮鄉射疏等所言，亦無一可通矣。禮是鄭學，賈孔具有家法，難以他文強生同異，淺人多所不憭，故條說之。今案顧說是也。正義兩存皇義者，蓋以樂記注郊射爲射宮於郊也，左東學也，右西學也，故耳。其實彼注仍當依熊義言爲射宮於郊者，據大學云云爲得鄭意，於諸經注疏皆可通。其皇氏所云於東郊者，固無足取矣。諸疏文繁，不能具錄，今載顧說，俟學者詳焉。

祭統　注齊或作粢各本作作爲注謂有事於君之祭者也君之二字脩改，初刻無之字也。嘉靖本十行以來本皆無，唯岳本有而下有凍餒之民也唐石本初刻凍，後改同。此下無凍餒者矣亦然注一獻酳尸也俗注疏本獻下有一字。案十行本正義標起止有一字，衍耳。上經尸飲五節正義云此謂上公九獻，故以酳尸之一獻爲尸飲五也云云，可證也。不知者反據正義衍字添注，誤甚夫人受尸執足十行以來本受誤授夫祭有畀煇胞翟閽者唐石本初刻翟作狄，後改同此注傳著於鐘鼎也岳本及山井鼎所據與此同。嘉靖本十行以來

本傳作傳、案釋文正義本皆作傳、又皆載作傳之本於下、但嘉靖及十行等本非出於彼、自是形近而又譌耳

注得

孔悝之立己　俗注疏本得作德、案十行本正義複舉作得、又云是得孔悝之立己也、俗本并正義亦改之

興舊嗜欲　唐石本同此、各本嗜作耆、案此字釋文皆作耆、唐石本皆作嗜、撫本亦皆作嗜、各本互有出入、不盡著

施于烝彝鼎　唐石本彝字改刻、其初刻不可辨

注刻

著於烝祭之彝尊也　各本彝下有鼎彝二字、此撫本之誤、因複字而脫也、彝尊也別爲句

注略取此一以言之　各本此誤其

經解

故德配天地　撫本配下空一字、蓋初有衍字、刻既成而去之也

則有環佩之聲　唐石本初刻珮、後改同此

發号出令　各本号作號、案号俗作耳、非也

哀公問

願聞所以行三言之道　俗注疏本言誤焉、并正義中亦改作焉、誤甚

如此國家順矣　俗注疏本此下衍則字、案正義複舉無、又云故云國

家順矣。可證　注爲謙辭俗注疏本爲謙誤謂讓。十行本作爲讓。已誤其一字矣　仲尼燕居　注子貢辯岳本辯作辨　注而車梁不成各本皆同此。山井鼎所據宋板車作輿。其古本亦然。云但疏同今本。今案作輿非也。依今孟子改耳　作鍾鼓唐石本初刻鍾。後改同此　孔子閒居　敢問何如斯可　謂參天地矣十行以來本參下衍於字　嵩高惟嶽俗注疏本惟作維。誤也。正義釋文中皆是惟字。下惟嶽惟申同。又惟周之翰惟作爲。更誤　必先其令聞唐石本初刻問。後改同此。案正義釋文皆是聞字。初刻非　坊記　注士有爵命之級也岳本及山井鼎所據皆同此。嘉靖本十行以來本無也字　注恒多爲亂各本爲作作。唯山井鼎所據與此同　至于己斯亡唐石本岳本同此。嘉靖本十行本己誤已。注同。案此注云以至亡己。彼毛傳云求安而身愈危。皆可證也。今俗本毛詩作巳者誤。凡唐石本己巳二字。截然不亂。此撫本亦然。

足知其善。但己字在偏旁者或與巳無別耳。今皆存舊。無所改也。俗注疏本作於巳。更誤**注交猶更也**嘉靖本及山井鼎所據同此。岳本十行以來本脫也字。**民猶有薄於孝**十行以來本脫有字**示民不淫也**十行以來本脫民字**注而獻酬之**俗注疏本酬作醻。正義中亦然。案此亦誤依字書改相承也**殺其君之子奚齊**唐石本初刻弒後改同此。釋文以殺其作音。云注及下同。是其本弁下文亦作子猶有殺其父者。其正義中皆是弒字。唯首一字作殺。或後來所改。唐石本初刻蓋出於正義本。而但改刻其上字。今各本仍之耳**注謂若鄭叔段者也**六經正誤曰段作叚誤。是也。嘉靖本十行本誤與此同。岳本俗注疏本已改正矣。此釋文作叚。誤同。通志堂所刻亦改正。但未詳葉鈔何作**而後祿也**俗注疏本祿誤樂。下注言務得其祿正義而後祿也者誤皆同**注大故喪疾**各本疾作病。唯山井鼎所據與此同。十行本作也。更誤**民猶淫泆**俗注疏本泆作佚。釋文云泆本又作佚同。案古書多作泆。或本蓋非

中庸 注

易以進人十行以來本人誤又注素讀如攻城攻其所俵之俵嘉靖本岳本同此十行本闕俗注疏本如作爲案正義複舉十行本亦闕據下注素讀皆爲俵與此相承改作爲者是也其十行以來本下注倒讀皆二字誤注由此故歟歟當作與此撫本之誤各本不如此注則魚躍於淵嘉靖本同此岳本十行以來本於作于案於字是也此蓋注用今字注人尚遠之各本重人字非也唯山井鼎所據與此同注畫曰正俗注疏本畫下衍布字注瑟琴聲相應和也各本瑟琴作琴瑟案各本非也山井鼎所據本并經文亦作琴瑟更誤其古本足利本亦然云謹案似非者得之矣注栽或爲滋嘉靖本及山井鼎所據同此岳本十行以來本滋作茲注殷之賢與賢當作胄此撫本之誤六經正誤曰胄作賢誤是也釋文以胄與作音云直救反各本不如此注若司徒羞牛俗注疏本羞作奉案此因正義用文王世子注作奉而誤改不知此羞正與彼奉互見注夫官不可私

也 夫當作天。此撫本之誤。各本不如此。必有妖孽 岳本俗注疏本孽作孼。案此等皆依字書改耳

可壹言而盡也 嘉靖本俗注疏本壹誤一。十行本正義複舉此經作壹。未誤也。注作一者。蓋如表記節以壹惠讀爲一。故用一字。此不言讀爲一者。與彼互見

鮫 唐石本初刻蛟。後改同此。釋文云鮫本又作蛟。岳本鮫。嘉靖本俗注疏本蛟。十行本闕

注本由撮土 俗注疏本由誤起。十行本闕。脩改臆補。後來承之耳

注本從一勺皆合少成多自小致大 十行本從字至小字在闕處。俗注疏本多承其臆補字。今不更論

注亦如此乎 十行以來本亦誤以

惟天之命 唐石本初刻唯。後改同此。下不顯惟德亦然。表記惟仲山甫舉之。惟德之基。惟此文王。緇衣惟作五虐之刑。亦然

注君子以順德 岳本十行以來本同此。嘉靖本順作愼。山井鼎所據亦然。案正義複舉是愼字。是其本作愼也。釋文云愼德如字一本又作順。又案易釋文云以順德如字本又作愼。是皆有兩本也

注積小以高大 岳本同此。山井鼎所據亦然。嘉靖本十行以來本以下有成字。案有者衍也。易

釋文以高大本或作以成高大乃因此添耳

待其人然後行　俗注疏本然誤而承十行本闕處臆補也

注徵或爲登　俗注疏本登作證下同案此如尚書徵庸鄭讀登庸也俗本輒謂徵解作證而改之誤矣

考諸三王而不繆　唐石本初刻謬後改同此

注想思　俗注疏本想誤相

若其將來也

注浸潤萌牙　嘉靖本同此岳本十行以來本牙作芽非

爲能聰明叡知　唐石本岳本同此嘉靖本十行以來本叡作睿非

霜露所墜　唐石本同此各本墜作隊聘義垂之如墜亦然

注人人自以

被德尤厚　嘉靖本同此岳本首衍而字十行以來本衍故字

注讀如誨

爾忳忳之忳忳　各本此下更有一忳字唯山井鼎所據與此同

注言聖人

雖隱遁　嘉靖本同此十行以來本遁誤居岳本遁作遯依釋文改

君子所不可及者　俗注疏本子下衍之字正義複舉亦無

此顯也　各本顯作頌唯山井鼎所據與此同其云

恐非者是也此蓋亦撫本之誤

詩云予懷明德 嘉靖本十行以來本云誤曰十行本正義複舉作云字未誤表記詩云温温恭人亦然

表記

欲民之毋相瀆也 唐石本初刻毋作無後改同此下欲民之毋相褻也樂而毋荒亦然

注怵於無敬心也 各本怵誤怵後注以本怵於鬼神虛無之事同釋文未誤撫本正與之合

注瀆之言褻之 嘉靖本岳本同此十行以來本末之作也六經正誤曰作褻之誤蓋作也者依毛居正改正

皇恤我後 唐石本初刻後作后改刻同此

注何暇憂我後之人乎 俗注疏本後之誤之後正義云言我有何閒暇能憂我後世子孫之人乎可證也

注取數多者 各本無者字山井鼎曰古本有

注移讀如禾氾移之移 岳本及山井鼎所據同此嘉靖本十行以來本禾誤水

注鶘胡 各本盡同唯山井鼎所據胡作鶘案作鶘者誤也釋文於鶘字下云鶘胡而不爲胡字作音是鄭自作胡其義與詩候人正義引陸機疏云頷下胡大如數升囊若小澤中有魚便羣共抒水

滿其胡而棄之者同也。郭氏爾雅乃作鶘，易其義爲沈水食魚，則意全不主胡字，故彼釋文以鶘字作音也。此正義引郭語，詩正義亦兼引郭語，皆就此鳥之大概說之，而不復細分胡鶘有異義耳。其此正義下云今鵜胡在水中，則必順此注文而不仍用郭氏之字。今本相涉致誤，若以此弁注文改爲鶘，則全非鄭意矣。凡彼所據宋板與此歧者，每誤，不悉出也。注使聲譽可得而尊言也 十行以來本言誤信 注節以其行一大善者 各本節作即，唯山井鼎所據與此同。案此解經之節也。正義云但限節以一箇善惠，其作節無疑，作即者誤也。注謂君受之 各本謂作爲，唯山井鼎所據與此同，其古本足利本亦然。案釋文以爲君作音，此蓋撫本之誤。靖共爾位 俗注疏本共作恭。案此注云靖治也，又云言敬治女位之職事，然則鄭蓋讀此共爲恭之假借，故釋文云共音恭，本亦作恭，同緇衣靖共釋文亦如此，必三家詩說也。其毛詩傳云靖謀也，箋云共具，又云有明君謀具女之爵位，讀共爲供之假借字，全不相同。此正義依彼箋說之，蓋不得鄭意，而釋文得之者，但無庸如亦作本之竟改爲恭字耳。則不問其所費 唐石本初刻同此，後改去所字。案正義複

舉云則不問其所費者，釋文以所費作音，未詳唐石改刻所出也 **亦已焉哉** 唐石本初刻已作以，後改同此 **注此皆相爲昏禮** 各本相下有與字 **注共儉者之祭** 十行以來本共誤恭，正義云供儉薄之祭，案正義用供字，所讀是也，此不得改作恭 **緇衣注言此緇衣者** 緇上當有衣字，釋文以衣緇衣作音，此撫本之誤，各本不如此 **則民有孫心** 六經正誤曰作民有愻誤，案撫本孫心二字有脩改痕跡，初刻當與監本同也，釋文云孫心音遜注同，指注孫順也言之，唐石本亦作孫心二字，不作愻一字，極完好可驗，計宋時經注各本，必更有如唐石作孫心者，但誼父之書不詳耳，今所有各本，則固無不分二字，近惠氏九經古義謂緇衣猶存古字，毛居正從而改之，其實誼父之說，合於釋文唐石，乃其是者，至於說文心部有愻，自是堯典五品不愻古文，而非此所用，未可傅合也，正義本亦必是孫心，但正義中不見釋此經之文，蓋今本有脫落，無從取證矣 **甫刑曰一人有慶** 唐石本同此，各本曰誤云，正義中複舉未誤 **不僣于儀** 六經正誤曰作僣誤，案毛說非也，釋文唐石本皆如此作，今各本作

譽者依毛改耳

注二不一也 十行本同此嘉靖本岳本二作貳一作壹案此撫本之誤也俗注疏本貳字改正一字仍誤又山井鼎所據弁正義中皆作壹不誤大凡齊壹專壹皆正字作壹數之一二正字作一表記正義已具說之而古書有互假借爲之者以後書又多轉寫相亂者當分別觀之也下注賤者無壹德也十行以來本作一誤又政教當由壹也同嘉靖本亦誤

有國者 俗注疏本國下衍家字最誤案正義云言爲國者云云無家明甚唐石本至十行本皆未誤也

章義擅惡 唐石本初刻義作善後改同此案釋文云義如字尚書作善皇云義善也然則禮記自作義東晉僞書乃作善耳皇侃以彼解此或又依之改故唐石初刻致誤後刻者是矣岳本與此同不誤嘉靖本十行以來本皆誤作善正義本亦必是義字云有義以賞章明之今本作有善則又不學者依誤本經以改之其謬甚矣

注言臣義事則行也 岳本及山井鼎所據同此嘉靖本十行以來本事下衍君字

惟王之邛 唐石本同此各本邛誤卭今本釋文亦誤通志堂所刻又譌爲卬

可違也 唐石本初刻作猶可違後改同此

不可以逭 唐石本初刻無以字後改同此案此二句初刻

皆依東晉僞書之誤後刻是也釋文可證正義複舉亦可證 資冬祁寒 唐石本岳本同此嘉靖本十行以來本祁誤祈正義中亦然 昔在上帝 俗注疏本昔在作在昔誤也唐石本□在上帝昔字損以字數計之相當下至十行本經及正義中複舉者皆未誤俗本乃盡倒之謬甚 注今博士讀爲

厥亂勸寧王德 各本王下有之字案正義中複舉有此蓋撫本之誤 奔

喪 有先後至者 先當作賔此撫本之誤唐石本此處損而各本不如此也 注

成其喪服杖於序東 岳本及山井鼎所據同此嘉靖本十行以來本其下衍服字 注逸奔喪禮說不及殯日 嘉靖本十行以來本同此岳本及山井鼎所據日作曰案作曰者是也 而後之墓 唐石本初刻后改刻同此 旣除喪而

后聞喪 唐石本岳本十行本同此嘉靖本俗注疏本后作後案其餘后後二字他本尤錯出今以撫本與唐石本合者不更出

問喪 注二日乃去笄纚括髮

也各本與此同山井鼎所據宋板二作三案三字最誤正義曰云二日乃去笄纚者以士喪禮云小斂髻髮是死二日故云乃去笄纚也山井鼎不舉此以正其非失之矣以鬼饗之俗注疏本饗誤享注免冠之細各本細下有別字案釋文云冠之古亂反別字無明文正義複舉有別字又云言免是冠之流別也童子當室亞次成人故得著免也據此讀於別句絕下云以次成人也五字一句蓋其本當云免冠之別而無細字今本正義複舉有細字又流下別作例皆非也其異本別作細亦讀於細句絕云免冠之細者如玉藻注云黨鄉之細也投壺注云投壺射之細也之例校者記作別之本於旁因而誤入故他本皆細別兩有撫本猶存異本之舊故有細無別而不與正義本合

辟尊者之處也堂上不趨唐石本後刻改尊至堂添一字其初刻不可辨

服問

注首絰除矣爲父既練俗注疏本誤重此八字嘉靖本亦誤注母既葬衰八升案正義云此言八升者誤當云七升故間傳云爲母疏衰四升受以成布七升是既葬受時爲母衰七升也又云熊氏云爲母既葬衰八升言父在爲母也今鄭云爲父

既練衰七升爲母既葬衰八升矣又經云三年之喪既練皆爲父卒爲母今熊氏云父在爲母其義非也今案此注孔讀改八爲七其說非也熊讀八升無改字者是也但以父在爲母說之亦非也此注之義乃喪服傳父卒則爲母賈疏所謂父卒三年之内而母卒者也彼賈疏云直云父卒爲母足矣而云則者欲見父卒三年之内而母卒仍服期要父服除後而母死乃得申三年故云則以差其義也下又云又服問注曰爲母既葬衰八升亦據父卒爲母與父在爲母同五升衰裳八升冠既葬以其冠爲之受下又云閒傳云爲母既虞卒哭衰七升者乃是父服除後乃爲母申三年初死衰四升冠七升既葬以其冠爲之受衰七升與此經同云云賈之所言最爲明晰然則此注自是言父卒爲母與父在爲母同者經文有期之喪内包此一種期其衰八升而經云服其功衰則還服父七升衰也故須言此以明之其注下句所云齊衰既葬衰或八升或九升者又廣陳凡期也尋檢上下此義實安孔氏之意當解父卒三年之内母卒即申三年故於此經及注義多難通遂以八爲七之誤殊嫌専輒今但宜從賈不煩改字

注期既葬之葛帶　案期當作其其者其大功也故正義曰云其既葬之葛帶者謂大功既葬葛帶云云也今各本其作期者誤字耳十行以來本幷正義中亦作期而無由知注之爲誤字

矣今特訂正之

閒傳

此哀之發於容體者也唐石本容體二字改刻其初刻不可辨山井鼎曰足利本容體作體容未知初刻同彼以否

注不言包特而兩言者山井鼎曰古本兩言作言兩今案兩言者謂經之言麻葛兼也倒者非是

注此竟言有上服山井鼎曰古本竟作章今案竟言者終言之也改爲章最誤

三年問

注最有知而恩深也各本最上有人字此蓋撫本之誤

深衣

要縫半下唐石本要字改刻其初刻不可辨

注衣袂當腋之縫也各本腋作掖案釋文云掖本又作腋

故易曰唐石本曰字改刻其初刻不可辨

注或低若仰各本若作或案作或者誤釋文以若卬作音六經正誤載此句是若仰可見監本亦不作或也俗注疏本又依釋文改仰爲卬不知釋文固曰本又作仰矣

五法已施唐石本初刻以後改同此

可以擯相唐石本初刻以下有爲字後改同此山井鼎曰古本以下有爲字案彼不

見唐石未詳其所出也

投壺　注其他如右獲　俗注疏本他作它案依釋文改耳

請行觴　十行以來本觴作觴案釋文云觴字或作觴唐石本作觴蓋相承如此耳下奉觴同

注當其所釋筭之前　俗注疏本之前作時也承十行脩板之誤

注一黨不必三勝　俗注疏本必作得承十行脩板之誤

注握素也　俗注疏本素誤數此鄉射記有明文

注矢大七分或言去其皮節　俗注疏本此注承十行脩板而多誤今不出

鼓　唐石本此一字提行下○□又提行下取半又提行下魯鼓又提行蓋相承如此也此本唯取半連餘俱與唐石本合各本盡連者非也又十行以來本後段魯鼓半以下作○□○○□誤重一○衍耳唐石本以及嘉靖本岳本皆無與此正同

儒行　注席猶鋪陳也　俗注疏本自此至舉見舉用也句承十行脩板而多誤今不出

注字從鳥鷙省聲也　案鷙當作摯正義曰云字從鳥摯省聲也者言鷙蟲既是猛鳥猛獸但獸摯從執下著手鳥鷙從執下著鳥今一鷙

包兩義以獸摯從鳥故云省也執下著鳥執下著手俱是鷙聲故云聲也正義此言不當鄭意鄭言此從摯省聲者謂其字不從執聲也但其本作摯省聲則明甚釋文音鷙云與摯同音至是亦作摯省聲與正義本同也郭忠恕佩觿云鄭注儒行鷙從鳥摯省聲全不可信果爾不特於正義所說難通釋文不見摯字亦難通矣今本正義中譌作鷙省聲而獸摯未譌依以訂正而引之其言獸摯從執下著手者指前有摯獸鳥鷙從執下著鳥者指鷹隼蚤鷙也

慕賢而容衆 唐石本同此案正義云慕賢而容衆者以見賢思齊是慕賢也作慕明甚嘉靖本岳本十行本作舉最誤俗注疏本作慕當是據正義改正也

愼靜而寬 唐石本而作尚各本而下有尚字岳氏沿革例曰監本及諸本有無尚字者建大字本興國本余仁仲本則有尚字及考疏則曰旣愼而靜所尚寬緩也今從之案岳所說非也此經本是愼靜尚寬有唐石本可據監本及撫本皆誤尚作而建大字等本當因校改而作尚遂誤兩有耳不當從也唯山井鼎所據宋板無尚字與此同又曰疏放此者言正義複舉愼靜而寬者云云也十行本正如此而亦尚之譌俗注疏本弁於正義而下添尚字誤甚

注此兼上十五儒 各本十下有有字唯山井鼎所據與此同

注充詘

喜失節之貌俗注疏本喜上有歡字山井鼎曰崇禎一本爲然案此妄添也釋文充詘下載充詘喜失節之貌並無歡字正義所云歡喜乃自以己意加歡字說之耳並非複舉注也崇禎本校者乃誤取之凡正義有複舉經注如其文者有自說義而增減以順文勢者非可一例讀正義者最當知此也注哀公就而以禮館之各本無以字唯山井鼎所據與此同

大學

注諟猶止也止當作正此撫本之誤各本不如此惟民所止嘉靖本十行以來本同此唐石本岳本惟作維注或爲疐俗注疏本爲作作案此因釋文改耳其實釋文所出作爲二字與各本多互異張忠甫儀禮識誤即欲畫一之頗失之泥當各依其舊人知其所親愛而辟焉唐石本嘉靖本及山井鼎所據同此岳本十行以來本辟作辟下文盡同案作辟者依釋文所改也注辟猶喻也皆仍未改雖不中唐石本改刻去一字其初刻不可辨惟石巖巖各本惟作維唐石本維字左半磨改或初刻作惟也又上文引其命惟新仍作惟而不磨改他篇亦多作惟豈相承歧出與注爲

政者也言民皆視其所行而則之
俗注疏本承十行脩板而多誤今不出

注則有大刑
俗注疏本多誤今不出

若有一介臣
唐石本岳本及山井鼎所據同此嘉靖本十行以來本介作个案釋文云个古賀反一讀作介音界正義云羣臣若有一耿介之臣見山井鼎所補今十行脩板此正義殘缺乃無以知正義本與一讀同矣

亦曰殆哉
唐石本殆字改刻其初刻是大字今案注有殆危也正義解經亦云殆危則作大者非矣但其本似以大作泰而注無殆危也之文今無以言之矣

注秦誓尚書篇名也
俗注疏本多誤凡此節注所誤皆承十行脩板今不出

注佛戾賢人所爲
岳本十行本及山井鼎所據同此嘉靖本俗注疏本佛誤拂釋文以佛戾作音可證案佛戾者當是鄭以佛爲正字曲禮佛其首注云佛戾也及此注是也其拂者以爲拂拭之正字進几杖者拂之是也於佛戾則假借字即此下文是謂拂人之性是也又假借費字爲之君子之道費而隱是也注多自用其正字俗本改者甚非經多假借故曲禮釋文經以拂其作音云本又作佛也若於說文則佛亦假借字

冠義

遂以摯見於鄉大夫鄉先生此無誤。近盧召弓氏謂當作卿大夫。其說以爲見大夫不當遺鄉，注於鄉先生始釋爲同鄉，則上本不作香可見。今案此說最誤。鄉大夫者。鄉人之在朝爲大夫者也。諸侯之上大夫卿。故言大夫而關卿矣。非遺之也。鄉先生。仍是鄉人爲大夫者。但致仕耳。故鄭注就下句爲解。以上經已見大夫。其人自明。下經不知先生何人。故須明之也。且其解貫通上下。云同鄉老而致仕者者。即謂鄉大夫之致仕者也。儀禮士冠此文注云鄉先生鄉中老人爲鄉大夫致仕者也。其解亦貫通上下。而又補說經之大夫兼卿也。鄉射注云鄉先生鄉大夫致仕者也。以此中兼卿義具前注。故但取鄉大夫成文也。彼此相兼。鄭注通例。以此言之。絕無疑義。即以相承之本言之。此釋文云鄉大夫鄉先生並音香。儀禮雖無音。決與此同。可證者一也。此正義複舉遂以摯見於鄉大夫。云見於鄉大夫謂在朝之鄉大夫也。可證者二也。冠禮賈疏云經云鄉大夫。可證者三也。以及唐石本此及儀禮。字甚完好。皆並作鄉。然則自來不聞異說。唯俗本儀禮疏鄉誤卿。不過鈔胥刻工。因形近舛錯而已。倘專據之。傅會成說。始則誣賈。繼則誣鄭。不亦傎乎。顧千里校吳門黃氏北宋本儀禮疏。作鄉不作卿。已破其所專據之譌矣。今詳加辨析。附袪學子之惑

昏義

和於射鄉俗注疏本射鄉誤倒棗栗段脩段當作段唐石本作段岳本已改正餘本或作段或作段皆非注謂女妐女叔諸婦也岳本十行本及山井鼎所據同此嘉靖本俗注疏本妐誤姑正義云女妐謂婿之姉也俗本并改姑謬甚注及正義皆謂爾雅云夫之姉爲女公公妐同字彼釋文云兄妐音鍾本今作公是也陸氏此不作音蓋其本作公與注教之者女師者也嘉靖本十行以來本教下衍成字岳本教上衍其字唯山井鼎所據與此同是也正義複舉者如此可證后聽內職十行以來本職誤治注有象天數也十行以來本天誤大

鄉飲酒義斯君子之所以免於人禍也十行以來本脫之字注君子謂卿大夫也岳本同此嘉靖本夫下有士字十行本有卿誤作鄉俗注疏本承之山井鼎所據宋板無士字卿亦誤鄉其古本亦然云二本恐非當作君子謂卿大夫士也其說是矣今本正義中君子者謂卿大夫也蓋脫士與注同耳注下句卿大夫士飲國中賢者唯俗本卿誤鄉各本及山井鼎所據即不

誤也注不敢專大惠山井鼎曰釋文鄉人士君子至諸侯則三鄉百八字宋板與注不敢專大惠連接爲注古本本無但後人依宋板誤補入之非亦甚矣今案山井鼎此論甚是宋板注疏附此釋文誤連注末既釋文元書及經注各本具存即十行以來本注疏亦不接連便非難辨古本補入注中最爲巨謬試思此百八字首五字乃釋文標題其不得越之而下取周禮云云入注明矣乃陸自引周禮解鄭此注之鄉州黨如其上在于庠之下先引鄭注後自引學記以解庠序同是一例無煩遠舉何至認作鄭注生此轇轕乎校古本者亦可謂不善讀書矣或謂山井鼎所據不附釋音故此當作注不知不附釋音而又閒載一二條在宋刻書中最多如此者今山井鼎所據既無由驗果不附以否而況用此又不足決其必注乎凡書必博稽而後知其例知其例而後是非無惑否則隨所見而懸揣之正難免於因誤立說也

射義

士以采繁爲節唐石本嘉靖本十行本同此岳本俗注疏本繁作蘩依釋文改也其實繁即蘩之假借

注謂騶虞曰壹發五豝豝當作豝俗注疏本誤與此同嘉靖本十行本作犯岳本作豝案釋文作豝岳所改是也但集韻九麻出豝犯二文云或從犬豈當時經注本有作犯字

者與公罔之裘揚觶而語案正義云案經下云公罔裘上云之裘故知之是發聲云云是正義本此經無之字也唐石本有之字不與正義本同蓋意謂鄭言凡人名中有之者皆爲發聲不以上有下無相決而知也釋文此經無明文未詳何作或與唐石同而爲各本之所自出也

注百年曰期頤毛居正曰多一頤字釋文亦然蓋曲禮自十年曰幼至八十九十曰耄七年曰悼百年曰期皆以一字爲目自學至頤皆言作用奉養之義非名百歲爲期頤也詳見毛詩正誤今案毛所說大誤曲禮七十曰老以上上舉其名下舉其事八十九十曰耄七年曰悼百年曰期頤三句但有名而無事所以然者以事須十年學而始有至七十傳爲已了也上下句法判然有别可見古人文字之精密但其餘以一字名期頤以二字名者一字足盡則以一字名之一字不足盡則以二字名之凡名皆然也至此經旄期不連頤者古人之語自有如此者耳鄭彼經連讀而引之爲此注正是言期者期頤也若去之於彼經此注皆不可通矣毛又於詩釋文云蓋人生以百年爲期至此則唯頤養之而已不可勞也洵如所言八十九十曰耄者既惛忘矣尚可勞乎孝子尚不當唯頤養之而已而必待其至百年乎離經畔道甚矣乃知鄭君連讀期頤解爲不知衣服食味孝子要盡養道者眞

至當不可移易者也**注稱猶言也行也**沿革例曰監與余本注云稱猶言也行也越本建大字本注云稱猶言也道猶行也言行也以越建本比監與余本上多道猶二字下多言行也三字參而論之互有得失云云又云與其逸道猶二字寧若衍言行也三字今姑依越建本今岳本正如其說而山井鼎所據亦然他本皆與此同案岳所說非也釋文以經稱道作音云如字稱言也行也可見此之合於陸本也正義云年雖甚老行道不亂云云初未嘗以稱爲言以道爲行可見正義本與釋文非有異也越建本失其讀而妄加五字有失無得岳氏反謂越建本所謂道猶行也爲是不知言行也三字固非而道猶二字又甚不是也今訂正之

故射者各射己之鵠六經正誤曰作各己之鵠欠射字此者各射己四字有改刻痕跡是初刻監撫同脫射字也凡撫改刻而知其所以然者詳言之於其所不知蓋闕如也矣

求反諸己而已矣唐石本同此各本求反誤倒

注畫曰正俗注疏本畫下衍布字案正義複舉云畫曰正云云無布字甚明俗本並正義亦添之最誤此與中庸注可互證也

燕義

司馬弗正唐石本初刻征後改同此案釋文云弗正

音征。正義複舉作正。云正役也。此唐石磨改之意也。周禮注云凡其字或作正或作征以多言宜從征。鄭所言或作正。即如此經之屬是也。於此注不破正爲征者。正自是征之假借。且具在彼注故也

聘義　注賓至廟門主人請事時也 案正義云鄭解三讓而後傳命之節正當賓至主人大門主人請事之時案聘禮賓至大門主人陳介而請事此云廟門者有廟字者誤也案正義所言最是其衍者久矣釋文無明文。不詳有否也　注公當楣再拜拜聘君之恩惠 十行以來本不重拜。誤脫也。再拜句絕。次拜下屬　勇敢強有力而不用之於禮義戰勝 唐石本初刻力下有者字。後改同此　圭璋特達 俗注疏本圭作珪。案圭珪雖同字。而此經以唐石本及各本決之。則相承自作圭。不容改也　注惟有德者 案惟當作唯。凡鄭注例用唯。無有用惟者。各本皆誤

喪服四制　三年而祥 唐石本初刻而下有大字。後改同此　皆可得而察焉 俗注疏本脫皆字。可下衍以字

經九萬七千七百五十九字唐石本末題云九萬八千九百九十四字案互異者數標題與不數耳

注一十萬四千二百三十三字岳本皆無字數嘉靖本無此總計其每卷有但小異今不出

撫州公使庫新刊注禮記二十卷并釋文四卷案或目此爲宋監本最誤蓋不知此一葉元連二十卷尾其別出在釋文首者特工人裝時錯之耳今訂正凡此撫本與宋監本有同有異略見毛居正六經正誤中茲於其異者未悉出因毛所舉大槩皆監之誤而此多不誤故也

淳熙四年案孝宗丁酉也或目此爲北宋刻而南宋脩改亦誤當據此訂正

撫本禮記鄭注考異下

往者家從兄抱沖收善本經籍將次第刊
行之不及而没其收得各種皆廣圻預審
定者也去年廣圻道過揚州時陽城張古
餘先生在郡見詢羣經轉刻源流廣圻因
歷舉凡先後所見以對此撫州禮記鄭注
其一也先生借而校之鈔之遂復刻之恐
是非莫決又附考異二卷專慮壹志唯爲
古人來者計而不知其他賢者之用心弗
可及也已乃覆校未得其人仍以屬廣圻
於是廣圻又何敢辭今刻成矣承先生前

命識其後深感此書得託先生以傳之幸
而私痛家從兄之有志未逮也兄名之逵
元和廩貢生没於丁巳春年四十五嘉慶
十一年十月顧廣圻謹書

圖書在版編目（CIP）數據

禮記/（清）顧廣圻校勘. —福州：福建人民出版社，2020.6（2023.9重印）
（顧校叢刊）
ISBN 978-7-211-08110-3

Ⅰ. ①禮…　Ⅱ. ①顧…　Ⅲ. ①禮儀－中國－古代　Ⅳ. ①K892.9

中國版本圖書館CIP數據核字（2018）第298145號

封面題籤：陳祥耀

禮　記（顧校叢刊）

校　　勘：（清）顧廣圻
叢書策劃：宋一明　林振岳　王　亮
責任編輯：宋一明　趙遠方
美術編輯：白　玫
出版發行：福建人民出版社　　電　　話：0591-87533169（發行部）
網　　址：http://www.fjpph.com　　電子郵箱：fjpph7211@126.com
地　　址：福州市東水路76號　　郵政編碼：350001
經　　銷：福建新華發行（集團）有限責任公司
印　　刷：恒美印務（廣州）有限公司
地　　址：廣州市南沙區環市大道南路334號
印　　張：39.25
開　　本：890 mm×1240 mm　1/32
版　　次：2020年6月第1版　　2023年9月第2次印刷
書　　號：ISBN 978-7-211-08110-3
定　　價：275.00元（上、下）

顧校叢刊

禮記

上

海峽出版發行集團
THE STRAITS PUBLISHING & DISTRIBUTING GROUP
福建人民出版社

據上海圖書館藏清嘉慶十一年陽城張氏刻本影印釋文部分據天津圖書館南京圖書館藏嘉慶二十五年重脩本影印原書版框高二十點七厘米寬十五點五厘米

顧校叢刊出版説明

古書流傳過程中，不免魯魚亥豕，經過校勘才更便閲讀。校勘也稱校讎，原本意在補缺脱、正訛謬，但因校勘者的水平、見解有高下之分，容易出現「本初無誤，校乃致誤」的情況，尤以明代後期所刻書改竄最甚，以至於後人有「明人刻書而書亡」的慨歎。清人一改前代刻書之弊，在校勘學上取得很大成就，出現一些專事古書校勘的學者，其中常被稱舉的，就有顧廣圻。

顧廣圻（一七六六—一八三五），字千里，號澗薲，後以字行。元和（今蘇州）人。諸生。曾問學於惠棟弟子江聲，又與段玉裁、錢大昕、黄丕烈等相往來，專精校勘，爲當世所推重。其時江南地區學者、大吏覆刻古書，多延請顧千里主持，如爲孫星衍刻説文解字、古文苑、唐律疏議，爲黄丕烈刻國語、戰國策、焦氏易林，爲張敦

仁刻禮記、儀禮，爲胡克家刻資治通鑑、文選，爲秦恩復刻法言、鹽鐵論、駱賓王文集，爲吴鼒刻晏子春秋、韓非子，爲汪士鐘刻儀禮疏等。

顧氏取北齊書所載邢劭「日思誤書，更是一適」之語，以「思適齋」名其居處。在校刻古書時，踐行「以不校校之」的校勘方法，即「毋改易其本來，不校之謂也；能知其是非得失之所以然，校之之謂也」（禮記考異跋）。校刻之書，多據宋、元舊本覆刻，如禮記據宋撫州公使庫刻本，國語據天聖明道本，戰國策據剡川姚氏本，文選據南宋尤袤刻本。舊本中的訛誤，並不輕加改易，而是將校定是非的考據，别爲「札記」「考異」「考證」，附刻於原書之後，力求「舉例也簡，持論也平，斷決也精，引類也富」，「有發疑正讀之功，無繭絲牛毛之苦，去鑿空騰説之損，收實事求是之益」。如此既能保存舊本面貌，又能提出校勘見解，執一編而可得衆本之長，允稱古籍整理的範例，至今仍有借鑒意義。

顧氏一生勤於校勘，每得到更佳的版本，往往據以剜版重印，因而存在後印本版面雖不如初印本清朗，但校勘卻更精審的情況。如嘉慶十一年爲張敦仁覆刻宋撫州本禮記，底本係從兄顧之逵「小讀書堆」所藏，所附釋文因一時未能尋獲而暫用

通志堂本。直到十四年後，才據宋本禮記釋文校勘一過，並將覆刻本誤處予以剜改。我們影印時，禮記正文部分用上海圖書館藏初印本，釋文則用天津圖書館、南京圖書館藏嘉慶二十五年後印本。以期能反映顧氏校勘古書的成就，更彰顯其孜孜不倦的精神。

顧氏主持校刻之書多由名手許翰屏等寫樣，再委託江寧等地刻工刊刻，以校勘審慎、橅刻精工、紙墨優良的特點，在清代中後期廣泛流行，且有較多的翻刻本。常見者如同治間湖北崇文書局刻通鑑、國語、戰國策、文選，光緒間清江楊氏飛青閣刻古文苑，清末吴縣朱氏槐廬刻説文解字等，皆據顧氏校刻本翻雕。晚清民國間上海蜚英館、古書流通處等，又曾以石印技術影印過數種顧氏校刻本，如國語、韓非子、鹽鐵論等，均流布較廣。顧氏校刻本中也有部分品種素稱罕傳，如嘉慶十一年爲張敦仁校刻儀禮注疏，即使繆荃孫、沈曾桐等「久官京朝，遍歷南北，於經籍傳本收覽致多」的著名藏書家也從未見過（見復旦大學圖書館藏本莫棠跋），因而民國初年南潯劉氏嘉業堂曾據原本翻刻。

顧氏校刻的古書，涉及四部要籍，不僅爲從事文史工作所需，也是一般讀者研

習古典所必備。近代影印古書的事業興起以來，多著意於宋元舊槧，清人精校精刻善本的影印尚未形成規模，其中屬顧氏校刻者更爲少見。有鑒於此，我們彙集顧氏校刻之書數十種，分若干輯，陸續印行。各種之前，均請專家撰寫影印前言，述其內容大略、版本源流、刊刻經過、文獻意義等，以方便讀者。

編者　二〇一九年十月

影印張敦仁影刻撫本禮記識語

喬秀岩

一、清代禮記學與顧千里

梁啟超曾云「清學自當以經學爲中堅，其最有功於經學者，則諸經殆皆有新疏也」（清代學術概論），而禮記闕如。黄侃解釋云：「禮記孔疏翔實，後儒未易加，故新疏獨闕。」（禮學略説）以孟子正義、周禮正義爲代表的清人新疏，大都梳理清儒諸説，便於後人理解學説之大概。新疏在梁啟超等人眼中是最好的經學著作，只是因爲便於參考，並不能因此認爲「最有功於經學」。黄侃重視漢注唐疏，在某種意義上是出於對清代學術的反思。他對儀禮正義都有「直可不作」的評語（語録，見蘄春黄氏文存），認爲孔疏很難逾越，也很自然。但大多數清代學者恐怕都不會承認自己的學問不如孔穎達，

所以黄侃的說法仍然不能解釋清人爲何没有爲禮記作新疏。

這是一個很值得玩味的問題。回答這個問題，我們必需先瞭解清代禮學的具體内容。江永探討禮的問題，參考明人著作而推尋經義，並没有特别重視鄭玄注。戴震順著江永的路子繼續探索。金榜在中間想要調和新説與鄭玄注，並没有成功。程瑶田走的是考古路線，經常很輕易地否定鄭玄。金鶚則更自由，綜合各種經書，重構周代禮制，規模很大，影響也很大。簡言之，清代禮學的主流走的是考古歷史、典章制度之學，與漢唐注疏討論經書文本截然不同。清人透過經書研究周代制度，經書是材料，並非直接的研究對象。探索周代制度，要用以經解經的原則，注疏都是後人的理解，可以參考，不能作依據。在這種學術環境裏，三禮當如何看待？儀禮講周代禮節，自然是最根本最可靠的資料。周禮儘管有些爭議，畢竟涉及禮制的各層面，必需深入研究。至於禮記，内容太雜亂，包含春秋甚至漢代的内容，只有個别内容在討論相關禮制時不可忽視甚至很重要，但作爲一部經書，其實不值得重視。鄭玄研究經書文本，所以對三禮全文從頭到尾都做周詳的注解；清人研究反映在經書中的禮制，需要利用禮記中的部分内容，但對其全文並没有興趣。這樣看來，

清人没有禮記新疏，事屬自然，很容易理解。

「清人」「清儒」這種概念太過廣泛，自然無法概括所有個人。清代也有精通禮學而不研究典章制度，專心研究經注文本的傑出例外，就是顧千里。在此不妨以著名的「西郊」「四郊」問題爲例，解釋顧千里與其他學者之間的不同。王制「虞庠在國之×郊」，孫志祖、段玉裁認爲當作「四郊」，顧千里認爲當作「西郊」，後人評論甚多，而支持段玉裁的聲音似乎大一些。其實，孫志祖、段玉裁他們討論的是古代「學制」，顧千里討論的是鄭玄、孔穎達的文本，討論問題的層次截然不同，本來不應該混爲一談。可惜近代以來的學術主流，仍然因襲清代學術，往往要透過經書探討古代制度，所以支持段玉裁的佔上風。仔細觀察鄭玄、孔穎達所言，他們所據經文作「西郊」，並無疑義，正如顧千里所論。至於鄭玄、孔穎達所見經文究竟對不對，就看不同的判斷標準。按照對古代「學制」的推論，王制只能作「四郊」，如孫志祖、段玉裁所論，也是一種見解，但不必也不能因此而否定顧千里所論。

過去學界盲目吹噓清代學術的風氣很嚴重，現在我們可以更客觀地瞭解情況。乾嘉以來有不少學者表現自己對鄭玄的推崇，但真正深入研究鄭玄著作的並不很多。

清代禮學流於典章制度之學，經注文本不是研究的焦點所在。清人利用禮記討論古代制度，很少專心研究禮記文本。在這種背景下，張敦仁委請顧千里主持影刻撫本禮記，猶如黑夜裏的煙花，鮮明耀眼。這是清代禮記學的最高成就，具有永不褪色的魅力。

二、撫州本與禮記諸本

宋版撫州本禮記，傳世有兩部。其一即張敦仁影刻所據顧之逵舊藏本，首尾完足，刷印頗早，純粹原版。其一爲蔣汝藻舊藏經注正文殘本，今藏臺北「中央圖書館」，僅存八卷，而且補版極多。（參王國維傳書堂藏善本書志、阿部隆一中國訪書志。中國訪書志所收「中央圖書館」等藏宋元版解題，今有慶應大學圖書館網頁提供免費掃描電子版。）另有傅增湘舊藏釋文殘本，今藏東京大學東洋文化研究所，約一半的書葉都出自影抄，剩下一半宋版也有很多補版。（參阿部隆一日本國見在宋元版本志經部，見阿部隆一遺稿集第一卷；另有慶應大學圖書館網頁提供免費掃描電子版。又，東洋文化研究所網頁也免費提供原書全部書影。原書末附曹元忠手書跋，録文見箋經室遺集，亦見藏園群書經眼録。）據補版版心紀年，知修

補情況與蔣汝藻舊藏正文一致，不妨推測是原屬一套，後分别流傳。

張敦仁影刻所據經注正文與釋文，也曾分别流傳。顧千里寫在宋版釋文末尾的跋，爲瞭解此書流傳及影刻情況提供最基本的重要信息，此先録全文：

南宋槧本禮記鄭氏注六册，明嘉靖時上海顧從德汝修所藏，後百餘年入崑山徐健菴司寇傳是樓，兩家皆有圖記。乾隆年間，余從兄抱沖收得之，其於宋屬何刻，未有明文也。有借校者臆斷爲毛誼父所謂舊監本，而同時相傳皆沿彼稱矣。抱沖續又收得單行釋文兩種，一禮記，一左傳，亦皆南宋槧本。禮記釋文即此也，與禮記板式行字以至工匠記數，罔不相同，而名銜年月在焉。余於是始定禮記之即淳熙四年撫州公使庫刻也。其禮記以嘉慶丙辰歲陽城張太守古餘先生見屬刊行。是時抱沖已没，遺孤尚幼，釋文一時檢之弗獲，聊用通志堂所翻單本附於後，使讀者足以悟其爲撫本而已。倏忽以來又一星終，每念此既一刻，余實知之，獨未能合併而傳其真，豈非尚留遺憾乎。爰促姪望山尋出，及今病中自力細勘一過，是正翻本之誤不少，將一一改回以復其舊。但太守久

移江右，余復留滯鄉里，未審何日方了此願耳。元書裝四册，無前人圖記，不詳出自何家。由此而推，通志堂當别有一印本云。庚辰孟秋處暑後五日，元和顧廣圻千里甫記於楓江僦舍。（見思適齋書跋。手跡見中華再造善本影印釋文末尾。）

據此，再結合後來的情況，知正文六册經顧汝修、徐乾學、顧之逵、汪士鐘、楊氏海源閣遞藏，終歸中國國家圖書館。釋文四册經顧之逵、汪士鐘、瞿氏鐵琴銅劍樓、陳澄中遞藏，也歸國圖。顧之逵同時擁有正文與釋文，但來源不同，没有合併成一套來收藏，所以顧千里影刻時只看到正文，没能利用釋文。汪士鐘仍然同時擁有正文與釋文，隨後又分散，一歸海源閣，一歸鐵琴銅劍樓，幸好最後同歸國圖。而古逸叢書三編影印時又忽略釋文的存在，後來再造善本於二〇〇三年影印正文，二〇〇六年影印釋文，我們才較容易看到宋版全貌。

顧跋提到有人誤以撫本爲監本，指的是段玉裁等人。阮元禮記校勘記未出現撫州本，而有「監本」，其實就是撫州本。在看不到原書，不知道撫州刊記存在的情況下，只據部分文本異同來做推論，見其與六經正誤所引監本多同，所以誤認爲監

本。阮元他們沒能直接校對撫州本，只能參考傳録校記；也沒能看到八行注疏本，只能參考轉抄惠棟校本及七經孟子考文。如今撫州本、八行注疏本都有影印本（撫州本影印入古逸叢書三編及中華再造善本，八行本有北京大學出版社影印南宋越刊八行本禮記正義），資料條件令人無遺憾。

唐代以前經籍文本皆以抄本流傳，儘管有注有音義可以限制文本變化的範圍，畢竟免不了産生各種異文。五代監本經文據唐石經，注文仍據流傳抄本，經校定而成。北宋因襲五代監本，而又有校定。五代、北宋監本後皆失傳，現存都是南宋以後版本。諸版本的經注文本，當皆以北宋監本爲祖本，淳熙四年撫州公使庫刻本作爲現存最早的官刊本，體式、文本都應該最接近於北宋監本。體式不同，而經注文本同樣接近北宋監本的是紹熙三年兩浙東路茶鹽司刊八行注疏本。明清注疏版本以南宋中期福建坊刻十行注疏本爲祖本，其經注文本與余仁仲刊本一脈相承。余仁仲刊禮記注，所據底本應該也是官版，與北宋監本相差不遠。只是因爲余仁仲本要分段插入經典釋文，而監本的經注文本與經典釋文所據不同，於是篡改正文以遷就經典釋文。（或余仁仲之前已有插入釋文的版本，余仁仲不過據以翻刻，也有可能。余仁仲於

春秋公羊經傳解詁才寫識語説明插入釋文，也可加强這種推測。但今無更多材料，且以余仁仲本爲代表。）宋代以後禮記經注文本的混亂，大部分出於余仁仲本的篡改。岳本乾隆時武英殿翻刻行世，以往評價較高，其實是以余仁仲系統經過篡改的文本爲基礎，參校監本等官版改回部分文字而已，並沒有獨立的文本價值。要之，今日討論禮記經注文本，應當以撫州本爲基礎，校以八行注疏本，才能得到最接近北宋監本的文本。（請參拙文禮記版本雜識、影印南宋越刊八行本禮記正義編後記。兩篇併見三聯書店所刊拙著文獻學讀書記。）

南宋前期各地官刻經書，應該都以南宋初監本爲底本翻刻，以便當地人學習。撫州公使庫淳熙年間刊刻之後，長期印製，也經過多次修補，黃震日抄有咸淳九年修撫州六經跋。王國維曾經校對蔣汝藻舊藏遞修本，發現訛誤極多，見傳書堂藏善本書志。顧之逵舊藏本是早印本，没有整版抽換的情況，文本精善。雖然如此，此部版面也曾經過局部修改。如卷二第十二葉第一行與第二行之間，可以看到拼接痕跡，知道第一行經過修改重刻。顧千里在考異中指出，此行刻字特密，按一行字數推算，當初刻版時第一字「牆」下並無小注「牆之障柩猶垣牆障家」，後來要插入此注九

字，所以重刻第一行。我們查看同時期的婺州蔣宅刻本（殘本，有中華再造善本影印本），確實没有此注九字，知道顧千里的推測是正確的。更有趣的是，八行注疏本也有同樣的情況，就是此注前後刻字密集，按字數推算，也能認爲是當初没有此注九字，後來修版插入。婺州蔣宅刻本、八行注疏本都是當年顧千里没能看到的版本，現在可以用來證明顧千里推論的準確，令人痛快。更值得重視的是，三種版本的情況顯示，北宋以來的監本應該没有這條九字注，而南宋前期的某一時間，官方監本應該增補了這條注，所以紹興的八行注疏本和江西的撫州本，都不約而同地進行修改。這是官方文本越改越亂的實例，特别珍貴。正因如此，我們今日讀書，必需盡量多找南宋前期的版本，互相對照，據以推測北宋監本的文本。

三、影刻撫州本

顧千里主持影刻撫州本，應該是直接就原書製作影抄本，據影抄本刻版。所以字形雖然簡單化，筆畫都趨向單調，但筆畫結構基本忠實於底本，版面細節包括版心字數、刻工名等皆一如底本，是十分成功的影刻本。筆者尚未細校，不敢保證絶

無訛誤，但平常讀書完全可以代替影印宋版，有疑問時核對影印本即可。

嘉慶十年開始爲張敦仁主持影刻撫本時，顧千里已經有多年的主持刻版經驗，對古代刻版的技術問題都有深刻體會，因而在影刻時能留意關鍵性細節，處理之精密，令人驚歎。如卷六第十四葉第十七至十九三行，宋版字體拙劣，而第十六行與十七行之間、第十九行與二十行之間，上下版框都斷開，明顯出於重刻抽換。顧千里影刻時，儘管無法表現這三行字體的拙劣，仍然將版框斷裂重現出來，以便讀者推測修版情況。上文介紹卷二第十二葉第一行經過重刻抽換，顧千里也重現上下版框斷裂的樣子，都是提醒讀者的溫馨處理。顧千里在考異中推測卷六第十四葉抽換三行的原因在撫本經文當初没有「周人卒哭而致事」七字，後來要插入，所以連後面兩行都一起重刻，用三行來吸收增多七字帶來的密集狀況。段玉裁見撫本考異而怒，撰文非顧説，云「計其字數，去此七字則此行空二寸許，決不然也」（經韻樓集卷十二），是因爲段玉裁不熟悉版刻技術，忽視顧千里溫馨提示的版框缺口，誤以爲顧千里主張撫本在第十七行插入七字，遂誤稱「決不然」。孔子「少也賤，故多能鄙事」，「不試故藝」（論語子罕）。顧千里未能做官，未能預學界主流，而爲人編

書刻書，所以才能體會版本細節包含的重要信息，並能在影刻本上提示世人。不像今日專攻版本學都可以當教授，清代主流學者容易鄙視這些技術，段玉裁不理解顧千里的苦心，也不奇怪。顧千里看到段玉裁説「去此七字則此行空二寸許」，應該都懶得解釋，只能苦笑吧。

顧千里主持刊刻撫本禮記，在嘉慶十年至十一年之間。當時找不到宋版釋文，所以據通志堂刻本翻刻釋文，如上録顧氏跋所言。所謂通志堂刻本，並非通志堂經解所收經典釋文三十卷，而是通志堂單刻的禮記釋文。通志堂單刻本還有孫覺春秋經解十五卷（見姚元之竹葉亭雜記），此禮記釋文亦其比。通志堂單刻本皆罕見，筆者曾托友人留意，在國圖看到一部，似乎是通志堂單刊本，而尚未進一步論證。（參華喆趙燁行實與撫本禮記釋文簡介，見版本目録學研究第二輯。）顧千里跋署「庚辰孟秋處暑後五日」，是嘉慶二十五年，他説讓顧之逵後人找出宋版釋文，校正當初附刻釋文的訛誤，希望修改版本文字，反映宋版原貌，而慨歎「未審何日方了此願」。然而影刻撫本後印本的釋文已經修改，並且有「嘉慶廿五年庚辰宋本釋文再校修訖印行」一行刊記。以往以爲即在嘉慶二十五年修改版面，現在看來嘉慶二十五年顧千里再校宋本釋文，

固然没錯，至於何時實現修版，則尚不可知。

要之，張敦仁影刻撫本禮記的釋文部分，後來經過修改，故先後印本之間，內容有較大出入。如第一葉第十三行「閲」，早印本作「呼質反」，後印本作「呼厤反」。宋版作「曆」字，影刻本避清高宗諱作「厤」。第三葉第一個字「卒」，早印本作「才忽反」，後印本作「七忽反」，與宋版一致。又如第三十七葉第十二行尾題（撫州本禮記釋文一百二十二葉，通數葉次，而內文仍分四卷）下小字記經注字數，早印本作「注一万六千六百九十六字」，後印本「六百」作「二百」，與宋版同。諸如此類，有不少文字差異。除了文本，版心的改動也很明顯。早印本下象鼻都没刻字，全黑，後印本上下象鼻都照宋版補入刻工名、字數等。又，最後的第一百二十二葉，正文到第十九行首結束，早印本以下空白，第二十行也留空白，尾題在第一百二十三葉第一行。後印本第一百二十二葉第十九行隔兩三字空格即有尾題，又有小字經注字數，第二十行題「禮記」二字，與宋版一致。可見後印本盡量照宋版修改舊版，但畢竟只是修版，所以後印本版框仍作左右雙邊，不能照宋版改作四周雙邊。

有趣的是撫州公使庫淳熙四年列銜那一葉，早印本放在禮記卷二十之後，版

心下方記葉次「二十一」，是接禮記卷二十最後的第二十葉，而版心上方記字數「一百三十」。後印本仍用同一版片，而移到釋文之後，版心下方葉次改作「百二十三」，是接釋文末葉第一百二十二葉，上方記字數「一百丹五」（「丹」即「單」，猶今云「零」）。宋版版心上方字數確作「一百丹五」，而下方無葉次。嘉慶十一年顧千里跋宋版卷二十末尾云：「末有名銜一紙，裝匠分入釋文首。不知者輒認以爲舊監本，非也。」考異末尾出「撫州公使庫新刊注禮記二十卷并釋文四卷」，亦云：「或目此爲宋監本，最誤。蓋不知此一葉元連二十卷尾。其別出在釋文首者，特工人裝時錯之耳，今訂正。」是知當初編刊時，顧千里相信撫本這張列銜一葉應當在經注二十卷之後。嘉慶十一年編刊時，顧千里没有找到釋文四册，應該也没有看到這張列銜。没看到原件，卻能影刻附在經注正文末尾，曹元忠認爲是據通志堂單行釋文。（參曹元忠跋。）今數自「撫州公使庫」至「淳熙四年二月　日」，字數正好一百零五，符合宋版、影刻後印本的版心字數。早印本版心字數「一百三十」，不知通志堂單行本所據另有其他文字，抑或是影刻時連「嘉慶丙寅七月陽城張氏影摹宋本重彫」等一起算的文字，總之不是宋版此葉的文字。後來看到宋版釋文，顧千里應該注意到釋文宋版一百二十一葉

末行，在「禮記釋文」尾題之後，又有題「禮記」二字。於是改變以前的想法，認爲這張撫州公使庫淳熙四年的列銜，恐怕放在釋文末尾，作爲禮記二十卷、釋文四卷全部的刊記才比較合適。所以版心下方補刻宋版没有的葉次「百二十三」，並挪到全書末尾。如果曹元忠所言不誣，通志堂所據宋版禮記釋文也有此列銜，也會加强應該放在釋文末的判斷。

因爲底本最善，影刻真實，又有顧氏考異，所以影刻撫本問世以來就被視爲禮記鄭注之最善本，聲譽很高，後來崇文書局也曾翻刻。可惜近代以來一直没有影印本，所以今日讀者較少利用。這與顧千里主持影刻的文選、通鑑等到近代都有影印本，（影印底本往往是清末翻刻本。）作爲通行版本的情況很不一樣。撫本一直没被影印，除了上述學界利用禮記的態度問題外，還要考慮學界對版本的認識不成熟的因素。民國時期有影印余仁仲本，也有四部叢刊影印纂圖互注本，當時都以爲善本。後人利用這些影印本，能够校讀各種版本的文字，才知道余仁仲本、纂圖互注本都是經過纂改的俗本，文本庸劣，絶非撫本之比。通過影印、校對等一系列作爲，我們今日才確定當年顧千里認定撫州本爲最善本固不可易，等於回到顧千里的出發點。最後

一個問題是，既然有直接影印宋版的古逸叢書三編以及中華再造善本，我們爲什麼還要選用張敦仁影刻本？其實，用影印宋版自然没有問題，但筆者推薦選用影刻本也有幾點理由。首先，作爲消極的理由，影刻本反映宋版的版面情況相當完整，作爲平常讀本，完全可以代替影印宋本。感到疑問，我們可以隨時核對影印宋本。積極的理由有三點。第一，影刻本删除了底本上面的批注、標點等非版刻信息（宋本批注的價值，請參廖明飛撫本禮記金履祥批點小識，見中國典籍與思想研究第四輯），版面清淨，更適合閱讀。我們攻讀禮記，迫切需要方便自己標點、批注的本子。第二，影刻撫本是清後期以來學界公認的禮記鄭注最善本，我們與前輩學者擁有共同的文獻基礎，自然方便。第三，顧千里的校勘工作實在出色，除了正文、釋文還有考異，是我們閲讀禮記鄭注不可或缺的版本資料。筆者一直相信影刻撫本是學習、攻讀禮記鄭注的最佳讀本，而没有機會擁有，只能到圖書館翻一翻。如今有此影印本，心中不禁湧出重新學習禮記鄭注的强烈興趣。

四、撫本考異

影刻撫州本後附顧千里考異，仍用張敦仁名義。後來考異單獨收録於皇清經解，也用張敦仁名義。張敦仁提供條件，顧千里負責執行，應該是正常的合作關係，談不上剽竊，也没有必要爲顧千里喊冤。我們只要知道考異以張敦仁的名義發表，所以表述以張敦仁爲撰者，顧千里爲友人，有所曲折，即可。

考異充分體現顧千里對經注文本的深刻理解，説是清代禮記學的最高成就，不算過譽。可惜以往學者往往以爲與阮元校勘記同屬一類，並不仔細閲讀，顧千里的絶學未被廣泛認識。二〇一三年筆者與北京大學研究生同學們一起閲讀考異，歎爲觀止，撰成一篇學撫本考異記，（有電子版流傳。另見拙著學術史讀書記。）此不重複。筆者深信，撫本考異是我們學文獻學、提高讀書能力、深入理解鄭玄注經的最佳嚮導。

五、期望

本文不過用以往所見，匆匆寫就，未能重新校對諸本。影刻早印本與宋版之間

究竟有無文字異同，早印本與後印本除釋文外有没有其他改動，考異在早印本、後印本、經解本之間有無異同，這些基本問題都没能提供確切答案。在此向讀者表示歉意。張敦仁影刻撫本禮記過去都没有影印本，我們無法擁有，校對都不容易，很難深入閲讀。現在終於有了這部影印本，可以人手一編。紙本書翻閲舒適，方便標點批注、長期收藏、隨時翻看，可以積累各種信息和心得，很多方面都較電子版有優勢。相信本書出版後，很多讀者自己校對，上述那些基本問題很快就有答案。也相信會有很多讀者以考異爲線索，探索禮記鄭注的文本，我們的讀書世界會更豐富耐玩。

目次

宋撫州本禮記注

附考異

嘉慶丙寅
陽城張氏
影摹重彫

禮記卷第一

曲禮上第一　禮記　鄭氏注

曲禮曰毋不敬禮主於敬儼若思儼矜莊貌人之坐思貌必儼然安定辭審言語也易曰言語者君子之樞機安民哉此上三句可以安民說曲禮者美之云耳敖不可長欲不可從志不可滿樂不可極四者慢游之道桀紂所以自禍賢者狎而敬之狎習也近也謂附而近之習其所行也月令曰雖有貴戚近習畏而愛之心服曰畏曾子曰吾先子之所畏愛而知其惡憎而知其善謂凡與人交不可以已心之愛憎誣人之善惡積而能散謂已有蓄積見貧窮者則當能散以賙救之若宋樂氏安安而能遷謂已今安此之安圖後有害則當能遷晉舅犯與姜氏醉重耳而行近之臨財毋苟得爲傷廉也臨難毋苟免爲傷

義也很毋求勝分毋求多爲傷平也很鬩也謂爭訟也詩云兄弟鬩於墻疑事毋質質成也彼己俱疑而己成言之終不然則傷知直而勿有直正也己若不疑則當稱師友而正之謙也若夫言若欲爲丈夫也春秋傳曰是謂我非夫坐如尸視貌正立如齊磬且聽也齊謂祭祀時禮從宜事不可常也晉士匄帥師侵齊聞齊侯卒乃還春秋善之使從俗亦事不可常也牲幣之屬則當從俗所出禮器曰天不生地不養君子不以爲禮鬼神不饗夫禮者所以定親疏決嫌疑別同異明是非也禮不妄說人爲近佞媚也君子說之不以其道則不說也不辭費爲傷信君子先行其言而後從之禮不踰節不侵侮不好狎爲傷敬也人則習近爲好狎脩身踐言謂之善行踐履也言履而行之行脩言道禮之質也言道言合於道質猶本也禮爲之文飾耳禮

聞取於人不聞取人（謂君人者取於人謂高尚其道取人謂制服其身）禮聞來學不聞往教（尊道藝）道德仁義非禮不成教訓正俗非禮不備分爭辨訟非禮不決君臣上下父子兄弟非禮不定宦學事師非禮不親班朝治軍涖官行法非禮威嚴不行禱祠祭祀供給鬼神非禮不誠不莊（分辨皆別也宦仕也班次也涖臨也莊敬也學或爲御）是以君子恭敬撙節退讓以明禮（撙猶趨也）鸚鵡能言不離飛鳥猩猩能言不離禽獸今人而無禮雖能言不亦禽獸之心乎夫唯禽獸無禮故父子聚

麀(聚猶共也　鹿牝曰麀)是故聖人作爲禮以教人使人以有禮知自别於禽獸大上貴德(大上帝皇之世其民施而不惟報)其次務施報(三王之世禮始興焉)禮尚往來往而不來非禮也來而不往亦非禮也人有禮則安無禮則危故曰禮者不可不學也夫禮者自卑而尊人雖負販者必有尊也而况富貴乎(負販者尤輕佻志利宜若無禮然)富貴而知好禮則不驕不淫貧賤而知好禮則志不懾(懾猶怯惑)人生十年曰幼學(名曰幼時始可學也内則曰十年出就外傅居宿於外學書計)二十曰弱冠三十曰壯有室(有室有妻也妻稱室)四十曰强而

仕五十曰艾服官政艾老也六十曰耆指使指事使人也六十不與服戎不親學七十曰老而傳傳家事任子孫是謂宗子之父八十九十曰耄耄惛忘也春秋傳曰謂老將知耄又及之七年曰悼悼憐愛也悼與耄雖有罪不加刑焉愛幼而尊老百年曰期頤期猶要也頤養也不知衣服食味孝子要盡養道而已大夫七十而致事致其所掌之事於君而告老若不得謝謝猶聽也君必有命勞苦辭謝之其有德尚壯則不聽耳則必賜之几杖行役以婦人適四方乘安車自稱曰老夫几杖婦人安車所以養其身體也安車坐乘若今小車也老夫老人稱也亦明君貪賢春秋傳曰老夫耄矣於其國則稱名君雖尊異之自稱猶若臣越國而問焉必告之以其制鄰國來問必問於老者以答之制法度謀於長者

必操几杖以從之從猶就也長者問不辭讓而對非禮也當謝不敏若曾子之爲凡爲人子之禮冬溫而夏凊昏定而晨省安定其牀衽也省問其安否何如在醜夷不爭醜衆也夷猶儕也四皓曰陛下之等夷夫爲人子者三賜不及車馬三賜三命也凡仕者一命而受爵再命而受衣服三命而受車馬車馬而身所以尊者備矣卿大夫士之子不受不敢以成尊比踰於父天子諸侯之子不受自卑遠於君故州閭鄉黨稱其孝也兄弟親戚稱其慈也僚友稱其弟也執友稱其仁也交遊稱其信也不敢受重賜者心也如此而五者備有焉周禮二十五家爲閭四閭爲族五族爲黨五黨爲州五州爲鄉僚友官同者執友志同者見父之執不謂之進不敢進不謂之退不敢退不問不敢

對敬父同志如事父此孝子之行也夫為人子者出必告反必面告面同耳反言面者從外來宜知親之顏色安否所遊必有常所習必有業緣親之意欲知之恒言不稱老廣敬年長以倍則父事之謂年二十於四十者人年二十弱冠成人有為人父之端今四十於二十者有子道內則曰年二十惇行孝弟十年以長則兄事之五年以長則肩隨之肩隨者與之並行差退羣居五人則長者必異席席以四人為節因宜有所尊為人子者居不主奧坐不中席行不中道立不中門謂與父同宮者也不敢當其尊處室中西南隅謂之奧道有左右中門謂棖闑之中央內則曰由命士以上父子皆異宮食饗不為槩槩量也不制待賓客饌具之所有祭祀不為尸尊者之處為其失子道然則尸卜筮無父者聽於

無聲視於無形恒若親之將有教使然不登高不臨深不苟訾不苟笑為其近危辱也人之性不欲見毀訾不欲見笑君子樂然後笑孝子不服闇不登危懼辱親也服事也闇冥也不於闇冥之中從事為卒有非常且嫌失禮也男女夜行以燭父母存不許友以死為忘親也死為報仇讎不有私財為人子者父母存冠衣不純素為其有喪象也純緣也玉藻曰縞冠玄武子姓之冠也縞冠素紕既祥之冠也深衣曰具父母衣純以青孤子當室冠衣不純采早喪親雖除喪不忘哀也謂年未二十者三十壯有室有代親之端不為孤也當室適子也深衣曰孤子衣純以素幼子常視毋誑視今之示字小未有所知常示以正物以正教之無誑欺童子不衣裘裳裘大溫消陰氣使不堪苦不衣裘裳便易立必正方不傾聽習其自端正長者與之提攜則兩

手奉長者之手習其扶持尊者提攜謂牵將行負劍辟咡詔之負謂置之於背劍謂挾之於旁辟咡詔之謂傾頭與語口旁曰咡則掩口而對習其鄉尊者屏氣也從於先生不越路而與人言尊不二也先生老人教學者遭先生於道趨而進正立拱手爲有教使先生與之言則對不與之言則趨而退爲其不欲與己並行從長者而上丘陵則必鄉長者所視爲遠視不察有所問登城不指城上不呼爲惑人將適舍求毋固謂行而就人館固猶常也求主人物不可以舊常或時乏無周禮土訓辨地物原其生以詔地求其類將上堂聲必揚警內人也戶外有二屨言聞則入言不聞則不入將入戶視必下入戶奉扃視瞻毋回

（不干掩人之私也奉扃敬也）戶開亦開戶闔亦闔（不以後來變先）有後入者闔而勿遂（示不拒人）毋踐屨毋踖席摳衣趨隅必慎唯諾（趨隅升席必由下也慎唯諾者不先舉見問乃應）大夫士出入君門由闑右（臣統於君闑門橛）不踐閾（閾門限也）凡與客入者每門讓於客（下賓也敵者迎於大門外聘禮曰君迎賓於大門內）客至於寢門則主人請入爲席（爲猶敷也雖君亦然）然後出迎客客固辭（又讓先入）主人肅客而入（肅進也進客謂道之）主人入門而右客入門而左（右就其右左就其左）主人就東階客就西階客若降等則就主人之階（降下也謂大夫於君士於大夫也不敢輒由其階卑統於尊不敢自專）主人固辭然後客

復就西階復其正主人與客讓登主人先登客從之拾級聚足拾當爲涉聲之誤也級等也涉等聚足謂前足躡一等後足從之併連步以上重蹉跌也連步謂足相隨不相過也上於東階則先右足上於西階則先左足近於相鄉敬帷薄之外不趨不見尊者行自由不爲容也入則容行而張足曰趨堂上不趨爲其迫也堂下則趨執玉不趨志重玉也聘禮曰上介授賓玉於廟門外堂上接武武迹也迹相接謂每移足半躡之中人之迹尺二寸堂下布武武謂每移足各自成迹不相躡室中不翔又爲其迫也行而張拱曰翔並坐不橫肱爲害旁人授立不跪授坐不立爲煩尊者俛仰受之凡爲長者糞之禮必加帚於箕上如是得兩手奉箕恭也謂初執而往時也弟子職曰執箕膺擖厥中有帚以袂拘而退其塵

不及長者謂埽時也以袂擁帚之前埽而卻行之以箕自鄉而扱之扱讀曰吸謂收糞時也箕去弃物以鄉尊者則不恭奉席如橋衡横奉之令左昂右低如有首尾然橋井上橰槹衡上低昂請席何鄉請衽何趾順尊者所安也衽卧席也坐問鄉卧問趾因於陰陽席南鄉北鄉以西方爲上東鄉西鄉以南方爲上布席無常此其順之也上謂席端也坐在陽則上左坐在陰則上右若非飲食之客則布席席間函丈謂講問之客也函猶容也講問宜相對容丈足以指畫也飲食之客布席於牖前丈或爲杖主人跪正席雖來講問猶以客禮待之異於弟子客跪撫席而辭撫之者荅主人之親正客徹重席主人固辭徹去也去重席謙也再辭曰固客踐席乃坐客安主人乃敢安也講問宜坐主人不問客不先舉客自外來宜問其安否無恙及所爲來故將即席

容毋怍（怍謂顏色變也）兩手摳衣去齊尺（齊謂裳下緝也）衣毋撥（撥發揚貌）足毋蹶（蹶行遽貌）先生書策琴瑟在前坐而遷之戒勿越（廣敬也在前謂當行之前）虛坐盡後（謙也）食坐盡前（為汙席）坐必安執爾顏（執猶守也）長者不及毋儳言（儳猶暫也非類雜）正爾容聽必恭（聽先生之言既說又敬）毋勦說（勦猶擥也謂取人之說以為己說）毋雷同（雷之發聲物無不同時應者人之言當各由己不當然也孟子曰人無是非之心非人也）必則古昔稱先王（言必有依據）侍坐於先生先生問焉終則對（不敢錯亂尊者之言）請業則起請益則起（尊師重道也起若今摳衣前請也業謂篇卷也益謂受說不了欲師更明說之子路問政子曰先之勞之請益曰無倦）父召無諾先生召無諾唯而起（應辭唯恭

於諾

侍坐於所尊敬毋餘席必盡其所近尊者之端爲有後來者見同等不起不爲私敬燭至起異晝夜食至起爲饌變上客起敬尊者燭不見跋跋本也燭盡則去之嫌若燼多有厭倦尊客之前不叱狗主人於尊客之前不敢倦嫌若風去之讓食不唾嫌有穢惡侍坐於君子君子欠伸撰杖屨視日蚤莫侍坐者請出矣以君子有倦意也撰猶持也侍坐於君子君子問更端則起而對離席對敬異事也君子必令復坐侍坐於君子若有告者曰少閒願有復也則左右屏而待復白也言欲須少空閒有所白也屏猶退也隱也毋側聽嫌探人之私也側聽耳屬於垣毋噭應毋淫視毋怠荒遊毋倨立毋跛坐毋箕

寢毋伏斂髮毋髢冠毋免勞毋袒暑毋褰裳（皆爲其不敬㗇號呼之聲也淫視睇眄也怠荒放散身體也跛偏任也伏覆也髢髲也毋垂餘如髲也免去也褰袪也髢或爲肆）侍坐於長者屨不上於堂（屨賤空則不陳於尊者之側）解屨不敢當階（爲妨後升者）就屨跪而舉之屏於側（謂獨退也就猶著也屏亦不當階）鄉長者而屨跪而遷屨俯而納屨（謂長者送之也不得屏遷之而已俯俛也納內也遷或爲還）離坐離立毋往參焉離立者不出中閒（爲干人私也離兩也）男女不雜坐不同椸枷不同巾櫛不親授嫂叔不通問諸母不漱裳外言不入於梱內言不出於梱女子許嫁纓非有大故不入

其門姑姊妹女子子已嫁而反兄弟弗與同席而坐弗與同器而食皆爲重別防淫亂不雜坐謂男子在堂女子在房也椸可以枷衣者通問謂相稱謝也諸母庶母也漱澣也庶母賤可使漱衣不可使漱裳裳賤尊之者亦所以遠別外言內言男女之職也不出入者不以相問也梱門限也女子許嫁繫纓有從人之端也大故宮中有災變若疾病乃後入也女子有宮者亦謂由命士以上也春秋傳曰羣公子之舍則已卑矣女子十年而不出嫁及成人可以出矣猶不與男子共席而坐亦遠別也父子不同席異尊卑也男女非有行媒不相知名見媒往來傳昏姻之言乃相知姓名非受幣不交不親重別有禮乃相纏固故日月以告君周禮凡取判妻入子者媒氏書之以告君謂此也齊戒以告鬼神昏禮凡受女之禮皆於廟爲神席以告鬼神謂此也爲酒食以召鄉黨僚友會賓客也以厚其別也厚重愼也取妻不取

同姓故買妾不知其姓則卜之爲其近禽獸也妾賤或時非媵取之於賤者世無本繫寡婦之子非有見焉弗與爲友辟嫌也有見謂有奇才卓然衆人所知賀取妻者曰某子使某聞子有客使某羞謂不在賓客之中使人往者羞進也言進於客古者謂候爲進其禮蓋壺酒束脩若犬也不斥主人昬禮不賀貧者不以貨財爲禮老者不以筋力爲禮禮許儉不非無也年五十始杖八十拜君命一坐再至名子者不以國不以日月不以隱疾不以山川此在常語之中爲後難諱也春秋傳曰名終將諱之隱疾衣中之疾也謂若黑臀黑肱矣疾在外者雖不得言尚可指擿此則無時可辟俗語云隱疾難爲醫男女異長各自爲伯季也男子二十冠而字成人矣敬其名父前子名君前臣名對至尊無大小皆相名女子許嫁

笄而字以許嫁爲成人凡進食之禮左殽右胾食居人之左羹居人之右皆便食也殽骨體也胾切肉也食飯屬也居人左右明其近也膾炙處外醯醬處內殽胾之外內也近醯醬者食之主膾炙皆在豆殽在俎胾在豆葱渫處末渫烝葱也處醯醬之左言末者殊加也渫在豆酒漿處右處羹之右此言若酒若漿耳兩有之則左酒右漿此大夫士與賓客燕食之禮其禮食則宜放公食大夫禮云以脯脩置者左朐右末亦便食也屈中曰朐客若降等執食興辭辭者辭主人之臨己食若欲食於堂下然主人興辭於客然後客坐復坐主人延客祭延道也祭祭先也君子有事不忘本也客不降等則先祭祭食祭所先進主人所先進先祭之所後進後祭之如其次殽之序徧祭之謂胾炙膾也以其本出於牲體也公食大夫禮魚腊湆醬不祭也三飯主人延客

食胾然後辯殽（先食胾後食殽殽尊也凡食殽辯於肩食肩則飽也）主人未辯客不虛口（俟主人也虛口謂酳也客自敵以上其酳不待主人飽主人不先飽也）侍食於長者主人親饋則拜而食（勸長者食耳雖賤不得執食興辭拜而已示敬也）主人不親饋則不拜而食（以其禮於己不隆）共食不飽（謙也謂共羹飯之大器也）共飯不澤手（爲汗生不絜也澤謂挼莎也禮飯以手澤或爲擇）毋搏飯（爲欲致飽不謙）毋放飯（去手餘飯於器中人所穢）毋流歠（大歠嫌欲疾）毋咤食（嫌薄之）毋齧骨（爲有聲響不敬）毋反魚肉（爲已歷口人所穢）毋投與狗骨（爲其賤飲食之物）毋固獲（爲其不廉也欲專之曰固爭取曰獲）毋揚飯飯黍毋以箸毋嚃羹（亦嫌欲疾也嚃爲不嚼菜）毋絮羹（爲其詳於味也絮猶調也）毋刺齒（爲其弄口也口容止）毋歠

醓亦嫌詳於味也歠者為其淡故客絮羹主人辭不能亨客歠醓主人辭以寠優賓濡肉齒決決猶斷也乾肉不齒決堅宜用手毋嘬炙為其貪食甚也嘬謂一舉盡臠特牲少牢嚌之加于俎卒食客自前跪徹飯齊以授相者謙也自從也齊醬屬也相者主人贊饌者公食大夫禮賓卒食北面取粱與醬以降也主人興辭於客然後客坐不聽親徹侍飲於長者酒進則起拜受於尊所降席拜受敬也燕飲之禮鄉尊長者辭少者反席而飲長者舉未釂少者不敢飲不敢先尊者盡爵曰釂燕禮曰公卒爵而後飲也長者賜少者賤者不敢辭不敢亢禮也賤者僮僕之屬賜果於君前其有核者懷其核嫌弃尊者物也木實曰果御

食於君君賜餘器之漑者不寫其餘皆寫重汙辱君之器也漑謂陶梓之器不漑謂萑竹之器也寫者傳己器中乃食之也勸侑曰御餕餘不祭父不祭子夫不祭妻食人之餘曰餕餕而不祭唯此類也食尊者之餘則祭盛之御同於長者雖貳不辭謂侍食於長者饌具與之同也貳謂重殽膳也辭之爲長者嫌偶坐不辭盛饌不爲己羹之有菜者用梜其無菜者不用梜梜猶箸也今人或謂箸爲梜提爲天子削瓜者副之巾以絺副析也既削又四析之乃橫斷之而巾覆焉爲國君者華之巾以綌華中裂之不四析也爲大夫累之累倮也謂不巾覆也士疐之不中裂橫斷去疐而已庶人齕之不橫斷父母有疾冠者不櫛行不翔憂不爲容也言不惰憂不在私好琴瑟不

御（憂不在樂）食肉不至變味飲酒不至變貌（憂不在味）笑不至矧怒不至詈（憂在心難變也齒本曰矧大笑則見）疾止復故（自若常也）有憂者側席而坐（側猶特也憂不在接人不布他面席）有喪者專席而坐（降居處也專猶單也）水潦降不獻魚鼈（不饒多也）獻鳥者佛其首（爲其喙害人也佛戾也蓋爲小竹籠以冒之）畜鳥者則勿佛也（畜養也養則馴）獻車馬者執策綏獻甲者執胄獻杖者執末獻民虜者操右袂獻粟者執右契獻米者操量鼓獻孰食者操醬齊獻田宅者操書致（凡操執者謂手所舉以告者也設其大者舉其小者便也甲鎧也胄兜鍪也民虜軍所獲也操其右袂制之契券要也右爲尊量鼓量器名）凡遺人弓者張弓

尚筋弛弓尚角弓有往來體皆欲令其下曲隤然順也遺人無時已定體則張之未定體則弛之右手執簫左手承弣簫弭頭也謂之簫簫邪也弣把中尊卑垂帨帨佩巾也磬折則佩垂授受之儀尊卑一若主人拜拜受也則客還辟辟拜辟拜謙不敢當主人自受由客之左接下承弣由從也從客之左右客尊之接下接客手下也承弣卻手則簫覆手與鄉與客並然後受於堂上則俱南面禮敵者並授進劍者左首左首尊也進戈者前其鐏後其刃進矛戟者前其鐓後刃敬也三兵鐏鐓雖在下猶爲首銳底曰鐏取其鐏地平底曰鐓取其鐓地進几杖者拂之尊者所馮依拂去塵敬效馬效羊者右牽之用右手便效猶呈見效犬者左牽之犬齛齧人右手當禁備之執禽者左首左首尊飾羔鴈者以繢繢畫也諸侯大夫以

布天子大夫以畫受珠玉者以掬慎也掬手中受弓劍者以袂敬也飲玉爵者弗揮爲其寶而肥凡以弓劍苞苴簞笥問人者問猶遺也苞苴裹魚肉或以葦或以茅簞笥盛飯食者圓曰簞方曰笥操以受命如使之容謂使者凡爲君使者已受命君言不宿於家急君使也言謂有故所問也聘禮曰君有言則以束帛如享禮君言至則主人出拜君言之辱使者歸則必拜送于門外敬君命也此謂國君問事於其臣若使人於君所則必朝服而命之使者反則必下堂而受命此臣有所告請於其君博聞強識而讓敦善行而不怠謂之君子敦厚君子不盡人之歡不竭人之忠以全

交也歡謂飲食忠謂衣服之物禮曰君子抱孫不抱子此言孫可以爲王父尸子不可以爲父尸以孫與祖昭穆同爲君尸者大夫士見之則下之君知所以爲尸者則自下之尊尸也下下車也國君或時幼少不能盡識羣臣有以告者乃下之尸必式禮之乘必以几尊者愼也齊者不樂不弔爲哀樂則失正散其思也居喪之禮毀瘠不形視聽不衰爲其廢喪事形謂骨見升降不由阼階出入不當門隧常若親存隧道也居喪之禮頭有創則沐身有瘍則浴有疾則飲酒食肉疾止復初不勝喪乃比於不慈不孝勝任也五十不致毀六十不毀

七十唯衰麻在身飲酒食肉處於内所以養衰老人五十始衰也生與來日死與往日與猶數也生數來日謂成服杖以死明日數也死數往日謂殯斂以死日數也此士禮貶於大夫者大夫以上皆以來日數士喪禮曰死日而襲厥明而小斂又厥明大斂而殯則死三日而更言三日成服杖似異日矣喪大記曰士之喪二日而殯三日之朝主人杖二者相推其然明矣與或爲予知生者弔知死者傷知生而不知死弔而不傷知死而不知生傷而不弔人恩各施於所知也弔傷皆謂致命辭也雜記曰諸侯使人弔辭曰寡君聞君之喪寡君使某如何不淑此施於生者傷辭未聞也説者有弔辭云皇天降災子遭罹之如何不淑此施於死者蓋本傷辭辭畢退皆哭弔喪弗能賻不問其所費問疾弗能遺不問其所欲見人弗能館不問其所舍賜人者不曰來取與人者不

問其所欲皆謂傷恩也見人見行人館舍也與人不問其所欲己物或時非其所欲將不與也不適墓不登壟爲其不敬壟冢也墓塋域助葬必執紼葬喪之大事紼引車索臨喪不笑臨喪宜有哀色揖人必違其位禮以變爲敬望柩不歌入臨不翔哀傷之無容樂當食不歎食或以樂非歎所鄰有喪舂不相里有殯不巷歌助哀也相謂送杵聲適墓不歌非樂所哭日不歌哀未忘也送喪不由徑送葬不辟塗潦所哀在此臨喪則必有哀色執紼不笑臨樂不歎介胄則有不可犯之色貌與事宜相配介甲也故君子戒慎不失色於人色厲而內荏貌恭心很非情者也國君撫式大夫下之大夫撫式士下之撫猶據也據式小俛崇敬也乘車必

正立禮不下庶人為其遽於事且不能備物刑不上大夫不與賢者犯法其犯法則在八議輕重不在刑書刑人不在君側為怨恨為害也春秋傳曰近刑人則輕死之道兵車不式尚威武不崇敬武車綏旌盡飾也綏謂垂舒之也武車亦兵車德車結旌不盡飾也結謂收斂之也德車乘車史載筆士載言謂從於會同各持其職以待事也筆謂書具之屬言謂會同盟要之辭前有水則載青旌前有塵埃則載鳴鳶前有車騎則載飛鴻前有士師則載虎皮前有摯獸則載貔貅載謂舉於旌首以警衆也禮君行師從卿行旅從前驅舉此則士衆知所有所舉各以其類象青青雀水鳥鳶鳴則將風鴻取飛有行列也士師謂兵衆虎取其有威勇也貔貅亦摯獸也書曰如虎如貔士或為仕行前朱鳥而後玄武左青龍而右白虎招搖在上急繕

其怒以此四獸爲軍陳象天也急猶堅也繕讀曰勁又畫招搖星於旌旗上以起居堅勁軍之威怒象天帝也招搖星在北斗杓端主指者進退有度度謂伐與步數左右有局各司其局局部分也父之讎弗與共戴天父者子之天殺己之天與共戴天非孝子也行求殺之乃止兄弟之讎不反兵恒執殺之備交遊之讎不同國讎不吾辟則殺之交遊或爲朋友四郊多壘此卿大夫之辱也辱其謀人之國不能安也壘軍辟也數見侵伐則多壘地廣大荒而不治此亦士之辱也辱其親民不能安荒穢也臨祭不惰爲無神也祭服敝則焚之祭器敝則埋之龜筴敝則埋之牲死則埋之此皆不欲人褻之也焚之必己不用埋之不知鬼神之所爲凡祭於公者必自徹其俎臣不敢煩君使也大夫以下或使人歸之祭於公助祭於君也

卒哭乃諱敬鬼神之名也諱辟也生者不相辟名衛侯名惡大夫有名惡君臣同名春秋不非禮不諱嫌名二名不偏諱爲其難辟也嫌名謂音聲相近若禹與雨丘與區也偏謂二名不二諱也孔子之母名徵在言在不稱徵言徵不稱在逮事父母則諱王父母不逮事父母則不諱王父母逮及也謂幼孤不及識父母恩不至於祖名孝子聞名心瞿諱之由心此謂庶人適士以上廟事祖雖不逮事父母猶諱祖君所無私諱謂臣言於君前不辟家諱尊無二大夫之所有公諱辟君諱也詩書不諱臨文不諱爲其失事正廟中不諱爲有事於高祖則不諱曾祖以下尊無二也於下則諱上夫人之諱雖質君之前臣不諱也臣於夫人之家恩遠也質猶對也婦諱不出門婦親遠於宮中言辟之大功小功不諱入竟而問禁入國而問俗入門

而問諱皆爲敬主人也禁謂政教俗謂常所行與所惡也國城中也外事以剛日順其出爲陽也出郊爲外事春秋傳曰甲午祠兵內事以柔日順其居內爲陰凡卜筮日旬之外曰遠某日旬之內曰近某日旬十日也喪事先遠日吉事先近日孝子之心喪事葬與練祥也吉事祭祀冠取之屬也曰爲日假爾泰龜有常假爾泰筮有常命龜筮辭龜筮於吉凶有常大事卜小事筮卜筮不過三求吉不過三魯四卜郊春秋譏之卜筮不相襲卜不吉則又筮筮不吉則又卜是瀆龜筴也晉獻公卜取驪姬不吉公曰筮之是也龜爲卜筴爲筮卜筮者先聖王之所以使民信時日敬鬼神畏法令也所以使民決嫌疑定猶與也故曰疑而筮之則弗非也

日而行事則必踐之（弗非無非之者日所卜筮之吉日也踐讀曰善聲之誤也筴或爲著）君車將駕則僕執策立於馬前（監駕且爲馬行）巳駕僕展軨（展軨具視）效駕（白巳駕）奮衣由右上取貳綏（奮振去塵也貳副也）跪乘（未敢立敬也）執策分轡驅之五步而立（調試之）君出就車則僕并轡授綏（車上僕所主）左右攘辟（謂羣臣陪位侍駕者攘郤也或者攘古讓字）車驅而騶至于大門君撫僕之手而顧命車右就車門閭溝渠必步（車右勇力之士備制非常者君行則陪乘君式則下步行）凡僕人之禮必授人綏若僕者降等則受不然則否若僕者降等則撫僕之手不然則自下拘之

撫小止之謙也自下拘之由僕手下取之也僕與己同爵則不受客車不入大門謙也婦人不立乘異於男子犬馬不上於堂非摯幣也故君子式黃髮敬老也發句言故明此衆篇雜辭也下卿位尊賢也卿位卿之朝位也君出過之而上車入未至而下車入國不馳愛人也馳善藺人也入里必式不誣十室君命召雖賤人大夫士必自御之御當爲訝訝迎也君雖使賤人來必自出迎之尊君命也春秋傳曰跛者御跛者眇者御眇者皆訝也世人亂之介者不拜爲其拜而蓌拜蓌則失容節蓌猶詐也祥車曠左空神位也祥車葬之乘車乘君之乘車不敢曠左左必式君存惡空其位僕御婦人則進左手後右手遠嫌御國君則進右手後左手而俯敬也國君不乘奇車出入必正

也奇車獵衣之屬車上不廣欬爲若自矜廣猶引也不妄指爲惑衆立

視五巂立平視也巂謂規也謂輪轉之度巂或爲縈式視馬尾小俛顧不

過轂爲掩在後國中以策彗卹勿驅塵不出軌

入國不馳彗竹帚卹勿搔摩也國君下齊牛式宗廟大夫士下

公門式路馬乘路馬必朝服載鞭策不敢

授綏左必式步路馬必中道以足蹙路馬

芻有誅齒路馬有誅皆廣敬也路馬君之馬載鞭策不敢執也齒欲年也誅罰也

曲禮下第二　鄭氏注

凡奉者當心提者當帶高下之節執天子之器

則上衡謂高於心彌敬也此衡謂與心平國君則平衡大夫則綏

之士則提之緌讀曰妥妥之謂下於心凡執主器執輕如不克重慎之也主君也克勝也執主器操幣圭璧則尚左手行不舉足車輪曳踵重慎也尚左手尊左也車輪謂行不絕地立則磬折垂佩主佩倚則臣佩垂主佩垂則臣佩委君臣俛仰之節倚謂附於身小俛則垂大俛則委於地執玉其有藉者則裼無藉者則襲藉藻也裼襲文質相變耳有藻爲文裼見美亦文無藻爲質襲充美亦質圭璋特而襲璧琮加束帛而裼亦是也國君不名卿老世婦大夫不名世臣姪娣士不名家相長妾雖貴於其國家猶有所尊也卿老上卿也世臣父時老臣君大夫之子不敢自稱曰余小子辟天子之子未除喪之名君大夫天子大夫有土地者大夫士之子不敢自稱曰嗣

子某亦辟其君之子未除喪之名不敢與世子同名辟僭傚也其先之生則亦不改世或爲大君使士射不能則辭以疾言曰某有負薪之憂射者所以觀德唯有疾可以辭也使士射謂以備耦也憂或爲疾侍於君子不顧望而對非禮也禮尚謙也不顧望若子路帥爾而對君子行禮不求變俗求猶務也不務變其故俗重本也謂去先祖之國居他國祭祀之禮居喪之服哭泣之位皆如其國之故謹脩其法而審行之其法謂其先祖之制度若夏殷去國三世爵祿有列於朝出入有詔於國三世自祖至孫踰久可以忘故俗而猶不變者爵祿有列於朝謂君不絕其祖祀復立其族若臧紇奔邾立臧爲矣詔告也謂與卿大夫吉凶往來相赴告若兄弟宗族猶存則反告於宗後謂無列無詔者反告亦謂吉凶

也宗後宗子也去國三世爵祿無列於朝出入無詔

於國唯興之日從新國之法以故國與己無恩與謂起爲卿大夫君

子已孤不更名亦重本已孤暴貴不爲父作謚

子事父無貴賤居喪未葬讀喪禮既葬讀祭禮喪復

常讀樂章爲禮各於其時居喪不言樂祭事不言凶

公庭不言婦女非其時也振書端書於君前有誅

倒筴側龜於君前有誅臣不豫事不敬也振去塵也端正也倒顛倒也側反

側也皆謂甫省視之龜筴几杖席蓋重素袗絺綌不入

公門龜筴嫌問國家吉凶几杖嫌自長老席蓋載喪車也雜記曰士輤葦席以爲屋蒲席以爲裳帷重素衣裳皆素

喪服也袗單也孔子曰當暑袗絺綌必表而出之爲其形褻苞屨扱衽厭冠不入

公門【此皆凶服也苞藨也齊衰藨蒯之菲也問喪曰親始死扱一袵厭猶伏也喪冠厭伏苞或爲菲】書方衰凶器不以告不入公門【此謂喪在內不得不入當先告君耳方板也士喪禮下篇曰書賵於方若九若七若五凶器明器也】公事不私議【嫌若姦也】君子將營宮室宗廟爲先廄庫爲次居室爲後【重先祖及國之用】凡家造祭器爲先犧賦爲次養器爲後【大夫稱家謂家始造事犧賦以稅出牲】無田祿者不設祭器有田祿者先爲祭服【祭器可假祭服宜自有】君子雖貧不粥祭器雖寒不衣祭服爲宮室不斬於丘木【廣敬鬼神也粥賣也丘壟也】大夫士去國祭器不踰竟【此用君祿所作取以出竟恐辱親也】大夫寓祭器於大夫士寓祭器於士【寓寄也與

得用者言寄覗己後還大夫士去國踰竟爲壇位鄉國而哭素衣素裳素冠徹緣鞮屨素簚乘髦馬不蚤鬋不祭食不說人以無罪婦人不當御三月而復服言以喪禮自處也臣無君猶無天也壇位除地爲位也徹猶去也鞮屨無絇之菲也簚覆笭也髦馬不鬄落也蚤讀爲爪鬋鬋鬚也不自說於人以無罪嫌惡其君也御接見也三月一時天氣變可以遂去也簚或爲幕大夫士見於國君君若勞之則還辟再拜稽首謂見君既拜矣而後見勞也聘禮曰君勞使者及介君皆荅拜君若迎拜則還辟不敢荅拜嫌與君亢賓主之禮迎拜謂君迎而先拜之聘禮曰大夫入門再拜君拜其辱大夫士相見雖貴賤不敵主人敬客則先拜客客敬主人則先拜主人尊賢凡非弔

喪非見國君無不荅拜者禮尚往來喪賓不荅拜不自賓客也國君見士不荅其拜士賤大夫見於國君國君拜其辱士見於大夫大夫拜其辱同國始相見主人拜其辱自外來而拜拜見也自內來而拜拜辱也君於士不荅拜也非其臣則荅拜之不臣人之臣大夫於其臣雖賤必荅拜之辟正君男女相荅拜也嫌遠別不相荅拜以明之國君春田不圍澤大夫不掩羣士不取麛卵生乳之時重傷其類歲凶年穀不登登成也君膳不祭肺馬不食穀馳道不除祭事不縣大夫不食粱士飲酒不樂皆爲自貶損憂民也禮食殺牲則祭先有虞氏以首夏后氏以心殷人以肝周人以肺不祭肺則不殺也天子食日少牢朔月

大牢諸侯食日特牲朔月少牢除治也不治道爲妨民取蔬食也縣樂器鍾磬之屬也粱加食也不樂去琴瑟君無故玉不去身大夫無故不徹縣士無故不徹琴瑟憂樂不相干也故謂災患喪病士有獻於國君他日君問之曰安取彼再拜稽首而后對起敬也大夫私行出疆必請反必有獻士私行出疆必請反必告臣不敢自專也私行謂以己事也士言告者不必有其獻也告反而已君勞之則拜問其行拜而后對亦起敬也問行謂道中無恙及所經過國君去其國止之曰奈何去社稷也大夫曰奈何去宗廟也士曰奈何去墳墓也皆民臣劬勤之言國君死社稷死其所受於天子也謂見侵伐也春秋傳曰國滅君死之正也大夫

死衆士死制死其所受於君衆謂軍師制謂君教令所使爲之君天下曰天子朝諸侯分職授政任功曰予一人皆擯者辭也天下謂外及四海也今漢於蠻夷稱天子於王侯稱皇帝覲禮曰伯父寔來予一人嘉之余予古今字踐祚臨祭祀内事曰孝王某外事曰嗣王某皆祝辭也唯宗廟稱孝天地社稷祭之郊内而曰嗣王不敢同外内臨諸侯畛於鬼神曰有天王某甫畛致也祝告至于鬼神辭也曰有天王某甫某甫且字也不名者不親往也周禮大會同過山川則大祝用事焉鬼神謂百辟卿士也畛或爲祗崩曰天王崩史書策辭復曰天子復矣始死時呼魄辭也不呼名臣不名君也諸侯呼字告喪曰天王登假告赴也登上也假已也上已者若僊去云耳措之廟立之主曰帝同之天神春秋傳曰凡君卒哭而祔祔而作主天子未除喪曰予小子謙未敢稱一人

春秋傳曰以諸侯之踰年即位亦知天子之踰年即位以天子三年然後稱王亦知諸侯於其封内三年稱子生名之死亦名之生名之曰小子王死亦曰小子王也晉有小子侯是僭取於天子號也天子有后有夫人有世婦有嬪有妻有妾妻八十一御妻周禮謂之女御以其御序於王之燕寢妾賤者天子建天官先六大曰大宰大宗大史大祝大士大卜典司六典典法也此蓋殷時制也周則大宰爲天官大宗曰宗伯宗伯爲春官大史以下屬焉大士以神仕者天子之五官曰司徒司馬司空司士司寇典司五衆衆謂羣臣也此亦殷時制也周則司士屬司馬大宰司徒宗伯司馬司寇司空爲六官天子之六府曰司土司木司水司草司器司貨典司六職府主藏六物之稅者此亦殷時制也周則皆屬司徒司土土均也司木山虞也司水川衡也司草稻人也司器角人也司貨卝

人也天子之六工曰土工金工石工木工獸工草工典制六材此亦殷時制也周則皆屬司空土工陶旊也金工築冶梟栗鍛桃也石工玉人磬人也木工輪輿弓廬匠車梓也獸工函鮑韗韋裘也唯草工職亡蓋謂作萑葦之器五官致貢曰享貢功也享獻也致其歲終之功於王謂之獻也周禮大宰歲終則令百官府各正其治受其會聽其致事而詔王廢置五官之長曰伯謂爲三公者周禮九命作伯是職方職主也是伯分主東西者春秋傳曰自陝以東周公主之自陝以西召公主之一相處乎內是或爲氏其擯於天子也曰天子之吏擯者辭也春秋傳曰王命委之三吏謂三公也天子同姓謂之伯父異姓謂之伯舅自稱於諸侯曰天子之老於外曰公於其國曰君稱之以父與舅親親之辭也外自其私土之外天子畿內九州之長入天子之國曰牧每一

州之中天子選諸侯之賢者以爲之牧也周禮曰乃施典於邦國而建其牧天子同姓謂之叔父異姓謂之叔舅於外曰侯於其國曰君牧尊於大國之君而謂之叔父辟二伯也亦以此爲尊禮或損之而益謂此類也外自其國之外九州之中曰侯者本爵也二王之後不爲牧其在東夷北狄西戎南蠻雖大曰子謂九州之外長也天子亦選其諸侯之賢者以爲之子子猶牧也入天子之國曰子天子亦謂之子雖有侯伯之地本爵亦無過子是以同名曰子於內自稱曰不穀與民言之謙稱穀善也於外自稱曰王老威遠國也外亦其戎狄之中庶方小侯入天子之國曰某人於外曰子自稱曰孤謂戎狄子男君也男者於外亦曰男舉尊言之天子當依而立諸侯北面而見天子曰覲天子當宁而立諸公東面諸侯

西面曰朝諸侯春見曰朝受摯於朝受享於廟生氣文也秋見曰覲一受之於廟殺氣質也朝者位於內朝而序進覲者位於廟門外而序入王南面立於依宁而受焉夏宗依春冬遇依秋春秋時齊侯唁魯昭公以遇禮相見取易略也覲禮今存朝宗遇禮今亡諸侯未及期相見曰遇相見於郤地曰會諸侯使大夫問於諸侯曰聘約信曰誓涖牲曰盟及至也郤閒也涖臨也坎用牲臨而讀其盟書聘禮今存遇會誓盟禮亡誓之辭尚書見有六篇諸侯見天子曰臣某侯某謂嗇夫承命告天子辭也其爲州牧則曰天子之老臣某侯某奉圭請覲其與民言自稱曰寡人謙也於臣亦然其在凶服曰適子孤凶服亦謂未除喪臨祭祀內事曰孝子某侯某外事曰曾孫某侯某稱國者遠辟天子死曰薨亦史書策辭復曰某甫復矣

某甫且字旣葬見天子曰類見代父受國類猶象也執皮帛象諸侯之禮見也其禮亡言謚曰類使大夫行象聘問之禮也言謚者序其行及謚所宜其禮亡諸侯使人使於諸侯使者自稱曰寡君之老繫於君以爲尊也此謂諸侯之卿上大夫天子穆穆諸侯皇皇大夫濟濟士蹌蹌庶人僬僬皆行容止之貌也聘禮曰賓入門皇又曰皇且行又曰衆介北面鏘焉凡行容尊者體盤卑者體蹙天子之妃曰后后之言後也諸侯曰夫人夫之言扶大夫曰孺人孺之言屬士曰婦人婦之言服庶人曰妻妻之言齊公侯有夫人有世婦有妻有妾貶於天子也無后與嬪去上中夫人自稱於天子曰老婦自稱於天子謂畿內諸侯之夫人助祭若時事見自稱於諸侯曰寡小君謂饗來朝諸侯之時

自稱於其君曰小童自世婦以下自稱曰婢子小童若云未成人也婢之言卑也於其君稱此以接見體敵嫌其當子於父母則自名也名父母所爲也言子者通男女列國之大夫入天子之國曰某士亦謂諸侯之卿也三命以下於天子爲士曰某士者若晉韓起聘於周擯者曰晉士起自稱曰陪臣某陪重也於外曰子子有德之稱魯春秋曰齊高子來盟於其國曰寡君之老使者自稱曰某使謂使人於諸侯也某名也天子不言出諸侯不生名君子不親惡天子之言出諸侯之生名皆有大惡君子所遠出名以絶之春秋傳曰天王出居於鄭衛侯朔入於衛是也諸侯失地名滅同姓名絶之爲人臣之禮不顯諫爲奪美也顯明也謂明言其君惡不幾微三諫而不聽則逃之逃去也君臣有義則

合無義則離子之事親也三諫而不聽則號泣而隨之至親无去志在感動之君有疾飲藥臣先嘗之親有疾飲藥子先嘗之嘗度其所堪醫不三世不服其藥愼物齊也儗人必於其倫儗猶比也倫猶類也比大夫當於大夫比士當於士不以其類則有所褻問天子之年對曰聞之始服衣若干尺矣既不敢言年又不敢斥至尊所能問國君之年長曰能從宗廟社稷之事矣幼曰未能從宗廟社稷之事也問大夫之子長曰能御矣幼曰未能御也問士之子長曰能典謁矣幼曰未能典謁也問庶人之子長曰能負薪矣幼曰

未能負薪也皆言其能則長幼可知御猶主也書曰越乃御事謂主事者謁請也謂能擯贊出入以事請告也禮四十強而仕五十命爲大夫問國君之富數地以對山澤之所出問大夫之富曰有宰食力祭器衣服不假問士之富以車數對問庶人之富數畜以對皆在其所制以多少對宰邑士也食力謂民之賦稅天子祭天地祭四方祭山川祭五祀歲徧諸侯方祀祭山川祭五祀歲徧大夫祭五祀歲徧士祭其先祭四方謂祭五官之神於四郊也句芒在東祝融后土在南蓐收在西玄冥在北詩云來方禋祀方祀者各祭其方之官而已五祀户竈中霤門行也此蓋殷時制也祭法曰天子立七祀諸侯立五祀大夫立三祀士立二祀謂周制也凡祭有其廢之莫敢舉也有其舉之

莫敢廢也爲其瀆神也廢舉謂若殷廢農祀弃後不可復廢弃祀農也後有德者繼之不嫌也非其所祭而祭之名曰淫祀淫祀無福妄祭神不饗天子以犧牛諸侯以肥牛大夫以索牛士以羊豕犧純毛也肥養於滌也索求得而用之支子不祭祭必告于宗子不敢自專謂宗子有故支子當攝而祭者也五宗皆然凡祭宗廟之禮牛曰一元大武豕曰剛鬣豚曰腯肥羊曰柔毛雞曰翰音犬曰羹獻雉曰疏趾兔曰明視脯曰尹祭槀魚曰商祭鮮魚曰脡祭水曰清滌酒曰清酌黍曰薌合粱曰薌萁稷曰明粢稻曰嘉蔬韭曰豐本鹽曰鹹鹺玉

曰嘉玉幣曰量幣號牲物者異於人用也元頭也武迹也腯亦肥也春秋傳作腯腯充貌也翰猶長也羹獻食人之餘也尹正也商猶量也脡直也其辭也嘉善也稻菰蔬之屬也豐茂也大鹹曰鹺今河東云幣帛也天子死曰崩諸侯曰薨大夫曰卒士曰不祿庶人曰死異死名者爲人褻其無知若猶不同然也自上顛壞曰崩薨顛壞之聲卒終也不祿不終其祿死之言澌也精神澌盡也在牀曰尸尸陳也言形體在在棺曰柩柩之言究也羽鳥曰降四足曰漬異於人也降落也漬謂相瀸汙而死也春秋傳曰大災者何大漬也死寇曰兵異於凡人當饗祿其後祭王父曰皇祖考王母曰皇祖妣父曰皇考母曰皇妣夫曰皇辟更設稱號尊神異於人也皇君也考成也言其德行之成也妣之言媲也媲於考也辟法也妻所取法也生曰父曰母曰妻死曰考曰妣曰嬪嬪婦人有法度者之稱也

周禮九嬪掌婦學之法教九御婦德婦言婦容婦功壽考曰卒短折曰不祿祿謂有德行任爲大夫士而不爲者老而死從大夫之稱少而死從士之稱天子視不上於袷不下於帶袷交領也天子至尊臣視之目不過此國君綏視視國君彌高綏讀爲妥妥視謂視上於袷大夫衡視視大夫又彌高也衡平也平視謂視面也士視五步士視得旁遊目五步之中也視大夫以上上下遊目不得旁凡視上於面則敖敖則仰下於帶則憂憂則低傾則姦辟頭旁視心不正也傾或爲側君命大夫與士肄肄習也君有命大夫則與士展習其事謂欲有所發爲也在官言官在府言府在庫言庫在朝言朝唯君命所在就展習之也官謂板圖文書之處府謂寶藏貨賄之處也庫謂車馬兵甲之處也朝謂君臣謀政事之處也朝言不及犬馬非公議也輟朝而顧不有異事必有

異慮心不正志不在君輟猶止也故輟朝而顧君子謂之固固謂不達於禮也在朝言禮問禮對以禮於朝廷言無所不用禮大饗不問卜祭五帝於明堂莫適卜也郊特牲曰郊血大饗腥不饒富富之言備也備而已勿多於禮也凡摯天子鬯諸侯圭卿羔大夫鴈士雉庶人之摯匹童子委摯而退摯之言至也天子無客禮以鬯爲摯者所以唯用告神爲至也童子委摯而退不與成人爲禮也說者以匹爲鶩野外軍中無摯以纓拾矢可也非爲禮之處用時物相禮而已纓馬緐纓也拾謂射鞲婦人之摯椇榛脯脩棗栗婦人無外事見以着物也椇榛木名椇枳也有實今邳郯之東食之榛實似栗而小納女於天子曰備百姓於國君曰備酒漿於大夫曰備埽灑納女猶致女也婿不親迎則女之家遣人

致之此其辭也姓之言生也天子皇后以下百二十人廣子姓也酒漿埽灑婦人之職

禮記卷第一

經五千七百二十二字
注八千三百二十七字

嘉慶乙丑十二月陽城
張氏影摹宋本重彫

大五小卅三

禮記卷第二

檀弓上第三　　禮記　　鄭氏注

公儀仲子之喪檀弓免焉故爲非禮以非仲子也禮朋友皆在他邦乃袒免仲子舍其孫而立其子此其所立非也公儀蓋魯同姓周禮適子死立適孫爲後檀弓曰何居我未之前聞也居讀爲姬姓之姬齊魯之閒語助也前猶故也趨而就子服伯子於門右曰仲子舍其孫而立其子何也去賓位就主人兄弟之賢者而問之子服伯子蓋仲孫蔑之玄孫子服景伯蔑魯大夫伯子曰仲子亦猶行古之道也昔者文王舍伯邑考而立武王微子舍其孫腯而立衍也夫仲子亦猶行古之道也

伯子爲親者隱耳立子非也文王之立武王權也微子適子死立其弟衍殷禮也子游問諸孔子孔子曰否立孫據周禮事親有隱而無犯隱謂不稱揚其過失也無犯不犯顏而諫論語曰事父母幾諫左右就養無方左右謂扶持之方猶常也子則然無常人服勤至死致喪三年勤勞辱之事也致謂戚容稱其服也凡此以恩爲制事君有犯而無隱既諫人有問其國政者可以語其得失若齊晏子爲晉叔向言之左右就養有方不可侵官服勤至死方喪三年方喪資於事父凡此以義爲制事師無犯無隱左右就養無方服勤至死心喪三年心喪戚容如父而無服也凡此以恩義之閒爲制

季武子成寢武子魯公子季友之曾孫季孫夙杜氏之葬在西階之下請合葬焉許之入宮而不敢哭武子

曰合葬非古也自周公以來未之有改也自見夷人冢墓以爲宅欲文過吾許其大而不許其細何居命之哭記此者善其不奪人之恩子上之母死而不喪子上孔子曾孫子思伋之子名白其母出門人問諸子思曰昔者子之先君子喪出母乎曰然禮爲出母期父卒爲父後者不服耳子之不使白也喪之何也子思曰昔者吾先君子無所失道道隆則從而隆道汙則從而汙汙猶殺也有隆有殺進退如禮伋則安能自予不能及爲伋也妻者是爲白也母不爲伋也妻者是不爲白也母故孔氏之不喪出母自子思始也記禮所由廢非之孔子曰

拜而后稽顙頹乎其順也此殷之喪拜也頹順也先拜賓順於事也稽顙而后拜頎乎其至也此周之喪拜也頎至也先觸地無容哀之至三年之喪吾從其至者重者尚哀戚自期如殷可孔子既得合葬於防言既得者少孤不知其墓曰吾聞之古也墓而不墳墓謂兆域今之封塋也古謂殷時也土之高者曰墳今丘也東西南北之人也不可以弗識也於是封之崇四尺東西南北言居無常也聚土曰封封之周禮也周禮曰以爵等爲丘封之度崇高也高四尺蓋周之士制孔子先反當脩虞事門人後雨甚至後待封也孔子問焉曰爾來何遲也曰防墓崩言所以遲者脩之而來孔子不應以其非禮三三言之以孔子不問孔子泫然流涕曰吾聞之古不脩墓脩猶治也孔子

哭子路於中庭（寢中庭也與哭師同親之）有人弔者而夫子拜之（爲之主也）既哭進使者而問故（使者自衛來赴者故謂死之意狀）使者曰醢之矣（時衛世子蒯聵簒輒而立子路死之醢之者示欲啗食以怖衆）遂命覆醢（覆弃之不忍食）曾子曰朋友之墓有宿草而不哭焉（宿草謂陳根也爲師心喪三年於朋友期可）子思曰喪三日而殯凡附於身者必誠必信勿之有悔焉耳矣三月而葬凡附於棺者必誠必信勿之有悔焉耳矣（言其日月欲以盡心脩備之附於身謂衣衾附於棺謂明器之屬）喪三年以爲極亡（去已久遠而除其喪）則弗之忘矣（則之言曾）故君子有終身之憂（念其親）而無一朝之患（毀不滅性）故忌日

不樂謂死日言忌日不用舉吉事孔子少孤不知其墓孔子之父郰叔梁紇與顏氏之女徵在野合而生孔子徵在恥焉不告殯於五父之衢欲有所就而問之孔子亦爲隱焉殯於家則知之者無由怪已欲發問端五父衢名蓋郰曼父之鄰人之見之者皆以爲葬也見柩行於路其愼也蓋殯也愼當爲引禮家讀然聲之誤也殯引飾棺以輴葬引飾棺以柳翣孔子是時以殯引不以葬引時人見者謂不知禮問於郰曼父之母然後得合葬於防曼父之母與徵在爲鄰相善鄰有喪舂不相里有殯不巷歌皆所以助哀也相謂以音聲相勸喪冠不緌去飾有虞氏瓦棺始不用薪也有虞氏上陶夏后氏堲周火孰曰堲燒土治以周於棺也或謂之土周由是也弟子職曰右手折堲殷人棺椁椁大也以木爲之言椁大於棺也殷人上梓周人牆置翣牆柳衣也凡此言後王之制文周人以殷人之棺

椁葬長殤以夏后氏之堲周葬中殤下殤以有虞氏之瓦棺葬無服之殤略未成人夏后氏尚黑以建寅之月爲正物生色黑大事斂用昏昏時亦黑此大事謂葬事也戎事乘驪戎兵也馬黑色曰驪爾雅曰騋牝驪牡玄牲用玄玄黑類也殷人尚白以建丑之月爲正物牙色白大事斂用日中日中時亦白戎事乘翰翰白色馬也易曰白馬翰如牲用白周人尚赤以建子之月爲正物萌色赤大事斂用日出日出時亦赤戎事乘騵騵駵馬白腹牲用騂騂赤類

穆公之母卒穆公魯哀公之曾孫使人問於曾子曰如之何問居喪之禮曾子曾參之子名申對曰申也聞諸申之父曰哭泣之哀齊斬之情饘粥之食自天子達子喪父母

尊卑同布幕衛也縿幕魯也幕所以覆棺上也縿縑也縿讀如綃衛諸侯禮魯天子禮兩言之者僭已久矣幕或爲幦晉獻公將殺其世子申生信驪姬之譖公子重耳謂之曰子蓋言子之志於公乎蓋皆當爲盍盍何不也志意也重耳欲使言見譖之意重耳申生異母弟後立爲文公世子曰不可君安驪姬是我傷公之心也言其意則驪姬必誅也驪姬獻公伐驪戎所獲女也申生之母蚤卒驪姬嬖焉曰然則蓋行乎行猶去也世子曰不可君謂我欲弒君也天下豈有無父之國哉吾何行如之言人有父則皆惡欲弒父者使人辭於狐突曰申生有罪不念伯氏之言也以至于死申生不敢愛其死辭猶告也狐突申生之傅舅犯之父也前此者獻公使申生伐東山

皐落氏狐突謂申生欲使之行今言此者謝之伯氏狐突別氏雖然吾君老矣子少國家多難子驪姬之子奚齊伯氏不出而圖吾君圖猶謀也不出爲君謀國家之政然則自皐落氏反後狐突懼乃稱疾伯氏苟出而圖吾君申生受賜而死賜猶惠也再拜稽首乃卒既告狐突乃雉經是以爲恭世子也言行如此可以爲恭於孝則未之有魯人有朝祥而莫歌者子路笑之笑其爲樂速夫子曰由爾責於人終無已夫三年之喪亦已久矣夫爲時如此人行三年喪者希抑子路以善彼子路出夫子曰又多乎哉踰月則其善也又復也魯莊公及宋人戰于乘丘十年夏縣賁父御卜國爲右縣卜皆氏也凡車右勇力者爲之馬

驚敗績驚奔失列公隊佐車授綏戎車之貳曰佐授綏乘公公曰末之卜也末之猶微哉言卜國無勇縣賁父曰他日不敗績而今敗績是無勇也公他日戰其御馬未嘗驚奔遂死之二人赴敵而死圉人浴馬有流矢在白肉圉人掌養馬者白肉股裏肉公曰非其罪也流矢中馬非御與右之罪遂誄之誄其赴敵之功以爲謚士之有誄自此始也記禮失所由來也周雖以士爲爵猶無謚也殷大夫以上爲爵曾子寢疾病病謂疾困樂正子春坐於牀下子春曾參弟子曾元曾申坐於足元申曾參之子童子隅坐而執燭隅坐不與成人並童子曰華而睆大夫之簀與華畫也簀謂牀第也說者以睆爲刮節目字或爲刮子春曰止以病困不可動曾子聞之瞿然曰呼呼虛憊之

聲曰華而晥大夫之簀與曾子曰然斯季孫之賜也我未之能易也元起易簀（未之能易己病故也）曾元曰夫子之病革矣不可以變幸而至於旦請敬易之（言夫子者曾子親沒之後齊嘗聘以爲卿而不爲也革急也變動也幸覬也）曾子曰爾之愛我也不如彼（彼童子也）君子之愛人也以德（成己之德）細人之愛人也以姑息（息猶安也言苟容取安也）吾何求哉吾得正而斃焉斯已矣（斃仆也）舉扶而易之反席未安而沒（言病雖困猶勤於禮）始死充充如有窮既殯瞿瞿如有求而弗得既葬皇皇如有望而弗至練而慨然祥而廓然（皆憂悼在心之

貌也求猶索物邾婁復之以矢蓋自戰於升陘始也戰於升陘魯僖二十二年秋也時師雖勝死傷亦甚無衣可以招䰟魯婦人之髽而弔也自敗於臺鮐始也敗於臺鮐魯襄四年秋也臺當爲壺字之誤也春秋傳作狐鮐時家家有喪髽而相弔去纚而紒曰髽禮婦人弔服大夫之妻錫衰士之妻則疑衰與皆吉笄無首素總南宮縚之妻之姑之喪南宮縚孟僖子之子南宮閱也字子容其妻孔子兄女夫子誨之髽曰爾毋從從爾爾毋扈扈爾誨教也爾女也從從謂大高扈扈謂大廣爾語助蓋榛以爲笄長尺而總八寸總束髮垂爲飾齊衰之總八寸孟獻子禫縣而不樂比御而不入可以御婦人矣尚不復寢孟獻子魯大夫仲孫蔑夫子曰獻子加於人一等矣加猶踰也孔子既祥五日彈琴而不成聲

哀未忘十日而成笙歌踰月且異旬也祥亦凶事用遠日五日彈琴十日笙歌除由外也琴以手笙歌以氣有子蓋既祥而絲屨組纓譏其早也禮既祥白屨無絇縞冠素紕有子孔子弟子有若死而不弔者三謂輕身忘孝也畏人或時以非罪攻己不能有以説之死之者孔子畏於匡厭行止危險之下溺不乘橋舩子路有姊之喪可以除之矣而弗除也孔子曰何弗除也子路曰吾寡兄弟而弗忍也孔子曰先王制禮行道之人皆弗忍也行道猶行仁義子路聞之遂除之大公封於營丘比及五世皆反葬於周齊大公受封留爲大師死葬於周子孫生焉不忍離也五世之後乃葬於齊齊曰營丘君子曰樂樂其所自生禮不忘其本言其似禮樂之義古之

人有言曰狐死正丘首仁也正丘首正首丘也仁恩也伯魚之母死期而猶哭伯魚孔子子也名鯉猶尚也夫子聞之曰誰與哭者門人曰鯉也夫子曰嘻其甚也嘻悲恨之聲伯魚聞之遂除之舜葬於蒼梧之野舜征有苗而死因留葬焉書說舜曰陟方乃死蒼梧於周南越之地今爲郡蓋三妃未之從也古者不合葬帝嚳而立四妃矣象后妃四星其一明者爲正妃餘三小者爲次妃帝堯因焉至舜不告而取不立正妃但三妃而已謂之三夫人離騷所歌湘夫人舜妃也夏后氏增以三三而九合十二人春秋說云天子取十二即夏制也以虞夏及周制差之則殷人又增以三九二十七合三十九人周人上法帝嚳立正妃又三二十七爲八十一人以增之合百二十一人其位后也夫人也嬪也世婦也女御也五者相三以定尊卑季武子曰周公蓋附附謂合葬合葬自周公以來曾子之喪浴於爨室見曾元之辭易簀矯之以謙儉

也禮死浴於適室大功廢業或曰大功誦可也許其口習故也子張病召申祥而語之曰君子曰終小人曰死申祥子張子欲使執喪成己志也死之言澌也事卒爲終消盡爲澌大史公傳曰子張姓顓孫今曰申祥周秦之聲二者相近未聞孰是吾今日其庶幾乎言易成也曾子曰始死之奠其餘閣也與不容改新閣庋藏食物曾子曰小功不爲位也者是委巷之禮也譏之也位謂以親䟽敘列哭也委巷猶街里委曲所爲也子思之哭嫂也爲位善之也禮嫂叔無服婦人倡踊有服者娣姒婦小功倡先也申祥之哭言思也亦然説者云言思子游之子申祥妻之昆弟亦無服過此以往獨哭不爲位古者冠縮縫今也衡縫縮從也今禮制衡讀爲横今冠横縫以其辟積多故喪冠之反吉非古也解時人之

或喪冠縮縫古冠耳

曾子謂子思曰伋吾執親之喪也水漿不入於口者七日 言己以疾時禮而不如 子思曰先王之制禮也過之者俯而就之不至焉者跂而及之故君子之執親之喪也水漿不入於口者三日杖而后能起 為曾子言難繼以禮抑之

曾子曰小功不稅 據禮而言也日月已過乃聞喪而服曰稅大功以上然小功輕不服 則是遠兄弟終無服也 言相離遠者聞之恒晚 而可乎 以己恩怪之

伯高之喪 伯高死時在衞未聞何國人 孔氏之使者未至 謂賻賵者 冉子攝束帛乘馬而將之 冉子孔子弟子冉有攝猶貸也 孔子曰異哉徒使我不誠於伯高 徒猶空也禮所以副忠信也忠信而無禮

何傳乎 伯高死於衛赴於孔子 赴告也凡有舊恩者則使人告之 孔
子曰吾惡乎哭諸 以其交會尚新 兄弟吾哭諸廟父
之友吾哭諸廟門之外 別親疏也 師吾哭諸寢朋
友吾哭諸寢門之外所知吾哭諸野 別輕重也 於
野則已疏於寢則已重 已猶大也 夫由賜也見我
吾哭諸賜氏 本於恩哭於子貢寢門之外 遂命子貢爲之主
明恩所由 曰爲爾哭也來者拜之知伯高而來者
勿拜也 異於正主 曾子曰喪有疾食肉飲酒必有
草木之滋焉 增以香味爲其疾不嗜食 以爲薑桂之謂也 爲記
者正曾子所云草木滋者謂薑桂 子夏喪其子而喪其明 明目精 曾

子弔之曰吾聞之也朋友喪明則哭之（痛之）曾子哭子夏亦哭曰天乎予之無罪也（怨天罰無罪）曾子怒曰商女何無罪也吾與女事夫子於洙泗之閒（言其有師也洙泗魯水名）退而老於西河之上（西河龍門至華陰之地）使西河之民疑女於夫子爾罪一也（言其不稱師也）喪爾親使民未有聞焉爾罪二也（言居親喪無異稱）喪爾子喪爾明爾罪三也（言隆於妻子）而曰女何無罪與子夏投其杖而拜曰吾過矣吾過矣（謝之且服罪也）吾離羣而索居亦已久矣（羣謂同門朋友也索猶散也）夫晝居於內問其疾可也（似有

疾 夜居於外弔之可也 似有喪 是故君子非有大故不宿於外 大故謂喪憂 非致齊也非疾也不晝夜居於內 內正寢之中 高子皐之執親之喪也 子皐孔子弟子名柴 泣血三年 言泣無聲如血出 未嘗見齒 言笑之微 君子以爲難 言人不能然 衰與其不當物也寧無衰 惡其亂禮不當物謂精麤廣狹不應法制 齊衰不以邊坐大功不以服勤 爲褻喪服邊偏倚也 孔子之衞遇舊館人之喪 前日君所使舍己 入而哭之哀出使子貢說驂而賻之 賻助喪用也騑馬曰驂 子貢曰於門人之喪未有所說驂說驂於舊館無乃已重乎 言說驂大重比於門人恩爲偏頗 夫子曰予

鄉者入而哭之遇於一哀而出涕（遇見也舊館人恩雖輕我入哭見主人爲我盡一哀是以厚恩待我我爲出涕恩重宜有施惠）予惡夫涕之無從也小子行之（客行無他物可以易之者使遂以往）孔子在衛有送葬者而夫子觀之曰善哉爲喪乎足以爲法矣小子識之子貢曰夫子何善爾也曰其往也如慕其反也如疑（慕謂小兒隨父母啼呼疑者哀親之在彼如不欲還然）子貢曰豈若速反而虞乎（速疾）子曰小子識之我未之能行也（哀戚本也祭祀末也）顏淵之喪饋祥肉（饋遺也）孔子出受之入彈琴而後食之（彈琴以散哀也）孔子與門人立拱而尚右二三子亦皆

尚右傚孔子也孔子曰二三子之嗜學也嗜貪我則

有姊之喪故也二三子皆尚左復正也喪尚右右陰也吉尚左左陽也孔子蚤作作起負手曳杖消搖於門欲人之怪己歌曰泰山其穨乎泰山衆山所仰梁木其壞乎梁木衆木所放哲人其萎乎哲人亦衆人所仰放也以上二句喻之萎病也詩云無木不萎既歌而入當戶而坐蚤坐急見人也子貢聞之曰泰山其穨則吾將安仰梁木其壞哲人其萎則吾將安放夫子殆將病也覺孔子歌意殆幾也遂趨而入夫子曰賜爾來何遲也坐則望之夏后氏殯於東階之上則猶在阼也殷人殯於兩楹

之閒則與賓主夾之也周人殯於西階之上則猶賓之也以三王之禮占己夢而丘也殷人也予疇昔之夜夢坐奠於兩楹之閒是夢坐兩楹之閒而見饋食也言奠者以爲凶象疇發聲也昔猶前也夫明王不興而天下其孰能宗予予殆將死也孰誰也宗尊也兩楹之閒南面鄉明人君聽治正坐之處今無明王誰能尊我以爲人君乎是我殷家奠殯之象以此自知將死蓋寢疾七日而沒明聖人知命

孔子之喪門人疑所服無喪師之禮子貢曰昔者夫子之喪顏淵若喪子而無服喪子路亦然請喪夫子若喪父而無服無服不爲衰弔服而加麻心喪三年

孔子之喪公西赤爲志焉公西赤孔子弟子字子華志謂章識飾棺

牆牆之障柩猶垣牆障家置翣牆柳衣翣以布衣木如攝與設披周也設崇殷也綢練設旐夏也夫子雖殷人兼用三王之禮尊之披柩行夾引棺者崇崇牙旌旗飾也綢練以練綢旌之杠此旌葬乘車所建也旌之旒緇布廣充幅長尋曰旐爾雅說旌旗曰素錦綢杠子張之喪公明儀爲志焉志亦謂章識褚幕丹質以丹布幕爲褚葬覆棺不牆不翣蟻結于四隅畫褚之四角其文如蟻行往來相交錯蟻蚍蜉也殷之蟻結似今蚍文畫殷士也學於孔子傚殷禮子夏問於孔子曰居父母之仇如之何夫子曰寢苫枕干不仕雖除喪居處猶若喪也干盾也弗與共天下也不可以並生遇諸市朝不反兵而鬭言雖適市朝不釋兵曰請問居昆弟之仇如之何曰仕弗與共國銜君命而使雖遇之不鬭爲負而廢君命

曰請問居從父昆弟之仇如之何曰不爲魁（魁猶首也天文北斗魁爲首杓爲末）主人能則執兵而陪其後（爲其負當成之）孔子之喪二三子皆絰而出（尊師也出謂有所之適然則凡弔服加麻者出則變服）羣居則絰出則否（羣謂七十二弟子相爲朋友服子夏曰吾離羣而索居）易墓非古也（易謂芟治草木不易者亾陵也）子路曰吾聞諸夫子喪禮與其哀不足而禮有餘也不若禮不足而哀有餘也（喪主哀）祭禮與其敬不足而禮有餘也不若禮不足而敬有餘也（祭主敬）曾子弔於負夏（負夏衛地）主人既祖填池（祖謂移柩車去載處爲行始也填池當爲奠徹聲之誤也奠徹謂徹遣奠設祖奠）推柩而反之（反於載處榮曾子弔欲更始）

降婦人而后行禮禮既祖而婦人降今反柩婦人辟之復升堂矣柩無反而反之而又降婦人蓋欲矜賓於此婦人皆非從者曰禮與怪之曾子曰夫祖者且也且未定之辭且胡爲其不可以反宿也給說從者又問諸子游曰禮與疑曾子言非子游曰飯於牖下小斂於户内大斂於阼殯於客位祖於庭葬於墓所以即遠也故喪事有進而無退明反柩非曾子聞之曰多矣乎予出祖者善子游言且服曾子襲裘而弔子游裼裘而弔曾子指子游而示人曰夫夫也爲習於禮者如之何其裼裘而弔也曾子蓋知臨喪無飾夫夫猶言此丈夫也子游於時名爲習禮主人

既小斂袒括髮子游趨而出襲裘帶經而入（於主人變乃變也所弔者朋友）曾子曰我過矣我過矣夫夫是也（服且善子游）子夏既除喪而見（見於孔子）予之琴和之而不和彈之而不成聲（樂由人心）作而曰哀未忘也先王制禮而弗敢過也（作起）子張既除喪而見予之琴和之而和彈之而成聲作而曰先王制禮不敢不至焉（雖情異善其俱順禮）司寇惠子之喪（惠子衛將軍文子彌牟之弟惠叔蘭也生虎者）子游爲之麻衰牡麻經（惠子廢適立庶爲之重服以譏之麻衰以吉服之布爲衰）文子辭曰子辱與彌牟之弟游（謝其存時）又辱爲之服敢辭（止之服也）子

游曰禮也文子退反哭（子游名習禮文子亦以爲當然未覺其所譏）子游趨而就諸臣之位（深譏之大夫之家臣位在賓後）文子又辭曰子辱與彌牟之弟游又辱爲之服又辱臨其喪敢辭（止之在臣位）子游曰固以請（再不從命）文子退扶適子南面而立曰子辱與彌牟之弟游又辱爲之服又辱臨其喪虎也敢不復位（覺所譏也虎適子名文子親扶而辭敬子游也南面而立則諸臣位在門內北面明矣）子游趨而就客位（所譏行）將軍文子之喪既除喪而后越人來弔主人深衣練冠待于廟垂涕洟（主人文子之子簡子瑕也深衣練冠凶服變也待于廟受弔不迎賓也）子游觀之曰將軍文

氏之子其庶幾乎士於禮者之禮也其動也中（中禮之變）幼名冠字五十以伯仲死謚周道也經也者實也（所以表哀戚）掘中霤而浴毀竈以綴足及葬毀宗躐行出于大門殷道也（明不復有事於此周人浴不掘中霤葬不毀宗躐行毀宗毀廟門之西而出行神之位在廟門之外）學者行之（學於孔子者行之傚殷禮）子柳之母死子碩請具（具葬之器用子柳魯叔仲皮之子子碩兄）子柳曰何以哉（言無其財）子碩曰請粥庶弟之母（粥謂嫁之也妾賤取之曰買）子柳曰如之何其粥人之母以葬其母也不可（忠恕）既葬子碩欲以賻布之餘具祭器（古者謂錢爲泉布所以通布貨財）子柳曰不可吾聞

之也君子不家於喪（惡因死者以爲利）請班諸兄弟之貧者（以分死者所矜也祿多則與鄰里鄉黨）君子曰謀人之軍師敗則死之謀人之邦邑危則亡之（利己亡衆非忠也言亡之者雖辟賢非義退）公叔文子升於瑕丘蘧伯玉從（二子衞大夫文子獻公之孫名拔）文子曰樂哉斯丘也死則我欲葬焉蘧伯玉曰吾子樂之則瑗請前（刺其欲害人良田瑗伯玉名）弁人有其母死而孺子泣者（言聲無節）孔子曰哀則哀矣（此誠哀）而難爲繼也（失禮中）夫禮爲可傳也爲可繼也故哭踊有節叔孫武叔之母死（武叔公子牙之六世孫名州仇毀孔子者）既小斂舉者出戶出戶袒且

投其冠括髮（尸出戶乃變服失哀節冠素委貌）子游曰知禮（嗤之）扶君卜人師扶右射人師扶左（謂君疾時也卜當爲僕聲之誤也僕人射人皆平生時贊正君服位者）君薨以是舉（不忍變也周禮射人大喪與僕人遷尸）從母之夫舅之妻二夫人相爲服君子未之言也（二夫人猶言此二人也時有此二人同居死相爲服者甥居外家而非之）或曰同爨緦（以同居生緦之親可）喪事欲其縱縱爾（趨事貌縱讀如揔領之揔）吉事欲其折折爾（安舒貌詩云好人提提）故喪事雖遽不陵節吉事雖止不怠（陵躐也止立俟事時也怠惰也）故騷騷爾則野（謂大疾）鼎鼎爾則小人（謂大舒）君子蓋猶猶爾（疾舒之中）喪具君子耻具（辟不懷也喪具棺衣之屬）一日二日而可爲也者

君子弗爲也謂絞紟衾冒喪服兄弟之子猶子也蓋引而進之也嫂叔之無服也蓋推而遠之也或引或推重親遠別姑姊妹之薄也蓋有受我而厚之者也欲其一心於厚之者姑姊妹嫁大功夫爲妻期食於有喪者之側未嘗飽也助哀戚也曾子與客立於門側其徒趨而出徒謂客之旅曾子曰爾將何之曰吾父死將出哭於巷以爲不可發凶於人館曰反哭於爾次次舍也禮館人使專之若其自有然曾子北面而弔焉孔子曰之死而致死之不仁而不可爲也之死而致生之不知而不可爲也之往也死之生之謂無知與有知也爲猶行也是故竹

不成用瓦不成味木不成斲（成猶善也竹不可善用謂邊無縢味當作沫沫靧也）琴瑟張而不平竽笙備而不和（無宮商之調）有鐘磬而無簨虡（不縣之也橫曰簨植曰虡）其曰明器神明之也（言神明死者也神明者非人所知故其器如此）有子問於曾子曰問喪於夫子乎（有子孔子弟子有若也夫子孔子卒後問此庶有異聞也喪謂仕失位也魯昭公孫於齊曰喪人其何稱）曰聞之矣喪欲速貧死欲速朽有子曰是非君子之言也（貧朽非人所欲）曾子曰參也聞諸夫子也有子又曰是非君子之言也曾子曰參也與子游聞之有子曰然然則夫子有爲言之也曾子以斯言告於子游子

游曰甚哉有子之言似夫子也昔者夫子居於宋見桓司馬自爲石椁三年而不成桓司馬宋向戌之孫名魋夫子曰若是其靡也死不如速朽之愈也死之欲速朽爲桓司馬言之也靡侈南宮敬叔反必載寶而朝敬叔魯孟僖子之子仲孫閱蓋嘗失位去魯得反載其寶來朝於君夫子曰若是其貨也喪不如速貧之愈也喪之欲速貧爲敬叔言之也曾子以子游之言告於有子有子曰然吾固曰非夫子之言也曾子曰子何以知之有子曰夫子制於中都四寸之棺五寸之椁以

斯知不欲速朽也中都魯邑名也孔子嘗爲之宰爲民作制孔子由中都宰爲司空由司空爲司寇昔者夫子失魯司寇將之荊將應聘於楚蓋先之以子夏又申之以冉有以斯知不欲速貧也言汲汲於仕得禄陳莊子死赴於魯魯人欲勿哭君無哭鄰國大夫之禮陳莊子齊大夫陳恒之孫名伯繆公召縣子而問焉縣子曰古之大夫束脩之問不出竟雖欲哭之安得而哭之以其不外交今之大夫交政於中國雖欲勿哭焉得而弗哭言時君弱臣强政在大夫專盟會以交接且臣聞之哭有二道有愛而哭之有畏而哭之以權微勸之公曰然然則如之何而可縣子

曰請哭諸異姓之廟（明不當哭）於是與哭諸縣氏仲憲言於曾子曰夏后氏用明器示民無知也（所謂致死之仲憲孔子弟子原憲）郰人用祭器示民有知也（所謂致生之）周人兼用之示民疑也（言使民疑於無知與有知）曾子曰其不然乎其不然乎（非其說之非也）夫明器鬼器也祭器人器也夫古之人胡爲而死其親乎（言仲憲之言三者皆非此或用鬼器或用人器）公叔木有同母異父之昆弟死問於子游（木當爲朱春秋作戌衛公叔文子之子定公十四年奔魯）子游曰其大功乎（疑所服也親者屬大功是）狄儀有同母異父之昆弟死問於子夏子夏曰我未之前

聞也魯人則爲之齊衰狄儀行齊衰今之齊衰狄儀之問也子思之母死於衛子思孔子孫伯魚之子伯魚卒其妻嫁於衛柳若謂子思曰子聖人之後也四方於子乎觀禮子蓋愼諸柳若衛人也見子思欲爲嫁母服恐其失禮戒之嫁母齊衰期子思曰吾何愼哉吾聞之有其禮無其財君子弗行也謂時可行而財不足以備禮有其禮有其財無其時君子弗行也謂財足以備禮而時不得行者吾何愼哉時所止則止時所行則行無所疑也喪之禮如子贈襚之屬不踰主人縣子瑣曰吾聞之古者不降上下各以其親古謂殷時也上不降遠下不降卑滕伯文爲孟虎齊衰其叔父也爲孟

皮齊衰其叔父也伯文郰時滕君也爵爲伯名文后木曰喪吾聞諸縣子曰夫喪不可不深長思也后木魯孝公子惠伯鞏之後買棺外内易我死則亦然此孝子之事非所託曾子曰尸未設飾故帷堂小斂而徹帷仲梁子曰夫婦方亂故帷堂小斂而徹帷斂者動摇尸帷堂爲人褻之言方亂非也仲梁子魯人也小斂之奠子游曰於東方曾子曰於西方斂斯席矣曾子以俗説非又大斂奠於堂乃有席小斂之奠在西方魯禮之末失也末世失禮之爲縣子曰綌衰繐裳非古也非時尚輕涼慢禮子蒲卒哭者呼滅滅蓋子蒲名子臯曰若是野哉非之也唯復呼名子臯孔子弟子高柴哭

者旼之杜橋之母之喪宮中無相以爲沽也（沽猶略也）夫子曰始死羔裘玄冠者易之而已羔裘玄冠夫子不以弔（不以吉服弔喪）子游問喪具夫子曰稱家之有亡子游曰有無惡乎齊（惡乎齊問豐省之比）夫子曰有毋過禮苟亡矣斂首足形（形體）還葬（還之言便也言已斂即葬不待三月）縣棺而封（不設碑繂不備禮封當爲窆窆下棺也春秋傳作塴）人豈有非之者哉（不責於人所不能）司士賁告於子游曰請襲於牀（時失之也禮唯始死廢牀）子游曰諾縣子聞之曰汰哉叔氏專以禮許人（當言禮然言諾非也叔氏子游字）宋襄公葬其夫人醯醢百甕曾子

曰既曰明器矣而又實之言名之爲明器而與祭器皆實之是亂鬼器與人器

孟獻子之喪獻子魯大夫仲孫蔑司徒旅歸四布旅下士也司徒使下士歸四方之賻布夫子曰可也時人皆貪善其能廉讀賵曾子曰非古也是再告也曾子言非禮祖而讀賵賓致命將行主人之吏又讀賵所以存錄之

成子高寢疾成子高齊大夫國成伯高父也慶遺入請曰子之病革矣如至乎大病則如之何觀其意革急也遺慶封之族子高曰吾聞之也生有益於人死不害於人吾縱生無益於人吾可以死害於人乎哉我死則擇不食之地而葬我焉不食謂不墾耕

子夏問諸夫子曰居君之母與妻之喪居

處言語飲食衎爾（衎爾自得貌為小君惻隱不能至）賓客至無所館夫子曰生於我乎館死於我乎殯（仁者不厄）人國子高曰葬也者藏也藏也者欲人之弗得見也是故衣足以飾身棺周於衣椁周於棺土周於椁（言皆所以為深邃難人發見之也國子高成子高也成謚也）反壤樹之哉（反復也怪不如大古也而反封樹之意在於儉非周禮）孔子之喪有自燕來觀者舍於子夏氏子夏曰聖人之葬人與人之葬聖人也子何觀焉（與及也）昔者夫子言之曰吾見封之若堂者矣（封築土為壟堂形四方而高）見若坊者矣（坊形旁殺平上而長）見若覆夏屋者矣

覆謂茨瓦也夏屋今之門廡也其形旁廣而卑見若斧者矣斧形旁殺刃上而長從若斧者焉孔子以爲刃上難登狹又易爲功馬鬣封之謂也俗間名今一日而三斬板而已封板蓋廣二尺長六尺斬板謂斷其縮也三斷止之旁殺蓋高四尺其廣袤未聞也詩云縮板以載尚行夫子之志乎哉尚庶幾也婦人不葛帶婦人質不變重者至期除之卒哭變經而已有薦新如朔奠重新物爲之殷奠既葬各以其服除卒哭當變衰麻者變之或有除者不視主人池視重霤如堂之有承霤也承霤以木爲之用行水亦宮之飾也柳宮象也以竹爲池衣以青布縣銅魚焉今宮中有承霤云以銅爲之君即位而爲椑椑謂杝棺親尸者椑堅著之言也言天子椑內又有水兕革棺歲壹漆之若未成然藏焉虛之不合復楔齒綴足飯設飾帷堂並作設飾謂遷尸又加新衣父兄命赴者

謂大夫以上也士主人親命之君復於小寢大寢小祖大祖庫門四郊尊者求之備也亦他日所嘗有事喪不剝奠也與祭肉也與剝猶倮也有牲肉則巾之爲其久設塵埃加也脯醢之奠不巾既殯旬而布材與明器木工宜乾腊且豫成材椁材也朝奠日出夕奠逮日陰陽交接庶幾遇之父母之喪哭無時使必知其反也謂既練或時爲君服金革之事反必有祭練練衣黃裏縓緣小祥練冠練中衣以黃爲內縓爲飾黃之色卑於纁縓纁之類明外除葛要絰繩屨無絇角瑱瑱充耳也吉時以玉人君有瑱鹿裘衡長袪衡當爲橫字之誤也袪謂褎緣袂口也練而爲裘橫廣之又長之又爲袪則先時狹短無袪可知吉時麛裘袪裼之可也裼表裘也有袪而裼之備飾也玉藻曰麛裘青豻褎絞衣以裼之鹿裘亦用絞乎有殯聞遠兄弟之喪雖緦必往

親骨肉也非兄弟雖鄰不往疏無親也所識其兄弟

不同居者皆弔就其家弔之成恩舊也天子之棺四重

尚深邃也諸公三重諸侯再重大夫一重士不重水兕革棺被之其厚三

寸以水牛兕牛之革以爲棺被革各厚三寸合六寸也此爲一重杝棺一所謂椑棺也爾雅曰椵杝梓

棺二所謂屬與大棺四者皆周周帀也凡棺用能濕之物棺束縮二

衡三衽每束一衡亦當爲橫衽今小要衽或作漆或作縣柏椁以端長

六尺以端題湊也其方蓋一尺天子之哭諸侯也爵弁經紂

衣服士之祭服以哭之明爲變也天子至尊不見尸柩不弔服麻不加於采此言經衍字也時人間有弁經因云之耳周禮

王弔諸侯弁經緦衰也或曰使有司哭之非也哀戚之事不可虛爲之不

以樂食蓋謂殯斂之間天子之殯也菆塗龍輴以椁

菆木以周龍輴如椁而塗之天子殯以輴車畫轅爲龍加斧于椁上畢塗屋斧謂之黼白黑文也以刺繡於縿幕加椁以覆棺已乃屋其上盡塗之天子之禮也唯天子之喪有別姓而哭使諸侯同姓異姓庶姓相從而爲位別於朝覲來時朝覲爵同同位魯哀公誄孔丘曰天不遺耆老莫相予位焉嗚呼哀哉尼父誄其行以爲謚也莫無也相佐也言孔子死無佐助我處位者尼父因且字以爲之謚國亡大縣邑公卿大夫士皆厭冠哭於大廟三日君不舉軍敗失地以喪歸也厭冠今喪冠其服未聞或曰君舉而哭於后土后土社也孔子惡野哭者爲其變衆周禮銜枚氏掌禁野叫呼歎嗚於國中者行歌哭於國中之道者未仕者不敢稅人如稅人則以父兄之命不專家財也稅謂遺予人士備入而后朝

夕踊備猶盡也國君之喪嫌主人哭入則踊祥而縞縞冠素紕也是月禫徙月樂言禫明月可以用樂君於士有賜帟帟幕之小者所以承塵賜之則張於殯上大夫以上幕人職供焉

禮記卷第二

經五千四百二十二字
注五千三百二十字

嘉慶乙丑十二月陽城
張氏影摹宋本重彫

大二十四小五十二

禮記卷第三

檀弓下第四　禮記　鄭氏注

君之適長殤車三乘公之庶長殤車一乘大夫之適長殤車一乘皆下成人也自上而下降殺以兩成人遣車五乘長殤三乘下殤一乘尊卑以此差之庶子言公卑遠之傳曰大功之殤中從上公之喪諸達官之長杖謂君所命雖有官職不達於君則不服斬君於大夫將葬弔於宮及出命引之三步則止以義奪孝子宮殯宮出謂柩已在路如是者三君退退去也三命引之凡移九步朝亦如之哀次亦如之君弔不必於宮朝喪朝廟也次他日賓客所受大門外舍也孝子至此而哀君或於是弔焉五十無車者不越疆而弔人氣力始衰季武子寢疾蟜

固不說齊衰而入見曰斯道也將亡矣士唯公門說齊衰（季武子魯大夫季孫夙也世爲上卿強且專政國人事之如君蟜固能守禮不畏之矯失俗也道猶禮也）武子曰不亦善乎君子表微（時無如之何佯若善之表猶明也）及其喪也曾點倚其門而歌（明己不與也點字晳曾參父）大夫弔當事而至則辭焉（辭猶告也擯者以主人有事告也主人無事則爲大夫出）弔於人是日不樂（君子哀樂不同日子於是日哭則不歌）婦人不越疆而弔人（不通於外）行弔之日不飲酒食肉焉（以全哀也）弔於葬者必執引若從柩及壙皆執紼（示助之以力車曰引棺曰紼從柩贏者）喪公弔之必有拜者（往謝之）雖朋友州里舍人可也（謂無主後）弔曰寡君承事

（示亦爲執事來）主人曰臨（君辱臨其臣之喪）君遇柩於路必使人弔之（君於民臣有父母之恩）大夫之喪庶子不受弔（不以賤者爲有爵者主）妻之昆弟爲父後者死哭之適室（以其正也）子爲主袒免哭踊（親者主之）夫入門右（北面辟正主）使人立于門外告來者狎則入哭（狎相習知者）父在哭於妻之室（不以私喪干尊）非爲父後者哭諸異室有殯聞遠兄弟之喪哭于側室（嫌哭殯）無側室哭于門內之右（近南者爲之變位）同國則往哭之（喪無外事）子張死曾子有母之喪齊衰而往哭之或曰齊衰不以弔（以其無服非之）曾子曰我弔也與哉（於朋友哀痛甚而往哭之非若

凡弔有若之喪悼公弔焉悼公魯哀公之子子游擯由左擯相侑喪禮者喪禮廢亡時人以爲此儀當如詔辭而皆由右相是善子游正之孝經說曰以身擯侑齊穀王姬之喪穀當爲告聲之誤也王姬周女齊襄公之夫人魯莊公爲之大功或曰由魯嫁故爲之服姊妹之服或曰外祖母也故爲之服春秋周女由魯嫁卒服之如內女服姊妹是也天子爲之無服嫁於王者之後乃服之莊公齊襄公女弟文姜之子當爲舅之妻非外祖母也外祖母又小功也晉獻公之喪秦穆公使人弔公子重耳獻公殺其世子申生重耳辟難出奔是時在翟就弔之且曰寡人聞之亡國恒於斯得國恒於斯言在喪伐之際雖吾子儼然在憂服之中喪亦不可久也時亦不可失也孺子其圖

之勸其反國意欲納之喪謂亡失位孺穉也以告舅犯舅犯重耳之舅狐偃也字子犯舅犯曰孺子其辭焉喪人無寶仁親以爲寶寶謂善道可守者仁親親行仁義父死之謂何又因以爲利欲反國求爲後是利父死而天下其孰能說之孺子其辭焉說猶解也公子重耳對客曰君惠弔亡臣重耳身喪父死不得與於哭泣之哀以爲君憂謝之父死之謂何或敢有他志以辱君義稽顙而不拜哭而起起而不私他志謂利心子顯以致命於穆公使者公子縶也盧氏云古者名字相配顯當作韅穆公曰仁夫公子重耳夫稽顙而不拜則未爲後也故不成拜

哭而起則愛父也起而不私則遠利也帷殯非古也自敬姜之哭穆伯始也（穆伯魯大夫季悼子之子公甫靖也敬姜穆伯之妻文伯歜之母也禮朝夕哭不帷）喪禮哀戚之至也節哀順變也君子念始之者也（始猶生也念父母生己不欲傷其性）復盡愛之道也有禱祠之心焉（復謂招魂且分禱五祀庶幾其精氣之反）望反諸幽求諸鬼神之道也（鬼神處幽闇望其從鬼神所來）北面求諸幽之義也（鄉其所從來也禮復者升屋北面）拜稽顙哀戚之至隱也稽顙隱之甚也（隱痛也稽顙者觸地無容）飯用米貝弗忍虛也不以食道用美焉爾（尊之也食道褻米貝美）銘明旌也（神明之旌）以死者爲不可別已故

以其旗識之不可別形貌不見愛之斯録之矣敬之斯盡其道焉耳謂重與奠重主道也始死未作主以重主其神也重既虞而埋之乃後作主春秋傳曰虞主用桑練主用栗殷主綴重焉綴猶聯也殷人作主而聯其重縣諸廟也去顯考乃埋之周主重徹焉周人作主徹重埋之奠以素器以生者有哀素之心也哀素言哀痛無飾也凡物無飾曰素唯祭祀之禮主人自盡焉爾豈知神之所饗亦以主人有齊敬之心也哀則以素敬則以飾禮由人心而已辟踊哀之至也有筭爲之節文也筭數也袒括髮變也愠哀之變也去飾去美也袒括髮去飾之甚也有所袒有所襲哀之節也弁絰葛而

葬與神交之道也接神之道不可以純凶天子諸侯變服而葬冠素弁以葛爲環絰既虞卒哭乃服受服也雜記曰凡弁絰其衰侈袂有敬心焉踰時哀衰而敬生敬則服有飾大夫士三月而葬末踰時周人弁而葬殷人冔而葬周弁殷冔俱象祭冠而素禮同也歠主人主婦室老爲其病也君命食之也尊者奪人易也歠歠粥也反哭升堂反諸其所作也親所行禮之處主婦入于室反諸其所養也親所饋食之處反哭之弔也哀之至也反而亡焉失之矣於是爲甚哀痛甚殷既封而弔周反哭而弔封當爲窆窆下棺也孔子曰殷已愨吾從周愨者得哀之始未見其甚葬於北方北首三代之達禮也之幽之故也北方國北也既封主人

贈而祝宿虞尸（贈以幣送死者於壙也於主人贈祝先歸）既反哭主人與有司視虞牲（日中將虞省其牲）有司以几筵舍奠於墓左反日中而虞（所使奠墓有司來歸乃虞也舍奠墓左爲父母形體在此禮其神也周禮冢人凡祭墓爲尸）葬日虞弗忍一日離也（弗忍其無所歸）是日也以虞易奠（虞喪祭也）卒哭曰成事（既虞之後卒哭而祭其辭蓋曰哀薦成事成祭事也祭以吉爲成）是日也以吉祭易喪祭（卒哭吉祭）明日祔于祖父（祭告於其祖之廟）其變而之吉祭也比至於祔必於是日也接不忍一日末有所歸也（末無也日有所用接之虞禮所謂他用剛日者其祭祝曰哀薦曰成事）殷練而祔周卒哭而祔孔子善殷（期而神之人情）君臨臣喪以巫

祝桃茢執戈惡之也爲有凶邪之氣在側君聞大夫之喪去樂卒事而往未襲也其已襲則止巫去桃茢桃鬼所惡茢萑苕可掃不祥所以異於生也生人無凶邪喪有死之道焉言人之死有如鳥獸死之狀鳥獸之死人賤之先王之所難言也聖人不明說爲人甚惡之喪之朝也順死者之孝心也朝謂遷柩於廟其哀離其室也故至於祖考之廟而后行殷朝而殯於祖周朝而遂葬孔子謂爲明器者知喪道矣備物而不可用也神與人異道則不相傷哀哉死者而用生者之器也不殆於用殉乎哉殆幾也殺人以衛死者曰殉用其器者漸幾於用人其曰明器神明之也神明死者異於生人塗車芻靈自古有之芻靈束茅爲人馬謂

之靈者神之類明器之道也言與明器同孔子謂爲芻靈者善謂爲俑者不仁不殆於用人乎哉俑偶人也有面目機發有似於生人孔子善古而非周穆公問於子思曰爲舊君反服古與仕焉而已者穆公魯哀公之曾孫子思曰古之君子進人以禮退人以禮故有舊君反服之禮也今之君子進人若將加諸膝退人若將隊諸淵毋爲戎首不亦善乎又何反服之禮之有言放逐之臣不服舊君也爲兵主來攻伐曰戎首悼公之喪季昭子問於孟敬子曰爲君何食悼公魯哀公之子昭子康子之曾孫名強敬子武伯之子名捷敬子曰食粥天下之達禮也吾三臣者

之不能居公室也四方莫不聞矣言鄰國皆知吾等不能居公室以臣禮事君也三臣仲孫叔孫季孫氏勉而爲瘠則吾能毋乃使人疑夫不以情居瘠者乎哉我則食食存時不盡忠喪又不盡禮非也孔子曰喪事不敢不勉衛司徒敬子死司徒官氏公子許之後子夏弔焉主人未小斂絰而往子游弔焉主人既小斂子游出絰反哭皆以朋友之禮往而二人異子夏曰聞之也與曰聞諸夫子主人未改服則不絰曾子曰晏子可謂知禮也已恭敬之有焉言禮者敬而已矣有若曰晏子一狐裘三十年遣車一乘及墓而反國君七个遣車七乘

大夫五个遣車五乘晏子焉知禮言其大儉偪下非之及墓而反言其既窆則歸不留賓客有事也人臣賜車馬者乃得有遣車遣車之差大夫五諸侯七則天子九諸侯不以命數喪數略也个謂所包遣奠牲體之數也雜記曰遣車視牢具曾子曰國無道君子恥盈禮焉國奢則示之以儉國儉則示之以禮時齊方奢矯之是也國昭子之母死問於子張曰葬及墓男子婦人安位國昭子齊大夫子張曰司徒敬子之喪夫子相男子西鄉婦人東鄉夾羨道爲位夫子孔子也曰噫毋噫不寤之聲毋禁止之辭曰我喪也斯沾斯盡也沾讀曰覘覘視也國昭子自謂齊之大家有事人盡視之欲人觀之法其所爲爾專之賓爲賓焉主爲主焉專猶同也時子張相婦人從男子皆西鄉

非也穆伯之喪敬姜晝哭文伯之喪晝夜哭孔子曰知禮矣喪夫不夜哭嫌思情性也文伯之喪敬姜據其牀而不哭曰昔者吾有斯子也吾以將爲賢人也蓋見其有才藝吾未嘗以就公室未嘗與到公室觀其行也季氏魯之宗卿敬姜有會見之禮今及其死也朋友諸臣未有出涕者而內人皆行哭失聲斯子也必多曠於禮矣夫內人妻妾季康子之母死陳褻衣褻衣非上服陳之將以斂敬姜曰婦人不飾不敢見舅姑將有四方之賓來褻衣何爲陳於斯命徹之言四方之賓嚴於舅姑敬姜者康子從祖母有子與子游立見孺子慕者有

子謂子游曰予壹不知夫喪之踊也予欲去之久矣情在於斯其是也夫（喪之踊猶孺子之號慕）子游曰禮有微情者（節哭踊）有以故興物者（衰絰之制）有直情而徑行者戎狄之道也（哭踊無節衣服無制）禮道則不然（與戎狄異）人喜則斯陶（陶鬱陶也）陶斯咏（咏謳也）咏斯猶（猶當爲搖聲之誤也搖謂身動搖也秦人猶搖聲相近）猶斯舞（手舞之）舞斯慍（慍猶怒也）慍斯戚（戚憤恚）戚斯歎（歎吟息）歎斯辟（辟拊心）辟斯踊矣（踊躍）品節斯斯之謂禮（舞踊皆有節乃成禮）人死斯惡之矣無能也斯倍之矣（無能心謂之無所復能）是故制絞衾設蔞翣爲使人勿惡也（絞衾尸之飾蔞翣棺之牆飾周禮蔞作柳）始

死脯醢之奠將行遣而行之既葬而食之將行將葬也葬有遣奠食反虞之祭未有見其饗之者也自上世以來未之有舍也爲使人勿倍也舍猶廢也故子之所刺於禮者亦非禮之訾也訾病也吳侵陳斬祀殺厲祀神位有屋樹者厲疫病吳侵陳以魯哀元年秋師還出竟陳大宰嚭使於師夫差謂行人儀曰是夫也多言盍嘗問焉師必有名人之稱斯師也者則謂之何大宰行人官名也夫差吳子光之子盍何不也嘗猶試也夫差脩舊怨庶幾其師有善名大宰嚭曰古之侵伐者不斬祀不殺厲不獲二毛獲謂係虜之二毛鬢髮斑白今斯師也殺厲與其不

謂之殺厲之師與欲微切之故其言似若不審然正言殺厲重人曰反爾地歸爾子則謂之何子謂所獲民臣曰君王討敝邑之罪又矜而赦之師與有無名乎又微勸之終其意吳楚僭號稱王

顏丁善居喪顏丁魯人始死皇皇焉如有求而弗得及殯望望焉如有從而弗及既葬慨焉如不及其反而息從隨也慨憊貌

子張問曰書云高宗三年不言言乃讙有諸時人君無行三年之喪禮者問有此與怪之也讙喜說也言乃喜說則民臣望其言久仲尼曰胡爲其不然也古者天子崩王世子聽於冢宰三年冢宰天官卿貳王事者三年之喪使之聽朝

知悼子卒未葬悼子晉大夫荀盈魯昭九年卒平

公飲酒〔與羣臣燕平公晉侯彪〕師曠李調侍〔侍與君飲也燕禮記曰請旅侍臣〕鼓鐘〔樂作也燕禮賓入門奏肆夏既獻而樂闋獻君亦如之〕杜蕢自外來聞鐘聲曰安在〔怪之也杜蕢或作屠蒯〕曰在寢〔燕於寢〕杜蕢入寢歷階而升酌曰曠飲斯又酌曰調飲斯又酌堂上北面坐飲之降趨而出〔三酌皆罰〕平公呼而進之曰蕢曩者爾心或開予是以不與爾言〔曩鄉也謂始來入時開謂諫爭有所發起〕爾飲曠何也曰子卯不樂〔紂以甲子死桀以乙卯亡王者謂之疾日不以舉樂爲吉事所以自戒懼〕知悼子在堂斯其爲子卯也大矣〔言大臣喪重於疾日也雜記曰君於卿大夫比葬不食肉比卒哭不舉樂〕曠也大師也不以詔是以飲之也〔詔告也大師典奏樂〕

爾飲調何也曰調也君之褻臣也爲一飲一食忘君之疾是以飲之也（言調貪酒食褻嬖也近臣亦當規君疾憂）爾飲何也曰蕢也宰夫也非刀匕是共又敢與知防是以飲之也（防禁放溢）平公曰寡人亦有過焉酌而飲寡人（聞義則服）杜蕢洗而揚觶（舉爵於君也禮揚作騰揚舉也騰送也揚近得之）公謂侍者曰如我死則必毋廢斯爵也（欲後世以爲戒）至于今既畢獻斯揚觶謂之杜舉（此爵遂因杜蕢爲名畢獻獻賓與君）公叔文子卒（文子衛獻公之孫名拔或作發）其子戍請謚於君曰日月有時將葬矣請所以易其名者（謚者行之迹有時猶言有數也大夫士三月而葬）君曰

昔者衛國凶饑夫子爲粥與國之餓者是不亦惠乎（君靈公也）昔者衛國有難夫子以其死衛寡人不亦貞乎（難謂魯昭公二十年盜殺衛侯之兄縶也時齊豹作亂公如死鳥）夫子聽衛國之政脩其班制以與四鄰交衛國之社稷不辱不亦文乎（班制謂尊卑之差）故謂夫子貞惠文子（後不言貞惠者文足以兼之）石駘仲卒（駘仲衛大夫石碏之族）無適子有庶子六人卜所以爲後者（莫適立也）曰沐浴佩玉則兆（言齊絜則得吉兆）五人者皆沐浴佩玉石祁子曰孰有執親之喪而沐浴佩玉者乎不沐浴佩玉（心正且知禮）石祁子兆衛人

以龜爲有知也陳子車死於衛其妻與其家大夫謀以殉葬子車齊大夫定而后陳子亢至以告曰夫子疾莫養於下請以殉葬子亢子車弟孔子弟子下地下子亢曰以殉葬非禮也雖然則彼疾當養者孰若妻與宰得已則吾欲已不得已則吾欲以二子者之爲之也度諫之不能止以斯言拒之已猶止也於是弗果用果決子路曰傷哉貧也生無以爲養死無以爲禮也孔子曰啜菽飲水盡其歡斯之謂孝斂手足形還葬而無椁稱其財斯之謂禮還猶疾也謂不及其日月衛獻公出奔反於

衛及郊將班邑於從者而后入欲賞從者以懼居者獻公以魯襄十四年出奔齊二十六年復歸於衛柳莊曰如皆守社稷則孰執羈靮而從如皆從則孰守社稷言從守若一靮紖也君反其國而有私也毋乃不可乎言有私則生怨弗果班衛有大史曰柳莊寢疾公曰若疾革雖當祭必告革急也公再拜稽首請於尸曰有臣柳莊也者非寡人之臣社稷之臣也聞之死請往急弔賢者不釋服而往遂以襚之脱君祭服以襚臣親賢也所以此襚之者以其不用襲也凡襚以斂與之邑裘氏與縣潘氏書而納諸棺曰世世萬子孫毋變也所以厚賢也裘縣潘邑名陳乾

昔寢疾屬其兄弟而命其子尊己曰如我死則必大爲我棺使吾二婢子夾我婢子妾也陳乾昔死其子曰以殉葬非禮也況又同棺乎弗果殺善尊己不陷父於不義仲遂卒于垂壬午猶繹萬入去籥春秋經在宣八年仲遂魯莊公之子東門襄仲先日辛巳有事於大廟而仲遂卒明日而繹非也萬干舞也籥籥舞也傳曰去其有聲者廢其無聲者仲尼曰非禮也卿卒不繹季康子之母死公輸若方小公輸若匠師方小言年尚幼未知禮也斂般請以機封斂下棺於椁般若之族多技巧者見若掌斂事而年尚幼請代之而欲嘗其技巧將從之時人服般之巧公肩假曰不可夫魯有初初謂故事公室視豐碑言視者時僭天子也豐碑斲大木爲之形如石碑於椁前後四角樹

之穿中於閒爲鹿盧下棺以繂繞天子六繂四碑前後各重鹿盧也三家視桓楹時僭諸侯諸侯下天子也斵之形如大楹耳四植謂之桓諸侯四繂二碑碑如桓矣大夫二繂二碑士二繂無碑般爾以人之母嘗巧則豈不得以以己字言寧有強使女者與僭於禮有似作機巧非也以與己字本同其母以嘗巧者乎則病者乎毋無也於女寧有病苦與止之噫不寤之聲弗果從戰于郎郎魯近邑也哀十一年齊國書帥師伐我是也公叔禺人遇負杖入保者息遇見也見走辟齊師將入保罷倦加其杖頸上兩手掖之休息者保縣邑小城禺人昭公之子春秋傳曰公叔務人曰使之雖病也謂時繇役任之雖重也謂時賦稅君子不能爲謀也士弗能死也不可君子謂卿大夫也魯政既惡復無謀臣士又不能死難禺人恥之我則既言矣欲敵齊師踐其言與其鄰重汪踦往皆死焉奔敵死齊寇鄰

鄰里也重皆當爲童童未冠者之稱姓汪名踦鄰或爲談春秋傳曰童汪踦魯人欲勿殤重汪踦見其死君事有士行欲以成人之喪治之言魯人者死君事國爲斂葬問於仲尼仲尼曰能執干戈以衛社稷雖欲勿殤也不亦可乎善之子路去魯謂顏淵曰何以贈我贈送曰吾聞之也去國則哭于墓而后行反其國不哭展墓而入無君事主於孝哭哀去也展省視之謂子路曰何以處我處猶安也子路曰吾聞之也過墓則式過祀則下居者主於敬工尹商陽與陳弃疾追吳師及之工尹楚官名弃疾楚公子弃疾也以魯昭八年帥師滅陳縣之楚人善之因號焉至十二年楚子狩於州來使蕩侯潘子司馬督囂尹午陵尹喜圍徐以懼吳於時有吳師陳或作陵楚人聲陳弃疾謂工尹

商陽曰王事也子手弓而可手弓子射諸（商陽仁不忍傷人以王事勸之）射之斃一人韔弓（不忍復射斃仆也韔韜也）又及謂之又斃二人每斃一人揜其目（揜其目不忍視之）止其御曰朝不坐燕不與殺三人亦足以反命矣（朝燕於寢大夫坐於上士立於下然則商陽與御者皆士也兵車參乘射者在左戈盾在右御在中央）孔子曰殺人之中又有禮焉（善之）

諸侯伐秦曹桓公卒于會（魯成十三年曹伯盧卒於師是也盧謚宣言桓聲之誤也）諸侯請含（以朋友有相啖食之道）使之襚（非也襚賤者之事）

襄公朝于荆康王卒（在魯襄二十八年康王楚子昭也楚言荆者州言之）荆人曰必請襚（欲使襄公衣之）魯人曰非禮也荆人強之（欲尊康王）巫先拂

柩荆人悔之巫祝桃茢君臨臣喪之禮滕成公之喪魯昭三年使子叔敬叔弔進書子叔敬叔魯宣公弟叔肸之曾孫叔弓也進書奉君弔書子服惠伯爲介惠伯慶父玄孫之子名椒介副也及郊爲懿伯之忌不入郊滕之近郊也懿伯惠伯之叔父忌怨也敬叔有怨於懿伯難惠伯也春秋傳曰敬叔不入惠伯曰政也不可以叔父之私不將公事政君命所爲敬叔於昭穆以懿伯爲叔父遂入惠伯強之乃入哀公使人弔蕢尚遇諸道辟於路畫宮而受弔焉哀公魯君也畫宮畫地爲宮象曾子曰蕢尚不如杞梁之妻之知禮也行弔禮於野非齊莊公襲莒于奪杞梁死焉魯襄二十三年齊侯襲莒是也春秋傳曰杞殖華還載甲夜入且于之隧隧奪聲相近或爲兌梁即殖也其妻迎其柩於路而哭

之哀莊公使人弔之對曰君之臣不免於罪則將肆諸市朝而妻妾執（肆陳尸也大夫以上於朝士以下於市執拘也）君之臣免於罪則有先人之敝廬在君無所辱命（無所辱命辭不受也春秋傳曰齊侯弔諸其室）孺子䵋之喪（魯哀公之少子）哀公欲設撥（撥可撥引輴車所謂紼）問於有若有若曰其可也君之三臣猶設之（猶尚也以臣況子也三臣仲孫叔孫季孫氏）顏柳曰天子龍輴而椁幬（輴殯車也畫轅爲龍幬覆也殯以椁覆棺而塗之所謂菆塗龍輴以椁）諸侯輴而設幬（輴不畫龍）爲榆沈故設撥（以水澆榆白皮之汁有急以播地於引輴車滑）三臣者廢輴而設撥竊禮之不中者也而君何學焉（止其學非禮也廢去也紼繫於輴三臣於禮去

輴今有紼是用輴僭禮也殯禮大夫菆置西序士掘肂見衽悼公之母死母哀公之妾哀公爲之齊衰有若曰爲妾齊衰禮與譏而問之妾之貴者爲之緦耳公曰吾得已乎哉魯人以妻我言國人皆名之爲我妻重服變妾文過非也季子皐葬其妻犯人之禾季子皐孔子弟子高柴孟氏之邑成宰或氏季犯躐也申祥以告曰請庚之申祥子張子庚償也子皐曰孟氏不以是罪予時僭侈朋友不以是弃予言非大故以吾爲邑長於斯也買道而葬後難繼也恃寵虐民非也仕而未有祿者君有饋焉曰獻使焉曰寡君見在臣位與有祿同也君有饋有饋於君違而君薨弗爲服也以其恩輕也違去也虞而立尸有几筵卒哭而諱諱辟

其名生事畢而鬼事始巳謂不復饋食於下室而鬼神祭之巳辭也既卒哭宰夫執木鐸以命于宮曰舍故而諱新故謂高祖之父當遷者也易説帝乙曰易之帝乙爲成湯書之帝乙六世王天之錫命疏可同名自寢門至于庫門百官所在庫門宮外門明堂位曰庫門天子皐門二名不偏諱夫子之母名徵在言在不稱徵言徵不稱在稱舉也雜記曰妻之諱不舉諸其側軍有憂則素服哭於庫門之外憂謂爲敵所敗也素服者縞冠也赴車不載櫜韔兵不戰示當報也以告喪之辭言之謂還告於國櫜甲衣韔弓衣有焚其先人之室則三日哭謂火燒其宗廟哭者哀精神之有虧傷故曰新宮火亦三日哭火人火也新宮火在魯成三年孔子過泰山側有婦人哭於墓者而哀夫子式而

聽之怪其哀甚使子貢問之曰子之哭也壹似重有憂者而曰然昔者吾舅死於虎吾夫又死焉今吾子又死焉而猶乃也夫之父曰舅夫子曰何爲不去也曰無苛政夫子曰小子識之苛政猛於虎也魯人有周豐也者哀公執摯請見之下賢也摯禽摯也諸侯而用禽摯降尊就卑之義而曰不可辭君以尊見卑士禮先生異爵者請見之則辭公曰我其已夫已止也重強變賢使人問焉曰有虞氏未施信於民而民信之夏后氏未施敬於民而民敬之何施而得斯於民也時公與三桓始有惡懼將不安對曰墟墓之閒未施哀於民而民哀

社稷宗廟之中未施敬於民而民敬言民見悲哀之處則悲哀見莊敬之處則莊敬非必有使之者墟毀滅無後之地殷人作誓而民始畔周人作會而民始疑會謂盟也盟誓所以結衆以信其後外恃衆而信不由中則民畔疑之孔子曰其身正不令而行其身不正雖令不從苟無禮義忠信誠慤之心以涖之雖固結之民其不解乎涖臨喪不慮居謂賣舍宅以奉喪毀不危身謂憔悴將滅性喪不慮居爲無廟也毀不危身爲無後也延陵季子適齊於其反也其長子死葬於嬴博之閒季子名札魯昭二十七年吳公子札聘於上國是也季子讓國居延陵因號焉春秋傳謂延陵延州來嬴博齊地今泰山縣是也孔子曰延陵季子吳之習於禮者也往而

觀其葬焉〔往弔之〕其坎深不至於泉〔以生怨死〕其斂以時服〔以行時之服不改制節〕既葬而封廣輪揜坎其高可隱也〔亦節也輪從也隱據也封可手據謂高四尺所〕既封左袒右還其封且號者三曰骨肉歸復于土命也若魂氣則無不之也無不之也〔還圜也號哭且言也命猶性也〕而遂行〔行去也〕孔子曰延陵季子之於禮也其合矣乎

邾婁考公之喪〔考公隱公益之曾孫考或爲定〕徐君使容居來弔含〔弔且含〕曰寡君使容居坐含進侯玉其使容居以含〔欲親含非也含不使賤者君行則親含大夫歸含耳言侯玉者時徐僭稱王自比天子〕有司曰諸侯之來辱敝邑者易則易于

則于易于雜者未之有也易謂臣禮于謂君禮雜者容居以臣欲行君禮徐自比天子使大夫敵諸侯有司拒之容居對曰容居聞之事君不敢忘其君亦不敢遺其祖昔我先君駒王西討濟於河無所不用斯言也容居魯人也不敢忘其祖言我祖與今君於諸侯初如是不聞義則服駒王徐先君僭號容居其子孫也濟渡也言西討渡於河廣大其國魯魯鈍也言魯鈍者欲自明不妄子思之母死於衛嫁母也姓庶氏赴於子思子思哭於廟門人至曰庶氏之母死何爲哭於孔氏之廟乎門人弟子也嫁母與廟絕族子思曰吾過矣吾過矣遂哭於他室天子崩三日祝先服祝佐含斂先病五日官長服官長大夫士七

日國中男女服（庶人）三月天下服（諸侯之大夫）虞人致百祀之木可以爲棺椁者斬之（虞人掌山澤之官百祀畿內百縣之祀也以爲棺椁作棺椁也斬伐也）不至者廢其祀刎其人齊大饑黔敖爲食於路以待餓者而食之有餓者蒙袂輯屨貿貿然來（蒙袂不欲見人也輯斂也斂屨力憊不能屨也貿貿目不明之貌）黔敖左奉食右執飲曰嗟來食揚其目而視之曰予唯不食嗟來之食以至於斯也（嗟來食雖閔而呼之非敬辭）從而謝焉終不食而死（從猶就也）曾子聞之曰微與其嗟也可去其謝也可食（微猶無也無與止其狂狷之辭）邾婁定公之時有弒其

父者定公貜且也魯文十四年即位有司以告公瞿然失席曰是寡人之罪也民之無禮教之罪曰寡人嘗學斷斯獄矣臣弒君凡在官者殺無赦子弒父凡在官者殺無赦言諸臣子孫無尊卑皆得殺之其罪無赦殺其人壞其室洿其宮而豬焉明其大逆不欲人復處之豬都也南方謂都爲豬蓋君踰月而后舉爵自貶損晉獻文子成室晉大夫發焉文子趙武也作室成晉君獻之謂賀也諸大夫亦發禮以往張老曰美哉輪焉美哉奐焉心譏其奢也輪輪囷言高大奐言衆多歌於斯哭於斯聚國族於斯祭祀死喪燕會於此足矣言此者欲防其後復爲文子曰武也得歌於斯哭於斯聚國族於斯是

全要領以從先大夫於九京也北面再拜稽首（全要領者免於刑誅也晉卿大夫之墓地在九原京蓋字之誤當爲原）君子謂之善頌善禱（善頌謂張老之言善禱謂文子之言禱求也）

仲尼之畜狗死（畜狗馴守）使子貢埋之曰吾聞之也敝帷不弃爲埋馬也敝蓋不弃爲埋狗也丘也貧無蓋於其封也亦予之席毋使其首陷焉（封當爲窆陷謂没於土）路馬死埋之以帷（路馬君所乘者其他狗馬不能以帷蓋）

季孫之母死哀公弔焉曾子與子貢弔焉閽人爲君在弗内也（閽人守門者）曾子與子貢入於其廏而脩容焉（更莊飾）子貢先入閽人曰鄉者已告矣

大言六十四

既不敢止以言下之曾子後入闔人辟之見兩賢相隨彌益恭也涉內霤卿大夫皆辟位公降一等而揖之禮之君子言之曰盡飾之道斯其行者遠矣陽門之介夫死陽門宋國門名介夫甲衛士司城子罕入而哭之哀宋以武公諱司空爲司城子罕戴公子樂甫術之後樂喜也晉人之覘宋者反報於晉侯曰陽門之介夫死而子罕哭之哀而民說殆不可伐也覘闚視也孔子聞之曰善哉覘國乎善其知微詩云凡民有喪扶服救之救猶助也雖微晉而已天下其孰能當之微猶非也魯莊公之喪既葬而經不入庫門時子般殺慶父作亂閔公不敢居喪葬已吉服而反正君臣欲

以防遏之微弱之至士大夫既卒哭麻不入麻猶絰也羣臣畢虞卒哭亦除喪也閔公既吉服不與虞卒哭孔子之故人曰原壤其母死夫子助之沐椁沐治也原壤登木曰久矣予之不託於音也木椁材也託寄也謂叩木以作音歌曰貍首之斑然執女手之卷然說人辟也夫子爲弗聞也者而過之佯不知從者曰子未可以已乎已猶止也夫子曰丘聞之親者毋失其爲親也故者毋失其爲故也趙文子與叔譽觀乎九原叔譽叔向也晉羊舌大夫之孫名肸文子曰死者如可作也吾誰與歸作起也叔譽曰其陽處父乎陽處父襄公之大傅文子曰行并植於晉

國不没其身其知不足稱也并猶專也謂剛而專己爲狐射姑所殺没終也植或爲特其舅犯乎文子曰見利不顧其君其仁不足稱也謂乆與文公辟難至將反國無安君之心及河授辟詐請亡要君以利是我則隨武子乎利其君不忘其身謀其身不遺其友武子士會也食邑於隨范字季晉人謂文子知人見其所善於前則知其來所舉文子其中退然如不勝衣中身也退柔和貌鄉射記曰弓二寸以爲侯中退或爲妥其言吶吶然如不出諸其口吶吶舒小貌所舉於晉國管庫之士七十有餘家管庫之士府史以下官長所置也舉之於君以爲大夫士也管鍵也庫物所藏生不交利廉也死不屬其子焉絜也叔仲皮學子柳叔仲皮魯叔孫氏之族學教也子柳仲皮之子叔仲

皮死其妻魯人也衣衰而繆絰（衣當爲齊壞字也繆讀爲木樛垂之樛士妻爲舅姑之服也言雖魯鈍其於禮勝學）叔仲衍以告（告子柳言此非也衍蓋皮之弟衍或爲皮）請繐衰而環絰（繐衰小功之縷而四升半之衰環絰弔服之絰時婦人好輕細而多服此者衍既不知禮之本子柳亦以爲然而請於衍使其妻爲舅服之）曰昔者吾喪姑姊妹亦如斯末吾禁也（衍荅子柳也姑姊妹在室齊衰與婦爲舅姑同末無也言無禁我欲其言行）退使其妻繐衰而環絰（婦以諸侯之大夫爲天子之衰弔服之絰服其舅非）成人有其兄死而不爲衰者聞子皐將爲成宰遂爲衰成人曰蠶則績而蟹有匡范則冠而蟬有緌兄則死而子皐爲之衰（蚩兄死者言其衰之不爲兄死如蟹有匡蟬有緌不爲蠶之績范之冠也范蜂也蟬蜩也緌謂蜩喙長在腹下）樂

正子春之母死五日而不食曰吾悔之勉強過禮子春曾子弟子自吾母而不得吾情吾惡乎用吾情惡乎猶於何也

歲旱穆公召縣子而問然然之言焉也凡穆或作繆曰天久不雨吾欲暴尪而奚若奚若何如也尪者面鄉天覬天哀而雨之曰天則不雨而暴人之疾子虐毋乃不可與錮疾人之所哀暴之是虐然則吾欲暴巫而奚若曰天則不雨而望之愚婦人於以求之毋乃已疏乎巳猶甚也巫主接神亦覬天哀而雨之春秋傳說巫曰在女曰巫在男曰覡周禮女巫旱暵則舞雩徙市則奚若曰天子崩巷市七日諸侯薨巷市三日爲之徙市不亦可乎徙市者庶人之喪禮今徙市是憂戚於旱若喪

孔子曰衛人之祔也離之祔謂合葬也離之有以間其椁中魯人之祔也合之善夫善夫善魯人也祔葬當合也

禮記卷第三

經五千八十一字
注四千九百三十六字

嘉慶丙寅正月陽城
張氏影摹宋本重彫

禮記卷第四

王制第五　禮記　鄭氏注

王者之制祿爵公侯伯子男凡五等諸侯之上大夫卿下大夫上士中士下士凡五等二五象五行剛柔十日祿所受食爵秩次也上大夫曰卿天子之田方千里象日月之大亦取晷同也此謂縣內以祿公卿大夫元士公侯田方百里伯七十里子男五十里不能五十里者不合於天子附於諸侯曰附庸天子之三公之田視公侯天子之卿視伯天子之大夫視子男天子之元士視附庸皆象星辰之大小也不合謂不朝會也小城曰附庸附庸者以國事附於大國

未能以其名通也視猶比也元善也善士謂命士也此地殷所因夏爵三等之制也殷有鬼侯梅伯春秋變周之文從殷之質合伯子男以爲一則殷爵三等者公侯伯也異畿内謂之子周武王初定天下更立五等之爵增以子男而猶因殷之地以九州之界尚狹也周公攝政致大平斥大九州之界制禮成武王之意封王者之後爲公及有功之諸侯大者地方五百里其次侯四百里其次伯三百里其次子二百里其次男百里所因殷之諸侯亦以功黜陟之其不合者皆益之地爲百里焉是以周世有爵尊而國小爵卑而國大者唯天子畿内千里不增以禄羣臣不主爲治民

制農田百畝百畝之分上農夫食九人其次食八人其次食七人其次食六人下農夫食五人庶人在官者其禄以是爲差也農夫皆受田於公田肥墽有五等收入不同也庶人在官謂府史之屬官長所除不命於天子國君者分或爲糞

諸侯之下士視上農夫禄足以代其耕也中士倍下士上士

倍中士下大夫倍上士卿四大夫祿君十卿祿次國之卿三大夫祿君十卿祿小國之卿倍大夫祿君十卿祿此班祿尊卑之差次國之上卿位當大國之中中當其下下當其上大夫小國之上卿位當大國之下卿中當其上大夫下當其下大夫此諸侯使卿大夫覜聘並會之序也其位爵同小國在下爵異固在上耳其有中士下士者數各居其上之三分謂其爲介若特行而並會也居猶當也此據大國而言大國之士爲上次國之士爲中小國之士爲下士之數國皆二十七人各三分之上九中九下九以位相當則次國之上士當大國之中中當其下小國之上士當大國之下凡非命士亦無出會之事春秋傳謂士爲微凡四海之內九州州方千里州

建百里之國三十七十里之國六十五十里之國百有二十凡二百一十國名山大澤不以封其餘以爲附庸閒田八州州二百一十國建立也立大國三十十三公也立次國六十十六卿也立小國百二十十二小卿也名山大澤不以封者與民同財不得障管亦賦稅之而已此大界方三千里三三而九方千里者九也其一爲縣内餘八各立一州此殷制也周公制禮九州大界方七千里七七四十九方千里者四十有九也其一爲畿内餘四十八八州各有方千里者六設法一州封地方五百里者不過四謂之大國又封方四百里者不過六又封方三百里者不過十一謂之次國又封方二百里者不過二十五及餘方百里者謂之小國盈上四等之數并四十九一州二百一十國則餘方百里者百六十四也凡處地方千里者五方百里者五十九其餘方百里者四十一附庸地也天子之縣内方百里之國九七十里之國二十有一五十里之國

六十有三凡九十三國名山大澤不以肦其餘以祿士以爲閒田縣內夏時天子所居州界名也肦曰畿詩肦頌曰邦畿千里維民所止周亦曰畿畿內大國九者三公之田三爲有致仕者副之爲六也其餘三待封王之子弟次國二十一者卿之田六亦爲有致仕者副之爲十二又三爲三孤之田其餘六亦待封王之子弟小國六十三大夫之田二十七亦爲有致仕者副之爲五十四其餘九亦以待封王之子弟三孤之田不副者以其無職佐公論道耳雖其致仕猶可即而謀焉肦讀爲班凡九州千七百七十三國天子之元士諸侯之附庸不與不與不在數中也春秋傳曰禹會諸侯於塗山執玉帛者萬國言執玉帛則是唯謂中國耳中國而言萬國則是諸侯之地有方百里有方七十里有方五十里者禹承堯舜而然矣要服之內地方七千里乃能容之夏末既衰夷狄內侵諸侯相并土地減國數少肦湯承之更制中國方三千里之界亦分爲九州而建此千七百七十三國焉周公復唐虞之舊域分其五服爲九其要服之內亦方七千里而因肦諸侯之數廣其土增其爵耳孝經說曰周千八百

諸侯布列五千里內此文改周之法關盛衰之中三七之間以爲說也終此說之意五五二十五方千里者二十五也其一爲畿內餘二十四州各有方千里者三其餘諸侯之地大小則未得而聞天子百里之內以共官千里之內以爲御謂此地之田稅所給也官謂其文書財用也御謂衣食千里之外設方伯五國以爲屬屬有長十國以爲連連有帥三十國以爲卒卒有正二百一十國以爲州州有伯屬連卒州猶聚也伯帥正亦長也凡長皆因賢侯爲之殷之州長曰伯虞夏及周皆曰牧八州八伯五十六正百六十八帥三百三十六長八伯各以其屬屬於天子之老二人分天下以爲左右曰二伯老謂上公周禮曰九命作伯春秋傳曰自陜以東周公主之自陜以西召公主之千里之內

曰甸服治田出穀稅千里之外曰采九州之内地取其美物以當穀稅曰流謂九州之外也夷狄流移或貢或不禹貢荒服之外三百里蠻二百里流天子三公九卿二十七大夫八十一元士此夏制也明堂位曰夏后氏之官百舉成數也大國三卿皆命於天子下大夫五人上士二十七人次國三卿二卿命於天子一卿命於其君下大夫五人上士二十七人小國二卿皆命於其君下大夫五人上士二十七人命於天子者天子選用之如今詔書除吏矣小國亦三卿一卿命於天子二卿命於其君此文似誤脫耳或者欲見畿内之國二卿與天子使其大夫爲三監監於方伯之國國三人使佐方伯領諸侯天子之縣内諸侯祿也

選賢置之於位其國之禄如諸侯不得世外諸侯嗣也有功乃封之使之世也冠禮記曰繼世以立諸侯象賢也制三公一命卷若有加則賜也不過九命次國之君不過七命小國之君不過五命卷俗讀也其通則曰衮三公八命矣復加一命則服龍衮與王者之後同多於此則賜非命服也虞夏之制天子服有日月星辰周禮曰諸公之服自衮冕而下如王之服大國之卿不過三命下卿再命小國之卿與下大夫一命不著次國之卿者以大國之下互明之此卿命則異大夫皆同周禮公侯伯之卿三命其大夫再命子男之卿再命其大夫一命凡官民材必先論之論謂考其德行道藝論辨然後使之辨謂考問得其定也易曰問以辨之任事然後爵之爵謂正其秩次位定然後禄之與之以常食爵人於朝與士共之刑人於市與衆

弃之必共之者所以審慎之也書曰克明德慎罰是故公家不畜刑人大夫弗養士遇之塗弗與言也屏之四方唯其所之不及以政亦弗故生也屏猶放去也已施刑則放之弃之役賦不與亦不授之以田困乏又無賙餼也虞書曰五流有宅五宅三居是也周則墨者使守門劓者使守關宮者使守内刖者使守囿髡者使守積諸侯之於天子也比年一小聘三年一大聘五年一朝比年每歲也小聘使大夫大聘使卿朝則君自行然此大聘與朝晉文霸時所制也虞夏之制諸侯歲朝周之制侯甸男采衛要服六者各以其服數來朝天子五年一巡守天子以海內爲家時一巡省之五年者虞夏之制也周則十二歲一巡守歲二月東巡守至于岱宗岱宗東嶽柴而望祀山川柴祭天告至也覲諸侯覲見也問百年者就見之就見老人命大

師陳詩以觀民風（陳詩謂采其詩而視之）命市納賈以觀民之所好惡志淫好辟（市典市者賈謂物貴賤厚薄也質則用物貴淫則侈物貴民之志淫邪則其所好者不正）命典禮考時月定日同律禮樂制度衣服正之（同陰律也）山川神祇有不舉者爲不敬不敬者君削以地（舉猶祭也）宗廟有不順者爲不孝不孝者君絀以爵（不順者謂若逆昭穆）變禮易樂者爲不從不從者君流（流放也）革制度衣服者爲畔畔者君討（討誅也）有功德於民者加地進律（律法也）五月南巡守至于南嶽如東巡守之禮八月西巡守至于西嶽如南

巡守之禮十有一月北巡守至于北嶽如西巡守之禮歸假于祖禰用特假至也特特牛也祖下及禰皆一牛天子將出類乎上帝宜乎社造乎禰諸侯將出宜乎社造乎禰帝謂五德之帝所祭於南郊者類宜造皆祭名其禮亡天子無事與諸侯相見曰朝事謂征伐考禮正刑一德以尊于天子天子賜諸侯樂則以柷將之賜伯子男樂則以鼗將之將謂執以致命柷鼗皆所以節樂諸侯賜弓矢然後征賜鈇鉞然後殺賜圭瓚然後爲鬯未賜圭瓚則資鬯於天子得其器乃敢爲其事圭瓚鬯爵也鬯秬酒也天子命之教然後爲學小學

在公宮南之左大學在郊學所以學士之宮尚書傳曰百里之國二十里之郊七十里之國九里之郊五十里之國三里之郊此小學大學殷之制天子曰辟廱諸侯曰頖宮尊卑學異名辟明也廱和也所以明和天下頖之言班也所以班政教也天子將出征類乎上帝宜乎社造乎禰禡於所征之地禡師祭也爲兵禱其禮亦亡受命於祖告祖也受成於學定兵謀也出征執有罪反釋奠于學以訊馘告釋菜奠幣禮先師也訊馘所生獲斷耳者詩曰執訊獲醜又曰在頖獻馘馘或爲國天子諸侯無事則歲三田一爲乾豆二爲賓客三爲充君之庖三田者夏不田蓋夏時也周禮春曰蒐夏曰苗秋曰獮冬曰狩乾豆謂腊之以爲祭祀豆實也庖今之廚也無事而不田曰不敬田不以禮曰暴天物不敬者簡祭祀略賓客天

子不合圍諸侯不掩羣（爲盡物也）天子殺則下大綏諸侯殺則下小綏（綏當爲緌緌有虞氏之旌旗也下謂斃之）大夫殺則止佐車佐車止則百姓田獵（佐車驅逆之車）獺祭魚然後虞人入澤梁豺祭獸然後田獵鳩化爲鷹然後設罻羅草木零落然後入山林昆蟲未蟄不以火田（取物必順時候也梁絶水取魚者罻小網也昆明也明蟲者得陽而生得陰而藏）不麛不卵不殺胎不殀夭（重傷未成物殀斷殺少長曰夭）不覆巢（覆敗也）冢宰制國用必於歲之杪五穀皆入然後制國用（制國用如今度支經用杪末也）用地小大視年之豐秏（小國大國豐凶之年各以歲之收入制其用多少多不過禮少有所殺）以

三十年之通制國用量入以爲出（通三十年之率當有九年之蓄出謂所當給爲）祭用數之仂（筭今年一歲經用之數用其什一）喪三年不祭唯祭天地社稷爲越紼而行事（不敢以卑廢尊越猶躐也紼輴車索）喪用三年之仂（喪大事用三歲之什一）喪祭用不足曰暴有餘曰浩（暴猶秏也浩猶饒也）祭豐年不奢凶年不儉（常用數之仂）國無九年之蓄曰不足無六年之蓄曰急無三年之蓄曰國非其國也三年耕必有一年之食九年耕必有三年之食以三十年之通雖有凶旱水溢民無菜色然後天子食日舉以樂（菜色食菜之色民無食菜之飢色天

子乃日舉樂以食天子七日而殯七月而葬諸侯五日而殯五月而葬大夫士庶人三日而殯三月而葬尊者舒卑者速春秋傳曰天子七月而葬同軌畢至諸侯五月同盟至大夫三月同位至士踰月外姻至三年之喪自天子達下通庶人於父母同天子諸侯降期庶人縣封葬不爲雨止不封不樹喪不貳事縣封當爲縣窆縣窆者至卑不得引紼下棺雖雨猶葬以其禮儀少封謂聚土爲墳不封之不樹之又爲至卑無飾也周禮曰以爵等爲丘封之度與其樹數則士以上乃皆封樹貳之言二也庶人終喪無二事不使從政也喪大記曰大夫士既葬公政入於家既卒哭弁絰帶金革之事無辟也自天子達於庶人喪從死者祭從生者支子不祭從死者謂衣衾棺槨從生者謂奠祭之牲器天子七廟三昭三穆與大祖之廟而七此周制七者大祖及文王

武王之祧與親廟四大祖后稷殷則六廟契及湯與二昭二穆夏則五廟無大祖禹與二昭二穆而已諸侯五廟二昭二穆與大祖之廟而五大祖始封之君王者之後不為始封之君廟大夫三廟一昭一穆與大祖之廟而三大祖別子始爵者大傳曰別子為祖謂此雖非別子始爵者亦然士一廟謂諸侯之中士下士名曰官師者上士二廟庶人祭於寢寢適寢也天子諸侯宗廟之祭春曰礿夏曰禘秋曰嘗冬曰烝此蓋夏殷之祭名周則改之春曰祠夏曰礿以禘為殷祭詩小雅曰礿祠烝嘗于公先王此周四時祭宗廟之名天子祭天地諸侯祭社稷大夫祭五祀五祀謂司命也中霤也門也行也厲也此祭謂大夫有地者其無地祭三耳天子祭天下名山大川五嶽視三公四瀆視諸侯視視其牲器之數諸侯祭名山大川之

在其地者魯人祭泰山晉人祭河是也天子諸侯祭因國之

在其地而無主後者謂所因之國先王先公有功德宜享世祀今絕無後爲之祭主者昔夏后氏郊鯀至杞爲夏後而更郊禹晉侯夢黃熊入國而祀夏郊此其禮也天子犆礿祫

禘祫嘗祫烝犆猶一也祫合也天子諸侯之喪畢合先君之主於祖廟而祭之謂之祫後因以爲常天子先祫而後時祭諸侯先時祭而後祫凡祫之歲春一礿而已不祫以物無成者不殷祭周改夏祭曰礿以禘爲殷祭也魯禮三年喪畢而祫於大祖明年春禘於羣廟自爾之後五年而再殷祭一祫一禘諸侯礿則不

禘禘則不嘗嘗則不烝烝則不礿虞夏之制諸侯歲朝廢一時祭諸侯礿犆互明犆礿文禘一犆一祫下天子也祫歲不禘嘗祫

烝祫天子社稷皆大牢諸侯社稷皆少牢

大夫士宗廟之祭有田則祭無田則薦有田

者既祭又薦新祭以首時薦以仲月士薦牲用特豚大夫以上用羔所謂羔豚而祭百官皆足詩曰四之日其早獻羔祭韭

庶人春薦韭夏薦麥秋薦黍冬薦稻韭以卵麥以魚黍以豚稻以鴈庶人無常牲取與新物相宜而已祭天地之牛角繭栗宗廟之牛角握賓客之牛角尺握謂長不出膚諸侯無故不殺牛大夫無故不殺羊士無故不殺犬豕庶人無故不食珍故謂祭饗庶羞不踰牲祭以羊則不以牛肉為羞燕衣不踰祭服寢不踰廟古者公田藉而不稅藉之言借也借民力治公田美惡取於此不稅民之所自治也孟子曰夏后氏五十而貢殷人七十而助周人百畝而徹則所云古者謂殷時市廛而不稅廛市物邸舍稅其舍不稅其物關譏而不征譏譏異服識異言征亦稅也周禮國

凶札則無門關之征征猶譏也林麓川澤以時入而不禁麓山足也夫圭田無征夫猶治也征稅也孟子曰卿以下必有圭田治圭田者不稅所以厚賢也此則周禮之士田以任近郊之地稅什一用民之力歲不過三日治宮室城郭道渠田里不粥墓地不請皆受於公民不得私也粥賣也請求也司空執度度地司空冬官卿掌邦事者度丈尺也居民山川沮澤時四時觀寒煖燥濕沮謂萊沛量地遠近制邑井之處興事任力事謂築邑廬宿市也凡使民任老者之事食壯者之食寛其力饒其食凡居民材必因天地寒煖燥濕使其材埶堪地氣也廣谷大川異制謂其形象民生其閒者異俗謂其所好惡剛柔輕重遲速異齊謂其情性緩急五味異和謂香臭與鹹苦器

械異制（謂作務之用）衣服異宜（謂旃裘與絺綌）脩其教不易其俗齊其政不易其宜（教謂禮義政謂刑禁）中國戎夷五方之民皆有性也不可推移（地氣使之然）東方曰夷被髮文身有不火食者矣南方曰蠻雕題交趾有不火食者矣（雕文謂刻其肌以丹青涅之交趾足相鄉然浴則同川臥則僢不火食地氣煖不爲病）西方曰戎被髮衣皮有不粒食者矣北方曰狄衣羽毛穴居有不粒食者矣（不粒食地氣寒少五穀）中國夷蠻戎狄皆有安居和味宜服利用備器（其事雖異各自足）五方之民言語不通嗜欲不同達其志通其欲東方

曰寄南方曰象西方曰狄鞮北方曰譯皆俗閒之名依其事類耳鞮之言知也今冀部有言狄鞮者凡居民量地以制邑度地以居民地邑民居必參相得也得猶足也無曠土無游民食節事時民咸安其居樂事勸功尊君親上然後興學立小學大學司徒脩六禮以節民性明七教以興民德齊八政以防淫一道德以同俗養耆老以致孝恤孤獨以逮不足上賢以崇德簡不肖以絀惡司徒地官卿掌邦教者逮及也簡差擇也命鄉簡不帥教者以告帥循也不循教謂敖很不孝弟者司徒使鄉簡擇以告者鄉屬司徒耆老皆朝于庠元日習射上

功習鄉上齒大司徒帥國之俊士與執事焉將習禮以化之使之觀焉耆老致仕及鄉中老賢者朝猶會也此庠謂鄉學也鄉謂飲酒也鄉禮春秋射國蜡而飲酒養老不變命國之右鄉簡不帥教者移之左命國之左鄉簡不帥教者移之右如初禮中年考校而又不變使轉徙其居覬其見新人有所化也亦復習禮於鄉學使之觀焉不變移之郊如初禮郊鄉界之外者也稍出遠之後中年又爲之習禮於郊學不變移之遂如初禮遠郊之外曰遂遂大夫掌之又中年復移之使居遂又爲習禮於遂之學不變屏之遠方終身不齒遠方九州之外齒猶録也命鄉論秀士升之司徒曰選士移名於司徒也秀士鄉大夫所考有德行道藝者司徒論選士之秀者而升之學曰俊士可使習禮者學大學升於司徒者不

征於鄉升於學者不征於司徒曰造士不征不給其繇役造成也能習禮則爲成士樂正崇四術立四教樂正樂官之長掌國子之教虞書曰夔命汝典樂教胄子崇高也高尚其術以作教也幼者教之於小學長者教之於大學尚書傳曰年十五始入小學十八入大學順先王詩書禮樂以造士順此四術而教以成是士也春秋教以禮樂冬夏教以詩書春夏陽也詩樂者聲聲亦陽也秋冬陰也書禮者事事亦陰也互言之者皆以其術相成王大子王子羣后之大子卿大夫元士之適子國之俊選皆造焉皆以四術成之王子王之庶子也羣后公及諸侯凡入學以齒皆以長幼受學不用尊卑將出學小胥大胥小樂正簡不帥教者以告于大樂正大樂正以告于王此所簡者謂王大子王子羣后之大子卿大夫元士之適

子大胥月小胥皆樂官屬也出學謂九年大成學止也王命三公九卿大夫元士皆入學不變王親視學亦謂使習禮以化之不變王又親爲之臨視重弃賢者子孫此習禮皆於大學也不變王三日不舉去食樂重弃人屏之遠方西方曰棘東方曰寄終身不齒棘當爲僰僰之言偪使之偪寄於夷戎不屏於南北爲其大遠大樂正論造士之秀者以告于王而升諸司馬曰進士移名於司馬司馬夏官卿主邦政者進士可進受爵禄也司馬辨論官材辨其論官其材觀其所長論進士之賢者以告於王而定其論各署其所長論定然後官使之試守任官然後爵之命之位定然後禄之大夫廢其事終身不仕死以士禮葬之以不任大夫也

有發則命大司徒教士以車甲乘兵車衣甲之儀有發謂有軍師發卒凡執技論力適四方贏股肱決射御謂擐衣出其臂脛使之射御決勝負見勇力凡執技以事上者祝史射御醫卜及百工言技謂此七者凡執技以事上者不貳事不移官欲專其事亦爲不德出鄉不與士齒賤也於其鄉中則齒親親也仕於家者出鄉不與士齒亦賤司寇正刑明辟以聽獄訟司寇秋官卿掌刑者辟罪也必三刺以求民情斷其獄訟之中一曰訊羣臣二曰訊羣吏三曰訊万民有旨無簡不聽簡誠也有其意无其誠者不論以爲罪附從輕附施刑也求出之使從輕赦從重雖是罪可重猶赦之凡制五刑必即天論制斷也即就也必即天論言與天意合閔子曰古之道不即人心即或爲則論或爲倫郵

小二百九十四

罰麗於事郵過也麗附也過人罰人當各附於其事不可假他以喜怒凡聽五刑之訟必原父子之親立君臣之義以權之權平也意論輕重之序慎測淺深之量以別之意思念也淺深謂俱有罪本心有善惡悉其聰明致其忠愛以盡之盡其情疑獄氾與衆共之衆疑赦之必察小大之比以成之小大猶輕重已行故事曰比成獄辭史以獄成告於正正聽之史司寇吏也正於周鄉師之屬今漢有正平丞秦所置正以獄成告于大司寇大司寇聽之棘木之下周禮鄉師之屬辨其獄訟異其死刑之罪而要之職聽於朝司寇聽之朝王之外朝也左九棘孤卿大夫位焉右九棘公侯伯子男位焉面三槐三公位焉大司寇以獄之成告於王王命三

公參聽之王使三公復與司寇及正共平之重刑也周禮王欲免之乃命公會其期三公以獄之成告於王王三又然後制刑又當作宥宥寬也一宥曰不識再宥曰過失三宥曰遺忘凡作刑罰輕無赦法雖輕不赦之爲人易犯刑者侀也侀者成也一成而不可變故君子盡心焉變更也析言破律亂名改作執左道以亂政殺析言破律巧賣法令者也亂名改作謂變易官與物之名更造法度左道若巫蠱及俗禁作淫聲異服奇技奇器以疑衆殺淫聲鄭衛之屬也異服若聚鷸冠瓊弁也奇技奇器若公輸般請以機窆行僞而堅言僞而辯學非而博順非而澤以疑衆殺皆謂虛華捷給無誠者也假於鬼神時日卜筮以疑衆殺今時持喪葬築蓋嫁取卜數文書使民倍禮違制此四

誅者不以聽（爲其爲害大而辭不可明）凡執禁以齊衆不赦過（亦爲人將易犯）有圭璧金璋不粥於市命服命車不粥於市宗廟之器不粥於市犧牲不粥於市戎器不粥於市（尊物非民所宜有戎器軍器也粥賣也）用器不中度不粥於市兵車不中度不粥於市布帛精麤不中數幅廣狹不中量不粥於市姦色亂正色不粥於市（凡以其不可用也用器弓矢耒耜飲食器也度丈尺也數升縷多少）錦文珠玉成器不粥於市衣服飲食不粥於市（不示民以奢與貪也成猶善也）五穀不時果實未孰不粥於市（物未成不利人）木不中伐不粥於市（伐之非時）

不中用周禮仲冬斬陽木仲夏斬陰木禽獸魚鼈不中殺不粥於市殺之非時不中用月令季冬始漁周禮春獻鼈蜃關執禁以譏禁異服識異言關竟上門譏呵察大史典禮執簡記奉諱惡簡記策書也諱先王名惡忌日若子卯天子齊戒受諫歲終羣臣奏歲事諫王當所改爲也司會以歲之成質於天子司會冢宰之屬掌計要者成計要也質猶平也平其計要冢宰齊戒受質贊王受之大樂正大司寇市三官以其成從質於天子大樂正於周宗伯之屬市司市也於周司徒之屬從從於司會也大司徒大司馬大司空齊戒受質百官各以其成質於三官大司徒大司馬大司空以百官之成質於天子百官此三官之屬百官齊戒受

質〔受平報也〕然後休老勞農〔饗養之〕成歲事〔斷計要也〕制國用凡養老有虞氏以燕禮夏后氏以饗禮殷人以食禮周人脩而兼用之〔兼用之備陰陽也凡飲養陽氣凡食養陰氣陽用春夏陰用秋冬〕五十養於鄉六十養於國七十養於學達於諸侯〔天子諸侯養老同也國國中小學在王宮之左學大學也在郊此殷制明矣〕八十拜君命一坐再至瞽亦如之九十使人受〔命謂君不親饗食必以其禮致之〕五十異粻六十宿肉七十貳膳八十常珍九十飲食不離寢膳飲從於遊可也〔粻糧也貳副也遊謂出入止觀〕六十歲制七十時制八十月制九十日脩唯絞紟衾冒

死而后制絞紟衾冒一日二日而可為者五十始衰六十非肉
不飽七十非帛不煖八十非人不煖九十
雖得人不煖矣煖溫五十杖於家六十杖於
鄉七十杖於國八十杖於朝九十者天子
欲有問焉則就其室以珍從尊養之七十不俟
朝大夫士之老者揖君則退八十月告存每月致膳九十日有秩秩常
也有常膳五十不從力政六十不與服戎七十不
與賔客之事八十齊喪之事弗及也力稍衰也力政
城道之役也與及也八十不齊則不祭也子代之祭是謂宗子不孤五十而爵賢者命為大夫六
十不親學不能備弟子禮七十致政唯衰麻為喪致政

還君事有虞氏養國老於上庠養庶老於下庠夏后氏養國老於東序養庶老於西序殷人養國老於右學養庶老於左學周人養國老於東膠養庶老於虞庠虞庠在國之西郊皆學名也異者四代相變耳或上西或上東或貴在國或貴在郊上庠右學大學也在西郊下庠左學小學也在國中王宮之東東序東膠亦大學在國中王宮之東西序虞庠亦小學也西序在西郊周立小學於西郊膠之言糾也庠之言養也周之小學爲有虞氏之庠制是以名庠云其立鄉學亦如之膠或作絿有虞氏皇而祭深衣而養老夏后氏收而祭燕衣而養老殷人冔而祭縞衣而養老周人冕而祭玄衣而養老皇冕屬也畫羽飾焉凡冕屬其服皆玄上纁下有虞氏十二章周九章夏殷未聞凡

養老之服皆其時與羣臣燕之服有虞氏質深衣而已夏而改之尚黑而黑衣裳殷尚白而縞衣裳周則兼用之玄衣素裳其冠則牟追章甫委貌也諸侯以天子之燕服爲朝服燕禮曰燕朝服服是服也王者之後亦以燕服爲之魯季康子朝服以縞僭宋之禮也天子皮弁以日視朝也凡三王養老皆引年巳而引户校年當行復除也老人衆多非賢者不可皆養八十者一子不從政九十者其家不從政廢疾非人不養者一人不從政廢廢於人事父母之喪三年不從政齊衰大功之喪三月不從政將徙於諸侯三月不從政自諸侯來徙家期不從政自從也少而無父者謂之孤老而無子者謂之獨老而無妻者謂之矜老而無夫者謂之寡此四者天民

之窮而無告者也皆有常餼餼廩也瘖聾跛躃斷者侏儒百工各以其器食之斷謂支節絕也侏儒短人也器能也道路男子由右婦人由左車從中央道有三塗遠別也父之齒隨行兄之齒鴈行朋友不相踰廣敬也謂於塗中輕任并重任分班白者不提挈皆謂以與少者雜色曰班君子耆老不徒行庶人耆老不徒食徒猶空也大夫祭器不假祭器未成不造燕器造爲也方一里者爲田九百畝一里方三百步方十里者爲方一里者百爲田九萬畝方百里者爲方十里者百爲田九十億畝億今十萬方千里者

爲方百里者百爲田九萬億畝萬億今萬萬也自恒山至於南河千里而近冀州域自南河至於江千里而近豫州域自江至於衡山千里而遥荆州域自東河至於東海千里而遥徐州域自東河至於西河千里而近亦冀州域自西河至於流沙千里而遥雍州域西不盡流沙南不盡衡山東不盡東海北不盡恒山凡四海之内斷長補短方三千里爲田八十萬億一萬億畝九州之大計方百里者爲田九十億畝山陵林麓川澤溝瀆城郭宮室塗巷三分去一其餘

六十億畝以一大國爲率其餘所以授民也山足曰麓古者以周尺八尺爲步今以周尺六尺四寸爲步古者百畝當今東田百四十六畝三十步古者百里當今百二十一里六十步四尺二寸二分周尺之數未詳聞也案禮制周猶以十寸爲尺蓋六國時多變亂法度或言周尺八寸則步更爲八八六十四寸以此計之古者百畝當今百五十六畝二十五步古者百里當今百二十五里方千里者爲方百里者百封方百里者三十國其餘方百里者七十又封方七十里者六十爲方百里者二十九方十里者四十其餘方百里者四十方十里者六十又封方五十里者

百二十爲方百里者三十其餘方百里者
十方十里者六十名山大澤不以封其餘
以爲附庸閒田諸侯之有功者取於閒田
以祿之其有削地者歸之閒田天子之縣
內方千里者爲方百里者百封方百里者
九其餘方百里者九十一又封方七十里
者二十一爲方百里者十方十里者二十
九其餘方百里者八十方十里者七十一又
封方五十里者六十三爲方百里者十五
方十里者七十五其餘方百里者六十四

方十里者九十六諸侯之下士禄食九人
中士食十八人上士食三十六人下大夫
食七十二人卿食二百八十八人君食二
千八百八十人次國之卿食三百一十六
人君食二千一百六十人小國之卿食百
四十四人君食千四百四十人次國之卿
命於其君者如小國之卿天子之大夫爲
三監監於諸侯之國者其禄視諸侯之卿
其爵視次國之君其禄取之於方伯之地
方伯爲朝天子皆有湯沐之邑於天子之

縣内視元士給齊戒自絜清之用浴用湯沐用潘諸侯世子世國象賢也大夫不世爵使以德爵以功謂縣内及列國諸侯爲天子大夫者不世爵而世祿辟賢也未賜爵視天子之元士以君其國列國及縣内之國也諸侯之大夫不世爵祿六禮冠昏喪祭鄉相見鄉鄉飲酒鄉射七教父子兄弟夫婦君臣長幼朋友賓客八政飲食衣服事爲異別度量數制飲食爲上衣服次之事爲謂百工技藝也異別五方用器不同也度丈尺也量斗斛也數百十也制布帛幅廣狹也

禮記卷第四

張敦仁讀過

經四千三百三十九字
注五千一百六十一字

廣圻審定

嘉慶丙寅三月陽城
張氏影摹宋本重雕

禮記卷第五

月令第六　禮記　鄭氏注

孟春之月日在營室昏參中旦尾中孟長也日月之行一歲十二會聖王因其會而分之以爲大數焉觀斗所建命其四時此云孟春者日月會於諏訾而斗建寅之辰也凡記昏明中星者爲人君南面而聽天下視時候以授民事其日甲乙乙之言軋也日之行春東從青道發生萬物月爲之佐時萬物皆解孚甲自抽軋而出因以爲日名焉乙不爲月名者君統臣功也其帝大皞其神句芒此倉精之君木官之臣自古以來著德立功者也大皞宓戲氏句芒少皞氏之子曰重爲木官其蟲鱗象物孚甲將解鱗龍蛇之屬其音角謂樂器之聲也三分羽益一以生角角數六十四屬木者以其清濁中民象也春氣和則角聲調樂記曰角亂則憂其民怨凡聲尊卑取象五行數多者濁數少者清大不過宮細不過羽律中大蔟律候氣之管以銅爲之中猶應也孟春氣至則大蔟之律應應謂吹灰也大蔟

者林鍾之所生三分益一律長八寸凡律空圍九分周語曰大蔟所以金奏贊陽出滯 其數八 數者五行佐天地生物成物之次也易曰天一地二天三地四天五地六天七地八天九地十而五行自水始火次之木次之金次之土爲後木生數三成數八但言八者舉其成數 其味酸其臭羶 木之臭味也凡酸羶者皆屬焉 其祀户祭先脾 春陽氣出祀之於户內陽也祀之先祭脾者春爲陽中於藏直脾脾爲尊凡祭五祀於廟用特牲有主有尸皆先設席于奥祀户之禮南面設主于户內之西乃制脾及腎爲俎奠于主北又設盛于俎西祭黍稷祭肉祭醴皆三祭肉脾一腎再既祭徹之更陳鼎俎設饌于筵前迎尸略如祭宗廟之儀 東風解凍蟄蟲始振魚上冰獺祭魚鴻鴈來 皆記時候也振動也夏小正正月啓蟄魚陟負冰漢始亦以驚蟄爲正月中此時魚肥美獺將食之先以祭也鴈自南方來將北反其居今月令鴻皆爲候 天子居青陽左个乘鸞路駕倉龍載青旂衣青衣服倉玉食麥與羊其器疏以達 皆所以順

時氣也青陽左个大寢東堂北偏鸞路有虞氏之車有鸞和之節而飾之以青取其名耳春言鸞冬夏言色互文馬八尺以上爲龍凡所服玉謂冠飾及所佩者之衡璜也麥實有孚甲屬木羊火畜也時尚寒食之以安性也器疏者刻鏤之象物當貫土而出也凡此車馬衣服皆所取於𨚍時而有變焉非周制也周禮朝祀戎獵車服各以其事不以四時爲異又玉藻曰天子龍衮以祭玄端而朝日皮弁以日視朝與此皆殊

是月也以立春先立春三日大史謁之天子曰某日立春盛德在木天子乃齊大史禮官之屬掌正歲年以序事謁告也

立春之日天子親帥三公九卿諸侯大夫以迎春於東郊還反賞公卿諸侯大夫於朝迎春祭倉帝靈威仰於東郊之兆也王居明堂禮曰出十五里迎歲蓋𨚍禮也周近郊五十里賞謂有功德者有以顯賜之也朝大寢門外

命相布德和令行慶施惠下及兆民相謂三公相王之事也德謂善教也令謂時禁

也慶謂休其善也惠謂恤其不足也天子曰兆民慶賜遂行毋有不當遂猶達也言使當得者皆得得者無非其人乃命大史守典奉法司天日月星辰之行宿離不貸毋失經紀以初爲常典六典法八法也離讀如儷偶之儷宿儷謂其屬馮相氏保章氏掌天文者相與宿偶當審候伺不得過差也經紀謂天文進退度數是月也天子乃以元日祈穀于上帝謂以上辛郊祭天也春秋傳曰夫郊祀后稷以祈農事是故啓蟄而郊郊而後耕上帝大微之帝也乃擇元辰天子親載耒耜措之于參保介之御閒帥三公九卿諸侯大夫躬耕帝藉天子三推三公五推卿諸侯九推元辰蓋郊後吉辰也耒耜之上曲也保介車右也置耒於車右與御者之閒明已勸農非農者也人君之車必使勇士衣甲居右而參乘備非常也保猶衣也介甲也帝藉爲

天神借民力所治之田也反執爵于大寢三公九卿諸侯大夫皆御命曰勞酒既耕而宴飲以勞羣臣也大寢路寢御侍也是月也天氣下降地氣上騰天地和同草木萌動此陽氣蒸達可耕之候也農書曰土長冒橛陳根可拔耕者急發王命布農事命田舍東郊皆脩封疆審端徑術田謂田畯主農之官也舍東郊順時氣而居以命其事也封疆田首之分職術周禮作遂夫閒有遂遂上有徑遂小溝也步道曰徑今尚書曰分命羲仲宅嵎夷也善相丘陵阪險原隰土地所宜五穀所殖以敎道民必躬親之相視也田事既飭先定準直農乃不惑說所以命田舍東郊之意也準直謂封疆徑遂也夏小正曰農率均田是月也命樂正入學習舞爲仲春將釋菜乃脩祭典重祭禮歲始省

錄也命祀山林川澤犧牲毋牝爲傷妊生之類禁止伐木盛德所在毋覆巢毋殺孩蟲胎夭飛鳥毋麛毋卵爲傷萌幼之類毋聚大衆毋置城郭爲妨農之始掩骼埋胔謂死氣逆生也骨枯曰骼肉腐曰胔是月也不可以稱兵稱兵必天殃逆生氣兵戎不起不可從我始爲客不利主人則可毋變天之道以陰政犯陽毋絶地之理易剛柔之宜毋亂人之紀仁之時而舉義事孟春行夏令則雨水不時巳之氣乘之也四月於消息爲乾草木蚤落生日促國時有恐以火訛相驚行秋令則其民大疫申之氣乘之也七月始殺猋風暴雨摠至正月宿直尾箕箕好風其氣逆也回風爲猋藜莠蓬蒿並興生氣

亂惡物茂行冬令則水潦爲敗雪霜大摯首種不入亥之氣乘之也舊說首種謂稷

仲春之月日在奎昏弧中旦建星中仲中也仲春者日月會於降婁而斗建卯之辰也弧在輿鬼南建星在斗上其日甲乙其帝大皞其神句芒其蟲鱗其音角律中夾鍾其數八其味酸其臭羶其祀户祭先脾夾鍾者夷則之所生三分益一律長七寸二千一百八十七分寸之千七十五仲春氣至則夾鍾之律應周語曰夾鍾出四隙之細始雨水桃始華倉庚鳴鷹化爲鳩皆記時候也倉庚驪黃也鳩搏穀也漢始以雨水爲二月節天子居青陽大廟乘鸞路駕倉龍載青旂衣青衣服倉玉食麥與羊其器疏

以達青陽大廟東堂當大室是月也安萌牙養幼少存諸孤助生氣也擇元日命民社社后土也使民祀焉神其農業也祀社日用甲命有司省囹圄去桎梏毋肆掠止獄訟順陽寬也省減也囹圄所以禁守繫者若今別獄矣桎梏今械也在手曰梏在足曰桎肆謂死刑暴尸也周禮曰肆之三日掠謂捶治人是月也玄鳥至至之日以大牢祠于高禖天子親往玄鳥燕也燕以施生時來巢人堂宇而孚乳嫁娶之象也媒氏之官以為候高辛氏之世玄鳥遺卵娀簡吞之而生契後王以為媒官嘉祥而立其祠焉變媒言禖神之也后妃帥九嬪御御謂從往侍祠周禮天子有夫人有嬪有世婦有女御獨云帥九嬪舉中言也乃禮天子所御帶以弓韣授以弓矢于高禖之前天子所御謂今有娠者於祠大祝酌酒飲於高禖之庭以神惠顯之也帶以弓韣授以弓矢求男之祥也王居明堂禮曰帶以弓韣禮之禖下其子必得天材是月

也日夜分雷乃發聲始電蟄蟲咸動啓户始出又記時候發猶出也先雷三日奮木鐸以令兆民曰雷將發聲有不戒其容止者生子不備必有凶災主戒婦人有娠者也容止猶動靜日夜分則同度量鈞衡石角斗甬正權概因晝夜等而平當平也同角正皆謂平之也丈尺曰度斗斛曰量三十斤曰鈞稱上曰衡百二十斤曰石甬今斛也稱錘曰權概平斗斛者是月也耕者少舍乃脩闔扇寢廟畢備舍猶止也因蟄蟲啓户耕事少閒而治門户也用木曰闔用竹葦曰扇畢猶皆也凡廟前曰廟後曰寢毋作大事以妨農之事大事兵役之屬是月也毋竭川澤毋漉陂池毋焚山林順陽養物也畜水曰陂穿地通水曰池天子乃鮮羔開冰先薦寢廟

鮮當爲獻聲之誤也獻羔謂祭司寒也祭司寒而出冰薦於宗廟乃後賦之春秋傳曰古者日在北陸而藏冰西陸朝覿而出之其藏冰也深山窮谷固陰沍寒於是乎取之其出之也朝之禄位賓食喪祭於是乎用之其藏之也黑牡秬黍以享司寒其出之也桃弧棘矢以除其災其出入也時食肉之禄冰皆與焉大夫命婦喪浴用冰祭寒而藏之獻羔而啓之公始用之火出而畢賦自命夫命婦至于老疾無不受冰

上丁命樂正習舞釋菜 樂正樂官之長也命習舞者順萬物始出地鼓舞也將舞必釋菜於先師以禮之夏小正曰丁亥萬用入學

天子乃帥三公九卿諸侯大夫親往視之 順時達物也

仲丁又命樂正入學習樂 爲季春將合樂也習樂者習歌與八音

是月也祀不用犧牲用圭璧更皮幣 爲季春將選而合騰之也更猶易也當祀者古以玉帛而已

仲春行秋令則其國大水寒氣摠至 酉之氣乘之也八月宿直昴畢畢好雨 寇戎來征 金氣動也畢又

爲邊兵行冬令則陽氣不勝麥乃不熟子之氣乘之也十一月爲大陰民多相掠陰姦衆也行夏令則國乃大旱煖氣早來午之氣乘之也蟲螟爲害暑氣所生爲災害也

季春之月日在胃昏七星中旦牽牛中季少也季春者日月會於大梁而斗建辰之辰其日甲乙其帝大皡其神句芒其蟲鱗其音角律中姑洗其數八其味酸其臭羶其祀户祭先脾姑洗者南呂之所生也三分益一律長七寸九分寸之一季春氣至則姑洗之律應周語曰姑洗所以脩絜百物考神納賓桐始華田鼠化爲鴽虹始見蓱始生皆記時候也鴽鴽母無螮蝀謂之虹蓱萍也其大者曰蘋天子居青陽右个乘鸞路駕倉龍載青旂衣

青衣服倉玉食麥與羊其器疏以達青陽右个東堂南偏是月也天子乃薦鞠衣于先帝爲將蠶求福祥之助也鞠衣黃桑之服先帝大皞之屬命舟牧覆舟五覆五反乃告舟備具于天子焉舟牧主舟之官也覆反舟者備傾漏也天子始乘舟薦鮪于寢廟進時美物乃爲麥祈實於含秀求其成也不言所祈承寢廟可知是月也生氣方盛陽氣發泄句者畢出萌者盡達不可以內時可宣出不可收斂也句屈生者芒而直曰萌天子布德行惠命有司發倉廩賜貧窮振乏絕振猶救也開府庫出幣帛周天下勉諸侯聘名士禮賢者周謂給不足也勉猶勸也聘問也名士不仕者是月也命司空

曰時雨將降下水上騰循行國邑周視原野脩利隄防道達溝瀆開通道路毋有障塞廣平曰原國也邑也平野也溝瀆與道路皆不得不通所以除水潦便民事也古者溝上有路田獵罝罘羅罔畢翳餧獸之藥毋出九門爲鳥獸方孚乳傷之逆天時也獸罟曰罝罘鳥罟曰羅罔小而柄長謂之畢翳射者所以自隱也凡諸罟及毒藥禁其出九門明其常有時不得用耳天子九門者路門也應門也雉門也庫門也皐門也城門也近郊門也遠郊門也關門也今月令無罘翳爲弋是月也命野虞無伐桑柘愛蠶食也野虞謂主田及山林之官鳴鳩拂其羽戴勝降于桑蠶將生之候也鳴鳩飛且翼相擊趨農急也戴勝織紝之鳥是時恒在桑言降者若時始自天來重之也具曲植籧筐時所以養蠶器也曲薄也植槌也后妃齊戒親東鄉躬桑禁婦女毋觀省婦使

以勸蠶事后妃親採桑示帥先天下也東鄉者鄉時氣也是明其不常留養蠶也留養者所卜夫人與世婦婦謂世婦及諸臣之妻也內宰職曰仲春詔后帥外內命婦始蠶于北郊女外內子女也夏小正曰妾子始蠶執養宮事毋觀去容飾也婦使縫線組紃之事蠶事既登分繭稱絲效功以共郊廟之服無有敢惰登成也敎往蠶者蠶畢將課功以勸戒之是月也命工師令百工審五庫之量金鐵皮革筋角齒羽箭幹脂膠丹漆毋或不良工師司空之屬官也五庫藏此諸物之舍也量謂物善惡之舊法也幹器之木也凡輮幹有當用脂良善也百工咸理監工日號毋悖于時毋或作爲淫巧以蕩上心咸皆也於百工皆理治其事之時工師則監之日號令之戒之以此二事也悖猶逆也百工作器物各有時逆之則不善時者若弓人春液角夏治筋秋合三材冬定體之屬也淫巧謂僞飾不如法也蕩謂動之使生奢泰

也令月令無于時作爲爲詐僞是月之末擇吉日大合樂天子乃率三公九卿諸侯大夫親往視之大合樂者所以助陽達物風化天下也其禮亡今天子以大射郡國以鄉射禮代之是月也乃合累牛騰馬遊牝于牧累騰皆乘匹之名是月所合牛馬謂繫在廄者其牝欲遊則就牧之牡而合之犧牲駒犢舉書其數以在牧而校數書之明出時无他故至秋當録内且以知生息之多少也命國難九門磔攘以畢春氣此難難陰氣也陰寒至此不止害將及人所以及人者陰氣右行此月之中日行歴昴昴有大陵積尸之氣氣佚則厲鬼隨而出行命方相氏帥百隸索室敺疫以逐之又磔牲以攘於四方之神所以畢止其災也王居明堂禮曰季春出疫于郊以攘春氣季春行冬令則寒氣時發草木皆肅丑之氣乘之也肅謂枝葉縮栗國有大恐以水訛相驚行夏令則民多疾疫時雨不

降未之氣乘之也六月宿直鬼鬼爲天尸時又有暑也山陵不收高者暵於熱也行秋令則天多沈陰淫雨蚤降戌之氣乘之也九月多陰淫霖也雨三日以上爲霖今月令曰衆雨兵革並起陰氣勝也

孟夏之月日在畢昏翼中旦婺女中孟夏者日月會於實沈而斗建巳之辰其日丙丁丙之言炳也日之行夏南從赤道長育萬物月爲之佐時萬物皆炳然著見而強大又因以爲日名焉易曰齊乎巽相見乎離其帝炎帝其神祝融此赤精之君火官之目自古以來著德立功者也炎帝大庭氏也祝融顓頊氏之子曰黎爲火官其蟲羽象物從風鼓葉飛鳥之屬其音徵三分宮去一以生徵徵五十四屬火者以其徵清事之象也夏氣和則徵聲調樂記曰徵亂則哀其事勤律中中呂孟夏氣至則中呂之律應中呂者無射之所生三分益一律長六寸萬九千六百八十三分寸之萬二千九百七十四周語曰中呂宣中氣其數七火生數二成數七但言七者亦舉其成數

其味苦其臭焦火之臭味也凡苦焦者皆屬焉其祀竈祭先肺夏陽氣盛熱於外祀之於竈從熱類也祀之先祭肺者陽位在上肺亦在上肺爲尊也竈在廟門外之東祀竈之禮先席於門之奥東面設主于竈陘乃制肺及心肝爲俎奠于主西又設盛于俎南亦祭黍三祭肺心肝各一祭醴二亦旣祭徹之更陳鼎俎設饌于筵前迎尸如祀户之禮螻蟈鳴丘蚓出王瓜生苦菜秀皆記時候也螻蟈蛙也王瓜萆挈也今月令云王萯生夏小正云王萯秀未聞孰是天子居明堂左个乘朱路駕赤騮載赤旂衣朱衣服赤玉食菽與雞其器高以粗明堂左个大寢南堂東偏也菽實孚甲堅合屬水雞木畜時熱食之亦以安性也粗猶大也器高大者象物盛長是月也以立夏先立夏三日大史謁之天子曰某日立夏盛德在火天子乃齊謁告也立夏之日天子親

正文一百八十八

禮記 五 九

帥三公九卿大夫以迎夏於南郊還反行賞封諸侯慶賜遂行無不欣説迎夏祭赤帝赤熛怒於南郊之兆也不言帥諸侯而云封諸侯諸侯時或無在京師者空其文也祭統曰古者於禘也發爵賜服順陽義也於嘗也出田邑發秋政順陰義也今此行賞可也而封諸侯則違於古封諸侯出土地之事於時未可似失之乃命樂師習合禮樂為將飲酎命大尉贊桀俊遂賢良舉長大助長氣也贊猶出也桀俊能者也遂猶進也三王之官有司馬無大尉秦官則有大尉今俗人皆云周公作月令未通於古行爵出禄必當其位使順之也是月也繼長增高謂草木盛蕃廡毋有壞墮亦為逆時氣毋起土功毋發大衆為妨蠶農之事毋伐大樹亦為逆時氣是月也天子始絺初服暑服命野虞出行田原為天子

勞農勸民毋或失時重敕之命司徒巡行縣鄙
命農勉作毋休于都急趨於農也縣鄙鄉遂之屬主民者也王居明堂禮曰毋宿于
國今月令休為伏是月也驅獸毋害五穀毋大田獵
為傷蕃廡之氣農乃登麥天子乃以彘嘗麥先薦寢
廟登進也麥之新氣尤盛以彘食之散其熱也彘水畜是月也聚畜百藥蕃廡
之時毒氣盛靡草死麥秋至斷薄刑決小罪舊說去靡草薺
亭歷之屬祭統曰草艾則墨謂立秋後也刑無輕於墨者今以純陽之月斷刑決罪與毋有壞墮自相違似非出輕
繫崇寬蠶事畢后妃獻繭乃收繭稅以桑為
均貴賤長幼如一以給郊廟之服后妃獻繭者內命婦獻繭
於后妃收繭稅者收於外命婦外命婦雖就公桑蠶室而蠶其夫亦當有祭服以助祭收以近郊之稅耳貴賤長幼如一國服

同

是月也天子飲酎用禮樂酎之言醇也謂重釀之酒也春酒至此始成舉羣臣以禮樂飲之於朝正尊卑也孟冬云大飲蒸此言用禮樂互其文孟夏行秋令則苦雨數來五穀不滋申之氣乘之也苦雨白露之類時物得雨傷四鄙入保金氣爲害也鄙界上邑小城曰保行冬令則草木蚤枯長日促後乃大水敗其城郭亥之氣乘之也行春令則蝗蟲爲災暴風來格寅之氣乘之也必以蝗蟲爲災者寅有啓蟄之氣行於初暑則當蟄者大出矣格至也秀草不實氣更生之不得成也

仲夏之月日在東井昏亢中旦危中仲夏者日月會於鶉首而斗建午之辰也其日丙丁其帝炎帝其神祝融其蟲羽其音徵律中蕤賓其數七其味苦其

臭焦其祀竈祭先肺蕤賓者應鍾之所生三分益一律長六寸八十一分寸之二十六仲夏氣至則蕤賓之律應周語曰蕤賓所以安靜神人獻酬交酢小暑至螳蜋生鵙始鳴反舌無聲皆記時候也螳蜋螵蛸母也鵙博勞也反舌百舌鳥天子居明堂大廟乘朱路駕赤騮載赤旂衣朱衣服赤玉食菽與雞其器高以粗明堂大廟南堂當大室也養壯佼助長氣也是月也命樂師脩鞀鞞鼓均琴瑟管簫執干戚戈羽調竽笙箎簧飭鐘磬柷敔爲將大雩帝習樂也脩均執調飭者治其器物習其事之言命有司爲民祈祀山川百源大雩帝用盛樂乃命百縣雩祀百辟卿士有益於民者以祈穀實陽氣盛而常旱山川

百源能興雲雨者也衆水始所出爲百源必先祭其本乃雩雩吁嗟求雨之祭也雩帝謂爲壇南郊之旁雩五精之帝配以先帝也自鞀鞞至柷敔皆作曰盛樂凡他雩用歌舞而已百辟卿士古者上公若句龍后稷之類也春秋傳曰龍見而雩雩之正當以四月凡周之秋三月之中而旱亦脩雩禮以求雨因著正雩此月失之矣天子雩上帝諸侯以下雩上公周冬及春夏雖旱禮有禱無雩

農乃登黍登進也

是月也天子乃以雛嘗黍羞以含桃先薦寢廟此嘗雛也而云以嘗黍不以牲主穀也必以黍者黍火穀氣之主也含桃櫻桃也

令民毋艾藍以染爲傷長氣也此月藍始可別夏小正曰五月啓灌藍蓼

毋燒灰爲傷火氣也火之氣於是爲盛火之滅者爲灰

毋暴布不以陰功干大陽之事

門閭毋閉關市毋索順陽敷縱不難物

挺重囚益其食挺猶寬也

游牝別羣孕妊之欲止也

則縶騰駒爲其牡氣有餘相蹄齧也

班馬政馬政謂養馬之政敎也廋人職曰掌十有二閑之政敎以阜馬佚特敎駣攻駒

此之謂也是月也日長至陰陽爭死生分爭者陽方盛陰欲起也分猶半也君子齊戒處必掩身毋躁掩猶隱翳也躁猶動也今月令毋躁爲欲靜止聲色毋或進進猶御見也聲謂樂也易及樂春秋說夏至人主與羣臣從八能之士作樂五日今止之非其道也薄滋味毋致和爲其氣異此時傷人節耆欲定心氣微陰扶精不可散也百官靜事毋刑罪罰之事不可以聞今月令刑爲徑以定晏陰之所成晏安也陰稱安鹿角解蟬始鳴半夏生木堇榮又記時候也半夏藥草木堇王蒸也是月也毋用火南方陽氣盛又用火於其方害微陰也可以居高明可以遠眺望可以升山陵可以處臺榭順陽在上也高明謂樓觀也闍者謂之臺有木者謂之榭仲夏行冬令則雹凍傷穀子之氣乘之也

陽爲雨陰起脅之凝爲雹道路不通暴兵來至盜賊攻劫亦雹之類行春令則五穀晚孰卯之氣乘之也生日長百螣時起其國乃饑螣蝗之屬言百者明衆類並爲害行秋令則草木零落酉之氣乘之也八月宿直昴畢爲天獄主殺果實早成生日短民殃於疫大陵之氣來爲害也

季夏之月日在柳昏火中旦奎中季夏者日月會於鶉火而斗建未之辰也其日丙丁其帝炎帝其神祝融其蟲羽其音徵律中林鍾其數七其味苦其臭焦其祀竈祭先肺林鍾者黃鍾之所生三分去一律長六寸季夏氣至則林鍾之律應周語曰林鍾和展百物俾莫不任肅純恪温風始至蟋蟀居壁鷹乃學習腐草爲螢皆記時候也鷹學習謂攫搏也夏小正曰六月鷹始摯螢飛蟲螢火也天

子居明堂右个乘朱路駕赤騮載赤旂衣朱衣服赤玉食菽與雞其器高以粗明堂右个南堂西偏也命漁師伐蛟取鼉登龜取黿四者甲類秋乃堅成周禮曰秋獻龜魚又曰凡取龜用秋時是夏之秋也作月令者以爲此秋據周之時也周之八月夏之六月因書於此似誤也蛟言伐者以其有兵衛也龜言登者尊之也鼉黿言取羞物賤也鼉皮又可以冒鼓今月令漁師爲榜人命澤人納材葦蒲葦之屬此時柔刃可取作器物也是月也命四監大合百縣之秩芻以養犧牲令民無不咸出其力四監主山林川澤之官百縣鄉遂之屬地有山林川澤者也秩常也百縣給國養犧牲之芻多少有常民皆當出力爲艾之今月令四爲田以共皇天上帝名山大川四方之神以祠宗廟社稷之靈以爲民祈福牲以供祠神靈爲民求福

明使民艾芻是不虛取也皇天北辰耀魄寶冬至所祭於圜丘也上帝大微五帝是月也命婦官婦官染人染采黼黻文章必以法故無或差貸也采五色黑黃倉赤莫不質良毋敢詐僞質正也良善也所用染者當得眞采正善也以給郊廟祭祀之服以爲旗章以別貴賤等給之度旗章旌旗及章識也是月也樹木方盛乃命虞人入山行木毋有斬伐爲其未堅刃也不可以興土功不可以合諸侯不可以起兵動衆土將用事氣欲靜毋舉大事以搖養氣大事興繇役以有爲毋發令而待以妨神農之事也發令而待謂出繇役之令以預驚民也民驚則心動是害土神之氣土神稱曰神農者以其主於稼穡水潦盛昌神農

將持功舉大事則有天殃言土以受天雨澤安靜養物爲功動之則致害也孝經說曰地順受澤謙虛開張含泉任萌滋物歸中是月也土潤辱暑潤辱謂塗温也大雨時行燒薙行水利以殺草如以熱湯薙謂迫地芟草也此謂欲稼萊地先薙其草草乾燒之至此月大雨流水潦畜於其中則草死不復生而地美可稼也薙人掌殺草職曰夏日至而薙之又曰如欲其化也則以水火變之可以糞田疇可以美土彊土潤辱膏澤易行也糞美互文耳土彊強檗之地

季夏行春令則穀實鮮落國多風欬辰之氣乘之也未屬巽辰又在巽位二氣相亂爲害民乃遷徙象風轉移物也行秋令則丘隰水潦戌之氣乘之也九月宿直奎奎爲溝瀆溝瀆與此月大雨并而高下皆水禾稼不熟傷於水也乃多女災含任之類敗也行冬令則風寒不時丑之氣乘之也

鷹隼蚤鷙得疾厲之氣也四鄙入保象鳥雀之走竄也都邑之城曰保

中央土火休而盛德在土也其日戊己戊之言茂也己之言起也日之行四時之間從黃道月爲之佐至此萬物皆枝葉茂盛其含秀者抑屈而起故因以爲日名焉其帝黃帝其神后土此黃精之君土官之神自古以來著德立功者也黃帝軒轅氏也后土亦顓頊氏之子曰黎兼爲土官其蟲倮象物露見不隱藏虎豹之屬恒淺毛其音宮聲始於宮宮數八十一屬土者以其最濁君之象也季夏之氣和則宮聲調樂記曰宮亂則荒其君驕律中黃鍾之宮黃鍾之宮最長也十二律轉相生五聲具終於六十焉季夏之氣至則黃鍾之宮應禮運曰五聲六律十二管還相爲宮其數五土生數五成數十但言五者土以生爲本其味甘其臭香土之臭味也凡甘香者皆屬之其祀中霤祭先心中霤猶中室也土主中央而神在室古者複穴是以名室爲霤云祀之先祭心者五藏之次心次肺至此心爲尊也祀中霤之禮設主於牖下乃制心及肺肝爲俎其祭肉心肺肝各一他皆如祀戶之禮

天子居大廟大室乘大路駕黄騂載黄旂衣黄衣服黄玉食稷與牛其器圜以閎大廟大室中央室也大路殷路也車如殷路之制而飾之以黄稷五穀之長牛土畜也器圜者象土周帀於四時閎讀如紘紘謂中寬象土含物

孟秋之月日在翼昏建星中旦畢中孟秋者日月會於鶉尾而斗建申之辰也其日庚辛庚之言更也辛之言新也日之行秋西從白道成孰萬物月爲之佐萬物皆肅然改更秀實新成又因以爲日名焉其帝少皞其神蓐收此白精之君金官之臣自古以來著德立功者也少皞金天氏蓐收少皞氏之子曰該爲金官其蟲毛象物應涼氣而備寒狐貉之屬生旄毛也其音商三分徵益一以生商商數七十二屬金者以其濁次宮臣之象也秋氣和則商聲調樂記曰商亂則陂其官壞律中夷則孟秋氣至則夷則之律應夷則者大吕之所生也三分去一律長五大一百五十五

寸七百二十九分寸之四百五十一周語曰夷則所以詠歌九則平民無貳其數九金生數四成數九但言九者亦舉其成數其味辛其臭腥金之臭味也凡辛腥者皆屬焉其祀門祭先肝秋陰氣出祀之於門外陰也祀之先祭肝者秋爲陰中於藏直肝肝爲尊也祀門之禮北面設主于門左樞乃制肝及肺心爲俎奠于主南又設盛于俎東其他皆如祭竈之禮涼風至白露降寒蟬鳴鷹乃祭鳥用始行戮皆記時候也寒蟬寒蜩謂蜺也鷹祭鳥者將食之示有先也既祭之後不必盡食若人君行刑戮之而已天子居總章左个乘戎路駕白駱載白旂衣白衣服白玉食麻與犬其器廉以深總章左个大寢西堂南偏戎路兵車也制如周革路而飾之以白白馬黑鬣曰駱麻實有文理屬金犬金畜也器廉以深象金傷害物入藏是月也以立秋先立秋三日大史謁之天子曰某日立秋盛德在

金謁告天子乃齊立秋之日天子親帥三公九卿諸侯大夫以迎秋於西郊還反賞軍帥武人於朝迎秋者祭白帝白招拒於西郊之兆也軍帥諸將也武人謂環人之屬有勇力者天子乃命將帥選士厲兵簡練桀俊專任有功以征不義征之言正也伐也詰誅暴慢以明好惡順彼遠方詰謂問其罪窮治之也順猶服也是月也命有司脩法制繕囹圄具桎梏禁止姦慎罪邪務搏執順秋氣政尚嚴命理瞻傷察創視折理治獄官也有虞氏曰士夏曰大理周曰大司寇創之淺者曰傷審斷決獄訟必端平端猶正也戮有罪嚴斷刑天地始肅不可以贏肅嚴急之言也贏猶解也是月也

農乃登穀天子嘗新先薦寢廟黍稷之屬於是始孰命百官始收斂順秋氣收斂物完隄坊謹壅塞以備水潦備者備八月也八月宿直畢畢好雨脩宮室坏牆垣補城郭象秋收斂物當藏也是月也毋以封諸侯立大官毋以割地行大使出大幣古者於嘗出田邑此其月也而禁封諸侯割地失其義孟秋行冬令則陰氣大勝亥之氣乘之也介蟲敗穀介甲也甲蟲屬冬敗穀者稻蟹之屬戎兵乃來十月宿直營室營室之氣爲害也營室主武士行春令則其國乃旱寅之氣乘之也雲雨以風除也陽氣復還五穀無實陽氣能生而不能成行夏令則國多火災巳之氣乘之也寒熱不節民多瘧疾瘧疾寒熱所爲也今月令瘧疾爲疾疫

仲秋之月日在角昬牽牛中旦觜觿中仲秋者日月會於壽星而斗建酉之辰也其日庚辛其帝少皡其神蓐收其蟲毛其音商律中南呂其數九其味辛其臭腥其祀門祭先肝南呂者大蔟之所生三分去一律長五寸三分寸之一仲秋氣至則南呂之律應周語曰南呂者贊陽秀物盲風至鴻鴈來玄鳥歸羣鳥養羞皆記時候也盲風疾風也玄鳥燕也歸謂去蟄也凡鳥隨陰陽者不以中國爲居羞謂所食也夏小正曰九月丹鳥羞白鳥說曰丹鳥也者謂丹良也白鳥也者謂閩蚋也其謂之鳥者重其養者也有翼爲鳥養也者不盡食也二者文異君羣鳥丹良未聞孰是天子居總章大廟乘戎路駕白駱載白旂衣白衣服白玉食麻與犬其器廉以深總章大廟西堂當大室也是月也養衰老

授几杖行糜粥飲食助老氣也行猶賜也乃命司服具飭衣裳文繡有恒制有小大度有短長此謂祭服也文謂畫也祭服之制畫衣而繡裳衣服有量必循其故此謂朝燕及他服凡此爲寒益至也詩云七月流火九月授衣於是作之可也冠帶有常因制衣服而作之也乃命有司申嚴百刑斬殺必當毋或枉橈枉橈不當反受其殃申重也當謂值其罪是月也乃命宰祝循行犧牲視全具案芻豢瞻肥瘠察物色必比類量小大視長短皆中度五者備當上帝其饗於鳥獸肥充之時宜省羣牲也宰祝大宰大祝主祭祀之官也養牛羊曰芻犬豕曰豢五者謂所視也所案也所瞻也所察也所量也此皆得其正則上帝饗之上帝饗之而無神不饗也天子乃難

以達秋氣此難難陽氣也陽暑至此不衰害亦將及人所以及人者陽氣左行此月宿直昴畢昴畢亦得大陵積尸之氣氣佚則厲鬼亦隨而出行於是亦命方相氏帥百隸而難之王居明堂禮曰仲秋九門磔攘以發陳氣禦止疾疫以犬嘗麻先薦寢廟麻始孰也是月也可以築城郭建都邑穿竇窖脩囷倉為民將入物當藏也穿竇窖者入地圓曰竇方曰窖王居明堂禮曰仲秋命庶民畢入于室曰時殺將至毋罹其災乃命有司趣民收斂務畜菜多積聚始為禦冬之備乃勸種麥毋或失時其有失時行罪無疑麥者接絕續乏之穀尤重之是月也日夜分雷始收聲蟄蟲坏戶殺氣浸盛陽氣日衰水始涸又記時候也雷始收聲在地中動內物也坏益也蟄蟲益戶謂稍小之也涸竭也此甫八月中雨氣未止而云水竭非也周語曰辰角見而雨畢天根見而水涸又曰雨畢而除道水涸而成

梁辰角見九月本也天根見九月末也王居明堂禮曰季秋除道致梁以利農也日夜分則同度量平權衡正鈞石角斗甬是月也易關市來商旅納貨賄以便民事四方來集遠鄉皆至則財不匱上無乏用百事乃遂易關市謂輕其稅使民利之商旅賈客也匱亦乏也遂猶成也凡舉大事毋逆大數必順其時愼因其類事謂與土功合諸侯舉兵衆也季夏禁之孟秋始征伐此月築城郭季秋敎田獵是以於中爲之戒焉仲秋行春令則秋雨不降卯之氣乘之也卯宿直房心心爲大火草木生榮應陽動也國乃有恐以火訛相驚行夏令則其國乃旱蟄蟲不藏五穀復生午之氣乘之也行冬令則風災數起子之氣乘之也北風殺物收雷先行

先猶蚤也冬主閉藏草木蚤死寒氣盛也

季秋之月日在房昏虛中旦柳中季秋者日月會於大火而斗建戌之辰也其日庚辛其帝少皡其神蓐收其蟲毛其音商律中無射其數九其味辛其臭腥其祀門祭先肝無射者夾鍾之所生三分去一律長四寸六千五百六十一分寸之六千五百二十四季秋氣至則無射之律應周語曰無射所以宣布哲人之令德示民軌儀鴻鴈來賓爵入大水爲蛤鞠有黃華豺乃祭獸戮禽皆記時候也來賓言其客止未去也大水海也戮猶殺也天子居總章右个乘戎路駕白駱載白旂衣白衣服白玉食麻與犬其器廉以深總章右个西堂北偏是月也申嚴號

令申重命百官貴賤無不務內以會天地之藏無有宣出內謂收斂入之也會猶聚也乃命冢宰農事備收備猶盡也舉五穀之要定其租稅之簿藏帝藉之收於神倉祗敬必飭重粢盛之委也帝藉所耕千畝也藏祭祀之穀爲神倉祗亦敬也是月也霜始降則百工休寒而膠漆之作不堅好也乃命有司曰寒氣總至民力不堪其皆入室總猶猥卒上丁命樂正入學習吹爲將饗帝也春夏重舞秋冬重吹也是月也大饗帝言大饗者遍祭五帝也曲禮曰大饗不問卜謂此也嘗犧牲告備于天子嘗者謂嘗羣神也天子親嘗帝使有司祭于羣神禮畢而告焉合諸侯制百縣爲來歲受朔日與諸侯所稅於民輕重之

法貢職之數以遠近土地所宜爲度以給郊廟之事無有所私秦以建亥之月爲歲首於是歲終使諸侯及鄉遂之官受此法焉合諸侯制者定其國家宮室車旗衣服禮儀也諸侯言合制百縣言受朔日互文也貢職謂所入天子凡周之法以正月和之正歲而縣於象魏是月也天子乃教於田獵以習五戎班馬政教於田獵因田獵之禮教民以戰法也五戎謂五兵弓矢殳矛戈戟也馬政謂齊其色度其力使同乘也校人職曰凡軍事物馬而頒之命僕及七騶咸駕載旌旐授車以級整設于屛外僕戎僕及御夫也七騶謂趣馬主爲諸官駕說者也旣駕之又爲之載旌旗司馬職曰仲秋教治兵如振旅之陳辨旗物之用王載大常諸侯載旂軍吏載旗師都載旜鄉遂載物郊野載旐百官載旟是也級等次也整正列也設陳也屛所田之地門外之蔽司徒搢扑北面誓之誓衆以軍法也天子乃厲飾執弓挾矢以獵厲飾謂戎服尚威武也今

月令獵爲射命主祠祭禽于四方以所獲禽祀四方之神也司馬職曰羅弊致禽以祀祊是月也草木黃落乃伐薪爲炭伐木必因殺氣蟄蟲咸俯在內皆墐其戶墐謂塗閉之辟殺氣乃趣獄刑毋留有罪殺氣已至有罪者即決也收祿秩之不當供養之不宜者天氣殺而萬物咸藏可以去之也祿秩之不當恩所增加也供養之不宜欲所貪者熊蹯之屬非常食是月也天子乃以犬嘗稻先薦寢廟稻始孰也季秋行夏令則其國大水冬藏殃敗民多鼽嚏未之氣乘之也六月宿直東井氣多暑雨行冬令則國多盜賊邊竟不寧土地分裂丑之氣乘之也極陰爲外邊竟之象也大寒之時地隆坼也行春令則煖風來至民氣解惰辰之氣乘之也巽爲風師

興不居辰宿直角角主兵不居象風行不休止也

孟冬之月日在尾昏危中旦七星中孟冬者日月會於析木之津而斗建亥之辰也其日壬癸壬之言任也癸之言揆也日之行冬北從黑道閉藏萬物月爲之佐時萬物懷任於下揆然萌牙又因以爲日名焉其帝顓頊其神玄冥此黑精之君水官之臣自古以來著德立功者也顓頊高陽氏也玄冥少皞氏之子曰脩曰熙爲水官其蟲介介甲也象物閉藏地中龜鼈之屬其音羽三分商去一以生羽羽數四十八屬水者以爲最清物之象也冬氣和則羽聲調樂記曰羽亂則危其財匱律中應鍾孟冬氣至則應鍾之律應應鍾者姑洗之所生三分去一律長四寸二十七分寸之二十周語曰應鍾均利器用俾應復其數六水生數一成數六但言六者亦舉其成數其味鹹其臭朽水之臭味也凡鹹朽者皆屬焉氣若有若無爲朽其祀行祭先腎冬陰盛寒於水祀之於行從辟除之類也祀之先祭腎者陰位在下腎亦在下腎爲尊也行在廟門外之西爲軷壤

厚二寸廣五尺輪四尺祀行之禮北面設主于軷上乃制腎及脾爲俎奠于主南又設盛于俎東祭肉腎一脾再其他皆如祀門之禮水始冰地始凍雉入大水爲蜃虹藏不見皆記時候也大水淮也大蛤曰蜃天子居玄堂左个乘玄路駕鐵驪載玄旂衣黑衣服玄玉食黍與彘其器閎以奄玄堂左个北堂西偏也鐵驪色如鐵黍秀舒散屬火寒時食之亦以安性也彘水畜也器閎而奄象物閉藏也今月令曰乘軫路似當爲袗字之誤也是月也以立冬先立冬三日大史謁之天子曰某日立冬盛德在水天子乃齊謁告立冬之日天子親帥三公九卿大夫以迎冬於北郊還反賞死事恤孤寡迎冬者祭黑帝叶光紀於北郊之兆也死事謂以國事死者若公叔禺人顔涿聚者也孤寡其

妻子也有以惠賜之大功加賞是月也命大史釁龜筴占兆審卦吉凶筴蓍也占兆龜之繇文也周禮龜人上春釁龜謂建寅之月也秦以其歲首使大史釁龜筴與周異矣卦吉凶謂易也審省録之而不釁筮筮短賤於兆也今月令曰釁祠祠衍字是察阿黨則罪無有掩蔽阿黨謂治獄吏以私恩曲橈相爲也是月也天子始裘九月授衣至此可以加裘命有司曰天氣上騰地氣下降天地不通閉塞而成冬使有司助閉藏之氣門戶可閉閉之窻牖可塞塞之命百官謹蓋藏謂府庫囷倉有藏物命司徒循行積聚無有不斂謂芻禾薪蒸之屬坏城郭戒門閭脩鍵閉愼管籥固封疆備邊竟完要塞謹關梁塞徯徑坏益也鍵牡閉牝也管籥搏鍵器也固封疆謂使有司循其溝樹及其衆庶之守法也要塞邊城要害處也梁橋橫也徯徑禽

獸之道也今月令疆或爲壟飭喪紀辨衣裳審棺椁之薄厚塋丘壟之大小高卑薄厚之度貴賤之等級此亦閉藏之具順時飭正之也辨衣裳謂襲斂尊卑所用也所用又有多少是月也命工師效功陳祭器案度程毋或作爲淫巧以蕩上心必功致爲上霜降而百工休至此物皆成也工師工官之長也效功録見百工所作器物也主於祭器祭器尊也度謂制大小也程謂器所容也淫巧謂奢僞怪好也蕩謂揺動生其奢淫物勒工名以考其誠勒刻也刻工姓名於其器以察其信知其不功致功有不當必行其罪以窮其情功不當者取材美而器不堅也是月也大飲烝十月農功畢天子諸侯與其羣臣飲酒於大學以正齒位謂之大飲別之於他其禮亡今天子以燕禮郡國以鄉飲酒禮代之燕謂有牲體爲俎也黨正職曰國索鬼神而祭祀則以禮屬民而飲酒于序以正齒位亦謂此時也詩云十月

滌場朋酒斯饗曰殺羔羊躋彼公堂稱彼兕觥受福無疆是頌大飲之詩天子乃祈來年于天宗大割祠于公社及門閭臘先祖五祀此周禮所謂蜡祭也天宗謂日月星辰也大割大殺羣牲割之也臘謂以田獵所得禽祭也五祀門戶中霤竈行也或言祈年或言大割或言臘互文勞農以休息之黨正屬民飲酒正齒位是也天子乃命將帥講武習射御角力爲仲冬將大閱簡習之亦因營室主武士也凡田之禮唯狩最備夏小正十一月王狩是月也乃命水虞漁師收水泉池澤之賦毋或敢侵削衆庶兆民以爲天子取怨于下其有若此者行罪無赦因盛德在水收其稅孟冬行春令則凍閉不密地氣上泄寅之氣乘之也民多流亡象蟄蟲動行夏令則國多暴風方冬

不寒蟄蟲復出巳之氣乘之也立夏巽用事巽爲風行秋令則雪霜不時申之氣乘之也小兵時起土地侵削申陰氣尚微申宿直參伐參伐爲兵

仲冬之月日在斗昏東辟中旦軫中仲冬者日月會於星紀而斗建子之辰也其日壬癸其帝顓頊其神玄冥其蟲介其音羽律中黃鍾其數六其味鹹其臭朽其祀行祭先腎黃鍾者律之始也九寸仲冬氣至則黃鍾之律應周語曰黃鍾所以宣養六氣九德冰益壯地始坼鶡旦不鳴虎始交皆記時候也鶡旦求旦之鳥也交猶合也天子居玄堂大廟乘玄路駕鐵驪載玄旂衣黑衣服玄玉食黍與彘其

器閎以奄（大堂大廟北堂當大室）飭死事（飭軍士戰必有死志）命有司曰土事毋作愼毋發蓋毋發室屋及起大衆以固而閉地氣沮泄是謂發天地之房諸蟄則死民必疾疫又隨以喪命之曰暢月（而猶女也暢猶充也大陰用事尤重閉藏）是月也命奄尹申宮令審門閭謹房室必重閉（奄尹主領奄豎之官也於周則爲内宰掌治王之内政宮令譏出入及開閉之屬重閉外内閉也）省婦事毋得淫雖有貴戚近習毋有不禁（省婦事所以靜陰類也淫謂女功奢僞怪好物也貴戚謂姑姊妹之屬近習天子所親幸者）乃命大酋秫稻必齊麴蘖必時湛熾必絜水泉必香陶器必良火齊必得兼用六

物大酋監之毋有差貸酒孰曰酋大酋者酒官之長也於周則爲酒人秫稻必齊謂孰成也湛漬也熾炊也火齊腥孰之調也物猶事也差貸謂失誤有善有惡也古者穫稻而漬米麴至春而爲酒詩云十月穫稻爲此春酒以介眉壽天子命有司祈祀四海大川名源淵澤井泉順其德盛之時祭之也令月令淵爲深是月也農有不收藏積聚者馬牛畜獸有放佚者取之不詰此收斂尤急之時人有取者不罪所以警懼其主也王居明堂禮曰孟冬之月命農畢積聚繫收牛馬山林藪澤有能取蔬食田獵禽獸者野虞教道之其有相侵奪者罪之不赦務收斂野物也大澤曰藪草木之實爲蔬食是月也日短至陰陽爭諸生蕩爭者陰方盛陽欲起也蕩謂物動將萌牙也君子齊戒處必掩身身欲寧

去聲色禁耆慾安形性事欲靜以待陰陽之所定寧安也聲謂樂也易及樂春秋說去冬至人主與羣臣從八能之士作樂五日此言去聲色又相反芸始生荔挺出蚯蚓結麋角解水泉動又記時候也芸香草也荔挺馬䪥也水泉動潤上行日短至則伐木取竹箭此其堅成之極時是月也可以罷官之無事去器之無用者謂先時權所建作者也天地閉藏而萬物休可以去之塗闕廷門閭築囹圄此所以助天地之閉藏也順時氣也仲冬行夏令則其國乃旱午之氣乘之也氛霧冥冥霜露之氣散相亂也雷乃發聲震氣動也午屬震行秋令則天時雨汁瓜瓠不成酉之氣乘之也酉宿直昴畢畢好雨雨汁者水雪雜下也子宿直虛危虛危內有瓜瓠國

有大兵（兵亦軍之氣）行春令則蝗蟲爲敗（當蟄者出卯之氣乘之也）水泉咸竭（大火爲旱）民多疥癘（疥癘之病孚甲象也）

季冬之月日在婺女昏婁中旦氐中（季冬者日月會於玄枵而斗建丑之辰也）其日壬癸其帝顓頊其神玄冥其蟲介其音羽律中大呂其數六其味鹹其臭朽其祀行祭先腎（大呂者蕤賓之所生也三分益一律長八寸二百四十三分寸之百四季冬氣至則大呂之律應周語曰大呂助陽宣物）鴈北鄉鵲始巢雉雊雞乳（皆記時候也雊雉鳴也詩云雉之朝雊尚求其雌）天子居玄堂右个乘玄路駕鐵驪載玄旂衣黑衣服玄玉食黍與彘其器閎以奄（玄堂右个北堂東偏）命有司大難旁磔出

土牛以送寒氣此難難陰氣也難陰始於此者陰氣右行此月之中日歷虛危虛危有墳墓四司之氣爲厲鬼將隨強陰出害人也旁磔於四方之門磔攘也出猶作也作土牛者丑爲牛牛可牽止也送猶畢也征鳥厲疾殺氣當極也征鳥題肩也齊人謂之擊征或名曰鷹仲春化爲鳩乃畢山川之祀及帝之大臣天之神祇四時之功成於冬孟月祭其宗至此可以祭其佐也帝之大臣句芒之屬天之神祇司中司命風師雨師是月也命漁師始漁天子親往乃嘗魚先薦寢廟天子必親往視漁明漁非常事重之也此時魚絜美冰方盛水澤腹堅命取冰腹厚也此月日在北陸冰堅厚之時也北陸謂虛也今月令無堅冰以入令告民出五種冰既入而令田官告民出五種明大寒氣過農事將起也命農計耦耕事脩耒耜具田器耜者耒之金也廣五寸田器鎡錤之屬命樂師大合吹而罷歲將終與

族人大飲作樂於大寢以綴恩也言罷者此用禮樂於族人最
盛後年若時乃復然也凡用樂必有禮用禮則有不用樂者王
居明堂禮季冬命國爲酒
以合三族君子説小人樂
乃命四監收秩薪柴以共
郊廟及百祀之薪燎四監主山林川澤之官也大者
可析謂之薪小者合束謂之柴
薪施炊爨柴以給燎春秋傳曰其
父析薪令月令無及百祀之薪燎是月也日窮于次
月窮于紀星回于天數將幾終言日月星辰運行
于此月皆周帀於
故處也次舍
也紀會也歲且更始專而農民毋有所使而猶
女也
言專一女農民之心令之豫有志於耕
稼之事不可徭役徭役之則志散失業也天子乃與公
卿大夫共飭國典論時令以待來歲之宜
飭國典者和六典之法也周禮以正月爲之
建寅而縣之今用此月則所因於夏殷也乃命大史次
諸侯之列賦之犧牲以共皇天上帝社稷之

饗此所與諸侯共者也列國有大小也賦之犧牲大者出多小者出少饗獻也乃命同姓之邦共寢廟之芻豢此所以與同姓共也芻豢猶犧牲命宰歷卿大夫至于庶民土田之數而賦犧牲以共山林名川之祀此所與卿大夫庶民共者也歷猶次也卿大夫采地亦有大小其非采也以其邑之民多少賦之凡在天下九州之民者無不咸獻其力以共皇天上帝社稷寢廟山林名川之祀民非神之福不生雖有其邦國采地此賦要由民出季冬行秋令則白露蚤降介蟲爲妖戌之氣乘之也九月初尚有白露月中乃爲霜丑爲鼈蟹四鄙入保畏兵辟寒象行春令則胎夭多傷辰之氣乘之也夭少長也此月物甫萌牙季春乃句者畢出萌者盡達胎夭多傷者生氣早至不充其性國多固疾

生不充性有久疾也命之曰逆衆害莫大於此行夏令則水潦敗國時雪不降冰凍消釋未之氣乘之也季夏大雨時行

禮記卷第五

經四千三百三十九字
注五千三百六十一字

嘉慶丙寅三月陽城
張氏影摹宋本重彫

禮記卷第六

曾子問第七　禮記　鄭氏注

曾子問曰君薨而世子生如之何孔子曰卿大夫士從攝主北面於西階南變於朝夕哭位也攝主上卿代君聽國政大祝裨冕執束帛升自西階盡等不升堂命毋哭將有事宜清靜也裨冕者接神則祭服也諸侯之卿大夫所服裨冕絺冕也玄冕也士服爵弁服大祝裨冕則大夫祝聲三告曰某之子生敢告聲噫歆警神也某夫人之氏也升奠幣于殯東几上哭降几筵於殯東明繼體也衆主人卿大夫士房中皆哭不踊衆主人君之親也房中婦人盡一哀反位遂朝奠反朝夕哭位小宰升舉幣所主

也舉而下埋之階間三日衆主人卿大夫士如初位北面三日負子日也初告生時大宰大宗大祝皆裨冕少師奉子以衰祝先子從宰宗人從入門哭者止宰宗人詔贊君事者子升自西階殯前北面祝立于殯東南隅祝聲三曰某之子某從執事敢見子拜稽顙哭奉子者拜哭祝宰宗人衆主人卿大夫士哭踊三者三降東反位皆袒子踊房中亦踊三者三襲衰杖踊襲衰杖成子禮也奠出亦謂朝奠大宰命祝史以名徧告于五祀山川因負子名之喪於禮略也

曾子問曰如已葬而世子生則如之何孔子

曰大宰大宗從大祝而告于禰告生也三月
乃名于禰以名徧告及社稷宗廟山川孔
子曰諸侯適天子必告于祖奠于禰皆奠幣以告之
互文也冕而出視朝聽國事也諸侯朝天子必裨冕爲將廟受也裨冕者公衮侯伯鷩子男毳命
祝史告于社稷宗廟山川臨行又徧告宗廟孝敬之心也乃命
國家五官而后行五官五大夫典事者命者勑之以其職道而出祖道
也聘禮曰出祖釋軷祭酒脯也告者五日而徧過是非禮也既告不敢
久留凡告用牲幣反亦如之牲當爲制字之誤也制幣一丈八尺諸侯
相見必告于禰道近或可以不親告祖朝服而出視朝朝服
爲事故也命祝史告于五廟所過山川山川所不過則不告賤於適天子也

亦命國家五官道而出反必親告于祖禰乃命祝史告至于前所告者而后聽朝而入（反必親告祖禰同出入禮）曾子問曰並有喪如之何何先何後（並謂父母若親同者同月死）孔子曰葬先輕而後重其奠也先重而後輕禮也自啓及葬不奠（不奠務於當葬者）行葬不哀次（不哀次輕於在殯者）反葬奠而后辭於殯遂脩葬事（殯當爲賓聲之誤也辭於賓謂告將葬啓期也）其虞也先重而後輕禮也孔子曰宗子雖七十無無主婦（族人之婦不可無統）非宗子雖無主婦可也曾子問曰將冠子冠者至揖讓而入聞齊衰大功

之喪如之何冠者賓及贊者孔子曰內喪則廢外喪則冠而不醴徹饌而埽即位而哭如冠者未至則廢內喪同門也不醴不醴子也其廢者喪成服因喪而冠如將冠子而未及期日而有齊衰大功小功之喪則因喪服而冠廢吉禮而因喪冠俱成人之服及至也除喪不改冠乎孔子曰天子賜諸侯大夫冕弁服於大廟歸設奠服賜服於斯乎有冠醮無冠醴酒爲醮冠禮醴重而醮輕此服賜服酌用酒尊賜也不醴明不爲改冠改冠當醴之父沒而冠則已冠埽地而祭於禰已祭而見伯父叔父而后饗冠者饗謂禮之曾子問曰祭如之何則不

行旅酬之事矣孔子曰聞之小祥者主人練祭而不旅奠酬於賓賓弗舉禮也（奠無尸虞不致爵小祥不旅酬大祥無無筭爵彌吉）昔者魯昭公練而舉酬行旅非禮也孝公大祥奠酬弗舉亦非禮也（孝公隱公之祖父）曾子問曰大功之喪可以與於饋奠之事乎（饋奠在殯時也）孔子曰豈大功耳自斬衰以下皆可禮也曾子曰不以輕服而重相爲乎（怪以重服而爲人執事）孔子曰非此之謂也（非謂爲人謂於其所爲服也）天子諸侯之喪斬衰者奠（爲君服者皆斬衰唯主人不奠）大夫齊衰者奠（服斬衰者不奠辟正君也齊衰者其兄弟）士則朋友奠不足

則取於大功以下者不足則反之服齊衰者不奠辟大夫也言不足者謂殷奠時曾子問曰小功可以與於祭乎祭謂虞卒哭時孔子曰何必小功耳自斬衰以下與祭禮也曾子曰不以輕喪而重祭乎怪使重者執事孔子曰天子諸侯之喪祭也不斬衰者不與祭大夫齊衰者與祭士祭不足則取於兄弟大功以下者曾子問曰相識有喪服可以與於祭乎問已有喪服可以助所識者祭否孔子曰緦不祭又何助於人曾子問曰廢喪服可以與於饋奠之事乎謂新除喪服也孔子曰說衰與奠非

禮也執事於人之神爲其忘哀疾也以擯相可也曾子問曰昏禮既納幣有吉日女之父母死則如之何吉日取女之吉日孔子曰壻使人弔如壻之父母死則女之家亦使人弔必使人弔者未成兄弟父喪稱父母喪稱母禮宜各以其敵者也父使人弔之辭云某子聞某之喪某子使某如何不淑母則若云宋蕩伯姬聞姜氏之喪伯姬使某如何不淑凡弔辭一耳父母不在則稱伯父世母弔禮不可廢也伯父母又不在則稱叔父母壻已葬壻之伯父致命女氏曰某之子有父母之喪不得嗣爲兄弟使某致命女氏許諾而弗敢嫁禮也必致命者不敢以累年之喪使人失嘉會之時壻免喪女之父母使人請壻弗取而

后嫁之禮也請請成昏女之父母死壻亦如之女免喪壻之父母亦使人請其已葬時亦致命曾子問曰親迎女在塗而壻之父母死如之何孔子曰女改服布深衣縞總以趨喪布深衣縞總婦人始喪未成服之服女在塗而女之父母死則女反奔喪服期如壻親迎女未至而有齊衰大功之喪則如之何孔子曰男不入改服於外次女入改服於內次然後即位而哭不聞喪即改服者昏禮重於齊衰以下曾子問曰除喪則不復昏禮乎復猶償也孔子曰祭過時不祭禮也又何反於初重喻輕也同牢及饋饗相飲食之道孔子曰嫁女之家三

夜不息燭思相離也親骨肉也取婦之家三日不舉樂思嗣親也重世變也三月而廟見稱來婦也擇日而祭於禰成婦之義也謂舅姑沒者也必祭成婦義者婦有共養之禮猶舅姑存時盥饋特豚於室曾子問曰女未廟見而死則如之何孔子曰不遷於祖不祔於皇姑壻不杖不菲不次歸葬于女氏之黨示未成婦也遷朝廟也壻雖不備喪禮猶爲之服齊衰也曾子問曰取女有吉日而女死如之何孔子曰壻齊衰而弔既葬而除之夫死亦如之未有期三年之恩也女服斬衰曾子問曰喪有二孤廟有二主禮與怪時有之孔子曰

天無二日土無二王嘗禘郊社尊無二上未知其爲禮也尊喻卑也神雖多猶一一祭之昔者齊桓公亟舉兵作僞主以行及反藏諸祖廟廟有二主自桓公始也僞猶假也舉兵以遷廟主行無則主命爲假主非也喪之二孤則昔者衞靈公適魯遭季桓子之喪衞君請弔哀公辭不得命公爲主客入弔康子立於門右北面公揖讓升自東階西鄉客升自西階弔公拜興哭康子拜稽顙於位有司弗辯也令之二孤自季康子之過也辯猶正也若康子者君弔其臣之禮也鄰國之君弔君爲之主主人拜稽顙非也當哭踊而已靈公先桓子以魯哀公二年夏

卒柏子以三年秋卒是出公也曾子問曰古者師行必以遷廟主行乎孔子曰天子巡守以遷廟主行載于齊車言必有尊也今也取七廟之主以行則失之矣齊車金路當七廟五廟無虛主虛主者唯天子崩諸侯薨與去其國與祫祭於祖爲無主耳吾聞諸老聃曰天子崩國君薨則祝取羣廟之主而藏諸祖廟禮也卒哭成事而后主各反其廟老聃古壽考者之號也與孔子同時藏諸主於祖廟象有凶事者聚也卒哭成事先祔之祭名也君去其國大宰取羣廟之主以從禮也鬼神依人者也祫祭於祖則祝迎四廟

之主祝接神者也主出廟入廟必蹕蹕止行者老耼云曾子問曰古者師行無遷主則何主孔子曰主命問曰何謂也孔子曰天子諸侯將出必以幣帛皮圭告于祖禰遂奉以出載于齊車以行每舍奠焉而后就舍以脯醢禮神乃敢即安也所告而不以出即埋之反必告設奠卒斂幣玉藏諸兩階之間乃出蓋貴命也子游問曰喪慈母如母禮與如母謂父卒三年也子游意以爲國君亦當然禮所云者乃大夫以下父所使妾養妾子孔子曰非禮也古者男子外有傅內有慈母君命所使教子也何服之有言無服也此指謂國君之子也大夫士之子爲庶母

慈已者服小功父卒乃不服昔者魯昭公少喪其母有慈母良及其死也公弗忍也欲喪之有司以聞曰古之禮慈母無服據國君也良善也謂之慈母固爲其善國君之妾子於禮不服也昭公年三十乃喪齊歸猶無慼容是不少又安能不忍於慈母此非昭公明矣未知何公也今也君爲之服是逆古之禮而亂國法也若終行之則有司將書之以遺後世無乃不可乎公曰古者天子練冠以燕居公弗忍也遂練冠以喪慈母喪慈母自魯昭公始也公之言又非也天子練冠以燕居蓋謂庶子王爲其母曾子問曰諸侯旅見天子入門不得終禮廢者幾旅衆孔子曰四請問之曰

大廟火日食后之喪雨霑服失容則廢大廟始祖廟宗廟皆然主於始祖耳如諸侯皆在而日食則從天子救日各以其方色與其兵示奉時事有所討也方色者東方衣青南方衣赤西方衣白北方衣黑兵未聞也大廟火則從天子救火不以方色與兵曾子問曰諸侯相見揖讓入門不得終禮廢者幾孔子曰六請問之曰天子崩大廟火日食后夫人之喪雨霑服失容則廢夫人君之夫人曾子問曰天子嘗禘郊社五祀之祭簠簋既陳天子崩后之喪如之何孔子曰廢既陳謂夙興陳饌牲器時也天子七祀言五者關中言之曾子問曰當祭而

日食大廟火其祭也如之何孔子曰接祭而已矣如牲至未殺則廢接祭而已不迎尸也天子崩未殯五祀之祭不行既殯而祭其祭也尸入三飯不侑酳不酢而已矣自啓至于反哭五祀之祭不行已葬而祭祝畢獻而已既葬彌吉畢獻祝而後止郊社亦然唯嘗禘宗廟俟吉也曾子問曰諸侯之祭社稷俎豆既陳聞天子崩后之喪君薨夫人之喪如之何孔子曰廢亦謂夙興陳饌牲器時也自薨比至于殯自啓至于反哭奉帥天子帥循也所奉循如天子者謂五祀之祭也社稷亦然曾子問曰大夫之祭鼎俎既陳籩

豆既設不得成禮廢者幾孔子曰九請問之曰天子崩后之喪君薨夫人之喪君之大廟火日食三年之喪齊衰大功皆廢外喪自齊衰以下行也（齊衰異門則祭）其齊衰之祭也尸入三飯不侑酳不酢而已矣大功酢而已矣小功緦室中之事而已矣（室中之事謂賓長獻）士之所以異者緦不祭（然則士不得成禮者十一）所祭於死者無服則祭（謂若舅舅之子從母昆弟）曾子問曰三年之喪弔乎孔子曰三年之喪練不羣立不旅行（爲其苟語忘哀也）君子禮以飾情三年之喪而弔哭不亦

虛乎為彼哀則不專於親也為親哀則是妄弔曾子問曰大夫士有私喪可以除之矣而有君服焉其除之也如之何孔子曰有君喪服於身不敢私服又何除焉重喻輕也私喪家之喪也喪服四制曰門外之治義斷恩於是乎有過時而弗除也君之喪服除而后殷祭禮也謂主人也支子則否曾子問曰父母之喪弗除可乎以其有終身之憂孔子曰先王制禮過時弗舉禮也非弗能勿除也患其過於制也故君子過時不祭禮也言制禮以為民中過其時則不成禮曾子問曰君薨既殯而臣有父母之喪則如之何孔子曰歸

居于家有殷事則之君所朝夕否居家者因其哀後隆於父母殷事朔月月半薦新之奠也曰君既啓而臣有父母之喪則如之何孔子曰歸哭而反送君言送君則既葬而歸也歸哭者服君服而歸不敢私服也曰君未殯而臣有父母之喪則如之何孔子曰歸殯反于君所有殷事則歸朝夕否其哀雜主於君大夫室老行事士則子孫行事大夫士其在君所之時則攝其事大夫內子有殷事亦之君所朝夕否謂夫之君既殯而有舅姑之喪者內子大夫適妻也妻爲夫之君如婦爲舅姑服齊衰賤不誄貴幼不誄長禮也誄累也累列生時行迹讀之以作謚謚當由尊者成唯天子稱天以誄之以其無尊焉春秋公羊說以爲讀誄制謚於南郊若云受之於

天然諸侯相誄非禮也禮當言誄於天子也天子乃使大史賜之謚曾子問曰君出疆以三年之戒以椑從君薨其入如之何其出有喪備疑喪入必異也戒猶備也謂衣衾也親身棺曰椑其餘可死乃具也孔子曰共殯服比謂君已大斂殯服謂布深衣苴經散帶垂殯時主人所服共之以待其來也其餘殯事亦皆具焉則子麻弁經疏衰菲杖棺柩未安不忍成服於外也麻弁經者布弁而加環經也布弁如爵弁而用布杖者爲已病入自闕升自西階闕謂毀宗也柩毀宗而入異於生也升自西階亦異生也所毀宗殯宮門西也於此正棺而服殯服既塗而成服般柩出毀宗周柩入毀宗禮相變也如小斂則子免而從柩謂君已小斂也主人布深衣不括髮者行遠不可無飾入自門升自阼階親未在棺不忍異入使如生來反君大夫士一節也曾子問曰君之喪既引聞父母之喪

如之何孔子曰遂既封而歸不俟子（遂遂送君也封當爲窆子嗣君也）曾子問曰父母之喪既引及塗聞君薨如之何孔子曰遂既封改服而往（封亦當爲窆改服括髮徒跣布深衣扱上衽不以私喪包至尊）曾子問曰宗子爲士庶子爲大夫其祭也如之何孔子曰以上牲祭於宗子之家（貴祿重宗也上牲大夫少牢）祝曰孝子某爲介子某薦其常事（介副也不言庶使若可以祭然）若宗子有罪居于他國庶子爲大夫其祭也祝曰孝子某使介子某執其常事（此之謂宗子攝大夫）攝主不厭祭不旅不假不綏祭不配（皆辟正主厭厭飫神也厭有陰有陽迎尸之前祝酌

奠奠之且饗是陰厭也尸謖之後徹薦俎敦設於西北隅是陽厭也此不厭者不陽厭也不旅不旅酬也假讀爲嘏不嘏不嘏主人也不綏祭謂今主人也綏周禮作墮不配者祝辭不言以某妃配某氏布奠於賓賓奠而不舉布奠謂主人酬賓奠觶於薦北賓奠謂取觶奠於薦南也此酬之始也奠之不舉止旅不歸肉肉俎也謂與祭者留之共燕其辭于賓曰宗兄宗弟宗子在他國使某辭辭猶告也宿賓之辭與宗子爲列則曰宗兄若宗弟昭穆異者曰宗子而巳其辭若云宗兄某在他國使某執其常事使某告曾子問曰宗子去在他國庶子無爵而居者可以祭乎孔子曰祭哉有子孫存不可以乏先祖之祀請問其祭如之何孔子曰望墓而爲壇以時祭不祭于廟無爵者賤遠辟正主若宗子死告於墓而后祭於家言祭於家容無廟也宗子死稱名不

言孝〔孝宗子之稱不敢與之同其辭但言子某薦其常事〕身沒而已〔至子可以稱孝子〕游之徒有庶子祭者以此〔以用也用此禮祭也〕若義也〔若順也〕今之祭者不首其義故誣於祭也〔首本也誣猶妄也〕曾子問曰祭必有尸乎〔言無益無用爲〕若厭祭亦可乎〔厭時無尸〕孔子曰祭成喪者必有尸尸必以孫孫幼則使人抱之無孫則取於同姓可也〔人以有子孫爲成人子不殤父義由此也〕祭殤必厭蓋弗成也〔厭飫而已〕〔不成其爲人〕祭成喪而無尸是殤之也〔與不成人同〕孔子曰有陰厭有陽厭〔言祭殤之禮有於陰厭之者有於陽厭之者〕曾子問曰殤不祔祭何謂陰厭陽厭〔祔當爲備聲之誤也言殤乃不成人祭之不備〕

禮而云陰厭陽厭乎此失孔子指也祭成人始設奠於奥迎尸之前謂之陰厭尸謖之後改饌於西北隅謂之陽厭殤則不備

孔子曰宗子爲殤而死庶子弗爲後也族人以其倫代之明不序昭穆立之廟其祭之就其祖而已代之者主其禮其吉祭特牲尊宗子從成人也凡殤則特豚自卒哭成事之後爲吉祭祭殤不舉無肵俎無玄酒不告利成此其無尸及所降也其他如成人舉肺脊肵俎利成禮之施於尸者是謂陰厭是宗子而殤祭之於奥之禮小宗爲殤其祭禮亦如之凡殤與無後者祭於宗子之家當室之白尊于東房是謂陽厭凡殤謂庶子之適也或昆弟之子或從父昆弟無後者如有昆弟及諸父此則今死者皆宗子大功之内親共祖禰者言祭於宗子之家者爲有異居之道也無廟者爲墠祭之親者共其牲物宗子皆主其禮當室之白尊於東房異於宗子之爲殤當室之白謂西北隅得户明者也明者曰陽凡祖廟在小宗之家小宗祭之亦然宗子之適亦爲凡殤過此以往則不祭也祭適者天子一

祭五諸侯下祭三大夫下祭二士以下祭子而止曾子問曰葬引至于堩日有食之則有變乎且不乎堩道也變謂異禮孔子曰昔者吾從老聃助葬於巷黨及堩日有食之老聃曰丘止柩就道右止哭以聽變既明反而后行曰禮也巷黨黨名也就道右者行相左也變日食也反復也反葬而丘問之曰夫柩不可以反者也日有食之不知其已之遲數則豈如行哉已止也數讀爲速老聃曰諸侯朝天子見日而行逮日而舍奠大夫使見日而行逮日而舍舍奠每將舍奠行主夫柩不蚤出不莫宿侵晨夜則近姦寇見星而行者唯罪人

與奔父母之喪者乎曰有食之安知其不見星也爲無日而慝作豫止也且君子行禮不以人之親痁患痁病也以人之父母行禮而恐懼其有患害不爲也吾聞諸老聃云曾子問曰爲君使而卒於舍禮曰公館復私館不復凡所使之國有司所授舍則公館已何謂私館不復也復始死招魂孔子曰善乎問之也善其問難明也自卿大夫士之家曰私館公館與公所爲曰公館公館復此之謂也公館若今縣官宮也公所爲君所命使舍己者曾子問曰下殤土周葬于園遂輿機而往塗邇故也土周堲周也周人以夏后氏之堲周葬下殤於園中以其去成

人遠不就墓也機輿尸之牀也以繩絙其中央又以繩從兩旁鉤之禮以機舉尸輿之以就園而斂葬焉塗近故耳輿機或爲餘機

今墓遠則其葬也如之何今人斂下殤於宮中而葬於墓與成人同墓塗乃遠其葬當輿與其棺乎載之也問禮之變也孔子曰吾聞諸老聃曰昔者史佚有子而死下殤也墓遠蓋欲葬墓如長殤從成人也長殤有送葬車者則棺載之矣史佚武王時賢史也賢猶有所不知召公謂之曰何以不棺斂於宮中欲其斂於宮中如成人也斂於宮中則葬當載之史佚曰吾敢乎哉畏知禮也召公言於周公爲史佚問周公曰豈不可言是豈於禮不可不許也史佚行之失指以爲許也遂用召公之言下殤用棺衣棺自史佚始也棺謂斂於棺

曾子問曰卿大夫將爲尸於公受宿矣而有齊衰內

喪則如之何孔子曰出舍於公館以待事禮也（吉凶不可以同處）孔子曰尸弁冕而出（爲君尸或弁者先祖或有爲大夫士者）卿大夫士皆下之（見而下車）尸必式（小俛禮之）必有前驅（爲辟道）子夏問曰三年之喪卒哭金革之事無辟也者禮與初有司與（疑有司初使之然）孔子曰夏后氏三年之喪既殯而致事殷人既葬而致事周人卒哭而致事（致事還其職位於君則卒哭而致事）記曰君子不奪人之親亦不可奪親也此之謂乎（二者恕也孝也）子夏曰金革之事無辟也者非與（疑禮當有然）孔子曰吾聞諸老聃曰昔者魯公伯禽有爲爲之也

伯禽周公子封於魯有徐戎作難喪卒哭而征之急王事也征之作費誓今以三年之喪從其利者吾弗知也時多攻取之兵言非禮也

文王世子第八　鄭氏注

文王之爲世子朝於王季日三三皆曰朝以其禮同雞初鳴而衣服至於寢門外問内竪之御者曰今日安否何如内竪小臣之屬掌外内之通命者御如今小史直日矣内竪曰安文王乃喜孝子恒兢兢及日中又至亦如之又復也及莫又至亦如之莫夕也其有不安節則内竪以告文王文王色憂行不能正履節謂居處故事履蹈地也王季復膳飲食安也然後亦復初憂解食上必在

視寒煖之節在察也食下問所膳問所食者命膳宰曰末有原應曰諾然後退末猶勿也原再也勿有所再進爲其失飪臭味惡也退反其寢武王帥而行之不敢有加焉庶幾程式之帥循也

文王有疾武王不說冠帶而養言常在側文王一飯亦一飯文王再飯亦再飯欲知氣力箴藥所勝旬有二日乃閒閒猶瘳也文王謂武王曰女何夢矣閒後容臥武王對曰夢帝與我九齡帝天也文王曰女以爲何也武王曰西方有九國焉君王其終撫諸撫猶有也言君王則此受命之後也文王曰非也古者謂年齡齒亦齡也我百爾九十吾與爾三

焉年天氣也齒人壽之數也九齡九十年之祥也文王以勤憂損壽武王以安樂延年言與爾三者明傳業於女女受而成之文王九十七乃終武王九十三而終君子曰終終其成功成王幼不能涖阼涖視也不能視阼階行人君之事周公相踐阼而治踐履也代成王履阼階攝王位治天下也抗世子法於伯禽欲令成王之知父子君臣長幼之道也抗猶舉也謂舉以世子之法使與成王居而學之成王有過則撻伯禽所以示成王世子之道也以成王之過擊伯禽則足以感喻焉文王之爲世子也題上事凡學世子及學士必時四時各有宜學士謂司徒論俊選所升於學者春夏學干戈秋冬學羽籥皆於東序干盾也戈句孑戟也干戈萬舞象武也用動作之時學之羽籥籥舞象文也用安靜之時

學之詩去左手執籥右手秉翟小樂正學干大胥贊之籥師學戈籥師丞贊之四人皆樂官之屬也通職秋冬亦學以羽籥小樂正樂師也周禮樂師掌國學之政教國子小舞大胥掌學士之版以待致諸子春入學舍菜合舞秋頒學合聲籥師掌教國子舞羽吹籥胥鼓南南南夷之樂也胥掌以六樂之會正舞位旄人教夷樂則以鼓節之詩去以雅以南以籥不僭春誦夏弦大師詔之瞽宗秋學禮執禮者詔之冬讀書典書者詔之禮在瞽宗書在上庠誦謂歌樂也弦謂以絲播詩陽用事則學之以聲陰用事則學之以事因時順氣於功易成也周立三代之學學書於有虞氏之學典謨之教所興也學舞於夏后氏之學文武中也學禮樂於殷之學功成治定與已同也凡祭與養老乞言合語之禮皆小樂正詔之於東序學以三者之威儀也養老乞言養老人之賢者因從乞善言可行者也合語謂鄉射鄉飲酒大射燕射之屬也鄉射記曰古者於旅

(也語)大樂正學舞干戚語說命乞言皆大樂正授數(學以三者之義也戚斧也語說合語之說也數篇數)大司成論說在東序(論說課其義之深淺才能優劣此云樂正司業父師司成則大司成司徒之屬師氏也師氏掌以美詔王教國子以三德三行及國中失之事也)凡侍坐於大司成者遠近閒三席可以問(閒猶容也容三席則得指畫相分別也席之制廣三尺三寸三分則是所謂函丈也)終則負牆(卻就後席相辟)列事未盡不問(錯尊者之語不敬也)凡學春官釋奠于其先師秋冬亦如之(官謂禮樂詩書之官周禮曰凡有道者有德者使教焉死則以爲樂祖祭於瞽宗此之謂先師之類也若漢禮有高堂生樂有制氏詩有毛公書有伏生億可以爲之也不言夏夏從春可知也釋奠者設薦饌酌奠而已無迎尸以下之事)凡始立學者必釋奠于先聖先師及行事必以幣(謂天子命之教始立

學官者也先聖周公若孔子凡釋奠者必有合也國無先聖先師則所釋奠者當與鄰國合也有國故則否若唐虞有夔伯夷周有周公魯有孔子則各自奠之不合也凡大合樂必遂養老大合樂謂春入學舍菜合舞秋頒學合聲於是時也天子則視學焉遂養老者謂用其明日也鄉飲酒鄉射之禮明日乃息司正徵唯所欲以告於先生君子可也是養老之象類凡語于郊者語謂論說於郊學必取賢斂才焉或以德進或以事舉或以言揚大樂正論造士之秀者升諸司馬曰進士謂此矣曲藝皆誓之曲藝爲小技能也誓謹也皆使謹習其事以待又語又語爲後復論說也三而一有焉三說之中有一善則取之以有曲藝不必盡善乃進其等進於衆學者以其序又以其藝爲次謂之郊人遠之俟事官之缺者以代之遠之者不曰俊選曰郊人賤技藝於成均以及取爵於上尊也董仲

舒曰五帝名大學曰成均則虞庠近是也天子飲酒于虞庠則郊人亦得酧于上尊以相旅始立學者既興器用幣興當爲釁字之誤也禮樂之器成則釁之又用幣告先聖先師以器成然後釋菜告先聖先師以器成有時將用也不舞不授器釋菜禮輕也釋奠則舞舞則授器司馬之屬司兵司戈司盾祭祀授舞者兵也乃退儐于東序一獻無介語可也言乃退者謂得立三代之學者釋菜于虞庠則儐賓于東序魯之學有米廩東序瞽宗也教世子亦題上事凡三王教世子必以禮樂樂所以脩內也禮所以脩外也禮樂交錯於中發形於外是故其成也懌恭敬而溫文中心中也懌說懌立大傅少傅以養之欲其知父子君臣之道也養猶教也言養者積浸成長之大傅審父子君

臣之道以示之（謂爲之行其禮）少傅奉世子以觀大傅之德行而審喻之（爲說其義）大傅在前少傅在後（謂其在學時）入則有保出則有師（謂燕居出入時）是以教喻而德成也（以有四人維持之）師也者教之以事而喻諸德者也保也者愼其身以輔翼之而歸諸道者也（愼其身者謹安護之）記曰虞夏商周有師保有疑丞（記所云謂天子也取以成說）設四輔及三公不必備唯其人語使能也（語言也得能則用之無則已不必備其官也小人處其位不如且闕）君子曰德德成而教尊教尊而官正官正而國治君之謂也仲尼曰昔者周公攝政

踐阼而治抗世子法於伯禽所以善成王也聞之曰爲人臣者殺其身有益於君則爲之況于其身以善其君乎周公優爲之（聞之者聞之於古也于讀爲迂迂猶廣也大也）是故知爲人子然後可以爲人父知爲人臣然後可以爲人君知事人然後能使人成王幼不能涖阼以爲世子則無爲也（以爲世子若爲世子時）是故抗世子法於伯禽使之與成王居（亦學此禮於成王側）欲令成王之知父子君臣長幼之義也君之於世子也親則父也尊則君也有父之親有君之尊

然後兼天下而有之是故養世子不可不愼也處君父之位覽海內之士而近不能教其子則其餘不足觀矣行一物而三善皆得者唯世子而已其齒於學之謂也物猶事也故世子齒於學國人觀之曰將君我而與我齒讓何也曰有父在則禮然然而衆知父子之道矣其二曰將君我而與我齒讓何也曰有君在則禮然然而衆著於君臣之義也其三曰將君我而與我齒讓何也曰長長也然而衆知長幼之節矣故父在斯爲子君在斯謂之臣居子與臣之節

所以尊君親親也故學之爲父子焉學之爲君臣焉學之爲長幼焉學教父子君臣長幼之道得而國治語曰樂正司業父師司成一有元良萬國以貞世子之謂也司主也一一人也元大也良善也貞正也周公踐阼亦題上事庶子之正於公族者教之以孝弟睦友子愛明父子之義長幼之序正者政也庶子司馬之屬掌國子之倅爲政於公族者其朝于公內朝則東面北上臣有貴者以齒內朝路寢庭其在外朝則以官司士爲之外朝路寢門之外庭司士亦司馬之屬也掌羣臣之班正朝儀之位也其在宗廟之中則如外朝之位宗人授

事以爵以官宗人掌禮及宗廟也以爵貴賤異位也以官官各有所掌也若司徒奉牛司馬奉羊司空奉豕其登餕獻受爵則以上嗣上嗣君之適長子以特牲饋食禮言之受爵謂上嗣舉奠也獻謂舉奠洗爵酌入也餕謂宗人遣舉奠盥祝命之餕也大夫之嗣無此禮辟君也庶子治之雖有三命不踰父兄治之治公族之禮也唯於內朝則然其餘會聚之事則與庶姓同一命齒于鄉里再命齒于父族三命不齒不齒者特爲位不在父兄行列中其公大事則以其喪服之精麤爲序雖於公族之喪亦如之以次主人大事謂死喪也其爲君雖皆斬衰序之必以本親也主人主喪者次主人者主人恒在上主人雖有父兄猶不得下齒君公與族燕則異姓爲賓同宗無相賓客之道膳宰爲主人君尊不獻酒公與父兄齒親親也族食世降一等親者稠疏者希其在軍則守於公禰

謂從軍者公禰行主也行以遷主言禰在外親也公若有出疆之政謂朝覲會同也庶子以公族之無事者守於公宮正室守大廟正室適子也大廟大祖之廟諸父守貴宮貴室謂守路寢諸子諸孫守下宮下室下宮親廟也下室燕寢或言宮或言廟通異語五廟之孫祖廟未毀雖爲庶人冠取妻必告死必赴練祥則告赴告於君也實四廟孫而言五廟者容顯考爲始封子也族之相爲也宜弔不弔宜免不免有司罰之弔謂六世以往免謂五世至于賵賻承含皆有正焉承讀爲贈聲之誤也正正禮也公族其有死罪則磬于甸人不於市朝者隱之也甸人掌郊野之官縣縊殺之曰磬其刑罪則纖剸亦告于甸人纖讀爲殲殲刺也剸割也宮割

小二百九十六

臏墨劓刖皆以刀鋸刺割人體也告讀爲鞫讀書用法曰鞫 公族無宮刑 宮割淫刑 獄成有司讞于公其死罪則曰某之罪在大辟其刑罪則曰某之罪在小辟 成平也讞之言白也辟亦罪也 公曰宥之 宥寬也欲寬其罪出於刑也 有司又曰在辟公又曰宥之 又復也 有司又曰在辟及三宥不對走出致刑于甸人 對荅也先者君每言宥則荅之以將更寬之至於三罪定不復荅走往刑之爲君之恩無已 公又使人追之曰雖然必赦之有司對曰無及也 罪既正不可宥乃欲赦之重刑殺其類也 反命于公 白已刑殺 公素服不舉爲之變如其倫之喪無服 素服於凶事爲吉於吉事爲凶非喪服也君雖不服臣卿大夫死則皮弁錫衰以居往弔當事則弁絰於士蓋疑衰同姓則緦衰以弔之今無

服者不往弔也倫謂親疏之比也素服亦皮弁矣親哭之不往弔爲位哭之而已君於臣使有司哭之公族朝于內朝內親也雖有貴者以齒明父子也謂以宗族事會外朝以官體異姓也體猶連結也宗廟之中以爵爲位崇德也崇高也宗人授事以官尊賢也官各有能登餕受爵以上嗣尊祖之道也上嗣祖之正統喪紀以服之輕重爲序不奪人親也紀猶事也公與族燕則以齒而孝弟之道達矣以至尊不自異於親之列其族食世降一等親親之殺也殺差也戰則守於公禰孝愛之深也行主君父之象正室守大廟尊宗室而君臣之道著矣

以其不敢以庶守君所重諸父諸兄守貴室子弟守下室而讓道達矣以其貴者守貴賤者守賤上言父子孫此言兄弟互相備也五廟之孫祖廟未毀雖及庶人冠取妻必告死必赴不忘親也親未絶而列於庶人賤無能也敬弔臨賻賵睦友之道也古者庶子之官治而邦國有倫邦國有倫而衆鄉方矣鄉方言知所鄉公族之罪雖親不以犯有司正術也所以體百姓也犯猶干也術法也刑于隱者不與國人慮兄弟也弗弔弗爲服哭于異姓之廟爲忝祖遠之也素服居外不聽樂私喪之

也骨肉之親無絕也公族無宮刑不翦其類也（翦割截也）天子視學大昕鼓徵所以警衆也（早昧爽擊鼓以召衆也警猶起也周禮凡用樂大胥以鼓徵學士）衆至然後天子至乃命有司行事興秩節祭先師先聖焉（興猶舉也秩常也節猶禮也使有司攝其事舉常禮祭先師先聖不親祭之者視學觀禮耳非爲彼報也）有司卒事反命（告祭畢也祭畢天子乃入）始之養也（又之養老之處凡大合樂必遂養老是以往焉言始始立學也）適東序釋奠於先老（親奠之者已所有事也養老東序則是視學於上庠）遂設三老五更羣老之席位焉（三老五更各一人也皆年老更事致仕者也天子以父兄養之示天下之孝弟也名以三五者取象三辰五星天所因以照明天下者羣老無數其禮亡以鄉飲酒禮言之席位之處則三老如賓五更如介羣老如衆賓必也）適饌省醴養

老之珍具[親視其所有]遂發咏焉退脩之以孝養也[發咏謂以樂納之退脩之謂既迎而入獻之以醴獻畢而樂闋]反登歌清廟[反謂獻羣老畢皆升就席也反就席乃席工於西階上歌清廟以樂之]既歌而語以成之也言父子君臣長幼之道合德音之致禮之大者也[既歌謂樂正告正歌備也語談說也歌備而旅旅而說父子君臣長幼之道說合樂之所美以成其意鄉射記曰古者於旅也語]下管象舞大武大合衆以事達有神興有德也[象周武王伐紂之樂也以管播其聲又爲之舞皆於堂下衆謂所合學士也達有神明天授命周家之有神也興有德美文王武王有德師樂爲用前歌後舞]正君臣之位貴賤之等焉而上下之義行矣[由清廟與武也]有司告以樂闋[闋終也告君以歌舞之樂終此所告者謂無筭樂]王乃命公侯伯子

男及羣吏曰反養老幼于東序終之以仁也羣吏鄉遂之官王於燕之末而命諸侯時朝會在此者各反養老如此禮是終其仁心孝經說所謂諸侯歸各帥於國大夫勤於朝州里騐於邑是也是故聖人之記事也慮之以大謂先本於孝弟之道愛之以敬謂省其所以養老之具行之以禮謂親迎之如見父兄脩之以孝養謂親獻之薦之紀之以義謂既歌而語之終之以仁謂又以命諸侯歸於國復自行之是故古之人一舉事而衆皆知其德之備也古之君子舉大事必慎其終始而衆安得不喻焉言其爲之本末露見盡可得而知也喻猶曉也兑命曰念終始典于學兑當爲說說命書篇名殷高宗之臣傅說之所作典常也念事之終始常於學學禮義之府世子之記曰朝夕至于大寢之

門外問於內豎曰今日安否何如朝夕朝朝暮夕也日中又朝文王之爲世子非禮之制世子之禮亡言此存其記內豎曰今日安世子乃有喜色其有不安節則內豎以告世子世子色憂不滿容色憂憂淺也不及文王行不能正履內豎言復初然後亦復初朝夕之食上世子必在視寒煖之節食下問所膳羞必知所進以命膳宰然後退羞必知所進必知親所食若內豎言疾則世子親齊玄而養親猶自也養疾者齊玄玄冠玄端也膳宰之饌必敬視之疾者之食齊和所欲或異疾之藥必親嘗之試毒味也嘗饌善則世子亦能食善謂多於前嘗饌寡世子亦不

能飽又不及武王一飯再飯以至于復初然後亦復初復常所服

禮記卷第六

經五千七百六十四字
注五千五百字

嘉慶丙寅三月陽城
張氏影摹宋本重彫

禮記卷第七

禮運第九　　禮記　鄭氏注

昔者仲尼與於蜡賓蜡者索也歲十二月合聚萬物而索饗之亦祭宗廟時孔子仕魯在助祭之中事畢出遊於觀之上喟然而嘆觀闕也孔子見魯君於祭禮有不備於此又覩象魏舊章之處感而嘆之仲尼之嘆蓋嘆魯也言偃在側曰君子何嘆言偃孔子弟子子游孔子曰大道之行也與三代之英丘未之逮也而有志焉大道謂五帝時也英俊選之尤者逮及也言不及見志謂識古文不言魯事爲其大切廣言之大道之行也天下爲公選賢與能講信脩睦公猶共也禪位授聖不家之睦親也故人不獨親其親不獨子其子孝慈

之道廣也使老有所終壯有所用幼有所長矜寡孤獨廢疾者皆有所養無匱乏也男有分分猶職也女有歸皆得良奧之家貨惡其弃於地也不必藏於己力惡其不出於身也不必爲己勞事不憚施無吝心仁厚之教也是故謀閉而不興盜竊亂賊而不作尚辭讓之故也故外戶而不閉禦風氣而已是謂大同同猶和也平也今大道旣隱隱猶去也天下爲家傳位於子各親其親各子其子貨力爲己俗狹嗇大人世及以爲禮城郭溝池以爲固亂賊繁多爲此以服之也大人諸侯也禮義以爲紀以正君臣以篤父子以睦兄弟以和夫婦

以設制度以立田里以賢勇知以功爲己故謀用是作而兵由此起（以其違大道敦朴之本也教令之稠其弊則然老子曰法令滋章盜賊多有）禹湯文武成王周公由此其選也（由用也能用禮義以成治）此六君子者未有不謹於禮者也以著其義以考其信著有過刑仁講讓示民有常（考成也刑猶則也）如有不由此者在埶者去衆以爲殃（埶埶位也去罪退之也殃猶禍惡也）是謂小康（康安也大道之人以禮於忠信爲薄言小安者失之則賊亂將作矣）言偃復問曰如此乎禮之急也孔子曰夫禮先王以承天之道以治人之情故失之者死得之者生詩曰相

鼠有體人而無禮人而無禮胡不遄死相視也遄

疾也言鼠之有身體如人而無禮者矣人之無禮可憎賤如鼠不如疾死之愈是故夫禮必本

於天殽於地列於鬼神聖人則天之明因地之利取法度於鬼神以制禮下

教令也既又祀之盡其敬也教民嚴上也鬼者精魂所歸神者引物而出謂祖廟山川五祀之屬也達於喪

祭射御冠昏朝聘民知嚴上則此禮達於下也故聖人以禮

示之故天下國家可得而正也民知禮則易教言偃

復問曰夫子之極言禮也可得而聞與欲知禮終

始所成孔子曰我欲觀夏道欲行其禮觀其所成是故之杞

杞夏后氏之後也而不足徵也徵成也無賢君不足與成也吾得夏時

焉得夏四時之書也其書存者有小正我欲觀殷道是故之宋而

不足徵也宋殷人之後也吾得坤乾焉得殷陰陽之書也其書存者有歸藏

坤乾之義夏時之等吾以是觀之觀於二書之意

夫禮之初始諸飲食其燔黍捭豚汙尊而抔飲蕢桴而土鼓猶若可以致其敬於鬼神言其物雖質略有齊敬之心則可以薦羞於鬼神鬼神饗德不饗味也中古未有釜甑釋米捭肉加於燒石之上而食之耳今北狄猶然汙尊鑿地爲尊也抔飲手掬之也蕢讀爲凷聲之誤也凷堛也謂摶土爲桴也土鼓築土爲鼓也及其死也升屋而號告曰皋某復招之於天然後飯腥而苴孰飯以稻米上古未有火化苴孰取遺奠有火利也苴或爲俎故天望而地藏也體魄則降知氣在上地藏謂葬故死者北首首陰生者南鄉鄉陽也皆從其初謂今行之然也昔者先

王未有宮室冬則居營窟夏則居橧巢寒則累土暑則聚薪柴居其上未有火化食腥也食草木之實鳥獸之肉飲其血茹其毛未有麻絲衣其羽皮此上古之時也後聖有作作起然後脩火之利孰治萬物范金鑄作器用合土瓦瓴甓及甒大以爲臺榭宮室牖戶榭器之所藏也以炮裹燒之也以燔加於火上以亨煑之鑊也以炙貫之火上以爲醴酪烝釀之也酪酢截治其麻絲以爲布帛以養生送死以事鬼神上帝皆從其朔朔亦初也亦謂今行之然故玄酒在室醴醆在戶粢醍在堂澄酒在下陳其犧牲備其鼎俎列其琴瑟管磬鐘鼓脩

其祝嘏以降上神與其先祖以正君臣以篤父子以睦兄弟以齊上下夫婦有所是謂承天之祜此言今禮饌具所因於古及其事義也粢讀爲齊聲之誤也周禮五齊一曰泛齊二曰醴齊三曰盎齊四曰醍齊五曰沈齊字雖異醆與盎澄與沈蓋同物也奠之不同處重古略近也祝祝爲主人饗神辭也嘏祝爲尸致福於主人之辭也祜福也福之言備也作其祝號玄酒以祭薦其血毛腥其俎孰其殽與其越席疏布以冪衣其澣帛醴醆以獻薦其燔炙君與夫人交獻以嘉魂魄是謂合莫此謂薦上古中古之食也周禮祝號有六一曰神號二曰鬼號三曰祇號四曰牲號五曰齍號六曰幣號號者所以尊神顯物也腥其俎謂豚解而腥之及血毛皆所以法於大古也孰其殽謂體解而爓之此以下皆所法於中古也越席翦蒲席也冪覆尊也澣帛練染以爲祭服嘉樂也莫

虛無也孝經說曰上通無莫然後退而合亨體其犬豕牛羊實其簠簋籩豆鉶羹祝以孝告嘏以慈告是謂大祥此謂薦今世之食也體其犬豕牛羊謂分別骨肉之貴賤以爲衆俎也祝以孝告嘏以慈告各首其義也祥善也今世之食於人道爲善也此禮之大成也解子游以禮所成也孔子曰嗚呼哀哉我觀周道幽厲傷之吾舍魯何適矣政亂禮失以爲魯尚愈魯之郊禘非禮也周公其衰矣非猶失也魯之郊牛口傷鼷鼠食其角又有四卜郊不從是周公之道衰矣言子孫不能奉行興之杞之郊也禹也宋之郊也契也是天子之事守也先祖法度子孫所當守故天子祭天地諸侯祭社稷祝嘏莫敢易其常古是謂大假假亦大也不敢改其常古

之法度是謂大大也將言今不然祝嘏辭說藏於宗祝巫史非禮也是謂幽國藏於宗祝巫史言君不知有也幽闇也國闇者君與大夫俱不明也醆斝及尸君非禮也是謂僭君僭禮之君也醆斝先王之爵也唯魯與王者之後得用之耳其餘諸侯用時王之器而已冕弁兵革藏於私家非禮也是謂脅君劫脅之君也冕弁君之尊服兵革君之武衛及軍器也大夫具官祭器不假聲樂皆具非禮也是謂亂國臣之奢富儗於國君敗亂之國也孔子謂管仲官事不攝焉得儉故仕於公曰臣仕於家曰僕三年之喪與新有昏者期不使以衰裳入朝與家僕雜居齊齒非禮也是謂君與臣同國臣有喪昏之事而不歸反服其衰裳以入朝或與僕相等輩而處是謂君臣共國無尊卑也有

喪昬不歸唯君耳臣有喪昬當致事而歸僕又不可與士齒故天子有田以處其子孫諸侯有國以處其子孫大夫有采以處其子孫是謂制度言今不然也春秋昭元年秦伯之弟鍼出奔晉刺其有千乘之國不能容其母弟故天子適諸侯必舍其祖廟而不以禮籍入是謂天子壞法亂紀以禮籍入謂大史典禮執簡記奉諱惡也天子雖尊舍人宗廟猶有敬焉自拱敕也諸侯非問疾弔喪而入諸臣之家是謂君臣爲謔無故而相之是戲謔也陳靈公與孔寧儀行父數如夏氏以取弑焉是故禮者君之大柄也所以別嫌明微儐鬼神考制度別仁義所以治政安君也疾今失禮如此爲言禮之大義也柄所操以治事故政不正則君位危君位

危則大臣倍小臣竊刑肅而俗敝則法無常法無常而禮無列禮無列則士不事也刑肅而俗敝則民弗歸也是謂疵國又爲言政失君危之禍敗也肅駿也疵病也故政者君之所以藏身也於此又遂爲之言政也藏謂輝光於外而形體不見若日月星辰之神是故夫政必本於天殽以降命降下也殽天之氣以下教令天有運移之期陰陽之節也命降于社之謂殽地謂教令由社下者也社土地之主也周禮土會之法有五地之物生降于祖廟之謂仁義謂教令由祖下者大傳曰自禰率而上至于祖遠者輕仁也自祖率而下至于禰高者重義也降於山川之謂興作謂教令由山川下者也山川有草木禽獸可作器物共國事降於五祀之謂制度謂教令由五祀下者五祀有中霤門戸竈行之神此始爲宮室

小字二百四十三

制度此聖人所以藏身之固也政之行如此何用城郭溝池之爲故聖人參於天地並於鬼神以治政也處其所存禮之序也玩其所樂民之治也並并也謂比方之也存察也治所以樂其事居也故天生時而地生財人其父生而師教之四者君以正用之故君者立於無過之地也順時以養財尊師以教民而以治政則無過差矣易曰何以守位曰仁何以聚人曰財故君者所明也非明人者也君者所養也非養人者也君者所事也非事人者也故君明人則有過養人則不足事人則失位明猶尊也故百姓則君以自治也養君以自安

也事君以自顯也故禮達而分定故人皆愛其死而患其生則當爲明人之道身治居安名顯則不苟生也不義而死舍義而生是不愛死患生也故用人之知去其詐用人之勇去其怒用人之仁去其貪用知者之謀勇者之斷仁者之施足以成治矣詐者害民信怒者害民命貪者害民財三者亂之原故國有患君死社稷謂之義大夫死宗廟謂之變變當爲辯聲之誤也辯猶正也君守社稷臣衛君宗廟者患謂見圍入故聖人耐以天下爲一家以中國爲一人者非意之也必知其情辟於其義明於其利達於其患然後能爲之耐古能字傳書世異古字時有存者則亦有今誤矣意心所無慮也辟開也何謂人情喜怒哀懼愛惡

欲七者弗學而能何謂人義父慈子孝兄良弟弟夫義婦聽長惠幼順君仁臣忠十者謂之人義講信脩睦謂之人利爭奪相殺謂之人患（極言人事）故聖人之所以治人七情脩十義講信脩睦尚辭讓去爭奪舍禮何以治之（唯禮可耳）飲食男女人之大欲存焉死亡貧苦人之大惡存焉故欲惡者心之大端也人藏其心不可測度也美惡皆在其心不見其色也欲一以窮之舍禮何以哉（言人情之難知）（明禮之重）故人者其天地之德陰陽之交鬼神之

會五行之秀氣也言人兼此氣性純也故天秉陽垂
日星秉猶持也言天持陽氣施生照臨下也地秉陰竅於山川播
五行於四時和而后月生也是以三五而盈
三五而闕竅孔也言地持陰氣出內於山川以舒五行於四時此氣和乃后月生而上配日若臣功
成進爵位也一盈一闕屈伸之義也必三五者播五行於四時也一曰水二曰火三曰木四曰金五曰土合爲十五之成
數也五行之動迭相竭也五行四時十二月還
相爲本也五聲六律十二管還相爲宮
也五味六和十二食還相爲質也五色六
章十二衣還相爲質也竭猶負戴也言五行運轉更相爲始也五聲宮商角
徵羽也其管陽曰律陰曰呂布十二辰始於黃鐘管長九寸下生者三分去一上生者三分益一終於南呂更相爲宮凡六十

也五味酸苦辛鹹甘也和之者春多酸夏多苦秋多辛冬多鹹皆有滑甘是謂六和五色六章畫繢事也周禮考工記曰土以黃其象方天時變火以圜山以章水以龍鳥獸蛇雜四時五色之位以章之謂之巧也故人者天地之心也五行之端也食味別聲被色而生者也此言兼氣性之効也故聖人作則必以天地爲本以陰陽爲端以四時爲柄以日星爲紀月以爲量鬼神以爲徒五行以爲質禮義以爲器人情以爲田四靈以爲畜天地以至於五行其制作所取象也禮義人情其政治也四靈者其徵報也此則春秋始於元終於麟包之矣呂氏說月令而謂之春秋事類相近焉量猶分也鬼神謂山川也山川助地通氣之象也器所以操事田人所捊治也禮之位賓主象天地介僎象陰陽四面之位象四時三賓象三光夫婦象日月亦是也以天地爲本故物可舉也物天地所養生

以陰陽爲端故情可睹也（情以陰陽通也）以四時爲柄故事可勸也（事以四時成）以日星爲紀故事可列也（事以日與星爲候興作有次第）月以爲量故功有藝也（藝猶才也十二月各有分猶人之才各有所長也藝或爲倪）鬼神以爲徒故事有守也（山川守職不移）五行以爲質故事可復也（事下竟復由上始也）禮義以爲器故事行有考也（考成也器利則事成）人情以爲田故人以爲奧也（奧猶主也田無主則荒）四靈以爲畜故飲食有由也（由用也四靈與羞物爲羣）何謂四靈麟鳳龜龍謂之四靈故龍以爲畜故魚鮪不淰鳳以爲畜故鳥不獝麟以爲畜故獸不狘龜

以爲畜故人情不失淰之言閃也獝狘飛走之貌也失猶去也龜北方之靈信則至矣故先王秉著龜列祭祀瘞繒宣祝嘏辭說設制度故國有禮官有御事有職禮有序皆卜筮所造置也埋牲曰瘞幣帛曰繒宣猶揚也繒或作贈故先王患禮之不達於下也患下不信也故祭帝於郊所以定天位也祀社於國所以列地利也祖廟所以本仁也山川所以儐鬼神也五祀所以本事也故宗祝在廟三公在朝三老在學王前巫而後史卜筮瞽侑皆在左右王中心無爲也以守至正此所以達禮於下也教民尊神慎居處也宗宗人也瞽樂人也侑四輔也故

禮行於郊而百神受職焉禮行於社而百貨可極焉禮行於祖廟而孝慈服焉禮行於五祀而正法則焉 言信得其禮則神物與人皆應之百神列宿也百貨金玉之屬 故自郊社祖廟山川五祀義之脩而禮之藏也 脩猶飾也藏若其城郭然 是故夫禮必本於大一分而爲天地轉而爲陰陽變而爲四時列而爲鬼神其降曰命 聖人象此下之以爲教令 其官於天也 官猶法也此聖人所以法於天也 夫禮必本於天 本於大一與天之義 動而之地 後法地也 列而之事 後法五祀五祀所以本事也 變而從時 後法四時 協於分藝 協合也言禮合於月之分猶人之才也 其居人也曰養 養當爲義

字之誤也下之則爲敎令居人身爲義孝經說曰義由人出其行之以貨力辭讓飲食冠昏喪祭射御朝聘貨贄幣庭實也力筋骸強者也不則僵罷故禮義也者人之大端也所以講信脩睦而固人之肌膚之會筋骸之束也所以養生送死事鬼神之大端也所以達天道順人情之大竇也竇孔穴也故唯聖人爲知禮之不可以已也故壞國喪家亡人必先去其禮言愚者之反聖人也故禮之於人也猶酒之有蘗也君子以厚小人以薄皆得以爲美味性善者醇耳故聖王脩義之柄禮之序以治人情治者去瑕穢養菁華也故人情者聖

王之田也脩禮以耕之(和其剛柔)陳義以種之(樹以善道)講學以耨之(存是去非類也)本仁以聚之(合其所盛)播樂以安之(感動使之堅固)故禮也者義之實也協諸義而協(協合也合禮於義則與義合不乖刺)則禮雖先王未之有可以義起也(以其合於義可以義起作)義者藝之分仁之節也(藝猶才也)協於藝講於仁得之者强(有義則人服之也)仁者義之本也順之體也得之者尊(有仁則人仰之也)故治國不以禮猶無耜而耕也(無以入也)爲禮不本於義猶耕而弗種也(嘉穀無由生也)爲義而不講之以學猶種而弗耨也(苗不殖草不除)講之以學而不合

之以仁猶耨而弗穫也無以知收之豐荒也合之以仁而不安之以樂猶穫而弗食也不知味之甘苦安之以樂而不達於順猶食而弗肥也功不見也四體既正膚革充盈人之肥也父子篤兄弟睦夫婦和家之肥也大臣法小臣廉官職相序君臣相正國之肥也天子以德爲車以樂爲御諸侯以禮相與大夫以法相序士以信相考百姓以睦相守天下之肥也是謂大順大順者所以養生送死事鬼神之常也常謂皆有禮用無匱乏也車或爲居故事大積焉而不苑

並行而不繆細行而不失深而通茂而有閒

連而不相及也動而不相害也此順之至也言人皆明於禮無有蓄亂滯合者各得其分理順其職也故明於順然後能守

危也能守自危之道也君子居安如危小人居危如安易曰危者安其位故禮之不同

也不豐也不殺也所以持情而合危也豐殺謂天子及士名位不同禮亦異數所以拱持其情合安其危故聖王所以順山者

不使居川不使渚者居中原而弗敝也小洲曰渚廣平曰原山者利其禽獸渚者利其魚鹽中原利其五穀使各居其所安不易其利勞敝之也民失其業則窮窮斯盜

用水火金木飲食必時用水謂漁人以時漁爲梁春獻鼈蜃秋獻龜魚也用火謂司爟四時變國火以救時疾及季春出火季秋納火也用金謂丱人以時取金玉錫石也用木謂山虞仲冬斬陽木仲夏

斬陰木飲食謂食齊視春時羹齊視夏時醬齊視秋時飲齊視冬時合男女頒爵位必當年德謂媒氏令男三十而娶女二十而嫁司士稽士任進退其爵祿也用民必順不奪農時故無水旱昆蟲之災民無凶饑妖孽之疾言大順之時陰陽和也昆蟲之災螟螽之屬也故天不愛其道地不愛其寶人不愛其情言嘉瑞出人情至也故天降膏露地出醴泉山出器車河出馬圖鳳皇麒麟皆在郊棷龜龍在宮沼其餘鳥獸之卵胎皆可俯而闚也膏猶甘也器謂若銀甕丹甑也馬圖龍馬負圖而出也棷聚草也沼池也則是無故非有他事使之然也先王能脩禮以達義體信以達順故此順之實也實猶誠也盡也

禮器第十　鄭氏注

禮器是故大備大備盛德也禮器言禮使人成器如耒耜之爲用也人情以爲田脩禮以耕之此是也大備自耕至於食之而肥禮釋回增美質措則正施則行釋猶去也回邪辟也質猶性也措置也其在人也如竹箭之有筠也如松柏之有心也二者居天下之大端矣故貫四時而不改柯易葉箭篠也端本也四物於天下最得氣之本或柔刃於外或和澤於內用此不變傷也人之得禮亦猶然也故君子有禮則外諧而內無怨人協服也故物無不懷仁鬼神饗德懷歸也先王之立禮也有本有文忠信禮之本也義理禮之文也無本不立無文不

行言必外內具也禮也者合於天時設於地財順於鬼神合於人心理萬物者也鬼神所祀事有德也是故天時有生也地理有宜也人官有能也物曲有利也言皆有異故天不生地不養君子不以爲禮鬼神弗饗也天不生謂非其時物也地不養謂非此地所生居山以魚鼈爲禮居澤以鹿豕爲禮君子謂之不知禮不順其鄉之所有也故必舉其定國之數以爲禮之大經定國之數謂地物所出多少禮之大倫以地廣狹謂貢賦之常差禮之薄厚與年之上下用年之豐凶也是故年雖大殺衆不匡懼則上之制禮也節矣言用之有節也殺謂穀不

孰也臣猶恐也禮時爲大順次之體次之宜次之稱次之言聖人制禮所先後也堯授舜舜授禹湯放桀武王伐紂時也言受命改制度詩云匪革其猶聿追來孝革急也猶道也聿述也言文王改作者非必欲急行己之道乃追述先祖之業來居此爲孝天地之祭宗廟之事父子之道君臣之義倫也倫之言順也社稷山川之事鬼神之祭體也天地人之別體也喪祭之用賓客之交義也義之言宜也人道之宜羔豚而祭百官皆足大牢而祭不必有餘此之謂稱也足猶得也稱稱牲之大小而爲俎此指謂助祭者耳而云百官喻衆也諸侯以龜爲寶以圭爲瑞家不寶龜不藏圭不臺門言有稱也

古者貨貝寶龜大夫以下有貨耳易曰十朋之龜瑞信也諸侯執瑞孤卿以下執摯闇者謂之臺禮有以多爲貴者天子七廟諸侯五大夫三士一天子之豆二十有六諸公十有六諸侯十有二上大夫八下大夫六諸侯七介七牢大夫五介五牢天子之席五重諸侯之席三重大夫再重天子崩七月而葬五重八翣諸侯五月而葬三重六翣大夫三月而葬再重四翣此以多爲貴也豆之數謂天子朔食諸侯相食及食大夫公食大夫禮曰宰夫自東房薦豆六設于醬東此食下大夫而豆六則其餘著矣聘禮致饔餼於上大夫堂上八豆設于户西則凡致饔餼堂上之豆數亦如此周禮公之豆四十其東西夾各十有二侯伯之豆三十有二其東西夾各十子男之豆二十有四

其東西夾各六諸侯七介七牢者周之侯伯也大夫五介五牢者侯伯之卿使聘者也周禮上公九介九牢侯伯七介七牢子男五介五牢聘義所云上公七介侯伯五介子男三介乃謂其使者也天子葬五重者謂杭木與茵也葬者杭木在上茵在下士喪禮下篇陳器曰杭木横三縮二加杭席三加茵用疏布緇翦有幅亦縮二横三此士之禮一重者以此差之上公四重

有以少爲貴者天子無介祭天特牲天子適諸侯諸侯膳以犢諸侯相朝灌用鬱鬯無籩豆之薦大夫聘禮以脯醢天子一食諸侯再大夫士三食力無數大路繁纓一就次路繁纓七就圭璋特琥璜爵鬼神之祭單席諸侯視朝大夫特士旅之此以少爲貴也天子無介無客禮也灌獻也一食再食三食謂告飽也食力謂工商農也大路繁纓一就殷祭天之

車也周禮王之五路玉路繁纓十有二就金路九就象路七就革路五就木路翦繁鵠纓圭璋特朝聘以爲瑞無幣帛也琥璜爵者天子酬諸侯諸侯相酬以此玉將幣也大夫特士旅之謂君揖之有以大爲貴者宮室之量器皿之度棺椁之厚丘封之大此以大爲貴也有以小爲貴者宗廟之祭貴者獻以爵賤者獻以散尊者舉觶卑者舉角五獻之尊門外缶門內壺君尊瓦甒此以小爲貴也凡觴一升曰爵二升曰觚三升曰觶四升曰角五升曰散五獻子男之饗禮也壺大一石瓦甒五斗缶大小未聞也易曰尊酒簋貳用缶有以高爲貴者天子之堂九尺諸侯七尺大夫五尺士三尺天子諸侯臺門此以高爲貴也有以下爲貴者至敬

不壇埽地而祭天子諸侯之尊廢禁大夫士棜禁此以下爲貴也廢猶去也棜斯禁也謂之棜者無足有似於棜或因名云耳大夫用斯禁士用棜禁禁如今方案惰長局足高三寸禮有以文爲貴者天子龍衮諸侯黼大夫黻士玄衣纁裳天子之冕朱綠藻十有二旒諸侯九上大夫七下大夫五士三此以文爲貴也此祭冕服也朱綠似夏殷禮也周禮天子五采藻有以素爲貴者至敬無文父黨無容大圭不琢大羹不和大路素而越席犧尊疏布冪樿杓此以素爲貴也大圭長三尺杼上終葵首琢當爲篆字之誤也明堂位曰大路殷路也冪或作幕樿木白理也孔子曰禮不可不省

也禮不同不豐不殺此之謂也蓋言稱也省察也不同言異也禮之以多爲貴者以其外心者也外心用心於外其德在表也德發揚詡萬物詡猶普也徧也大理物博如此則得不以多爲貴乎故君子樂其發也發猶見也樂多其外見也禮之以少爲貴者以其內心者也內心用心於內其德在內德產之致也精微致致密也觀天下之物無可以稱其德者萬物皆天所生孰可奉薦以稱也如此則得不以少爲貴乎是故君子愼其獨也少其牲物致誠慤古之聖人內之爲尊外之爲樂少之爲貴多之爲美是故先王之制禮也不可多

也不可寡也唯其稱也是故君子大牢而祭謂之禮匹士大牢而祭謂之攘（君子謂大夫以上攘盜竊也）管仲鏤簋朱紘山節藻棁君子以爲濫矣（濫亦盜竊也鏤簋謂刻而飾之大夫刻爲龜耳諸侯飾以象天子飾以玉朱紘天子冕之紘也諸侯青組紘大夫士當緇組紘纁邊栭謂之節梁上楹謂之棁宮室之飾士首本大夫達棱諸侯斲而礱之天子加密石焉無畫山藻之禮也）晏平仲祀其先人豚肩不揜豆澣衣濯冠以朝君子以爲隘矣（隘猶狹陋也祀不以少牢與無田者同不盈禮也大夫士有田則祭無田則薦澣衣濯冠儉不務新）是故君子之行禮也不可不愼也衆之紀也紀散而衆亂（言二大夫皆非也紀絲縷之數有紀）孔子曰我戰則克祭則受福蓋得其道

矣我我知禮者也克勝也君子曰祭祀不祈祈求也祭祀不爲求福也詩云自求多福由己耳不麾蚤麾之言快也祭有時不以先之爲快也齊人所善曰麾不樂葆大謂器幣也葆之言褎也不善嘉事嘉事之祭致夫人是也禮宜告見於先祖耳不善之而祭牲不及肥大薦不美多品以禮之義有以小少爲貴也孔子曰臧文仲安知禮夏父弗綦逆祀而弗止也燔柴於奧文仲魯公子彄之曾孫臧孫辰也莊文之閒爲大夫於時爲賢是以非之不正禮也文二年八月丁卯大事于大廟躋僖公始逆祀是夏父弗綦爲宗人之爲也奧當爲爨字之誤也或作竈禮尸卒食而祭饎爨饔爨也時人以爲祭火神乃燔柴夫奧者老婦之祭也盛於盆尊於瓶老婦先炊者也盆瓶炊器也明此祭先炊非祭火神燔柴似失之禮也者猶體也若人身體體不備君子謂之不成人設之不當

猶不備也禮有大有小有顯有微大者不可損小者不可益顯者不可揜微者不可大也故經禮三百曲禮三千其致一也〔致之言至也一謂誠也經禮謂周禮也周禮六篇其官有三百六十曲猶事也事禮謂今禮也禮篇多亡本數未聞其中事儀三千〕

未有入室而不由户者〔三百三千皆猶誠也〕君子之於禮也有所竭情盡慎致其敬而誠若〔謂以少小下素爲貴也若順也〕有美而文而誠若〔謂以多大高文爲貴也〕君子之於禮也有直而行也〔謂若始死哭踊無節也〕有曲而殺也〔謂若父在爲母期也〕有經而等也〔謂若天子以下至士庶人爲父母三年〕有順而討也〔討猶去也謂若天子以十二公以九侯伯以七子男以五爲節也〕有摲而播也〔摲之言芟也謂芟殺有所

與也若祭者貴賤皆有所得不使虛也有推而進也謂若王者之後得用天子之禮有放而文也謂若天子之服服日月以至黼黻有放而不致也謂若諸侯自山龍以下有順而摭也謂若君沐粱大夫沐稷士沐粱三代之禮一也民共由之或素或青夏造殷因一也俱趨誠也由用也素尚白青尚黑者也言所尚雖異禮則相因耳孔子曰殷因於夏禮所損益可知也周因於殷禮所損益可知也變白黑言素青者秦二世時趙高欲作亂或以青爲黑黑爲黄民言從之至今語猶存也周坐尸詔侑武方其禮亦然其道一也言此亦周所因於殷也武當爲無聲之誤也方猶常也告尸行節勸尸飲食無常若孝子之爲也孝子就養無方詔侑或爲詔囿夏立尸而卒祭夏禮尸有事乃坐殷坐尸無事猶坐周旅酬六尸使之相酌也后稷之尸發爵不受旅曾子曰周禮其猶醵與合錢飲酒爲醵旅酬相酌似之也王居明堂之禮仲秋乃命國

醵

君子曰禮之近人情者非其至者也近人情者褻而遠之者敬郊血大饗腥三獻爓一獻孰郊祭天也大饗祫祭先王也三獻祭社稷五祀一獻祭羣小祀也爓沈肉於湯也血腥爓孰遠近備古今也尊者先遠差降而下至小祀孰而已是故君子之於禮也非作而致其情也作起也敬非己情也所以下彼此有由始也有所法也是故七介以相見也不然則已愨三辭三讓而至不然則已蹙已猶甚也愨蹙愿貌大愿則辭不見情無由至也故魯人將有事於上帝必先有事於頖宮上帝周所郊祀之帝謂蒼帝靈威仰也魯以周公之故得郊祀上帝與周同先有事於頖宮告后稷也告之者將以配天先仁也頖宮郊之學也詩所謂頖宮也字或爲郊宮晉人將有事於河必先有事於惡池惡當爲呼聲之誤也呼池嘔夷幷州

川齊人將有事於泰山必先有事於配林配林林名三月繫七日戒三日宿慎之至也繫繫牲于牢也戒散齊也宿致齊也將有祭祀之事必先敬慎如此不敢切也故禮有擯詔樂有相步溫之至也皆爲溫藉重禮也擯詔告道賓主者也相步扶工也詔或爲紹禮也者反本脩古不忘其初者也故凶事不詔朝事以樂二者反本也哭泣由中非由人也朝廷養賢以樂樂之也醴酒之用玄酒之尚割刀之用鸞刀之貴莞簟之安而稾鞂之設三者脩古穗去實曰鞂禹貢三百里納鞂服是故先王之制禮也必有主也主謂本與古也故可述而多學也以本與古求之而已君子曰無節於內者觀物弗之察矣節猶驗也

欲察物而不由禮弗之得矣故作事不以禮弗之敬矣出言不以禮弗之信矣故曰禮也者物之致也致之言至也極也是故昔先王之制禮也因其財物而致其義焉爾故作大事必順天時大事祭祀也春秋傳曰啓蟄而郊龍見而雩始殺而嘗閉蟄而烝爲朝夕必放於日月日出東方月出西方爲高必因丘陵謂冬至祭天於圜丘之上爲下必因川澤謂夏至祭地於方澤之中是故天時雨澤君子達亹亹焉達猶皆也亹亹勉勉也君子愛物見天雨澤皆勉勉勸樂是故昔先王尚有德尊有道任有能舉賢而置之聚衆而誓之古者將有大事必選賢誓衆重事也是故因

天事天天高因高者以事也因地事地地下因下者以事也因名山升中于天名猶大也升上也中猶成也謂巡守至於方嶽燔柴祭天告以諸侯之成功也孝經說曰封乎泰山考績燔燎禪乎梁甫刻石紀號也因吉土以饗帝于郊吉土王者所卜而居之土也饗帝於郊以四時所兆祭於四郊者也今漢亦四時迎氣其禮則簡升中于天而鳳皇降龜龍假功成而大平陰陽氣和而致象物饗帝於郊而風雨節寒暑時五帝主五行五行之氣和而庶徵得其序也五行木爲雨金爲暘火爲燠水爲寒土爲風是故聖人南面而立而天下大治南面立者視朝天道至教聖人至德目下事也廟堂之上罍尊在阼犧尊在西廟堂之下縣鼓在西應鼓在東禮樂之器尊西也小鼓謂之應犧周禮作獻君在阼夫人在房人君尊東也天

子諸侯有左右房大明生於東月生於西此陰陽之分夫婦之位也大明日也君西酌犧象夫人東酌罍尊象日出東方而西行也月出西方而東行也周禮曰春祠夏禴祼用雞彝鳥彝皆有舟其朝踐用兩獻尊其再獻用兩象尊皆有罍諸臣之所酢禮交動乎上樂交應乎下和之至也言交乃和禮也者反其所自生自由也制禮者本己所由得民心也樂也者樂其所自成作樂者緣民所樂於己之功舜之民樂其紹堯而作大韶湯武之民樂其護伐而作濩武是故先王之制禮也以節事動反本也脩樂以道志勸之善也故觀其禮樂而治亂可知也國亂禮慢而樂淫也蘧伯玉曰君子之人達觀其禮樂則知治亂也蘧伯玉衛大夫也名瑗故觀其器而知其工之巧

觀其發而知其人之知禮樂亦猶是也故曰君子愼其所以與人者將以見觀大廟之內敬矣君親牽牲大夫贊幣而從納牲於庭時也當用幣告神而殺牲君親制祭夫人薦盎親制祭謂朝事進血膋時所制者制肝洗於鬱鬯以祭於室及主君親割牲夫人薦酒親割謂進牲孰體時卿大夫從君命婦從夫人洞洞乎其敬也屬屬乎其忠也勿勿乎其欲其饗之也勿勿猶勉勉也納牲詔於庭血毛詔於室羹定詔於堂三詔皆不同位蓋道求而未之得也肉謂之羹道猶言也設祭于堂設祭之饌於堂人君禮然爲祊乎外祊祭明日之繹祭也謂之祊者於廟門之旁因名焉其祭之禮既設祭於室而事尸

於堂孝子求神非一處也周禮曰夏后氏世室門堂三之二室三之一詩頌絲衣曰自堂徂基故曰於彼乎於此乎不知神之所在也一獻質謂祭羣小祀也三獻文謂祭社稷五祀五獻察察明也謂祭四望山川也七獻神謂祭先公大饗其王事與盛其饌與貢謂祫祭先王三牲魚腊四海九州之美味也籩豆之薦四時之和氣也此饌諸侯所獻內金示和也此所貢也內之庭實先設之金從革性和荊揚二州貢金三品束帛加璧尊德也貢享所執致命者君子於玉比德焉龜爲前列先知也龜知事情者陳於庭在前荊州納錫大龜金次之見情也金炤物金有兩義先入後設丹漆絲纊竹箭與衆共財也萬民皆有此物荊州貢丹兖州貢漆絲豫州貢纊揚州貢篠簜其餘無常貨各以其國之所有則致遠物也其餘謂九州之

外夷服鎮服蕃服之國周禮九州之外謂之蕃國世一見各以其所貴寶爲摯周穆王征犬戎得白狼白鹿近之其出也肆夏而送之蓋重禮也出謂諸侯之賓也禮畢而出作樂以節之肆夏當爲陔夏祀帝於郊敬之至也言就而祭之不敢致也宗廟之祭仁之至也仁恩也父子主恩也喪禮忠之至也謂哭踊袒襲也備服器仁之至也謂小斂大斂之衣服葬之明器賓客之用幣義之至也謂來賻賵故君子欲觀仁義之道禮其本也言禮有節於內可以觀也君子曰甘受和白受采忠信之人可以學禮苟無忠信之人則禮不虛道是以得其人之爲貴也道猶由也從也孔子曰誦詩三百不足以一獻一獻之禮不足以大饗

大饗之禮不足以大旅大旅具矣不足以饗帝誦詩三百喻習多言而不學禮也大旅祭五帝也饗帝祭天毋輕議禮謂若誦詩者不可以強言禮子路爲季氏宰宰治邑吏也季氏祭逮闇而祭日不足繼之以燭謂舊時也雖有強力之容肅敬之心皆倦怠矣以其久也有司跛倚以臨祭其爲不敬大矣偏任爲跛依物爲倚他日祭子路與室事交乎户堂事交乎階質明而始行事晏朝而退室事祭時堂事儐尸孔子聞之曰誰謂由也而不知禮乎多其知禮

禮記卷第七

經四千九百二十一字
注五千七百四十字

嘉慶丙寅二月陽城
張氏影摹宋本重彫

禮記卷第八

郊特牲第十一　鄭氏注

郊特牲而社稷大牢天子適諸侯諸侯膳用犢諸侯適天子天子賜之禮大牢貴誠之義也故天子牲孕弗食也祭帝弗用也犢者誠慤未有牝牡之情是以小爲貴也孕任子也易曰婦孕不育大路繁纓一就先路三就次路五就此因小說以少爲貴者禮器言次路七就與此乖字之誤也郊血大饗腥三獻爓一獻孰至敬不饗味而貴氣臭也血腥爓祭用氣諸侯爲賓灌用鬱鬯灌用臭也大饗尚腶脩而已矣亦不饗味也此大饗饗諸侯也大饗

君三重席而酢焉言諸侯相饗獻酢禮敵也三獻之介君專席而酢焉此降尊以就卑也三獻卿大夫來聘主君饗燕之以介爲賓賓爲苟敬則徹重席而受酢也專猶單也饗禘有樂而食嘗無樂陰陽之義也凡飲養陽氣也凡食養陰氣也故春禘而秋嘗春饗孤子秋食耆老其義一也而食嘗無樂言義同而或用樂或不用樂也此禘當爲禴字之誤也王制曰春禴夏禘飲養陽氣也故有樂食養陰氣也故無聲凡聲陽也鼎俎奇而籩豆偶陰陽之義也籩豆之實水土之品也水土之品言非人常所食不敢用褻味而貴多品所以交於旦明之義

也旦當爲神篆字之誤也賓入大門而奏肆夏示易以敬也賓朝聘者易和說也卒爵而樂闋孔子屢歎之美此禮也奠酬而工升歌發德也以詩之義發明賓主之德歌者在上匏竹在下貴人聲也匏笙也樂由陽來者也禮由陰作者也陰陽和而萬物得得得其所旅幣無方所以別土地之宜而節遠邇之期也旅衆也邇近也龜爲前列先知也以鐘次之以和居參之也鐘金也獻金爲作器鐘其大者以金參居庭實之閒示和也虎豹之皮示服猛也束帛加璧往德也庭燎之百由齊桓公始也僭天子也庭燎之差公蓋五十侯伯子男皆三十大夫之奏肆

夏也由趙文子始也僭諸侯趙文子晉大夫名武朝覲大夫之私覿非禮也大夫執圭而使所以申信也其君親來其臣不敢私見於主國君也以君命聘則有私見不敢私覿所以致敬也而庭實私覿何爲乎諸侯之庭非其與君無別爲人臣者無外交不敢貳君也私覿是外交大夫而饗君非禮也其饗君由強且富也大夫強而君殺之義也由三桓始也三桓魯桓公之子莊公之弟公子慶父公子牙公子友慶父與牙通於夫人以脅公季友以君命鴆牙後慶父弑二君又死也天子無客禮莫敢爲主焉君適其臣升自阼階不敢有其室也明饗君非禮也覲禮天子不下堂而見諸侯正君臣也下堂而

見諸侯天子之失禮也由夷王以下夷王周康王之玄孫之子也時微弱不敢自尊於諸侯諸侯之宮縣而祭以白牡擊玉磬朱干設錫冕而舞大武乘大路諸侯之僭禮也言此皆天子之禮也宮縣四面縣也干盾也錫傅其背如龜也武萬舞也白牡大路殷天子禮也臺門而旅樹反坫繡黼丹朱中衣大夫之僭禮也言此皆諸侯之禮也旅道也屏謂之樹樹所以蔽行道管氏樹塞門塞猶蔽也禮天子外屏諸侯內屏大夫以簾士以帷反坫反爵之坫也蓋在尊南兩君相見主君既獻於反爵焉繡黼丹朱以爲中衣領緣也繡讀爲綃綃繒名也詩云素衣朱綃又云素衣朱襮襮黼領也故天子微諸侯僭大夫強諸侯脅於此相貴以等相覿以貨相賂以利而天下之禮亂矣言僭所由諸侯不敢祖天子大夫

不敢祖諸侯而公廟之設於私家非禮也由三桓始也言仲孫叔孫季孫氏皆立桓公廟魯以周公之故立文王廟三家見而僭焉天子存二代之後猶尊賢也尊賢不過二代過之遠難法也二或爲三諸侯不臣寓公故古者寓公不繼世寓寄也寄公之子非賢者世不足尊也寓或爲託也君之南鄉荅陽之義也臣之北面荅君也荅對也大夫之臣不稽首非尊家臣以辟君也辟國君也大夫有獻弗親君有賜不面拜爲君之荅己也不面拜者於外告小臣小臣受以入也小臣掌三公及孤卿之復逆也鄉人禓禓強鬼也謂時儺索室毆疫逐強鬼也禓或爲獻或爲儺孔子朝服立于阼存室神也神依人也孔子曰射之以樂

也何以聽何以射多其射容與樂節相應也孔子曰士使之射不能則辭以疾縣弧之義也男子生而設弧於門左示有射道而未能也女子設帨孔子曰三日齊一日用之猶恐不敬二日伐鼓何居居讀爲姬語之助也何居怪之也伐猶擊也齊者止樂而二日擊鼓則是成一日齊也孔子曰繹之於庫門內祊之於東方朝市之於西方失之矣祊之禮宜於廟門外之西室繹又於其堂神位在西也此二者同時而大名曰繹其祭禮簡而事尸禮大朝市宜於市之東偏周禮市有三期大市日昃而市百族爲主朝市朝時而市商賈爲主夕市夕時而市販夫販婦爲主社祭土而主陰氣也君南鄉於北墉下荅陰之義也牆謂之墉北墉社內北牆日用甲用日之始也國中之神莫貴於社天子大社必受霜露風雨以

達天地之氣也大社王爲羣姓所立是故喪國之社屋之不受天陽也薄社北牖使陰明也絕其陽通其陰而已薄社殷之社殷始都薄社所以神地之道也地載萬物天垂象取財於地取法於天是以尊天而親地也故教民美報焉家主中霤而國主社示本也中霤亦土神也唯爲社事單出里唯爲社田國人畢作唯社丘乘共粢盛所以報本反始也單出里皆往祭社於都鄙二十五家爲里畢作人則盡行非徒羨也丘十六井也四丘六十四井曰甸或謂之乘乘者以於車賦出長轂一乘乘或爲鄰季春出火爲焚也謂焚萊也凡出火以火出建辰之月火始出然後簡其車賦而歷其卒伍而君

親誓社以習軍旅左之右之坐之起之以觀其習變也簡歷謂算具陳列之也君親誓社誓吏士以習軍旅既而遂田以祭社也言祭社則此是仲春之禮也仲春以火田田止弊火然後獻禽至季春火出而民乃用火今云季春出火乃誓社記者誤也社或爲省而流示之禽而鹽諸利以觀其不犯命也流猶行也行行田也鹽讀爲豔行田示之以禽使歆豔之觀其用命不也謂禽爲利者凡田大獸公之小禽私之求服其志不貪其得失伍而獲猶爲犯命故以戰則克以祭則受福天子適四方先柴所到必先燔柴有事於上帝也書曰歲二月東巡守至于岱宗柴郊之祭也迎長日之至也易說曰三王之郊一用夏正夏正建寅之月也此言迎長日者建卯而晝夜分分而日長也大報天而主日也大猶徧也天之神日爲尊兆於南郊就陽位也日大陽之精也埽地

而祭於其質也器用陶匏以象天地之性
也觀天下之物無可以稱其德於郊故謂之郊牲用騂尚赤也
用犢貴誠也尚赤者周也郊之用辛也周之始郊日
以至言日以周郊天之月而至陽氣新用事順之而用辛日此說非也郊天之月而日至魯禮也三王之郊一用夏
正魯以無冬至祭天於圓丘之事是以建子之月郊天示先有事也用辛日者凡爲人君當齊戒自新耳周衰禮廢儒者見周
禮盡在魯因推魯禮以言周事卜郊受命于祖廟作龜于禰宮
尊祖親考之義也受命謂告之退而卜卜之日王立于
澤親聽誓命受教諫之義也澤澤宮也所以擇賢之宮也既卜必
到澤宮擇可與祭祀者因誓敕之以禮也禮器曰舉賢而置之聚衆而誓之是也獻命庫門之
內戒百官也大廟之命戒百姓也王自澤宮而還以誓

命重相申勑也庫門在雉門之外入庫門則至廟門外矣大廟者祖廟也百官公卿以下也百姓王之親也入廟戒親親也王自此還齊路寢之室庫或爲廄祭之日王皮弁以聽祭報示民嚴上也報猶白也夙興朝服以待白祭事者乃後服祭服而行事也周禮祭之日小宗伯逆粢省鑊告時于王告備于王也喪者不哭不敢凶服氾埽反道鄉爲田燭謂郊道之民爲之也反道剗令新土在上也田燭田首爲燭也弗命而民聽上化王嚴上祭之日王被袞以象天謂有日月星辰之章此魯禮也周禮王祀昊天上帝則服大裘而冕祀五帝亦如之魯侯之服自袞冕而下也戴冕璪十有二旒則天數也天之大數不過十二乘素車貴其質也旂十有二旒龍章而設日月以象天也設日月畫於旂上素車殷路也天垂象聖人則之郊所以明天道魯公之郊用殷禮也

也明謂則之以示人也帝牛不吉以爲稷牛養牲必養二也帝牛必在滌三月稷牛唯具所以別事天神與人鬼也滌牢中所搜除處也唯具遭時又選可用也萬物本乎天人本乎祖此所以配上帝也言俱本可以配郊之祭也大報本反始也天子大蜡八所祭有八神也伊耆氏始爲蜡伊耆氏古天子號也蜡也者索也謂求索也歲十二月合聚萬物而索饗之也歲十二月周之正數謂建亥之月也饗者祭其神也萬物有功加於民者神使爲之也祭之以報焉造者配之也蜡之祭也主先嗇而祭司嗇也先嗇若神農者司嗇后稷是也祭百種以報嗇也嗇所樹藝之功使盡饗之饗農及郵表畷禽獸仁之至義之盡也

（農田畯也郵表畷謂田畯所以督約百姓於井閒之處也詩云爲下國畷郵禽獸服不氏所敎擾猛獸也）古之君子使之必報之迎貓爲其食田鼠也迎虎爲其食田豕也迎而祭之也（迎其神也）祭坊與水庸事也（水庸溝也）曰土反其宅水歸其壑昆蟲毋作草木歸其澤（此蜡祝辭也若辭同則祭同處可知矣壑猶坑也昆蟲暑生寒死螟螽之屬爲害者也）皮弁素服而祭素服以送終也葛帶榛杖喪殺也蜡之祭仁之至義之盡也（送終喪殺所謂老物也素服衣裳皆素）黃衣黃冠而祭息田夫也（祭謂旣蜡臘先祖五祀也於是勞農以休息之論語曰黃衣狐裘）野夫黃冠黃冠草服也（言祭以息民服象其時物之色季秋而草木黃落）大羅氏天子之掌鳥獸

者也諸侯貢屬焉草笠而至尊野服也（諸侯於蜡使使者戴草笠貢鳥獸也詩云彼都人士臺笠緇撮又曰其餉伊黍其笠伊糾皆言野人之服也）羅氏致鹿與女而詔客告也以戒諸侯曰好田好女者亡其國（詔使者使歸以此告其君所以戒之）天子樹瓜華不斂藏之種也（華果蓏也又詔以天子樹瓜蓏而已戒諸侯以蓄藏蘊財利也）八蜡以記四方（四方方有祭也）四方年不順成八蜡不通以謹民財也（其方穀不孰則不通於蜡焉使民謹於用財蜡有八者先嗇一也司嗇二也農三也郵表畷四也貓虎五也坊六也水庸七也昆蟲八也）順成之方其蜡乃通以移民也（移之言羨也詩頌豐年曰爲酒爲醴烝畀祖妣以洽百禮此其羨之與）既蜡而收民息已故既蜡君子不興功（收謂收斂積聚也息民與蜡異則黃衣黃冠而祭爲臘必

矣恒豆之菹水草之和氣也其醢陸產之物也加豆陸產也其醢水物也此謂諸侯也天子朝事之豆有昌本麋臡茆菹麇臡饋食之豆有葵菹蠃醢豚拍魚醢其餘則有雜錯云也籩豆之薦水土之品也不敢用常褻味而貴多品所以交於神明之義也非食味之道也先王言禮以異爲敬之薦可食也而不可嗜也卷冕路車可陳也而不可好也武壯而不可樂也宗廟之威而不可安也宗廟之器可用也而不可便其利也所以交於神明者不可以同於所安樂之義也武萬舞也酒醴之美玄酒明水之

尚貴五味之本也黼黻文繡之美疏布之尚反女功之始也莞簟之安而蒲越槀鞂之尚明之也大羹不和貴其質也大圭不琢美其質也丹漆雕幾之美素車之乘尊其樸也貴其質而已矣所以交於神明者不可同於所安褻之甚也如是而后宜尚質貴本其至如是乃得交於神明之宜也明水司烜以陰鑑所取於月之水也蒲越槀鞂藉神席也明之者神明之也琢當爲篆字之誤也幾謂漆飾沂鄂也鼎俎奇而籩豆偶陰陽之義也牲陽也庶物陰也黃目鬱氣之上尊也黃者中也目者氣之清明者也言酌於中而清明於外

也黄目黄彝也周所造於諸侯爲上也祭天埽地而祭焉於其質而巳矣醯醢之美而煎鹽之尚貴天産也割刀之用而鸞刀之貴貴其義也聲和而后斷也冠義始冠之緇布之冠也始冠三加先加緇布冠也大古冠布齊則緇之其緌也孔子曰吾未之聞也大古無飾非時人緌也雜記曰大白緇布之冠不緌大白即大古白布冠今喪冠也齊則緇之者鬼神尚幽闇也唐虞以上曰大古也冠而敝之可也此重古而冠之耳三代改制齊冠不復用也以白布冠質以爲喪冠也適子冠於阼以著代也東亭少北近主位也醮於客位加有成也每加而有成人之道也成人則益尊醮於客位尊之也三加彌尊喻其志也始加緇布冠次皮弁次爵弁冠益尊則志益大也冠而字

之敬其名也重以未成人之時呼之委貌周道也章甫殷道也毋追夏后氏之道也常所服以行道之冠也或謂委貌爲玄冠也周弁殷冔夏收齊所服而祭也三王共皮弁素積所不易於先代無大夫冠禮而有其昏禮古者五十而后爵何大夫冠禮之有言年五十乃爵爲大夫也其有昏禮或改取也諸侯之有冠禮夏之末造也言夏初以上諸侯雖有幼而即位者猶以士禮冠之亦五十乃爵命也至其衰末未成人者多見篡弒乃更即位則爵命之以正君臣而有諸侯之冠禮天子之元子士也天下無生而貴者也儲君副主猶云士也明人有賢行著德乃得貴也繼世以立諸侯象賢也賢者子孫恒能法其先父德行以官爵人德之殺也言德益厚官益尊也死而

謚令也古者生無爵死無謚古謂殷以前也大夫以上乃謂之爵死有謚也周制爵及命士雖及之猶不謚耳今記時死則謚之非禮也禮之所尊尊其義也言禮所以尊尊其有義也失其義陳其數祝史之事也故其數可陳也其義難知也知其義而敬守之天子之所以治天下也言政之要盡於禮之義天地合而后萬物興焉目禮之義夫昏禮萬世之始也取於異姓所以附遠厚別也同姓或則多相褻也幣必誠辭無不腆誠信也腆猶善也告之以直信直猶正也此二者所以教婦正直信也信事人也信婦德也事猶立也壹與之齊終身不改故夫死不嫁齊謂共牢而食同尊卑也齊或爲醮男子

親迎男先於女剛柔之義也天先乎地君先乎臣其義一也先謂倡道也執摯以相見敬章別也言不敢相褻也摯所奠鴈也男女有別然後父子親父子親然後義生義生然後禮作禮作然後萬物安言人倫有別則氣性醇也無別無義禽獸之道也言聚麀之亂類也壻親御授綏親之也親之也者親之也言己親之所以使之親己敬而親之先王之所以得天下也先王若大王文王出乎大門而先男帥女女從男夫婦之義由此始也先者車居前也婦人從人者也幼從父兄嫁從夫夫死從子從謂順其教令夫也

者夫也夫也者以知帥人者也（夫之言丈夫也夫或爲傅）玄冕齊戒鬼神陰陽也將以爲社稷主爲先祖後而可以不致敬乎（玄冕祭服也陰陽謂夫婦也）共牢而食同尊卑也故婦人無爵從夫之爵坐以夫之齒（爵謂夫命爲大夫則妻爲命婦）器用陶匏尚禮然也（此謂大古之禮器也）三王作牢用陶匏（言大古無共牢之禮三王之世作之而用大古之器重夫婦之始也）厥明婦盥饋舅姑卒食婦餕餘私之也（私之猶言恩也）舅姑降自西階婦降自阼階授之室也（明當爲家事之主也）昏禮不用樂幽陰之義也樂陽氣也（幽深也欲使婦深思其義不以陽散之也）昏禮不賀人之序也（序猶代也）

有虞氏之祭也尚用氣血腥爓祭用氣也尚謂先薦之爓或爲腸殷人尚聲臭味未成滌蕩其聲樂三闋然後出迎牲聲音之號所以詔告於天地之間也滌蕩猶搖動也周人尚臭灌用鬯臭鬱合鬯臭陰達於淵泉灌以圭璋用玉氣也既灌然後迎牲致陰氣也蕭合黍稷臭陽達於牆屋故既奠然後焫蕭合羶薌灌謂以圭瓚酌鬯始獻神也已乃迎牲於庭殺之天子諸侯之禮也奠謂薦孰時也特牲饋食所云祝酌奠于鉶南是也蕭薌蒿也染以脂合黍稷燒之詩云取蕭祭脂羶當爲馨聲之誤也奠或爲薦凡祭慎諸此魂氣歸于天形魄歸于地故祭求諸陰陽之義也

殷人先求諸陽周人先求諸陰（此其所以先後異也）詔祝於室坐尸於堂（謂朝事時也朝事延尸于户西南面布主席東面取牲膟膋燎于爐炭洗肝于鬱鬯而燔之入以詔神於室又出以墮于主人主人親制其肝所謂制祭也時尸薦以籩豆至薦孰乃更延主于室之奧尸來升席自北方坐于主北焉）用牲於庭（謂殺之時）升首於室（制祭之後升牲首於北墉下尊首尚氣也）直祭祝于主（謂薦孰時也如特牲少牢饋食之爲也直正也祭以孰爲正則血腥之屬盡敬心耳）索祭祝于祊（索求神也廟門曰祊謂之祊者以於繹祭名也）不知神之所在於彼乎於此乎（室與堂與）或諸遠人乎祭于祊尚曰求諸遠者與（尚庶幾也）祊之爲言倞也（倞猶索也倞或爲誎）肵之爲言敬也（爲尸有肵俎此訓也）富也者福也（人君嘏辭有富此訓之也或曰福也者備也）首也者直也（訓所以升首祭也直或爲植也）相

饗之也相謂詔侑也詔侑尸者欲使饗此饌也特牲饋食禮曰主人拜妥尸尸荅拜執奠祝饗嘏長也大也主人受祭福曰嘏此訓也尸陳也尸或詁為主此尸神象當從主訓之言陳非也毛血告幽全之物也幽謂血也告幽全之物者貴純之道也純謂中外皆善血祭盛氣也祭肺肝心貴氣主也氣主氣之所舍也周祭肺殷祭肝夏祭心祭黍稷加肺祭齊加明水報陰也祭黍稷加肺謂綏祭也明水司烜所取於月之水也齊五齊也五齊加明水則三酒加玄酒也取膟膋燔燎升首報陽也膟膋腸間脂也與蕭合燒之亦有黍稷也明水涚齊貴新也涚猶清也五齊濁泲之使清謂之涚齊及取明水皆貴新也周禮慌氏以涚水漚絲涚齊或為汎齊凡涚新之也新之者敬也其謂之明水也由主人之絜著此水也著猶成也言主人齊絜此水乃成可得也君

再拜稽首肉袒親割敬之至也敬之至也服也拜服也稽首服之甚也肉袒服之盡也割解牲體祭稱孝孫孝子以其義稱也謂事祖禰稱曾孫某謂國家也謂諸侯事五廟也於曾祖以上稱曾孫而已祭祀之相主人自致其敬盡其嘉而無與讓也相謂詔侑尸也嘉善也腥肆爓腍祭豈知神之所饗也主人自盡其敬而已矣治肉曰肆腍孰也爓或爲腊舉斝角詔妥尸古者尸無事則立有事而后坐也尸神象也祝將命也妥安坐也尸始入舉奠斝若奠角將祭之祝則以主人拜安尸使之坐尸即至尊之坐或時不自安則以拜安之也天子奠斝諸侯奠角古謂夏時也縮酌用茅明酌也

謂泲醴齊以明酌也周禮曰醴齊縮酌五齊醴尤濁和之以明
酌泲之以茅縮去滓也明酌者事酒之上也名曰明者事酒今
之醳酒皆新成也春秋傳曰爾貢包茅不入王祭不共無以縮
酒酌猶斟也酒巳泲則斟之以實尊彝昏禮曰酌玄酒三注于
尊凡行酒亦爲酌也 醆酒涚于清 謂泲醆酒以清酒也醆酒盎齊盎齊差清和之以清酒泲之而
巳泲盎齊必和以清酒者皆久味相得 汁獻涚于醆酒 謂泲秬鬯以醆酒也獻讀當爲莎齊語聲
之誤也秬鬯者中有煮鬱和以盎齊摩莎泲之出其香汁因謂之汁莎不以三酒泲秬鬯者秬鬯尊也 猶明清
與醆酒于舊澤之酒也 猶若也澤讀爲醳舊醳之酒謂昔酒也泲醴齊以明酌泲
醆酒以清酒泲汁獻以醆酒天子諸侯之禮也天子諸侯禮廢時人或聞此而不審知云若今明酌清酒與醆酒以舊醳之酒
泲之矣就其所知以曉之也泲清酒以舊醳之酒者爲其味厚腊毒也 祭有祈焉 祈猶求也謂祈福祥
求永貞也 有報焉 謂若穫禾報社 有由辟焉 由用也辟讀爲弭謂弭災兵遠罪疾
也 齊之玄也以陰幽思也故君子三日齊必

見其所祭者齊三日者思其居處思其笑語思其志意思其所樂則見之也

内則第十二

鄭氏注

后王命冢宰降德于衆兆民后君也德猶教也萬億曰兆天子曰兆民諸侯曰萬民周禮冢宰掌飲食司徒掌十二教今一云冢宰記者據諸侯也諸侯并六卿爲三或兼職焉子事父母雞初鳴咸盥漱櫛縰笄總拂髦冠緌纓端韠紳搢笏咸皆也縰韜髮者也總束髮也垂後爲飾拂髦振去塵著之髦用髮爲之象幼時鬌其制未聞也緌纓之飾也端玄端士服也庶人深衣紳大帶所以自紳約也搢猶扱也扱笏於紳笏所以記事也左右佩用自佩也必佩者備尊者使令也左佩紛帨刀礪小觿金燧紛帨拭物之巾也今齊人有言紛者刀礪小刀及礪礱也小觿解小結也觿貌如錐以象骨爲之金燧可取火於日右佩玦捍管遰大觿木燧捍謂拾也言可以捍弦也管筆彄也遰刀鞞也

木燧鑽火也偪偪行縢屨著綦綦屨繫也婦事舅姑如事父母雞初鳴咸盥漱櫛縰笄總衣紳笄今簪也衣紳衣而著紳左佩紛帨刀礪小觿金燧右佩箴管線纊施縏袠大觿木燧縏小囊也縏袠言施明為箴管線纊有之衿纓綦屨衿猶結也婦人有纓示繫屬也以適父母舅姑之所適之及所下氣怡聲問衣燠寒疾痛苛癢而敬抑搔之怡說也苛疥也抑按搔摩也出入則或先或後而敬扶持之先後之隨時便也進盥少者奉槃長者奉水請沃盥盥卒授巾槃承盥水者巾以帨手問所欲而敬進之柔色以溫之溫藉也承尊者必和顏色饘酏酒醴芼

羹菽麥蕡稻黍粱秫唯所欲酏粥也芼菜也蕡熬枲實棗栗飴蜜以甘之堇荁枌榆免薧滫瀡以滑之脂膏以膏之謂用調和飲食也荁堇類也冬用堇夏用荁榆白曰枌免新生者薧乾也秦人溲曰滫齊人滑曰瀡也父母舅姑必嘗之而后退敬也男女未冠笄者雞初鳴咸盥漱櫛縰拂髦總角衿纓皆佩容臭總角收髮結之容臭香物也以纓佩之爲迫尊者給小使也昧爽而朝後成人也問何食飲矣若已食則退若未食則佐長者視具具饌也凡內外雞初鳴咸盥漱衣服斂枕簟灑埽室堂及庭布席各從其事斂枕簟者不欲人見己褻者簟席之親身也孺子蚤寢晏起唯所

欲食無時又後未成人者孺子小子也由命士以上父子皆異宮昧爽而朝慈以旨甘日出而退各從其事日入而夕慈以旨甘異宮崇敬也慈愛敬進之日出乃從事食祿不免農也父母舅姑將坐奉席請何鄉將衽長者奉席請何趾少者執牀與坐將衽謂更卧處御者舉几斂席與簟縣衾篋枕斂簟而襡之須卧乃敷之也襡韜也父母舅姑之衣衾簟席枕几不傳杖屨祇敬之勿敢近傳移也敦牟卮匜非餕莫敢用餕乃用之牟讀曰鍪也卮匜酒漿器敦牟黍稷器也與恒食飲非餕莫之敢飲食餕乃食之恒常也且夕之常食父母在朝夕

恒食子婦佐餕婦皆與夫餕也既食恒餕每食餕而盡之末有原也父沒母存冢子御食羣子婦佐餕如初御侍也謂長子侍母食也侍食者不餕其婦猶皆餕也旨甘柔滑孺子餕在父母舅姑之所有命之應唯敬對進退周旋慎齊齊莊也升降出入揖遊不敢噦噫嚏咳欠伸跛倚睇視不敢唾洟睇傾視也易曰明夷睇于左股寒不敢襲癢不敢搔襲謂重衣不有敬事不敢袒裼父黨無容不涉不撅撅揭衣也褻衣衾不見裏爲其可穢父母唾洟不見輒刷去之冠帶垢和灰請漱衣裳垢和灰請澣手曰漱足曰澣和漬也衣裳綻裂紉箴請補綴

綻猶解也五日則燂湯請浴三日具沐其閒面垢燂潘請靧足垢燂湯請洗潘米瀾也少事長賤事貴共帥時共猶皆也帥循也時是也禮皆如此也男不言內女不言外謂事業之次序非祭非喪不相授器祭嚴喪遽不嫌也其相授則女受以篚其無篚則皆坐奠之而后取之奠停地也外內不共井不共湢浴不通寢席不通乞假男女不通衣裳內言不出外言不入湢浴室也男子入內不嘯不指夜行以燭無燭則止嘯讀爲叱叱嫌有隱使也女子出門必擁蔽其面夜行以燭無燭則止擁猶障也道路男子由右女

子由左地道尊右子婦孝者敬者父母舅姑之命勿逆勿怠恃其孝敬之愛或則違解若飲食之雖不嗜必嘗而待待後命而去也加之衣服雖不欲必服而待待後命釋藏也加之事人代之己雖弗欲謂難其妨己業姑與之而姑使之而后復之遠懟怨於勞事姑猶且也子婦有勤勞之事雖甚愛之姑縱之而寧數休之不可愛此而移苦於彼也子婦未孝未敬勿庸疾怨庸之言用也姑教之若不可教而后怒之怒譴責也不可怒子放婦出而不表禮焉表猶明也猶爲之隱不明其犯禮之過也父母有過下氣怡色柔聲以諫諫若不入起敬起孝説

則復諫（子事父母有隱無犯起猶更也）不說與其得罪於鄉黨州閭寧孰諫（子從父之令不可謂孝也周禮曰二十五家爲閭四閭爲族五族爲黨五黨爲州五州爲鄉也）父母怒不說而撻之流血不敢疾怨起敬起孝（撻擊也）父母有婢子若庶子庶孫甚愛之雖父母沒沒身敬之不衰（婢子所通賤人之子）子有二妾父母愛一人焉子愛一人焉由衣服飲食由執事毋敢視父母所愛雖父母沒不衰（由自也）子甚宜其妻父母不說出（宜猶善也）子不宜其妻父母曰是善事我子行夫婦之禮焉沒身不衰父母雖沒將爲善思貽

父母令名必果將爲不善思貽父母羞辱必不果貽遺也果決也舅沒則姑老謂傳家事於長婦也冢婦所祭祀賓客每事必請於姑婦雖受傳猶不敢專行也介婦請於冢婦以其代姑之事介婦衆婦舅姑使冢婦毋怠雖有勤勞不敢解倦不友無禮於介婦衆婦無禮冢婦不友之也善兄弟爲友娣姒猶兄弟也舅姑若使介婦毋敢敵耦於冢婦雖有勤勞不敢掉磬不敢並行不敢並命不敢並坐下冢婦也命爲使令凡婦不命適私室不敢退婦侍舅姑者也婦將有事大小必請於舅姑不敢專行子婦無私貨無私畜無私器不敢私假不敢私與家事統於尊也婦或賜之飲食

衣服布帛佩帨茝蘭則受而獻諸舅姑舅姑受之則喜如新受賜或賜之謂私親兄弟若反賜之則辭不得命如更受賜藏以待乏待舅姑之乏也不得命者不見許也婦若有私親兄弟將與之則必復請其故賜而后與之適子庶子祗事宗子宗婦祗敬也宗大宗雖貴富不敢以貴富入宗子之家雖衆車徒舍於外以寡約入入謂入宗子家子弟猶歸器衣服裘衾車馬則必獻其上而后敢服用其次也猶若也子弟若有功德以物見饋賜當以善者爲宗子也若非所獻則不敢以入於宗子之門謂非宗子之爵所當服也不敢以

貴富加於父兄宗族加猶高也若富則具二牲獻其賢者於宗子賢猶善也夫婦皆齊而宗敬焉當助祭於宗子之家終事而后敢私祭祭其祖禰

飯目諸飯也黍稷稻粱白黍黃粱稰穛孰穫曰稰生穫曰穛膳目諸膳也膷臐膮醢牛炙醢牛胾醢牛膾羊炙羊胾醢豕炙醢豕胾芥醬魚膾雉兔鶉鷃此上大夫之禮庶羞二十豆也以公食大夫禮饌校之則膮牛炙間不得有醢醢衍字也又以鷃爲鴽也飲目諸飲也重醴稻醴清糟黍醴清糟粱醴清糟重陪也糟醇也清泲也致飲有醇者有泲者陪設之也或以酏爲醴釀粥爲醴黍酏酏粥漿酢酨水清新醷梅漿濫以諸和水也以周禮六飲校之則濫涼也紀莒之閒名諸爲濫酒目諸酒也清白白事酒昔酒也羞目諸

羞也糗餌粉酏糗擣熬穀也以爲粉餌與餈此記似脱周禮羞籩之實糗餌粉餈羞豆之實酏食糝食此酏當爲餰以稻米與狼臅膏爲餰是也食目人君燕食所用也蝸醢而苽食雉羹

麥食脯羹雞羹析稌犬羹兔羹和糝不蓼苽彫胡也稌稻也凡羹齊宜五味之和米屑之糝蓼則不矣此脯所謂析乾牛羊肉也濡豚包苦實蓼濡雞醢醬實蓼濡魚卵醬實蓼濡鼈醢醬實蓼凡濡謂亨之以汁和也苦苦荼也以包豚殺其氣卵讀爲鯤鯤魚子或作擱也腶脩蚳醢腶脩捶脯施薑桂也蚳蚍蜉子也脯羹兔醢麋膚魚醢魚膾

芥醬麋腥醢醬桃諸梅諸卵鹽自蝸醢至此二十六物似皆人君燕所食也其饌則亂膚切肉也膚或爲胖卵鹽大鹽也凡食齊視春時飯宜溫也羹齊視夏時羹宜熱也醬齊視秋時醬宜涼也飲齊視

冬時飲宜寒也凡和春多酸夏多苦秋多辛冬多鹹調以滑甘多其時味以養氣也牛宜稌羊宜黍豕宜稷犬宜粱鴈宜麥魚宜苽言其氣味相成春宜羔豚膳膏薌夏宜腒鱐膳膏臊秋宜犢麛膳膏腥冬宜鮮羽膳膏羶此八物四時肥美也爲其大盛煎以休廢之膏節其氣也牛膏薌犬膏臊雞膏腥羊膏羶腒乾雉也鱐乾魚也鮮生魚也羽鴈也牛脩鹿脯田豕脯麋脯麕脯麋鹿田豕麕皆有軒雉兔皆有芼脯皆析乾其肉也軒讀爲憲憲謂藿葉切也芼謂菜釀也軒或爲胖爵鷃蜩范蜩蟬也范蜂也芝栭蔆椇棗栗榛柹瓜桃李梅杏柤梨薑桂蔆芰也椇枳椇也柤梨之不臧者自牛脩至此三十一物皆人君燕食所加庶羞也周禮天子羞用百有二十品記

者不能次録大夫燕食有膾無脯有脯無膾士不
貳羹胾庶人耆老不徒食尊卑差也膾春用葱秋
用芥豚春用韭秋用蓼芥芥醬也脂用葱膏用
薤脂肥凝者釋者曰膏三牲用藙藙煎茱萸也漢律會稽獻焉爾雅謂之榝和用醯
畜與家物自相和也獸用梅亦野物自相和鶉羹雞羹鴽釀之蓼
釀謂切雜之也鴽在羹下烝之不羹也魴鱮烝雛燒雉薌無蓼薌蘇荏之
屬也燒烟於火中也自膾用葱至此言調和菜釀之所宜也不食雛鼈狼去腸狗
去腎貍去正脊兔去尻狐去首豚去腦魚
去乙鼈去醜皆爲不利人也雛鼈伏乳者乙魚體中害人者名也今東海鰫魚有骨名乙在目旁
狀如篆乙食之鯁人不可出醜謂鼈竅也肉曰脫之魚曰作之棗曰新

之栗曰撰之桃曰膽之柤棃曰攢之皆治擇之名也

牛夜鳴則庮羊泠毛而毳羶狗赤股而躁臊鳥皫色而沙鳴鬱豕望視而交睫腥馬黑脊而般臂漏雛尾不盈握弗食舒鴈翠鵠鴇胖舒鳧翠雞肝鴈腎鴇奥鹿胃亦皆爲不利人也庮惡臭也春秋傳曰一薰一庮泠毛毳毛別聚旃不解者也赤股股裏無毛也皫色毛變色也沙猶嘶也鬱腐臭也望視視遠也腥當爲星聲之誤也星肉中如米者般臂前脛般般然也漏當爲螻如螻蛄臭也舒鴈鵞也翠尾肉也鵠鴇胖謂脅側薄肉也舒鳧鶩也鴇奥脾肶也鵠或爲鴇也

肉腥細者爲膾大者爲軒言大切細切異名也膾者必先軒之所謂聶而切之也

或曰麋鹿魚爲菹麕爲辟雞野豕爲軒兔爲宛脾切葱若薤實諸

醢以柔之（此軒辟雞宛脾皆菹類也釀菜而柔之以醢殺腥肉及其氣今益州有鹿䐑者近由此爲之矣菹軒聶而不切辟雞宛脾聶而切之軒或爲胖宛或作鬱）羹食自諸侯以下至於庶人無等（羹食食之主也庶羞乃異耳）大夫無秩膳（謂五十始命未甚老也秩常也）大夫七十而有閣（有秩膳也閣以板爲之庋食物也）天子之閣左達五右達五公侯伯於房中五大夫於閣三士於坫一（達夾室大夫言於閣與天子同處天子二五倍諸侯也五者三牲之肉及魚腊也）凡養老有虞氏以燕禮夏后氏以饗禮殷人以食禮周人脩而兼用之凡五十養於鄉六十養於國七十養於學達於諸侯八十拜君命一坐再至瞽亦如之九十者使

人受五十異粻六十宿肉七十貳膳八十常珍九十飲食不違寢膳飲從於遊可也六十歲制七十時制八十月制九十日脩唯絞紟衾冒死而后制五十始衰六十非肉不飽七十非帛不煖八十非人不煖九十雖得人不煖矣五十杖於家六十杖於鄉七十杖於國八十杖於朝九十者天子欲有問焉則就其室以珍從七十不俟朝八十月告存九十日有秩五十不從力政六十不與服戎七十不與賓客之事八十

齊喪之事弗及也五十而爵六十不親學
七十致政凡自七十以上唯衰麻爲喪凡
三王養老皆引年八十者一子不從政九
十者其家不從政瞽亦如之凡父母在子
雖老不坐有虞氏養國老於上庠養庶老
於下庠夏后氏養國老於東序養庶老於
西序殷人養國老於右學養庶老於左學
周人養國老於東膠養庶老於虞庠虞庠
在國之西郊有虞氏皇而祭深衣而養老
夏后氏收而祭燕衣而養老殷人冔而祭

縞衣而養老周人冕而祭玄衣而養老記王

制有此曾子曰孝子之養老也樂其心不違其志樂其耳目安其寢處以其飲食忠養之孝子之身終終身也者非終父母之身終其身也是故父母之所愛亦愛之父母之所敬亦敬之至於犬馬盡然而況於人乎賤喻貴也凡養老五帝憲憲法也養之爲法其德行三王有乞言有讀爲又又從之求善言可施行也五帝憲養氣體而不乞言有善則記之爲惇史三王亦憲既養老而后乞言亦微其禮皆有惇史惇史史孝厚者也微其禮者依違言

之求而不切也淳熬煎醢加于陸稻上沃之以膏曰淳熬淳沃也熬亦煎也沃煎成之以爲名淳毋煎醢加于黍食上沃之以膏曰淳毋毋讀曰模模象也作此象淳熬炮取豚若牂刲之刳之實棗於其腹中編萑以苴之塗之以謹塗炮之塗皆乾擘之濯手以摩之去其皽爲稻粉糔溲之以爲酏以付豚煎諸膏膏必滅之鉅鑊湯以小鼎薌脯於其中使其湯毋滅鼎三日三夜毋絶火而后調之以醯醢炮者以塗燒之爲名也牂當爲牂牂牝羊也刲刳博異語也謹當爲墐聲之誤也墐塗塗有穰草也皽謂皮肉之上魄莫也糔溲亦博異語也糔讀與滫瀡之滫同薌脯謂煑豚若羊於小鼎中使之香美也謂之脯者既去

皽則解析其肉使薄如爲脯然唯豚全耳豚羊入鼎三日乃內醯醢可食也擣珍取牛羊麋鹿麕之肉必脄每物與牛若一捶反側之去其餌孰出之去其皽柔其肉脄脊側肉也捶擣之也餌筋腱也柔之爲汁和也汁和亦醯醢與漬取牛肉必新殺者薄切之必絶其理湛諸美酒期朝而食之以醯若醢醷湛亦漬也爲熬捶之去其皽編萑布牛肉焉屑桂與薑以洒諸上而鹽之乾而食之施羊亦如之施麋施鹿施麕皆如牛羊欲濡肉則釋而煎之以醢欲乾肉則捶而食之熬於火上爲之也今之火脯似矣欲濡欲乾人自由也醢或爲醯此七者周禮八珍其一肝膋是也糝取牛羊

豕之肉三如一小切之與稻米稻米二肉一合以爲餌煎之（此周禮糝食也）肝膋取狗肝一幪之以其膋濡炙之舉燋其膋不蓼（膋腸閒脂舉或爲巨）取稻米舉糔溲之小切狼臅膏以與稻米爲酏（狼臅膏臆中膏也以煎稻米則似今膏䭚矣此周禮酏食也此酏當從餰）

禮始於謹夫婦爲宮室辨外內男子居外女子居內深宮固門閽寺守之男不入女不出（閽掌守中門之禁也寺掌內人之禁令也）男女不同椸枷不敢縣於夫之楎椸不敢藏於夫之篋笥不敢共湢浴（竿謂之椸楎杙也）夫不在斂枕篋簟席韣器而藏之（不敢褻也）少

事長賤事貴咸如之咸皆也夫婦之禮唯及七十同藏無閒衰老無嫌及猶至也故妾雖老年未滿五十必與五日之御五十始衰不能孕也妾閉房不復出御矣此御謂侍夜勸息也五日一御諸侯制也諸侯取九女姪娣兩兩而御則三日也次兩媵則四日也次夫人專夜則五日也天子十五日乃一御將御者齊漱澣慎衣服櫛縰笄總角拂髦衿纓綦屨其往如朝也角衍字也拂髦或爲繆髦也雖婢妾衣服飲食必後長者人貴賤不可以無禮妻不在妾御莫敢當夕辟女君之御日也妻將生子及月辰居側室側室謂夾之室次燕寢也夫使人日再問之作而自問之妻不敢見使姆衣服而對至于子生夫復使人日再

問之作有感動夫齊則不入側室之門若始時使人問子生男子設弧於門左女子設帨於門右表男女也弧者示有事於武也帨事人之佩巾也三日始負子男射女否始有事也負之謂抱之而使鄉前也國君世子生告于君接以大牢宰掌具接讀爲捷捷勝也謂食其母使補虛強氣也三日卜士負之吉者宿齊朝服寢門外詩負之射人以桑弧蓬矢六射天地四方詩之言承也桑弧蓬矢本大古也天地四方男子所有事也保受乃負之代士也保保母宰醴負子賜之束帛醴當爲禮聲之誤也禮以一獻之禮酬之以幣也卜士之妻大夫之妾使食子食子不使君妾適妾有敵義不相褻以勞辱事也士妻大夫之妾謂時自有子凡接子擇

曰雖三日之内尊卑必皆選其吉焉冢子則大牢天子世子也冢大也冢子猶言長子通於下也庶人特豚士特豕大夫少牢國君世子大牢皆謂長子其非冢子則皆降一等謂冢子之弟及衆妾之子生也天子諸侯少牢大夫特豕士特豚庶人猶特豚也異爲孺子室於宫中特埽一處以處之擇於諸母與可者必求其寛裕慈惠温良恭敬愼而寡言者使爲子師其次爲慈母其次爲保母皆居子室此人君養子之禮也諸母衆妾也可者傳御之屬也子師教示以善道者慈母知其嗜欲者保母安其居處者士妻食乳之而已他人無事不往爲兒精氣微弱將驚動也三月之末擇日翦髮爲鬌男角女羈否則男左女右鬌所遺髮也夾囟曰角午達曰羈也是日

也妻以子見於父貴人則爲衣服由命士以下皆漱澣貴人大夫以上也由自也男女夙興沐浴衣服具視朔食朔食天子大牢諸侯少牢大夫特豕士特豚也夫入門升自阼階立于阼西鄉妻抱子出自房當楣立東面入門者入側室之門也大夫以下見子就側室見妾子於內寢辟人君也姆先相曰母某敢用時日祗見孺子某妻姓若言姜氏也祗敬也或作振夫對曰欽有帥父執子之右手咳而名之欽敬也帥循也言教之敬使有循也執右手明將授之事也妻對曰記有成遂左還授師記猶識也識夫之言使有成也師子師也子師辯告諸婦諸母名後告諸母若名成於尊妻遂適寢復夫之燕寢夫告宰名宰辯

告諸男名書曰某年某月某日某生而藏之（宰謂屬吏也春秋書桓六年九月丁卯子同生）宰告閭史閭史書爲二其一藏諸閭府其一獻諸州史州史獻諸州伯州伯命藏諸州府（四閭爲族族百家也閭胥中士一人五黨爲州州二千五百家也州長中大夫一人也皆有屬吏獻猶言也）夫入食如養禮（夫入已見子入室也其與妻食如婦始饋舅姑之禮也）世子生則君沐浴朝服夫人亦如之皆立于阼階西鄉世婦抱子升自西階君名之乃降（子外自西階則人君見世子於路寢也見妾子就側室凡子生皆就側室諸侯夫人朝於君次而褖衣也）適子庶子見於外寢撫其首咳而名之禮帥初無辭（此適子謂世子弟也庶子妾子也外寢君燕寢也無

辭辭謂欽有帥記有成也凡名子不以日月不以國終使易諱不以隱疾諱衣中之疾難爲醫也大夫士之子不敢與世子同名尊世子也其先世子生亦勿爲改妾將生子及月辰夫使人日一問之子生三月之末漱澣夙齊見於內寢禮之如始入室君已食徹焉使之特餕遂入御內寢適妻寢也禮謂已見子夫食而使獨餕也如始入室始來嫁時妾餕夫婦之餘亦如之既見子可以御此謂大夫士之妾也凡妾稱夫曰君公庶子生就側室三月之末其母沐浴朝服見於君擯者以其子見君所有賜君名之衆子則使有司名之擯者傅姆之屬也人君尊雖妾不抱子有賜於君有恩惠也有司臣有事者也魯桓公名子問於申繻也庶

人無側室者及月辰夫出居羣室其問之也與子見父之禮無以異也（夫雖辟之至問妻及見子禮同也庶人或無妾）凡父在孫見於祖祖亦名之禮如子見父無辭（見子於祖家統於尊也父在則無辭有適子者無適孫與見庶子同也父卒而有適孫則有辭與見冢子同父雖卒而庶孫猶無辭也）食子者三年而出見於公宮則劬（劬勞也士妻大夫之妾食國君之子三年出歸其家君有以勞賜之）大夫之子有食母（選於傅御之中喪服所謂乳母也）士之妻自養其子（賤不敢使人也）由命士以上及大夫之子旬而見（旬當爲均聲之誤也有時適妾同時生子子均而見者以生先後見之旣見乃食亦辟人君也易說卦坤爲均今亦或作旬也）冢子未食而見必執其右手適子庶子巳食而見必循

其首天子諸侯尊別世子雖同母禮則異矣未食已食急正緩庶之義也子能食食教以右手能言男唯女俞男鞶革女鞶絲俞然也鞶小囊盛帨巾者男用韋女用繒有飾緣之則是鞶裂與詩云垂帶如厲紀子帛名裂繻字雖今異意實同也六年教之數與方名方名東西七年男女不同席不共食蚤其別也八年出入門户及即席飲食必後長者始教之讓示以廉恥九年教之數日朔望與六甲也十年出就外傅居宿於外學書計衣不帛襦袴禮帥初朝夕學幼儀請肄簡諒外傅教學之師也不用帛爲襦袴爲大温傷陰氣也禮帥初遵習先日所爲也肄習也諒信也請習簡謂所書篇數也請習信謂應對之言也十有三年學樂誦詩舞勺成童舞象學射御

先學勺後學象文武之次也成童十五以上二十而冠始學禮可以衣裘帛舞大夏惇行孝弟博學不教內而不出大夏樂之文武備者也內而不出謂人之謀慮也三十而有室始理男事博學無方孫友視志室猶妻也男事受田給政役也方猶常也至此學無常在志所好也孫順也順於友視其所志也四十始仕方物出謀發慮道合則服從不可則去方猶常也物猶事也五十命爲大夫服官政統一官之政也七十致事致其事於君而告老凡男拜尚左手左陽女子十年不出恒居內也姆教婉娩聽從婉謂言語也娩之言媚也媚謂容貌也執麻枲治絲繭織紝組紃學女事以共衣服紃絛觀於祭祀納酒漿

籩豆菹醢禮相助奠當及女時而知十有五年而笄謂應年許嫁者女子許嫁笄而字之其未許嫁二十則笄二十而嫁有故二十三年而嫁故謂父母之喪聘則爲妻聘問也妻之言齊也以禮見問則得與夫敵體奔則爲妾妾之言接也聞彼有禮走而往焉以得接見於君子也奔或爲衒凡女拜尚右手右陰也

禮記卷第八

經六千六百八十三字
注七千一百七字

嘉慶丙寅三月陽城
張氏影摹宋本重彫

禮記卷第九

玉藻第十三　　鄭氏注

天子玉藻十有二旒前後邃延龍卷以祭祭先王之服也雜采曰藻天子以五采藻爲旒旒十有二前後邃延者言皆出冕前後而垂也天子齊肩延冕上覆也玄表纁裏龍卷畫龍於衣字或作袞玄端而朝日於東門之外聽朔於南門之外閏月則闔門左扉立于其中端當爲冕字之誤也玄衣而冕冕服之下朝日春分之時也東門南門皆謂國門也天子廟及路寢皆如明堂制明堂在國之陽每月就其時之堂而聽朔焉卒事反宿路寢亦如之閏月非常月也聽其朔於明堂門中還處路寢門終月凡聽朔必以特牲告其帝及神配以文王武王皮弁以日視朝遂以食日中而餕奏而食日少牢朔月大牢餕食朝之餘也奏奏樂也五

飲上水漿酒醴酏上水水爲上餘其次之卒食玄端而居天子服玄端燕居也動則左史書之言則右史書之其書春秋尚書其存者御瞽幾聲之上下瞽樂人也幾猶察也察其哀樂年不順成則天子素服乘素車食無樂自貶損也諸侯玄端以祭祭先君也端亦當爲冕字之誤也諸侯祭宗廟之服唯魯與天子同裨冕以朝朝天子也裨冕公袞侯伯鷩子男毳也皮弁以聽朔於大廟皮弁下天子也朝服以日視朝於內朝朝服冠玄端素裳也此內朝路寢門外之正朝也天子諸侯皆三朝朝辨色始入羣臣也入入應門也辨猶正也別也君日出而視之退適路寢聽政使人視大夫大夫退然後適小寢釋服小寢燕寢也釋服服玄端又朝服以食

特牲三俎祭肺食必復朝服所以敬養身也三俎豕魚腊夕深衣祭牢肉祭牢肉異於始殺也天子言日中諸侯言夕天子言餕諸侯言祭牢肉互相挾朔月少牢五俎四簋五俎加羊與其腸胃也朔月四簋則日食粱稻各一簋而已子卯稷食菜羹忌日貶也夫人與君同庖不特殺也君無故不殺牛大夫無故不殺羊士無故不殺犬豕故謂祭祀之屬君子遠庖廚凡有血氣之類弗身踐也踐當爲翦聲之誤也翦猶殺也至于八月不雨君不舉爲旱變也此謂建子之月不雨盡建未月也春秋之義周之春夏無雨未能成災至其秋秀實之時而無雨則雩雩而得之則書雩喜祀有益也雩而不得則書旱明災成也年不順成君衣布搢本關梁不租山澤列而不賦土功不興大夫不得造車馬皆爲

凶年變也君衣布者謂若衛文公大布之衣大帛之冠是也搢夲去珽荼佩士笏也士以竹爲笏飾夲以象關梁不租此周禮也郩則關恒識而不征列之言遮列也雖不賦猶爲之禁不得非時取也造謂作新也

卜人定龜（謂靈射之屬所當用者）史定墨（視兆坼也）君定體（視兆所得也周公曰體王其無害）君羔幦虎犆（幦覆苓也犆讀皆如直道而行之直直謂緣也此君齊車之飾）大夫齊車鹿幦豹犆朝車士齊車鹿幦豹犆（臣之朝車與齊車同飾）君子之居恒當戶（鄉明）寢恒東首（首生氣也）若有疾風迅雷甚雨則必變雖夜必興衣服冠而坐（敬天之怒）日五盥沐稷而靧粱櫛用樿櫛髮晞用象櫛進禨進羞工乃升歌（晞乾也沐靧必進禨作樂盈氣也更言進羞明爲羞籩豆之實）浴用二巾上絺下綌（刷去垢也）出杅履

蒯席連用湯杅浴器也蒯席澀便於洗是也連猶釋也履蒲席衣布晞身乃屨進飲進飲亦盈氣也將適公所宿齊戒居外寢沐浴史進象笏書思對命思所思念將以告君者也對所以對君者也命所受君命也書之於笏爲失忘也既服習容觀玉聲玉佩乃出揖私朝煇如也登車則有光矣私朝自大夫家之朝也揖其臣乃行天子搢珽方正於天下也此亦笏也謂之珽珽之言珽然死所屈也或謂之大圭長三尺杼上終葵首終葵首者於杼上又廣其首方如椎頭是謂無所屈後則恒直相玉書曰珽玉六寸明自炤諸侯荼前詘後直讓於天子也荼讀爲舒遲之舒舒懦者所畏在前也詘謂圜殺其首不爲椎頭諸侯唯天子詘焉是以謂笏爲荼大夫前詘後詘無所不讓也大夫奉君命出入者也上有天子下有己君又殺其下而圜侍坐則必

退席不退則必引而去君之黨引卻也黨鄉之細者退謂旁側也辟君之親黨也登席不由前爲躐席升必由下也徒坐不盡席尺示无所求於前不忘謙也讀書食則齊豆去席尺讀書聲當聞尊者食爲汚席也若賜之食而君客之則命之祭然後祭雖見賓客猶不敢備禮也侍食則正不祭先飯辯嘗羞飲而俟俟君食而後食也君將食臣先嘗之忠孝也若有嘗羞者則俟君之食然後食飯飲而俟不祭侍食不敢備禮也不嘗羞膳宰存也飯飲利將食也君命之羞羞近者辟貪味也命之品嘗之然後唯所欲必先徧嘗之凡嘗遠食必順近食從近始也君未覆手不敢飧覆手以循咡已食也飧勸食也君既食又飯飧

不敢先君飽飯飧者三飯也臣勸君食如是可也君既徹執飯與醬乃出授從者食於尊者之前當親徹也凡侑食不盡食食於人不飽謙也唯水漿不祭若祭爲已偞卑水漿非盛饌也已猶大也祭之爲大有所畏迫臣於君則祭之君若賜之爵則越席再拜稽首受登席祭之飲卒爵而俟君卒爵然後授虛爵不敢先君盡爵君子之飲酒也受一爵而色洒如也洒如肅敬貌洒或爲察二爵而言言斯言言和敬貌斯猶耳也禮已三爵而油油油油說敬貌以退禮飲過三爵則敬殺可以去矣退則坐取屨隱辟而后屨坐左納右坐右納左隱辟俛逡巡而退著屨也凡尊必上玄酒不忘

古也

唯君面尊面猶鄉也燕禮曰司宮尊于東楹之西兩方壺左玄酒南上公尊瓦大兩有豐在尊南南上唯饗野人皆酒飲賤者不備禮大夫側尊用棜士側尊用禁棜斯禁也無足有似於棜是以言棜始冠緇布冠自諸侯下達冠而敝之可也本大古耳非時王之法服也玄冠朱組纓天子之冠也緇布冠繢緌諸侯之冠也皆始冠之冠也玄冠委貌也諸侯緇布冠有緌尊者飾也繢或作繪緌或作蕤玄冠丹組纓諸侯之齊冠也玄冠綦組纓士之齊冠也言齊時所服也四命以上齊祭異冠縞冠玄武子姓之冠也謂父有喪服子爲之不純吉也武冠卷也古者冠卷殊縞冠素紕既祥之冠也紕緣邊也紕讀如埤益之埤既祥之冠也已祥祭而服之也閒傳曰大祥素縞麻衣垂緌五寸惰游

之士也惰游罷民也亦縞冠素紕凶服之象也垂長緌明非既祥玄冠縞武不齒

之服也所放不帥教者居冠屬武謂燕居冠也著冠於武少威儀自天子

下達有事然後緌燕無事者去飾五十不散送送喪不散麻始

衰不備禮親沒不髦去爲子之飾大帛不緌帛當爲白聲之誤也大帛謂白布冠

也不緌凶服去飾玄冠紫緌自魯桓公始也蓋僭宋王者之後服也緌

當用繢朝玄端夕深衣深衣三袪謂大夫士也三袪者謂要中之數也袪尺

二寸圍之爲二尺四寸三之七尺二寸縫齊倍要縫紩也紩下齊倍要中齊丈四尺四寸縫或爲逢或

爲豐衽當旁衽謂裳幅所交裂也凡衽者或殺而下或殺而上是以小要取名焉衽屬衣則垂而放之屬裳

則縫之以合前後上下相變袂可以回肘二尺二寸之節長中繼揜尺

其爲長衣中衣則繼袂揜一尺若今褎矣深衣則緣而已袷二寸曲領也袪尺二寸袂口

也）緣廣寸半（飾邊也）以帛裏布非禮也（中外宜相稱也冕服絲衣也中衣用素皮弁服朝服玄端麻衣也中衣用布）士不衣織（織染絲織之士衣染繒也）無君者不貳采（大夫去位宜服玄端玄裳）衣正色裳間色（謂冕服玄上纁下）非列采不入公門（列采正服）振絺綌不入公門表裘不入公門（振讀爲袗袗襌也表裘外衣也二者形且褻皆當表之乃出）襲裘不入公門（衣裘必當裼也）纊爲繭縕爲袍（衣有著之異名也纊謂今之新綿也縕謂今纊及舊絮也）襌爲絅（有衣裳而無裏）帛爲褶（有表裏而無著）朝服之以縞也自季康子始也（亦僭宋王者之後）孔子曰朝服而朝卒朔然後服之（謂諸侯與羣臣也諸侯視朔皮弁服）曰國家未道則不充其服焉（謂若衞文公者未道未合於道）唯君

有黼裘以誓省大裘非古也僭天子也天子祭上帝則大裘而冕大裘羔裘也黼裘以羔與狐白雜爲黼文也省當爲獮獮秋田也國君有黼裘誓獮田之禮時大夫又有大裘也君衣狐白裘錦衣以裼之君衣狐白毛之裘則以素錦爲衣覆之使可裼也袒而有衣曰裼必覆之者裘褻也詩云衣錦絅衣裳錦絅裳然則錦衣復有上衣明矣天子狐白之上衣皮弁服與凡裼衣象裘色也君之右虎裘厥左狼裘衛尊者宜武猛士不衣狐白辟君也狐之白者少以少爲尊也君子狐青裘豹褎玄綃衣以裼之君子大夫士也綃綺屬也染之以玄於狐青裘相宜狐青裘蓋玄衣之裘麛裘青豻褎絞衣以裼之豻胡犬也絞蒼黃之色也孔子曰素衣麛裘羔裘豹飾緇衣以裼之飾猶褎也孔子曰緇衣羔裘狐裘黃衣以裼之黃衣大蜡時臘先祖之服也孔子曰黃衣狐裘錦衣狐裘諸侯之服也非諸

小三百五十

侯則不用錦衣爲裼犬羊之裘不裼質略亦庶人無文飾不文飾也不裼裼主於有文飾之事裘之裼也見美也君子於事以見美爲敬弔則襲不盡飾也喪非所以見美君在則裼盡飾也臣於君所服之襲也充美也充猶覆也所敬不主於君則襲是故尸襲尸尊執玉龜襲重寶瑞也無事則裼弗敢充也謂已致龜玉也笏天子以球玉諸侯以象大夫以魚須文竹士竹本象可也球美玉也文猶飾也大夫士飾竹以爲笏不敢與君並用純物也見於天子與射無說笏入大廟說笏非古也言凡吉事無所說笏也大廟之中唯君當事說笏也小功不說笏當事免則說之免悲哀哭踊之時不在於記事也小功輕不當事可以搢笏也既搢必盥雖有

執於朝弗有盥矣搢笏輒盥爲必執事凡有指畫於君前用笏造受命於君前則書於笏笏畢用也因飾焉畢盡也笏度二尺有六寸其中博三寸其殺六分而去一殺猶杼也天子杼上終葵首諸侯不終葵首大夫士又杼其下首廣二寸半而素帶終辟大夫素帶辟垂士練帶率下辟居士錦帶弟子縞帶并紐約用組而素帶終辟謂諸侯也諸侯不朱裏合素爲之如今衣帶爲之下天子也大夫亦如之率繂也士以下皆禪不合而繂積如今作幓頭爲之也辟讀如裨冕之裨裨謂以繒采飾其側人君充之大夫裨其紐及末士裨其末而已居士道藝處士也此自而素帶亂脫在是耳宜承朱裏終辟韠君朱大夫素士爵韋此玄端服之韠也韠之言蔽也凡韠以韋爲之必象裳色裳色則天子諸侯玄端朱裳大夫素裳唯士玄裳黃裳雜裳也皮弁服皆素韠

殺直目韠制天子直四角直無圜殺公侯前後方殺四角使之方變於天子也所殺者去上下各五寸大夫前方後挫角圜其上角變於君也韠以下爲前以上爲後士前後正士賤與君同不嫌也正直方之閒語也天子之士則直諸侯之士則方韠下廣二尺上廣一尺長三尺其頸五寸肩革帶博二寸頸五寸亦謂廣也頸中央肩兩角皆上接革帶以繫之肩與革帶廣同凡佩繫於革帶大夫大帶四寸雜帶君朱綠大夫玄華士緇辟二寸再繚四寸凡帶有率無箴功雜猶飾也即上之裨也君裨帶上以朱下以綠終之大夫裨垂外以玄內以華華黃色也士裨垂之下外內皆以緇是謂緇帶大夫以上以素皆廣四寸士以練廣二寸再繚之凡帶有司之帶也亦繂之如士帶矣無箴功則不裨之士雖繂帶裨亦用箴功凡帶不裨下士也此又亂脫在是宜承紳韠結三齊一命縕韍幽衡再命赤韍幽衡三

命赤韍葱衡此亦冕爵弁服之韠尊祭服異其名耳韍之言亦蔽也縕赤黄之閒色所謂韎也衡佩玉之衡也幽讀爲黝黑謂之黝青謂之葱周禮公侯伯之卿三命其大夫再命其士一命子男之卿再命其大夫一命其士不命天子素帶朱裏終辟謂大帶也王后褘衣夫人揄狄褘讀如翬揄讀如搖翬搖皆翟雉名也刻繒而畫之著於衣以爲飾因以爲名也後世作字異耳夫人三夫人亦侯伯之夫人也王者之後夫人亦褘衣三寸長齊于帶紳長制士三尺有司二尺有五寸子游曰參分帶下紳居二焉紳韠結三齊三寸謂約帶紐組之廣也長齊于帶與紳齊也紳帶之垂者也言其屈而重也論語曰子張書諸紳有司府史之屬也三分帶下而三尺則帶髙於中也結約餘也此又亂脫在是宜承約用組結或爲衿君命屈狄再命褘衣一命襢衣士褖衣君女君也屈周禮作闕謂刻繒爲翟不畫也此子男之夫人及其卿大夫士之妻命服也褘當爲鞠字之誤也禮天

子諸侯命其臣后夫人亦命其妻以衣服所謂夫尊於朝妻榮於室也子男之卿再命而妻鞠衣則鞠衣襢衣褖衣者諸侯之臣皆分爲三等其妻以次受此服也公之臣孤爲上卿大夫次之士次之侯伯子男之臣卿爲上大夫次之士次之褖或作稅

唯世婦命於奠繭其他則皆從男子奠猶獻也凡世婦巳下蠶事畢獻繭乃命之以其服天子之后夫人九嬪及諸侯之夫人夫在其位則妻得服其服矣自君命屈狄至此亦亂脫在是宜承夫人揄狄

凡侍於君紳垂足如履齊頤霤垂拱視下而聽上視帶以及袷聽鄉任左紳垂則磬折也齊裳下緝也袷交領也

凡君召以三節二節以走一節以趨節所以明信輔君命也使使召臣急則持二緩則持一周禮曰鎮圭以徵守其餘未聞也今漢使者擁節

在官不俟屨在外不俟車趨君命也必有執隨授之者官謂朝廷治事處也

士於大夫不敢拜迎而拜送禮不敵始來拜則士辟也士於

尊者先拜進面荅之拜則走士往見卿大夫卿大夫出迎荅拜亦辟也士於君所言大夫沒矣則稱謚若字名士與大夫言名士字大夫君所大夫存亦名於大夫所有公諱無私諱公諱若言語所辟先君之名凡祭不諱廟中不諱謂祝嘏之辭中有先君之名者也凡祭祭羣神廟中上不諱下教學臨文不諱爲惑未知者古之君子必佩玉比德焉君子士已上右徵角左宮羽玉聲所中也徵角在右事也民也可以勞宮羽在左君也物也宜逸趨以采齊路門外之樂節也門外謂之趨齊當爲楚薺之薺行以肆夏登堂之樂節周還中規反行也宜圜折還中矩曲行也宜方進則揖之退則揚之然後玉鏘鳴也揖之謂小俛見於前也揚之謂小仰見於後也鏘聲貌故君子在車則聞

鸞和之聲行則鳴佩玉是以非辟之心無自入也 鸞在衡和在式自由也 君在不佩玉左結佩右設佩 謂世子也出所處而君在焉則去德佩而設事佩辟德而示即事也結其左者若於事有未能也結者結其綬不使鳴也 居則設佩 謂所處而君不在焉 朝則結佩 朝於君亦結左 齊則綪結佩而爵韠 綪屈也結又屈之思神靈不在事也爵韠者齊服玄端 凡帶必有佩玉唯喪否 喪主於哀去飾也凡謂天子以至士 佩玉有衝牙 居中央以前後觸也 君子無故玉不去身君子於玉比德焉 故謂喪與災眚 天子佩白玉而玄組綬公侯佩山玄玉而朱組綬大夫佩水蒼玉而純組綬世子佩瑜玉而綦組綬士佩瓀玟而縕

組綬玉有山玄水蒼者視之文色所似也綬者所以貫佩玉相承受者也純當爲緇古文緇字或作絲旁才綦文雜色也縕赤黃孔子佩象環五寸而綦組綬謙不比德亦不事也象有文理者也環取可循而無窮童子之節也緇布衣錦緣錦紳并紐錦束髮皆朱錦也童子未冠之稱也冠禮曰將冠者采衣紒也肆束及帶勤者有事則收之走則擁之肆讀爲肄肄餘也餘束約紐之餘組也勤謂執勞辱之事也此亦亂脱在是宜承無箴功童子不裘不帛不屨約無緦服聽事不麻無事則立主人之北南面見先生從人而入皆爲幼少不備禮也雖不服緦猶免深衣無麻往給事也裘帛溫傷壯氣也約屨頭飾也侍食於先生異爵者後祭先飯謙也客祭主人辭曰不足祭也祭者盛主人之饌也客

大三百二十八　禮記九　十　宮二九

二百六十五

飧主人辭以疏 飧者美主人之食也疏之言麤也 主人自置其醬則客自徹之 敬主人也徹奠于序端 一室之人非賓客一人徹 同事合居者也賓客則各徹其饌也 壹食之人一人徹 壹猶聚也爲赴事聚食也 凡燕食婦人不徹 婦人質不備禮 食棗桃李弗致于核 恭也 瓜祭上環食中弃所操 上環頭忖也 凡食果實者後君子 陰陽所成非人事也 火孰者先君子 備火齊不得也 有慶非君賜不賀 唯君賜爲榮也 有憂者 此下絕亾非其句也 勤者有事則收之走則擁之 此補脫重 孔子食於季氏不辭不食肉而飧 以其待己饌非禮也 及君賜車馬乘以拜賜衣服服以拜 敬君惠也 賜君未有命

弗敢即乘服也謂卿大夫受賜於天子者歸必致於其君君有命乃服之君賜稽首據掌致諸地致首於地據掌以左手覆案右手也酒肉之賜弗再拜輕也受重賜者拜受又拜於其室凡賜君子與小人不同日愼於尊卑凡獻於君大夫使宰士親皆再拜稽首送之敬也膳於君有葷桃茢於大夫去茢於士去葷皆造於膳宰膳美食也葷桃茢辟凶邪也大夫用葷桃士桃而已葷薑及辛菜也茢菼帚也造於膳宰既致命而授之葷或作焄大夫不親拜爲君之荅己也不敢變動至尊大夫拜賜而退士待諾而退又拜弗荅拜小臣受大夫之拜復以入告大夫拜便辟也大夫親賜士士拜受又拜於其室衣服弗服以拜異於君惠也拜受又就拜

於其家是所謂再拜也敵者不在拜於其室謂來賜時不見也見則不復往也凡於尊者有獻而弗敢以聞此謂獻辭也少儀曰君將適他臣若致金玉貨貝於君則曰致馬資於有司是其類也士於大夫不承賀下大夫於上大夫承賀承受也士有慶事不聽大夫親來賀己不敢變動尊也親在行禮於人稱父人或賜之則稱父拜之事統於尊禮不盛服不充禮盛者服充大事不崇曲敬故大裘不裼乘路車不式謂祭天也周禮王祀昊天上帝則服大裘而冕乘玉路或曰乘兵車不式父命呼唯而不諾手執業則投之食在口則吐之走而不趨至敬親老出不易方復不過時不可以憂父母也易方爲其不信己所處也復反也親瘠色容不盛此孝子之䟽

節也言非至孝也瘠病也王季有疾文王色憂行不能正履父沒而不能讀父之書手澤存焉爾母沒而杯圈不能飲焉口澤之氣存焉爾孝子見親之器物哀惻不忍用也圈屈木所爲謂卮匜之屬君入門介拂闑大夫中棖與闑之間士介拂棖此謂兩君相見也棖門楔也君入必中門上介夾闑大夫介士介鴈行於後示不相沿也君若迎聘客擯者亦然賓入不中門不履閾辟尊者所從也此謂聘客也閾門限公事自闑西聘享也私事自闑東覿面也君與尸行接武尊者尚徐蹈半迹大夫繼武迹相及也士中武迹間容迹徐趨皆用是君大夫士之徐行也皆如與尸行之節也疾趨則欲發而手足毋移疾趨謂直行也跳數自若發謂起屨也移之言靡匜也毋移欲其直且正欲或爲數圈豚行不舉

足齊如流圏轉也豚之言若有所循不舉足曳踵則衣之齊如水之流矣孔子執圭則然此徐趨也席上亦然尊處亦尚徐也端行頤霤如矢弁行剡剡起屨此疾趨也端直也頤或爲霤也執龜玉舉前曳踵蹜蹜如也著徐趨之事凡行容惕惕惕惕直疾貌也凡行謂道路也廟中齊齊恭慤貌也朝廷濟濟翔翔莊敬貌也君子之容舒遲見所尊者齊遬謙慤貌也遬猶蹙蹙也足容重舉欲遲也手容恭目容端不睇視也口容止不妄動也聲容靜不噦欬也頭容直不傾顧也氣容肅似不息也立容德如有予也色容莊勃如戰色坐如尸尸居神位敬慎也燕居告溫溫告謂教使也詩云溫溫恭人凡祭容貌顏色如見所祭者如覩其人在此喪容纍纍羸憊貌也

色容顛顛憂思貌也視容瞿瞿梅梅不審貌也言容繭繭聲氣微也戎容暨暨果毅貌也言容詻詻教令嚴也色容厲肅儀形貌也視容清明察於事也立容辨卑毋讇辨讀爲貶自貶卑謂磬折也讇爲傾身以有下也頭頸必中頭容直山立不動搖也時行時而後行也詩云威儀孔時盛氣顛實揚休顛讀爲闐揚讀爲陽聲之誤也盛身中之氣使之闐滿其息若陽氣之休物也玉色色不變也凡自稱天子曰予一人謙自別於人而已伯曰天子之力臣伯上公九命分陝者諸侯之於天子曰某土之守臣某其在邊邑曰某屏之臣某其於敵以下曰寡人小國之君曰孤擯者亦曰孤邊邑謂九州之外大國之君自稱曰寡人擯者曰寡君上大夫曰下

臣擯者曰寡君之老下大夫自名擯者曰寡大夫世子自名擯者曰寡君之適擯者之辭主謂見於他國君下大夫自名於他國君曰外臣某公子曰臣孽孽當爲枿聲之誤士曰傳遽之臣於大夫曰外私傳遽以車馬給使者也士臣於大夫者曰私人大夫私事使私人擯則稱名私事使謂以君命私行非聘也若魯成公時晉侯使韓穿來言汶陽之田歸之于齊之類公士擯則曰寡大夫寡君之老大夫有所往必與公士爲賓也謂聘也大聘使上大夫小聘使下大夫公士爲賓謂作介也往之也

明堂位第十四　　鄭氏注

昔者周公朝諸侯于明堂之位周公攝王位以明堂之禮儀朝

諸侯也不於宗廟辟王也天子負斧依南鄉而立天子周公也負之言背也斧依爲斧文屏風於戶牖之間周公於前立焉三公中階之前北面東上諸侯之位阼階之東西面北上諸伯之國西階之西東面北上諸子之國門東北面東上諸男之國門西北面東上九夷之國東門之外西面北上八蠻之國南門之外北面東上六戎之國西門之外東面南上五狄之國北門之外南面東上九采之國應門之外北面東上四塞世告至此周公明堂之位也朝之禮不於此周公權用之也朝位之上上近主位尊也九采九州之牧典貢職者也正門謂

之應門二伯帥諸侯而入牧居外而糾察之也四塞謂夷服鎮服蕃服在四方爲蔽塞者新君即位則乃朝周禮侯服歲一見甸服二歲一見男服三歲一見采服四歲一見衞服五歲一見要服六歲一見九州之外謂之蕃國世一見明堂也者明諸侯之尊卑也（朝於此所以正儀辨等也）昔殷紂亂天下脯鬼侯以饗諸侯（以人肉爲薦羞惡之甚也）是以周公相武王以伐紂武王崩成王幼弱周公踐天子之位以治天下六年朝諸侯於明堂制禮作樂頒度量而天下大服（踐猶履也頒讀爲班度謂丈尺高卑廣狹也量謂豆區斗斛筐筥所容受）七年致政於成王成王以周公爲有勳勞於天下（致政以王事歸授之王功曰勳事功曰勞）是以封周公於曲阜地方七百里革車千乘

曲阜魯地上公之封地方五百里加魯以四等之附庸方百里者二十四并五五二十五積四十九開方之得七百里革車兵車也兵車千乘成國之賦也詩魯頌曰王謂叔父建爾元子俾侯于魯大啓爾宇爲周室輔乃命魯公俾侯于東錫之山川土田附庸又曰公車千乘朱英綠縢命魯公世世祀周公以天子之禮樂同之於周尊之也魯公謂伯禽是以魯君孟春乘大路載弧韣旂十有二旒日月之章祀帝于郊配以后稷天子之禮也孟春建子之月魯之始郊日以至大路殷之祭天車也弧旌旗所以張幅也其衣曰韣天子之旌旗畫日月帝謂蒼帝靈威仰也昊天上帝魯不祭季夏六月以禘禮祀周公於大廟牲用白牡尊用犧象山罍鬱尊用黃目灌用玉瓚大圭薦用玉豆雕篹爵用玉琖仍雕加以辟散辟角俎

用梡嶡升歌清廟下管象朱干玉戚冕而舞大武皮弁素積裼而舞大夏昧東夷之樂也任南蠻之樂也納夷蠻之樂於大廟言廣魯於天下也季夏建巳之月也禘大祭也周公曰大廟魯公曰世室羣公稱宮白牡殷牲也尊酒器也犧尊以沙羽爲畫飾象骨飾之鬱鬯之器也黃彝也灌酌鬱尊以獻也瓚形如槃容五升以大圭爲柄是謂圭瓚篹籩屬也以竹爲之雕刻飾其直者也爵君所進於尸也仍因也因爵之形爲之飾也加加爵也散角皆以璧飾其口也梡始有四足也嶡爲之距清廟周頌也象謂周頌武也以管播之朱干赤大盾也戚斧也冕冠名也諸公之服自衮冕而下如王之服也大武周舞也大夏夏舞也周禮昧師掌教昧樂詩曰以雅以南以籥不僭廣大也君卷冕立于阼夫人副褘立于房中君肉袒迎牲于門夫人薦豆籩卿大夫贊君命婦贊夫人各

揚其職百官廢職服大刑而天下大服副首飾也今之步摇是也詩云副笄六珈周禮追師掌王后之首服爲副褘王后之上服唯魯及王者之後夫人服之諸侯夫人則自揄翟而下賛佐也命婦婦於內則世婦也於外則大夫之妻也祭祀世婦以下佐夫人揚舉也大刑重罪也天下大服知周公之德宜饗此也是故夏礿秋嘗冬烝春社秋省而遂大蜡天子之祭也不言春祠魯在東方王東巡守以春或闕之省讀爲獮獮秋田名也春田祭社秋田祀祊大蜡歲十二月索鬼神而祭之大廟天子明堂庫門天子皐門雉門天子應門言廟及門如天子之制也天子五門皐庫雉應路魯有庫雉路則諸侯三門與皐之言高也詩云乃立皐門皐門有伉乃立應門應門將將振木鐸於朝天子之政也天子將發號令必以木鐸警衆山節藻梲復廟重檐刮楹達鄉反坫出尊崇坫康圭疏屏天子之

廟飾也山節刻薄盧爲山也藻梲畫侏儒柱爲藻文也復廟重屋也重檐重承壁材也刮刮摩也鄉牖屬謂夾戶窻也每室八窻爲四達反坫反爵之坫也出尊當尊南也唯兩君爲好既獻反爵於其上禮君尊于兩楹之間崇高也康讀爲亢龍之亢又爲高坫亢所受圭奠于上焉屏謂之樹今浮思也刻之爲雲氣蟲獸如今闕上爲之矣鸞車有虞氏之路也鉤車夏后氏之路也大路殷路也乘路周路也鸞有鸞和也鉤有曲輿者也大路木路也乘路玉路也漢祭天乘殷之路也今謂之桑根車也春秋傳曰大路素鸞或爲欒也有虞氏之旂夏后氏之綏殷之大白周之大赤四者旌旗之屬也綏當爲緌讀如冠蕤之蕤有虞氏當言緌夏后氏當言旂此蓋錯誤也緌謂注旄牛尾於杠首所謂大麾書云武王左杖黃鉞右秉白旄以麾周禮王建大旂以賓建大赤以朝建大白以即戎建大麾以田也夏后氏駱馬黑鬣殷人白馬黑首周人黃馬蕃鬣夏后氏牲尚黑殷

白牡周騂剛順正色也白馬黑鬣曰駱殷黑首爲純白凶也騂剛赤色泰有虞氏之尊也山罍夏后氏之尊也著殷尊也犧象周尊也泰用瓦著著地無足爵夏后氏以琖殷以斝周以爵斝畫禾稼也詩曰洗爵奠斝灌尊夏后氏以雞夷殷以斝周以黃目其勺夏后氏以龍勺殷以疏勺周以蒲勺夷讀爲彝周禮春祠夏禴祼用雞彝鳥彝秋嘗冬烝祼用斝彝黃彝龍龍頭也疏通刻其頭蒲合蒲如鳧頭也土鼓蕢桴葦籥伊耆氏之樂也蕢當爲凷聲之誤也籥如笛三孔伊耆氏古天子有天下之號也今有姓伊耆氏者拊搏玉磬揩擊大琴大瑟中琴小瑟四代之樂器也拊搏以韋爲之充之以糠形如小鼓揩擊謂柷敔皆所以節樂者也四代虞夏殷周也魯公之廟文世室也

武公之廟武世室也此二廟象周有文王武王之廟也世室者不毀之名也魯公伯禽也武公伯禽之玄孫也名敖米廩有虞氏之庠也序夏后氏之序也瞽宗殷學也頖宮周學也庠序亦學也庠之言詳也於以考禮詳事也魯謂之米廩虞帝上孝今藏粢盛之委焉序次序王事也瞽宗樂師瞽矇之所宗也古者有道德者使教焉死則以爲樂祖於此祭之頖之言班也於以班政教也崇鼎貫鼎大璜封父龜天子之器也崇貫封父皆國名文王伐崇古者伐國遷其重器以分同姓大璜夏后氏之璜春秋傳曰分魯公以夏后氏之璜越棘大弓天子之戎器也越國名也棘戟也春秋傳曰子都拔棘夏后氏之鼓足殷楹鼓周縣鼓足謂四足也楹謂之柱貫中上出也縣縣之簨虡也殷頌曰植我鞉鼓周頌曰應朄縣鼓垂之和鐘叔之離磬女媧之笙簧垂堯之共工也女媧三皇承宓羲者叔未聞也和離

謂次序其聲縣也笙簧笙中之簧也世本作曰垂作鐘無句作磬女媧作笙簧夏后氏之龍簨虡殷之崇牙周之璧翣簨虡所以縣鐘磬也橫曰簨飾之以鱗屬植曰虡飾之以贏屬羽屬簨以大版爲之謂之業殷又於龍上刻畫之爲重牙以挂縣紘也周又畫繒爲翣戴以璧垂五采羽於其下樹於簨之角上飾彌多也周頌曰設業設虡崇牙樹羽有虞氏之兩敦夏后氏之四璉殷之六瑚周之八簋皆黍稷器制之異同未聞俎有虞氏以梡夏后氏以嶡殷以椇周以房俎梡斷木爲四足而已嶡之言蹷也謂中足爲橫距之象周禮謂之距椇之言枳椇也謂曲橈之也房謂足下跗也上下兩間有似於堂房魯頌曰籩豆大房夏后氏以楬豆殷玉豆周獻豆楬無異物之飾也獻疏刻之齊人謂無髮爲禿楬有虞氏服韍夏后氏山殷火周龍章韍冕服之韠也舜始作之以尊祭服禹湯至周增以畫文後王彌飾也山取其仁可

仰也火取其明也龍取其變化也天子備焉諸侯火而下卿大夫山士韎韋而已韍或作黻有虞氏祭首夏后氏祭心殷祭肝周祭肺氣主盛也夏后氏尚明水殷尚醴周尚酒此皆其時之用耳言尚非有虞氏官五十夏后氏官百殷二百周三百周之六卿其屬各六十則周三百六十官也此云三百者記時冬官亡矣昬義曰天子立六官三公九卿二十七大夫八十一元士凡百二十蓋謂夏時也以夏周推前後之差有虞氏官宜六十夏后氏宜百二十殷宜二百四十不得如此記也有虞氏之綏夏后氏之綢練殷之崇牙周之璧翣綏亦旌旗之緌也夏綢其杠以練爲之旒殷又刻繒爲重牙以飾其側亦飾彌多也湯以武受命恒以牙爲飾也此旌旗及翣皆喪葬之飾周禮大喪葬巾車執蓋從車持旌御僕持翣旌從遣車翣夾柩路左右前後天子八翣皆戴璧垂羽諸侯六翣皆戴圭大夫四翣士二翣皆戴緌孔子之喪公西赤爲志亦用此焉爾雅說旌旗曰素錦綢杠纁白縿素升龍於縿練旒九凡四

代之服器官魯兼用之是故魯王禮也天下傳之久矣君臣未嘗相弑也禮樂刑法政俗未嘗相變也天下以爲有道之國是故天下資禮樂焉王禮天子之禮也傳傳世也資取也此蓋盛周公之德耳春秋時魯三君弑又士之有誄由莊公始婦人髽而弔始於臺駘云君臣未嘗相弑政俗未嘗相變亦近誣矣資或爲飲

禮記卷第九

經三千六百五十一字
注六千三百五十五字

嘉慶丙寅三月陽城

張氏影摹宋本重彫

禮記卷第十

喪服小記第十五　鄭氏注

斬衰括髮以麻爲母括髮以麻免而以布母服輕至免可以布代麻也爲母又哭而免齊衰惡笄以終喪笄所以卷髮帶所以持身也婦人質於喪所以自卷持者有除無變男子冠而婦人笄男子免而婦人髽其義爲男子則免爲婦人則髽別男女也苴杖竹也削杖桐也祖父卒而后爲祖母後者三年祖父在則其服如父在爲母也爲父母長子稽顙喪尊者及正體不敢不盡禮大夫弔之雖緦必稽顙尊大夫不敢以輕待之婦人爲夫與長子稽顙其餘則否恩殺於父母男

主必使同姓婦主必使異姓謂以無主後者爲主也異姓同宗之婦也婦人外成爲父後者爲出母無服不敢以己私廢父所傳重之祭祀親親以三爲五以五爲九上殺下殺旁殺而親畢矣已上親父下親子三也以父親祖以子親孫五也以祖親高祖以孫親玄孫九也殺謂親益踈者服之則輕王者禘其祖之所自出以其祖配之禘大祭也始祖感天神靈而生祭天則以祖配之自外至者無主不止而立四廟高祖以下與始祖而五庶子王亦如之世子有廢疾不可立而庶子立其祭天立廟亦如世子之立也春秋時衛侯元有兄縶別子爲祖諸侯之庶子別爲後世爲始祖也謂之別子者公子不得禰先君繼別爲宗別子之世長子爲其族人爲宗所謂百世不遷之宗繼禰者爲小宗別子庶子之長子爲其昆弟爲宗也謂之小宗者以其將遷也有五世而遷之宗其繼高

祖者也謂小宗也小宗有四或繼高祖或繼曾祖或繼祖或繼禰皆至五世則遷是故祖遷於上宗易於下尊祖故敬宗敬宗所以尊祖禰也宗者祖禰之正體庶子不祭祖者明其宗也明其尊宗以爲本也禰則不祭矣言不祭祖者主謂宗子庶子俱爲適士得立祖禰廟者也凡正體在乎上者謂下正猶爲庶也庶子不爲長子斬不繼祖與禰故也尊先祖之正體不二其統也言不繼祖禰則長子不必五世庶子不祭殤與無後者殤與無後者從祖祔食不祭殤者父之庶也不祭無後者祖之庶也此二者當從祖祔食而已不祭祖無所食之也共其牲物而宗子主其禮焉祖庶之殤則自祭之凡所祭殤者唯適子耳無後者謂昆弟諸父也宗子之諸父無後者爲墠祭之庶子不祭禰者明其宗也謂宗子庶子俱爲下士得立禰廟也雖庶人亦然親親尊尊長長男女之有別

人道之大者也言服之所以隆殺從服者所從亡則已謂若爲君母之父母昆弟從母也屬從者所從雖沒也服謂若自爲己之母黨妾從女君而出則不爲女君之子服妾爲女君之黨服得與女君同而今俱出女君猶爲子期妾於義絶無施服禮不王不禘禘謂祭天世子不降妻之父母其爲妻也與大夫之適子同世子天子諸侯之適子也不降妻之父母爲妻故親之也爲妻亦齊衰不杖者君爲之主子不得伸也主言與大夫之適子同據服之成文也本所以正見父在爲妻不杖於大夫適子者明大夫以上雖尊猶爲適婦爲主父爲士子爲天子諸侯則祭以天子諸侯其尸服以士服祭以天子諸侯養以子道也尸服士服父本無爵子不敢以己爵加之嫌於卑之父爲天子諸侯子爲士祭以士其尸服以士

服謂父以罪誅尸服以士服不成爲君也天子之子當封爲王者後以祀其受命之祖玄爲士則擇其宗之賢者若微子者不必封其子爲王者後及所立爲諸侯者祀其先君以禮卒者尸服天子諸侯之服如遂無所立則尸也祭也皆如士不敢僭用尊者衣物婦當喪而出則除之爲父母喪未練而出則三年既練而出則已未練而反則期既練而反則遂之當喪當舅姑之喪也出除喪絕族也再期之喪三年也期之喪二年也九月七月之喪三時也五月之喪二時也三月之喪一時也言喪之節應歲時之氣故期而祭禮也期而除喪道也祭不爲除喪也此謂練祭也禮正月存親親亡至今而期期則宜祭期天道一變哀惻之情益衰衰則宜除不相爲也三年而后葬者必再祭其祭之間

不同時而除喪再祭練祥也閒不同時者當異月也既祔明月練而祭又明月祥而祭必異月時也而除喪已祥則除不禫者以葬與練祥本異歲宜異大功者主人之喪有三年者則必爲之再祭朋友虞祔而已謂死者之從父昆弟來爲喪主有三年者謂妻若子幼少大功爲之再祭則小功緦麻爲之練祭可也士妾有子而爲之緦無子則已士卑妾無男女則不服別貴賤生不及祖父母諸父昆弟而父稅喪己則否謂子生於外者也父以他故居異邦而生己己不及此親存時歸見之今其死於喪服年月已過乃聞之父爲之服己則否者不責非時之恩於人所不能也當其時則服稅讀如無禮則稅之稅稅喪者喪與服不相當之言爲君之父母妻長子君已除喪而后聞喪則不稅以之恩輕也謂卿大夫出聘問以他故久留降而在緦小功者則稅之謂正親在齊衰大功者正親緦小功不稅

矣曾子問曰小功不稅則是遠兄弟終無服也此句補脫誤在是宜承父稅喪己則否近臣君服斯服矣其餘從而服不從而稅謂君出朝覲不時反而不知喪者近臣閽寺之屬也其餘羣介行人宰史也君雖未知喪臣服已從服者所從雖在外自若服也虞杖不入於室祔杖不升於堂哀益衰敬彌多也虞於寢祔於祖廟爲君母後者君母卒則不爲君母之黨服徒從也所從亡則已絰殺五分而去一杖大如絰如要絰也妾爲君之長子與女君同不敢以恩輕輕服君之正統除喪者先重者謂練男子除乎首婦人除乎帶易服者易輕者謂大喪既虞卒哭而遭小喪也其易喪服男子易乎帶婦人易乎首無事不辟廟門鬼神尚幽闇也廟殯宮哭皆於其次無時哭也有事則入即位復與書銘自天子達於

士其辭一也男子稱名婦人書姓與伯仲如不知姓則書氏此謂殷禮也殷質不重名復則臣得名君周之禮天子崩復曰皐天子復諸侯薨復曰皐某甫復其餘及書銘則同斬衰之葛與齊衰之麻同經之大俱七寸五分寸之一帶五寸二十五分寸之十九齊衰之葛與大功之麻同經之大俱五寸二十五分寸之十九帶四寸百二十五分寸之七十六麻同皆兼服之皆者皆上二事也兼服之謂服麻又服葛也男子則經上服之葛帶下服之麻婦人則經下服之麻固自帶其故帶也所謂易服易輕者也兼服之文主於男子報葬者報虞三月而后卒哭報讀爲赴疾之赴謂不及期而葬也既葬即虞虞安神也卒哭之祭待哀殺也父母之喪偕先葬者不虞祔待後事其葬服斬衰偕俱也謂同月若同日死也先葬者母也曾子問曰葬先輕而後重又曰反葬奠而後辭於殯遂修葬事其虞也先重而後輕待後

事謂如此也其葬服斬衰者喪之隆哀宜從重也假令父死在前月而同月葬猶服斬衰不葬不變服也言其葬服斬衰則虞祔各以其服矣及練祥皆然卒事反服重大夫降其庶子其孫不降其父祖不厭孫也大夫爲庶子大功大夫不主士之喪士之喪雖無主不敢攝大夫以爲主爲慈母之父母無服恩不能及夫爲人後者其妻爲舅姑大功以不貳隆士祔於大夫則易牲不敢以卑牲祭尊也大夫少牢也繼父不同居也者必嘗同居皆無主後同財而祭其祖禰爲同居有主後者爲異居錄恩服深淺也見同財則期同居異財故同居今異居及繼父有子亦爲異居則三月未嘗同居則不服哭朋友者於門外之右南面變於有親者也門外寢門外祔葬者不筮宅宅葬地也前人葬既筮之士大夫不得祔於諸侯祔

於諸祖父之爲士大夫者其妻祔於諸祖姑妾祔於妾祖姑亡則中一以上而祔祔必以其昭穆士大夫謂公子公孫爲士大夫者不得祔於諸侯卑別也既卒哭各就其先君爲祖者兄弟之廟而祔之中猶閒也諸侯不得祔於天子天子諸侯大夫可以祔於士人莫敢卑其祖也爲母之君母母卒則不服母之君母外祖適母徒從也所從亡則已宗子母在爲妻禫宗子之妻尊也

爲慈母後者爲庶母可也爲祖庶母可也謂父命之爲子母者也即庶子爲後此皆子也傳重而已不先命之與適妻使爲母子也緣爲慈母後之義父之妾無子者亦可命已庶子爲後爲父母妻長子禫目所爲禫者也慈母與妾母不世祭也以其非正春秋傳曰於子祭於孫止丈夫冠而不爲

殤婦人笄而不爲殤（言成人也婦人許嫁而笄未許嫁與丈夫同）爲殤後者以其服服之（言爲後者據承之也殤無爲人父之道以本親之服服之）父而不葬者唯主喪者不除其餘以麻終月數者除喪則已（其餘謂旁親也以麻終月數不葬者喪不變也）箭笄終喪三年（亦於喪所以自卷持者有除無變）齊衰三月與大功同者繩屨（雖尊卑異於恩有可同也）練筮日筮尸視濯皆要絰杖繩屨有司告具而后去杖筮日筮尸有司告事畢而后杖拜送賓（臨事去杖敬也濯謂漑祭器也）大祥吉服而筮尸（凡變除者必服其吉服以即祭事不以凶臨吉也閒傳曰大祥素縞麻衣）庶子在父之室則爲其母不禫（妾子父在厭也）庶子不以杖

即位下適子也位朝夕哭位也父不主庶子之喪則孫以杖即位可也祖不厭孫孫得伸也父在庶子爲妻以杖即位可也舅不主妾之喪子得伸也諸侯弔於異國之臣則其君爲主君爲之主弔臣恩爲己也子不敢當主中庭北面哭不拜諸侯弔必皮弁錫衰所弔雖已葬主人必免主人未喪服則君亦不錫衰必免者尊人君爲之變也未喪服未成服也既殯成服養有疾者不喪服遂以主其喪不喪服求生主吉惡其凶也遂以主其喪謂養者有親也死則當爲之主其爲主之服如素無喪服非養者入主人之喪則不易已之喪服入猶來也謂養者無親於死者不得爲主其有親來爲主者素有喪服而來爲主與素無服者異素無服素有服爲今死者當服則皆三日成也養尊者必易服養卑

者否尊謂父兄卑謂子弟之屬妾無妾祖姑者易牲而祔於女君可也女君適祖姑也易牲而祔則凡妾下女君一等婦之喪虞卒哭其夫若子主之祔則舅主之婦謂凡適婦庶婦也虞卒哭祭婦非舅事也祔於祖廟尊者宜主焉士不攝大夫士攝大夫唯宗子士之喪雖無主不敢攝大夫以爲主宗子尊可以攝之主人未除喪有兄弟自他國至則主人不免而爲主親質不崇敬也陳器之道多陳之而省納之可也省陳之而盡納之可也多陳之謂賓客之就器也以多爲榮省陳之謂主人之明器也以節爲禮奔兄弟之喪先之墓而後之家爲位而哭所知之喪則哭於宮而后之墓兄弟先之墓骨肉之親不由主人也宮故殯宮

也父不爲衆子次於外於庶子略自若居寢與諸侯爲

兄弟者服斬謂卿大夫以下也與尊者爲親不敢以輕服服之言諸侯者明雖在異國猶來爲三

年也下殤小功帶澡麻不絶本詘而反以報

之報猶合也下殤小功本齊衰之親其絰帶澡率治麻爲之帶不絶其本屈而上至要中合而糾之明親重也凡殤散帶垂

婦祔於祖姑祖姑有三人則祔於親者謂舅之母

死而又有繼母二人也親者謂舅所生其妻爲大夫而卒而后其

夫不爲大夫而祔於其妻則不易牲妻卒

而后夫爲大夫而祔於其妻則以大夫牲

妻爲大夫夫爲大夫時卒不易牲以士牲也此謂始來仕無廟者無廟者不祔宗子去國乃以廟從爲父後者

爲出母無服無服也者喪者不祭故也適子正體

於上當祭祀也婦人不爲主而杖者姑在爲夫杖姑不厭婦母爲長子削杖嫌服男子當杖竹也母爲長子服不可以重於子爲己也女子子在室爲父母其主喪者不杖則子一人杖女子子在室亦童子也無男昆弟使同姓爲攝主不杖則子一人杖謂長女也許嫁及二十而笄笄爲成人成人正杖也緦小功虞卒哭則免棺柩已藏嫌恩輕可以不免也言則免者則既殯先啓之間雖有事不免既葬而不報虞則雖主人皆冠及虞則皆免有故不得疾虞雖主人皆冠不可久無飾也皆免自主人至緦麻爲兄弟既除喪已及其葬也反服其服報虞卒哭則免如不報虞則除之小功以下遠葬者比反哭者皆冠及郊而后免反哭墓在四郊之外君弔雖不當免時

也主人必免不散麻雖異國之君免也親者皆免不散麻者自若絞垂爲人君變貶於大斂之前既啓之後也親者大功以上也異國之君免或爲弔除殤之喪者其祭也必玄殤無變文不縞冠玄端黃裳而祭不朝服未純吉也於成人爲釋禫之服除成喪者其祭也朝服縞冠成成人也縞冠未純吉祭服也既祥祭乃素縞麻衣奔父之喪括髮於堂上袒降踊襲絰于東方奔母之喪不括髮袒於堂上降踊襲免于東方絰即位成踊出門哭止三日而五哭三袒凡奔喪謂道遠已殯乃來也爲母不括髮以至成服一而已貶於父也即位以下於父母同也三日五哭者始至訖夕反位哭乃出就次一哭也與明日又明日之朝夕而五哭三袒者始至袒與明日又明日之朝而三也適婦不爲舅後者則姑爲之小

功（謂夫有廢疾他故若死而無子不受重者小功庶婦之服也凡父母於子舅姑於婦將不傳重於適及將所傳重者非適服之皆如庶子庶婦也）

大傳第十六　　鄭氏注

禮不王不禘王者禘其祖之所自出以其祖配之（凡大祭曰禘自由也大祭其先祖所由生謂郊祀天也王者之先祖皆感大微五帝之精以生蒼則靈威仰赤則赤熛怒黃則含樞紐白則白招拒黑則汁光紀皆用正歲之正月郊祭之蓋特尊焉孝經曰郊祀后稷以配天配靈威仰也宗祀文王於明堂以配上帝汎配五帝也）諸侯及其大祖（大祖受封君也）大夫士有大事省於其君干祫及其高祖（大事寇戎之事也省善也善於其君謂免於大難也干猶空也空祫謂無廟祫祭之於壇墠）牧之野武王之大事也既事而退柴於上帝祈於社設奠

於牧室柴祈奠告天地及先祖也牧室牧野之室也古者郊關皆有館焉先祖者行主也遂率天下諸侯執豆籩逡奔走逡疾也疾奔走言勸事也周頌曰逡奔走在廟追王大王亶父王季歷文王昌不以卑臨尊也不用諸侯之號臨天子也文王稱王早矣於殷猶爲諸侯於是著焉上治祖禰尊尊也下治子孫親親也旁治昆弟合族以食序以昭繆別之以禮義人道竭矣治猶正也繆讀爲穆聲之誤也竭盡也聖人南面而聽天下所且先者五民不與焉且先言未遑餘事一曰治親二曰報功三曰舉賢四曰使能五曰存愛功功臣也存察也察有仁愛者五者一得於天下民無不足無不贍者五者一物紕

繆民莫得其死〔物猶事也紕猶錯也五事得則民足一事失則民不得其死明政之難〕聖人南面而治天下必自人道始矣〔人道謂此五事〕立權度量考文章改正朔易服色殊徽號異器械別衣服此其所得與民變革者也〔權稱也度丈尺也量斗斛也文章禮法也服色車馬也徽號旌旗之名也器械禮樂之器及兵甲也衣服吉凶之制也徽或作褘〕其不可得變革者則有矣親親也尊尊也長長也男女有別此其不可得與民變革者也〔四者人道之常〕同姓從宗合族屬異姓主名治際會名著而男女有別〔合合之宗子之家序昭穆也異姓謂來嫁者也主於母與婦之名耳際會昏禮交接之會也著明也母婦之名不明則人倫亂也亂者若衛宣公楚平王爲子取而自納焉〕其夫

屬乎父道者妻皆母道也其夫屬乎子道者妻皆婦道也言母婦無昭穆於此統於夫耳母焉則尊之婦焉則卑之尊之卑之明非己倫以厚別也謂弟之妻婦者是嫂亦可謂之母乎言不可也謂之婦與嫂者以其在己之列以名遠之耳復謂嫂爲母則令昭穆不明昆弟之妻夫之昆弟不相爲服不成其親也男女無親則遠於相見名者人治之大者也可無愼乎人治所以正人四世而緦服之窮也五世袒免殺同姓也六世親屬竭矣四世共高祖五世高祖昆弟六世以外親盡無屬名其庶姓別於上而戚單於下昬姻可以通乎問之也玄孫之子姓別於高祖五世而無服姓世所由生繫之以姓而弗別綴之以食而弗殊雖百世而昬姻不通者周道

然也周之禮所建者長也姓正姓也始祖爲正姓高祖爲庶姓繫之弗別謂若今宗室屬籍也周禮小史掌定繫世辨昭穆服術有六一曰親親二曰尊尊三曰名四曰出入五曰長幼六曰從服術猶道也親親父母爲首尊尊君爲首名世母叔母之屬也出入女子子嫁者及在室者從長幼成人及殤也從服若夫爲妻之父母妻爲夫之黨服從服有六有屬從子爲母之黨有徒從臣爲君之黨有從有服而無服公子爲其妻之父母有從無服而有服公子之妻爲公子之外兄弟有從重而輕夫爲妻之父母有從輕而重公子之妻爲其皇姑自仁率親等而上之至于祖名曰輕自義率祖順而下之至于禰名曰重一輕一重其義然也自猶用也率循也用恩則父母重而祖輕用義則祖重而父母輕恩重者爲之三年

義重者爲之齊衰然如是也君有合族之道族人不得以其戚戚君位也君恩可以下施而族人皆臣也不得以父兄子弟之親自戚於君位謂齒列也所以尊君別嫌也庶子不祭明其宗也庶子不得爲長子三年不繼祖也明猶尊也一統焉族人上不戚君下又辟宗乃後能相序別子爲祖別子謂公子若始來在此國者後世以爲祖也繼別爲宗別子之世適也族人尊之謂之大宗是宗子也繼禰者爲小宗父之適也兄弟尊之謂之小宗有百世不遷之宗有五世則遷之宗百世不遷者別子之後也宗其繼別子之所自出者百世不遷者也宗其繼高祖者五世則遷者也尊祖故敬宗敬宗尊祖之義也遷猶變易也繼別子別子之世

適也繼高祖者亦小宗也先言繼禰者據別子子弟之子也以高祖與禰皆有繼者則曾祖亦有也則小宗四與大宗凡五

有小宗而無大宗者有大宗而無小宗者有無宗亦莫之宗者公子是也公子有此三事也公子謂先君之子今君昆弟公子有宗道公子之公爲其士大夫之庶者宗其士大夫之適者公子之宗道也公子不得宗君君命適昆弟爲之宗使之宗之是公子之宗道也所宗者適則如大宗死爲之齊衰九月其母則小君也爲其妻齊衰三月無適而宗庶則如小宗死爲之大功九月其母妻無服公子唯己而已則無所宗亦無之宗絕族無移服族昆弟之子不相爲服親者屬也有親者服各以其屬親疏自仁率親等而上之至于祖自義率祖順而下之至于禰是故人道親親也言先有恩親親故尊祖

尊祖故敬宗敬宗故收族收族故宗廟嚴宗廟嚴故重社稷重社稷故愛百姓愛百姓故刑罰中刑罰中故庶民安庶民安故財用足財用足故百志成百志成故禮俗刑禮俗刑然後樂收族序以昭穆也嚴嚴猶尊也孝經曰孝莫大於嚴父百志人之志意所欲也刑猶成也詩云不顯不承無斁於人斯此之謂也斁厭也言文王之德不顯乎不承乎成先人之業乎言其顯且承之人樂之無厭也

少儀第十七　鄭氏注

聞始見君子者辭曰某固願聞名於將命者君子卿大夫若有異德者固如故也將猶奉也即君子之門而去願以名聞於奉命者謙遠之也重則去固奉命傳

辭出入不得階主階上進者言賓之辭不得指斥主人敵者曰某固願見敵當也願見願見於將命者謙也罕見曰聞名罕希也希相見雖於敵者猶爲尊主之辭如於君子亟見曰朝夕亟數也於君子則曰某願朝夕聞名於將命者於敵者則曰某願朝夕見於將命者瞽曰聞名瞽無目也以無目辭不稱見適有喪者曰比適之也曰某願比於將命者比猶比方俱給事童子曰聽事曰某願聽事於將命者童子未成人不敢當相見之禮適公卿之喪則曰聽役於司徒喪憂戚無賓主之禮皆爲執事來也君將適他臣如致金玉貨貝於君則曰致馬資於有司敵者曰贈從者適他行朝會也資猶用也贈送也臣致襚於君則曰致廢衣於賈人敵者曰襚言廢衣不必其以歛也賈人知物善惡也周禮玉府掌凡王之獻金玉兵器文織良貨賄之物受而藏之有賈

八人親者兄弟不以襚進不執將命也以即陳而已臣爲君喪納貨貝於君則曰納甸於有司甸謂田野之物賵馬入廟門以其主於死者賻馬與其幣大白兵車不入廟門以其主於生人也兵車革路也雖爲死者來陳之於外戰伐田獵之服非盛者也周禮革路建大白以即戎賻者既致命坐委之擯者舉之主人無親受也喪者非尸柩之事不親也舉之舉以東受立授立不坐由便性之直者則有之矣有之有跪者也謂受授於尊者而尊者短則跪不敢以長臨之始入而辭曰辭矣即席曰可矣可猶止也謂擯者爲賓主之節也始入則告之辭至就席則止其辭排闔說屨於户內者一人而已矣雖衆敵猶有所尊也有尊長在則否在在內也後來之衆皆說屨於户外問品味曰

子亟食於某乎問道藝曰子習於某乎子善於某乎不斥人謙也道三德三行也藝六藝不疑在躬躬身也不服行所不知使身疑也不度民械械兵器也不計度民家之器物使己亦有不願於大家大謂富之廣也不訾重器訾思也重猶寶也氾埽曰埽埽席前曰拚拚席不以鬣執箕膺擖鬣謂帚也帚恒埽地不絜清也膺親也擖舌也持箕將去糞者以舌自鄉不貳問當正己之心以問吉凶於蓍龜不得於正凶則卜筮其權也問卜筮曰義與志與義則可問志則否大卜問來卜筮者也義正事也志私意也尊長於己踰等不敢問其年踰等父兄黨也問年則己恭孫之心不全燕見不將命自不用賓主之正來則若子弟然遇於道見則面可以隱則隱不敢煩動也不請所之尊長所之或卑褻喪

俟事不犆弔亦不敢故煩動也事朝夕哭時侍坐弗使不執琴瑟不畫地手無容不翣也端慤所以爲敬也尊長或使彈琴瑟則爲之可寢則坐而將命命有所傳辭也坐者不敢臨之侍射則約矢不敢與之拾取也侍投則擁矢不敢釋於地也投投壺也投壺坐勝則洗而以請洗爵請行觴不敢直飲之客亦如之客射若投壺不勝主人亦洗而請之不角角謂觥罰爵也於尊長與客如獻酬之爵不擢馬擢去也謂徹也己徹馬嫌勝故專之執君之乘車則坐執執轡謂守之也君不在中坐示不行也僕者右帶劒負良綏申之面拖諸幦面前也幦覆苓也良綏君綏也負之由左肩上入右腋下申之於前覆苓上也以散綏升執轡然後步步行也請見不請退去止不敢自由朝廷曰退近君爲進燕遊曰歸禮褻主於家也師役曰

罷【罷之言罷勞也春秋傳曰師還曰疲】侍坐於君子君子欠伸運笏澤劍首還屨問日之蚤莫雖請退可也【以此皆解倦之狀伸頻伸也運澤謂玩弄也金器弄之易以汙澤】事君者量而后入不入而后量凡乞假於人爲人從事者亦然然故上無怨而下遠罪也【量量其事意合成否】不窺密【嫌伺人之私也密隱曲處也】不旁狎【妄相服習終或爭訟】不道舊故【言知識之過失損友也孔子曰故舊不遺則民不偷】不戲色【暫變傾顏色爲非常則人不長失敬也】爲人臣下者有諫而無訕有亡而無疾【亡去也疾惡也】頌而無諂諫而無驕【頌謂將順其美也驕謂言行謀從恃知而慢】怠則張而相之【怠惰也相助也】廢則埽而更之【廢政教壞亂無可因也】謂

之社稷之役也役爲人來往所之當有宿漸不可卒也毋拔來毋報往報讀爲赴疾之赴拔赴皆疾也毋瀆神瀆謂數而不敬毋循枉前日之不正不可復遵行以自伸毋測未至測意度也士依於德游於藝德三德也一曰至德二曰敏德三曰孝德藝六藝也一曰五禮二曰六樂三曰五射四曰五御五曰六書六曰九數工依於法游於說法謂規矩尺寸之數也說謂鴻殺之意所宜也考工記曰薄厚之所震動清濁之所由出侈弇之所由興有說說或爲申毋訾衣服成器訾思也成猶善也思此則疾貧也毋身質言語質成也聞疑則傳疑若成之或有所誤言語之美穆穆皇皇朝廷之美濟濟翔翔祭祀之美齊齊皇皇車馬之美匪匪翼翼鸞和之美肅肅雍雍匪讀如四牡騑騑齊齊皇皇讀如歸往之往美皆當爲儀字之誤也周禮教國子六儀一曰祭祀之容二曰賓客之容三曰朝廷之容四曰喪紀之

容五曰軍旅之容六曰車馬之容問國君之子長幼長則曰能從社稷之事矣幼則曰能御未能御（御謂御事）問大夫之子長幼長則曰能從樂人之事矣幼則曰能正於樂人未能正於樂人（正樂政也周禮大司樂以樂德教國子中和祗庸孝友以樂語教國子興道諷誦言語以樂舞教國子舞雲門大卷大咸大韶大夏大濩大武）問士之子長幼長則曰能耕矣幼則曰能負薪未能負薪（士祿薄子以農事爲業）執玉執龜筴不趨堂上不趨城上不趨（於重器於近尊於迫狹無容也步張足曰趨）武車不式介者不拜（兵車不以容禮下人也軍中之拜肅拜）婦人吉事雖有君賜肅拜爲尸坐則不手拜肅拜

爲喪主則不手拜肅拜拜低頭也手拜手至地也婦人以肅拜爲正凶事乃手拜耳爲尸爲祖姑之尸也士虞禮曰男男尸女女尸爲喪主不手拜者爲夫與長子當稽顙也其餘亦手拜而已雖或爲唯或曰喪爲主則不手拜肅拜也葛絰而麻帶謂既虞卒哭也帶所以自結束也婦人質少變於喪之帶有除而無變取俎進俎不坐以其有足亦柄尺之類執虛如執盈入虛如有人重愼凡祭於室中堂上無跣燕則有之祭不跣者主敬也燕則有跣爲歡也天子諸侯祭有坐尸於堂之禮祭所尊在室燕所尊在堂將燕降說屨乃升堂未嘗不食新嘗謂薦新物於寢廟僕於君子君子升下則授綏始乘則式君子下行然後還立還車而立以俟其去乘貳車則式佐車則否貳車佐車皆副車也朝祀之副曰貳戎獵之副曰佐魯莊公敗于乾時公喪戎路傳乘而歸貳車者諸侯七乘上

大夫五乘下大夫三乘此蓋殷制也周禮貳車公九乘侯伯七乘子男五乘及卿大夫各如其命之數有貳車者之乘馬服車不齒尊有爵者之物廣敬也服車所乘車也車有新舊觀君子之衣服服劍乘馬弗賈平尊者之物非敬也其以乘壺酒束脩一犬賜人若獻人則陳酒執脩以將命亦曰乘壺酒束脩一犬陳重者執輕者便也乘壺四壺也酒謂清也糟也不言陳犬或無脩者牽犬以致命也於卑者曰賜於尊者曰獻其以鼎肉則執以將命鼎肉謂牲體已解可升於鼎其禽加於一雙則執一雙以將命委其餘加猶多也犬則執緤守犬田犬則授擯者既受乃問犬名牛則執紖馬則執靮皆右之緤紖靮皆所以繫制之者守犬

二九十多

田犬問名畜養者當呼之名謂若韓盧宋鵲之屬右之者執之宜由便也臣則左之異於衆物臣謂囚俘車則說綏執以將命甲若有以前之則執以將命無以前之則袒櫜奉冑甲鎧也有以前之謂他摯幣也櫜弢鎧衣也冑兜鍪也袒其衣出兜鍪以致命器則執蓋謂有表裏弓則以左手屈韣執拊韣弓衣也左手屈衣并於拊執之而右手執簫劒則啓櫝蓋襲之加夫襓與劒焉櫝謂劒函也襲郤合之夫襓劒衣也加劒於衣上夫或爲煩皆發聲笏書脩苞苴弓茵席枕几穎杖琴瑟戈有刃者櫝筴籥其執之皆尚左手苞苴謂編束萑葦以裹魚肉也茵著蓐也穎警枕也筴著也籥如笛三孔皆十六物也左手執上上陽也右手執下下陰也刀卻刃授穎削授拊辟用時穎鐶也拊謂把凡有刺刃者以授

人則辟刃辟刃不以正鄉人也乗兵車出先刃入後刃不以刃鄉國也軍尚左左陽也陽主生將軍有廟勝之策左將軍爲上貴不敗績卒尚右右陰也陰主殺卒之行伍以右爲上示有死志賓客主恭祭祀主敬喪事主哀會同主詡恭在貌也而敬又在心詡謂敏而有勇若齊國佐軍旅思險隱情以虞險阻出奇覆謏之處也隱意也思也虞度也當思念己情之所能以度彼之將然否燕侍食於君子則先飯而後已所以勸也毋放飯毋流歠小飯而亟之亟疾也備噦噎若見問也數噍毋爲口容口容弄口客自徹辭焉則止主人辭其徹客爵居左其飲居右客爵謂主人所酬賓之爵也以優賓耳賓不舉奠于薦東介爵酢爵僎爵皆居右三爵皆飲爵也介賓之輔也酢所以酢主人也古文禮僎作遵遵謂鄉人爲卿大夫來觀禮者酢或爲作僎或

爲馴羞濡魚者進尾擗之由後鯁肉易離也乾魚進首擗之由前理易析也冬
右腴氣在下腴腹下也夏右鰭氣在上鰭脊也祭膴膴大臠謂刳魚腹也膴讀如冔
凡齊執之以右居之於左齊謂食羹醬飲有齊和者也居於左手之上右
手執而正之由便也贊幣自左詔辭自右自由也謂爲君授幣爲君出命也立
者尊右酌尸之僕如君之僕當其爲尸則尊其在車則左
執轡右受爵祭左右軌范乃飲周禮大御祭兩軹祭軌乃飲軌
與軹於車同謂轊頭也範與范聲同謂軾前也凡羞有俎者則於俎內祭
俎於人爲橫不得祭於閒也君子不食圂腴周禮圂作豢謂犬豕之屬食米穀者也腴有似
於人穢小子走而不趨舉爵則坐祭立飲小子弟子也卑
不得與賓介俱備禮容也凡洗必盥先盥乃洗爵先自絜也盥有不洗也牛羊之肺

離而不提心提猶絶也刲離之不絶中央少者使易絶以祭耳凡羞有湆者不以齊齊和也爲君子擇葱薤則絶其本末爲有萎乾羞首者進喙祭耳耳出見也尊者以酌者之左爲上尊尊者設尊者也酌者鄉尊其左則右尊也尊壺者面其鼻鼻在面中言鄉人也飲酒者機者醮者有折俎不坐折俎尊徹之乃坐也已沐飲曰機酌始冠曰醮未步爵不甞羞步行也牛與羊魚之腥聶而切之爲膾聶之言牒也先藿葉切之復報切之則成膾麋鹿爲菹野豕爲軒皆聶而不切麕爲辟雞兔爲宛脾皆聶而切之切葱若薤實之醯以柔之此軒辟雞宛脾皆菹類也其作之狀以醯與葷菜淹之殺肉及腥氣也其有折俎者

取祭反之不坐燔亦如之亦爲柄尺之類也燔炙也鄉射曰賓奠爵于薦西興取肺坐絕祭左手嚌之興加于俎坐帨手尸則坐尸尊也少牢饋食禮曰尸左執爵右兼取肝肺擩于俎鹽振祭嚌之加于菹豆衣服在躬而不知其名爲罔罔猶罔罔無知貌其未有燭而有後至者則以在者告道瞽亦然爲其不見意欲知之也師冕見及階子曰階也及席子曰席也皆坐子告之曰某在斯某在斯凡飲酒爲獻主者執燭抱燋客作而辭然後以授人爲賓言也主人親執燭敬賓示不倦也言獻主者容君使宰夫也未爇曰燋執燭不讓不辭不歌以燭繼晝禮殺洗盥執食飲者勿氣有問焉則辟咡而對示不敢歆臭也口旁曰咡爲人祭曰致福爲己祭而致膳於君子曰膳祔練曰告此皆致祭祀之

餘於君子也攝主言致福申其辭也自祭言膳謙也祔練言告不敢以爲福膳也凡膳告於君子主人展之以授使者于阼階之南南面再拜稽首送反命主人又再拜稽首展省具也其禮大牢則以牛左肩臂臑折九个少牢則以羊左肩七个犆豕則以豕左肩五个折斷分之也皆用左者右以祭也羊豕不言臂臑因牛序之可知國家靡敝則車不雕幾甲不組縢食器不刻鏤君子不履絲屨馬不常秣靡敝賦稅亟也雕畫也幾附纏爲沂鄂也組縢以組飾之及紟帶也詩云公徒三萬貝胄朱綅亦鎧飾也

禮記卷第十

經三千七百一十三字
注五千四百四十七字

嘉慶丙寅四月陽城
張氏影摹宋本重彫

禮記卷第十一

學記第十八　　鄭氏注

發慮憲求善良足以謏聞不足以動衆憲法也言發計慮當擬度於法式也求謂招來也謏之言小也動衆謂師役之事就賢體遠足以動衆未足以化民就謂躬下之體猶親也君子如欲化民成俗其必由學乎所學者聖人之道在方策玉不琢不成器人不學不知道是故古之王者建國君民教學爲先謂内則設師保以教使國子學焉外則有大學庠序之官兑命曰念終始典于學其此之謂乎典經也言學之不舍業也兑當爲說字之誤也高宗夢傅說求而得之作說命三篇在尚書今亡雖有嘉肴弗食不知其

旨也雖有至道弗學不知其善也旨美也是故學然後知不足教然後知困學則睹己行之所短教則見己道之所未達知不足然後能自反也知困然後能自強也故曰教學相長也自反求諸己也自強脩業不敢倦兌命曰學學半其此之謂乎言學人乃益己之學半古之教者家有塾黨有庠術有序國有學術當爲遂聲之誤也古者仕焉而已者歸教於閭里朝夕坐於門門側之堂謂之塾周禮五百家爲黨萬二千五百家爲遂黨屬於鄉遂在遠郊之外比年入學學者每歲來入也中年考校中猶閒也鄉遂大夫閒歲則考學者之德行道藝周禮三歲大比乃考焉一年視離經辨志三年視敬業樂羣五年視博習親師七年視論學

取友謂之小成九年知類通達強立而不反謂之大成離經斷句絶也辨志謂别其心意所趣鄉也知類知事義之比也強立臨事不惑也不反不違失師道夫然後足以化民易俗近者說服而遠者懷之此大學之道也懷來也安也記曰蛾子時術之其此之謂乎蛾蚍蜉也蚍蜉之子微蟲耳時術蚍蜉之所為其功乃服成大垤大學始教皮弁祭菜示敬道也皮弁天子之朝朝服也祭菜禮先聖先師菜謂芹藻之屬宵雅肄三官其始也宵之言小也肄習也習小雅之三謂鹿鳴四牡皇皇者華也此皆君臣宴樂相勞苦之詩為始學者習之所以勸之以官且取上下相和厚入學鼓篋孫其業也鼓篋擊鼓警衆乃發篋出所治經業也孫猶恭順也夏楚二物收其威也夏稻也楚荆也二者所以扑撻犯禮者收謂收斂整齊之威威儀也

未卜禘不視學游其志也禘大祭也天子諸侯既祭乃視學考校以游暇學者之志意時觀而弗語存其心也使之悱悱憤憤然後啓發也幼者聽而弗問學不躐等也學教也教之長穉此七者教之大倫也倫理也自大學始教至此其義七也記曰凡學官先事士先志其此之謂乎官居官者也士學士也大學之教也時教必有正業退息必有居有居有常居也學不學操縵不能安弦操縵雜弄不學博依不能安詩博依廣譬喻也依或爲衣不學雜服不能安禮雜服冕服皮弁之屬雜或爲雅不興其藝不能樂學興之言喜也歆也藝謂禮樂射御書數故君子之於學也藏焉脩焉息焉遊焉藏謂懷抱之脩

習也息謂作勞休止於之息遊謂閒暇無事於之遊 夫然故安其學而親其師樂其友而信其道是以雖離師輔而不反也兌命曰敬孫務時敏厥脩乃來其此之謂乎 敬孫敬道孫業也敏疾也厥其也學者務及時而疾其所脩之業乃來 今之教者呻其佔畢多其訊 呻吟也佔視也簡謂之畢訊猶問也言今之師自不曉經之義但吟誦其所視簡之文多其難問也呻或為慕訊或為訾 言及于數 其發言出說不首其義動云有所法象而已 進而不顧其安 務其所誦多不惟其未曉 使人不由其誠 由用也使學者誦之而為之說不用其誠 教人不盡其材 材道也謂師有所隱也易曰兼三材而兩之謂天地人之道 其施之也悖其求之也佛 教者言非則學者失問 夫然故隱其學而疾其師苦其難而

不知其益也隱不稱揚也不知其益若無益然雖終其業其去之必速速疾也學不心解則忘之易教之不刑其此之由乎刑猶成也

大學之法禁於未發之謂豫未發情欲未生謂年十五時當其可之謂時可謂年二十成人時不陵節而施之謂孫不陵節謂不教長者才者以小教幼者鈍者以大也施猶教也孫順也相觀而善之謂摩不並問則教者思專也摩相切磋也此四者教之所由興也興起也

發然後禁則扞格而不勝教不能勝其情欲格讀如凍洛之洛扞堅不可入之貌時過然後學則勤苦而難成時過則思放也雜施而不孫則壞亂而不脩小者不達大者難識學者所惑也獨學而無友則孤陋而寡聞不相觀也燕朋逆其師

燕猶褻也褻其朋友燕辟廢其學褻師之辟喻此六者教之所由廢也廢滅君子既知教之所由興又知教之所由廢然後可以爲人師也故君子之教喻也道而弗牽強而弗抑開而弗達道示之以道塗也抑猶推也開爲發頭角道而弗牽則和強而弗抑則易開而弗達則思和易以思可謂善喻矣思而得之則深學者有四失教者必知之人之學也或失則多或失則寡或失則易或失則止此四者心之莫同也失於多謂才少者失於寡謂才多者失於易謂好問不識者失於止謂好思不問者知其心然後能救其失也救其失者多與易則抑之

寡與止則進之教也者長善而救其失者也善歌者使人繼其聲善教者使人繼其志言爲之善者則後人樂放傚其言也約而達微而臧罕譬而喻可謂繼志矣師說之明則弟子好述之其言少而解臧善也君子知至學之難易而知其美惡然後能愽喻能博喻然後能爲師能爲師然後能爲長能爲長然後能爲君美惡說之是非也長達官之長故師也者所以學爲君也弟子學於師學爲君是故擇師不可不愼也師善則善記曰三王四代唯其師此之謂乎四代虞夏殷周凡學之道嚴師爲難嚴尊敬也師嚴然後道尊道尊然

後民知敬學是故君之所不臣於其臣者二當其爲尸則弗臣也當其爲師則弗臣也（尸主也爲祭主也）大學之禮雖詔於天子無北面所以尊師也（尊師重道焉不使處臣位也武王踐阼召師尚父而問焉曰昔黃帝顓頊之道存乎意亦忽不可得見與師尚父曰在丹書王欲聞之則齊矣王齊三日端冕師尚父亦端冕奉書而入負屏而立王下堂南面而立師尚父曰先王之道不北面王行西折而南東面而立師尚父西面道書之言）善學者師逸而功倍又從而庸之不善學者師勤而功半又從而怨之（從隨也庸功也功之受其道有功於己）善問者如攻堅木先其易者後其節目及其久也相說以解不善問者反此（言先易後難以漸入）善待問者如撞鐘

叩之以小者則小鳴叩之以大者則大鳴待其從容然後盡其聲不善荅問者反此從讀如富父春戈之春春容謂重撞擊也始者一聲而已學者旣開其端意進而復問乃極說之如撞鐘之成聲矣從或爲松此皆進學之道也皆皆善問善荅也記問之學不足以爲人師記問謂豫誦雜難雜說至講時爲學者論之此或時師不心解或學者所未能問必也其聽語乎必待其問乃說之力不能問然後語之語之而不知雖舍之可也舍之須後良冶之子必學爲裘仍見其家錮補穿鑿之器也補器者其金柔乃合有似於爲裘良弓之子必學爲箕仍見其家撓角幹也撓角幹者其材宜調調乃三體相勝有似於爲楊柳之箕始駕馬者反之車在馬前以言仍見則貫即事易也君子察於此

三者可以有志於學矣（仍讀先王之道則爲來事不惑）古之學者比物醜類（以事相況而爲之醜猶比也醜或爲計）鼓無當於五聲五聲弗得不和水無當於五色五色弗得不章學無當於五官五官弗得不治師無當於五服五服弗得不親（當猶主也五服斬衰至緦麻之親）君子曰大德不官（謂君也）大道不器（謂聖人之道不如器施於一物）大信不約（謂若胥命于蒲無盟約）大時不齊（或時以生或時以死）察於此四者可以有志於本矣（本立而道生言以學爲本則其德於民無不化於俗無不成）三王之祭川也皆先河而後海或源也或委也此之謂務本（源泉所出也委流所聚也始出一勺卒成不測）

樂記第十九　鄭氏注

凡音之起由人心生也人心之動物使之然也感於物而動故形於聲（宮商角徵羽雜比曰音單出曰聲形猶見也）聲相應故生變（樂之器彈其宮則眾宮應然不足樂是以變之使雜也易曰同聲相應同氣相求春秋傳曰若以水濟水誰能食之若琴瑟之專一誰能聽之）變成方謂之音（方猶文章也）比音而樂之及干戚羽旄謂之樂（干盾也戚斧也武舞所執也羽翟羽也旄旄牛尾也文舞所執周禮舞師樂師掌教舞有兵舞有干舞有羽舞有旄舞詩曰左手執籥右手秉翟）樂者音之所由生也其本在人心之感於物也是故其哀心感者其聲噍以殺其樂心感者其聲嘽以緩其喜心感者其聲

發以散其怒心感者其聲粗以厲其敬心感者其聲直以廉其愛心感者其聲和以柔六者非性也感於物而后動言人聲在所見非有常也噍踧也嘽寬綽貌發猶揚也粗麤也是故先王慎所以感之者故禮以道其志樂以和其聲政以一其行刑以防其姦禮樂刑政其極一也極至也所以同民心而出治道也此其所謂至也凡音者生人心者也情動於中故形於聲聲成文謂之音是故治世之音安以樂其政和亂世之音怨以怒其政乖亡國之音哀以思其民困聲音

之道與政通矣言八音和否隨政也王藻曰御聲幾聲之上下宮爲君商爲臣角爲民徵爲事羽爲物五者不亂則無怗懘之音矣五者君臣民事物也凡聲濁者尊清者卑怗懘敝敗不和貌宮亂則荒其君驕商亂則陂其官壞角亂則憂其民怨徵亂則哀其事勤羽亂則危其財匱五者皆亂迭相陵謂之慢如此則國之滅亡無日矣君臣民事物其道亂則其音應而亂荒猶散也陂傾也書曰王耄荒易曰無平不陂鄭衛之音亂世之音也比於慢矣比猶同也桑閒濮上之音亡國之音也其政散其民流誣上行私而不可止也濮水之上地有桑閒者亡國之音於此之水出也昔殷紂

使師延作靡靡之樂已而自沈於濮水後師涓過焉夜聞而寫之爲晉平公鼓之是之謂也桑閒在濮陽南誣罔也凡音者生於人心者也樂者通倫理者也倫猶類也理分也是故知聲而不知音者禽獸是也知音而不知樂者衆庶是也唯君子爲能知樂禽獸知此爲聲耳不知其宮商之變也八音並作克諧曰樂是故審聲以知音審音以知樂審樂以知政而治道備矣是故不知聲者不可與言音不知音者不可與言樂知樂則幾於禮矣禮樂皆得謂之有德德者得也幾近也聽樂而知政之得失則能正君臣民事物之禮是故樂之隆非極音也食饗之禮非致味也隆猶盛也極窮

也清廟之瑟朱弦而疏越壹倡而三歎有遺音者矣大饗之禮尚玄酒而俎腥魚大羹不和有遺味者矣清廟謂作樂歌清廟也朱弦練朱弦練則聲濁越瑟底孔也畫疏之使聲遲也倡發歌句也三歎三人從歎之耳大饗祫祭先王以腥魚爲俎實不臑孰之大羹肉湆不調以鹽菜遺猶餘也是故先王之制禮樂也非以極口腹耳目之欲也將以教民平好惡而反人道之正也教之使知好惡也人生而靜天之性也感於物而動性之欲也言性不見物則無欲物至知知然後好惡形焉至來也知知每物來則又有知也言見物多則欲益衆形猶見也好惡無節於內知誘於外不能反躬天理滅矣節法度也知猶欲也誘猶道也

引也躬猶己也理猶性也夫物之感人無窮而人之好惡無節則是物至而人化物也化物也者滅天理而窮人欲者也窮人欲言無所不爲於是有悖逆詐僞之心有淫泆作亂之事是故强者脅弱衆者暴寡知者詐愚勇者苦怯疾病不養老幼孤獨不得其所此大亂之道也是故先王之制禮樂人爲之節言爲作法度以遏其欲衰麻哭泣所以節喪紀也鐘鼓干戚所以和安樂也昏姻冠笄所以别男女也射鄉食饗所以正交接也男二十而冠女許嫁而笄成人之禮射鄉大射鄉飲酒也禮節民心

樂和民聲，政以行之，刑以防之。禮樂刑政四達而不悖，則王道備矣。樂者爲同，禮者爲異。同則相親，異則相敬。同謂協好惡也，異謂别貴賤。樂勝則流，禮勝則離。流謂合行不敬也，離謂析居不和也。合情飾貌者，禮樂之事也。欲其並行，斌斌然。禮義立，則貴賤等矣；樂文同，則上下和矣；好惡著，則賢不肖别矣；刑禁暴，爵舉賢，則政均矣。仁以愛之，義以正之，如此則民治行矣。等，階級也。樂由中出，和在心也。禮自外作，敬在貌也。樂由中出故靜，禮自外作故文。文猶動也。大樂必易，大禮必簡。易簡若於清廟大饗

然樂至則無怨禮至則不爭揖讓而治天下者禮樂之謂也至猶達也行也暴民不作諸侯賓服兵革不試五刑不用百姓無患天子不怒如此則樂達矣合父子之親明長幼之序以敬四海之內天子如此則禮行矣賓協也試用也大樂與天地同和大禮與天地同節言順天地之氣與其數和故百物不失不失其性節故祀天祭地成物有功報焉明則有禮樂教人者幽則有鬼神助天地成物者也易曰是故知鬼神之情狀與天地相似五帝德說黃帝德曰死而民畏其神者百年春秋傳曰若敖氏之鬼然則聖人之精氣謂之神賢知之精氣謂之鬼如此則四海之內合敬同愛矣

禮者殊事合敬者也樂者異文合愛者也禮樂之情同故明王以相沿也沿猶因述也孔子曰殷因於夏禮所損益可知也周因於殷禮所損益可知也沿或作緣故事與時並舉事在其時也禮器曰堯授舜舜授禹湯放桀武王伐紂時也名與功偕爲名在其功也偕猶俱也堯作大章舜作大韶禹作大夏湯作大濩武王作大武各因其得天下之功故鐘鼓管磬羽籥干戚樂之器也屈伸俯仰綴兆舒疾樂之文也簠簋俎豆制度文章禮之器也升降上下周還裼襲禮之文也綴謂酇舞者之位也兆其外營域也故知禮樂之情者能作識禮樂之文者能述述謂訓其義也作者之謂聖述者之謂明明聖者述作之謂也

樂者天地之和也禮者天地之序也和故百物皆化序故羣物皆別化猶生也別謂形體異也樂由天作禮以地制言法天地也過制則亂過作則暴過猶誤也暴失文武之意明於天地然後能興禮樂也論倫無患樂之情也欣喜歡愛樂之官也倫猶類也患害也官猶事也中正無邪禮之質也莊敬恭順禮之制也質猶本也若夫禮樂之施於金石越於聲音用於宗廟社稷事乎山川鬼神則此所與民同也言情官質制先王所專也王者功成作樂治定制禮功成治定同時耳功主於王業治主於敎民明堂位說周公曰治天下六年朝諸侯於明堂制禮作樂其功大

者其樂備其治辯者其禮具辯徧也干戚之舞非備樂也樂以文德爲備若咸池者孔子曰韶盡美矣又盡善也謂武盡美矣未盡善也孰亨而祀非達禮也達具也郊特牲曰郊血大饗腥三獻爓一獻孰至敬不饗味而貴氣臭也五帝殊時不相沿樂三王異世不相襲禮言其有損益也樂極則憂禮粗則偏矣樂人之所好也害在淫侉禮人之所勤也害在倦略及夫敦樂而無憂禮備而不偏者其唯大聖乎敦厚也天高地下萬物散殊而禮制行矣禮爲異也流而不息合同而化而樂興焉樂爲同也春作夏長仁也秋斂冬藏義也仁近於樂義近於禮言樂法陽而生禮法陰而成樂者敦和率

神而從天禮者別宜居鬼而從地敦和樂貴同也率循也從順也別宜禮尚異也居鬼謂居其所爲亦言循之也鬼神謂先聖先賢也故聖人作樂以應天制禮以配地禮樂明備天地官矣官猶事也各得其事天尊地卑君臣定矣卑高已陳貴賤位矣動靜有常小大殊矣方以類聚物以羣分則性命不同矣在天成象在地成形如此則禮者天地之別也卑高謂山澤也位矣尊卑之位象山澤也動靜陰陽用事小大萬物也大者常存小者隨陽出入方謂行蟲也物謂殖生者也性之言生也命生之長短也象光耀也形體貌也地氣上齊天氣下降陰陽相摩天地相蕩鼓之以雷霆奮之以風雨動之以四時煖之

以日月而百化興焉如此則樂者天地之和也齊讀爲躋躋升也摩猶迫也蕩猶動也奮迅也百化百物化生也化不時則不生男女無辨則亂升天地之情也辨別也升成也樂失則害物禮失則亂人及夫禮樂之極乎天而蟠乎地行乎陰陽而通乎鬼神窮高極遠而測深厚極至也蟠猶委也高遠三辰也深厚山川也言禮樂之道上至於天下委於地則其閒無所不之樂著大始而禮居成物著之言處也大始百物之始生也著不息者天也著不動者地也著猶明白也息猶休止也易曰天行健君子以自強不息一動一靜者天地之閒也閒謂百物也故聖人曰禮樂云言禮樂之法天地也樂靜而禮動其並用事則亦天地之閒耳昔者舜作五弦之琴

以歌南風夔始制樂以賞諸侯夔欲舜與天下之君共此樂也南風長養之風也以言父母之長養己其辭未聞也夔舜時典樂者也書曰夔命女典樂故天子之爲樂也以賞諸侯之有德者也德盛而教尊五穀時孰然後賞之以樂故其治民勞者其舞行綴遠其治民逸者其舞行綴短民勞則德薄酇相去遠舞人少也民逸則德盛酇相去近舞人多也故觀其舞知其德聞其謚知其行也謚者行之迹也大章章之也堯樂名也言堯德章明也周禮闕之或作大卷咸池備矣黃帝所作樂名也堯增脩而用之咸皆也池之言施也言德之無不施也周禮曰大咸韶繼也舜樂名也韶之言紹也言舜能繼紹堯之德周禮曰大韶夏大也禹樂名也言禹能大堯舜之德周禮曰大夏殷周之樂盡矣言盡人事也周禮曰大濩大武

天地之道寒暑不時則疾風雨不節則饑教者民之寒暑也教不時則傷世事者民之風雨也事不節則無功教謂樂也然則先王之爲樂也以法治也善則行象德矣以法治以樂爲治之法行象德民之行順君之德也夫豢豕爲酒非以爲禍也而獄訟益繁則酒之流生禍也以穀食犬豕曰豢爲作也言豢豕作酒本以饗祀養賢而小人飲之善酗以致獄訟是故先王因爲酒禮壹獻之禮賓主百拜終日飲酒而不得醉焉此先王之所以備酒禍也壹獻士飲酒之禮百拜以喻多故酒食者所以合歡也樂者所以象德也禮者所以

綴淫也綴猶止也是故先王有大事必有禮以哀之有大福必有禮以樂之哀樂之分皆以禮終大事謂死喪也樂也者聖人之所樂也而可以善民心其感人深其移風易俗故先王著其教焉著猶立也謂立司樂以下使教國子夫民有血氣心知之性而無哀樂喜怒之常應感起物而動然後心術形焉言在所以感之也術所由也形猶見也是故志微噍殺之音作而民思憂嘽諧慢易繁文簡節之音作而民康樂粗厲猛起奮末廣賁之音作而民剛毅廉直勁正莊誠之音作而

民肅敬寬裕肉好順成和動之音作而民慈愛流辟邪散狄成滌濫之音作而民淫亂志微意細也吳公子札聽鄭風而曰其細已甚民弗堪也簡節少易也奮末動使四支也賁讀爲憤憤怒氣充實也春秋傳曰血氣狡憤肉肥也狄滌往來疾貌也濫僭差也此皆民心無常之傚也肉或爲潤是故先王本之情性稽之度數制之禮義合生氣之和道五常之行使之陽而不散陰而不密剛氣不怒柔氣不慴四暢交於中而發作於外皆安其位而不相奪也生氣陰陽氣也五常五行也密之言閉也慴猶恐懼也然後立之學等廣其節奏省其文采以繩德厚等差也各用其才之差學之廣謂增習之省猶審也文采謂節奏合也繩猶度也周禮大司樂

以樂語教國子興道諷誦言語以樂舞教國子舞雲門大卷大咸大韶大夏大濩大武律小大之稱比終始之序以象事行律六律也周禮典同以六律六同辨天地四方陰陽之聲以爲樂器小大謂高聲正聲之類也終始謂始於宮終於羽宗廟黃鍾爲宮大呂爲角大蔟爲徵應鍾爲羽以象事行宮爲君商爲臣使親疏貴賤長幼男女之理皆形見於樂故曰樂觀其深矣謂同聽之莫不和敬莫不和順莫不和親土敝則草木不長水煩則魚鼈不大氣衰則生物不遂世亂則禮慝而樂淫是故其聲哀而不莊樂而不安慢易以犯節流湎以忘本廣則容姦狹則思欲感條暢之氣而滅平和之德是以君子賤之也遂猶成也慝穢也廣謂聲緩也狹謂聲急也感

大字二伯六十五字

動也動人條暢之善氣使失其所凡姦聲感人而逆氣應之逆氣成象而淫樂興焉正聲感人而順氣應之順氣成象而和樂興焉倡和有應回邪曲直各歸其分而萬物之理各以類相動也成象者謂人樂習焉是故君子反情以和其志比類以成其行姦聲亂色不留聰明淫樂慝禮不接心術惰慢邪辟之氣不設於身體使耳目鼻口心知百體皆由順正以行其義反猶本也術猶道也然後發以聲音而文以琴瑟動以干戚飾以羽旄從以簫管奮至德之光動四氣

之和以著萬物之理奮猶動也動至德之光謂降天神出地祇假祖考著猶成也是故清明象天廣大象地終始象四時周還象風雨五色成文而不亂八風從律而不姦百度得數而有常小大相成終始相生倡和清濁迭相爲經清明謂人聲也廣大謂鐘鼓也周還謂舞者五色五行也八風從律應節至也百度百刻也言日月晝夜不失正也清謂蕤賓至應鐘也濁謂黃鐘至中呂故樂行而倫清耳目聰明血氣和平移風易俗天下皆寧言樂用則正人理和陰陽也倫謂人道也故曰樂者樂也君子樂得其道小人樂得其欲以道制欲則樂而不亂以欲忘道則惑而不樂道謂仁義也欲謂邪

淫也是故君子反情以和其志廣樂以成其教樂行而民鄉方可以觀德矣方猶道也德者性之端也樂者德之華也金石絲竹樂之器也詩言其志也歌咏其聲也舞動其容也三者本於心然後樂氣從之是故情深而文明氣盛而化神和順積中而英華發外唯樂不可以爲僞三者本志也聲也容也言无此本於內則不能爲樂也樂者心之動也聲者樂之象也文采節奏聲之飾也君子動其本樂其象然後治其飾是故先鼓以警戒三步以見方再始以著往

復亂以飭歸奮疾而不拔極幽而不隱獨樂其志不厭其道備舉其道不私其欲是故情見而義立樂終而德尊君子以好善小人以聽過故曰生民之道樂爲大焉文采樂之威儀也先鼓將奏樂先擊鼓以警戒衆也三步謂將舞必先三舉足以見其舞之漸也再始以著往武王除喪至盟津之上紂未可伐還歸二年乃遂伐之武舞再更始以明伐時再往也復亂以飭歸謂鳴鐃而退明以整歸也奮疾謂舞者也極幽謂歌者也樂也者施也禮也者報也言樂出而不反而禮有往來也樂樂其所自生而禮反其所自始樂章德禮報情反始也自由也所謂大輅者天子之車也龍旂九旒天子之旌也青黑緣者天子之

寶龜也從之以牛羊之羣則所以贈諸侯也贈諸侯謂來朝將去送之以禮樂也者情之不可變者也禮也者理之不可易者也理猶事也樂統同禮辨異統同同和合也辨異異尊卑也禮樂之說管乎人情矣管猶包也窮本知變樂之情也著誠去僞禮之經也禮樂偩天地之情達神明之德降興上下之神而凝是精粗之體領父子君臣之節偩猶依象也降下也興猶出也凝成也精粗謂萬物大小也領猶理治也是故大人舉禮樂則天地將爲昭焉言天地將爲之昭然明也天地訢合陰陽相得煦嫗覆育萬物然後草木茂區萌

達羽翼奮角觡生蟄蟲昭蘇羽者嫗伏毛者孕鬻胎生者不殰而卵生者不殈則樂之道歸焉耳訢讀爲熹熹猶烝也氣曰煦體曰嫗屈生曰區無䚡曰觡昭曉也蟄蟲以發出爲曉更息曰蘇孕任也鬻生也內敗曰殰殈裂也今齊人語有殈者樂者非謂黃鍾大呂弦歌干揚也樂之末節也故童者舞之鋪筵席陳尊俎列籩豆以升降爲禮者禮之末節也故有司掌之言禮樂之本由人君也禮本著誠去僞樂本窮本知變樂師辨乎聲詩故北面而弦宗祝辨乎宗廟之禮故後尸商祝辨乎喪禮故後主人辨猶別也正也弦謂鼓琴瑟也後尸居後贊禮儀此言知本者尊知末者卑是故德成而上藝

成而下行成而先事成而後德三德也行三行也藝才技也先謂位在上也後謂位在下也是故先王有上有下有先有後然後可以有制於天下也言尊卑備乃可制作以爲治法魏文侯問於子夏曰吾端冕而聽古樂則唯恐臥聽鄭衛之音則不知倦敢問古樂之如彼何也新樂之如此何也魏文侯晉大夫畢萬之後僭諸侯者也端玄衣也古樂先王之正樂也子夏對曰今夫古樂進旅退旅和正以廣弦匏笙簧會守拊鼓始奏以文復亂以武治亂以相訊疾以雅君子於是語於是道古脩身及家平均天下此古樂之

發也旅猶俱也俱進俱退言其齊一也和正以廣無姦聲也會猶合也皆也言衆皆待擊鼓乃作周禮大師職曰大祭祀帥瞽登歌合奏擊拊下管播樂器合奏鼓朄文謂鼓也武謂金也相即拊也亦以節樂拊者以韋爲表裝之以穅穅一名相因以名焉今齊人或謂穅爲相雅亦樂器名也狀如漆筩中有椎今夫新樂進俯退俯姦聲以濫溺而不止及優侏儒獶雜子女不知父子樂終不可以語不可以道古此新樂之發也俯猶曲也言不齊一也濫濫竊也溺而不止聲淫亂無以治之獶獼猴也言舞者如獼猴戲也亂男女之尊卑獶或爲優今君之所問者樂也所好者音也夫樂者與音相近而不同言文侯好音而不知樂也鏗鎗之類皆爲音應律乃爲樂文侯曰敢問何如欲知音樂異意子夏對曰夫古者天地順而四時當民有德而五

穀昌疾疢不作而無妖祥此之謂大當然後聖人作爲父子君臣以爲紀綱紀綱既正天下大定天下大定然後正六律和五聲弦歌詩頌此之謂德音德音之謂樂當謂樂不失其所詩云莫其德音其德克明克明克類克長克君王此大邦克順克俾俾于文王其德靡悔既受帝祉施于孫子此之謂也此有德之音所謂樂也德正應和曰莫照臨四方曰明勤施無私曰類教誨不倦曰長慶賞刑威曰君慈和徧服曰順俾當爲比聲之誤也擇善從之曰比施延也言文王之德皆能如此故受天福延於後世也今君之所好者其溺音乎言無文王之德則所好非樂也文侯曰敢問溺音何

從出也玩習之久不知所由出也子夏對曰鄭音好濫淫志宋音燕女溺志衛音趨數煩志齊音敖辟喬志此四者皆淫於色而害於德是以祭祀弗用也言四國皆出此溺音濫濫竊姦聲也燕安也春秋傳曰懷與安實敗名趨數讀爲促速聲之誤也煩勞也祭祀者不用淫樂詩云肅雍和鳴先祖是聽夫肅肅敬也雍雍和也夫敬以和何事不行言古樂敬且和故無事而不用溺音無所施爲人君者謹其所好惡而已矣君好之則臣爲之上行之則民從之詩云誘民孔易此之謂也誘進也孔甚也言民從君所好惡進之於善無難然後聖人作爲鞉鼓椌楬壎篪此六者德

音之音也（六者爲本以其聲質也椌楬謂柷敔也壎篪或爲簨虡）然後鐘磬竽瑟以和之干戚旄狄以舞之此所以祭先王之廟也所以獻酬酳酢也所以官序貴賤各得其宜也所以示後世有尊卑長幼之序也（官序貴賤謂尊卑樂器列數有差次）鐘聲鏗鏗以立號號以立橫橫以立武君子聽鐘聲則思武臣（號號令所以警衆也橫充也謂氣作充滿也）石聲磬磬以立辨辨以致死君子聽磬聲則思死封疆之臣（石聲磬磬當爲罄字之誤也辨謂分明於節義）絲聲哀哀以立廉廉以立志君子聽琴瑟之聲則思志義之臣（廉廉隅也）竹聲

濫濫以立會會以聚衆君子聽竽笙簫管之聲則思畜聚之臣濫之意猶擥聚也會猶聚也聚或爲最鼓鼙之聲讙讙以立動動以進衆君子聽鼓鼙之聲則思將帥之臣聞讙囂則人意動作讙或爲歡動或爲勳君子之聽音非聽其鏗鎗而已也彼亦有所合之也以聲合成已之志賓牟賈侍坐於孔子孔子與之言及樂曰夫武之備戒之已久何也對曰病不得其衆也武謂周舞也備戒擊鼓警衆病猶憂也以不得衆心爲憂憂其難也咏歎之淫液之何也對曰恐不逮事也咏歎淫液歌遲之也逮及也事伐事也發揚蹈厲之已蚤何也對曰及時事

也時至武事當施也武坐致右憲左何也對曰非武坐也言武之事無坐也致謂膝至地也憲讀爲軒聲之誤聲淫及商何也對曰非武音也言武歌在正其軍不貪商也時人或說其義爲貪商也子曰若非武音則何音也對曰有司失其傳也若非有司失其傳則武王之志荒矣有司典樂者也傳猶說也荒老耄也言典樂者失其說也而時人妄說也書曰王耄荒子曰唯丘之聞諸萇弘亦若吾子之言是也萇弘周大夫賓牟賈起免席而請曰夫武之備戒之已久則既聞命矣敢問遲之遲而又久何也遲之遲謂久立於綴子曰居吾語女夫樂者象成者也揔干而山立武王

之事也發揚蹈厲大公之志也武亂皆坐周召之治也居猶安坐也成謂已成之事也揔干持盾也山立猶正立也象武王持盾正立待諸侯也發揚蹈厲所以象威武時也武舞象戰鬬也亂謂失行列也失行列則皆坐象周公召公以文止武也且夫武始而北出再成而滅商三成而南四成而南國是疆五成而分周公左召公右六成復綴以崇成猶奏也每奏武曲一終爲一成始奏象觀兵盟津時也再奏象克殷時也三奏象克殷有餘力而反也四奏象南方荆蠻之國侵畔者服也五奏象周公召公分職而治也六奏象兵還振旅也復綴反位止也崇充也凡六奏以充武樂也天子夾振之而駟伐盛威於中國也夾振之者王與大將夾舞者振鐸以爲節也駟當爲四聲之誤也武舞戰象也每奏四伐一擊一刺爲一伐牧誓曰今日之事不過四伐五伐分夾而進事蚤濟也分猶部曲也事猶爲也濟成也舞者各有

部曲之列又夾振之者象用兵務於早成也久立於綴以待諸侯之至也象武王伐紂待諸侯也且女獨未聞牧野之語乎欲語以作武樂之意武王克殷反商未及下車而封黃帝之後於薊封帝堯之後於祝封帝舜之後於陳下車而封夏后氏之後於杞投殷之後於宋封王子比干之墓釋箕子之囚使之行商容而復其位庶民弛政庶士倍禄濟河而西馬散之華山之陽而弗復乘牛散之桃林之野而弗復服車甲衅而藏之府庫而弗復用倒載干戈包之以虎皮將帥之士使爲諸侯名之曰建櫜然後天下知武

王之不復用兵也反當爲及字之誤也及商謂至紂都也牧誓曰至于商郊牧野封謂故無土地者也投舉徙之辭也時武王封紂子武庚於殷墟所徙者微子也後周公更封而大之積土爲封封比干墓崇賢也行猶視也使箕子視商禮樂之官賢者所處皆令反其居也弛政去其紂時苛政也倍祿復其紂時薄者也散猶放也桃林在華山旁甲鎧也衅釁字也包干戈以虎皮明能以武服兵也建讀爲鍵字之誤也兵甲之衣曰櫜鍵櫜言閉藏兵甲也詩曰載櫜弓矢春秋傳曰垂櫜而入周禮曰櫜之欲其約也蒯或爲續祝或爲鑄散軍而郊射左射貍首右射騶虞而貫革之射息也裨冕搢笏而虎賁之士說劍也祀乎明堂而民知孝朝覲然後諸侯知所以臣耕藉然後諸侯知所以敬五者天下之大教也郊射爲射宮於郊也左東學也右西學也貍首騶虞所以歌爲節也貫革射穿甲革也裨冕衣裨衣而冠冕也裨衣衮之屬也搢猶揷也賁憤怒也文王

（之廟爲明堂制耕藉藉田也）食三老五更於大學天子袒而割牲執醬而饋執爵而酳冕而揔干所以教諸侯之弟也（三老五更互言之耳皆老人更知三德五事者也冕而揔干親在舞位也周名大學曰東膠）若此則周道四達禮樂交通則夫武之遲久不亦宜乎（言武遲久爲重禮樂）君子曰禮樂不可斯須去身致樂以治心則易直子諒之心油然生矣易直子諒之心生則樂樂則安安則久久則天天則神天則不言而信神則不怒而威致樂以治心者也（致猶深審也子讀如不子之子油然新生好貌也善心生則寡於利欲寡於利欲則樂矣志明行成不言而見信如天也不怒而見畏如神也樂由中出

故治心致禮以治躬則莊敬莊敬則嚴威躬身也禮自外作故治身心中斯須不和不樂而鄙詐之心入之矣鄙詐入之謂利欲生外貌斯須不莊不敬而易慢之心入之矣易輕易也故樂也者動於內者也禮也者動於外者也樂極和禮極順內和而外順則民瞻其顏色而弗與爭也望其容貌而民不生易慢焉故德煇動於內而民莫不承聽理發諸外而民莫不承順德煇顏色潤澤也理容貌之進止也故曰致禮樂之道舉而錯之天下無難矣樂也者動於內者也禮也者動於

外者也故禮主其減樂主其盈禮主其減人所倦也樂主其盈人所歡也禮減而進以進爲文樂盈而反以反爲文進謂自勉強也反謂自抑止也文猶美也善也禮減而不進則銷樂盈而不反則放故禮有報而樂有反放淫於聲樂不能止也報讀爲褒褒猶進也禮得其報則樂樂得其反則安得謂曉其義知其吉凶之歸禮之報樂之反其義一也俱趨立於中不銷不放也夫樂者樂也人情之所不能免也樂必發於聲音形於動靜人之道也聲音動靜性術之變盡於此矣免猶自止也人道人之所爲也性術言此出於性也盡於此不可過故人不耐無樂樂不耐無形形而不爲道

不耐無亂形聲音動靜也耐古書能字也後世變之此獨存焉古以能爲三台字先王恥其亂故制雅頌之聲以道之使其聲足樂而不流使其文足論而不息使其曲直繁瘠廉肉節奏足以感動人之善心而已矣不使放心邪氣得接焉是先王立樂之方也流猶淫放也文篇辭也息猶銷也曲直歌之曲折也繁瘠廉肉聲之鴻殺也節奏闋作進止所應也方道也是故樂在宗廟之中君臣上下同聽之則莫不和敬在族長鄉里之中長幼同聽之則莫不和順在閨門之內父子兄弟同聽之則莫不和親故樂者審一以定和比物以飾

節節奏合以成文所以合和父子君臣附親萬民也是先王立樂之方也審一審其人聲也比物謂雜金革土匏之屬也以成文五聲八音克諧相應和故聽其雅頌之聲志意得廣焉執其干戚習其俯仰詘伸容貌得莊焉行其綴兆要其節奏行列得正焉進退得齊焉故樂者天地之命中和之紀人情之所不能免也綴表也所以表行列也詩云荷戈與綴兆域也舞者進退所至也要猶會也命教也紀揔要之名也夫樂者先王之所以飾喜也軍旅鈇鉞者先王之所以飾怒也故先王之喜怒皆得其儕焉儕猶輩類喜則天下和之怒則

暴亂者畏之先王之道禮樂可謂盛矣天子之於天下喜怒節之以禮樂則兆民和從而畏敬之禮樂王者所常興則盛也子贛見師乙而問焉曰賜聞聲歌各有宜也如賜者宜何歌也子貢孔子弟子師樂官也乙名聲歌各有宜氣順性也師乙曰乙賤工也何足以問所宜請誦其所聞而吾子自執焉樂人稱工執猶處也愛者宜歌商溫良而能斷者宜歌齊夫歌者直己而陳德也動己而天地應焉四時和焉星辰理焉萬物育焉故商者五帝之遺聲也寬而靜柔而正者宜歌頌廣大而靜疏達而信者宜歌大雅恭儉

而好禮者宜歌小雅正直而靜廉而謙者宜歌風肆直而慈愛此文換簡失其次寬而靜宜在上愛者宜歌商宜承此下行讀云肆直而慈愛者宜歌商商宋詩也愛或爲哀直己而陳德各因其德歌所宜育生也商之遺聲也商人識之故謂之商齊者三代之遺聲也齊人識之故謂之齊云商之遺聲也衍字也又誤上所云故商者五帝之遺聲也當居此衍字亂也明乎商之音者臨事而屢斷明乎齊之音者見利而讓屢數也數斷事以其肆直也見利而讓以其溫良能斷也斷猶決也臨事而屢斷勇也見利而讓義也有勇有義非歌孰能保此保猶安也知也故歌者上如抗下如隊曲如折止如槀木倨中矩句中鉤纍

纍乎端如貫珠言歌聲之著動人心之審如有此事故歌之爲言也長言之也說之故言之言之不足故長言之長言之不足故嗟歎之嗟歎之不足故不知手之舞之足之蹈之也長言之引其聲也嗟歎和續之也不知手之舞之足之蹈之歡之至也子貢問樂上下同美之也

禮記卷第十一

經六千四百九十五字
注五千五百三十二字

嘉慶丙寅四月陽城

張氏影摹宋本重雕

禮記卷第十二

雜記上第二十　　鄭氏注

諸侯行而死於館則其復如於其國如於道則升其乘車之左轂以其綏復館主國所致舍復招魂復魄也如於其國主國館賓與使有之得升屋招用褎衣也如於道道上廬宿也升車左轂象升屋東榮綏當爲緌讀如蕤賓之蕤字之誤也緌謂旌旗之旄也去其旒而用之異於生也其輤有裧緇布裳帷素錦以爲屋而行輤載柩將殯之車飾也輤取名於櫬與蒨讀如蒨斾之蒨櫬棺也蒨染赤色者也將葬載柩之車飾曰柳裧謂鼈甲邊緣緇布裳帷圍棺者也裳帷用緇則輤用赤矣輤象宮室屋其中小帳櫬覆棺者若未大斂其載尸而歸車飾皆如之至於廟門不毀牆遂入適所殯唯輤爲說於廟門外廟所殯宮牆裳帷也適所殯謂兩楹之閒去輤乃入廟門

大字五十六小四百卅

以其入自有宮室也毀或爲徹凡柩自外來者正棺於兩楹之間尸亦侇之於此皆因殯焉異者柩入自闕升自西階尸入自門升自阼階其殯必於兩楹之間者以其死不於室而自外來留之於中不忍遠也

大夫士死於道則升其乘車之左轂以其綏復如於館死則其復如於家綏亦緌也大夫復於家以玄冕士以爵弁服

大夫以布爲輤而行至於家而說輤載以輲車入自門至於阼階下而說車舉自阼階升適所殯大夫輤言用布白布不染也言輤者達名也不言裳帷俱用布無所別也至門亦說輤乃入言載以輲車入自門明車不易也輲讀爲輇或作槫許氏說文解字曰有輻曰輪無輻曰輇周禮又有蜃車天子以載柩蜃輇聲相近其制同乎輇崇蓋半乘車之輪諸侯言不毀牆大夫士言不易車互相明也不易者不易以輴也廟中有載柩以輴之禮此不耳

士輤葦席以爲屋蒲席以爲裳帷言以葦席爲屋則無素錦爲帳

凡訃於其君曰君之臣某死訃或皆作赴赴至也臣死其子使人至君所告之父母妻長子曰君之臣某死此臣於其家喪所主者君訃於他國之君曰寡君不祿敢告於執事夫人曰寡小君不祿大子之喪曰寡君之適子某死君夫人不稱薨告他國君謙也大夫訃於同國適者曰某不祿訃於士亦曰某不祿訃於他國之君曰君之外臣寡大夫某死訃於適者曰吾子之外私寡大夫某不祿使某實訃於士亦曰吾子之外私寡大夫某不祿使某實適讀爲匹敵之敵謂爵同者也實當爲至此讀周秦之人聲之誤也士訃於

同國大夫曰某死訃於士亦曰某死訃於他國之君曰君之外臣某死訃於大夫曰吾子之外私某死訃於士亦曰吾子之外私某死大夫次於公館以終喪士練而歸士次於公館公館公宮之舍也練而歸之士謂邑宰也練而猶處公館朝廷之士也唯大夫三年無歸也大夫居廬士居堊室謂未練時也士居堊室亦謂邑宰也朝廷之士亦居廬

大夫爲其父母兄弟之未爲大夫者之喪服如士服士爲其父母兄弟之爲大夫者之喪服如士服大夫雖尊不以其服服父母兄弟嫌若踰之也士謂大夫庶子爲士者也已卑又不敢服尊者之服今大夫喪禮逸與士異者未得而備聞也春秋傳曰齊晏桓子卒晏嬰麤衰斬苴絰帶杖菅屨食粥居倚

盧寢苫枕草其老曰非大夫之禮也曰唯卿爲大夫此平仲之謙也言己非大夫故爲父服士服耳麤衰斬者其縷在齊斬之閒謂縷如三升半而三升不緝也斬衰以三升爲正微細焉則屬於麤也然則士與大夫爲父服異者有麤衰斬枕草矣其爲母五升縷而四升爲兄弟六升縷而五升乎唯大夫以上乃能備儀盡飾士以下則以臣服君之斬衰爲其父以臣從君而服之齊衰爲其母與兄弟亦以勉人爲高行也大功以下大夫士服同大夫之適子服大夫之服仕至大夫賢著而德成適子得服其服亦尊其適象賢大夫之庶子爲大夫則爲其父母服大夫服其位與未爲大夫者齒雖庶子得服其服尚德也使齒於士不可不宗適士之子爲大夫則其父母弗能主也使其子主之無子則爲之置後大夫之子得用大夫之禮而士不得也置猶立也大夫卜宅與葬日有司麻衣布衰布帶因喪屨緇布冠

不蕤占者皮弁有司卜人也麻衣白布深衣而著衰焉及布帶緇布冠此服非純吉亦非純凶也皮弁則純吉之尤者也占者尊於有司卜求吉其服彌吉大夫士朔服皮弁如筮則史練冠長衣以筮占者朝服筮者筮宅也謂下大夫若士也筮史筮人也長衣深衣之純以素也長衣練冠純凶服也朝服純吉服也大夫士日朝服以朝也大夫之喪既薦馬薦馬者哭踊出乃包奠而讀書嫌與士異記之也既夕禮曰包牲取下體又曰主人之史請讀賵大夫之喪大宗人相小宗人命龜卜人作龜卜葬及日也相相主人禮也命龜告以所問事也作龜謂揚火灼之以出兆內子以鞠衣褒衣素沙下大夫以襢衣其餘如士此復所用衣也當在夫人狄稅素沙下爛脫失處在此上耳內子卿之適妻也春秋傳曰晉趙姬請逆叔隗於狄趙衰以爲內子而己下之是也下大夫謂下大夫之妻襢周禮作展王后之服六唯上

公夫人亦有褘衣侯伯夫人自揄狄而下子男夫人自闕狄而下卿妻自鞠衣而下大夫妻自展衣而下士妻稅衣而已素沙若今紗縠之帛也六服皆袍制不禪以素紗裏之如今袿袍襈重繒矣褒衣者始爲命婦見加賜之衣也其餘如士之妻則亦用稅衣

復諸侯以褒衣冕服爵弁服復招魂復魄也冕服者上公五侯伯四子男三褒衣亦始命爲諸侯及朝覲見加賜之衣也褒猶進也

夫人稅衣揄狄狄稅素沙言其招魂用稅衣上至揄狄也狄稅素沙言皆以白紗縠爲裏

復西上北面而西上陽長左也復者多少各如其命之數

大夫不揄絞屬於池下謂池飾也揄揄翟也采青黃之閒曰絞屬猶繫也人君之柳其池繫絞繒於下而畫翟雉焉名曰振容又有銅魚在其閒大夫去振容士去魚此無人君及士亦爛脫

大夫附於士士不附於大夫附於大夫之昆弟無昆弟則從其昭穆雖王父母在亦然附讀皆爲祔大夫祔於士不敢以己尊自殊於其祖也士不祔於大夫自卑別於尊者也大夫

大二百五十七

禮記十二

之昆弟謂爲士者也從其昭穆中一以上祖又祖而已祔者祔於先死者婦附於其夫之所附之妃無妃則亦從其昭穆之妃妾附於妾祖姑無妾祖姑則亦從其昭穆之妾夫所附之妃於婦則祖姑男子附於王父則配女子附於王母則不配配謂并祭王母不配則不祭王父也有事於尊者可以及卑有事於卑者不敢援尊配與不配祭饌如一祝辭異不言以某妃配某氏耳女子謂未嫁者也嫁未三月而死猶歸葬於女氏之黨公子附於公子不敢戚君君薨大子號稱子待猶君也謂未踰年也雖稱子與諸侯朝會如君矣春秋魯僖公九年夏葵丘之會宋襄公稱子而與諸侯序待或爲侍有三年之練冠則以大功之麻易之唯杖屨不易謂既練而遭大功之喪者也練除首絰要絰葛又不如大功之麻重也言練冠易麻互言之也唯杖屨不易言其餘皆易

也屨不易者練與大功俱用繩耳有父母之喪尚功衰而附兄弟之殤則練冠附於殤稱陽童某甫不名神也此兄弟之殤謂大功親以下之殤也斬衰齊衰之喪練皆受以大功之衰此謂之功衰以是時而祔大功親以下之殤大功親以下之殤輕不易服冠而兄爲殤謂同年者也兄十九而死己明年因喪而冠陽童謂庶殤也宗子則曰陰童童未成人之稱也某甫且字也尊神不名爲之造字凡異居始聞兄弟之喪唯以哭對可也惻怛之痛不以辭言爲禮也其始麻散帶絰與居家同也凡喪小斂而麻未服麻而奔喪及主人之未成絰也踈者與主人皆成之親者終其麻帶絰之日數踈者謂小功以下也親者大功以上也踈者及主人之節則用之其不及亦自用其日數主妾之喪則自附至於練祥皆使其子主之其殯祭不於正室

大二二十八尖二八十八

祔自爲之者以其祭於祖廟

君不撫僕妾（略於賤也）女君死則妾爲女君之黨服攝女君則不爲先女君之黨服（妾於女君之親若其親然）聞兄弟之喪大功以上見喪者之鄉而哭（奔喪節也）適兄弟之送葬者弗及遇主人於道則遂之於墓（言骨肉之親不待主人也）凡主兄弟之喪雖疏亦虞之（喪事虞祔乃畢）凡喪服未畢有弔者則爲位而哭拜踊（客始來主人不可以殺禮待之）大夫之哭大夫弁絰大夫與殯亦弁絰（弁絰者大夫錫衰相弔之服也如爵弁而素加環絰曰弁絰）大夫有私喪之葛則於其兄弟之輕喪則弁絰（私喪妻子之喪也輕喪緦麻也大夫降焉弔服而往不以私喪之末臨兄弟）爲

長子杖則其子不以杖即位辟尊者爲妻父母在不杖不稽顙尊者在不敢盡禮於私喪也母在不稽顙稽顙者其贈也拜言獨母在於贈拜得稽顙則父在贈拜不得稽顙違諸侯之大夫不反服違大夫之諸侯不反服其君尊卑異也違猶去也去諸侯仕諸侯去大夫仕大夫乃得爲舊君服喪冠條屬以別吉凶三年之練冠亦條屬右縫別吉凶者吉冠不條屬也條屬者通屈一條繩若布爲武垂下爲纓屬之冠象大古喪事略也吉冠則纓武異材焉右縫者右辟而縫之小功以下左左辟象吉輕也緦冠繰纓繰當爲澡澡麻帶絰之澡聲之誤也謂有事其布以爲纓大功以上散帶小功緦輕初而絞之朝服十五升去其半而緦加灰錫也緦精麤與朝服同去其半則六百縷而疏也又無事其布不灰焉諸侯相

襚以後路與冕服先路與褒衣不以襚不以己之正者施於人以彼不以爲正也後路貳車貳車行在後也遣車視牢具言車多少各如所包遣奠牲體之數也然則遣車載所包遣奠而藏之者與遣奠天子大牢包九个諸侯亦大牢包七个大夫亦大牢包五个士少牢包三个大夫以上乃有遣車疏布輤四面有章置于四隅輤其蓋也四面皆有章蔽以隱翳牢肉四隅椁中之四隅載粻有子曰非禮也粻米糧也喪奠脯醢而已言死者不食糧也遣奠本無黍稷祭稱孝子孝孫喪稱哀子哀孫各以其義稱端衰喪車皆無等喪車惡車也喪者衣衰及所乘之車貴賤同孝子於親一也衣衰言端者玄端吉時常服喪之衣衰當如之大白冠緇布之冠皆不蕤委武玄縞而后蕤不蕤質無飾也大白冠大古之布冠也春秋傳曰衛文公大布之衣大白之冠委武冠卷也秦人曰委齊東曰武玄玄冠也縞縞冠也大

夫冕而祭於公弁而祭於己士弁而祭於公冠而祭於己弁爵弁也冠玄冠也祭於公助君祭也大夫爵弁而祭於己唯孤爾士弁而親迎然則士弁而祭於己可也緣類欲許之也親迎雖亦己之事攝盛服爾非常也暢臼以椈杵以梧所以擣鬯也椈柏也枇以桑長三尺或曰五尺枇所以載牲體者此謂喪祭也吉祭枇用棘畢用桑長三尺刊其柄與末畢所以助主人載者刊猶削也率帶諸侯大夫皆五采士二采此謂襲尸之大帶率繂也繂之不加箴功大夫以上更飾以五采士以朱綠襲事成於帶變之所以異於生醴者稻醴也甕甒筲衡實見閒而后折入此謂葬時藏物也衡當爲桁所以庪甕甒之屬聲之誤也實見閒藏於見外椁內也折承席也重既虞而埋之就所倚處埋之凡婦人從其

夫之爵位婦人無專制生禮死事以夫爲尊卑小斂大斂啓皆辯拜嫌當事來者終不拜故明之也此既事皆拜朝夕哭不帷緣孝子心欲見殯肂也既出則施其屋鬼神尚幽闇也無柩者不帷謂既葬也棺柩已去鬼神在室堂無事焉遂去帷君若載而后弔之則主人東面而拜門右北面而踊出待反而后奠主人拜踊於賓位不敢迫君也君即位車東出待不必君留也君反之使奠子羔之襲也繭衣裳與稅衣纁袡爲一素端一皮弁一爵弁一玄冕一曾子曰不襲婦服繭衣裳者若今大襺也纊爲繭緼爲袍表之以稅衣乃爲一稱爾稅衣若玄端而連衣裳者也大夫而以纁爲之緣非也唯婦人纁袡禮以冠名服此襲其服非襲其冠曾子譏襲婦服而已玄冕又大夫服未聞子羔曷爲襲之玄冕或爲玄冠或爲玄端爲君使而死公館復私館不

復公館者公宮與公所爲也私館者自卿大夫以下之家也公所爲君所作離宮館也公七踊大夫五踊婦人居閒士三踊婦人皆居閒公君也始死及小斂大斂而踊君大夫士一也則皆三踊矣君五日而殯大夫三日而殯士二日而殯士小斂之朝不踊君大夫大斂之朝乃不踊婦人居閒者踊必拾主人踊婦人踊賓乃踊公襲卷衣一玄端一朝服一素積一纁裳一爵弁二玄冕一褒衣一朱綠帶申加大帶於上朱綠帶者襲衣之帶飾之雜以朱綠異於生也此帶亦以素爲之申重也重於革帶也革帶以佩韍必言重加大帶者明雖有變必備此二帶也士襲三稱子羔襲五稱今公襲九稱則尊卑襲數不同矣諸侯七稱天子十二稱與小斂環絰公大夫士一也環絰者一股所謂纏絰也士素委貌大夫以上素爵弁而加此絰焉散帶公視大斂公升商祝鋪席

乃斂喪大記曰大夫之喪將大斂既鋪絞紟衾君至此君升乃鋪席則君至爲之改始新之魯人之贈也三玄二纁廣尺長終幅言失之也士喪禮下篇曰贈用制幣玄纁束弔者即位于門西東面其介在其東南北面西上西於門賔立門外不當門主孤西面立於阼階下相者受命曰孤某使某請事客曰寡君使某如何不淑受命受主人命以出也不言擯者喪無接賔淑善也如何不善言君痛之甚使某弔相者入告出曰孤某須矣稱其君名者君薨稱子某使人知適嗣也須矣不出迎也弔者入主人升堂西面弔者升自西階東面致命曰寡君聞君之喪寡君使某如何不淑子拜稽顙弔者降反位子孤子也降反位者出反門外位無出字脫

含者執璧將命曰寡君使某含相者入告出曰孤某須矣含玉爲璧制其分寸大小未聞含者入升堂致命子拜稽顙含者坐委于殯東南有葦席既葬蒲席降出反位言降出反位則是介也春秋有既葬歸含賵襚無譏焉皆受之於殯宮宰夫朝服即喪屨升自西階西面坐取璧降自西階以東朝服告鄰國之禮也即就也以東藏於内也襚者曰寡君使某襚相者入告出曰孤某須矣襚者執冕服左執領右執要入升堂致命曰寡君使某襚子拜稽顙委衣于殯東亦於席上所委璧之北順其上下襚者降受爵弁服於門内霤將

命子拜稽顙如初受皮弁服於中庭自西階受朝服自堂受玄端將命子拜稽顙皆如初襚者降出反位授襚者以服者賈人宰夫五人舉以東降自西階其舉亦西面亦西面者亦襚者委衣時上介賵執圭將命曰寡君使某賵相者入告反命曰孤某須矣陳乘黃大路於中庭北輈執圭將命客使自下由路西子拜稽顙坐委于殯東南隅宰舉以東輈轅也自率也下謂馬也馬在路之下覲禮曰路下四亞之客給使者入設乘黃於大路之西客入則致命矣使或爲史凡將命鄉殯將命子拜稽顙西面而坐委之宰舉璧與

圭宰夫舉襚升自西階西面坐取之降自西

階凡者說不見者也鄉殯將命則將命時立於殯之西南宰夫宰之佐也此言宰舉辟與圭則上宰夫朝服衍夫字

賵者出反位于門外乃著言門外明禮畢將更有事上客臨曰

寡君有宗廟之事不得承事使一介老某

相執綍上客弔者也臨視也言欲入視喪所不足而給助之謙也其實爲哭耳相者反

命曰孤某須矣臨者入門右介者皆從之

立于其左東上入門右不自同於賓客宗人納賓升受命

于君降曰孤敢辭吾子之辱請吾子之復

位客對曰寡君命某毋敢視賓客敢辭宗人

反命曰孤敢固辭吾子之辱請吾子之復

位客對曰寡君命某毋敢視賓客敢固辭宗人反命曰孤敢固辭吾子之辱請吾子之復位客對曰寡君命使臣某毋敢視賓客是以敢固辭固辭不獲命敢不敬從賓三辭而稱使臣爲恭也爲恭者將從其命客立于門西介立于其左東上孤降自阼階拜之升哭與客拾踊三拜客謝其厚意客出送于門外拜稽顙不迎而送喪無接賓之禮其國有君喪不敢受弔辟其痛傷己之親如君外宗房中南面小臣鋪席商祝鋪絞紟衾士盥于盤北舉遷尸于斂上卒斂宰告子馮之踊夫人東面

坐馮之輿踊此喪大記脫字重著於是士喪有與天子同者三其終夜燎及乘人專道而行乘人謂使人執引也專道人辟之

雜記下第二十一　鄭氏注

有父之喪如未沒喪而母死其除父之喪也服其除服卒事反喪服沒猶竟也除服謂祥祭之服也卒事旣祭反喪服服後死者之服雖諸父昆弟之喪如當父母之喪其除諸父昆弟之喪也皆服其除喪之服卒事反喪服雖有親之大喪猶爲輕服者除骨肉之恩也唯君之喪不除私服言當者期大功之喪或終始皆在三年之中小功緦麻則不除殤長中乃除如三年之喪則既潁其練祥皆行言今之喪既服潁乃爲前三年者變除而練祥祭也此主謂先有父母之服今又喪長子者其先有

長子之服今又喪父母其禮亦然然則言未沒喪者已練祥矣顈草名無葛之鄉去麻則用顈王父死未練祥而孫又死猶是附於王父也未練祥嫌未祫祭序於昭穆爾王父既附則孫可祔焉猶當爲由由用也附皆當作祔有殯聞外喪哭之他室明所哭者異也哭之爲位入奠卒奠出改服即位如始即位之禮謂後日之哭朝入奠於其殯既乃更即位就他室如始哭之時大夫士將與祭於公既視濯而父母死則猶是與祭也次於異宮既祭釋服出公門外哭而歸其它如奔喪之禮如未視濯則使人告告者反而后哭猶亦當爲由次於異宮不可以吉與凶同處也使者反而后哭不敢專己於君命也如諸父昆弟姑姊妹之喪則既宿則與祭卒

事出公門釋服而后歸其它如奔喪之禮如同宮則次于異宮宿則與祭出門乃解祭服皆爲差緩也曾子問曰卿大夫將爲尸於公受宿矣而有齊衰内喪則如之何孔子曰出舍乎公宮以待事禮也尸重受宿則不得哭內喪同宮也孔子曰尸弁冕而出卿大夫士皆下之尸必式必有前驅冕兼言弁者君之尸或服士大夫之服也諸臣見尸而下車敬也尸式以禮父母之喪將祭而昆弟死既殯而祭如同宮則雖臣妾葬而后祭祭主人之升降散等執事者亦散等雖虞附亦然將祭謂練祥也言若同宮則是昆弟異宮也古者昆弟異居同財有東宮有西宮有南宮

有北宮有父母之喪當在殯宮而在異宮者疾病或歸者主人適子散等衆皆爲新喪略威儀自諸侯達諸士小祥之祭主人之酢也嚌之衆賓兄弟則皆啐之大祥主人啐之衆賓兄弟皆飲之可也嚌啐皆嘗也嚌至齒啐入口凡侍祭喪者告賓祭薦而不食薦脯醢也吉祭告賓祭薦賓既祭而食之喪祭賓不食子貢問喪子曰敬爲上哀次之瘠爲下顔色稱其情戚容稱其服問喪問居父母之喪也喪尚哀言敬爲上者疾時尚不能敬也容威儀也孝經曰容止可觀請問兄弟之喪子曰兄弟之喪則存乎書策矣言疏者如禮行之未有加也齊斬之喪哀容之體經不能載矣君子不奪人之喪重喪禮也亦不可奪喪也不可以輕之於己也孔子

曰少連大連善居喪三日不怠三月不解期悲哀三年憂東夷之子也言其生於夷狄而知禮也怠惰也解倦也

三年之喪言而不語對而不問廬堊室之中不與人坐焉在堊室之中非時見乎母也不入門言言己事也爲人說爲語在堊室之中以時事見乎母乃後入門則居廬時不入門疏衰皆居堊室不廬廬嚴者也言廬哀敬之處非有其實則不居

妻視叔父母姑姊妹視兄弟長中下殤視成人視猶比也所比者哀容居處也親喪外除日月已竟而哀未忘兄弟之喪內除日月未竟而哀已殺視君之母與妻比之兄弟發諸顏色者亦不飲食也言小君服輕亦內除也發於顏色謂醲美酒食使人

三百十三

醉飽免喪之外行於道路見似目瞿聞名心瞿弔死而問疾顏色戚容必有以異於人也如此而后可以服三年之喪其餘則直道而行之是也惻隱之心能如是則其餘齊衰以下直道而行盡自得也似謂容貌似其父母也名與親同祥主人之除也於夕爲期朝服祥因其故服爲期爲祭期也朝服以期至明日而祥祭亦朝服始即吉正祭服也喪服小記曰除成喪者其祭也朝服縞冠是也祭猶縞冠未純吉也既祭乃服大祥素縞麻衣釋禫之禮云玄衣黃裳則是禫祭玄冠矣黃裳者未大吉也既祭乃服禫服朝服綅冠踰月吉祭乃玄冠朝服既祭玄端而居復平常也子游曰既祥雖不當縞者必縞然後反服謂有以喪事贈賵來者雖不及時猶變服服祥祭之服以受之重其禮也其於此時始弔者則衞將軍文子之爲之是矣反服反素縞麻衣也當袒大夫至

雖當踊絕踊而拜之反改成踊乃襲尊大夫來至則拜之不待事已也更成踊者新其事也於士既事成踊襲而后拜之不改成踊於士士至也事謂大小斂之屬上大夫之虞也少牢卒哭成事附皆大牢下大夫之虞也犆牲卒哭成事附皆少牢卒哭成事附言皆則卒哭成事附與虞異矣下大夫虞以犆牲與士虞禮同與祝稱卜葬虞子孫曰哀夫曰乃兄弟曰某卜葬其兄弟曰伯子某祝稱卜葬虞者卜葬卜虞祝稱主人之辭也孫謂爲祖後者稱曰哀孫某卜葬其祖某甫夫曰乃某卜葬其妻某氏兄弟相爲卜稱名而已也古者貴賤皆杖叔孫武叔朝見輪人以其杖關轂而輠輪者於是有爵而后杖也記庶人失禮所由始也叔孫武

三百五十五

叔魯大夫叔孫州仇也輪人作車輪之官鑿巾以飯公羊賈爲之也記士失禮所由始也士親飯必發其巾大夫以上賓爲飯焉則有鑿巾冒者何也所以揜形也自襲以至小斂不設冒則形是以襲而后設冒也言設冒者爲其形人將惡之也襲而設冒言后衍字耳或問於曾子曰夫既遣而包其餘猶既食而裹其餘與君子既食則裹其餘乎言遣既奠而又包之是與食於人已而裹其餘將去何異與君子寧爲是乎言傷廉也曾子曰吾子不見大饗乎夫大饗既饗卷三牲之俎歸于賓館父母而賓客之所以爲哀也子不見大饗乎既饗歸賓俎所以厚之也言父母家之主今賓客之是孝子哀親之去也非爲人喪問與賜與此上滅脫

未聞其首云何是言非爲人喪而問之與人喪而賜之與問遺也久無事曰問三年之喪以其
喪拜非三年之喪以吉拜謂受問受賜者也稽顙而後拜曰喪拜拜而后
稽顙曰吉拜三年之喪如或遺之酒肉則受之必
三辭主人衰絰而受之受之必正服明不苟於滋味如君命
則不敢辭受而薦之薦於廟貴君之禮喪者不遺人人
遺之雖酒肉受也從父昆弟以下既卒哭
遺人可也言齊斬之喪重志不在施惠於人縣子曰三年之喪
如斬期之喪如剡言其痛之惻怛有淺深也期之喪十一月而
練十三月而祥十五月而禫此謂父在爲母也當在練練則弔上爛脫在
此三年之喪雖功衰不弔自諸侯達諸士

如有服而將往哭之則服其服而往功衰既練之服也諸侯服新死者之服而往哭謂所不臣也練則弔父在爲母功衰可以弔人者以父在故輕於出也然則凡齊衰十一月皆可以出矣既葬大功弔哭而退不聽事焉聽猶待也事謂襲斂執綍之屬期之喪未葬弔於鄉人哭而退不聽事焉功衰弔待事不執事謂爲姑姊妹無主殯不在己族者小功緦執事不與於禮禮饋奠也相趨也出宮而退相揖也哀次而退相問也既封而退相見也反哭而退朋友虞附而退此弔者恩薄厚去遲速之節也相趨謂相問姓名來會喪事也相揖嘗會於他也相問嘗相惠遺也相見嘗執摯相見也附皆當爲祔弔非從主人也四十者執綍言弔者必助主人之事從猶隨也成人二十以上至四十丁壯

時
鄉人五十者從反哭四十者待盈坎非鄉人則長少皆反優遠也坎或爲壙喪食雖惡必充飢飢而廢事
非禮也飽而忘哀亦非禮也視不明聽不
聰行不正不知哀君子病之故有疾飲酒
食肉五十不致毀六十不毀七十飲酒食
肉皆爲疑死病猶憂也疑猶恐也有服人召之食不往
大功以下既葬適人人食之其黨也食之
非其黨弗食也往而見食則可食也爲食而往則不可黨猶親也非親而食則是食於人無數也功衰食菜果飲水漿無鹽酪不能食
食鹽酪可也功衰齊斬之末也酪酢胾孔子曰身有瘍則

浴首有創則沐病則飲酒食肉毀瘠爲病君子弗爲也毀而死君子謂之無子（毀而死是不重親）非從柩與反哭無免於堩（言喪服出入非此二事皆冠也免所以代冠人於道路不可以無飾堩道路）凡喪小功以上非虞附練祥無沐浴（言不有飾事則不沐浴）疏衰之喪既葬人請見之則見不請見人小功請見人可也大功不以執摯唯父母之喪不辟涕泣而見人（言重喪不行求見人爾人來求見己亦可以見之矣不辟涕泣言至哀無飾也）三年之喪祥而從政期之喪卒哭而從政九月之喪既葬而從政小功緦之喪既殯而從政（以王制言之此謂庶人也從政

從爲政者敎令謂給繇役曾申問於曾子曰哭父母有常聲乎曰中路嬰兒失其母焉何常聲之有嬰猶鷖彌也言其若小兒亡母啼號安得常聲乎所謂哭不偯卒哭而諱自此而鬼神事之尊而諱其名王父母兄弟世父叔父姑姊妹子與父同諱父爲其親諱則子不敢不從諱也謂王父母以下之親諱是謂士也天子諸侯諱羣祖母之諱宮中諱妻之諱不舉諸其側與從祖昆弟同名則諱母之所爲其親諱子孫於宮中不言妻之所爲其親諱夫於其側亦不言也孝子聞名心瞿凡不言人諱者亦爲其相感動也子與父同諱則子可盡曾祖之親也從祖昆弟在其中於父輕不爲諱與母妻之親同名重則諱之以喪冠者雖三年之喪可也既冠於次入哭踴三者三乃出言雖者明齊衰以下皆可以喪冠也始遭喪以其冠月則喪服因冠矣非其冠月待

變除卒哭而冠次廬也雖或爲唯大功之末可以冠子可以嫁子父小功之末可以冠子可以嫁子可以取婦已雖小功既卒哭可以冠取妻下殤之小功則不可此皆謂可用吉禮之時父大功卒哭而可以冠子嫁子小功卒哭而可以取婦己大功卒哭而可以冠子小功卒哭而可以取妻必偕祭乃行也下殤小功齊衰之親除喪而後可爲昏禮凡冠者其時當冠則因喪而冠之凡弁絰其衰侈袂侈猶大也弁絰服者弔服也其衰錫也緦也疑也袂之小者二尺二寸大者半而益之則侈袂三尺三寸父有服宮中子不與於樂母有服聲聞焉不舉樂妻有服不舉樂於其側宮中子與父同宮者也禮由命士以上父子異宮不與於樂謂出行見之不得觀也大功將至辟琴瑟亦所以助哀也至來也小功至不絕樂姑姉妹

其夫死而夫黨無兄弟使夫之族人主喪妻之黨雖親弗主此謂姑姊妹無子寡而死也夫黨無兄弟無緦之親也其主喪不使妻之親而使夫之族人婦人外成主必宜得夫之姓類夫若無族矣則前後家東西家無有則里尹主之喪無無主也里尹閭胥里宰之屬王度記曰百戶爲里里一尹其祿如庶人在官者里或爲士諸侯弔於異國之臣則其君爲主里尹主之亦斯義也或曰主之而附於夫之黨妻之黨自主之非也夫之黨其祖姑也麻者不紳執玉不麻麻不加於采吉凶不相干也麻謂經也紳大帶也喪以要經代大帶也麻不加於采采者不麻謂弁經者必服弔服是也采玄纁之衣國禁哭則止朝夕之奠即位自因也禁哭謂大祭祀時雖不哭猶朝夕奠自因自用故事童子哭不偯不踴不杖不菲不廬未成人者不能備禮也當室則

杖孔子曰伯母叔母疏衰踊不絕地姑姊妹之大功踊絕於地如知此者由文矣哉由文矣哉由用也言知此踊絕地不絕地之情者能用禮文哉能用禮文哉美之也伯母叔母義也姑姊妹骨肉也泄柳之母死相者由左泄柳死其徒由右相由右相泄柳之徒爲之也亦記失禮所由始也泄柳魯穆公時賢人也相相主人之禮天子飯九貝諸侯七大夫五士三此蓋夏時禮也周禮天子飯含用玉士三月而葬是月也卒哭大夫三月而葬五月而卒哭諸侯五月而葬七月而卒哭士三虞大夫五諸侯七尊卑恩之差也諸侯使人弔其次含襚賵臨皆同天子至士葬即反虞

曰而畢事者也其次如此也言五者相次同時卿大夫疾君問之無筭士壹問之君於卿大夫比葬不食肉比卒哭不舉樂爲士比殯不舉樂升正柩諸侯執綍五百人四綍皆銜枚司馬執鐸左八人右八人匠人執羽葆御柩大夫之喪其升正柩也執引者三百人執鐸者左右各四人御柩以茅升正柩者謂將葬朝于祖正棺於廟也五百人謂一黨之民諸侯之大夫邑有三百户之制綍引同耳廟中曰綍在塗曰引互言之御柩者居前道正之大夫士皆二綍孔子曰管仲鏤簋而朱紘旅樹而反坫山節而藻梲賢大夫也而難爲上也言其僭天子諸

侯鏤簋刻爲蟲獸也冠有笄者爲紘紘在纓處兩端上屬下不結旅樹門屏也反坫反爵之坫也山節薄櫨刻之爲山梲侏儒柱畫之爲藻文晏平仲祀其先人豚肩不揜豆賢大夫也而難爲下也言其偪士庶人也豚俎實豆徑尺言并豚兩肩不能覆豆喻小也君子上不僭上下不偪下婦人非三年之喪不踰封而弔踰封越竟也或爲越疆如三年之喪則君夫人歸奔父母喪也夫人其歸也以諸侯之弔禮其待之也若待諸侯然謂夫人行道車服主國致禮夫人至入自闈門升自側階君在阼其他如奔喪禮然女子子不自同於女賓也宮中之門曰闈門爲相通者也側階亦旁階也他謂哭踊髽麻闈門或爲帷門嫂不撫叔叔不撫嫂遠別也君子有三患未

之聞患弗得聞也既聞之患弗得學也既學之患弗能行也君子有五恥居其位無其言君子恥之有其言無其行君子恥之既得之而又失之君子恥之地有餘而民不足君子恥之衆寡均而倍焉君子恥之恥民不足者古者居民量地以制邑度地以居民地邑民居必參相得也衆寡均謂俱有役事人數等也倍焉彼功倍己也

孔子曰凶年則乗駑馬祀以下牲自貶損亦取易供也駑馬六種最下者下牲少牢若特豕特豚也

恤由之喪哀公使孺悲之孔子學士喪禮士喪禮於是乎書時人轉而僣上士之喪禮已廢矣孔子以教孺悲國人乃復書而存之

子貢觀於蜡孔子曰賜也

樂乎對曰一國之人皆若狂賜未知其樂也蜡也者索也歲十二月合聚萬物而索饗之祭也國索鬼神而祭祀則黨正以禮屬民而飲酒于序以正齒位於是時民無不醉者如狂矣曰未知其樂怪之子曰百日之蜡一日之澤非爾所知也蜡之祭主先穡也大飲烝勞農以休息之言民皆勤稼穡有百日之勞喻久也今一日使之飲酒燕樂是君之恩澤非女所知言其義大張而不弛文武弗能也弛而不張文武弗爲也一張一弛文武之道也張弛以弓弩喻人也弓弩久張之則絶其力久弛之則失其體孟獻子曰正月日至可以有事於上帝七月日至可以有事於祖七月而禘獻子爲之也記魯失禮所由也孟獻子魯大夫仲孫蔑也魯以周公之故得以正月日至之後郊天亦以始祖后稷配之獻子欲尊其祖以郊天之月對月禘之非也魯之宗廟

猶以夏時之孟月爾明堂位曰季夏六月以禘禮祀周公於大廟夫人之不命於天子自魯昭公始也亦記魯失禮所由也周之制同姓百世昏姻不通吳大伯之後魯同姓昭公取於吳謂之吳孟子不告於天子自此後取者遂不告於天子天子亦不命之外宗爲君夫人猶內宗也皆爲嫁於國中者也爲君服斬夫人齊衰不敢以其親服服至尊也外宗謂姑姊妹之女舅之女及從母皆是也內宗五屬之女也其無服而嫁於諸臣者從爲夫之君嫁於庶人從爲國君廄焚孔子拜鄉人爲火來者拜謝之拜之士壹大夫再亦相弔之道也言拜之者爲其來弔己宗伯職曰以弔禮哀禍災孔子曰管仲遇盜取二人焉上以爲公臣曰其所與遊辟也可人也言此人可也但居惡人之中使之犯法管仲死桓公使爲之服宦於大夫者之爲之服也自

管仲始也有君命焉爾也亦記失禮所由也善桓公不忘賢者之舉官猶仕也此仕於大夫更升於公與違大夫之諸侯同爾禮不反服過而舉君之諱則起舉猶言也起立者失言而變自新與君之諱同則稱字謂諸臣之名也內亂不與焉外患弗辟也謂卿大夫也同僚將爲亂己力不能討不與而已至於鄰國爲寇則當死之也春秋魯公子友如陳葬原仲傳曰君子辟內難而不辟外難贊大行曰圭公九寸侯伯七寸子男五寸博三寸厚半寸剡上左右各寸半玉也藻三采六等贊大行者書說大行人之禮者名也藻薦玉者也三采六等以朱白蒼畫之再行也子男執璧作此贊者失之矣哀公問子羔曰子之食奚當問其先人始仕食祿以何君時對曰文公之下執事也成廟則釁之其禮祝宗

人宰夫雍人皆爵弁純衣廟新成必釁之尊而神之也宗人先請於君曰請命以釁某廟君諾之乃行雍人拭羊宗人視之宰夫北面于碑南東上居上者宰夫也宰夫攝主也拭靜也雍人舉羊升屋自中中屋南面刲羊血流于前乃降門夾室皆用雞先門而後夾室其衈皆於屋下割雞門當門夾室中室自由也衈謂將刲割牲以釁先滅耳旁毛薦之耳聽聲者告神欲其聽之周禮有刉衈有司皆鄉室而立門則有司當門北面有司宰夫祝宗人既事宗人告事畢乃皆退告者告宰夫反命于君曰釁某廟事畢反命于寢君南鄉于門內朝服既反命乃退君朝服者不至

廟也路寢成則考之而不釁釁屋者交神明之道也言路寢者生人所居不釁者不神之也考之者設盛食以落之爾檀弓曰晉獻文子成室諸大夫發焉是也凡宗廟之器其名者成則釁之以豭豚宗廟名器謂尊彝之屬諸侯出夫人夫人比至于其國以夫人之禮行至以夫人入行道以夫人之禮者弃妻致命其家乃義絕不用此爲始使者將命曰寡君不敏不能從而事社稷宗廟使使臣某敢告於執事主人對曰寡君固前辭不敎矣寡君敢不敬須以俟命前辭不敎謂納采時也此辭賓在門外擯者傳焉賓入致命如初主人卒辭曰敢不聽命有司官陳器皿主人有司亦官受之器皿其本所齎物也律弃妻畀所齎

妻出，夫使人致之曰：某不敏，不能從而共粢盛，使某也敢告於侍者。主人對曰：某之子不肖，不敢辟誅，敢不敬須以俟命。使者退，主人拜送之。肖似也。不似，言不如人。誅猶罰也。如舅在則稱舅，舅没則稱兄，無兄則稱夫。言弃妻者父兄在則稱之，命當由尊者出也。唯國君不稱兄。主人之辭曰：某之子不肖。如姑姊妹亦皆稱之。姑姊妹見弃，亦曰某之姑、某之姊若妹不肖。孔子曰：吾食於少施氏而飽，少施氏食我以禮。言貴其以禮待己而爲之飽也。時人倨慢，若季氏則不以禮矣。少施氏，魯惠公子施父之後。吾祭，作而辭曰：疏食不足祭也。吾飧，作而辭曰：疏食也，不敢

以傷吾子納幣一束束五兩兩五尋（納幣謂昏禮納徵也十个爲束貴成數兩兩者合其卷是謂五兩八尺曰尋一兩五尋則每卷二丈也合之則四十尺今謂之匹猶匹偶之云與）婦見舅姑兄弟姑姊妹皆立于堂下西面北上是見已（婦來爲供養也其見主於尊者兄弟以下在位是爲已見不復特見）見諸父各就其寢（旁尊也亦爲見時不來）女雖未許嫁年二十而笄禮之婦人執其禮（雖未許嫁年二十亦爲成人矣禮之酌以成之言婦人執其禮明非許嫁之笄）燕則鬈首（既笄之後去之猶若女有髦紒也）韠長三尺下廣二尺上廣一尺會去上五寸紕以爵韋六寸不至下五寸純以素紃以五采（會謂上領縫也領之所用蓋與紕同在旁曰紕在下曰純素生帛也紕六寸者中執之表裏各三寸也純紕所

不至者五寸與會去上同紃施諸縫中若今時絛也

禮記卷第十二

經五千八十四字
注六千七百十二字

嘉慶丙寅四月陽城
張氏影摹宋本重彫

大六字

禮記卷第十三

喪大記第二十二　鄭氏注

疾病外內皆埽爲賓客將來問病也疾困曰病君大夫徹縣士去琴瑟聲音動人病者欲靜也凡樂器天子宮縣諸侯軒縣大夫判縣士特縣去琴瑟者不命之士寢東首於北牖下謂君來視之時也病者恒居北牖下或爲北墉下廢牀徹褻衣加新衣體一人廢去也人始生在地去牀庶其生氣反徹褻衣則所加者新朝服矣互言之也加朝服者明其終於正也體手足也四人持之爲其不能自屈伸也男女改服爲賓客來問病亦朝服也庶人深衣屬纊以俟絕氣纊今之新緜易動搖置口鼻之上以爲候男子不死於婦人之手婦人不死於男子之手君子重終爲其相褻君夫人卒於路寢大夫世婦卒

於適寢內子未命則死於下室遷尸于寢
士士之妻皆死于寢言死者必皆於正處也寢室通耳其尊者所不燕焉君謂之路寢大夫謂之適寢士或謂之適室此變命婦言世婦者明尊卑同也世婦以君下寢之上爲適寢內子卿之妻也下室其燕處也
復有林麓則虞人設階無林麓則狄人設階復招魂復魄也階所乘以升屋者虞人主林麓之官也狄人樂吏之賤者階梯也簨虡之類
小臣復復者朝服君以卷夫人以屈狄大夫以玄赬世婦以襢衣士以爵弁士妻以稅衣皆升自東榮中屋履危北面三號捲衣投于前司服受之降自西北榮小臣君之近臣也朝服而復所以事君之衣也用朝服而復之者敬也復用死者之祭服以其求於神也君以卷謂上公也夫人以屈狄互言耳上公以袞則夫人用

褘衣而侯伯以鷩其夫人用揄狄子男以毳其夫人乃用屈狄矣赬赤也玄衣赤裳所謂卿大夫自玄冕而下之服也其世婦亦以禮衣榮屋翼升東榮者謂卿大夫士也天子諸侯言東霤危棟上也號若云皐某復也司服以篋待衣於堂前其爲賓則公館復私館不復其在野則升其乘車之左轂而復私館卿大夫之家也不於之復爲主人之惡復衣不以衣尸不以斂不以衣尸謂不以襲也復者庶其生也若以其衣襲斂是用生施死於義相反士喪禮云以衣衣尸浴而去之婦人復不以袡袡嫁時上服而非事鬼神之衣凡復男子稱名婦人稱字婦人不以名行唯哭先復復而後行死事氣絕則哭哭而復復而不蘇可以爲死事始卒主人啼兄弟哭婦人哭踊悲哀有深淺也若嬰兒中路失母能勿啼乎既正尸子坐于東方卿大夫父兄子姓立于東方有司庶

士哭于堂下北面夫人坐于西方内命婦姑姊妹子姓立于西方外命婦率外宗哭于堂上北面（正尸者謂遷尸牖下南首也子姓謂衆子孫也姓之言生也其男子立於主人後女子立於夫人後世婦爲内命婦卿大夫之妻爲外命婦外宗姑姊妹之女）大夫之喪主人坐于東方主婦坐于西方其有命夫命婦則坐無則皆立（命夫命婦來哭者同宗父兄子姓姑姊妹子姓也凡此哭者尊者坐卑者立）士之喪主人父兄子姓皆坐于東方主婦姑姊妹子姓皆坐于西方（士賤同宗尊卑皆坐）凡哭尸于室者主人二手承衾而哭（承衾哭者哀慕若欲攀援）君之喪未小斂爲寄公國賓出大夫之喪未小

斂爲君命出士之喪於大夫不當斂則出父母始死悲哀非所尊不出也出者或至庭或至門國賓聘大夫不當斂其來非斂時凡主人之出也徒跣扱衽拊心降自西階君拜寄公國賓于位大夫於君命迎于寢門外使者升堂致命主人拜于下士於大夫親弔則與之哭不逆於門外拜寄公國賓於位者於庭鄉其位而拜之此時寄公位在門西國賓位在門東皆北面小斂之後寄公東面國賓門西北面士於大夫親弔謂大夫身來弔士也與之哭既拜之即位西階東面哭大夫特來則北面夫人爲寄公夫人出命婦爲夫人之命出士妻不當斂則爲命婦出出拜之於堂上也此時寄公夫人命婦位在堂上北面小斂之後尸西東面小斂主人即位于戶內主婦

東面乃斂卒斂主人馮之踊主婦亦如之主人袒說髦括髮以麻婦人髽帶麻于房中士既殯說髦此云小斂蓋諸侯禮也士之既殯諸侯之小斂於死者俱三日也婦人之髽帶麻於房中則西房也天子諸侯有左右房徹帷男女奉尸夷于堂降拜夷之言尸也於遷尸主人主婦以下從而奉之孝敬之心降拜拜賓也君拜寄公國賓大夫士拜卿大夫於位於士旁三拜夫人亦拜寄公夫人於堂上大夫內子士妻特拜命婦汜拜衆賓於堂上衆賓謂士妻也尊者皆特拜拜士與其妻皆旅之主人即位襲帶絰踊即位阼階之下位也有襲絰乃踊尊卑相變也母之喪即位而免記異者禮斬衰括髮齊衰免以至成服而冠爲母重初亦括髮既小斂則免乃奠

小斂奠也弔者襲裘加武帶絰與主人拾踊始死弔者朝服裼裘如吉時也小斂則改襲而加武與帶絰矣武吉冠之卷也加武者明不改冠亦不免也檀弓曰主人既小斂子游趨而出襲裘帶絰而入君喪虞人出木角狄人出壺雍人出鼎司馬縣之乃官代哭代更也未殯哭不絕聲為其罷倦既小斂可以為漏刻分時而更哭也木給爨竈角以為𣂁水斗壺漏水之器也冬漏以火爨鼎沸而後沃之此挈壺氏所掌也屬司馬司馬涖縣其器大夫官代哭不縣壺下君也士代哭不以官自以親疏哭也君堂上二燭下二燭大夫堂上一燭下二燭士堂上一燭下一燭燭所以照饌也滅燎而設燭出徹帷君與大夫之禮也士卒斂即徹帷徹或為廢哭尸于堂上主人在東方由外來者在西方諸婦南鄉由外來謂奔喪

者也無奔喪者婦人猶東面婦人迎客送客不下堂下堂不哭男子出寢門見人不哭婦人所有事自堂及房男子所有事自堂及門非其事處而哭猶野哭也出門見人謂迎賓也其無女主則男主拜女賓于寢門內其無男主則女主拜男賓于阼階下子幼則以衰抱之人爲之拜爲後者不在則有爵者辭無爵者人爲之拜在竟內則俟之在竟外則殯葬可也喪有無後無無主拜者皆拜賓於位也爲後者有爵攝主爲之辭於賓耳不敢當尊者禮也君之喪三日子夫人杖五日既殯授大夫世婦杖子大夫寢門之外杖寢門之內輯之夫人世

婦在其次則杖即位則使人執之子有王命則去杖國君之命則輯杖聽卜有事於尸則去杖大夫於君所則輯杖於大夫所則杖三日者死之後三日也爲君杖不同日人君禮大可以見親踈也輯斂也斂者謂舉之不以柱地也夫人世婦次於房中即位堂上堂上近尸殯使人執杖不敢自持也子於國君之命輯杖下成君不敢敵之也卜卜葬卜日也凡喪祭虞而有尸大夫於君所輯杖謂與之俱即寢門外位也獨焉則杖君謂子也於大夫所杖俱爲君杖不相下也大夫之喪三日之朝既殯主人主婦室老皆杖大夫有君命則去杖大夫之命則輯杖内子爲夫人之命去杖爲世婦之命授人杖大夫有君命去杖此指大夫之子也而去大夫者通實大夫有父母之喪也授人杖與使人執之同也士之喪

二日而殯三日之朝主人杖婦人皆杖於君命夫人之命如大夫於大夫世婦之命如大夫士二日而殯者下大夫也士之禮死與往日生與來日此二日於死者亦得三日也婦人皆杖謂主婦容妾爲君女子子在室者子皆杖不以即位子謂凡庶子也不以即位與去杖同大夫士哭殯則杖哭柩則輯杖哭殯謂既塗也哭柩謂啓後也大夫士之子於父父也尊近哭殯可以杖天子諸侯之子於父父也君也尊遠杖不入廟門棄杖者斷而弃之於隱者杖以喪至尊爲人得而褻之君設大盤造冰焉大夫設夷盤造冰焉士併瓦盤無冰設牀襢第有枕含一牀襲一牀遷尸于堂又一牀皆有枕席君大夫士一也此事皆沐浴之後宜承濡濯弃於坎下札

爛脫在此耳造猶內也襢第袒簀也謂無席如浴時牀也禮自仲春之後尸既襲既小斂先內冰盤中乃設牀於其上不施席而遷尸焉秋涼而止士不用冰以瓦爲盤并以盛水耳漢禮大盤廣八尺長丈二深三尺赤中夷盤小焉周禮天子夷盤士喪禮君賜冰亦用夷盤然則其制宜同之

始死遷尸于牀幠用斂衾去死衣小臣楔齒用角柶綴足用燕几君大夫士一也牀謂所設牀第當牖者也士喪禮曰士死於適室幠用斂衾去死衣病時所加新衣及復衣也去之以俟沐浴

管人汲不說繘屈之盡階不升堂授御者御者入浴小臣四人抗衾御者二人浴浴水用盆沃水用枓浴用絺巾挋用浴衣如它日小臣爪足浴餘水弃于坎其母之喪則內御者抗衾而浴抗衾者蔽上重形也挋拭也爪足斷足爪也

管人汲授御者御者差沐于堂上君沐粱大夫沐稷士沐粱甸人爲垼于西牆下陶人出重鬲管人受沐乃煑之甸人取所徹廟之西北厞薪用爨之管人授御者沐乃沐沐用瓦盤挋用巾如它日小臣爪手翦須濡濯弃于坎（差淅也淅飯米取其潘以爲沐也浴沃用枓沐於盤中文相變也士喪禮沐稻此云士沐粱蓋天子之士也以差率而上之天子沐黍與）君之喪子大夫公子衆士皆三日不食子大夫公子食粥納財朝一溢米莫一溢米食之無筭士疏食水飲食之無筭夫人世婦諸妻皆疏食水飲食

之無筭納財謂食穀也二十兩曰溢於粟米之法一溢為米一升二十四分升之一諸妻御妾也同言無筭則是皆一溢米或粥或飯大夫之喪主人室老子姓皆食粥衆士疏食水飲妻妾疏食水飲室老其貴臣也衆士所謂衆臣士亦如之如其子食粥妻妾疏食水飲既葬主人疏食水飲不食菜果婦人亦如之君大夫士一也練而食菜果祥而食肉果瓜桃之屬食粥於盛不盥食於篹者盥食菜以醯醬始食肉者先食乾肉始飲酒者先飲醴酒盛謂今時杯杅也篹竹筥也歠者不盥手飯者盥篹或作簨期之喪三不食食疏食水飲不食菜果三月既葬食肉飲酒期終喪不食肉不

飲酒父在爲母爲妻九月之喪食飲猶期之喪也食肉飲酒不與人樂之（食肉飲酒亦謂既葬）五月三月之喪壹不食再不食可也比葬食肉飲酒不與人樂之叔母世母故主宗子食肉飲酒（義服恩輕也故主謂舊君也言故主者關大夫君也）不能食粥羹之以菜可也（謂性不能者可食飯菜羹）有疾食肉飲酒可也（爲其氣微）五十不成喪（成猶備也所不能備謂不致毀不散送之屬也）七十唯衰麻在身（言其餘居處飲食與吉時同也）既葬若君食之則食之大夫父之友食之則食之矣不辟粱肉若有酒醴則辭（尊者之前可以食美也變於顏色亦不可）小斂於户

内大斂於阼君以簟席大夫以蒲席士以葦席簟細葦席也三者下皆有苐小斂布絞縮者一橫者三君錦衾大夫縞衾士緇衾皆一衣十有九稱君陳衣于序東大夫士陳衣于房中皆西領北上絞紟不在列絞既斂所用束堅之者縮從也衣十有九稱法天地之終數也士喪禮小斂陳衣於房中南領西上與大夫異今此同亦蓋天子之士也絞紟不在列以其不成稱不連數也小斂無紟因絞不在列見之也或曰縮者二大斂布絞縮者三橫者五布紟二衾君大夫士一也君陳衣于庭百稱北領西上大夫陳衣于序東五十稱西領南上士陳衣于序東三十稱西領南上絞

紟如朝服絞一幅爲三不辟紟五幅無紞二衾者或覆之或薦之如朝服者謂布精麤朝服十五升小斂之絞也廣終幅析其末以爲堅之強也大斂之絞一幅三析用之以爲堅之急也紞以組類爲之綴之領側若今被識矣生時禪被有識死者去之異於生也士喪禮大斂亦陳衣於房中南領西上與大夫異今此又同亦蓋天子之士紞或爲點

小斂之衣祭服不倒尊祭服也斂者要方散衣有倒

君無襚大夫士畢主人之祭服親戚之衣受之不以即陳無襚者不陳不以斂

小斂君大夫士皆用複衣複衾大斂君大夫士祭服無筭君褶衣褶衾大夫士猶小斂也褶袷也君衣尚多去其著也

袍必有表不禪衣必有裳謂之一稱袍褻衣必有以表之乃成稱也雜記曰子羔之襲繭衣裳與稅衣纁袡爲一是也論語曰當暑袗絺綌必表而出之亦爲其褻也

凡陳衣者實之篋取衣者亦以篋升降者自西階（取猶受也）凡陳衣不詘非列采不入絺綌紵不入（不屈謂舒而不卷也列采謂正服之色也絺綌紵者當暑之褻衣也襲尸重形冬夏用袍及斂則用正服）凡斂者袒遷尸者襲（袒者於事便也）君之喪大胥是斂衆胥佐之大夫之喪大胥侍之衆胥是斂士之喪胥爲侍士是斂（胥樂官也不掌喪事胥當爲祝字之誤也侍猶臨也大祝之職大喪贊斂喪祝卿大夫之喪掌斂士喪禮商祝主斂）小斂大斂祭服不倒皆左衽結絞不紐（左衽衽鄉左反生時也）斂者既斂必哭士與其執事則斂斂焉則爲之壹不食凡斂者六人（斂者必使所與執事者不欲妄人褻之執或爲㔹）君錦冒黼殺

綴旁七大夫玄冒黼殺綴旁五士緇冒赬殺綴旁三凡冒質長與手齊殺三尺自小斂以往用夷衾夷衾質殺之裁猶冒也冒者既襲所以韜尸重形也殺冒之下帬韜足上行者也小斂又覆以夷衾裁猶制也字或爲材君將大斂子弁絰即位于序端卿大夫即位于堂廉楹西北面東上父兄堂下北面夫人命婦尸西東面外宗房中南面小臣鋪席商祝鋪絞紟衾衣士盥于盤上士舉遷尸于斂上卒斂宰告子馮之踊夫人東面亦如之子弁絰者未成服弁如爵弁而素大夫之喪子亦弁絰大夫之喪將大斂既鋪絞紟衾衣君至主人迎先入門右巫止于門外

君釋菜祝先入升堂君即位于序端卿大夫即位于堂廉楹西北面東上主人房外南面主婦尸西東面遷尸卒斂宰告主人降北面于堂下君撫之主人拜稽顙君降升主人馮之命主婦馮之先入右者入門而右也巫止者君行必與巫巫主辟凶邪也釋菜禮門神也必禮門神者禮君非問疾弔喪不入諸臣之家也主人房外南面大夫之子尊得升視斂也士之喪將大斂君不在其餘禮猶大夫也其餘謂卿大夫及主婦之位鋪絞紟踊鋪衾踊鋪衣踊遷尸踊斂衣踊斂衾踊斂絞紟踊目孝子踊節君撫大夫撫內命婦大夫撫室老撫姪娣撫以手按之也內命婦君之世婦君大

夫馮父母妻長子不馮庶子士馮父母妻長子庶子庶子有子則父母不馮其尸凡馮尸者父母先妻子後目於其親所馮也馮謂扶持服膺君於臣撫之父母於子執之子於父母馮之婦於舅姑奉之舅姑於婦撫之妻於夫拘之夫於妻於昆弟執之此恩之深淺尊卑之儀也馮之類必當心馮尸不當君所不敢與尊者所馮同處凡馮尸興必踊悲哀之至馮尸必坐父母之喪居倚廬不塗寢苫枕凷非喪事不言君爲廬宮之大夫士襢之宮謂圍障之也襢袒也謂不郭既葬柱楣塗廬不於顯者君大夫士皆宮之不於

顯者不塗見面凡非適子者自未葬以於隱者爲廬不欲人屬目蓋廬於東南角既葬猶然既葬與人立君言王事不言國事大夫士言公事不言家事此常禮也君既葬王政入於國既卒哭而服王事大夫士既葬公政入於家既卒哭弁絰帶金革之事無辟也此權禮也弁絰帶者變喪服而弔服輕可以即事也既練居堊室不與人居君謀國政大夫士謀家事既祥黝堊祥而外無哭者禫而內無哭者樂作矣故也黝堊堊室之飾也地謂之黝牆謂之堊外無哭者於門外不哭也內無哭者入門不哭也禫踰月而可作樂樂作無哭者黝堊或爲要期禫或皆作道禫而從御吉祭而復寢

從御御婦人也復寢不復宿殯宮也期居廬終喪不御於內者父在爲母爲妻齊衰期者大功布衰九月者皆三月不御於內婦人不居廬不寢苫喪父母既練而歸期九月者既葬而歸歸謂歸夫家也公之喪大夫俟練士卒哭而歸此公公士大夫有地者也其大夫士歸者謂素在君所食都邑之臣大夫士父母之喪既練而歸朔月忌日則歸哭于宗室諸父兄弟之喪既卒哭而歸歸謂歸其宮也忌日死日也宗室宗子之家謂殯宮也禮命士以上父子異宮父不次於子兄不次於弟謂不就其殯宮爲次而居君於大夫世婦大斂焉爲之賜則小斂焉爲之賜謂有恩惠也於外命

婦既加蓋而君至於臣之妻略也於士既殯而往爲之賜大斂焉夫人於世婦大斂焉爲之賜小斂焉於諸妻爲之賜大斂焉於大夫外命婦既殯而往大夫士既殯而君往焉使人戒之主人具殷奠之禮俟于門外見馬首先入門右巫止于門外祝代之先君釋菜于門內祝先升自阼階負墉南面君即位于阼小臣二人執戈立于前二人立于後殷猶大也朝夕小奠至月朔則大奠君將來則具大奠之禮以待之榮君之來也祝負墉南面直君北房戶東也小臣執戈先後君君升而夾階立大夫殯即成服成服則君亦成服錫衰而往弔之擯者進當贊主人也始

立門東北面主人拜稽顙君稱言視祝而踊主人踊稱言舉所以來之辭也視祝而踊祝相君之禮當節之也大夫則奠可也士則出俟于門外命之反奠乃反奠卒奠主人先俟于門外君退主人送于門外拜稽顙迎不拜拜送者拜迎則爲君之荅己君於大夫疾三問之在殯三往焉士疾壹問之在殯壹往焉所以致殷勤也君弔則復殯服復反也反其未殯未成服之服新君事也謂臣喪既殯後君乃始來弔也復或爲服夫人弔於大夫士主人出迎于門外見馬首先入門右夫人入升堂即位主婦降自西階拜稽顙于下夫人視世子而踊奠如

君至之禮夫人退主婦送于門內拜稽顙主人送于大門之外不拜視世子而踊世子從夫人夫人以爲節也世子之從夫人位如視從君也大夫君不迎于門外入即位于堂下主人北面衆主人南面婦人即位于房中若有君命命夫命婦之命四鄰賓客其君後主人而拜入即位於下不升堂而立阼階之下西面下正君也衆主人南面於其北婦人即位於房中君雖不升堂猶辟之也後主人而拜者將拜賓使主人陪其後而君前拜不俱拜者主人無二也君弔見尸柩而后踊塗之後雖往不踊也踊或爲哭或爲浴大夫士若君不戒而往不具殷奠君退必奠榮君之來君大棺八寸屬六寸椑四寸上大夫大棺八寸

屬六寸下大夫大棺六寸屬四寸士棺六寸大棺棺之在表者也檀弓曰天子之棺四重水兕革棺被之其厚三寸杝棺一梓棺二四者皆周此以內說而出也然則大棺及屬用梓椑用杝以是差之上公革棺不被三重也諸侯無革棺再重也大夫無椑一重也士無屬不重也庶人之棺四寸上大夫謂列國之卿也趙簡子云不設屬椑時僭也君裏棺用朱綠用雜金鐕大夫裏棺用玄綠用牛骨鐕士不綠鐕所以琢著裏君蓋用漆三衽三束大夫蓋用漆二衽二束士蓋不用漆二衽二束用漆者塗合牝牡之中也衽小要也君大夫鬊爪實于綠中士埋之綠當爲角聲之誤也角中謂棺內四隅也鬊亂髮也將實爪髮棺中必爲小囊盛之此綠或爲篹君殯用輴欑至于上畢塗屋大夫殯以幬欑置于西序塗

不暨于棺士殯見衽塗上帷之欑猶菆也屋殯上覆如屋者也幬覆也暨及也此記參差以檀弓參之天子之殯居棺以龍輴欑木題湊象椁上四注如屋以覆之盡塗之諸侯輴不畫龍欑不題湊象椁其他亦如之大夫之殯廢輴置棺西牆下就牆欑其三面塗之不及棺者言欑中狹小裁取容棺然則天子諸侯差寬大矣士不欑掘地下棺見小要耳帷之鬼神尚幽闇也士達於天子皆然幬或作錞或作埻

熬君四種八筐大夫三種六筐士二種四筐加魚腊焉熬者煎穀也將塗設於棺旁所以惑蚍蜉使不至棺也士喪禮曰熬黍稷各二筐又曰設熬旁各一筐大夫三種加以粱君四種加以稻四筐則手足皆一其餘設於左右

飾棺君龍帷三池振容黼荒火三列黻三列素錦褚加僞荒纁紐六齊五采五貝黼翣二黻翣二畫翣二皆戴圭魚躍拂池君纁戴六纁披六大夫畫帷

二池不振容畫荒火三列黻三列素錦褚纁紐二玄紐二齊三采三貝黻翣二畫翣二皆戴綏魚躍拂池大夫戴前纁後玄披亦如之士布帷布荒一池揄絞纁紐二緇紐二齊三采一貝畫翣二皆戴綏士戴前纁後緇二披用纁飾棺者以華道路及壙中不欲衆惡其親也荒蒙也在旁曰帷在上曰荒皆所以衣柳也士布帷布荒者白布也君大夫加文章焉黼荒緣邊爲黼文畫荒緣邊爲雲氣火黻爲列於其中耳偽當爲帷或作于聲之誤也大夫以上有褚以襯覆棺乃加帷荒於其上紐所以結連帷荒者也池以竹爲之如小車笭衣以青布柳象宮室縣池於荒之爪端若承霤然云君大夫以銅爲魚縣於池下揄揄翟也青質五色畫之於絞繒而垂之以爲振容象水草之動搖行則又魚上拂池雜記曰大夫不揄絞屬於池下是不振容也士則去魚齊象車蓋蕤縫合雜采爲之形如爪分然綴貝落

其上及旁戴之言值也所以連繫棺束與柳材使相值因而結前後披也漢禮翣以木爲筐廣三尺高二尺四寸方兩角高衣以白布畫者畫雲氣其餘各如其象柄長五尺車行使人持之而從旣窆樹於壙中檀弓曰周人牆置翣是也綏當爲緌讀如冠蕤之蕤蓋五采羽注於翣首也

君葬用輴四綍二碑御棺用羽葆大夫葬用輴二綍二碑御棺用茅士葬用國車二綍無碑比出宮御棺用功布

大夫廢輴此言輴非也輴皆當爲載以輇車之輇聲之誤也輇字或作團是以又誤爲國輇車柩車也尊卑之差也在棺曰綍行道曰引至壙將窆又曰綍而設碑是以連言之碑桓楹也御棺居前爲節度也士言比出宮用功布則出宮而止至壙無矣綍或爲率

凡封用綍去碑負引君封以衡大夫士以咸君命毋譁以鼓封大夫命毋哭士哭者相止也

封周禮作窆窆下棺也此封或皆作斂檀弓曰公輸若方小斂般請以機封謂此斂也然則棺之入坎爲

斂與斂尸相似記時同之耳咸讀爲緘凡柩車及壙說載除飾而屬紼於柩之緘又樹碑於壙之前後以紼繞碑閒之鹿盧輓棺而下之此時棺下窆使輓者皆繫紼而繞要負引舒縱之備失脫也用紼去碑者謂縱下之時也衡平也人君之喪又以木橫貫緘耳居旁持而平之又擊鼓爲縱舍之節大夫士旁牽緘而已庶人縣窆不引紼也禮唯天子葬有隧今齊人謂棺束爲緘繩咸或爲椷

君松椁大夫柏椁士雜木椁椁謂周棺者也天子柏椁以端長六尺夫子制於中都使庶人之椁五寸五寸謂端方也此謂尊者用大材卑者用小材耳自天子諸侯卿大夫士庶人六等其椁長自六尺而下其方自五寸而上未聞其差所定也抗木之厚蓋與椁方齊天子五重上公四重諸侯三重大夫再重士一重

棺椁之閒君容柷大夫容壺士容甒閒可以藏物因以爲節

君裏椁虞筐大夫不裏椁士不虞筐裏椁之物虞筐之文未聞也

禮記卷第十三　經三千三百九十一字　注四千一百三十四字

嘉慶丙寅五月陽城

張氏影摹宋本重雕